# HISTOIRE
## DE
# LA MILICE
## FRANÇOISE.

Et des changemens qui s'y font faits depuis l'établissement de la Monarchie dans les Gaules jusqu'à la fin du Regne de LOUIS LE GRAND.

Par le R. P. DANIEL, *de la Compagnie de* JESUS, *Auteur de* L'HISTOIRE DE FRANCE.

TOME I.

A PARIS,
Chez JEAN-BAPTISTE COIGNARD, Imprimeur ordinaire du Roy, ruë saint Jacques, à la Bible d'or.

M. DCC. XXI.
*AVEC APPROBATION ET PRIVILEGE DE SA MAJESTE.*

# AU ROY.

IRE,

 J'eus l'honneur il y a quelques années de presenter l'Histoire de France au feu Roy Loüis le Grand, & VOTRE MAJESTÉ, n'étant encore alors que Dauphin, voulut bien aussi l'agréer, quand je pris la liberté de la lui offrir. Le Roy peu de tems après, ayant été informé que cet Ouvrage avoit quelque approbation dans le monde, eut la bonté de m'honorer des marques de sa liberalité, & de m'exhorter lui-même à continuer mon travail sur notre Histoire, le regardant comme utile.

 Je me suis fait un devoir de répondre aux intentions d'un Prince si éclairé, & qui me combloit de ses graces. Je me suis appliqué à rassembler quantité d'observations que j'avois faites sur divers

ã ij

# EPITRE.

sujets, en composant l'Histoire de France, & j'ai trouvé qu'en les reduisant à certains chefs, j'étois en état de fournir des choses assez curieuses sur certains points particuliers, ausquels les Loix de l'Histoire me défendoient de donner dans mon premier Ouvrage toute l'étenduë qu'ils meritoient.

Je prends la liberté d'en apporter un second aux pieds de VOTRE MAJESTÉ, sur une des plus importantes de ces differentes matieres. C'est l'Histoire de la Milice Françoise, depuis l'établissement de la Monarchie dans les Gaules, & des changemens qui s'y sont faits, jusqu'à la fin du Regne de Loüis le Grand.

Je suis presque assûré que ce sujet ne déplaira pas à VOTRE MAJESTÉ. Je sçai que tout ce qui regarde l'Histoire, & principalement l'Histoire de France est fort de son goût: qu'elle aime en particulier à s'instruire de l'Ordre & de l'État Militaire de son Royaume, que quand cet objet se présente, vous le saisissez volontiers, & que votre curiosité Vous porte naturellement à Vous informer des fonctions, des devoirs, des prérogatives tant des Officiers que des Corps qui composent vos armées: curiosité digne d'un jeune Prince qui doit un jour les commander ; & laquelle montre le caractere d'un esprit qui reflechit, & qui tourne de bonne heure ses reflexions sur les choses qui conviennent au rang où la Providence l'a placé.

C'est par le même principe que vous vous êtes déja fort instruit de la partie de l'Art Militaire, où l'on traite des fortifications des places, de celle qui regarde l'exercice & les évoiutions des Troupes, de la maniere & des regles qu'on y observe aujourd'hui ; que l'application que Vous donnez aux Revûës, & à l'Exercice qui se fait quelquefois en votre presence, le plaisir que Vous y prenez, augmente celui que des personnes habiles qui Vous communiquent leurs lumieres là-dessus, prennent à Vous en entretenir.

Tout cela me donne lieu d'esperer que Vous pourrez jetter les

# EPITRE.

yeux sur quelques morceaux d'un Ouvrage, où Vous trouverez des recherches & des reflexions assez nouvelles en ce genre, je ne dis pas seulement nouvelles, par rapport à VOTRE MAJESTÉ, à qui son âge n'a pas encore permis de tout sçavoir ; mais même par rapport à la plûpart des personnes qui sçavent beaucoup en matiere d'Histoire & de guerre ; parce qu'ils ne se sont pas fait une étude particuliere de creuser à fond un sujet tel que celui-cy : car j'ose dire qu'il faut avoir composé l'Histoire de France, pour le traiter comme il faut.

La facilité, la vivacité, la penetration d'esprit : talens dont il a plû à Dieu de Vous favoriser, sont de grands secours pour satisfaire cette loüable curiosité. Une memoire heureuse, juste, fidelle Vous en fait goûter les fruits en Vous fournissant à point nommé les Tresors que Vous avez déja acquis par l'Etude, & l'on Vous en a vû faire sur le champ des experiences en matiere d'Histoire & de Geographie qui ont autant surpris, qu'elles ont fait d'honneur à ceux qui Vous ont inspiré le goût pour ces belles Sciences.

Je publie, SIRE, avec une sensible joye toutes ces belles qualitez de votre Auguste Personne que Vous tenez encore, pour ainsi dire, renfermées dans votre Cabinet : car pour celles qui se produisent au-dehors, Vous en avez autant de témoins, qu'il y a d'Habitans dans Paris, & de Courtisans à la Cour. Il n'y en a pas un seul qui ne soit charmé de cet air aimable & gracieux qui Vous est si naturel, & que Vous sçavez dans les occasions relever par celui de la Majesté, qui Vous attire dans les Audiences Publiques le respect de tous les Etrangers. La bonté du cœur répond à ces beaux dehors & à ces graces ; & l'on sçait combien sincerement & tendrement Vous cherissez ceux qui ont l'honneur de Vous servir ou de vous instruire. Ce qui n'est pas un mediocre éloge pour un Souverain. Ce n'est pas cependant celui dont je prends la liberté de Vous féliciter avec un plus grand épanchement de cœur.

# EPITRE.

*Vous êtes Roy, SIRE, & né pour être le Maître absolu d'une Nation portée d'elle même à aimer & à respecter ses Rois; mais Vous avez un Maître au-dessus de Vous, à qui Vous devez ce que vos Sujets Vous doivent, & à beaucoup plus juste titre encore qu'ils ne Vous le doivent. C'est Dieu, SIRE, le Maître des Rois & des Peuples, & devant qui tous ne sont rien. Notre joye est de voir déja dans votre personne ces grands & solides sentimens. Vous les faites connoître par votre respect, par votre pieté, par votre modestie aux pieds des Autels, par votre attention à la parole de Dieu, tout le monde en est édifié, & les gens de bien consolez. En cela, SIRE, Vous ne faites que suivre l'exemple du Grand Prince votre Prédecesseur que l'on Vous propose souvent pour modele, & dont la très-sincere pieté donna un grand lustre à toutes ses Vertus Royales. Elle n'en donnera pas moins à celles que l'on commence à voir briller en Vous: c'est ce que je demande souvent à Dieu pour VOTRE MAJESTÉ, en faisant des vœux pour la conservation d'une vie qui nous est si precieuse & si chere, & dont le danger nous a causé depuis peu de si tristes alarmes. C'est l'unique moyen que j'aye de satisfaire mon zele & mon dévoüement pour votre Personne sacrée: Elle voudra bien agréer la protestation que j'en fais icy, aussi bien que celle du très-profond respect avec lequel je prends la liberté de me dire,*

SIRE,

DE VOTRE MAJESTÉ,

Le très-humble, très-obéïssant, & très-fidele Sujet & Serviteur, GABRIEL DANIEL, de la Compagnie de JESUS.

# PREFACE.

LE but principal que l'on se propose dans la Preface d'un Ouvrage, est de donner un plan de ce qu'il contient, le plus juste & le plus net qu'il est possible. J'ay déja donné le plan de celui-cy, dans l'écrit que je publiai avant qu'on le mît sous la presse ; & par cette raison, je n'y mettrai point d'autre Preface que ce plan même. Et par la comparaison que l'on en fera avec le Livre, on jugera si j'ai bien executé ce que j'ai promis. Voici ce plan à fort peu près tel qu'il a déja paru.

Je ne prétens pas donner ici un Ouvrage tout-à-fait aussi attachant que le pourroit être une Histoire remplie de grands évenemens, & d'épisodes rangez avec art pour tenir toûjours les Lecteurs en haleine & dans l'impatience d'en voir le dénouëment. Celle-cy est d'un caractere tout different. C'est une Histoire instructive, qu'on pourra trouver curieuse & agreable par d'autres endroits, & où la nouveauté du sujet, la dignité, la varieté jointes à l'ordre qu'on a tâché d'y mettre, auront peut-être dequoi plaire. J'ose dire au moins, que les Gens de guerre y trouveront quantité de choses par rapport à leurs Emplois, à leurs Charges & aux Corps dont ils sont, que plusieurs ne sçavent pas, & qu'il leur sied bien à tous de ne pas entierement ignorer.

Mais elle ne les regarde pas seuls. Elle doit interesser toutes les personnes qui veulent sçavoir l'Histoire de France plus à fond, pour en parler plus sçavamment &

## PREFACE.

plus solidement que ceux, qui se contentent de remplir leur memoire des faits qu'elle contient.

Un des fruits les plus importans de la lecture d'une Histoire generale telle qu'est celle de France, est d'apprendre ce qu'on appelle les Mœurs en cette matiere, c'est-à-dire les Coûtumes & certains Usages de la Nation qui en fait le sujet. Un Historien habile ne manque pas de donner dans l'Histoire d'un Royaume une idée generale de toutes ces choses : mais il ne peut & ne doit pas les trop approfondir. En traitant tous ces points avec étenduë, il rendroit son Histoire trop seche, & interromproit trop la narration des faits : d'où s'ensuit qu'on n'en peut prendre en lisant les Histoires qu'une connoissance assez confuse, & qu'on a besoin pour s'en instruire, des Traitez particuliers qui descendent dans le détail.

C'est ce qui doit faire comprendre l'utilité de l'espece d'Histoire que je presente au public. Elle consiste en general dans le recueil & dans l'exposé historique des Usages de la Nation Françoise par rapport à la Guerre en tous les divers temps, depuis l'établissement de la Monarchie dans les Gaules, dans des reflexions sur ces Usages, dans des comparaisons avec ceux qu'on y voit aujourd'hui, & dans une infinité de détails sur cette matiere certainement curieux, & communément peu connus. La multiplicité de ces Usages dans la suite de tant de siecles, les changemens considerables qui y sont arrivez dans toutes les parties de la Milice Françoise, les raisons & les époques de ces changemens, les lumieres que ces connoissances répandent dans l'Histoire, qu'on relira avec plus de plaisir & moins d'embarras quand on en aura l'esprit rempli : tout cela, ce me semble, a dequoi picquer la curiosité

# PREFACE.

riosité & meriter l'attention de ceux qui aiment à approfondir l'Histoire de France.

Nonobstant la grande diversité des matieres que je traiterai, ce qui sera développé dans les diverses parties de cet Ouvrage, se peut réduire à cinq ou six points principaux, où presque tout se rapportera.

Premierement, à la maniere dont les Armées se sont formées en divers tems tant sur la terre que sur la mer, & aux differentes especes de troupes dont elles étoient composées.

Secondement, aux diverses manieres dont on les rangeoit, & dont elles combattoient.

Troisiémement, à l'attaque & à la défense des Places, aux travaux des sieges, aux machines qu'on y employoit, à la maniere dont on s'y campoit.

Quatriémement, à l'Histoire des Charges Militaires depuis les plus hautes jusqu'aux dernieres.

Cinquiémement, aux differentes especes d'armes, soit défensives soit offensives, dont on s'est servi en divers tems.

Sixiémement, à quantité d'autres usages remarquables dans la guerre, qui ont été dans la suite des temps, ou qui s'observent encore aujourd'hui.

On comprend en general combien il a dû se faire de changemens sur tous ces articles depuis douze cens ans que la Monarchie Françoise est établie dans les Gaules, & l'on voit par consequent combien il y aura de matieres renfermées dans ces deux Volumes. On le verra encore mieux par quelques détails que je vais faire sur chacun de ces six points.

Pour le premier, qui regarde la maniere dont les Ar-

*Tome I.*

mées se sont formées en divers tems, on verra que quand Clovis conquit les Gaules, les Armées des François n'étoient presque composées que d'Infanterie, que sous son regne les seuls François y étoient admis. Comment les fils de ce Prince y reçûrent les Bourguignons après avoir fait la conquête du Royaume de Bourgogne. Comment sous le regne de ses petits-fils tous les Gaulois subjuguez y furent reçus, & que nonobstant tous ces changemens, les Armées ne se formoient alors que des troupes amenées par les Seigneurs sujets de nos Rois, qui fournissoient chacun leur contingent sous la conduite des Ducs & des Comtes, & depuis sous d'autres Officiers. Comment cette obligation des Seigneurs pour le service dura jusqu'au regne de Charles VII, & à quoy depuis elle fut limitée. Et pour la seconde Race, quelle étoit la discipline militaire sous Charlemagne selon les Capitulaires de ce grand Prince.

On verra en second lieu, comment sous Philippe I quatriéme Roi de la troisiéme Race, se fit l'institution d'une nouvelle Milice appellée les Communes, & comment à cette occasion fut instituée la Jurisdiction des Maisons de Ville: & vers le même tems ou un peu auparavant, la Milice des Chevaliers Bannerets, des Ecuyers, &c. & d'autres espèces de troupes qui sont nommées dans nos Histoires.

On verra en troisiéme lieu le nouveau systême de Milice que fit Charles VII par l'institution des Compagnies d'Ordonnance & des Francs Archers; & comment depuis ce tems-là on ne se servit plus des Milices des Communes; qu'il n'y eut plus d'obligation aux Seigneurs & Gentilshommes fieffez d'amener leurs Vassaux à la guerre, &

# PREFACE.

qu'ils ne furent plus obligez qu'à servir dans l'Arriereban à peu près comme aujourd'hui.

On verra en quatriéme lieu comment Loüis XI supprima la Milice des Francs Archers, & forma une Milice d'Infanterie plus reglée & mieux disciplinée qu'elle n'avoit encore été, & composée partie de Suisses, partie de François.

On verra en cinquiéme lieu l'institution des Legions par François I, & puis sous Henri II, qui en forma aussi, & de plus l'origine assez peu connuë de cette grande multitude de Regimens d'Infanterie qui sont maintenant dans les Armées.

On verra en sixiéme lieu, que c'est principalement Louis XII qui commença à mettre l'Infanterie Françoise sur le bon pied.

Quant à la Cavalerie, on verra en septiéme lieu, que sur tout depuis la troisiéme Race, la Gendarmerie faisoit toute la force des Armées, la Cavalerie legere aussi-bien que l'Infanterie Françoise étant comptées pour peu de chose ; que nonobstant ce que l'on dit que ce fut Louis XII qui commença à donner la forme à la Cavalerie legere, c'est en effet Henri II qui y mit l'ordre & la discipline.

On verra en huitiéme lieu l'institution des Regimens de Cavalerie beaucoup plus recente que celle des Regimens d'Infanterie.

En neuviéme lieu, on verra ce que c'étoit que les Estradiots, les Argoulets, les Carabins, especes de Cavalerie legere, & quantité d'autres choses particulieres jusqu'au regne de Louis le Grand ; car l'Histoire du regne de ce Prince pour la Milice occupera separément

# PREFACE.

une assez grande partie de cet Ouvrage.

En dixiéme lieu, on fera quantité d'observations sur l'ancien service des Gentilshommes & Seigneurs fieffez, aussi bien que sur notre ancienne Gendarmerie, & l'on donnera une idée assez nette de la police & de la discipline de cet illustre Corps, qui faisoit la principale force des Armées de France.

Pour le second point qui concerne les arrangemens des Armées & leur maniere de combattre, on fera premierement la comparaison de ces arrangemens avec ceux des Armées Romaines, & ceux des Armées Françoises de ces derniers tems.

En second lieu, on s'expliquera sur ce sujet par les exemples de quelques batailles tirées de notre ancienne Histoire, comme de celle du Casilin auprès de Capouë, où l'Armée Françoise fut défaite par le fameux Narsez du tems de la premiere Race, des batailles de Bovines, de Cressy, de celle de Poitiers où le Roy Jean fut fait prisonnier.

En troisiéme lieu, on rapportera les raisons de la difference des arrangemens des Armées sous ces anciens Regnes, & de ceux des derniers tems.

En quatriéme lieu, on observera que la Gendarmerie combattoit autrefois toûjours à cheval, que dans la suite sous plusieurs Regnes elle combattoit toûjours à pied, & qu'enfin elle reprit la premiere maniere, & quelles furent les raisons de ces changemens.

En cinquiéme lieu, on remarquera que l'usage de mettre la Cavalerie en escadrons dans un combat n'est pas fort ancien en France, qu'il n'est que depuis Henri II; qu'on ne l'observoit pas toûjours même sous Charles IX.

# PREFACE.

Le troisiéme point où il s'agit de l'attaque & de la défense des Places, me fournira une ample matiere. On y parlera principalement de l'ancienne maniere de fortifier les places avec les tours & les autres fortifications qu'on y ajoûtoit.

Secondement, de l'époque des fortifications angulaires, & en particulier de l'époque de cette multiplication de dehors renfermez dans le chemin couvert, dont le Comte Maurice Prince d'Orange fut l'inventeur.

Troisiémement, on montrera que les François suivirent dans l'attaque la methode des Romains; que Philippe-Auguste perfectionna beaucoup cet art; qu'il rétablit l'usage de la circonvallation & de la contrevallation dans les sieges, & la maniere de fortifier l'une & l'autre. Que les machines des Romains y furent employées; qu'on se servoit en France des tours ambulatoires pour approcher des murailles, & y sauter par le moyen d'un pont; que les machines anciennes furent long-tems d'usage dans les sieges avec le canon.

Quatriémement, qu'on y avoit l'usage des mines & des contremines, quoique différentes de celles d'aujourd'huy; qu'il se faisoit des duels dans ces mines; que c'étoit là que se faisoit la Veille d'armes des nouveaux Chevaliers créez à la guerre.

Cinquiémement, que ces sortes de mines où l'on n'usoit pas de poudre à canon durerent long-tems, même depuis l'invention de la poudre.

Sixiémement, on marquera l'époque de l'invention de charger les mines avec la poudre.

En septiéme lieu, quand on commença à faire les approches par tranchées; quand on commença à perfectionner ces sortes de travaux, & jusqu'où de notre tems cet art a été poussé.

En huitiéme lieu, comment on défendoit les Places, les précautions pour éloigner l'ennemi des murailles, les diverses manieres de les défendre aussi-bien que les portes.

Neuviémement, comment se faisoient les capitulations.

Dixiémement, les divers feux d'artifices dont on usoit de part & d'autre. On montrera l'époque des bombes, des grenades, du petard, &c. l'époque des machines infernales inventées il y a près de deux siecles.

Sur le quatriéme point touchant les Charges Militaires, on traitera premierement de la Charge de Grand Senechal de France, de celle de Senechal de France; deux Charges qu'on a souvent confonduës mal à propos.

Secondement, de celle de Connétable, où l'on examinera quand elle est devenuë Charge Militaire.

Troisiémement, de celle de Porte-Oriflamme.

Quatriémement, de celle de Grand Maître des Arbalêtriers, de celle de Capitaine General, &c.

Cinquiémement, de celle de Colonel General de l'Infanterie instituée par François I, de celle de Colonel des Legions. On traitera des autres Charges dans l'endroit de l'Ouvrage, où l'on parlera de la Milice du Regne de Loüis le Grand. Ce que l'on dira de tout ceci servira à éclaircir beaucoup notre Histoire.

Le cinquiéme point regarde les armes tant défensives qu'offensives en usage parmi les François. Premierement, on fera remarquer la distinction des armes des hommes libres, & de celles des *Villains* ou Serfs, dont il y a eu pendant plusieurs siecles un nombre infini en France, la distinction des armes des Chevaliers, & de ceux qui n'avoient pas cette qualité autrefois si illustre.

Secondement, comment l'armure du Chevalier étoit le hauber. Comment depuis environ le tems de Philippe de Valois cette armure fut changée en celle de pur fer qu'on a portée depuis. Comment un peu avant Philippe-Auguste les Chevaliers avoient trouvé le moyen de rendre leurs armes impenetrables.

Troisiémement, on parlera des casques, des diverses especes de boucliers, dont les uns étoient portatifs, & les autres non : ceux-cy servoient dans les sieges. On montrera que cette arme défensive a été en usage jusqu'au tems de Henri IV. On ajoûtera l'armure des Francs Archers du tems de Loüis XI.

Quatriémement, on traitera aussi des armes défensives des chevaux, du chamfrain, de leurs bardes ou couvertures dans les batailles.

Cinquiémement, des armes offensives, des diverses sortes d'épées en usage en divers tems, du poignard appellé Misericorde, des haches d'armes, &c. des diverses especes de fleches, & en particulier de celles qu'on nommoit Quarreaux, & de celles qu'on appelloit Viretons. On fera voir qu'on se servoit de fleches encore en France sous le Regne de François I, & en Angleterre du tems de Henri IV. On observera que sous Philippe-Auguste on trouve l'origine, ou plûtôt le rétablissement de l'arbalête en France.

## PREFACE.

Sixiémement, des lances, de leur diversité en divers tems, & on remarquera que l'usage en cessa sous Henri IV en France, & sous le Comte Maurice de Nassau en Hollande, & les raisons pourquoy. Ensuite on viendra aux armes à feu.

Septiémement, on remarquera quand on a commencé à s'en servir en France, & on montrera qu'on en a usé beaucoup avant le tems où l'on fixe ordinairement l'invention du canon & de la poudre. On parlera de l'arquebuse, du pistolet, du poitrinal, du mousquet, &c.

Huitiémement, on traitera des ornemens des armes, des cimiers des casques, de la cotte d'armes, des écharpes, des drapeaux & étendarts attachez à la lance.

Neuviémement, on examinera ce que c'étoit que certains anciens étendarts. On montrera que la chappe de saint Martin n'étoit point un étendart. On traitera de l'Oriflamme, & puis de la Cornette blanche. On fera sur tout cela des reflexions assez importantes.

Dixiémement, on ajoûtera ce qui regarde les trompettes, les tambours, les nacaires, les cymbales, &c.

Quant au sixiéme point qui regarde divers usages militaires, ou qui sont abolis ou qui subsistent encore, on traitera premierement du cri d'armes, & en particulier du cri general des armées Françoises, *Monjoye S. Denis*, du cri d'armes des Seigneurs particuliers, à quoy a succedé depuis le plus profond silence au moment de donner.

Secondement, des montres & revûës, sur tout de la Gendarmerie, qui se faisoient tantôt en armes, tantôt en robes.

Troisiémement

# PRÉFACE.

Troisiémement, de l'exercice des troupes, où l'on fera comparaison de l'exercice des Grecs avec l'exercice moderne, & il s'y trouvera beaucoup de ressemblance, & par occasion on parlera de la Phalange des Grecs.

Quatriémement, en particulier de l'exercice de la Gendarmerie sous Loüis XI.

Cinquiémement, des châtimens & des recompenses militaires, où il sera traité de l'établissement de l'Hôtel Royal des Invalides, & de l'Ordre Militaire de saint Loüis.

Sixiémement, des honneurs militaires rendus aux principaux Officiers des troupes, soit à l'Armée, soit à la Cour, & ailleurs.

On viendra ensuite à l'Histoire de la Milice moderne jusqu'à la fin du Regne de Loüis le Grand. On y traitera premierement de toutes les Charges Militaires qui subsistent aujourd'huy, depuis le Maréchal de France jusqu'à l'Anspessade, & l'on débroüillera les notions de ces Charges qui n'ont pas été les mêmes dans tous les tems.

On commencera par celle de Maréchal de France. On montrera qu'elle a été une Charge Militaire avant celle de Connétable, & qu'autrefois elle n'étoit pas une Charge à vie.

On traitera de l'institution des Lieutenans Generaux d'aujourd'huy, qui est fort moderne.

De l'institution des Maréchaux de Camp, & à cette occasion de la Charge de Maréchal General des Camps & Armées du Roy, possedée en dernier lieu par le Vicomte de Turenne.

De l'institution des Brigadiers tant de Cavalerie que

d'Infanterie, qui a été faite par Louis XIV, &c.

Ensuite on viendra à l'Histoire de la Maison Militaire du Roy, qui sera précedée de celle des diverses gardes de nos Rois.

On fera l'Histoire des deux Compagnies des Cent Gentils-hommes au bec de Corbin, qui jusqu'à Henri III inclusivement fut leur plus noble garde.

De là on passera à la Maison du Roy telle qu'elle est aujourd'huy.

On montrera que ce n'est que sous Louis XIV qu'elle a fait un corps separé dans les troupes. Et puis on fera l'Histoire particuliere des divers corps qui la composent, tant de Cavalerie que d'Infanterie.

On fera avec détail l'Histoire des quatre Compagnies des Gardes du Corps. On marquera le tems de leur institution, du rang qu'elles tiennent entr'elles, de leur augmentation tant pour les Officiers que pour les simples Gardes, de leurs fonctions soit à l'Armée soit à la Cour, de leurs prérogatives, de leur police & de leur discipline, de leurs armes qui n'ont pas toûjours été les mêmes. On y ajoûtera l'institution des Grenadiers à cheval, qui sans être de la Maison du Roy, y sont ordinairement joints.

On passera à l'Histoire des Gendarmes de la garde. On marquera le tems de leur institution, des changemens qui y sont arrivez, &c.

On en fera de même pour l'Histoire des Chevaux-legers de la garde, & des deux Compagnies des Mousquetaires.

De là on viendra au Regiment des Gardes Françoises. On marquera le tems de son institution, les prérogatives des Officiers, les privileges des soldats, &c.

# PREFACE.

On fera l'Histoire de la Compagnie des Cent Suisses.

Ensuite l'Histoire du Regiment des Gardes Suisses. On marquera l'époque de son institution & sa police, & en même-tems on fera l'Histoire du service de cette nation en France depuis qu'elle a commencé à y servir.

On tâchera de fixer l'époque de l'institution de la Charge de Colonel General des Suisses en titre d'Office, qui n'étoit qu'une Commission avant Charles IX.

On ajoûtera l'Histoire du Regiment des Gardes Ecossoises, chose peu connuë aujourd'huy, & qui a pourtant été sous le Regne précedent.

Suivra l'Histoire de la Gendarmerie qui est censée à l'Armée être de la Maison du Roy. L'Histoire de la Compagnie des Gendarmes Ecossois, qui est l'unique ancienne, sera assez étenduë, & apprendra des choses assez particulieres. On marquera l'époque de son institution, aussi-bien que celle des autres Compagnies, avec les changemens qui y sont arrivez.

On fera après cela l'Histoire de l'institution des Regimens d'Infanterie, chose qui a été assez difficile à débroüiller. On s'arrêtera principalement sur les quatre premiers vieux corps, sur le Regiment du Roy, & sur quelques autres, sur lesquels on a eu des Memoires plus détaillez.

On parlera des deux autres vieux corps, Normandie & la Marine, des petits vieux ; & comme une liste des Mestres de Camp ou Colonels dont le nombre est infini, n'auroit été que fort ennuïeuse, on se contentera de marquer les Regimens dont les Mestres de Camp ou Colonels auront été tuez au service, ou qui seront parvenus à la dignité de Maréchal de France. On en usera de même pour les Regimens de Cavalerie & de Dragons.

On n'omettra pas le changement que fit dans les Regimens d'Infanterie le Roy Loüis XIV, après la mort du Duc d'Epernon second du nom Colonel General de l'Infanterie, à la suppression de cette Charge. On ajoûtera ce qui regarde les Milices qui furent levées par le même Prince, & l'institution des Gentilshommes ou Cadets élevez dans les Places frontieres, &c.

Quant à la Cavalerie, on fera l'Histoire de ce corps assez au long & des principales Charges qui y sont, & l'on montrera l'institution des Regimens de Cavalerie sous Loüis XIII.

On passera ensuite aux Dragons. On montrera que l'institution de cette Milice est beaucoup plus ancienne qu'on ne le croit communément. On marquera l'époque de l'institution du Colonel General, du Mestre de Camp General, leurs prérogatives, &c.

On parlera du changement des armes sous le Regne de Loüis le Grand, de l'abolition des piques & des mousquets, & d'autres usages introduits sous ce Regne.

Dans le Livre suivant on fera l'Histoire de l'Artillerie. On traitera de la Charge de Grand Maître de l'Artillerie, & on se gardera bien de commencer la liste des Officiers qui ont possédé cette Charge d'aussi loin dans les tems passez qu'on la commence communément. On traitera des autres Charges de la police de ce corps, & des Ecoles d'Artillerie. On fera l'Histoire du Regiment Royal-Artillerie, de celuy des Bombardiers, & des autres troupes attachées à l'Artillerie, &c.

# PREFACE.

On finira l'Histoire de la Milice Françoise sur la terre par la comparaison des anciennes armes avec les modernes, & entr'autres problêmes sur cette matiere, on en proposera un qui ne sera pas si aisé à resoudre qu'on peut se l'imaginer d'abord ; sçavoir, si cent Frondeurs tels qu'étoient autrefois ceux des Isles Baleares, pourroient tenir contre cent Fusiliers en rase campagne.

Suivra l'Histoire de la Milice Françoise sur la mer. On montrera premierement que les Rois de la premiere Race donnerent, gagnerent & perdirent des batailles navales.

Secondement, que la puissance de Charlemagne fut très-grande sur les deux mers, & à cette occasion on parlera du projet que forma ce Prince de faire la communication de l'Ocean avec la Mer Noire ; qu'il commença à le mettre en execution, & qu'il n'échoüa que par le défaut d'habileté dans les Entrepreneurs.

Troisiémement, qu'après Charlemagne il y eut une décadence presque entiere de la Marine.

Quatriémement, que les premiers Rois de la troisiéme Race n'avoient point d'armées navales, & pourquoy.

Cinquiémement, que Philippe-Auguste eut une nombreuse Marine ; que ses successeurs furent les uns moins, les autres plus puissans sur la mer, jusqu'au tems du Roy Jean que la Marine alla en décadence.

Sixiémement, que plusieurs successeurs du Roy Jean eurent des forces considerables sur la mer.

Septiémement, que François I fut obligé de se fortifier sur cet élement, & que ce fut le premier qui eut un nombre confiderable de Vaiffeaux qui lui appartenoient.

Huitiémement, que les guerres de Religion aneantirent prefque la Marine en France.

Neuviémement, que Henri IV n'eut prefque aucunes forces fur la mer.

Dixiémement, que Loüis XIII par les foins du Cardinal de Richelieu mit la Marine fur un très-bon pied, & qu'elle déchut prefque entierement fous le miniftere du Cardinal Mazarin.

Onziémement, que Loüis XIV ayant commencé à gouverner par lui-même, porta la puiffance de France fur la mer, & la perfection de la Marine auffi loin qu'elle pouvoit aller.

Après cette efpece d'Hiftoire generale de la puiffance de la Nation Françoife fur la mer, on parlera des principales efpeces de Vaiffeaux dont on s'eft fervi affez long-tems dans la guerre depuis Philippe-Augufte; fçavoir, des Galées appellées dans la fuite Galeres, des Galeaffes, des Barges, des Balingers, des Brigantins, des Carraques, des Ramberges, &c. On remarquera les quatre plus fameux Vaiffeaux dont il eft parlé dans nos Hiftoires; fçavoir, la Charente & la Cordeliere fous Loüis XII; le Caracon de François I, & le Caracon de Henri VIII Roy d'Angleterre, & ce qu'on appelloit Vaiffeaux Huiffiers qui fervoient au tranfport des chevaux, & qui avoient une porte fous l'eau quand le Vaiffeau avoit fa charge.

On examinera la maniere dont fe formoient les armées navales. On verra que jufqu'à François I la plûpart des Vaiffeaux qui les compofoient n'étoient que des Vaiffeaux marchands que l'on armoit, & qui étoient fournis par les Ports & Villes maritimes, & par quelques autres particuliers ; que les Venitiens & les Genois faisoient ce commerce de Vaisseaux avec les Rois & les Princes; que même Henri VIII d'Angleterre pour ses Armées en faisoit venir de Venise, de Genes, de Lubek, de Hambourg, de Dantzic, & que ce ne fut que sous la Reine Elizabeth que l'on construisit en Angleterre quantité de Vaisseaux destinez uniquement à la guerre.

On verra ensuite en quoy consistoit l'armement des Vaisseaux ; que du tems de la troisiéme Race on se servit encore sous quelques Regnes des Vaisseaux à bec appellez par les Romains *Naves rostratæ* ; qu'ensuite on se contenta de l'éperon pour les Galeres ; qu'on élevoit des châteaux sur les Navires, qu'on y faisoit des creneaux & des pavesades, qu'il y avoit des balistes, des pierriers & d'autres machines ; qu'on se servoit de brulots, &c.

Pour donner quelque idée de l'ancien arrangement des flottes dans une bataille, on fera des reflexions sur quelques-unes dont nous avons des relations quoiqu'assez confuses. On remarquera que du tems de Philippe de Valois & d'Edoüard III Roy d'Angleterre, les mouvemens des Vaisseaux dans les combats se faisoient dèslors plus par la voile que par les rames ; qu'à la bataille de l'Ecluse qui se donna entre les armées de ces deux Rois, la plûpart des Vaisseaux étoient des Vaisseaux de haut bord ; que dans les batailles on alloit presque toûjours à l'abordage.

Qu'au tems de François I on commençoit à se battre plus regulierement sur la mer, & d'une maniere qui approchoit plus de celle de notre tems ; que les Vaisseaux n'étoient pas encore communément fort chargez de canon ; & l'on examinera à cette occasion quand on a commencé à percer les flancs des Vaisseaux par les sabords.

On vient ensuite au détail du rétablissement de la Marine sous Loüis XIII, aux mesures que prit pour cela le Cardinal de Richelieu, quand il fut chargé de la Marine.

On passera ensuite au rétablissement de la Marine qui fut fait par Loüis le Grand, & on tâchera d'y donner une idée du grand ordre qui y fut mis par ce Prince, à qui rien n'échappa pour regler & rendre redoutable ce grand corps de la Marine si important pour la gloire & pour la sûreté du Royaume.

On traitera ensuite des principaux Officiers de la Marine. Premierement, de l'Amiral, de l'institution de cette Charge en titre d'Office, de son pouvoir, de ses prérogatives, des reserves & des bornes que Louis XIV y mit, lorsqu'il rétablit cette dignité en 1669 en faveur de Monsieur le Comte de Vermandois, après la suppression de la Charge de Grand Maître, Chef & Sur-Intendant General de la Navigation & Commerce de France.

Secondement, des deux Charges de Vice-Amiral créées par ce même Prince, de celle de Lieutenant General, de celle de Chef d'Escadre, de celle de Capitaine de Vaisseau du Roy, &c. des fonctions & des distinctions de toutes ces Charges.

Troisiémement, des troupes de la Marine, des Gardes-Marines anciens & modernes, de la discipline de ce corps.

Quatriémement

# PREFACE.

Quatriémement, de la police sur les Vaisseaux, de la justice de guerre, de la garde qui se fait sur les Vaisseaux & dans les Ports.

Cinquiémement, des diverses especes de Vaisseaux dont on se sert dans la guerre de mer.

Sixiémement, de l'Artillerie de la Marine.

Septiémement, des Saluts soit par rapport aux Etrangers, soit des Vaisseaux de France entr'eux.

Huitiémement, des Signaux soit durant le combat, soit dans les marches, & en quantité d'autres rencontres.

Neuviémement, des Pavillons, de leur difference, de leurs places.

On traitera de l'arrangement des Armées Navales, soit dans le combat, soit dans les marches, soit dans la retraite, soit dans la chasse, &c. des divisions, de la distinction des divisions, &c. de la préparation au combat, de la distribution des Officiers & des Soldats, de celle des Officiers Mariniers & des Matelots durant le combat, de l'usage des Brulots, des fonctions & du devoir des Capitaines de Brulot, de leurs recompenses, &c. de l'abordage, des descentes, &c.

On traitera ensuite separément de la Marine des Galeres, à peu près suivant la même methode dont on a traité de la Marine qui regarde ce qu'on appelle les Vaisseaux de Roy & de haut-bord.

C'est là la plus grande partie des principales matieres qui entreront dans l'Ouvrage dont il est question, & qui en font assez connoître le sujet, le dessein, & combien il renferme de choses dignes de n'être pas ignorées par ceux qui aiment l'Histoire de France, & qui prennent plaisir à pouvoir se former des idées distinctes d'une infinité d'usages tant anciens que modernes en cette matiere, sur lesquelles on n'en a communément que de fort superficielles, & que la plûpart ignorent entierement.

D'autant qu'en lisant ces sortes d'Ouvrages l'esprit & la memoire sont beaucoup aidez par l'imagination, on a inseré dans celui-cy soixante & dix Planches, où sont representées plusieurs choses dont on traite, & qu'on ne peint jamais si bien par la narration que par la gravure, qui, pour ainsi dire, a par elle-même l'avantage de parler aux yeux. Dans presque toutes les Planches il y a plusieurs diverses figures.

Au reste dans tout cet Ouvrage, je ne prétens être qu'Historien, & quand je parle des arrangemens des armées, des batailles, des sieges, des campemens, de l'artillerie, des garnisons, de la discipline qu'on observe dans les troupes, des Charges militaires, des devoirs de ceux qui les possedent, &c. ce n'est pas pour donner des preceptes sur toutes ces matieres, de quoy je ne suis nullement capable : tout cela tend uniquement à faire connoître la diversité des usages Militaires dans les differens tems, à marquer leur origine & leur durée, les occasions & les motifs qu'on a eu de les introduire ou de les abolir. Ce que j'expose des usages des premiers siecles de la Monarchie Françoise, je le tire de nos anciennes Histoires & de quelques autres monumens de ces tems-là : ce qui regarde les siecles posterieurs m'a été pareillement fourni par les Historiens contemporains, par les Ordonnances de nos Rois, par les Registres de l'ordinaire, & de l'extraordinaire des Guerres. Ce que je dis

# PREFACE.

de la Milice moderne, je l'ai puifé en grande partie dans les Ordonnances & Reglemens faits par le feu Roy Louis le Grand, & dans celles de quelques-uns de fes plus prochains Prédeceffeurs. Je me fuis affez étendu fur quelques articles de pratique de la Milice d'aujourd'huy, comme par exemple, fur la maniere dont on monte & dont on defcend aujourd'huy la garde dans les villes de guerre, parce que ce point & quelques autres font effectivement un des principaux objets de l'Hiftoire de la Milice moderne, comme les ufages anciens font l'objet de l'Hiftoire de l'ancienne Milice, & que quoiqu'ils foient fort connus de nos gens de guerre, une infinité de perfonnes qui ne font pas du métier, n'en ont que des idées fort confufes.

L'Hiftoire de la Maifon du Roy & des divers corps qui la compofent, & qui font la plus illuftre troupe de nos armées, le détail de leurs rangs, de leurs prérogatives, de leur difcipline, des changemens qui s'y font faits, m'ont paru meriter d'être traitez affez au long. Les Reglemens & Ordonnances du feu Roy, & plufieurs Memoires qui me font venus de bonne main, les Rôles de la Cour des Aydes, m'ont donné bien des connoiffances fur ce fujet : mais je ne m'en fuis pas contenté, j'ai confulté des plus habiles Officiers de chaque corps qui ont bien voulu prendre la peine de lire ce qui concerne celui dont ils font, & me communiquer leurs lumieres. J'ai pris les mêmes précautions pour la Gendarmerie, la Cavalerie, les Dragons, les principaux Regimens d'Infanterie, &c.

Après tout, dans la multitude des chofes que j'ai traitées, des Charges & des perfonnes dont j'ai parlé, je n'oferois me flatter qu'il ne me foit échappé quelques méprifes, & j'efpere qu'on aura de l'indulgence pour moy à cet égard. J'ai déja experimenté durant l'impreffion de cet Ouvrage un peu de précipitation dans le jugement de quelques Officiers d'armée, au fujet de l'Hiftoire des Charges Militaires, & j'ai eu le plaifir de faire revenir de leurs préjugez ceux qui ont bien voulu me propofer leurs doutes là-deffus.

Enfin je fuis bien-aife d'avertir pour ne choquer perfonne, qu'en faifant mention des Meftres de Camp, des Colonels, des Maréchaux de Camp, &c. j'ai donné à quelques-uns les titres de Comte & de Marquis, & que je ne les ai point donnez à quelques autres qui ne le meritoient pas moins, cela doit être fans confequence : car je declare que je n'ai pas pris la peine d'examiner leurs titres, & que je n'ai fait que copier les controlles, les liftes & les relations que l'on m'a fournies.

# TABLE
## DES LIVRES ET DES CHAPITRES
#### DU PREMIER VOLUME.

### LIVRE PREMIER.

CHAPITRE I. Des armes des François, quand Clovis fit la conquête des Gaules, page 2
Figure d'un Soldat François, 3
CHAP. II. Des armées des François sous la premiere Race. De la maniere dont ils faisoient les sieges, &c. 9
De quelles troupes les armées furent formées d'abord, & dans la suite, 10
Obligations de ceux qui n'alloient point au service, 15
Les troupes par qui commandées, 16
Par qui soudoyées, habillées, &c. 18
Il y avoit d'abord peu de Cavalerie, 19
Les Rois marchoient presque toûjours à la tête des armées, 20
Description de l'expedition des François, jusqu'au détroit de la Sicile contre l'Empereur Justinien, & de leur defaite par Narsés sur les bords du Casilin, 22
Plan de l'arrangement de l'armée Françoise à la bataille du Casilin, 25
Comment les François faisoient les sieges sous la premiere Race,
Usage du bellier chez les François. Figure du bellier, 29
Usage de la tortue. Figure de la tortue, 31
Partage du butin, comment il se faisoit, 33
CHAP. III. Structure des murailles des Villes de France sous la premiere Race. 36

## LIVRE II.

De la Milice Françoise sous la seconde Race.

Changemens des armes des François, sous la seconde Race, 40
CHAP. I. *De la maniere dont on levoit les troupes sous la seconde Race*, 41
 Reglemens de Charlemagne par rapport au service, 42
 Exemts du service, exclus du service, 43
 Comment se faisoit la levée des soldats, 45
 Reglemens pour la discipline Militaire, 46
 Serfs marchoient au service, & leurs fonctions, 48
 Relâchement de la discipline sous Loüis le Débonnaire, 50
 Décadence entiere sous Charles le Chauve, 51
CHAP. II. Des machines de guerre dont on se servoit dans les sieges sous la seconde Race, 55
 Le muscule, figure de cette machine, 56
 Le pluteus, figure de cette machine, 58
 La vinea, figure de cette machine, 59
 La catapulte, 59 ; figure de cette machine, 61
 La balliste, figure de cette machine, 62
 La tarriere, figure de cette machine, 63
 La falarique, 64 ; figure de cette arme, 65

## LIVRE III.

De la Milice Françoise sous la troisiéme Race.

CHAP. I. Des principaux vasseaux de la Couronne sous le Regne de Hugues Capet, 68
CHAP. II. De la maniere de lever les troupes & de former les armées sous la troisiéme Race jusqu'à Charles VII. 69
 Rôles des hommes fieffez, & de leurs obligations pour le service, 70
 Nos Rois faisoient porter leur chartrier avec eux. Celuy de Philippe-

### ET DES CHAPITRES.

*Auguste enlevé par Richard Roy d'Angleterre,*   79
*Les Gentils-hommes nonobstant l'obligation de leur fief rece-
voient une solde du Souverain. C'étoit un relâchement introduit
dans la Police militaire,*   84. 85

**CHAP. III.** *Institution de la milice des Communes,*   88
*Occasion de cette institution,*   89
*Ces Communes sont l'origine de la jurisdiction des Maisons de
Villes,*   92
*Par qui commandées,*   94
*Origine des bannieres des Paroisses,*   *ibid.*
*Fin de la Milice des Communes, ce qui en reste aujourd'huy,*   95

**CHAP. IV.** *De la Chevalerie ou Milice des Chevaliers Escuyers,
&c.*   96
*Signification particuliere du titre de miles,*   97
*Quand la Chevalerie commença à faire un corps particulier dans
l'Etat. Ce que le titre de Chevalier supposoit,* 97. *Relâchement
là-dessus.*   99
*Ceremonial pour faire un Chevalier,*   99
*Autre Ceremonial.*   106
*Ceremonies du bain,*   100. 106
*Veille d'armes,*   101. 107
*Ceremonies differentes quand on faisoit les Chevaliers à l'armée,* 109
*La veille d'armes se faisoit dans une mine,*   109. 617
*Chevaliers du Lievre, sous Philippe de Valois,*   110
*Les Chevaliers pouvoient faire des Chevaliers, mesme dans le parti
ennemi,*   110
*Prérogatives des Chevaliers. Traitez de Monseigneur par les Rois
mesmes. Exemple d'Edouard III Roy d'Angleterre.*   111
*Divers Ordres de Chevaliers,*   111

**CHAP. V.** *Des Chevaliers bannerets,*   113
*Conditions requises pour la dignité de Chevalier banneret,*   113
*Figure de la banniere du banneret,*   115
*Le titre de banneret quelquefois hereditaire: mais non celuy de
Chevalier banneret,*   115
*Difference entre lever & relever banniere,*   116. 117
*Le nombre de la Gendarmerie se marquoit par le nombre des ban-
nieres, comme on marque aujourd'huy celuy de la Cavalerie,
par le nombre des Escadrons,*   118

## TABLE DES LIVRES

*Les Chevaliers Bacheliers se rangeoient ordinairement sous la banniere d'un banneret,* 120

*Exemple contraire de Pierre de Mornay,* 121

*Reglemens pour ces rangs des divers Chevaliers, & des Ecuyers faits dans les Tournois,* 123

*Geoffroy de Preuilli Auteur de ces Reglemens,* 123

CHAP. VI. *Des Ecuyers, ou varlets, ou valets,* 127

*Deux especes d'Ecuyers, leurs fonctions à l'armée par rapport aux Chevaliers,* 127

*Leurs differences à l'égard des Chevaliers,* 128

*Vales, titre de l'Ecuyer par rapport aux Chevaliers,* 129

*Ce titre donné au fils de l'Empereur de Constantinople, à Guillaume le Conquerant, &c.* 129, *aux Officiers de nos Rois,* 131

CHAP. VII. *Des divers noms de quelques autres troupes du temps de Philippe-Auguste,* 132

*Ce que c'étoit que les servientes ou sergens,* 132

*Les clientes ou cliens,* 135

*Les satellites satellites,* 135

*Les Ribauds,* 137

*Roy des Ribauds,* 138

CHAP. VIII. *Autres especes de Milices avant le Regne de Charles VII,* 139

*Troupes soudoyées par Philippe-Auguste, d'où vient le nom de soldats,* 139

*Cottereaux, routiers, brabançons, ce que c'estoit,* 140

*On les nomma les routes ou les compagnies, & les soldats les compagnons dans la suite,* 144

CHAP. IX. *Des troupes étrangeres,* 145

*Philippe le Bel s'est le premier servi des troupes étrangeres sous la troisiéme Race,* 146

CHAP. X. *Du commandement des armées,* 150

*Presque tous les Rois de France ont au moins quelquefois commandé leurs armées en personne,* 150

*De la dignité de grand Senechal de France,* 152

*C'étoit la plus grande Charge dans la maison du Roy & dans l'armée,* 152

*Les Comtes d'Anjou la prétendoient hereditaire dans leur maison,* 153.

*Examen*

### ET DES CHAPITRES.

| | |
|---|---|
| Examen critique de cette question, | 153 |
| Prérogatives du Grand Senechal, | 158 |
| On a confondu mal à propos la Charge de Grand Senechal de France, avec celle de Senechal de France, | 168 |
| Liste des Grands Senechaux de France, | 168 |
| Liste des Senechaux de France, | 170 |
| De la dignité de Connétable de France, | 170 |
| Cette Charge d'abord n'étoit point Militaire, | 170 |
| Elle n'est devenue Militaire que sous Philippe-Auguste, | 171 |
| Matthieu de Montmorency l'exerça d'abord par Commission, | 171 |
| Droits & Prérogatives du Connétable de France, | 173 |
| Serment du Connétable de France, | 185 |
| Liste des Connétables de France, | 185 |
| Du titre de Capitaine General, | 185 |
| Ce titre donné dans ces derniers tems, mais avec un pouvoir bien moins étendu, | 190 |
| Du grand Maître des Arbalêtriers, | 191 |
| L'Arbalête n'étoit point en usage en France au commencement du Regne de Philippe-Auguste. Ce Prince la remit en usage, | 191 |
| Droits & Prérogatives du Grand Maître des Arbalêtriers, | 192 |
| Le Grand Maître des Arbalêtriers étoit maître de l'Artillerie, | 195 |
| Liste des Grands Maîtres des Arbalêtriers, | 198 |
| De la dignité de Porte-Oriflamme, | 200 |
| A quoy étoit borné le commandement du Porte-Oriflamme, | 200 |
| Serment du Porte-Oriflamme, | 200 |
| Quand cessa la Charge de Porte-Oriflamme, | 202 |
| Liste des Porte-Oriflamme, | 205 |

## LIVRE IV.

Des Troupes qui ont composé les Armées depuis les changemens que Charles VII y fit, & qui n'y sont plus maintenant, ou du moins qui n'y sont plus sur le même pied qu'elles y étoient alors.

CHAP. I. *De l'institution des Compagnies d'Ordonnance*, 207
*Projet de Charles VII pour la reforme de la Milice Françoise*, 210

## TABLE DES LIVRES

*Institution des Compagnies d'Ordonnance*, 211
*Police des Compagnies d'Ordonnance*, 213
*L'institution des Compagnies d'Ordonnance cause de la décadence de l'ancienne Chevalerie*, 215
CHAP. II. *Remarques sur les Ordonnances de nos Rois touchant la Gendarmerie*, 216
*Compagnies d'Ordonnance avant Charles VII*, 216
*Changemens faits dans les Compagnies d'Ordonnance*, 216
*Chaque compagnie portoit la livrée de son Capitaine, & pourquoy*, 220
*Loüis XIII ôta le Hoqueton aux Gendarmes*, 221
*Magnificence des Compagnies de Gendarmerie*, 221
*Montres des Compagnies se faisoient tantôt en armes, tantôt en Robe*, 221
*Ce que c'étoit que la montre en Robe*, 222
*Solde des Gendarmes*, 223
*Lettres de retenuë, ce que s'étoit*, 224
*Chaque Capitaine outre ses appointemens, avoit une paye de Gendarme*, 224
*Le nombre des Gendarmes de chaque Compagnie, & le nombre des Compagnies a beaucoup varié depuis Charles VII*, 225
*La grande reputation des Compagnies d'Ordonnance fut sous Charles VII & sous Loüis XI*, 228
CHAP. III. *De quelques especes de Cavalerie Legere en usage dans les armées depuis Charles VII, & qui n'y sont plus aujourd'huy*, 229
*Estradiots, espece de Cavalerie Legere*, 230. *Leur armure*, 231
*Argoulets, espece de Cavalerie Legere*, 232
*Carabins, espece de Cavalerie Legere*, 232. *On les mit en Regiment*, 235
CHAP. IV. *Des changemens faits dans l'Infanterie, depuis Charles VII, & des diverses especes d'Infanterie, instituées depuis ce tems-là, & qui n'y sont plus aujourd'huy*, 237
*Milice des Francs-Archers ou Franc-Taupins, instituée par Charles VII*, 238. *Leurs armes*, 240. *Leurs Officiers*, 244. *Comment levez*, 245. *Leur nombre au moins projetté sous Loüis XI, de seize mille*, 250
CHAP. V. *Des changemens faits dans l'Infanterie Françoise sous*

Loüis XI, Charles VIII, & Loüis XII.
Loüis XI grossit son Infanterie en se servant des Suisses, 252
Charles VIII y ajoûta des Lansquenets, 252
Loüis XII engage la Noblesse à servir dans l'Infanterie, & la met sur le bon pied, 253. Il n'y avoit alors ni Mestres de Camp ni Colonels, 255

CHAP. VI. *Changemens arrivez dans l'Infanterie Françoise sous François I*, 255
Infanterie mise en bandes de 300 ou 400 hommes par le même Prince, 256
Institution des legions sous François I, 257
Question, s'il est utile à un Etat d'avoir beaucoup de Troupes étrangeres, 257
Nombre des Legions instituées par François I, & de combien de soldats composées, 258
Provinces où elles devoient être levées, 258
Officiers de ces Legions, 258
Privileges des soldats Legionnaires, 260
Cet établissement ne fut pas de durée, & l'on en revint aux bandes, 261

CHAP. VII. *D'une autre espece de gens de pied appellez Avanturiers*, 262
Desordres causez par ces troupes, 264

CHAP. VIII. *De la Charge de Colonel General de l'Infanterie Françoise, instituée par François I*, 267
Epoque de l'institution de cette Charge, 269
Grande autorité du Colonel General, 268. Augmentée par Henry II, 270. Moderée sous Charles IX, 273. Portée extrêmement haut sous Henry III par le Duc d'Epernon, 281. Cette Charge érigée en charge de la Couronne, 280
Charge de Lieutenant Colonel General de l'Infanterie Françoise créée par Henry IV, en faveur de M. de Crillon, 284
Charge de Colonel General de l'Infanterie supprimée par Loüis XIV, 285

# TABLE DES LIVRES

## LIVRE V.

De l'arrangement des troupes dans les armées, & de leur maniere de combattre, de leur arrangement dans les campemens, &c. sous la troisiéme Race.

Chap. I. *De l'arrangement des troupes dans les batailles, & de leur maniere de combattre*, 289
*Difficulté de ce sujet*, 289
*Arrangemens des armées Romaines*, 291
*Les François ne se regloient pas sur ce modele*, 293
*Bataille de Bovines*, 294
*Reflexions sur cette bataille*, 303
*Bataille de Cressi*, 306
*Reflexions sur cette bataille*, 306
*Bataille de Maupertuis ou de Poitiers*, 308
*Plan de cette bataille*, 310
*La Gendarmerie dans ces tems-là commença à combattre à pied, & cet usage dura long-tems*, 310
*Maniere de combattre des Lanciers*, 312
*La Cavalerie n'escadronnoit point en France avant le Regne de Henry II*, 314
*Comment la petite armée du Prince de Condé à la bataille de saint Denis pouvoit occuper un si grand terrein*, 323
*Enfans perdus*, 326
*Maniere ordinaire de ranger aujourd'huy les armées*, 328
*Ordre de Loüis XIV pour la disposition des bataillons pour un jour de combat*, 330
*Disposition des Escadrons pour un jour de combat*, 333
Chap. II. *Du cry d'Armes*, 335
*Du cry de guerre des François* Montjoye saint Denis, 336
Chap. III. *De l'arrangement des armées dans les marches*, 342
*Marche d'une armée en colomnes*, 342. 343
*Belle marche de feu Monseigneur, du camp de Vignamont*, 342
*Belle retraite d'Alexandre de Parme, devant l'armée de Henry IV*, 345

### ET DES CHAPITRES.

CHAP. IV. *Arrangement dans les marches des troupes particulieres,* 347
- *Arrangement des armées dans les campemens,* 352
- *Campemens de Gonsalve de Cordoüe, General Espagnol sur le Garillan, du tems de Loüis XII,* 353
- *Campement du Connétable Anne de Montmorency sous Avignon,* 355 — 393
- *Du Prince Loüis de Bade, sous Hailbron,* 355
- *Du Maréchal de Villars sur la Sarre,* 355
- *Regularité des Camps, sous le Regne de Loüis le Grand,* 356
- *Camps des Romains,* 356
- *Maniere de camper ordinaire,* 357

CHAP. V. *Du service des troupes dans les Garnisons,* 355
- *Ce que signifioit autrefois le mot de Garnison,* 355
- *Discipline exacte des Garnisons sous Loüis le Grand,* 357
- *Maniere de monter la garde dans les Villes de guerre,* 358
- *Maniere de descendre la garde,* 361
- *Précaution pour la fermeture des portes,* 363, & *pour les ouvrir,* 364
- *Du mot & de l'ordre,* 366
- *Les patrouilles,* 369
- *Les rondes,* 369

CHAP. VI. *De l'exercice des troupes,* 373
- *Exercice des Grecs & des Romains,* 373
- *Formule d'exercice des Grecs rapporté par Elien, se faisoit en termes semblables à ceux d'aujourd'huy,* 374
- *Maniere de faire faire l'exercice à la Gendarmerie du tems de Loüis XI,* 376
- *Exercice fort negligé en France durant les guerres civiles de Religion,* 380

---

## LIVRE VI.

CHAP. I. *Des armes défensives sous la troisiéme Race,* 382
- *Cotte de mailles,* 383
- *Précautions pour rendre les armes défensives, impenetrables,* 383
- *Description des armes défensives,* 385

ñ iij

# TABLE DES LIVRES

| | |
|---|---|
| Hauber, | 387 |
| Le plastron, | 388 |
| Le heaume, | 389 |
| Le cimier, | 389 |
| Le bouclier, 391 ; durée des boucliers, | 392 |
| Changement du Hauber en armure de pur fer, | 395 |
| Figure d'un Gendarme armé de toutes pieces, | 400 |
| CHAP. II. Des armes défensives des chevaux, | 402 |
| Bardes, | 403 |
| Chamfrain, | 405 |
| CHAP. III. Des armes défensives de l'Infanterie, | 406 |
| CHAP. IV. Des armes offensives de l'Infanterie, sous la troisiéme Race jusqu'à l'invention des armes à feu, | 408 |
| Difference des armes des hommes libres & des serfs, | 409 |
| Des épées, des poignards ou dagues, | 411 |
| Epée d'Ogier le Danois à saint Pharon de Meaux, | 411 |
| Epées des François étoient courtes, | 413 |
| Diverses épées representées, | 415 |
| Poignards appellez misericordes, | 416 |
| Fleches appellées quarreaux ou garros, | 417 |
| D'où viens cette expression, le quarreau de la foudre, | 419 |
| Vireton, espece de fleche, | 419 |
| Diverses especes de fleches representées, | 420 |
| Matras, espece de dard, | 421 |
| Arbaléte, sa description, | 422 |
| L'arbaléte & l'arc encore en usage en France sous le Regne de François I. & en Angleterre du tems de Loüis XIII, | 426 |
| La lance, quand l'usage en a été aboli en France & en Hollande, | 430. 431 |
| Haches de diverses sortes en usage à la guerre, | 432 |
| Haches d'armes, | 432 |
| La massuë ou masse, | 433 |
| Massues de Rolland & d'Olivier à Roncevaux, | 433 |
| Diverses masses d'armes representées, | 434 |
| Piques, leur ancienneté, | 435 |
| Hallebarde, | 437 |
| Frondes, | 437 |
| Maillets, | 438 |

## ET DES CHAPITRES.

**CHAP. V.** *Des armes offensives, depuis l'invention des armes à feu,* 441

*On se servit long-tems des anciennes armes avec les armes à feu,* 441

*Epoque des armes à feu beaucoup plus anciennes qu'on ne le croit communément,* 441

*Nom de canon donné aux armes du plus petit calibre,* 443

*Nom de couleuvrines pareillement,* 443

*Les douze Apôtres de l'Empereur Charles V,* 445

*Canon de Loüis XI de cinq cents livres de bale,* 445

*Autres canons fameux dans l'Histoire,* 446

*Couleuvrine de Nancy,* 447

*Boulets de pierre & de grais,* 447

*Découverte de ces sortes de boulets à Paris en 1712,* 448

*La grosse artillerie a passé de France en Italie,* 450

*Loüis XI le premier de nos Rois qui ait eu une nombreuse artillerie,* 450

*L'artillerie s'est fort perfectionnée sous l'Empereur Charles V,* 451

*Invention d'un double canon nommé Jumelle,* 451

*Invention d'un triple canon par un Religieux Italien,* 451

*Invention du Chevalier Follard d'un canon de 24 infiniment plus leger que ceux de ce calibre, 453; affût de ce canon,* 456

*Avantage de ce canon,* 457

*Invention d'un canon qui se chargeois par la culasse, elle est du sieur de la Chaumette,* 457

*Canons appellez pierriers. Leur usage,* 458

*Affûts de Pompée Targon au siege de la Rochelle,* 459

*Problème, sçavoir si le canon recule avant que le boulet soit sorti,* 460,

*Calibres dont on se sert en France,* 462

*Arquebuse à croc,* 462

*Arquebuse montée sur un fût,* 462

*Epoque de cette invention,* 463

*Arquebuse à Roüet,* 463

*Pistolets à Roüet,* 463

*Petrinaux,* 464

*Mousquets,* 464

*Carabines rayées,* 466

# TABLE DES LIVRES.

| | |
|---|---|
| Fusil armé d'une bayonnette, | 466 |
| Hache d'armes-pistolet, | 467 |
| Epée-pistolet, | 467 |
| CHAP. VI. Des ornemens des armes, | 468 |
| Cimiers, | 468 |
| Lambrequins, | 468 |
| Pennaches ou bouquets de plumes, | 469 |
| Cotte d'armes, | 470 |
| Echarpes, | 474 |
| Echarpes blanches propres de la nation Françoise, | 474 |
| Quelques remarques Historiques sur ce sujet, | 475 |
| Eperons dorez, propres des Chevaliers, | 478 |
| Eperons argentez, propres des Ecuyers, | 478 |
| Bouclier, ornemens du bouclier, | 479 |
| Lances ornées de banderolles, | 480 |
| CHAP. VII. Des étendarts, | 481 |
| Gonfanons sous la seconde Race, | 481 |
| Etendart Royal, | 481 |
| Etendart des Empereurs, | 484 |
| CHAP. VIII. De la chape de saint Martin, | 487 |
| Ce que c'étoit que la chape de saint Martin. Sçavoir si c'étoit un étendart, | 488 |
| Ce n'étoit point un étendart, | 489 |
| Ce n'étoit point l'etendart de l'Abbaye de saint Martin de Tours, 489 | |
| Ce que c'étoit, | 492 |
| CHAP. IX. De l'Oriflamme, | 494 |
| Ce que c'etoit que l'Oriflamme, | 494 |
| Quand on a commencé à la porter dans les armées, | 497 |
| C'étoit le premier étendart de l'armée, & qui alloit à la tête, | 497 |
| Avec quelle ceremonie on le prenoit à saint Denis, | 497 |
| On le porta encore à la guerre sous Loüis XI, | 500 |
| De l'Oriflamme de la Maison d'Harcour, | 501 |
| CHAP. X. De l'etendart Royal & de la cornette blanche, | 504 |
| Il y a eu de tems immemorial un etendart Royal dans les armées de France, au moins quand le Roy les commandoit en personne, | 504 |
| La Croix blanche dans les étendarts de France trés-anciens, | 505 |

*Cornette*

# ET DES CHAPIRES. xxxv

*Cornette blanche, mention frequente de cet étendart dans les guerres civiles de Religion,* 507

*Ce n'étoit point la Cornette blanche du Colonel General de la Cavalerie Legere,* 507

*Differences de ces deux Cornettes,* 508

*Celle dont il s'agit étoit l'étendart du Roy,* 510

*Ceux qui combattoient sous cette Cornette,* 512

*La Cornette blanche est l'ancien Pennon Royal,* 520

*Quand les fonctions militaires du Cornette blanche ont cessé,* 523

*Fonctions & prérogatives du Porte-Cornette blanche,* 526

*Liste des Porte-Cornette blanche,* 531

CHAP. XI. *Des Trompettes, des Tymbales, &c.*

*Ancienneté de la Trompette. Elles n'ont pas toûjours eu la même figure,* 533

*Fonctions du Trompette,* 534

*Diverses manieres de sonner la trompette à la guerre,* 533

*Tambour, n'étoit point en usage dans les armées Romaines,* 534

*Diverses manieres de battre le tambour à l'armée,* 534

*Tymbales connuës autrefois sous le nom de Nacaires, sont venuës des Mahometans,*

*Nacaire n'étoit point un instrument qu'on embouchât,* 536

*Tymbales nous sont venuës d'Allemagne, & introduites dans nos armées par Loüis le Grand,* 537

---

# LIVRE VII.

De la maniere dont se sont faits les sieges sous la troisiéme Race.

CHAP. I. *De l'attaque subite des Places, & de la maniere dont on se campoit à un siege sous la troisiéme Race,* 541

*Comment les Romains emportoient les places d'emblée,* 541

*Les Gaulois & les François imiterent les Romains dans les attaques subites,* 542

CHAP. II. *Des sieges dans les formes.* 543

*Usage de la circonvallation & de la contrevallation,* 543

*Usage de la circonvallation & de la contrevallation dans la troisiéme Croisade,* 545

Tome I.

# TABLE DES LIVRES

*Philippe-Auguste s'en servit au fameux siège de Château-Gaillard, par lequel il commença la conquête de la Normandie sur les Anglois,*   546

*Siège de Calais, par Edouard troisième Roy d'Angleterre,*   547

*Siège de Grenade, par Ferdinand le Catholique,*   548

*Coûtume d'attendre l'ennemi dans les lignes a duré long-tems,*   549

*Elle a changé. Sentiment du Vicomte de Turenne sur ce point,*   550

*Méthode des Romains pour faire les approches de la place qu'ils assiegeoient, 550 ; imitée par Philippe-Auguste,*   551

*Bailles, espece de fortification qu'on attaquoit d'abord,*   552

*Manieres d'attaquer des François & des Anglois dans les sieges,*   552

*Retranchement portatif composé de Targes ou de Tallevas, pour tirer à couvert contre les assiegez,*   553. 555

**Chap. III.** *Des machines dont on se servoit dans les sieges,*   556

*Tours ambulatoires,*   556

*On se servoit encore de ces anciennes machines avec le canon,*   562

*Fin de cet usage,*   563

*Tranchées. Quand on a commencé à s'en servir, 563 ; on les appella d'abord du nom de mines, 565 ; M. de Monluc les perfectionna, 567 ; habileté des Ingenieurs de notre tems sur ce point, 568 ; pratique de notre tems,*   571

**Chap. IV.** *Des mines dans les sieges sous la troisiéme Race,*   573

*Comment se faisoient autrefois les mines, 573 ; cette maniere a duré long-tems depuis l'invention de la poudre, 573 ; quand on a commencé à charger les mines avec la poudre, 574 ; perfection de l'art des mines sous Loüis le Grand,*   575

**Chap. V.** *Des feux d'artifice pour l'attaque des Villes,*   575

*Feu Grégeois employé par Philippe-Auguste,*   576

*Feux d'artifice devenus fort communs sous Philippe II Roy d'Espagne dans les guerres civiles des Pays-Bas,*   577

*Feu mis aux tranchées des François par les Espagnols au siege d'Orbitelle,*   578

**Chap. VI.** *Des bombes & de l'époque de leur invention,*   579

*Employées pour la premiere fois au siege de Waktendonc,*   581

*Maniere de bombarder sans mortier,*   581

## ET DES CHAPITRES.

*Description de la grosse bombe destinée pour ruiner le Port & la Ville d'Alger,* 583
CHAP. VII. *Epoque de l'invention des grenades, des pots à feux, des carcasses & des perdreaux,* 585
  *Grenades,* 585
  *Carcasses,* 586
CHAP. VIII. *Du petard,* 588
  *Epoque de l'invention du petard,* 589
  *Autres feux d'artifice,* 589
CHAP. IX. *Des machines infernales,* 590
  *Epoque des machines infernales,* 591
  *Description de la premiere machine infernale au siege d'Anvers, en 1585,* 592
  *Seconde machine infernale au même siege,* 596
  *Coupe de la machine infernale de Saint Malo representée,* 597

## LIVRE VIII.

De la défense des Places & de leurs diverses espèces de fortifications sous la troisiéme Race.

*Comment les Romains fortifioient leurs Places,* 599
CHAP. I. *Manieres de fortifier les Places chez les François,* 591
  *Les François imiterent les Romains en cette matiere,* 601
  *Machicoulis,* 601
  *Fortifications rondes,* 601
  *Fortifications angulaires,* 601
  *Premieres Villes fortifiées de cette maniere,* 602
  *Herse, son antiquité,* 602
  *Bailles, espece de fortification,* 603
  *Barbacane,* 604
  *Epoque de la multiplication des dehors,* 606
  *Le Prince d'Orange Maurice de Nassau en est l'auteur,* 607
  *Figure des divers dehors d'une Place de guerre,* 608
  *Plan de l'attaque d'une ville assiegée,* 609
  *Donjeon,* 612
  *Poternes dans le fossé, leur usage,* 613

Galeries couvertes dans le fossé, leur usage, 614
Tours de bois élevées sur le rempart, 615
Contremines, 616
Combats dans les mines, 616
La veille d'armes se faisoit dans les mines. 109. 617
CHAP. II. Des Capitulations pour la reddition des Places, 619
Subtilité d'un Gouverneur Anglois pour sauver sa garnison & ses bagages, 622.

HISTOIRE

# HISTOIRE DE LA MILICE FRANÇOISE,

ET DES CHANGEMENS QUI S'Y SONT FAITS depuis l'établissement de la Monarchie dans les Gaules, jusqu'à la fin du Regne de LOUIS LE GRAND.

## LIVRE PREMIER.
### DE LA MILICE FRANÇOISE SOUS LA PREMIERE RACE.

E traiterai dans ce premier Livre principalement de trois choses. Premierement, des Armes, tant défensives, qu'offensives, dont usoient les François quand ils conquirent les Gaules. Secondement, de leurs Armées, & de tout ce qui peut y avoir rapport. Troisiémement, de leur maniere de faire & de soutenir des Sieges.

*Tome I.*          A

## CHAPITRE PREMIER.

*Des Armes des François, lorsque Clovis fit la conquête des Gaules.*

JE ne puis mieux commencer cette Histoire, que par la description que Sidoine Apollinaire fait de l'équipage des François à la journée où Aëtius General des Romains défit leur Roi Clodion bifayeul de Clovis dans le pays d'Artois.

« Ce sont, dit-il, des hommes de haute taille, vêtus d'habits fort
« étroits. Ils ont une espece de baudrier ou de ceinturon qui les
« serre par le milieu du corps. Ils jettent leurs haches, & lancent
« avec une force merveilleuse leurs javelots, & ne manquent jamais
« leur coup. Ils manient leurs boucliers avec beaucoup d'adresse;
« & s'élancent avec tant d'agilité, qu'ils semblent aller plus vîte
« que leurs javelots. Ils s'adonnent à la guerre dès leur enfance; si
« le nombre des ennemis les accable, ils affrontent la mort sans faire
« paroître la moindre épouvante. Ils tiennent ferme, & leur valeur
« paroît peinte sur leur visage même après leur mort.

C'est dans le Panegyrique qu'Apollinaire fit pour l'Empereur Majorien, qu'il dépeint ainsi les François. Il vivoit dans le même siécle que Clodion : mais ses vers en cet endroit sont presque dignes de celui de Virgile par leur élegance, & meritent d'être transcrits ici, nonobstant la résolution où je suis d'épargner ordinairement à mes Lecteurs ces longues citations latines.

*Strictius assuta vestes procera coërcent*
*Membra virûm. Patet iis arctato tegmine poples*
*Latus, & angustam suspendit balteus alvum.*
*Excussisse citas vastum per inane bipennes*
*Et plaga praescisse locum, clypeosque rotare*
*Ludus, & intortas praecedere saltibus hastas*
*Inque hostem venisse prius. Puerilibus annis*
*Est belli maturus amor; si forte premantur*
*Seu numero, seu forte loci, mors obruit illos*
*Non timor: invicti perstant, animoque supersunt*
*Jam propè post animam.*

Nous voyons ici marquées trois sortes d'armes; une hache *bipennis*; une lance, ou un javelot *hasta*, & un bouclier *clypeus*, & outre cela un baudrier, ou plutôt un ceinturon où leur épée étoit attachée. Nous voyons aussi par ces vers quelque chose de la maniere dont ils se servoient de leurs haches, & de leurs lances: mais l'Historien Procope aussibien qu'Agathias particularise encore plus les choses qu'Apollinaire. Ces deux Historiens de l'Empire étoient contemporains de nos premiers Rois, & Procope Secretaire du fameux Belisaire étoit témoin oculaire de ce qu'il rapporte. Voici ce que dit Procope, en parlant de l'expedition que les François firent en Italie sous Theodebert I. Roi de la France Austrasienne.

Armes des François, quand ils conquirent les Gaules.

» Ce Roi, dit-il, parmi les cent mille hommes qu'il conduisoit en
» Italie, avoit fort peu de Cavaliers qui étoient tous autour de sa
» personne: ces Cavaliers seuls portoient des javelots, *qui soli hastas*
» *ferebant*: tout le reste étoit Infanterie. Ces piétons n'avoient ni
» arc ni javelot, *non arcu, non hastâ armati*. Toutes leurs armes
» étoient une épée, une hache, & un bouclier. Le fer de la hache
» étoit gros & à deux tranchans; le manche étoit de bois, & fort
» court. Au moment qu'ils entendent le signal, ils s'avancent; &
» au premier assaut, dès qu'ils sont à portée, ils lancent leur hache
» contre le bouclier de l'ennemi, le cassent, & puis sautant l'épée
» à la main sur leur homme, ils le tuent.

L. 2. de bello Goth. c. 25.

Agathias donne aussi des javelots à l'Infanterie, & convient en cela avec Apollinaire contre ce que dit Procope. Cela veut dire que leur maniere de combattre n'étoit pas toujours la même; que les Generaux les armoient tantôt d'une façon, & tantôt d'une autre, ainsi qu'on fait aujourd'hui: ou bien qu'une partie de l'Infanterie combattoit avec la hache & l'épée, & que les autres avoient des javelots, de même que nos Fantassins ont eu de notre tems, les uns des mousquets, les autres des fusils, les autres des piques, d'autres des bayonnettes avec le fusil.

Loc. cit.

» Les armes des François, dit Agathias, sont fort grossieres. Ils
» n'ont ni cuirasse, ni bottes. Peu ont des casques.... Ils n'ont gue-
» res de Cavalerie, mais ils se battent à pied avec beaucoup d'adresse
» & de discipline. Ils ont l'épée le long de la cuisse, & le bouclier
» sur le côté gauche. Ils ne se servent ni d'arc, ni de fronde, ni
» de fleches, mais de haches à deux tranchans, & de javelots. Ces

L. 2.

A ij

» javelots ne font ni fort longs, ni fort courts. On peut s'en servir
» contre l'ennemi en les tenant à la main, ou en les lançant. Ils
» font tout couverts de fer, excepté à la poignée. Au haut en ap-
» prochant de la pointe, il y a deux fers recourbés, un de chaque
» côté. Dans le combat ils jettent ce javelot contre l'ennemi ; & il
» s'engage tellement dans la chair par ces deux petits crocs qu'il a
» aux deux côtez de sa pointe, qu'il est difficile de l'en tirer ; ce qui
» cause de grandes douleurs, & peu réchapent de ces blessures,
» quand même elles ne seroient pas d'abord mortelles. Si l'ennemi
» pare le coup, & que le javelot donne dans le bouclier, il y demeure
» embarassé & suspendu par sa pointe, & par ces mêmes crocs ; &
» comme il est assez long & fort pesant, son poids le fait traîner jus-
» qu'à terre : il ne peut être arraché du bouclier ni coupé avec le
» sabre, parce qu'il est couvert de fer. Au moment de cet embar-
» ras le François qui a jetté le javelot s'avance en sautant, met le
» pied sur le bout du javelot qui touche à terre ; & appuyant dessus,
» oblige l'ennemi malgré qu'il en ait, à pencher son bouclier, & à
» se découvrir. C'est alors qu'avec la hache, ou avec un autre ja-
» velot, ou avec l'épée dont il le frape au visage ou à la gorge, il
» le tue.

C'est ainsi que cet Auteur décrit la chose ; & Apollinaire dit, que le François après avoir jetté son javelot, faisoit le mouvement que je viens de dire avec tant de promptitude & de legereté, qu'il sembloit arriver à l'ennemi avant le javelot même qu'il avoit lancé.

*Et intortas praecedere saltibus hastas*
*Inque hostem venisse priùs.*

L. 2. cap. 27.

Gregoire de Tours s'accorde avec tous ces Auteurs que je viens de citer. Car racontant la revue que Clovis fit de ses troupes peu de tems après la bataille de Soissons, il le fait parler de la sorte à un Soldat. » Il n'y a personne ici dont les armes soient en desordre com-
» me les vôtres ; ni votre javelot, ni votre épée, ni votre hache ne
» sont point en état de vous servir : *Neque tibi hasta, neque gladius,*
» *neque bipennis est utilis.* Il ne donne point là d'autres armes à ce

L. 10. cap. 10.
L. 8. cap. 31.

Soldat, que celles dont parlent Apollinaire, Procope & Agathias : mais dans quelques autres endroits il marque que les François portoient un poignard pendant à leur ceinture.

Je fais representer ici un Soldat François, non seulement armé des armes que les Auteurs contemporains que j'ai citez lui attribuent, mais encore vêtu de cet habillement court & étroit qu'Apollinaire lui donne :

> *Strictius assuta vestes procera coërcens*
> *Membra virûm. Patet his arctato tegmine poples*
> *Latus.*

On sera peut-être surpris de la maniere de chevelure avec laquelle on le represente : mais c'est d'après les mêmes Auteurs contemporains. Agathias dit que les particuliers François, c'est-à-dire qui n'étoient pas Princes de la Maison Royale, devoient être rasez tout à l'entour de la tête : *Cum privati in orbem tonderi soleant.* Apollinaire dit pareillement qu'ils avoient le derriere de la tête rasé :

L. 1.

> *Hic tonso occipiti senex Sicamber.*

L. 8. Epist. 9.

Il repete la même chose dans le Panegyrique de Majorien :

> *Nudataque cervix.*
> *Setarum per damna nitet.*

Il ajoute qu'ils se conservoient les cheveux du haut de la tête, qu'ils les relevoient en façon d'aigrette, & les faisoient tomber vers le front :

> *Hic quoque monstra domas rutili quibus arce cerebri*
> *Ad frontem coma tracta jacet, nudataque cervix*
> *Setarum per damna nitet.*

Enfin les tresses & le nœud de leurs cheveux sont aussi marquez dans ce vers de Martial :

> *Crinibus in nodum tortis venere Sicambri.*

L. 1. Epigramm.

Ils avoient la barbe rase, excepté qu'ils conservoient d'assez longues moustaches au-dessus de la lévre superieure, suivant cet autre vers d'Apollinaire :

> *Vultibus undique rasis*
> *Pro barba tenues perarantur pectine cristæ.*

Sidon. Apoll. carm. 5.

On voit par tout ceci, que la figure de ce Soldat François n'exprime que ce que l'Histoire nous apprend de leur chevelure & de leur habillement. Cette figure est accompagnée des autres armes dont parlent les Auteurs que j'ai citez, & de celles qui furent trouvées dans le tombeau de Childeric pere de Clovis l'an 1653. auprès de Tournay, avec le javelot qu'il tient à la main dans un cachet d'or, qui fut la plus considerable des pieces que ce précieux monument renfermoit. Ce javelot étoit le javelot ordinaire des autres

Nations, & le fer de la hache celui d'une hache commune. Ainsi les François avoient pour armes des javelots & des haches de differentes façons. Tous ces beaux restes trouvez dans le tombeau de Childeric sont depuis plusieurs années à la Bibliotheque du Roi.

*L. 1. cap. 36.*

La chaussure du Soldat est aussi celle des anciens François, dont le Moine de S. Gal dit que le soulié étoit attaché au pied avec une longue courroye ou ruban, dont les deux côtez depuis le pied montoient en s'entrelassant & se croisant autour de la jambe & de la cuisse, jusqu'au haut de la cuisse où l'on les arrêtoit.

A. Javelot avec des crochets, tel que le décrit Agathias.
B. Javelot tel que celui de Childeric dans son Cachet.
C. Hache à deux tranchans, telle que la décrit Procope.
D. Fer d'une hache mangé de rouille, trouvé dans le tombeau de Childeric.
E. Chevelure des François.
F. Chaussure des François.
G. Epée Royale de Childeric.

*Les Soldats François n'avoient ni casques ni cuirasses.*

*Gesta Regum Francor. cap. 41.*

Tout rare qu'étoit l'usage des casques & des cuirasses, les Generaux au moins en portoient, & sur-tout les Princes quand ils commandoient en personne. Dagobert n'étant encore que Roi d'Austrasie, en combattant contre les Saxons, » eut, dit un de nos » anciens Historiens, son casque percé ou cassé d'un coup qui lui » emporta une partie de sa chevelure.

*Ibid.*

» Clotaire II. son pere étant venu à son secours en cette occa- » sion avec une armée levée en deçà du Rhin, parut, dit le même » Historien, sur le bord de la riviere du Veser, où il se fit connoître » de loin au Duc des Saxons, ayant ôté son casque & fait paroître » sa longue chevelure. L'usage des cuirasses s'établit aussi parmi les François avec le tems ; c'étoient, selon Gregoire de Tours, des cottes de mailles. Ils prirent cette armure des Gaulois, car Varron en attribue l'invention à ces peuples.

*L. 7. c. 38.*

*Ils ne se servoient à la guerre, ni d'arcs, ni de fléches.*

*Titulo de Vulneribus, n. 2.*

*Objection ti-*

Mais sur ce que dit Procope & Agathias, que les François ne se servoient point d'arcs ni de fléches, on pourroit faire une difficulté tirée de la Loi Salique. Car au Titre vingtiéme il est dit : Si un homme en blesse un autre avec une fléche empoisonnée, qu'il soit condamné à soixante-deux sols d'or d'amende. *Si quis alterum de sagitta toxicata percutere voluerit, &c.* Et au Titre 32. on lit ces paroles : Si un homme coupe à un autre le second doigt qui sert à

H. *Fer de Lance trouvé dans le tombeau de Childeric.*

bander l'arc, qu'il soit condamné à payer trente-cinq sols d'or. *Si secundum digitum quo sagittatur, excusserit, &c.* Il paroît donc que les François avoient l'usage de l'arc & des flèches.

*tit. de la Loi Salique.*
*Tit. de Debilitatibus, n. 4.*

Je réponds, qu'on ne peut pas douter après ces autoritez qu'ils n'eussent cet usage, non pas pour la guerre, mais pour la chasse. Il étoit impossible qu'ils s'en passassent dans cet exercice, qui leur étoit fort ordinaire. La Loi Salique ne faisant là nulle mention de la guerre ; & Agathias écrivant ce qui se passoit de son tems, & Procope parlant des combats dont il étoit lui-même témoin, sont tres-croyables sur cet article, & prouvent que l'explication que je donne à ces termes de la Loi Salique, est veritable.

*Réponse à l'Objection.*

Ils s'en servoient aussi pour se défendre dans les Sieges, & derriere des retranchemens quand on les y attaquoit. Nous l'apprenons de Sulpice Alexandre ancien Auteur de l'Histoire des François, dont Gregoire de Tours cite un fragment.

*Ils s'en servoient aux Sieges des Places qu'ils défendoient, & à la chasse.*
*L. 2. c. 9.*

Il y raconte, que Quintin un des Lieutenans du tyran Maxime dans les Gaules, passa le Rhin pour aller châtier les François qui avoient fait des courses aux environs de Cologne ; que les François faisant semblant d'avoir peur, se retirerent dans les bois ; que ce General les poursuivit, & en trouva quelques-uns retranchez dans des défilez qui étoient à l'entrée d'une forêt ; qu'il voulut les prendre en flanc par des marécages dont la forêt étoit bordée ; qu'alors les François étant sortis par divers endroits en très-grand nombre, ils investirent les Romains qu'ils avoient laissez exprès s'engager dans le marais, & qu'ils en firent un grand massacre.

Cet Auteur marque, que ceux qui s'étoient retranchez dans les défilez à l'entrée de la forêt, tiroient de leurs retranchemens quantité de flèches empoisonnées contre les Romains, dont les moindres blessures devenoient mortelles. \*

Ce que je dis de l'usage des flèches dont les François se servoient derriere leurs retranchemens, paroît être aussi veritable de l'usage de la fronde, quoique dans les combats de campagne ils ne s'en servissent point non plus que de flèches, selon le témoignage d'Agathias : car Gregoire de Tours parlant de Sagittaire Evêque de Gap à l'occasion du siege de Comminges, dit que cet Evêque paroissoit

*L. 3. c. 37.*
*Ils se servoient aussi de frondes dans les Sieges.*

---

\* Qui conjunctis arborum truncis vel concidibus superstantes, velut è fastigiis turrium, sagittas tormentorum ritu effudère inlitas herbarum venenis, ut summæ cuti neque lethalibus inflicta locis vulnera haud dubiæ mortes sequerentur.

souvent armé sur les remparts, & jettoit des pierres contre les Soldats de l'armée du Roi de Bourgogne qui assiegeoit cette place.

Par tout ce que je viens de dire, on voit que les François dans leurs combats de campagne n'avoient que trois sortes d'armes offensives, sçavoir l'épée, le javelot qui leur servoit aussi comme de lance, & la hache ou Francisque ; qu'ils n'avoient communément pour armes défensives que le bouclier seulement, sans casque pour la plûpart, & sans cuirasse ; & qu'outre cela dans les sieges qu'ils soûtenoient, ils se servoient comme les autres peuples de flèches & de frondes.

C'est une remarque qui n'est pas à negliger, que Corneille-Tacite parlant des Armes des peuples de la Germanie de son tems *In Lib. de Germaniâ.* en dit diverses circonstances fort conformes à ce que je viens de citer d'Apollinaire, de Procope, & d'Agathias. Il leur donne des lances, *Hastas frameas*, dont ils combattoient de près, ou de plus loin, ne les jettant, *Ut eodem telo cominùs & eminùs pugnent.* Selon lui encore peu se servoient de cuirasse & de casque : *Paucis Lorica, vix uni alterive cassis aut galea.* Ce défaut d'armes défensives venoit sans doute de ce que dans le pays les François n'avoient ni l'art ni l'adresse de s'en faire. Mais c'est en même tems une grande preuve de leur valeur & de leur intrepidité, d'avoir entrepris avec ce desavantage de faire des conquêtes sur les Romains & sur les Gaulois, qui étoient tres-bien armez, de leur livrer des batailles, de les avoir défaits, & soumis à leur domination.

Quant à la figure de leur bouclier, je ne la trouve nulle part dans les anciens Auteurs. C'étoit une necessité qu'ils eussent beaucoup de hauteur & quelque largeur, puisque c'étoit leur unique arme défensive qui devoit couvrir tout le corps. Au reste, je suis fort persuadé que les armures des François changérent beaucoup depuis qu'ils furent dans les Gaules. Et pour ce qui est des flèches, si on n'en fit point d'usage dans les armées sous la premiere Race, il est certain qu'on s'en servoit sous la seconde dès le tems de Charlemagne, comme je le dirai en parlant de la Milice Françoise sous la seconde Race. En lisant attentivement nos anciennes Histoires, on y remarque de quelles espèces de troupes les armées Françoises étoient composées sous la premiere Race, & les changemens qui s'y firent à cet égard en divers tems.

CHAPITRE II.

## CHAPITRE II.

*Des Armées des François sous la premiere Race. De la maniere dont ils faisoient les Sieges, &c.*

Clovis ayant conquis une grande partie des Gaules, il falloit pour s'y établir, ou qu'il en chassât tous les habitans, ou qu'il les dépoüillât de tous leurs biens, ou qu'il partageât les terres entr'eux & les François. Il est certain qu'il ne les chassa pas, & qu'il ne leur enleva pas tout ce qu'ils possedoient : mais d'ailleurs l'Histoire ne nous dit point comment on s'accommoda pour les partages des terres, qui certainement se firent. Nous n'avons pour en conjecturer la maniere, que l'exemple des autres Nations, qui s'étoient établis dans les Gaules avant l'arrivée des François ; sçavoir les Visigots, & les Bourguignons. Nous voyons par les Loix de ces deux peuples, que les Terres qu'ils occupérent furent partagées en trois. Que les Vainqueurs en prirent deux parts pour eux, & laissérent la troisiéme aux vaincus. Voici ce qu'on lit dans la Loi des Visigots sous ce titre : *De divisione terrarum facta inter Gothum & Romanum* ; c'est-à-dire, de la division des Terres entre le Got & le Romain, ou le Gaulois ; car les Nations qui s'emparérent des Gaules donnoient aux Gaulois le nom de Romains, parce qu'ils avoient été jusqu'alors Sujets de l'Empire Romain. Voici, dis-je, ce que dit la Loi des Visigots : » Que le Gaulois n'usurpe » rien des deux parts du Got ; & que le Got n'usurpe rien du » tiers du Gaulois : mais que le partage qui a été fait entre les » parens & les voisins ne soit point changé par leurs heritiers. *Nec de duabus partibus Gothi aliquid sibi Romanus præsumat aut vindicet, nec de tertia Romani Gothus audeat aliquid usurpare, &c.* Les Bourguignons en usérent de même à l'égard des Gaulois, dont ils envahirent le pays. Theodoric Roi des Ostrogots avoit gardé la même regle en Italie. Ainsi ce n'est pas deviner que de dire que Clovis suivant tous ces exemples en usa de la même maniere.

Depuis ce partage, les Romains ayant été dans la suite entie-

*Comment se fit la division des Terres conquises entre les François vainqueurs, & les Gaulois vaincus.*

Codex Leg. l. 10. tit. 8.

Lex Burgund. tit. 54. Cassiod. l. 2. epist. 16.

rement exclus des Gaules, les François & les Gaulois ne firent plus ensemble qu'un Etat, & les uns & les autres devoient contribuer à le défendre. Cela supposé, voici les reflexions que j'ai faites touchant les armées Françoises de ces premiers tems de la Monarchie.

*Armées du tems de Clovis, composées des seuls François.*

Du tems de Clovis les troupes n'étoient guéres composées que de François. Il étoit entré dans les Gaules avec une formidable armée; & après sa conquête plusieurs François passèrent le Rhin pour venir s'y établir. Ils étoient tous Guerriers, & Clovis n'avoit point besoin d'autres troupes. Il est vrai que les Bourguignons alliez de ce Prince lui servirent une fois de Troupes auxiliaires; ce fut à la bataille de Voüillay, où Alaric Roi des Visigots fut tué: mais il n'est fait sous ce regne nulle mention de troupes Gauloises dans les armées.

*Isidor. Hist. Goth.*

*Pareillement sous les fils de Clovis pendant plusieurs années.*

Les choses semblent avoir été encore sur le même pied sous le regne des fils de Clovis; car dans les guerres que Childebert, Clotaire, & Clodomir firent en Bourgogne; dans celles que ce dernier y fit avec son autre frere Thierry; dans celle que celui-ci fit en Turinge, on n'y parle que de François. Après que Childebert, Clotaire, & leur neveu Theodebert eurent fait la conquête entiere du Royaume de Bourgogne, & qu'ils l'eurent uni pour toujours à l'Empire François, on voit les Bourguignons, mais non pas les Gaulois originaires du pays faire une partie des armées Françoises. Ainsi Theodebert envoya dix mille Bourguignons au siege de Milan, que faisoit Vitigez Roi des Ostrogots, avec qui il s'étoit ligué contre les Romains.

*Les Bourguignons y furent reçûs dans la suite;*

*Procop. loc. cit. Agathias, loc. cit.*

*& puis les Allemans.*

L'armée de soixante & quinze mille hommes qui alla en Italie du tems de Theodebalde Roi d'Austrasie, fils de Theodebert, & qui fut entierement défaite par Narsez, n'étoit composée que de François & d'Allemans. On ne fait mention que des François dans les guerres que Childebert & Clotaire firent aux Visigots d'Espagne. Enfin, il me paroît que sous ces Regnes, les armées n'étoient encore composées que de François, de Bourguignons, & d'Allemans, & de quelques autres peuples de la Germanie, & que les Gaulois subjuguez n'en faisoient point encore partie; non pas qu'il ne pût y avoir quelques Gaulois mêlez, mais ils ne faisoient point de corps particulier, & il n'y en avoit point en grand nombre. Ils contribuoient à la guerre par les tributs qu'on leur imposoit, & par des corvées dont je parlerai dans la fuite, aufquelles étoient obligez ceux qui n'alloient point à l'armée.

Clotaire, le cadet des quatre fils de Clovis, étant devenu feul Monarque de tout l'Empire François, par la mort de fes freres & de fes neveux, eft à mon avis celui qui fit du changement à cet égard, parce que c'eft dès le commencement des regnes de fes enfans que ce changement paroît dans notre Hiftoire. La maniere dont nos Hiftoriens s'expriment depuis ce tems-là, en parlant des armées Françoifes, eft une preuve évidente de ce que j'avance; & ce point me femble tres-remarquable.

*Les Gaulois, ou originaires du pays y furent admis fous Clotaire I.*

Alors quand on parle de guerre, ce ne font plus feulement les François qui marchent, ce font les troupes du Berri, *Biturici*; les troupes du Maine, *Cænomanici*; les troupes d'Anjou, *Andegavi*, & des autres Provinces de France: c'eft ainfi que s'expriment deformais les Auteurs fous la premiere Race; ce qui marque que les François & les Gaulois habitans de ces Provinces, marchoient confondus enfemble pour le fervice. Voici donc ce que Clotaire I. paroît avoir reglé fur ce fujet.

*Les Troupes alors prirent le nom des Provinces qui les fournif- foient.*

Premierement, que les Gaulois feroient reçûs dans les Troupes, auffibien que les François & les autres Nations foumifes à l'Empire François. Les François & les Gaulois avec le tems s'étoient alliez enfemble par les mariages, & ils ne fe regardoient plus comme des vaincus & des Vainqueurs. Près de foixante ans paffez depuis l'entrée de Clovis dans les Gaules avoient fait ceffer l'antipathie; la plûpart des François s'étoient faits Chrétiens: ils étoient devenus plus fociables & moins barbares, par la focieté qu'ils avoient depuis fi longtems avec les Gaulois; & quoique les deux Nations euffent encore plufieurs chofes qui leur étoient particulieres, jufqu'à garder chacune la mode ancienne de leurs habits & de leur chevelure, ainfi que je le remarquerai ailleurs, neanmoins elles commencérent enfin à fe regarder comme un même peuple réuni fous un même Souverain.

Secondement, Clotaire ordonna que chaque Province fans diftinction de François, de Gaulois, de Bourguignons, fourniroit dans les occafions de guerre un certain nombre de troupes, à peu près comme aujourd'hui en Allemagne les Cercles fourniffent

*Les Troupes étoient fournies par les Provinces, comme elles le sont aujourd'hui en Allemagne par les Cercles.*
*Greg. Turon. L. 4. c. 30.*

leur contingent ; & ces Troupes composées de François & d'Originaires du pays portoient le nom de la Province d'où elles étoient tirées. Ainsi peu d'années après la mort de Clotaire, Gregoire de Tours écrit que Sigebert, le cadet des enfans de ce Prince, voulant se saisir de la Ville d'Arles, fit avancer de ce côté-là les Milices d'Auvergne. *Sigebertus autem Rex Arelatensem urbem capere cupiens Arvernos commoveri præcepit.*

Parmi les Troupes que Chilperic envoya à Tours pour forcer les habitans à lui livrer le Comte Boson, sur lequel il vouloit venger la mort de son fils Theodebert, les Manceaux se distinguérent par les ravages qu'ils firent auprès de la Ville de Tours : *Cænomanici annonas avertunt, cuncta devastant, &c.*

*L. 5. c. 4.*

Dans la guerre que le même Roi Chilperic eut contre Waroc Comte de Bretagne, il donna ordre aux Milices de Touraine, du Poitou, du Maine, du pays Bessin, d'Anjou, & à plusieurs autres, de se joindre pour entrer en Bretagne. *De hinc Turoni, Pictavi, Bajocassini, Cænomanici, & Andegavi cum multis aliis in Britanniam jussu Chilperici Regis abierunt.*

*L. 4. 5. 6.*

Bien plus, nous voyons par Gregoire de Tours, que dès-lors des Seigneurs Gaulois commandoient les armées Françoises. On reconnoît ces Seigneurs Gaulois par leurs noms, qui ne sont point des noms François. Celsus commandoit l'armée Françoise, que Gontran Roi de Bourgogne envoya à Arles contre son frere Sigebert. Eunius-Mummolus commanda plusieurs fois les armées du même Roi Gontran. Celsus dont je viens de parler étoit Patrice d'Arles. Dynamius Gouverneur de Provence ; Eunomius Comte de Tours ; Lupus Duc de Champagne : c'étoit à ces Ducs, à ces Patrices, à ces Comtes, à commander les Troupes qu'ils amenoient au service. Rien ne prouve mieux ce que j'ai avancé sur ce sujet.

Les Rois François imitérent en tout cela, comme en beaucoup d'autres choses, les Visigots de-là la Loire ; car après qu'Evaric eût subjugué les Gaulois de ces Quartiers-là, il se servit dans la suite des Troupes originaires du pays que lui fournissoient les Provinces. Et dans la bataille de Voüillay, où Alaric fut tué par Clovis, ce Roi des Visigots avoit dans son armée un corps nombreux d'Auvergnacs, commandez par Apollinaire, fils du fameux Sidoine Apollinaire ; & ce Seigneur y fut tué avec presque tous ceux de sa Province qu'il commandoit.

Pour la maniere dont ces Troupes se levoient, voici ce qu'on en peut connoître par nos Histoires. Les François dans le partage des Terres, dont les Gaulois furent obligez de leur ceder une grande partie, eurent ces Terres franches & exemptes de toutes charges, excepté de l'obligation du service qu'ils devoient faire au Roi en tems de guerre.

Les Seigneurs Gaulois qui contribuoient pour la guerre d'une autre maniere, furent mis dans la suite sur le même pied que les Seigneurs François, & conduisoient aussi les gens de leurs Terres aux expeditions militaires; & de là vint que comme les Seigneurs, tant François que Gaulois, fournissoient leur contingent, on commença, comme je l'ai dit, à distinguer les Troupes par le nom du pays d'où elles venoient; on les appella les Troupes du Maine, les Troupes d'Anjou, les Troupes d'Auvergne, &c.

Il y a encore une preuve indubitable de cette obligation attachée à la possession des Terres; c'est que quand ces Terres passoient même à des gens d'Eglise, c'étoit toujours aux mêmes conditions. Et comme un Evêque, par exemple, dont l'Eglise avoit été mise en possession d'une Terre de cette nature, ne pouvoit pas par lui-même s'acquitter du service militaire, il mettoit une personne à sa place pour aller à la guerre, & y representer le Seigneur. C'est-là une des origines de la qualité de Vidame, en Latin *Vice-Dominus*, & de celle d'Avoüé *Advocatus*, que portoit celui qui alloit à la place de l'Evêque, ou de l'Abbé d'un Monastere.

*C'étoient les Seigneurs, qui par obligation attachée à leurs Terres, menoient leurs Sujets au service.*

*Origine du titre de Vidame & d'Avoüé.*

Charles le Chauve dans un de ses Capitulaires, fait mention de ce Lieutenant de l'Evêque; mais les Evêques alloient souvent eux-mêmes à la guerre. On n'en voit que trop d'exemples dans nos Histoires, aussi-bien que des Abbez, dont les équipages ruinoient quelquefois tellement le Monastere, qu'à peine il restoit aux Moines dequoi vivre & dequoi s'habiller.

*Capitula. Caroli Cal. l. 3. parag. 8. Voyez encore Hincmar, opusc. 29.*

Le Concile de Soissons de l'an 744. sous Childeric III. défend aux Abbez d'aller à la guerre, & leur ordonne d'y envoyer de leurs Sujets à leur place: *Abbates legitimi hostem non faciant nisi tantum homines eorum transmittant.* Ces mots: *Hostem non faciant*, signifient, n'aillent point à la guerre, ou ne fassent point le service militaire; car c'est-là dans la basse Latinité une des significations

*Can. 3.*

*Il étoit défendu aux Abbez de suivre*

14 HISTOIRE

*en personne leurs Sujets à la guerre.*

du mot *hostis*, traduit dans nos anciens Historiens par le mot d'*ost*, qui signifie, la troupe, l'armée, le camp, &c.

Au second Tome des Collections de Duchesne, nous avons une Constitution de l'Empereur Louis le Debonnaire, où l'on fait le dénombrement des Monasteres de la Monarchie Françoise, d'en-deçà & d'au-delà du Rhin. On les distingue en trois classes ; les uns qui devoient au Roi des Milices & des presens : *Hæc sunt quæ*

*Diverses obligations des Abbayes à cet égard.*

*dona & militiam facere debent*; c'étoit ceux qui étoient obligez de faire aux Assemblées du Royaume des presens au Roi ; ces presens étoient quelquefois un certain nombre de chevaux, & par le mot de Milice, on entend un nombre de Soldats, qu'ils étoient obligez de fournir en tems de guerre.

Les autres ne devoient que des presens sans Milice : *Hæc sunt quæ tantum dona dare debent sine militiâ.*

Enfin, les troisiémes ne devoient ni presens ni Milices, mais seulement des Prieres pour la personne de l'Empereur & de ses fils, & pour la prosperité de l'Etat : *Hæc sunt quæ nec dona, nec militiam dare debent, sed solas orationes pro salute Imperatoris vel filiorum ejus & stabilitate imperii.*

Quoiqu'il ne soit ici question que de la premiere Race, je ne laisse pas de citer en preuve le Droit écrit de la seconde ; car ce Droit touchant ces sortes d'usages étoit le même ; & Charlemagne & ses Successeurs marquent souvent que leurs Capitulaires n'étoient que la confirmation des anciennes Coûtumes de la Nation.

Nous n'avons aucuns Memoires de la premiere Race, pour nous instruire bien distinctement du choix que les Comtes & les Ducs faisoient de ceux qui devoient les suivre à la guerre. Je crois que tous y étoient obligez, mais qu'il y avoit certains Reglemens de Police qui en exemptoient plusieurs. Jerôme Bignon dans ses anciennes Formules en rapporte une dont le Roi se servoit pour

*Formul. 31.*

*Obligation generale pour tous les Sujets d'aller à la guerre.*

exempter les Vieillards de tout *ost*, Ban & Arriere-ban : *Ut de omni hoste, vel omnibus Bannis, seu Arribannis, sit conservatus.*

La Loi des Visigots peut suppléer à ce qui nous manque à cet égard ; car, comme je l'ai déja dit, les Loix des peuples qui s'établirent dans les Gaules avoient toutes beaucoup de rapport les unes avec les autres. Cette Loi fait mention de ceux que le Prince exemptoit d'aller à la guerre par un privilege special. Il n'exempte avec ceux-là que les enfans qui n'étoient pas encore en âge de porter les armes; les Vieillards qui étoient hors d'état de servir, & les malades. La Loi ordonne aux Ducs, & aux Comtes, aux Visigots, aux Gaulois, & aux Fiscalins, c'est-à-dire à ceux qui faisoient valoir les Maisons Royales, aux Ingenus, aux Affranchis, de mener avec eux la dixiéme partie de leurs Serfs ou Esclaves.

Cela marque que les gens de toutes conditions étoient obligez de marcher: mais en même tems cela suppose qu'il demeuroit beaucoup de Serfs, & par consequent quelque personne de la famille du Maître pour la gouverner, pour avoir soin des biens & des revenus; ainsi il est hors de doute qu'il demeuroit des Gouverneurs ou des Lieutenans des Gouverneurs dans les Villes, des Juges pour juger les procès, quelqu'un des enfans d'âge à gouverner la famille, des Artisans pour travailler: mais à cela près tous étoient obligez d'aller à la guerre, quand la necessité de l'Etat le demandoit, & que le Prince l'ordonnoit. Nous voyons par un Capitulaire de Charlemagne, que le Seigneur ou le Comte devoit faire au Roi le dénombrement de ceux à qui ils permettoient de s'absenter du Service; & si les Commissaires ou Intendans que le Roi envoyoit faire la visite dans les Provinces, les trouvoient en faute là-dessus, ils les condamnoient à l'amende de soixante sous d'or pour chaque homme libre qu'ils avoient retenu sans la permission du Roi.

*Cette obligation étoit restrainte par des Reglemens.*

*L. 4. cap. 35.*

Il y en avoit qu'on exemptoit d'aller à la guerre, à condition d'y contribuer d'une autre maniere. Dans les Capitulaires de Charles le Chauve, il est ordonné que ceux qui ne pouvoient pas faire le service militaire, devoient, *selon l'ancienne Coutume*, & à la maniere des autres Nations, être occupez à des Ouvrages publics, comme à refaire les Ponts & les chemins dans les Marais pour les passages des Troupes: *Ad pontes ac transitus paludium operentur.* A faire la garde dans le pays & sur les frontieres: *In civitate atque Marcha Wactas faciebant*; de ce mot *Wacta*, qui signifie Garde, est venu le mot de Guet, *Wactam facere*, faire le guet. C'étoit, selon l'ancienne coutume, *juxta antiquam consuetudinem*, ce qui marque le tems de la premiere Race dont nous parlons; & c'étoient ces corvées par lesquelles les Gaulois originaires avant que d'être admis dans les Troupes Françoises, s'aquitoient du service.

*Cap. 31. tit. 27.*

*Obligation de corvées pour ceux qui ne marchoient pas au service.*

Ceux qui étoient sur la Matricule, ou Liste des pauvres que l'Eglise nourrissoit, étoient aussi exempts d'aller à la guerre. Car Gregoire de Tours se plaint de Chilperic I. de ce que dans la guerre contre Waroc Comte de Bretagne, il commanda les uns & les autres, & que faute d'avoir obéï, il les condamna à l'amende nonobstant leurs privileges. Cette amende n'étoit pas sans doute la même que celle des autres qui manquoient de se rendre à l'armée, & telle que Charlemagne la taxe dans ses Capitulaires, *secundùm legem Francorum*, selon la Loi des François, ainsi qu'il parle ; car celle-ci étoit de soixante sous d'or, mais on la proportionna aux facultés de ceux qui la payérent.

Cette amende est appellée *Bannus* par Gregoire de Tours, & dans la Loi Salique. Ce nom *Bannus* signifioit aussi la proclamation par laquelle on ordonnoit de lever des Troupes. Il s'est conservé jusqu'à notre tems, où les noms de Ban & d'Arriere-ban, signifient principalement les Troupes mêmes de la Noblesse qu'on assemble dans les necessitez pressantes de l'Etat.

Toutes ces Troupes étoient commandées immediatement par leurs Seigneurs, c'est-à-dire par les plus anciens, *Seniores*; ( d'où vient le mot de Seigneur ) & qui étoient en même tems les plus consideré dans le pays. C'étoient ceux qui commandoient dans les lieux particuliers, comme dans les Bourgs & les Villages, & y rendoient la Justice. Les Seigneurs étoient sous les Comtes, & les Comtes sous les Ducs, dont le nom vient originairement de *Dux*, qui signifie General d'armée. On ne voit point dans notre Histoire de Ducs & de Comtes François sous le Regne de Clovis : je dis dans notre Histoire ; car supposé la verité de l'Acte de la donation faite par Clovis à l'Abbaye de Moustier-Saint-Jean, qu'on appelloit alors Reomaüs ; on y fait mention de Ducs & de Comtes dès ce tems-là ; & ces titres même me feroient douter de l'authenticité de cet Acte. Quoiqu'il en soit, cette subordination des Comtes, des Ducs & des Seigneurs, est expressément marquée par Gregoire de Tours, lorsqu'il parle de l'Assemblée d'Autun, où Gontran Roi de Bourgogne vouloit faire condamner les Generaux qui avoient mal fait leur devoir dans la guerre de Languedoc contre les Visigots. Eux pour se défendre alleguérent cette raison : que depuis longtems il n'y avoit plus de soumission dans l'armée. On n'y craint, disoient-ils, ni le Roi, ni le Duc, ni le Comte ; & on

se

---

*Marginalia:*

Lib. 5. c. 27.

Amende pour ceux qui manquoient au service.

L. 3. c. 67.

Addit. 3. ad Legem Salic.

Seigneurs, Comtes, & Ducs, Chefs des Troupes.

In Histor. Reomaüs.

L. 8. cap. 30.

se souleve contre les Seigneurs: *Nullus Regem, nullus Ducem, nullus Comitem reveretur .... unusquisque contra Seniorem grassatur.*

Dès le tems des petits-fils de Clovis, il est fait mention de Tribuns: car pour ce qui est du tems de Clovis & encore plus du tems de Childeric son pere, on ne connoissoit point parmi les François la qualité de Tribuns. Ces noms de la Milice Romaine n'ont gueres passé le Rhin. Il est vrai que Fortunat & Gregoire de Tours parlent en quelques endroits de Tribuns; mais c'étoient des Magistrats Gaulois leurs noms seuls d'*Anianus*, de *Nunninus* le montrent. Les François les trouverent institués dans diverses Villes des Gaules où ils faisoient la fonction de Juges, & étoient chargés de la recette des tributs: mais ce n'étoit pas une charge militaire. A la verité Valfrid Strabon compare les Abbés aux Tribuns, & dit qu'ils sont à la tête de leurs Moines comme les Tribuns à la tête de leurs Soldats: mais c'est des Tribuns des Armées Romaines dont il parle & non pas d'une Charge qui fut dans les Troupes de France.

Une chose me semble certaine, sçavoir que les Charges de Comtes aussibien que celles de Viguiers, de Centeniers, &c. regardoient également la paix & la guerre, la justice & l'armée. Il est constant que les Comtes rendoient la justice & commandoient les Troupes sous les Ducs, & que les Centeniers suivant le témoignage de la Loi des Visigots conduisoient à la guerre les soldats de leur jurisdiction. Il en étoit sans doute de même des autres Charges de judicature. Les François étoient une nation guerriere; & il y a même un endroit de la Loi Salique où il est ordonné aux Juges d'avoir leur bouclier en rendant la justice. D'ailleurs la Loi descendoit dans le détail d'une infinité de cas & d'especes: de sorte que tout sembloit être determiné par la Loi pour les peines: & à cause de cela il ne falloit pas beaucoup d'étude pour être Juge. Ainsi les Juges de ce tems-là chez les François comme chez les Romains, étoient en même tems gens d'épée & de judicature, rendoient la justice & commandoient dans les Armées.

Cet usage a duré tres-longtems en France & jusques bien avant dans la troisiéme race, lorsque le Parlement n'étoit point encore sedentaire, & que les Offices de judicature n'étoient que des commissions pour un tems. Le Parlement n'étoit alors gueres composé que de noblesse d'épée; jusqu'à ce que la multiplication des

*Fortunat. l. 7. carm. 16.*

*Tribuns charge non militaire dans les Gaules.*

*De reb. eccles. cap. 31.*

*Juges chez les François étoient gens d'épée. Tit. 49. Tunginus aut centenarius scutum in ipso mallo habere debet.*

procedures, & une infinité de chicanes se furent introduites dans les procez : ce qui obligea les Seigneurs à remettre aux Jurisconsultes les fonctions de la judicature.

Pour ce qui regarde les vivres, les armes, les habits & les autres provisions, c'étoit à chaque Province à en fournir sa Milice : cela se voit dans les Capitulaires de Charlemagne où il est marqué expressément que c'étoit une *ancienne coutume* des François d'en user ainsi. Ce Capitulaire est remarquable & merite d'être mis ici tout entier, parce qu'il particularise extrêmement ce point-là, & qu'il détermine aussi la longueur du tems que ces Milices devoient servir.

*Capitul. Caroli Mag. L. 3. c. 74. Vivres, armes, habits des soldats fournis par les Provinces.*

» Nous avons ordonné que suivant *l'ancienne coutume* on publiât
» l'ordre, & qu'on observât la maniere de se préparer à se mettre
» en campagne, c'est-à-dire qu'on se fournisse de vivres dans sa
» Province pour trois mois, & d'armes & d'habits pour une demie
» année. Ce qui doit être executé de sorte, que ceux qui viennent
» des quartiers du Rhin jusqu'à la Loire, commencent à compter
» les trois mois depuis qu'ils sont arrivés sur la riviere de Loire,
» & que ceux qui viennent des quartiers de la Loire jusqu'au
» Rhin, commencent aussi à compter leurs trois mois de vivres
» depuis qu'ils sont arrivés sur le Rhin pour marcher en avant.
» Quant à ceux qui demeurent au delà du Rhin, & qui ont leur
» ordre pour marcher en Saxe, qu'ils sçachent que le pays où ils
» peuvent se fournir de vivres, est tout cet espace qui est depuis le
» Rhin jusqu'à l'Elbe, & que ceux qui demeurent au delà de la
» Loire & qui doivent marcher en Espagne, peuvent prendre leurs
» provisions dans le pays d'entre la Loire & les Pyrenées.

On voit par là non seulement que chaque Province devoit fournir ses Milices de vivres, mais encore le tems qu'elles devoient servir, sçavoir pendant six mois, puisqu'elles devoient se fournir d'armes & d'habits pour tout ce tems-là. D'où il s'ensuit encore que les trois premiers mois étant passés c'étoit au Roi à fournir des vivres pour les trois autres mois. Cette provision d'habits, de vivres & d'armes, semble supposer que les Rois ne donnoient aucune solde à ces troupes, mais que toute la dépense pour les trois mois de service se faisoit par les Provinces ou Comtés.

On voit de plus par ce Capitulaire que les Milices d'en deçà du Rhin servoient en Germanie, puisqu'on leur compte leurs trois mois depuis ce fleuve jusqu'au pays d'au-delà où ils devoient fervir, *de Rheno in antea*. Mais pour l'ordinaire les Milices de delà le Rhin ne fervoient point en deçà, puifque dans cette ordonnance on ne regle rien pour leur marche en deçà du Rhin. Reflexion que je n'appuye pas feulement fur cet endroit, mais encore fur ce que j'ai fait remarquer dans mon Hiftoire; fçavoir, que Sigebert I. Roi d'Auftrafie ne fe fervit une fois de ces Troupes Germaniques en deçà du Rhin, que par le defir extrême de fe venger, & dans la grande neceffité où il fe vit de refifter aux forces unies de fes deux freres Chilperic & Gontran. Gregoire de Tours marque cette circonftance comme une chofe extraordinaire ; & il dit que toute la France en fut alarmée.

*Les Troupes Germaniques fervoient rarement en deçà du Rhin, & pourquoi.*

Il y avoit une raifon particuliere pourquoi du tems de Sigebert on ne faifoit point paffer le Rhin à ces Troupes Germaniques, c'eft qu'elles étoient encore payennes pour la plûpart, & que c'étoit expofer les Eglifes à être profanées & ruinées ; & en fecond lieu, parce que c'étoient des nations encore fort barbares & peu difciplinées qui exerçoient de grandes cruautés & qui ne demandoient pas mieux que de paffer dans les Gaules pour les piller.

*Champ de Mars & champ de May.*

Cet ordre de fe tenir prêt à partir pour la campagne fe donnoit au champ de Mars dans la revuë qui fe faifoit le premier jour de ce mois-là, & depuis fous le regne de Pepin, ce fut au champ de Mai, parce qu'il transporta la revuë à ce mois.

Dans les endroits que j'ai cités de Procope & d'Agathias touchant les armes des François, il eft encore marqué qu'ils avoient peu de Cavalerie dans leurs armées. Le Roi Theodebert avoit cent mille hommes dans fon expedition d'Italie, dit Procope ; il avoit avec lui peu de Cavalerie ; c'étoit prefque toute Infanterie. Ils ont peu de Cavalerie, dit Agathias ; ils combattent pour la plûpart à pied, felon la coutume de la nation, & font habiles & admirablement exercés dans cette maniere de combattre ; ce qui eft conforme à ce que dit Corneille Tacite des Chattes qui faifoient partie des François de fon tems, que leur principale force étoit dans leur Infanterie : *omne robur in pedite* : Qu'ils y mêloient neanmoins quelque Cavalerie dont les piétons égaloient prefque la vîteffe en marchant à l'ennemi. Il eft certain neanmoins par le témoignage de Gregoire de Tours, que Thierry fils de Clovis avoit de la Cavalerie dans la bataille qu'il gagna contre Hermenfroy Roi de Thuringe. Pour moi, je crois que dans leur premiere ex-

*Les premiers François dans les Gaules avoient d'abord peu de cavalerie dans leurs armées.*

*Tacit. in Germania L. 3. c. 7.*

C ij

pedition d'Italie, dont parlent Procope & Agathias, ils en avoient peu à cause de la difficulté des chemins, mais qu'ils en avoient dans les guerres qu'ils faisoient en deçà des Alpes quand ils furent établis dans les Gaules; ils en eurent même selon le rapport des deux Historiens que je viens de citer dans leur armée d'Italie sous le regne du fils de Theodebert.

Je ne doute point que le nombre de la Cavalerie ne fut augmenté avec le tems dans les armées Françoises, surtout vers la fin de cette premiere Race; & mêmes dès que les Gaulois eurent été admis avec les François dans les armées : car selon Strabon la Cavalerie Gauloise étoit une des meilleures qu'il y eût en Europe : les Romains s'en servirent toujours utilement depuis qu'ils eurent subjugué les Gaules, & les François les imiterent en cela. Nous verrons dans la seconde & dans la troisiéme Race que c'étoit alors la Cavalerie qui faisoit la principale force des armées Françoises.

*Greg. Turon. l.4, c.29. l.6.c.42.*

*Les Rois François marchoient presque toujours à la tête de leurs armées.*

Les Rois marchoient presque toujours à l'armée; cela se voit par tout dans l'histoire de Clovis, dans celle de ses fils & de ses petits-fils & des autres, jusqu'au tems que les Maires du Palais se saisirent de toute l'autorité du gouvernement. Quelques jeunes que fussent les Rois, dès qu'ils étoient sur le trône, ils se mettoient à la tête de leurs Troupes. Sigebert I. Roi d'Austrasie se trouva à la bataille contre les Abares n'ayant gueres que quinze ans : son fils Childebert passa les Alpes avec son armée, n'en ayant gueres que quatorze: de sorte que ce qu'Apollinaire a dit en general des François qu'ils s'adonnoient à la guerre dès qu'ils pouvoient porter les armes, étoit vrai de leurs Rois mêmes.

*Puerilibus annis*
*Est belli maturus amor.*

Les Regentes même comme Fredegonde & Brunehaut alloient à la guerre & y menoient leur fils dès l'âge de huit & de dix ans, ainsi que je l'ai fait remarquer dans mon Histoire. C'étoit un moyen necessaire pour s'acquerir l'amitié & l'estime d'une nation guerriere, & qui n'estimoit rien plus que la guerre.

Avant les expeditions importantes, & même sur d'autres affaires c'étoit assés la coutume des Princes François, depuis qu'ils furent Chrétiens, de consulter Dieu. La maniere la plus ordinaire étoit d'envoyer quelqu'un à l'Eglise durant l'Office, & les paroles de l'Ecriture qu'il entendoit en entrant, étoient regardées comme un oracle où l'on ajoutoit beaucoup de foi, si elles marquoient ou un bon ou un mauvais succès. Ainsi Clovis étant arrivé en Touraine, envoya dans l'Eglise où reposoit le corps de Saint Martin avant que d'aller combattre Alaric, & fit grand fond sur ces paroles du Pseaume 17. que ses Envoyez entendirent chanter à leur entrée dans l'Eglise : *Vous m'avez donné des forces pour combattre*, &c. Je pourrois rapporter plusieurs semblables exemples.

<small>Présage qu'ils tiroient de ce qu'ils entendoient chanter par le Chœur en entrans dans l'Eglise. Greg. Turon. L. 2. Cap. 37.</small>

La discipline militaire étoit parmi les François, ou exacte, ou relâchée, selon le genie des Rois ou des Generaux qui les commandoient. Sous Clovis elle étoit tres-severe. On en vit un exemple lorsque ce Prince passa la Loire pour aller combattre Alaric. L'Armée marcha dans la Touraine, ou quoyqu'en pays ennemi, elle ne fit pas le moindre dégât par le respect que le Roi avoit pour Saint Martin; & il en couta la vie à un Soldat pour avoir pris une botte de foin à un Païsan. La lettre que ce Prince écrivit aux Evêques de delà la Loire après cette expedition, est une grande marque de l'autorité qu'il avoit sur ses Soldats, & de l'exactitude avec laquelle il empêchoit les désordres dans la marche de ses Armées. Il s'en fait un grand honneur auprès de ces Prelats.

<small>Cap. 36. Severité de Clovis pour la discipline militaire. Tom. I. Concil. Gall.</small>

Mais sous la plûpart de ses successeurs dont les Regnes furent troublés par les guerres civiles, la licence du Soldat fut toujours extrême, & surtout sous le regne de Chilperic & de Gontran ses petits-fils. L'avarice & le mauvais naturel de l'un, & le peu de fermeté de l'autre, en étoient la cause. Les Generaux étoient neanmoins responsables de ces désordres; & Gontran, comme je l'ai déja dit, fit faire pour un tel sujet le procès à plusieurs Ducs, dont les Troupes, au retour de l'expedition du Languedoc, avoient pillé des Eglises, profané des Reliques, & commis d'autres excès; & peu s'en fallut qu'ils ne fussent condamnez à la mort.

<small>Relâchement de la discipline sous ses successeurs.</small>

Du tems de Sigebert I. des Soldats s'étant mutinez parce que ce Prince ne voulut pas leur permettre d'attaquer le Camp de Chilperic qui lui demanda la paix, il fit prendre quelques-uns des plus seditieux, & les fit lapider. Ce fut un supplice dont je ne vois point dans nos histoires qu'on ait usé à l'égard des Soldats en aucune autre occasion. Il fut quelquefois en usage chez les Romains.

<small>Lapidation supplice des Soldats mutins. Greg. Turon. L. 4. cap. 50.</small>

Il est certain que l'Art militaire en France étoit alors bien éloigné de la perfection où il est aujourd'hui : mais ce seroit aussi une fausse idée que de se persuader que les François de ce tems-là n'eussent

C iij

aucune methode reguliere de combattre, & qu'ils ne sçussent pas ranger une Armée. Si nos Historiens avoient été aussi exacts à nous décrire toutes les batailles des anciens François qu'Agathias l'a été à nous décrire celle du Casilin auprès de Capoüe, nous serions beaucoup plus sçavans que nous ne le sommes sur ce sujet. Elle se donna sous le regne de Theodebalde Roi de la France Austrasienne, & fils de Theodebert I. Voici comme cet Auteur contemporain la rapporte avec beaucoup d'exactitude: la rélation qu'il en fait, fera connoître que nos François de ce tems-là n'étoient pas si malhabiles dans l'Art de la guerre qu'on pourroit se l'imaginer : & Narsez lui-même à qui les François eurent affaire en cette rencontre, rend ce témoignage à la Nation dans le même Historien qu'elle sçavoit très-bien la guerre : *Gens apprime valida belli meditamentis*. L'Historien raconte la chose de cette maniere.

<small>Agath. L. 2.</small>

<small>AgathiasL. 2.</small>

Bucelin & Leutharis deux freres Allemands de nation & Generaux de l'Armée Françoise avoient traversé l'Italie en la pillant & la ravageant, & avoient poussé jusques vers Capoüe, & même jusqu'au Détroit de Sicile. Il se fit là un détachement sous la conduite de Leutharis pour retourner vers le Pô afin d'y mettre en sûreté le prodigieux butin qu'on avoit fait, & empêcher que Narsez General de l'Empereur ne fit faire de ce côté-là quelque entreprise par les Capitaines Imperiaux qui pourroient se saisir de certains postes necessaires pour la sûreté du retour de l'Armée Françoise. Leutharis quand il seroit arrivé devoit renvoyer à Bucelin une partie de ses Troupes.

Nonobstant ce grand détachement, Bucelin avoit encore trente mille hommes effectifs, & Narsez n'en avoit pas dix-huit mille. Comme les chaleurs d'Italie, & les raisins qui étoient alors en maturité, avoient causé la dissenterie dans l'Armée Françoise, & qu'il y mouroit beaucoup de Soldats, Bucelin resolut de donner bataille à Narsez à la premiere occasion favorable qui se présenteroit. Il se campa à quelques lieuës de Capoüe sur la Riviere de Casilin & s'y retrancha ; il se saisit aussi d'un Pont à quelque distance de là, & y fit élever une Tour de bois où il avoit mis des Soldats pour garder ce passage.

Narsez de son côté malgré l'inégalité du nombre se confiant en la bonté de ses Troupes, partit de Rome & vint se camper fort près du Camp des François. Quelques jours se passerent sans aucune action considerable, chacun songeant plûtôt à se précautionner contre la surprise qu'à attaquer son ennemi ; tandis que toute l'Italie étoit en suspens, & dans l'attente de l'évenement d'une bataille, qui sembloit devoir lui assurer un maître.

Apparemment on n'en fût pas venu là sitôt, parce que le General François attendoit toujours le détachement que son frere devoit lui envoyer des quartiers du Pô ; & d'ailleurs Narsez n'étoit pas assez fort pour l'attaquer dans son Camp : mais comme il arrive quelquefois à la guerre que peu de chose engage une grande affaire, un petit choc qu'il y eut hors des retranchemens entre deux partis, & qui ne devoit pas naturellement avoir de suite, mit insensiblement les Armées aux mains.

Narsez donna ordre à un Officier Armenien nommé Chanarangez homme de cœur & de conduite d'attaquer un convoi qui venoit au Camp des François. Il le fit & fort brusquement ; & quoyqu'il n'eût qu'un tres-petit nombre de Soldats la plûpart Cavalerie, il défit l'escorte du convoi, & enleva une grande quantité de chariots. Il poursuivit les François jusqu'au Pont où ils avoient élevé la Tour de bois dont j'ai parlé pour la garde du passage ; & profitant de leur désordre il fit mettre le feu à un des chariots chargez de foin qu'il avoit pris, le fit pousser contre la Tour de bois, où le feu s'étant mis, les François furent obligez de l'abandonner, & de se retirer au-delà du Pont. Les Imperiaux continuant de les poursuivre se rendirent maîtres du Pont & du passage.

Ce poste étoit de la derniere consequence pour la sûreté de l'Armée Françoise, pour la commodité des fourages & le transport des vivres. Sa perte causa une grande allarme dans le Camp, & fit resoudre Bucelin à donner bataille dès ce jour-là même. Il y avoit quelques Allemands qui s'y opposoient sur les mauvais pronostiques de leurs Devins, mais ils ne furent point écoutez.

Narsez ayant appris les mouvemens & les desseins des François, sortit de son Camp à la tête de son Armée. Comme il mettoit ses Troupes en bataille on lui vint dire qu'un Officier considerable des Erules, dont il avoit un assez grand corps dans son Armée, venoit de commettre une action tres-brutale en tuant de sa main un de ses domestiques pour un sujet fort leger. Ce General qui faisoit observer une discipline tres-exacte à ses Soldats, & qui s'étoit mis en possession de tenir ces Barbares dans l'ordre aussibien que tous les autres, dit tout haut qu'il n'en falloit pas davantage pour attirer la colere de Dieu sur son Armée, & qu'il vouloit avant toutes choses faire justice de ce crime. Il se fit amener le coupable, qui au lieu de lui témoigner du regret de son emportement, & de demander grace, lui parla insolemment, disant qu'il étoit maître de ses gens, & qu'il lui étoit libre de les traiter comme il le jugeroit à propos. Narsez sans déliberer le fit tuer sur le champ.

Ce châtiment irrita les Erules qui firent mine de vouloir quitter l'Armée, & se retirerent au Camp. Narsez sans paroître s'en mettre en peine acheva de disposer tout pour la bataille, & marcha pour s'approcher de l'ennemi. Cependant le General des Erules, faisant reflexion sur la démarche qu'il avoit faite, & sur les consequences qu'elle pourroit avoir, representa à ses gens que leur désertion dans la conjoncture presente avoit quelque chose de honteux, & qu'on ne manqueroit pas de dire, qu'ils avoient pris ce pretexte pour éviter de se trouver à la bataille. Desorte qu'il les fit revenir, & envoya prier Narsez de l'attendre. Narsez répondit qu'il ne l'attendroit point; mais que s'il venoit on lui donneroit son poste comme aux autres.

*Arrangement de l'Armée Romaine. ὡς φάλαγγα.*

Le General Romain rangea son Armée AA en Phalange, c'est le terme dont se sert l'Historien Grec, & qui veut dire-là, ainsi qu'il l'explique lui-même, qu'il mit toute son Infanterie dans le milieu & toute sa Cavalerie cc aux deux aîles.

* χελώνην. Testudinem.

A la tête de toute l'Infanterie étoit un tres-gros bataillon de gens armez de pied en cap, couverts de grosses cuirasses & de casques tres-forts qui faisoient la Tortuë; B * c'est-à-dire, qu'étant fort serrez & joignant leurs Boucliers les uns aux autres, ceux du premier rang & des côtez s'en couvroient tout le corps, & ceux de l'interieur du bataillon les mettoient sur leurs têtes quand il en étoit besoin pour recevoir les fleches : ils servoient ainsi à toute l'Armée comme d'un rempart tres-difficile à renverser. Derriere ce gros étoit rangé le reste de l'Infanterie sur deux lignes, jusqu'à une vaste campagne qu'elle avoit à dos : un autre petit corps d'Infanterie armée seulement de l'arc & de la fronde étoit encore au-delà, destiné à attacher l'escarmouche, & à commencer le combat; & devoit, selon l'ordinaire, venir à la debandade par les intervalles des bataillons à la tête de toute l'Armée, faire quelques décharges de fleches & de pierres. Dans la premiere ligne de l'Infanterie

on

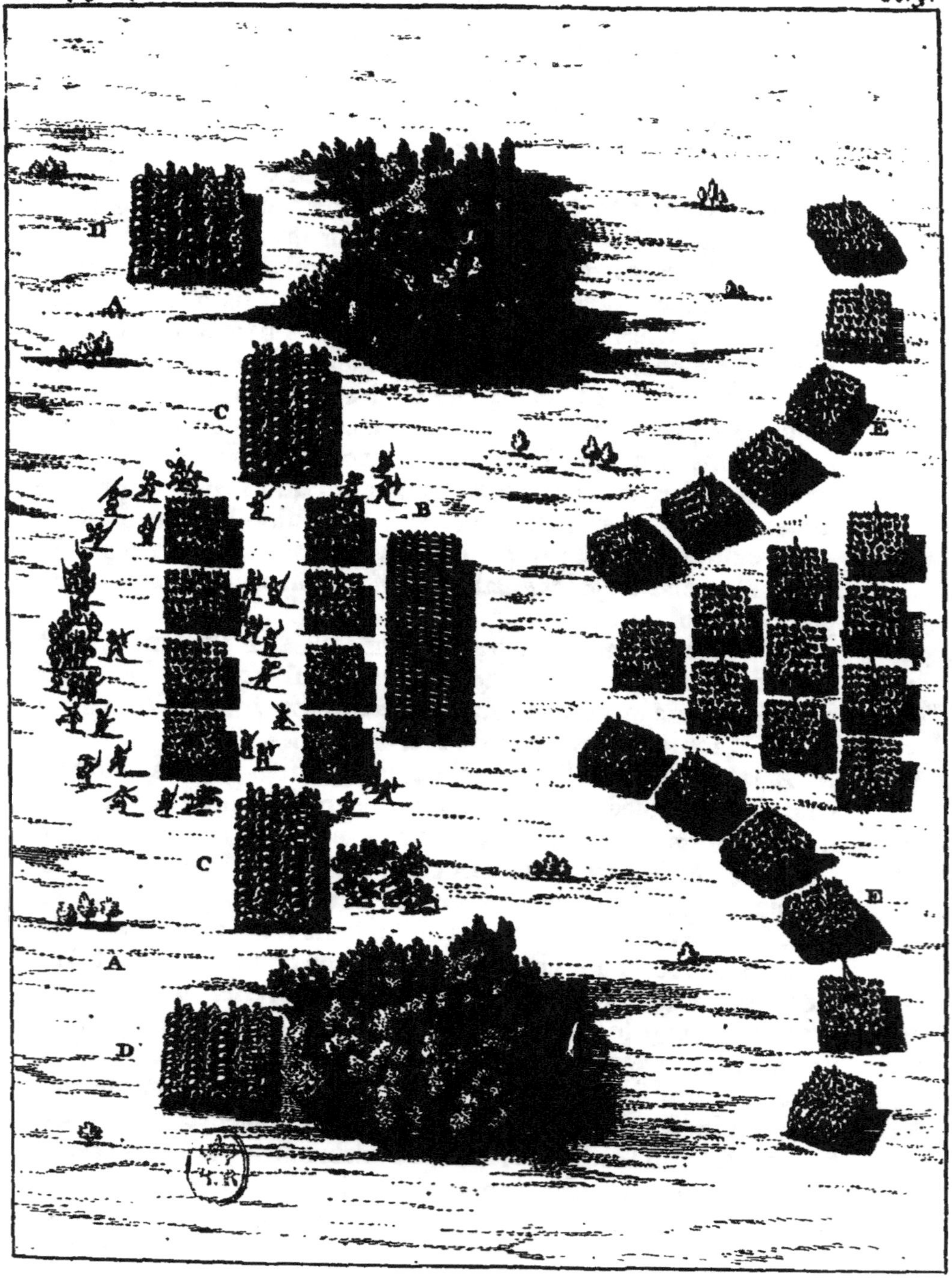

Tom. I pag. 24.
Pl. 3.

DE LA MILICE FRANÇOISE. *Liv. I.* 25

on avoit laissé une place vuide pour les Erules au cas qu'ils jugeassent à propos de venir. Narsez se mit à la tête de la Cavalerie de l'aîle droite avec ses Gardes & toute sa Maison, & posta derriere deux petits bois assez épais qui flanquoient ses deux aîles, deux gros de Cavalerie D D que l'ennemi ne pouvoit pas voir, commandez l'un par Artabane, & l'autre par Valerien deux Officiers également braves & experimentez. Telle étoit la disposition de l'Armée de Narsez.

Les François que la prise du Pont dont j'ai parlé, avoit déja fait resoudre à la bataille, furent confirmez dans leur resolution par l'arrivée de deux Erules qui avoient deserté dans le moment que leurs compatriotes se separoient de l'Armée de Narsez, & qui étant venus à Bucelin General de l'Armée Françoise, lui apprirent cette mesintelligence: ils exagererent extrêmement le trouble qu'elle causoit dans l'Armée Imperiale, assurant que tout y étoit dans la consternation.

Cette nouvelle augmenta l'ardeur des François jusqu'à la précipitation. Leur General cependant qui étoit sage & habile, se donna le tems de les ranger. Ayant observé la disposition de l'Armée Imperiale, il partagea en trois corps la sienne qui n'étoit que d'Infanterie, Leutharis ayant emmené avec lui presque toute la Cavalerie. Le corps du milieu ou le corps de bataille F que Bucelin opposa à la tortuë de Narsez, étoit composé de plusieurs bataillons qui faisoient un triangle, dont les côtez étoient égaux ; maniere dont les anciens Romains, & ceux même de ce tems-là se servoient quelquefois. Ils donnoient à ce triangle le nom de tête de Porc ; parce qu'il approchoit de cette figure, ou le nom de * Coin ; parce que sa pointe étant tournée du côté de l'ennemi, son usage étoit de le fendre pour ainsi dire, & de le rompre.

Ce corps de bataille des François étoit comme flanqué de deux autres, E E qui sembloient d'abord deux colomnes presque paralleles à ses deux côtez ; mais qui s'en éloignoient insensiblement & se trouvoient à la fin fort courbés à droite & à gauche : de maniere qu'elles occupoient une tres-grande largeur de terrain & laissoient par derriere de chaque côté une espace vuide entre-elles & la bataille. La disposition de ces deux aîles étoit pour envelopper l'ennemi. Je fais tout ce détail principalement pour faire connoître cet arrangement de l'Armée Françoise, & montrer que les

*Agathias ibid.*

*Arrangement de l'Armée Françoise.*

*Ibid.*

* *Cuneus.*

*Tome I.* D

François de ce tems-là ne combattoient pas tumultuairement, mais qu'ils sçavoient l'art de ranger une armée en bataille, même selon la methode de la Milice Romaine. Après que les François eurent essuyé une grêle de fleches & de pierres, par où commença le combat, ils s'avancerent avec furie en jettant des cris & des hurlemens épouvantables. Quand ils furent tout proche de la tortuë des Imperiaux, ils lancerent, selon leur coûtume, leurs haches contre les boucliers du premier rang pour les casser ; & mettant à l'instant l'épée à la main, l'enfoncerent, & culbutant tout ce qui se presenta devant eux, arriverent jusqu'à la premiere ligne, à l'endroit qu'on avoit laissé vuide pour poster les Erules qui n'étoient pas encore arrivez. De-là ils passerent jusqu'à la seconde ligne qu'ils rompirent en quelques endroits : de sorte qu'une partie des François, sans s'embarasser de ce qu'ils laissoient derriere, marcherent droit vers le camp des Imperiaux pour le piller.

Cette furie avec laquelle les François commençoient un combat, & à quoi rien ne se trouvoit capable de resister, étoit ce qui les rendoit invincibles, à moins que la prudence du General ne suppléât au désordre que causoit ce premier assaut par la terreur qu'il repandoit par tout.

Narsez qui connoissoit l'ennemi qu'il avoit à combattre, s'étoit attendu à cette brusque attaque : ses Troupes qui étoient tres-aguerries n'en furent point ébranlées, & toutes, hormis celles qui furent rompuës d'abord, demeurerent fermes dans leurs postes. Il fit cependant étendre sa Cavalerie à droit & à gauche, & courber insensiblement les deux aîles de son armée. Artabane & Valerien ayant fait chacun de leur côté le tour du bois, se trouverent derriere les ennemis, qui ne songeoient qu'à avancer, & qui lorsqu'ils y pensoient le moins, eurent en flanc & à dos la plus grande partie de la Cavalerie Imperiale. Parmi cette Cavalerie il y avoit des Escadrons armés de diverses manieres, les uns de fleches, & d'autres de javelots : il y en avoit même qui avoient de longues piques, & tout cela par rapport à l'ennemi qu'ils attaquoient, lequel ne combattant que de près, avec l'épée & le javelot, perdoit tout son avantage contre ces armes qui l'attaquoient de loin.

Les François qui en rompant la tortuë s'étoient eux-mêmes mis en désordre, se trouverent ainsi attaquez à coup de fleches de tous côtez par la Cavalerie, & principalement par Artabane & Valerien : lesquels s'étant avancez dans les intervales que j'ai dit, qui se trouvoient par derriere entre le corps de bataille & les deux ailes repliées des François, les tiroient à coup sûr : car les François n'avoient alors pour toutes armes défensives que leurs boucliers qui ne les couvroient que par devant. Ils n'avoient ni cuirasses, ni casques pour la plûpart ; la coûtume n'étant point parmi eux de se charger de cette sorte d'armure.

Ibid. p. 400

Cependant ceux des François qui s'étoient d'abord ouvert un passage au travers de l'Armée ennemie, & qui couroient au Camp Imperial pour le piller, furent rencontrez par Sindual General des Erules. Ce General venoit en bataille prendre la place qu'on lui avoit destiné dans l'Armée de Narsez, & tombant sur cette troupe qui marchoit en tumulte, & qui croyoit même sur la foi des deux deserteurs dont j'ai parlé, que les Erules se joindroient à eux contre les Imperiaux, la tailla toute en pieces ; de-là il vint joindre Narsez & achever la déroute des François. Il en fut fait un si horrible carnage, que de toute leur Armée composée de près de trente mille hommes effectifs, il ne se sauva que cinq Soldats : tout le reste fut pris & tué. Ce qui est de plus surprenant, c'est qu'il n'y eut du côté des Romains que quatre vingt hommes de tuez, & presque tous à la premiere charge, le reste de l'action n'ayant pas tant été un combat qu'un massacre de gens entourez, & comme pris dans des filets sans se pouvoir debarasser.

An. 552.

Cette victoire fut pour le moins autant l'effet de la prudence du General & de ses Lieutenans, que du courage de ses Soldats. Les Erules qui avoient eu tant de part à la défaite des François meriterent par là, & obtinrent aisément leur pardon de Narsez. Cette victoire, une des plus entieres & des moins sanglantes pour les vainqueurs qu'on eut jamais vûë, rendit ce Capitaine le plus illustre homme de guerre de son tems, & le fit mettre au-dessus de Bélisaire même. On en fit dans le Camp des Romains des rejoüissances extraordinaires que le General fut obligé de moderer ; les Soldats s'abandonnant à la joye, & regardant cette victoire comme le dernier de leurs travaux.

Ibid.

Pour revenir à l'arrangement de l'Armée Françoise, soit que les François eussent inventé eux-mêmes la maniere de ranger ainsi leurs Troupes, soit qu'ils l'eussent apprise des Romains, parmi lesquels principalement sous les derniers Empereurs, plusieurs

D ij

François avoient non-seulement servi, mais encore eu du commandement dans les Armées Romaines, il est certain que cette espece de corps de bataille & de bataillons triangulaires étoit à la mode chez les peuples de la Germanie dès le tems de Tacite : *Acies*, dit cet Historien, *per cuneos componitur*. C'est tout ce que nous pouvons apprendre sur cet article par les anciens Auteurs.

Comme nous n'avons qu'un exemple de l'arrangement des Armées Françoises bien distinctement rapporté dans un Auteur contemporain de la premiere Race, aussi n'avons-nous qu'un seul siege que je sçache, dont nos Auteurs ayent parlé avec quelque détail touchant la maniere de le faire. C'est celui de Comminges fait par Leudegesile General de l'Armée de Gontran Roi de Bourgogne, & ce siege mit fin au regne d'un certain Gondebaud fils, ou prétendu fils de Clotaire I. venu de Constantinople pour se faire reconnoître Roi en France.

C'est au Livre septiéme de l'Histoire de Gregoire de Tours, qu'il en est parlé. Il dit que la place ayant été investie, le General employa quinze jours à préparer ses machines pour l'attaquer : *Plaustra enim cum arietibus, clitellis, axibus erant texta, sub quibus exercitus properaret ad destruendos muros*. On se servit pour faire les approches, de Chariots mis bout à bout, & on les lia les uns avec les autres sur deux files ; ces Chariots faisoient les deux côtez d'une Gallerie couverte de clayes, *clitellis*, & d'ais *axibus* ; à la faveur de cette Gallerie on conduisit le Bellier.

Ce Bellier étoit une grosse poutre ferrée par le bout en forme de tête de Bellier, dont on se servoit pour battre les murailles en la poussant à force de bras par le moyen des cables, ou des chaînes avec quoi elle étoit suspenduë. En voici la figure telle qu'elle est décrite par les anciens Auteurs. On faisoit joüer le Bellier sous une Gallerie, à laquelle on donnoit le nom de Tortuë, qu'on avoit fait approcher de la muraille : c'étoit pour mettre à couvert la machine, & ceux qui la manioient, le toit en devoit être tres-fort pour résister aux poutres, aux tonneaux de pierre, & à tout ce qu'on pouvoit jetter dessus pour la crever. On la couvroit de peaux fraiches contre les feux d'artifices que les assiegez jettoient afin d'y mettre le feu.

Ceux-ci se servoient quelquefois d'une grosse corde terminée en anneau par en bas pour tâcher d'y engager la tête du Bellier, & en

l'élevant, en empêcher le mouvement, ou avec des machines l'enlever sur leurs murailles.

A. Le Bellier.
B. La Tortuë.
C. Corde pour enlever la tête du Bellier.
D. Ruine de la muraille par le Bellier.
E E. Chaînes qui suspendoient le Bellier.

Corneille-Tacite dit, que les Bataves qui faisoient partie des François, & les autres peuples de delà le Rhin, étoient fort maladroits dans la fabrique de ces Machines, & qu'ils avoient appris à les faire des déserteurs des Armées Romaines, ou des prisonniers : mais apparemment ils s'étoient rendus plus habiles depuis ce temslà. Ainsi l'on voit par le peu que nous en dit Gregoire de Tours, & par cet endroit de Corneille-Tacite, que les François dans les sieges gardoient la même methode, & usoient des mêmes machines que les Romains : & quand ils n'auroient pas eu d'abord cet usage, ils l'auroient bientôt appris des Gaulois après qu'ils se furent rendus maîtres des Gaules ; en un mot les François attaquoient & prenoient des Villes. Clodion prit Cambrai ; il est fait mention dans notre Histoire des sieges de Bourdeaux, & d'Angoulême faits par Clovis, d'Arles par l'Armée de ce Prince, qu'un de ses Generaux commandoit. Il attaqua aussi Avignon & diverses autres Places. Ses enfans & ses autres successeurs conquirent des Royaumes entiers ; il falloit bien qu'ils sçussent l'art des sieges : & la principale partie de cet Art consistoit dans l'usage de ces machines, toutes mises en œuvre par les Romains; à faire les approches par le moyen de ces Galleries dont parle Gregoire de Tours, à élever des Châteaux de bois qu'on faisoit roûler jusqu'aux murailles pour écarter les ennemis qui les défendoient ; & afin de les faire approcher, on combloit les fossés avec des fascines, ainsi que marque encore Gregoire de Tours, en parlant du même siege de Comminges : *Ex virgis fasces faciunt quasi ad complendam vallem profundam.*

Du tems de Charlemagne, c'est-à-dire immediatement après la premiere Race, on se servoit de Pierriers *Petraria*, pour lancer des pierres de fort loin contre les Assiegez, & de diverses autres machines dont on ne parle pas comme d'inventions nouvelles, & qui par consequent étoient pareillement en usage sous la premiere Race.

Corneille-Tacite au même endroit que j'ai cité attribuë aux Bataves l'usage de la Tortuë dans l'assaut des villes.

<small>Annales Bertiniani.</small>

Ce mot de Tortuë en matiere de guerre a plusieurs significations differentes. Premierement il signifie une espece de Gallerie, à la faveur de laquelle on étoit à couvert des murailles, & sous cette Gallerie étoit placé le Bellier comme on vient de le voir. En second lieu il signifie un gros Bataillon quarré composé de Soldats tres-serrez, qui se couvroient le corps de leurs boucliers, en les approchant les uns des autres tant au front qu'aux flancs du Bataillon. Que si l'ennemi commençoit par tirer des fléches alors les Soldats de ce Bataillon mettoient tous leurs boucliers sur leurs têtes, & les unissant les uns aux autres en faisoient comme un toit qui recevoit impunément cette décharge. Tel étoit un gros Bataillon que Narsez dans la bataille du Casilin opposa à la premiere furie des François, comme le dit l'Historien que j'ai cité.

<small>Agathias. l. 2.

Ammian Marcell. l. 26.</small>

Enfin il y avoit une troisiéme maniere de Tortuë dont les Romains se servoient pour donner l'assaut à un retranchement, ou à une Ville dont les murailles n'étoient pas bien hautes & pour l'emporter d'emblée. Un Bataillon de Soldats serrez les uns contre les autres ayant tous leurs boucliers sur la tête, de la maniere que je viens de dire, s'approchoient ainsi du retranchement qu'on devoit attaquer. Les premiers rangs étoient composés de Soldats de la plus haute taille, les suivans d'hommes un peu plus petits, & ainsi à proportion jusqu'aux derniers qui étoient quelquefois à genoux. Ce Bataillon ainsi disposé & tout couvert de boucliers faisoit une espece de Glacis & il étoit en quelques occasions tellement rangé que les autres soldats montoient dessus pour aller à l'assaut. Les Soldats de la Tortuë soutenoient leurs boucliers de gros javelots comme d'autant de Colomnes; & cette espece de voute composée de boucliers & ainsi soutenuë étoit si forte & si solide, que si nous en croyons l'Historien Dion, elle portoit non seulement des Bataillons entiers, mais même des Chevaux & des Chariots; pourvû, dit cet Auteur, que ce fût dans un lieu creux & étroit, afin, comme je me l'imagine, que les deux côtez de la Tortuë pussent être appuyés: cela paroît neanmoins difficile à croire à l'égard des Chevaux & des Chariots.

<small>Corn. Tac. l. 4. Hist.

Dio Cassius l. 49.</small>

Nous venons de voir par le témoignage de Gregoire de Tours, que les François avoient l'usage de la premiere Tortue dans la-

# DE LA MILICE FRANÇOISE. Liv. I.

quelle le Bellier joüoit. Agathias dit qu'ils se servirent de la seconde dans un combat qui se donna entre eux & Narsez en Italie auprès de Rimini quelque tems avant la bataille du Casilin. Alors, dit-il, les François firent la Tortuë *testudinem fecerunt*, & c'est l'usage de la troisiéme espece que Tacite attribuë aux Bataves pour donner une escalade : *oppositis plerique scalis, alii per testudinem suorum scandebant*. D'où l'on peut assurément conclure comme je l'ai déja fait, que les François dans les sieges suivoient alors la methode & les manieres des Romains, quoiqu'apparemment avec moins de succès & d'adresse, faute d'avoir des Ingenieurs aussi habiles. Voici la representation de la troisiéme espece de Tortuë dont les François se servoient à l'imitation des Romains. Quelques Soldats bien armez d'armes défensives portoient des échelles devant ceux qui faisoient la Tortuë, & les appliquoient aux murailles, tandis que d'autres Soldats à droite à gauche, & derriere la Tortuë en écartoient les défenseurs avec les fléches & les frondes. Ils appliquoient les échelles qui servoient à faire monter les Soldats faisant la Tortuë, ou même d'autres Soldats montant sur la Tortuë donnoient l'assaut; *per testudinem suorum scandebant*, comme Corneille-Tacite vient de le dire.

A La Tortuë.
B Echelles appliquées à la muraille.
C Assiegez jettant des meules de Moulin & des poutres, &c. pour crever la Tortuë.

Comme les François imitoient les Romains dans l'attaque des Villes, ils les imitoient aussi dans la défense. Selon Tacite, Herodien, Ammien Marcellin & plusieurs autres Auteurs de l'Histoire Romaine, les Romains assiegez tâchoient de mettre le feu aux travaux des Assiegeans, de les rompre & de les enfoncer avec de grosses pierres ou avec des tonneaux pleins de pierres, ou même avec des Chariots qui en étoient chargés qu'ils faisoient rouler du haut des murailles sur ces Galleries couvertes sous lesquelles on faisoit joüer le Bellier.

*Maniere des François de se défendre étant assiegez.*

Gregoire de Tours au Livre septiéme de son Histoire décrit de la même maniere la défense que Gondebaud enfermé dans Comminges fit contre l'armée du Roi de Bourgogne. Sitôt, dit-il, qu'ils eurent fait leurs approches à la faveur de la Gallerie

*Gregor. Turon. l. 7. Cap. 37.*

couverte, on jetta des murailles une prodigieuse quantité de pierres, dont la plûpart des Soldats furent accablés; on jettoit sur eux des cuves & des tonneaux tous entiers de poix raisine & de graisse allumée, & des tonneaux tous pleins de pierres: desorte qu'ils furent obligés de changer d'attaque, & d'en faire une autre du côté de l'Orient, qui ne leur réussit pas mieux. Mais je descendrai un peu plus dans le détail touchant les machines de guerre, en parlant de la Milice Françoise sous la seconde Race.

*Ad ann. 742.*

Les François avoient comme nous avons aujourd'hui des places de guerre destinées plûtôt à arrêter l'ennemi, qu'à loger des habitans. L'Auteur des Annales de Metz les appelle du nom de *Firmitates*, & elles furent longtems depuis appellées en François des Fermetés, & ensuite des Fertés: & c'est-delà qu'encore aujourd'hui quelques Bourgs ou Villes portent le nom de la Ferté, comme la Ferté-Bernard au pays du Maine, la Ferté-sur-Aube, la Ferté-sous-Jouërre, la Ferté-Milon, &c. C'étoient des Châteaux fortifiez de Tours avec un Donjon.

*Les François avoient des places appellées Fermetez & puis Fertes.*

Philippes Moukes Evêque de Tournai, dont l'Histoire en vers manuscrite est à la Bibliotheque du Roi.

* *Enleva.*
* *Guerre.*

Li ot tolu * par sa gierre *
Et ses Castiaux & ses Cités
Et ses Bourgs & ses Fermetés.

Le Roman d'Auberi,

* *Fortement.*
* *heritages.*

Je vous croistrai forment * nos heritez *
De deux Chastiax & de quatre fertez.

*Gregor. Turon. L. 2. c. 9.*

Dès le tems de Clodion les François dans la France Germanique avoient une Forteresse de cette espece nommée *Dispargum* sur leur frontiere du côté de la Turinge.

*Maniere de camper des François.*

Pour ce qui est des campemens, outre certaine methode que la seule necessité fait aisément imaginer, comme de se camper auprès d'une riviere pour la commodité de l'eau, d'embarrasser les avenuës du Camp avec des arbres, quand on craint la surprise d'un ennemi plus fort; ce qu'on remarque en divers endroits de notre Histoire, Agathias en parlant de la bataille du Casilin, nous represente une maniere particuliere de retranchement dont usoient les François; c'étoit de prendre les rouës de leurs Chariots, de les enfoncer en terre jusqu'au moyeu, & d'en entourer ainsi tout leur Camp, ajoûtant encore à ce retranchement des palissades dans les endroits où

ces

ces roües ne fuffifoient pas. Cette invention étoit affez naturelle, & leur épargnoit la peine de porter avec eux, & de faire un fi grand nombre de paliffades.

C'eft de tout tems que les François fe font diftinguez par leur courage & par leur habileté dans le métier de la guerre, comme on l'a déja vû, par le témoignage du General des Armées de Juftinien.

Parmi eux fuir à la guerre hormis quand tout étoit defefperé, & furtout abandonner fon bouclier pour fuir plus vîte, c'étoit le dernier deshonneur. Corneille Tacite remarque que chez les peuples de la Germanie cela étoit regardé comme un des plus grands crimes; qu'un homme par-là devenoit infâme; qu'il ne lui étoit pas permis après cette lâcheté d'affifter ni aux Sacrifices, ni aux Confeils de Guerre; & que plufieurs de ceux à qui ce malheur étoit arrivé, fe donnoient la mort pour ne point furvivre à leur infamie; & c'eft une chofe remarquable que dans la Loi Salique il y a une amende determinée de quinze fols d'or, & decernée contre celui qui auroit reproché à un homme, fans pouvoir le prouver, qu'il auroit fui dans le combat & jetté fon bouclier. Et c'eft par la même raifon qu'il y a dans le même endroit une amende de fix fols d'or contre celui qui en auroit appellé un autre du nom de liévre.

Dans les courfes que faifoient les François, ou après les Victoires qu'ils avoient remportées, tous étoient obligés d'apporter dans un endroit defigné par le Prince ou par le General tout le butin qu'ils avoient fait, & il fe partageoit non pas felon la volonté du Prince ou du General; mais on faifoit divers lots, & on les tiroit au fort. Cet article eft expreffément marqué au fecond Livre de l'Hiftoire de Gregoire de Tours. Après la bataille de Soiffons & la défaite de l'armée Romaine, tout le butin fut mis dans cette Ville. Un grand vafe d'argent qui avoit été enlevé dans une Eglife de Reims y fut porté avec tout le refte; & l'Evêque faint Remy le fit demander à Clovis. Il differa de le lui faire rendre jufqu'au jour marqué pour la diftribution du butin qui fe fit à Soiffons.

Si avant que de tirer au fort le Roi demandoit quelque piece particuliere du butin, la bienféance la lui faifoit accorder. Ainfi en uferent tous les Soldats envers Clovis, lorfqu'il demanda

---

*Agathias. L. 2.* Francorum maxima gens & populorum foecunda & apprime valida belli meditamentis.

*L. de Germania.* Scutum reliquiffe præcipuum flagitium.

*Abandonner fon bouclier étoit l'extrême infamie.* Si quis homo ingenuus alio improperaverit quod fcutum fuum jactaffet & fuga lapfus fuiffet, & non poterit ad probare, folidis XV. culpabilis judicetur.

Si quis alterum leporem clamaverit folidis fex culpabilis judicetur.

*Maniere de partager le butin après la Victoire.* Cap. 27.

qu'on lui accordât le vase dont saint Remy lui avoit fait parler; un seul Soldat eut l'insolence de s'y opposer, & de dire en donnant un coup de sa Francisque sur le vase, que le Roi n'auroit rien que ce que le sort lui donneroit; mais depuis il en fut puni.

Comme jusqu'alors les expéditions des François n'avoient guères été que des courses en deçà du Rhin, & que le motif de ces courses étoit l'espérance du butin, il étoit tout naturel que le partage se fît de la sorte. Mais depuis que la Monarchie fut une fois établie dans les Gaules, que les François eurent des Terres, & les Rois de gros revenus, ces Princes selon toutes les apparences ne se mettoient plus en peine d'entrer ainsi en partage avec les Soldats; ils leur abandonnoient tout le butin, & se réservoient seulement quelquefois certaines choses précieuses qui leur convenoient par leur beauté ou par leur rareté. Ainsi Childebert I. fils de Clovis après avoir défait Amalaric sous les murailles de Narbonne, se réserva du butin soixante Calices d'or & quelques Livres des Evangiles couverts d'or & enrichis de pierres précieuses, pour empêcher que ces meubles sacrez ne fussent profanez par les Soldats; & il les distribua à diverses Eglises de son Royaume.

*Greg. Turon. l. 3. cap. 10.*

Les prisonniers de guerre étoient une des meilleures parties du butin; on les faisoit esclaves; la rançon étoit au profit de ceux qui les avoient pris, ou ausquels ils étoient échûs par le sort dans le partage du butin; ils les gardoient faute de rançon; ils les vendoient, ils les faisoient travailler au profit de leur famille; leur postérité en heritoit comme d'un meuble, de même qu'il se pratique encore aujourd'hui dans les pays où il y a des esclaves.

*Les prisonniers de guerre faisoient la meilleure partie du butin.*

Quand les François, après qu'ils eurent embrassé le Christianisme, étoient en guerre les uns contre les autres, & qu'un des deux partis vouloit faire quelque proposition de paix, ceux qu'on députoit pour cette fonction, prenoient à leur main une baguette benite pour cet usage. Elle lui servoit de passeport, & avec cela ils entroient dans le pays ennemi, & passoient jusqu'au lieu où étoit le Prince, sans qu'il fût permis de leur faire aucune insulte. On ne nous dit point ni la figure ni la couleur, ni les ornemens de cette baguette, ni la maniere dont on la benissoit: mais Gregoire de Tours nous assure de ce fait. C'est au Livre 7e Chap. 32. Ensuite, dit-il, Gondebaud envoya deux personnes au Roi de Bourgogne (Gontran) avec des baguettes benites, selon l'usage

*Baguettes benites étoient une sauvegarde parmi les François, quand ils furent Chrétiens.*

des François ; afin que personne ne leur fît aucune insulte. Chaque Nation de tout tems a eu quelque Symbole de cette nature, soit pour demander la paix, soit pour déclarer la guerre, & pour servir de sauve-garde à ceux qui étoient porteurs de semblables ordres de la part de leurs Princes ou de leur Republique.

Enfin nous voyons par le Concile de l'Eftine tenu fous Childeric III. & fous Carloman Maire du Palais l'an 743. que quand les Armées marchoient en campagne, le Prince menoit avec lui un ou deux Evêques avec leurs Chapelains & quelques-uns de leurs Prêtres, & que chaque Commandant devoit auſſi avoir dans le corps qu'il commandoit, un Prêtre pour le service des Troupes. « Nous » défendons, dit Carloman dans le second Canon, à tous ceux » qui sont confacrés au service de Dieu de porter des armes, & de » combattre ou d'aller à l'Armée & contre l'ennemi : Nous excep-» tons feulement ceux qui auront été choisis pour celebrer la Meſſe » & porter les Reliques des Saints; c'eſt-à-dire un ou deux Evêques » avec leurs Chapelains, & leurs Prêtres, que le Prince mene avec » lui. Que chaque Commandant ait auſſi un Prêtre pour entendre » les confeſſions des Soldats, & leur impofer des penitences, &c.

Par où l'on voit que ces Prêtres étoient les Aumôniers du Camp qui étoient aux ordres de l'Evêque, ou de quelques autres qui portoient la qualité d'Abbez des Armées ; car je me souviens d'avoir vû dans quelqu'un de nos anciens Auteurs ce titre qui ne peut ſignifier autre chose.

Les Rois François pendant longtems ne tinrent dans la ſoumiſſion les peuples qui étoient leurs vaſſaux ou leurs tributaires que par la crainte des ravages dont ils les puniſſoient après leur revoltes. Pepin Chef de la seconde Race, fut le premier qui fit bâtir des Forts dans les pays revoltez, afin de les maintenir dans l'obeiſſance. Il en uſa ainſi à l'égard du Duc d'Aquitaine dont il conquit le Duché. Charlemagne ſon fils l'imita dans ce point de politique, & ce fut par ce moyen qu'il pouſſa ſi loin ſes conquêtes en Germanie & au delà. C'eſt-là à peu près tout ce que j'ai pû remarquer par rapport à la Milice Françoiſe ſous la premiere Race de nos Rois. A quoi je vais ſeulement ajoûter une chose qui a du rapport au même ſujet ; ſçavoir la ſtructure des murailles des principales Villes des Gaules, lorſque les François s'emparerent de la plus grande partie de ce beau pays.

*Cum viris confecratis juxta ritum Francorum. Ut ſcilicet non contingerentur ab ullo. Il y avoit des Evêques & des Prêtres dans les Armées pour l'inſtruction & le ſervice des Soldats.*

*Abbates caſtrorum. Vide Hadrian, Valeſ. T. 3. Hiſt. Franc. p. 74.*

E ij

## CHAPITRE III.

*De la structure des Murailles des Villes de France sous la premiere Race.*

Quoique les Auteurs qui ont écrit sous la premiere Race ne nous disent rien de cette structure, nous l'apprenons d'ailleurs. César nous la décrit dans ses Commentaires. La plûpart des Villes principales qu'il avoit vûës de son tems subsistoient encore sous la premiere Race; & bien que plusieurs eussent été ruinées & desolées pas l'inondation des barbares au quatriéme & cinquiéme siécle, quelques-unes avoient été retablies; & leurs murailles étoient au moins en partie les mêmes que du tems de César.

*L. 7. de Bello Gallico.*

Voici donc la description que César en fait, & que je tâcherai de rendre assés intelligible par un court commentaire.

*Structure des murailles des principales Villes des Gaules, lorsque Clovis en fit la conquête.*

» Telle est, dit il, la forme de la plûpart des murailles des Gau-
» lois. Ils couchent en long sur la terre des poutres tout de suite.

( Il dit plus bas que ces poutres de suite étoient liées ensemble en dedans de la longueur de quarante pieds ; c'étoit la mesure de la profondeur & de l'épaisseur de la muraille, & du terreplain ; car la tête des poutres aboutissoit à la face de la muraille, & en formoit le devant avec les pierres dont il va parler. )

» Il y a entre les poutres deux pieds de distance, & elles sont for-
» tement attachées en dedans.

( C'est-à-dire par des poutres mises en travers, ou par des ancres de fer, afin qu'elles fussent inébranlables. )

» On met autour de ces poutres de la terre que l'on presse &
» que l'on bat. Les intervalles entre les poutres sont remplis en de-
» vant de grandes pierres.

( C'est-à dire qu'à la face de la muraille entre deux bouts de poutres on voyoit une pierre de taille : ainsi la muraille commençoit par un bout de poutre, & puis suivoit une pierre large de deux pieds suivant l'intervalle des poutres, ensuite un bout d'une autre poutre & puis une pierre de taille de deux pieds ; & cela continuoit ainsi tout le long de la muraille. )

» Cette premiere assise étant ainsi faite, bien maçonnée, & bien

» affermie, on met deſſus un autre rang de poutres, laiſſant un
» pareil intervalle, afin que les poutres ( c'eſt-à-dire les bouts des
» poutres ) ne ſe touchent point, & qu'elles ſoient fortement atta-
» chées entre elles par les pierres de taille. On continuë à mettre
» ainſi des rangs de poutres les uns ſur les autres ; & la maſſonne-
» rie de pierres s'éleve à proportion juſqu'à la hauteur que doit
» avoir la muraille.

( Comme la premiere aſſiſe commençoit par une poutre, il me
paroît que la ſeconde commençoit par une pierre, afin que, comme le dit Ceſar, les poutres ne ſe touchaſſent point. Cependant
quand il dit que les poutres ne devoient point ſe toucher l'une
l'autre, je croi que cela ne veut dire autre choſe, ſinon qu'on ne
couchoit point les poutres à côté l'une de l'autre, ſans mettre
une pierre de taille entre deux, & que cela n'empêchoit point que
dans les differentes aſſiſes une tête de poutre ne ſe rencontrât
quelquefois au-deſſus de la tête d'une autre poutre : parce que les
pierres de taille étant de deux pieds, & les têtes des poutres n'é-
tant pas ſi larges, il ne ſe pouvoit pas faire que quelque tête de
poutre ne ſe rencontrât immediatement au-deſſus d'une autre tête
de poutre. )

» Cette ſtructure, ajoute Ceſar, n'a rien de deſagreable à la
» vûë ; ces poutres ainſi rangées proprement les unes ſur les au-
» tres, & ſéparées par des pierres de taille, faiſant un aſſés bel
» effet. Mais de plus, cette maniere de bâtir a ſon utilité & ſa
» commodité pour la défenſe : car les pierres empêchent qu'on ne
» brûle les murailles : & ce qui fait le reſte du corps de la mu-
» raille ( ſçavoir les poutres ) ne donne point tant de priſe au
» Belier ; car étant d'ordinaire tres bien liées & fort affermies en
» dedans de la longueur de quarante pieds, il eſt tres-difficile de
» les ébranler. ( Il paroît que la face de la muraille avoit à peu
près la figure d'un échiquier fait des pierres & des têtes des poutres, rangées & ajuſtées les unes avec les autres ; & c'eſt pourquoi Ceſar dit que cela faiſoit un aſſés bel effet à la vûë. )

Telles étoient les murailles des principales Villes de France ;
& Sidoine Apollinaire qui vécut dans le ſiecle où les François
s'emparérent des Gaules, confirme ce que je dis en parlant de la
Ville d'Auvergne, dont il étoit Evêque : *& dont*, dit-il, *la face de
la muraille avoit été brûlée*. Ce qui marque qu'elle étoit en partie
de bois.

Ambuſtam
murorum fa-
ciem. L. 7.
epiſt. 1.

Je vais mettre ici le texte Latin de Cesar *, afin que si je n'ai point bien pris sa pensée, le Lecteur rectifie lui-même ma Traduction & mon Commentaire.

De ce que je viens de dire dans ce premier Livre, s'ensuit ma reflexion generale, que les François de ce tems-là avoient pris pour modele la methode des Romains, soit dans les batailles, soit dans les sieges en plusieurs choses, quoiqu'ils ne la missent pas en pratique, avec autant d'adresse & de perfection que ceux qu'ils vouloient imiter.

*Explication des precedentes figures.*

*Premiere figure.*

A A. Premiere assise de la muraille décrite par Cesar.
B B. Poutres.
C C. Pierres de taille entre chaque tête de poutre.

*Seconde Figure.*

I I. Muraille élevée.
M. Têtes des poutres.
N. Pierres de taille.

---

\* Muri autem omnes Gallici hac sunt ferè formâ : trabes directæ perpetuæ in longitudinem, paribus intervallis, distantes inter se binos pedes in solo collocantur. Eæ revinciuntur introrsus, & multo aggere vestiuntur. Ea autem quæ diximus intervalla, grandibus in fronte saxis effarciuntur. Iis collocatis & coagmentatis, alius insuper ordo adjicitur, ut idem illud intervallum servetur, neque inter se contingant trabes, sed paribus intermissæ spatiis, singulæ singulis saxis interjectis arte contineantur. Sic deinceps omne opus contexitur, dum justa muri altitudo expleatur. Hoc cum in speciem deforme non est, alternis trabibus aut saxis, quæ rectis lineis suos ordines servant : tum ad utilitatem & defensionem urbium suam habet opportunitatem. Quòd & ab incendio lapis, & ab ariete materia defendit : quæ perpetuis trabibus pedes quadragenos plerumque introrsus revincta, neque perrumpi neque distrahi potest.

# LIVRE SECOND.

## DE LA MILICE FRANÇOISE
### SOUS LA SECONDE RACE.

BIEN que l'Histoire de Pepin, de Charlemagne, & de leurs Successeurs, fasse mention de quantité de guerres & de batailles, elles ne descendent point dans des détails qui puissent donner de nouvelles lumieres touchant l'arrangement des Armées, leur maniere de combattre, & leurs campemens. Je dirai seulement en general qu'on ne peut guéres douter que Charlemagne ayant fait de si grandes conquêtes, & beaucoup perfectionné l'art militaire dans l'Empire François, il n'eût pris aussi pour modele la Milice Romaine, qui étoit sans contredit la plus parfaite dont on pût avoir connoissance en ces tems-là ; & je fonde ma conjecture sur ce que dit le Continuateur d'Othon de Frisingue, dans l'Histoire de l'Empereur Frideric I. sçavoir, qu'on observoit encore du tems de ce Prince dans l'Empire, les regles de l'Art Militaire des anciens Romains, soit pour les campemens, soit pour les sieges, & pour le reste qui concernoit la guerre. Car cette maniere de s'exprimer semble supposer qu'il n'y avoit point eu dans l'Empire d'interruption pour l'observation des regles de l'ancien Art Militaire. Or comme Charlemagne fut non-seulement Empereur, mais encore le plus grand Prince & le plus guerrier qui ait monté sur le Trône de l'Empire depuis le Grand Constantin, il est fort vrai-semblable qu'il pratiqua dans l'Empire François l'ancienne methode Romaine pour toutes les parties de la guerre, autant qu'elle put s'accommoder avec certains usages particuliers à la Nation Françoise: mais comme je n'ai point de faits tirez de l'Histoire de son Regne, assez marquez pour prouver incontestablement la pensée que j'ai là-dessus, il seroit

*Radevic, l. 2. cap. 2.*

40 HISTOIRE

assez inutile de faire ici un plan de l'arrangement des Armées Romaines, pour en conclure seulement en general, que vraisemblablement Charlemagne rangeoit les siennes à peu près de la même maniere; je ferai ce plan à une autre occasion sous la troisiéme Race.

Mais quant à ce qui regarde les Armes des François, j'y trouve un changement notable qui sans doute s'y fit peu à peu, & même s'introduisit dès le tems de la premiere Race; on le voit distinctement marqué dans les Memoires qui nous restent de la seconde. J'ai dit, sur le témoignage de Procope & d'Agathias, confirmé par celui de Corneille-Tacite, que l'usage des cuirasses & des casques sous le commencement de la premiere Race, étoit fort rare parmi les François; & que celui de l'arc & des fléches n'étoit point non-plus d'abord dans leurs Armées. Or ces usages se trouvent non-seulement introduits, mais encore commandez sous la seconde Race.

*Changement dans les armes des François sous la seconde Race.*

Tout cela paroît distinctement dans un Article des Capitulaires de Charlemagne, en ces termes : « Que le Comte ait soin que » les armes ne manquent point aux Soldats qu'il doit conduire à » l'Armée, c'est-à-dire, qu'ils ayent une lance, un bouclier, un » arc, & deux cordes, & douze fléches.... qu'ils ayent des cui- » rasses, ou des casques.

*T. 1. Capitul. p. 508, 509. edit. Balusian.*

Nous avons dans les Collections de Duchesne la description de l'armure de Charlemagne par le Moine de Saint-Gal. Outre le casque & la cuirasse, il lui donne des brassarts, ou plutôt des manches de mailles, des cuissarts de lames de fer..... *coxarum exteriora.... in eo ferreis ambiebantur bracteolis*, & des bottes de fer, c'est-à-dire aussi des chausses de mailles. Cet Auteur ajoute que les gens de la suite de Charlemagne, & ceux qui l'accompagnoient dans les combats, étoient à peu près armez de même, excepté qu'ils n'avoient point de cuissarts, afin de monter plus facilement à cheval.

*Vie de Charlemagne par le Moine de S. Gal. L. 2.*

*Usage du Casque, de la cuirasse, des fléches, non seulement introduit mais encore ordonné parmi les François.*

Ce que je ferai principalement dans ce second Livre, ce sera premierement d'extraire des Capitulaires ou Ordonnances de nos Rois de la seconde Race divers Articles touchant la maniere dont on levoit les Soldats, qui est mieux marquée dans ces Capitulaires, que dans les monumens historiques qui nous restent de la premiere Race, & touchant la Discipline Militaire de ce tems-là.

&

DE LA MILICE FRANÇOISE. *Liv. II.* 41

& quelques autres usages que ces mêmes Capitulaires renferment.

Secondement, à l'occasion du siege de Paris fait par les Normands en l'an 886, je traiterai assez au long des machines dont on se servoit alors dans les sieges, parce que nous avons une relation de ce siege assez particularisée, sur cette matiere, & faite par un Témoin oculaire, qui étoit dans la Ville assiegée ; ce sera la matiere de deux Chapitres dans lesquels je renfermerai toute l'Histoire de la Milice Françoise sous la seconde Race.

## CHAPITRE PREMIER.

*De la maniere dont on levoit les Troupes sous la seconde Race. De la Discipline militaire, &c.*

IL n'y eut guéres de changement sous la seconde Race dans la maniere de lever les Troupes ; & Pepin, quand il fut sur le Trône, n'eut garde d'entreprendre de changer les usages de la Nation à cet égard. Les Pays ou Provinces comme auparavant, fournissoient leur contingent pour la guerre. Ces Troupes étoient commandées par les Comtes & par les Ducs de chaque Pays ou Canton. Il en étoit de même de ceux qui avoient des Benefices, dont il est fait plus souvent mention sous la seconde Race, que sous la premiere. Les Benefices étoient des Terres, non pas hereditaires, ni toujours du nombre de celles qui avoient été le partage des Soldats François après la conquête des Gaules : mais c'étoient des Terres du Domaine du Prince, ou qui lui venoient par confiscation, ou au défaut d'heritiers après la mort des possesseurs, ou par de nouvelles conquêtes. Les Rois les donnoient pour un tems, & tout au plus à vie, à condition du service pour la guerre, & d'y amener un plus grand nombre de Soldats que les autres Sujets du Prince. C'étoient ces Beneficiers qui portoient le nom de *Fideles* qui leur est souvent donné dans les Capitulaires à cause de la fidelité qu'ils promettoient au Prince leur Bienfaiteur par un serment particulier, à quoi ils ajoutoient l'hommage. Ces Benefices ressembloient à ce que l'on appelle aujourd'hui chez les Turcs des Timars, dont les possesseurs nommez

*La maniere de lever les Troupes fut la même que sous la premiere Race.*

*Terres données par le Prince, appellées Benefices.*

*Fideles nostri, fideles Regni. Ce que c'étoit que les Fidelles du Prince.*

Timariots sont obligez au service en vertu de leurs Timars, & font une bonne partie des Armées du Grand-Seigneur. Ces anciens Benefices sous la seconde Race, selon le sentiment de plusieurs Jurisconsultes qui me paroît certain, sont l'origine des Fiefs, ou pour parler plus juste, devinrent avec le tems ce que l'on appella depuis du nom de Fief.

Ce que fit Pepin par rapport au sujet dont il s'agit, fut de faire observer exactement les Loix du service, & que dans le tems destiné pour l'expedition tous les Chefs tinssent leurs Troupes en état de se mettre en marche au premier ordre, suivant l'Ordonnance de Pepin le Vieux, autrefois Maire du Palais.

Charlemagne entretint la même Discipline avec une pareille exactitude; & dans le Capitulaire dont j'ai déja parlé, où il ordonne aux Troupes de se fournir de vivres pour trois mois, & d'armes & d'habits pour six mois, à compter depuis le jour qu'elles seroient arrivées à un certain lieu, il marque que c'est selon l'ancienne coutume.

Or comme plusieurs expeditions de Charlemagne, soit en Italie, soit en Espagne, soit en France, soit contre les Abares, durerent quelquefois beaucoup plus de trois mois, il s'ensuit que c'étoit à ses dépens, ou sur le butin fait dans le Pays ennemi, que les Troupes étoient défrayées & entretenues; elles passoient volontiers ce terme, parce que les Soldats faisoient des esclaves, qui étoient alors une grande richesse en France, ainsi que je l'ai déja observé.

Comme il n'étoit point permis aux Serfs de se faire d'Eglise sans le consentement de leurs Maîtres; de même les hommes libres obligez au service, ne pouvoient embrasser la Profession Ecclesiastique sans la permission du Prince; & il fit un Capitulaire là-dessus à l'occasion de quelques-uns qui se faisoient ou Clercs, ou Moines pour s'exempter du service.

Si un homme qui devoit marcher à l'Armée manquoit de le faire, il étoit condamné à une amende de 60 sols d'or : que s'il n'avoit pas le moyen de payer cette somme, il devenoit Serf du Prince, & demeuroit en servitude jusqu'à ce qu'il eût satisfait pour l'amende; mais s'il mouroit dans cet état de Serf, ses enfans ne perdoient pas pour cela leur qualité de libre. Les heritiers du mort n'étoient point privez de sa succession, & n'étoient pas

*Constitutum est ut secundum antiquam consuetudinem, &c. Capitul. Caroli M. lib. 3. cap. 74. edit. Pitheanæ.*

*De liberis hominibus qui ad servitium Dei, &c. L. 1. cap. 110.*

*Ibid. cap. 67.*

même obligés à payer pour lui l'amende après sa mort.

Quand un Officier de la maison du Prince, ou qui étoit son Beneficier, manquoit à se rendre à l'Armée au tems marqué, il n'étoit point condamné à l'amende; mais à faire abstinence de viande & de vin, autant de tems qu'il avoit tardé à se rendre à son poste. *Ibid. cap. 69.*

C'étoit le Comte ou Gouverneur du pays qui exigeoit les amendes. Il y en avoit une troisiéme partie pour lui, & le reste étoit au profit du Roi. On ne saisissoit point les Terres, ni les Serfs pour cela; mais seulement les meubles. *Amende pour le défaut du service, par qui, & au profit de qui levée. Ibid. cap. 68.*

Le Comte de son autorité ne pouvoit point donner permission à un homme de condition libre de manquer au service; & s'il la donnoit sans consulter le Roi, il étoit lui-même condamné à une grosse amende, ainsi que je l'ai dit en traitant de la Milice sous la premiere Race.

Les nouveaux mariez étoient exemts du service jusqu'au bout de l'an de leur mariage. Quiconque avoit un Benefice du Prince le perdoit, s'il manquoit de se trouver à l'Armée. Quand le Prince retenoit auprès de lui quelques-uns de ses Beneficiers, cela n'exemptoit point du service ceux que le Beneficier devoit y conduire. *Ibid. cap. 75. Exemts du service. Ibid. cap. 70. L. 3. c. 73. L. 5. c. 75. 90. 264.*

Les parricides, les incestueux, ceux qui avoient tué un homme d'Eglise, ou qui avoient fait la penitence publique, n'étoient point reçus dans les Troupes; & s'ils s'y rencontroient, ils étoient obligez de s'en retirer. *Exclus du service par les Loix.*

Les Ecclesiastiques en étoient aussi exclus; & comme un jour Charlemagne tenoit une Diete à Worms, l'Assemblée d'un commun accord lui presenta une Requête pour le supplier de faire une Loi, afin d'empêcher que les Evêques ne vinssent à l'Armée, excepté deux ou trois des plus sçavans, & choisis par les autres pour y faire les fonctions spirituelles, & non point pour y combattre. Cette Loi fut depuis étendue à tous les Prêtres. Il n'étoit permis à aucun de suivre l'Armée, excepté ceux que les Evêques choisis pour faire les fonctions Ecclesiastiques dans le Camp, prenoient à leur suite pour les aider; & outre cela chaque Commandant avoit un Aumônier pour le service de la Troupe qu'il avoit sous ses Ordres: mais ces Prêtres avoient aussi défense de combattre même contre les Payens. *Cap. 285. 286. L. 7. c. 91. 92. 103.*

F ij

## HISTOIRE

*Cap. 103.*
*Plaintes des Évêques de ce qu'on les excluoit du service.*

Cette Loi fut prise en mauvaise part par quelques Évêques, comme si elle leur eût été honteuse. Et Charlemagne dans une autre Assemblée, exposa ses intentions sur ce sujet, en protestant qu'il n'avoit porté cette Loi que par le zele qu'il avoit pour l'observation des Canons, qui défendoient tres-expressément l'effusion du sang aux Ecclesiastiques.

☩

On voit par ce même Capitulaire, qu'outre l'inclination martiale de la Nation Françoise, une autre raison déterminoit les Évêques à aller à la guerre. C'est qu'en portant les armes, ils se mettoient plus aisément à couvert des vexations de la Noblesse, qui sous prétexte qu'elle consumoit ses revenus, & exposoit sa vie pour la défense de l'Etat & de la Religion, usurpoit les biens des Eglises, comme pour se dédommager. C'est pourquoi Charlemagne promit aux Évêques d'empêcher ces usurpations introduites, surtout sous la domination de Charles Martel, & de regler ce qu'on appelloit les Précaires.

*Precariæ.*
*Ce que c'étoit que le Précaire.*

C'étoit un temperamment que Pepin pere de Charlemagne avoit imaginé, ou du moins autorisé pour satisfaire en quelque façon les Évêques & les Abbez, & ne pas trop offenser la Noblesse, en l'obligeant à l'entiere restitution des biens Ecclesiastiques usurpez.

Ces Précaires consistoient en ce qu'un Gentilhomme qui avoit usurpé une Terre, ou une Ferme, reconnoissant qu'elle appartenoit à une Eglise, ou à une Abbaye, prioit l'Évêque ou l'Abbé de la lui laisser pour quelque tems, ou pour toute sa vie, ou même à ses Successeurs, à condition d'une redevance, soit en argent, soit en autre chose.

Il promettoit de ne s'en dire jamais le Proprietaire, mais seulement l'usufruitier, & de ne point manquer à payer la redevance. Cela s'appelloit *Precaire*, *à precando*, quand c'étoit le Gentilhomme, qui par un Acte demandoit qu'on lui laissât la Terre à telles & telles conditions.

*Prestaria.*
*Ce que c'étoit que le Prestaire.*

Mais cette convention s'appelloit *Prestaire*, quand c'étoit l'Évêque ou l'Abbé qui de lui-même engageoit la Terre au Gentilhomme, en lui prescrivant les conditions. Il y a dans le Livre du Moine Marculphe des Formules dressées, tant pour le Précaire, que pour le Prestaire. Charlemagne dans le Capitulaire dont il s'agit, autorisant le Precaire, autorisoit à plus forte raison le Prestaire qui étoit moins odieux.

## DE LA MILICE FRANÇOISE. *Liv. II.* 45

Voici plus en détail l'ordre qu'on observoit dans le Ban, ou Heriban, d'où par corruption est venu le mot d'Arriere-ban, c'est-à-dire, dans la convocation des Troupes pour le service.

Tout homme de condition libre qui avoit quatre Métairies garnies, soit de son fond, soit en benefice, étoit obligé d'aller à l'Armée. *Ut omnis homo liber qui quatuor Mansos vestitos de proprio suo, sive de alicujus beneficio habet, ipse se preparet, & ipse in hostem pergat, sive cum seniore suo.* Car par le mot de *Mansus vestitus*, c'est-à-dire *Mansion*, ou *Maison*, on entendoit une Métairie bâtie, avec une certaine étenduë de terre, fournie de bestiaux, de Serfs, &c.

Celui qui n'avoit qu'une Métairie se joignoit à une autre qui en avoit trois. Celui-ci lui donnoit dequoi faire son équipage, & en le lui donnant, il étoit exemt d'aller faire le service en personne.

Celui qui n'avoit que deux Métairies se joignoit à un autre, qui en avoit aussi deux ; un des deux marchoit, & l'autre demeuroit ; celui qui demeuroit fournissoit l'équipage à l'autre.

De même quatre qui n'avoient que chacun une Métairie, se joignoient ensemble ; trois fournissoient dequoi faire la Campagne pour un seul ; & celui à qui on le fournissoit alloit au service, sans obligation pour les autres d'y aller.

Le Comte pouvoit laisser dans sa maison auprès de sa femme deux de ses Officiers, qu'il prenoit parmi ceux que l'on appelloit *Casati*, parce qu'ils étoient comme ses Domestiques, & demeuroient dans sa case, c'est-à-dire dans sa maison.

Il en laissoit encore deux autres pour faire ses fonctions, & les affaires du Roi ; & comme le Comte avoit quelquefois plusieurs Offices, il laissoit deux personnes pour l'exercice de chacun de ces Offices. Que si lui-même pour quelque raison ne pouvoit pas aller à l'Armée, il y envoyoit quelques-uns de ces mêmes Officiers pour tenir sa place. Un Evêque ou un Abbé ne pouvoient non-plus retenir chez eux que deux de leurs Officiers Laïques, supposé qu'ils allassent eux-mêmes à l'Armée.

Celui qui avoit douze Métairies, étoit obligé de servir avec une cuirasse. *Omnis homo de duodecim mansis BRVNIAM habeat ;* & s'il y manquoit, il perdoit son Benefice, & le droit de porter la cuirasse, ou le haubert, d'où viennent vrai-semblablement ce qu'on ap-

F iij

pelle encore en Normandie *les Fiefs de Haubert*, qui contenoient au moins douze Métairies.

Outre ceux qui alloient à l'Armée, d'autres Sujets du Prince étoient obligez de faire la garde sur les frontieres : *Explorationes & excubias quod usitato vocabulo Wactas ( le guet ) facere non negligant.*

Il n'étoit permis ni à un Evêque, ni à un Abbé, ni à une Abbesse, ni à aucun autre Ecclesiastique qui avoient des Sujets, d'avoir des cuirasses ou des épées dans leurs magasins, au-dessus du nombre des Sujets qu'ils devoient fournir au service. S'ils en avoient au-dessus de ce nombre, ils devoient en avertir le Prince, & il leur étoit défendu d'en vendre aux Etrangers.

Il étoit aussi défendu generalement d'en vendre aux Négocians, ni d'en transporter surtout chez les Saxons, avec lesquels Charlemagne fut plus de trente ans en guerre ; la même défense fut depuis portée par Charles le Chauve à l'égard des Normans.

Il y avoit aussi des reglemens particuliers pour la Discipline militaire contre les desordres qui pourroient arriver.

Quand il se faisoit quelque dommage dans la marche, jusqu'à la frontiere, où les Troupes se devoient rendre, celui qui avoit été lezé étoit en droit de demander justice & dédommagement. Le coupable étoit condamné à payer le triple ; & si c'étoit un Serf, on y ajoutoit une punition corporelle ; c'étoit non seulement le coupable qui étoit puni, mais encore le Commandant, s'il n'avoit eu soin de faire justice sur le champ ; en ce cas il étoit cassé & privé du commandement.

Il y avoit défense dans le Camp de forcer personne à boire : si quelqu'un s'y enyvroit, on l'excommunioit, & il étoit condamné à ne boire que de l'eau pendant un tems qu'on lui marquoit pour sa penitence.

Quiconque se retiroit de l'Armée sans la permission du Prince, étoit condamné à la mort.

Celui qui dans le combat fuyoit mal-à-propos, ou refusoit de marcher à l'ennemi, quand il étoit commandé, non-seulement perdoit sa Charge ; mais encore il étoit déclaré infâme, jusques-là que son témoignage n'étoit point reçu en Justice.

Les bagages des Officiers & des Soldats, lorsqu'ils marchoient pour l'Armée, n'étoient point sujets aux Doüanes.

# DE LA MILICE FRANÇOISE. *Liv. II.* 47

Quand la campagne étoit finie, & que les Troupes étoient revenuës chacunes dans leurs pays, elles quittoient les armes, & on n'y paroissoit plus en équipage de guerre quarante nuits, c'est-à-dire quarante jours après. C'étoit une maniere de parler des anciens François de laquelle on voit souvent l'usage dans la Loi Salique pour marquer le terme du tems par les nuits plûtôt que par les jours; cette façon de s'exprimer venoit des nations Germaniques. Tacite l'a remarquée dans son Livre de la Germanie: *Nec dierum numerum ut nos, sed noctium computant.*

Outre ces Capitulaires de Pepin, de Charlemagne, de Loüis le Debonnaire, dont j'ai extrait ici les reglemens qui concernoient la guerre, il y a des collections de ceux qui furent faits sous Charles le Chauve, & sous quelques-uns de ses successeurs. Ils sont semblables en plusieurs points à ceux de ces trois premiers Rois de la seconde Race, c'est pourquoi je n'en rapporterai que deux qui meritent quelque attention. Le premier est tiré de l'Edit fait à Piste à quelques lieuës de Roüen assez près de la Ville du Pont-de-l'Arche.

Il est conçu en ces termes: *Ut pagenses Franci qui caballos habent aut habere possunt cum suis Comitibus in hostem pergant;* que les François ou bien les Francs du pays ou gouvernement (de chaque Comte) qui ont ou peuvent avoir des chevaux marchent en l'Ost, c'est-à-dire à l'armée avec leurs Comtes.

Ce mot de *Franci* se prend d'ordinaire dans cet ancien droit pour les Nobles ou Gentils-hommes, d'où vient qu'autrefois on disoit Franc-homme pour Gentil-homme: il signifie aussi quelquefois en general les personnes libres: mais comme le Capitulaire qui suit est pour les hommes libres en general, il semble que dans celui-ci le mot de *Franci* doit être entendu des seuls hommes Nobles ou Gentils-hommes; & comme on n'y oblige d'aller à l'armée que les Francs-hommes qui pouvoient avoir des chevaux, il s'ensuit de-là qu'alors la Noblesse ne servoit & ne combattoit gueres qu'à cheval; & cette coutume a duré tres-longtems en France. Je remarquerai sous la troisiéme Race les changemens qui se firent là-dessus.

On pourroit faire ici en passant à cette occasion une question qui merite d'être touchée, sçavoir ce que c'étoit alors que ces Nobles, ou Francs-hommes, ou Gentils-hommes parmi les François. Ma pensée sur cela est que tous les Soldats François qui

*C. 82. addit. 4. editionis Pithœan.*

*Police pour les gens de Guerre après la campagne.*

*On comptoit le tems par nuits, & non point par jours.*

*Cap. 26.*

*Cap. 27. 28. Ce que c'étoit que les hommes Francs.*

*Distinction des Gentils-hommes, du peuple, & des Serfs.*

s'établirent dans les Gaules après les conquêtes de Clovis, furent sur le pied de Nobles ou de Gentils-hommes, & comme gens de guerre qui avoient eu part à la conquête ; que leurs descendans furent regardés de même ; que les affranchis & leurs descendans ayant la qualité de libres, étoient ce qui composoit le peuple & ce qu'on appella depuis du nom de Roturiers ; qu'il en étoit & qu'il en avoit toujours été de même des Gaulois ou originaires du pays des Gaules ; que ceux qui descendoient des Serfs affranchis dans les Gaules y faisoient l'ordre du peuple, & ceux qui venoient des hommes qui étoient libres de tems immémorial, celui des Nobles. Le troisiéme ordre ou corps de l'Etat étoit celui des Serfs. Le second celui du peuple, & le premier celui de la Noblesse. Outre l'Etat Ecclesiastique dont il n'est point ici question.

*Cap. 28.*

Comme selon le Capitulaire 28 qui suit celui qui m'a donné lieu de faire cette courte digression, & selon plusieurs autres que j'ai rapportés, tous les hommes libres, excepté tres-peu que le Prince exemptoit, étoient aussi obligez au Service, il me paroît que la plûpart de ces hommes libres non nobles & descendans d'affranchis, faisoient un corps d'Infanterie pour rendre l'armée complete avec la Cavalerie composée de la Noblesse.

*Quantité de Serfs commandés pour l'armée.*

Outre cela, un grand nombre de Serfs étoient aussi commandez pour l'armée, comme je l'ai prouvé dans la premiere partie, par un article de la Loi des Gots. Mais de plus, il y avoit une raison particuliere pour les y faire aller; c'est qu'on ne pouvoit se passer d'eux dans les Armées non seulement pour les services particuliers qu'ils devoient rendre à leurs maîtres, mais encore pour les besoins publics.

Il n'y avoit point alors ou presque point d'autres Artisans que les Serfs, & tous les métiers étoient exercez par les gens de cette condition, ou par les affranchis.

*Vide du Cange in glossario verbo Servus.*

On voit dans l'ancien Droit, c'est-à-dire non-seulement dans le Droit Romain mais encore dans les Loix des Bourguignons, des Gots, des Lombards, dans la Loi Salique, &c. on voit, dis-je, dans cet ancien Droit les Serfs qu'on y appelle *Ministeriales* distinguez les uns des autres par leurs métiers. Des Orfévres *Servus Aurifex*, des Maréchaux ou qui travailloient en fer *Servus Ferrarius*, d'autres en cuivre *Servus faber Ærarius*, des Charpentiers, *Servus Carpentarius*, des Tailleurs, *Servus Sartor*, des Cordonniers, *Servus Sutor*, &c.

Le Roi avoit dans toutes ses Maisons de Campagne de ces sortes de Serfs que l'on appelloit Fiscalins, * par lesquels ils les faisoit valoir, & qui fournissoient de tout la maison du Prince. Les Seigneurs en avoient à proportion de même dans leurs Terres ou Métairies; les Eglises en avoient pareillement, & ces Serfs s'appelloient *Servi ecclesiastici*, & quand le Prince donnoit une Terre en Benefice, ou en faisoit donation à une Eglise ou à une Abbaye, il y étoit toujours fait mention des Serfs de la Terre que l'on n'en separoit point. Les particuliers avoient apparemment recours pour leurs besoins à ces sortes de Serfs qui travailloient de leur métier pour le public dans le tems que leurs maîtres les laissoient libres; & c'étoit un des moyens dont ils se servoient pour amasser un pécule, afin de se racheter & de se tirer de la servitude. On ne peut non plus douter qu'au moins une partie des Affranchis depuis qu'ils avoient leur liberté n'exerçassent leurs anciens métiers à leur profit.

* Fiscalini

Les choses étant ainsi, c'étoit une necessité qu'il marchât beaucoup de Serfs à l'armée pour ferrer les chevaux, racommoder les chariots, remuer les terres, & pour une infinité d'autres usages. Or, ces Serfs que l'on armoit dans le besoin, grossissoient l'Infanterie, comme il est arrivé depuis, que les Goujats, les Vivandiers, & d'autres gens de la suite des armées, ont fait en plusieurs occasions. Ce sont-là les reflexions que l'on peut faire au sujet du Capitulaire de Charles le Chauve dont il s'agit ici.

Un autre Capitulaire du même Prince merite encore d'être remarqué: parce qu'il contient un droit que les Rois avoient dès ce tems-là; sçavoir, d'empêcher que les Seigneurs particuliers ne fissent des forteresses de leurs maisons & de leurs Châteaux à la campagne.

C'est au premier article de l'addition faite à l'Edit de Piste, où Charles le Chauve parle de la sorte: » Nous voulons & commandons expressément que quiconque en ce tems auroit fait bâtir » des Châteaux, des forteresses, des retranchemens, palissades, » *Castella & firmitates & hayas*, ayent à les raser & que cela soit » fait pour le premier jour d'Août, parce que ces lieux sont de- » venus des retraites de voleurs qui font des desordres dans le » voisinage. Et si ceux qui les ont bâtis ne veulent pas les détruire, » que nos Comtes les ruinent eux-mêmes. Il y ajoute une menace

*Droit du Roi d'empêcher la Noblesse de fortifier ses Châteaux.*

aux Comtes, que s'ils n'exécutent pas son ordre il les revoquera & en mettra d'autres en leurs places. Cette maniere dont Charles le Chauve parle ici montre de plus que tous les Comtes n'étoient pas encore perpetuels, & que le Prince les revoquoit comme il le jugeoit à propos. Je parlerai bientôt du changement qui arriva sur cet article sous le regne même de Charles le Chauve.

Au reste, la principale raison qui avoit obligé les Seigneurs à fortifier leurs maisons & leurs Châteaux, étoient les courses frequentes des Normans qui ravageoient tout le Royaume: mais sous ce pretexte les Seigneurs s'abandonnoient eux-mêmes aux brigandages, ainsi que le Capitulaire le marque, & c'est ce qui donna lieu à l'ordre de raser toutes les forteresses qui avoient été construites sans la permission du Roi.

*Vigueur de la discipline sous Charlemagne.*

*Relâchement sous Loüis le Debonnaire.*

Toute cette Police Militaire s'observa fort exactement sous le regne de Charlemagne: le grand genie de ce Prince, ses victoires, ses conquêtes, l'estime, le respect, l'affection de ses Sujets, lui avoient concilié toute l'autorité necessaire pour tenir la main à tant de beaux reglemens. Mais il y eut beaucoup de relâchement dans la discipline sous Loüis le Debonnaire son fils & son successeur qui lui étoit beaucoup inferieur dans l'art de gouverner.

Ce Prince associa à l'Empire Lothaire son fils aîné, comme Charlemagne son pere l'avoit associé lui-même: mais ce fut dans des conjonctures bien differentes. Charlemagne ne l'avoit associé que sur la fin de son regne & après la mort de ses autres fils; & Loüis fit cette association dès l'an 817, la troisiéme ou la quatriéme année de son regne, ayant encore deux autres fils, & Bernard son neveu actuellement Roi d'Italie. Il fit en même tems Pepin son second fils Roi d'Aquitaine, & Loüis son troisiéme fils Roi de Baviere.

Cette disposition que Loüis fit de ses Etats causa de la jalousie surtout à Bernard Roi d'Italie, qui en cette qualité ne desesperoit pas de devenir Empereur. Il se revolta: Loüis le prevint, le prit prisonnier & lui fit crever les yeux dont il mourut: mais un autre incident causa de bien plus grands troubles. L'Imperatrice Hermengarde mourut, & Loüis le Debonnaire épousa en secondes nôces Judith qui du côté de son pere tiroit son origine d'une des plus illustres Maisons de Baviere, & d'une des plus nobles de Saxe par sa mere. Elle eut bientôt un fils nommé Charles ( c'est Charles le Chauve) & ce fut à cette occasion que l'on reconnut l'imprudente conduite de l'Empereur dans le partage precipité de ses Etats: car il fallut aussi donner la part à ce fils du second mariage; & l'Imperatrice, Princesse d'un grand esprit, vint à bout d'y faire resoudre l'Empereur.

Cela ne se put faire sans demembrer les Etats assignez aux autres Princes. De-là vint leur revolte qui fut poussée jusqu'à la deposition de l'Empereur. Ce fut pendant ces guerres civiles que la discipline Militaire se relâcha étrangement.

Après le retablissement de l'Empereur, il fit de beaux reglemens pour remettre les choses sur l'ancien pied: mais ce furent des remedes assez inéfficaces; les troubles recommencerent, & l'Empereur mourut sans pouvoir en voir la fin.

Les guerres qui s'allumerent entre l'Empereur Lothaire, Loüis de Baviere ou de Germanie, & Charles le Chauve (car Pepin leur autre frere mourut dans cet intervalle) augmenterent les desordres. Charles vint à bout de se conserver une grande partie du Royaume de France, mais ses Sujets & surtout les Evêques empiéterent tellement sur son autorité, qu'elle fut toujours tres-restrainte.

Les Normans qui avoient déja fait de grands ravages dans l'Empire François sous le regne de Loüis le Debonnaire firent bien pis sous celui de Charles, & le mirent plus d'une fois à deux doigts de sa perte. On peut comparer ces invasions des Normans avec celles des Gots, des Huns, des Bourguignons, & des autres barbares qui inonderent les Gaules dans le cinquiéme siecle: la difference étoit que ceux-ci venoient par terre, & les Normans par mer, avec un nombre infini de Vaisseaux, & qu'à la faveur des vents ils paroissoient tout à coup sans qu'on pût avoir aucune connoissance de leur approche pour se précautionner. Toutes les belles Ordonnances de Charlemagne que Charles le Chauve renouvella dans les Assemblées des Seigneurs & des Evêques, & les nouvelles qu'il fit, furent pour la plûpart fort inutiles sous un Prince qui n'avoit pas assez d'autorité pour les faire observer.

On peut fixer la decadence de l'Empire François, & la ruine entiere de la discipline Militaire sous le regne de ce Prince. La foiblesse du gouvernement de Loüis le Begue son fils, la brieveté de celui de Loüis & de Carloman fils de Loüis le Begue, l'incapa-

*Décadence entiere de la discipline sous Charles le Chauve & ses successeurs.*

cité de Charles le Simple frere de ceux-ci, acheverent de perdre l'Etat, qui après avoir passé par les mains de trois usurpateurs lui revint & à ses descendans, mais avec si peu de puissance & d'autorité qu'ils n'étoient presque plus Rois que de nom. Les Rois de la seconde Race finirent enfin à Loüis V. du nom, & la couronne passa sur la tête de Hugues Caper.

*Titre de l'as-sal introduit sous la seconde R.*

Quoique le désordre fût extrême dans la Milice Françoise depuis la mort de Charles le Chauve, neanmoins selon l'ancienne coûtume les armées étoient toujours composées des Seigneurs sujets ou vassaux de la Couronne qui y amenoient les Soldats de leurs Terres. Je dis Sujets ou Vassaux, car ce titre de Vassal ne commença à être bien en usage en France que sous la seconde Race. Il me paroît que le vassal étoit celui qui avoit reçu un benefice du Roi avec obligation de service & d'hommage, ou bien qui l'avoit reçu du Comte ou du Duc; parce que les Ducs & les Comtes se mirent en possession d'en donner. Ce fut d'abord avec la permission du Souverain; & puis quand ils commencerent à se rendre indépendans, ils en donnoient selon leur volonté; ils se faisoient ainsi des Vassaux, comme eux-mêmes s'étoient faits tels à l'égard du Souverain, en regardant leur Comtés & leurs Duchés comme des benefices qu'ils rendirent hereditaires dans leurs familles.

Ainsi les armées se formoient comme auparavant des Soldats amenés par les Ducs, par les Comtes, par les Vassaux, avec cette difference que c'étoit souvent moins en faveur du Roi même qu'elles s'assembloient, que pour servir l'ambition des plus grands Seigneurs qui se révoltoient, ou obligeoient le Prince à faire la guerre ou la paix selon leurs interêts particuliers.

Une des principales sources de ce désordre fut la condescendance de Charles le Chauve, qui partie par foiblesse, partie par necessité se départit d'une maxime que ses prédecesseurs avoient toujours ou presque toujours observée.

Dès le commencement de la Monarchie dans les Gaules, & au plus tard sous le regne des fils de Clovis, il y avoit eu des Comtes, des Ducs, & des Beneficiers.

*Ce que c'étoient que les Comtes & les Ducs.*

Les Comtes commandoient dans une certaine étenduë de pays avec l'autorité de Gouverneurs; ceux qui étoient sous leur gouvernement sont appellés dans les Capitulaires *Pagenses*, c'est-à-dire les gens du pays que le Comte gouvernoit, du mot latin *Pagus* qui dans le ftile de ce tems-là fignifie non pas toujours un village ou un bourg, mais fouvent un pays.

Ces Comtes conduifoient à l'armée ceux du pays qui étoient obligés au Service ; ils recevoient les Tributs & les amendes pour les faire paffer au Tréfor Royal; prefidoient à la juftice, & avoient plufieurs autres fonctions.

Les Ducs avoient d'ordinaire plufieurs Comtés dans leur gouvernement, & commandoient régulierement parlant plufieurs Comtes à la guerre. J'ai expliqué un peu auparavant ce que c'étoit que les Beneficiers ainfi appellés parce qu'ils tenoient du Prince à titre de bienfait ou de Benefice certaines Terres.

Les Comtes & les Ducs étoient amovibles; le Prince les changeoit, ou les laiffoit fans emploi, s'il le jugeoit à propos, & Gregoire de Tours en parlant d'un Seigneur qui avoit été Duc, l'appelle *exdux* c'eft-à-dire qui avoit été Duc & qui ne l'étoit plus.

Pour ce qui eft des Beneficiers, la maxime de Charlemagne, ainfi que je l'ai remarqué ailleurs, étoit de ne pas donner plus d'un Benefice à un même Seigneur, & il apportoit pour raifon de cette conduite, qu'en partageant ainfi fes bienfaits, il multiplioit fes *fideles*, c'eft-à-dire, qu'il s'attachoit plus de Serviteurs.

Charles le Chauve commença à donner atteinte à cette amovibilité des Comtes, fi j'ofe ufer de ce terme, & je ne croi pas qu'on en voye d'exemples avant lui à l'égard de cette efpece de Comtes dont il s'agit: ( car il y avoit des Comtes & des Ducs foumis à l'Empire François qui étoient perpetuels & dont les domaines étoient hereditaires conformément aux Traitez qu'ils avoient paffez avec nos premiers Rois en fe foumettant à eux; tels étoient les Comtes de Bretagne, & les Ducs de Baviere, ) Charles fut au moins le premier qui autorifa par un Capitulaire, la fucceffion des Comtez dans les familles.

Ce fut dans une Affemblée qu'il tint à Chierfi l'an 877, lorfqu'étant déja Empereur, il fe difpofoit à fon fecond voyage d'Italie, où il mourut. Il avoit laiffé fon fils Loüis le Begüe Regent du Royaume pendant fon abfence & pour s'attacher les Comtes dont il fe défioit avec raifon, comme on le vit par la fuite, il avoit ordonné que fi quelque Comté venoit à vaquer, on choifit dans la famille du Comte mort quelqu'un pour gouverner le Comté &

*Ils furent longtems amovibles.*
Greg. Turon. L. 10. C. 19. Ennodium ex-duce.

*Maxime de Charlemagne de ne pas donner plufieurs Benefices à la même perfonne.*

*Charles le Chauve commence à rendre les Comtés hereditaires dans les familles.*

surtout le fils du Comte s'il en avoit, quand même il seroit en bas âge.

<small>Tom. 2. Capitularium editionis Balufii, pag. 2.</small>

Cette dangereuse condescendance n'eut que trop de suite: on voit sous les regnes de ses successeurs paroître tout à coup sur la Scene des Comtes de Vermandois, des Ducs de Guyenne, des Comtes de Toulouse, des Comtes de Champagne, & plusieurs autres, agissant avec indépendance, levant des Troupes sans ordre du Prince, faisant des ligues entr'eux, donnant ou partageant leurs Duchez & leurs Comtez à leurs enfans, & comme selon l'ancienne police c'étoient les Comtes & les Ducs qui levoient les tributs & recevoient les amendes pour les envoyer au Trésor Royal, ils se les approprierent; & il se trouva que sur la fin de cette seconde Race, les Rois n'avoient plus dans le Domaine dont ils joüissoient pour toute Ville considerable que celle de Laon, & pour toute autorité sur ces Ducs & sur ces Comtes que le droit de les appeller au service, ce qu'ils refusoient tres-souvent de faire. Ils faisoient des Ligues avec les Ducs de Normandie, avec les Rois de Germanie, sans le consentement du Prince, & contre lui-même, desorte qu'ils agissoient plus en Souverains qu'en Sujets & en Vassaux.

<small>Suite funeste de cette condescendance pour les Rois.</small>

Mais c'étoit toujours la même maniere d'assembler & de former les armées: car ces grands Vassaux eurent aussi leurs propres Vassaux; c'est-à-dire ceux qui avant que ces Seigneurs se fussent emparé de ces pays, étoient obligez de fournir des Troupes au Roi & qui les leur fournissoient alors parce qu'ils étoient devenus leurs Sujets.

Le menagement que ces Comtes & ces Ducs étoient obligez d'avoir pour les Seigneurs, pour les Gentils-hommes, pour les Soldats, afin de soutenir leur usurpation, aneantit entierement la discipline. Tous ces beaux reglemens compris dans les Capitulaires, qui avoient rendu l'Empire François si florissant, & y avoient maintenu l'ordre sous les premiers regnes de cette seconde Race dans tous les differens corps qui le composoient, ne furent plus observez, & la France tomba dans la plus extrême confusion. L'ordre fut un peu rétabli dès le commencement de la troisiéme Race, quoiqu'aux dépens de l'autorité Royale. Mais avant que de raporter la maniere dont cela se fit, je toucherai un autre point que je me suis proposé de traiter dans ce second Livre: c'est

DE LA MILICE FRANÇOISE. *Liv. II.* 55

à sçavoir les machines de guerre dont on se servoit dans les sieges sous la seconde Race de nos Rois ; surquoi un Monument de ce tems-là nous fournit un peu plus de lumieres que les Historiens de la premiere Race.

## CHAPITRE II.

### *Des machines de guerre dont on se servoit dans les Sieges sous la seconde Race.*

LE Monument où nous trouvons quelque chose de specifié sur cette matiere du tems de la seconde Race, est la relation du siege que les Normans mirent devant Paris l'an 886, & qui fut levé l'an 887.

Cette relation a pour Auteur Abbon Moine de Saint Germain-des-Prez, qui étoit present au siege, & qui l'a décrit en fort mechans vers Latins.

La ville de Paris n'avoit point encore alors une plus grande enceinte que celle de la partie de la Ville d'aujourd'hui qu'on appelle la Cité, c'est-à-dire qu'elle étoit renfermée entre les deux bras de la Riviere. Elle étoit jointe au continent par deux ponts vers les endroits où sont le grand Châtelet d'un côté & le petit Châtelet de l'autre. Si un sçavant Auteur qui a donné depuis peu au public un Ouvrage fort utile & plein de tres-curieuses recherches, avoit fait plus d'attention à cette Histoire d'Abbon, il n'auroit pas avancé que ce qu'il appelle la seconde enceinte de Paris au de là de la Riviere du côté du Nord étoit un ouvrage des Romains. Il prouve tres-bien contre le prejugé ordinaire que cette enceinte a été faite avant Philippe Auguste : mais ses conjectures pour l'attribuer aux Romains sont détruites par ces deux vers d'Abbon où il apostrophe ainsi Paris.

*Mr Delamare Traité de la Police. L. 1. T. 6.*

> *Insula te gaudet. Fluvius sua fert tibi gyro*
> *Brachia complexo muros.*

*Etendue de Paris sous la seconde Race.*

C'est-à-dire que Paris étoit renfermé dans l'Isle & que les deux canaux de la Seine en embrassoient les murailles. Toute la suite de la relation du siege montre la même chose avec évidence: car toutes les attaques se firent à l'isle, aux ponts & sur la Seine sans qu'il y soit aucunement parlé de la partie de la Ville qu'on suppose avoir été dès-lors bâtie du côté du Nord au de là de la Riviere.

Il est fait mention dans ce siege de machines ou d'instrumens de guerre dont voici les noms, *Balista*, *Musculi*, *Aries*, *Catapulta*, *Plutei*, *Tigna ferro acuminata*, *Mangana*, *Falarica*, & d'une autre machine en façon de Chariot que l'Auteur ne nomme point, mais qu'il décrit.

Toutes ces machines pour la plûpart, ainsi que je l'ai déja dit, avoient été en usage parmi les Romains, & puisque les Normans s'en servoient à l'attaque de Paris, & les François à la défense de cette Ville, il est évident que c'étoient les machines ordinaires que l'on employoit alors dans les sieges ; & il me paroît hors de doute qu'on les avoit mises en œuvre de tout tems en France, quoique la plûpart ne soient pas nommées dans nos Historiens de la premiere Race, qui ne descendoient point dans tous ces détails. J'ai deja parlé de l'*Aries*, c'est-à-dire du Bellier, lorsque j'ai touché la maniere dont les François faisoient les sieges sous la premiere Race. J'ajouterai seulement que sous la seconde Race cette machine s'appelloit en France du nom de Carcamuse: *Arietes Carcamusae vulgo resonatos* dit le moine Abbon dans sa Relation du siege de Paris.

Je vais faire une espece de Commentaire sur quelques endroits de cette Relation du siege de Paris, pour expliquer au moins en partie ce que c'étoit que ces autres machines de guerre dont il y est fait mention, & j'y ajouterai les figures qui faciliteront l'intelligence de celles dont j'ai pu me former l'idée : car il y en a d'autres dont il est difficile & même impossible de comprendre l'artifice.

## *MUSCULUS*.

Abbo. p. 503.

*Qui verò cupiunt murum succidere MUSCLIS.*

L'Auteur pour faire son vers a mis *Musclis* pour *Musculis* ; ce nom vient apparemment du mot latin *Mus* qui signifie un rat; parce que les Soldats étoient cachés dans cette machine comme un rat dans son trou, pour pouvoir travailler à couvert. On en apporte d'autres étymologies ; celle-ci est de Juste-Lipse, qui après avoir raisonné sur divers passages des anciens, détermine à

In Poliorcetico dial. 9.

neuf

DE LA MILICE FRANÇOISE. Liv. II. 57

neuf pieds en quarré la grandeur de ce Muscule.

Il étoit bâti sur quatre poutres couchées en quarré ; & sur les quatre angles on élevoit quatre autres poutres, une à chacun qui soutenoient le toit, lequel étoit en dos d'âne fait d'une forte charpente, couvert de lattes & puis de briques. On mettoit des cuirs crus par-dessus contre le feu, & contre les pierres qu'on jettoit de la place. Voici la figure telle que Juste-Lipse l'a décrite sur les divers textes des Auteurs qui en ont parlé. Il y en avoit de diverses grandeurs ; & selon leur longueur on multiplioit les poutres qui soutenoient le toit.

A. Muscule.

Cette machine avoit deux usages principaux ; le premier étoit qu'après qu'on avoit comblé le fossé, & qu'elle avoit été poussée jusqu'au bord avec des rouleaux & des leviers pendant la nuit, ou à la faveur des élévations de terre que l'on faisoit pour se couvrir, les travailleurs qui étoient dessous, commençoient une espece de chaussée avec des pierres & des bois, & battoient la terre pour l'affermir ; & en poussant en avant cette machine à mesure que l'ouvrage avançoit, ils continuoient la chaussée jusqu'au pied de la muraille, & faisoient un chemin solide pour les tours de bois couvertes & pleines de Soldats qu'on y amenoit, & dont on se servoit pour sauter sur la muraille après avoir chassé les Assiegeans à coups de fléches.

*Vegetius, l. 4. cap. 16.*

L'autre usage du *Muscule* étoit pour saper la muraille ; car ayant été placé au pied, les Soldats qui étoient dessous le *Muscule*. la démolissoient, l'étançonnoient, & après qu'ils avoient mis le feu aux étançons, elle s'écrouloit.

Cette machine s'appelloit aussi par nos anciens Historiens du nom de *Catus*, & en François un chat.

> *Huc faciunt reptare catum, tectique sub illo*
> *Suffodiunt murum.*

dit Guillaume le Breton dans la *Philippide*, c'est-à-dire dans l'Histoire de Philippe-Auguste ;

Et Guillaume Guiart parlant du siege de Boves auprès d'Amiens fait par le même Prince :

> Devant Boves fut l'ost de France
> Qui contre les Flamans contence*.
> Li Mineur pas ne sommeillent

*est en guerre.

58 HISTOIRE

  Un chat bon & fort appareillent
  Tant cuvre deſſous, & tant cavent
  Qu'un grand pan du mur deſtravent.
*Et en un autre endroit.*
  Un chat font ſur le pont attraire
  Dont pieça mention feiſmes
  Qui fit de la Roche meiſmes
  Li Mineur deſſous ſe lancent
  Le fort mur à miner commencent
  Et font le chat ſi aombrer *
  Que rien ne les peut encombrer.

* *Ils ſe cou-*
*vrent ſi bien*
*ſous le chat.*

La ſeconde Machine s'appelloit en Latin *Pluteus*.

### PLUTEUS.

Abbo, p. 505.

*Mille ſtruunt etiam celſis tentoria rebus*
*Tergoribus collo demptis tergoque Juvencûm*
*Bis binos treſſiſve viros clypeare valebant*
*Qua PLUTEOS calamus vocitat cratesque Latinus.*

Cela veut dire que les Normans employérent à ce ſiege de Paris une infinité de ces machines, que les Latins appellent *Plutei*, dont chacune pouvoit mettre à couvert ſept ou huit Soldats; & que ces machines étoient couvertes de cuir de bœuf. L'Auteur leur donne le nom de *Tentoria*, parce qu'elles n'étoient pas plates par-deſſus, mais comme arrondies.

C'eſt ainſi en effet que Vegece les décrit: « Cette machine, » dit-il, qu'on appelle *Pluteus* eſt faite en forme de ceintre; elle » eſt conſtruite de clayes, & on la couvre avec des peaux & des » cuirs. Elle a trois petites roues, une derriere dans le milieu, & » deux en devant, par le moyen deſquelles on la conduit où l'on » veut comme un chariot.

Vegetius, l. 4.
cap. 5.

B. Le *Pluteus*.

Le même Vegece ajoute que l'uſage de ces machines étoit dans les eſcalades; qu'on les approchoit du mur, & que les Soldats à couvert tiroient de-là des fléches contre les aſſiegez, afin de faciliter l'application des échelles aux murailles pour y donner l'aſſaut. Il paroît par l'uſage que Vegece donne à cette machine, qu'il y avoit aux deux côtez & au-devant des ouvertures, par leſquelles les Soldats tiroient contre les assiegez.

 L'Auteur de la relation du siege de Paris par les Normans, fait encore mention d'une machine couverte de cuirs comme les autres, qui avoit seize roues, & qui contenoit soixante hommes. Mais la description en est si confuse & si embarassée, que je n'ai pu m'en former l'idée pour en faire connoître la structure.

 L'Auteur ne parle point de la Gallerie *vinea*, quoiqu'on s'en servît dans tous les sieges; & c'est pourquoi je ne laisserai pas d'en faire ici la description après Vegece. L. 4. c. 15.

 Elle avoit la forme d'une treille, & c'est pour cela qu'on l'appelloit *Vinea*. La couverture n'en étoit point en dos d'âne, comme celle du Muscule, ni en ceintre comme celle du *Pluteus*, mais plate. Elle étoit couverte de planches & de clayes, & l'on mettoit par-dessus des cuirs crus contre le feu. Vinea.

 Elle étoit longue de seize pieds, haute de huit, & large de sept. On en préparoit dans le camp plusieurs, que l'on approchoit ensuite les unes des autres, pour en former toute la longueur. Les bois qui la soutenoient n'étoient pas extrêmement gros pour l'ordinaire, afin qu'on pût plus aisément les transporter. On la couvroit aussi de cuirs par les côtez contre les fléches des assiegez.

 On s'en servoit pour s'approcher à couvert le plus près des murailles qu'il étoit possible, afin de les saper, ou de les renverser par le moyen du Bellier qu'on y conduisoit sous ces Galleries.

 c. La *Vinea*.

 Toutes ces machines dont je viens de parler servoient à couvrir ceux qui assiegeoient la place, & avoient par cette raison le même usage que nos tranchées & nos Galleries d'aujourd'hui. En voici d'autres qui étoient purement offensives, comme le sont maintenant nos canons, nos bombes, nos mousquets, &c.

## CATAPULTA.

*Tunc centena quium \* pepulit cum sanguine vitam* \* Quorum.
*Centeno Catapulta nimis de corpore pernix.*

 S'il n'y a point d'exageration poetique dans cet endroit de la relation du siege de Paris, il falloit que la Ville fut bien fournie de ces sortes de machines contre les Normans, puisqu'il y en avoit jusqu'à cent en batterie sur les murailles.

Ce mot *Catapulta* est Grec, & composé de la préposition κατὰ, & de πέλτη, qui signifioit non-seulement un pavois, ou une espece de bouclier dont se servoient les Amazones, selon Virgile,

L. 1. Æneid.

*Ducit Amazoni dum lunatis agmina peltis.*

mais encore un dard, ou une lance, selon Hesychius*. On appelloit donc cette machine *Catapulta*, parce que son usage étoit de lancer des dards.

* Πέλτη ς. δοράτιον ἀπὸ τοῦ κατὰπέλλειν πέλτας.

Polybius, l. 5.

Les plus grandes *Catapultes* lançoient des dards de trois coudées de long, & dont le corps étoit gros & ferme. Leur portée étoit d'une stade, c'est-à-dire de cent vingt-cinq pas. Il n'y avoit point de cuirasse qui fût à l'épreuve de ce trait ; & plusieurs hommes de file en étoient quelquefois percez.

*Neque enim solis excussa lacertis*
*Lancea, sed tenso Ballista turbine rapta*
*Haud unum contenta latus transire quiescit.*

dit Lucain, en parlant de la *Catapulte*, sous le nom de Balliste, que plusieurs Auteurs confondent ensemble.

Il y avoit dans ces Machines tant de pieces à assembler, qu'il seroit impossible d'en faire une exacte description ; & les plus Sçavans qui ont travaillé sur les anciens Auteurs en cette matiere, ont bien de la peine à nous en donner quelque idée ; c'est dequoi conviennent les plus habiles, & en particulier Juste-Lipse, & M. Perrault dans ses Commentaires François sur Vitruve ; & je n'ai nulle peine à faire après tant de sçavans hommes l'aveu de mon ignorance sur ce sujet. La difficulté vient de ce que ces Machines étoient si composées, que même en ces tems-là il auroit été tres-difficile de les comprendre sur la seule description, & sans les avoir vûës, outre que les Anciens donnent des noms à toutes les pieces qui les composoient, qui étoient des noms propres de l'art de l'artillerie de leur tems, dont la signification pour la plûpart est aujourd'hui inconnue ; de sorte que dans les figures que les Commentateurs modernes nous en ont données, suivant les conjectures qu'ils ont faites sur les textes des Anciens, il est presque impossible dans la plûpart de reconnoître le principe de leur mouvement.

Et il en est de même des Ballistes, dont je parlerai bientôt. Les figures que Stewechius dans ses Commentaires sur Vegece en a données, & que Juste-Lipse a aussi fait graver dans son Traité,

Lipsius in Poliorceticis.

de la maniere dont les Romains & les Grecs faisoient les sieges, n'en feront gueres mieux connoître la veritable construction. Car ils avoüent eux-mêmes qu'ils ne font que deviner sur le texte des anciens Auteurs, plûtôt que de nous donner la veritable idée de ceux qu'ils commentent.

Je me contenterai de representer ici une de ces Catapultes, où l'on voit ce qui faisoit partir le dard, & une autre que je ne comprens en aucune maniere.

On voit par la premiere figure, que ce qui pouſſoit le dard, étoit un arbre courbé à force, qui en se redreſſant avec une extrême violence, le faisoit partir.

A. Premiere figure.
B. Le dard.
C. L'arbre courbé par force.
D. Machines pour courber l'arbre.

La seconde Catapulte est d'une autre façon, & la figure montre avec quelle violence on tendoit par le moyen des roües & des tourniquets les cordes, qui étant lâchées tout d'un coup faisoient partir le dard. Mais comment se produisoit ce mouvement ? c'est ce qu'il me paroît difficile à deviner dans la figure.

E. Seconde espece de Catapulte.
F. Le dard.
G. Roües pour tendre les cordes.

Ils ne se servoient pas pour cela de cordes de chanvre, qui n'auroient pas pû resister à la tension, mais de cordes faites de nerfs tors, ou de cordes de boyau jointes ensemble, ou de crins de queuës de cheval, ou de cheveux de femmes. L'usage de ces cheveux étoit fondé sur une experience que la necessité fit imaginer, lorsque les Gaulois assiegerent le Capitole : car les cordes faites de nerfs s'étant usées, les femmes Romaines se couperent les cheveux pour y suppléer, & l'on trouva qu'ils étoient tres-propres à cela.

*Funibus Nervinus Vegetius, l. 4. c. 9.*

Il y a dans la Notice de l'Empire, la figure d'une autre Catapulte, où l'on voit des chevaux attelez & bardez de fer, qui n'est pas plus intelligible, mais qui montre qu'on se servoit des Catapultes même dans les combats de Campagne.

# HISTOIRE

## BALISTA.

*Pralia devotis jaciunt immania valdè*
*Pila volant hinc inde, caditque per aera sanguis*
*Commiscentur iis funda laceraque BALISTÆ.*

ἀπὸ τῦ βάλ-λειν.

Balista, vient aussi d'un mot Grec, qui signifie *jetter*, parce qu'on s'en servoit principalement à jetter des pierres.

Les Historiens tant Latins que Grecs, la confondent tres-souvent avec la Catapulte, sans doute parce qu'on jettoit aussi des pierres avec celle-ci.

L. 5.
Distinction de la Baliste, & de la Catapulte.

Lib. 5. Excidii Jerosol.

Polybe les distingue; car en parlant des préparatifs de Philippes de Macedoine pour le siege de Thebes : *Il avoit*, dit-il, *cent cinquante Catapultes, & vingt-cinq pierriers ou Ballistes*. Et Josephe en racontant le siege de Jerusalem par les Romains : *Ils avoient*, dit-il, *trois cens Catapultes, & quarante Ballistes*. C'est par cette raison & sur ces autoritez que je distingue aussi en cet endroit ces deux especes de machines.

Il n'est pas seulement parlé de ces Ballistes dans la relation du siege de Paris fait par les Normans, mais encore dans d'autres monumens de ces tems-là, où elles sont appellées, non pas du nom de Balliste, mais du nom de Pierriers *Petraria*. Et Polybe dans le passage que je viens de citer les nomme ainsi.

Pierriers.
* πιεζβαλλον ὀργανον.
Vitruvius, l. 10. c. ult.

On jettoit avec ces Ballistes, tantôt des pierres du poids de trois à quatre cens livres pour crever les toits, démonter les machines de l'ennemi, & fracasser les murailles, tantôt des sacs, ou des mannequins remplis de quantité de pierres, comme on en jette aujourd'hui avec nos mortiers ; tantôt des cadavres d'hommes & de chevaux pour infecter la place assiegée ; tantôt des boulets de plomb ; & c'est ce qu'exprime notre Poëte de la relation du siege de Paris, par ces Vers :

* Turres.
Tours.

*Nullus in urbe locus fuerat qui bella lateret*
*Pila falas\* laceraque tegunt nimium Catapultæ*
*Arva velut pluvia PLVMBI nec non onerosi*
*POMA.*

Josephe dans l'Histoire du siege de Jerusalem, dit que des pierres de plus de cent livres poussées par ces sortes de machines, em-

DE LA MILICE FRANÇOISE. *Liv. II.* 63

portoient des files entieres de Soldats, & que leur portée étoit de deux cens cinquante pas.

On reconnoît par les figures de ces machines, que la plûpart n'étoient qu'une bascule, ou un trebuchet élevé & placé entre deux poutres, au bout duquel on attachoit une espece de fronde où étoit la pierre, ou le boulet de plomb, ou bien des sacs & des paniers pleins de pierres; & tout cela étoit lancé par le mouvement du trebuchet, ou de la bascule. On en voit une qui étoit double, & qui se remuoit comme une bascule A. Par un de ses mouvemens, elle faisoit jouer une fronde B. qu'elle avoit à sa pointe d'enhaut, & puis lançoit deux sacs, ou deux paniers de pierres C. attachez en bas à chacune de ses jambes.

Voici les diverses figures de ces machines, representées dans Juste-Lipse; & je laisse à des gens plus habiles que moi à deviner par ces figures comment se faisoient les mouvemens de ces sortes de machines.

L. 6.

L. 3. Poliorceticon, dial. 3.

### TEREBRA.

*At Turris nocturna gemit dardis terebrata.*

Terebra, en François une *Tariere*; c'est ainsi qu'on appelle un instrument de Menuisier, qui a du rapport à celui dont il s'agit, parce qu'il a une pointe de fer pour percer.

Cette machine étoit une grosse poutre, que l'on poussoit en avant, non pas suspendue comme le Bellier, mais en la faisant couler dans une espece de canal garni de rouleaux, & que l'on retiroit par le moyen d'un moulinet, ainsi qu'on le voit dans la figure.

Vitruvius, l. 10. cap. 19.

A. Tortuë dans laquelle on faisoit jouer la Tarriere.
B. Pointe de la Tarriere, sortant de la Tortuë.
CC. Tarriere dans son canal, où elle couloit sur des rouleaux.
DD. Hommes qui faisoient jouer la Tarriere dans la Tortuë, par le moyen des cordages.
E. Poulies pour faciliter le mouvement des cordes que les hommes tiroient pour la faire aller en avant.
F. Pointe de la Tarriere.
G. Tourniquet pour faire rentrer la Tarriere dans son ca-

nal, & la retirer après le mouvement qu'on lui avoit donné en avant.

M. Perrault dans ses Commentaires sur Vitruve, croit fort vraisemblablement que l'on usoit de cette machine pour commencer la bréche ; après quoi l'on se servoit du Bellier, qui auroit été trop longtems à rompre une pierre avec sa tête grosse & ronde ; ce que la Tarriere qui étoit pointuë faisoit aisément : & lorsqu'il y avoit une pierre ôtée, par le moyen de la Tarriere qui la mettoit en pieces, le Belier emportoit plus aisément les autres, en les poussant vers l'endroit qui étoit vuidé, & où il n'y avoit rien qui soutint la pierre qu'il poussoit. Il est fait mention de cette machine dans un Capitulaire de Charlemagne, sous le nom de *Taretrus*.

<small>Pag. 509. edit. Baluf.</small>

### MANGANA.

*Conficiunt longis aque lignis geminatis.*
*Mangana quæ proprio vulgi libitu vocitantur*
*Saxa quibus jaciunt ingentia.*

<small>* μχανὴ.</small>

Ce mot *Mangana* est apparemment un mot corrompu qui vient du mot grec qui signifie machine. * La description qu'en fait l'Auteur que je viens de citer, & ce que l'on en voit dans quelques autres me persuadent que ce n'étoit point autre chose qu'un espece de Baliste ou de Catapulte.

### FALARICA.

<small>* Turre.</small>

*Mittitur arte sala * vexare falarica binos*
*Artifices.*

Les Anciens avoient leurs feux d'artifice dont ils se servoient dans les sieges, soit pour mettre le feu dans la Ville assiegée, soit pour bruler les travaux des assiegeans. Ils se servoient pour cela de dards enflammés qu'ils appelloient *Malleoli*.

<small>L. 23.</small>

Ammien Marcellin en fait la description & leur donne la figure d'une quenoüille dont on se sert pour filer, parce qu'entre le fer & le reste du manche qui étoit de bois, ils étoient gros & ronds, & dans la cavité de ce rond qui étoit de fer ou ferré avec des cercles de fer, on mettoit le feu d'artifice qu'on allumoit avant que
de

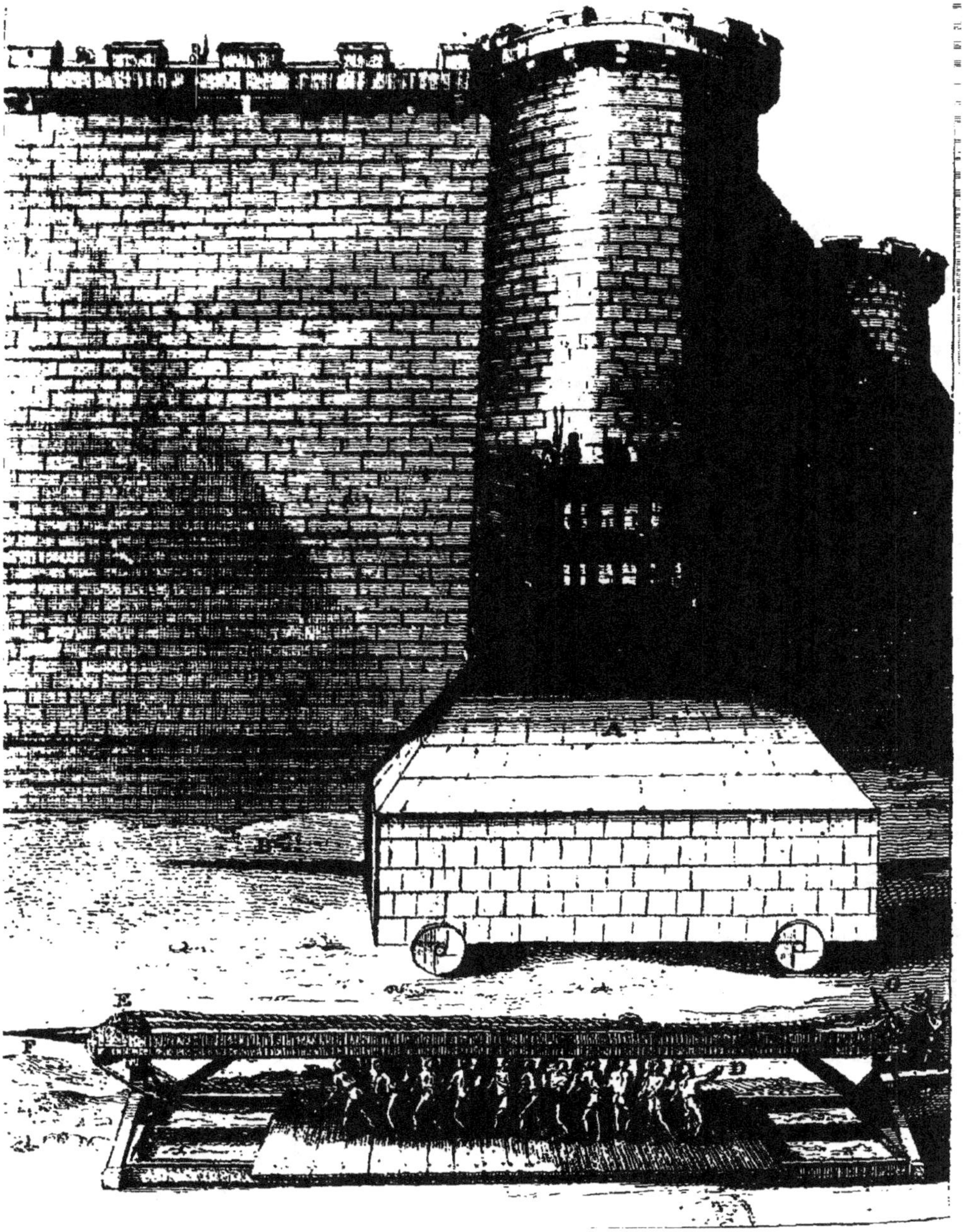
A
E
F
D

# DE LA MILICE FRANÇOISE. Liv. II.

de tirer le dard. On le pouffoit avec un arc peu tendu, afin que le mouvement fut plus lent, parce que s'il avoit été pouffé avec trop de rapidité, le feu auroit pû s'éteindre. Il s'attachoit au faîte des maifons, ou aux machines, & y mettoit le feu qu'on ne pouvoit éteindre avec de l'eau, mais feulement en l'étouffant avec des monceaux de pouffiere.

La Falarique étoit un autre feu d'artifice, & on l'appelloit ainfi felon quelques-uns parce qu'on la jettoit principalement contre les Tours de bois que les ennemis élevoient contre les affiegés : or ces Tours s'appelloient *Fala* & l'Auteur que je commente ici fe fert fouvent de ce mot dans fa Relation du fiege de Paris, pour fignifier même les Tours de la Ville. Il eft donc fort vrai-femblable que c'étoit delà que venoit le nom de *Falarica*.

La Falarique étoit beaucoup plus groffe que le *Malleolus*. Tite-Live en parlant du fiege de Sagunte en Efpagne, donne à cet infrument trois pieds de long ; mais Silius Italicus en racontant le même fiege fait mention d'une Falarique beaucoup plus terrible; c'étoit une poutre ferrée à plufieurs pointes chargée de feux d'artifice : cette Falarique étoit jettée par la Catapulte ou par le Balifte. Celle même qui n'étoit que de trois pieds étoit auffi pouffée par les mêmes machines.

L. 21.

Silius Italicus, l. 1.
Vegetius, l. 4. c. 18.

A A. Dards enflammés mettant le feu à la Ville.

B. Falarique mettant le feu aux Tours de bois des affiegeans.

Il eft encore fait mention dans notre Auteur d'une machine de bois ferrée par le bout & pointuë que l'on faifoit joüer de deffus la muraille pour crever la Galerie des Normans.

*Tigna parant quorum calybis Dens fumma peragrat.*
*Machina qua citius Danûm* quiffet terebrari.*

* Danorum feu Normannorum.

Ce font-là les machines de guerre dont on fe fervoit en France fous la feconde Race de nos Rois, & defquelles l'Auteur de la Relation du fiege de Paris fait mention : nous en trouverons encore quelques autres fous la troifiéme Race dont je parlerai alors.

Le même Auteur parle des Brulots avec lefquels les Normans tâcherent de bruler le Pont de Paris : mais ils n'avoient rien de fort fingulier, ce n'étoit que des barques chargés de fagots, & de fafcines, où ils avoient mis le feu en approchant du Pont.

*Tome I.*  I

# HISTOIRE

Il dit encore que les Parisiens entreprirent de mettre le feu aux machines des assiegeans: mais il marque que ce n'étoit que de la poix, de la cire, de l'huile, & d'autres matieres communes, dont ils se servirent pour cet effet.

Flodoard dans sa Chronique rapporte que Loüis d'Outremer assiegeant Soissons brûla une partie de la Ville avec des feux d'artifice: mais il ne nous dit point ce que c'étoient que ces feux d'artifice.

Les Memoires qui nous restent de la seconde Race de nos Rois ne nous presentent gueres autre chose que ce que je viens de rapporter sur le sujet dont je traite. La troisiéme Race nous fournira une plus ample matiere, & donnera lieu à des réflexions beaucoup plus curieuses.

# DE LA MILICE FRANÇOISE
## SOUS LA TROISIÉME RACE.

# LIVRE III.

*De la Milice Françoise, depuis le Regne de* Hugues-Capet *jusqu'au Regne de* Charles VII.

COMME l'Histoire de la Milice Françoise de la troisiéme Race sera beaucoup plus ample, que celle qui regarde la premiere & la seconde Race, je la partagerai de la maniere que j'ai dit dans ma Préface. Ce Livre ne comprendra que ce qui me paroîtra digne d'être remarqué en cette matiere, depuis Hugues-Capet jusqu'à Charles VII, excepté certaines choses des siecles suivans, lesquelles à cause de la liaison qu'elles auront avec celles dont je traiterai, pourront y être ajoutées.

*Division du reste de l'Ouvrage.*

Mais avant que de m'engager dans d'assez grands détails où je suis obligé d'entrer, il est à propos d'exposer en peu de mots la situation où se trouvoit Hugues-Capet par rapport à ses Vassaux, dont un des principaux devoirs étoit de lui fournir des Troupes pour former ses Armées, qui est le premier point dont je dois traiter.

## CHAPITRE PREMIER.
### Des principaux Vassaux de la Couronne sous le Regne de Hugues-Capet.

Hugues-Capet étant monté sur le Trône, la France devint un peu plus tranquile. Les Ducs & les Comtes s'étoient fait confirmer les usurpations qu'eux ou leurs Peres avoient faites de leurs Duchés & de leurs Comtés pour se les approprier. Et quoique le Traité que Hugues fit avec eux sur ce point, ne se trouve nulle part, toute la suite de l'Histoire le suppose. J'apporterai ailleurs une raison fort vrai-semblable pourquoi ce Traité nous manque, aussibien que plusieurs autres Actes importans de ce Regne, & des Regnes suivans, jusqu'à celui de Philippe-Auguste. Cette confirmation des usurpations des Vassaux se fit à condition de la foi, de l'hommage, du service, & des autres choses qui furent depuis mises en pratique, selon le droit féodal, que je crois avoir proprement été établi en ce tems-là.

*Etendue du Domaine Royal de Hugues-Capet.*

Hugues-Capet, outre le domaine dont jouïssoient les derniers Rois ses Prédecesseurs, qui étoit fort petit, ainsi que je l'ai marqué dans mon Histoire, étoit en possession du Comté de Paris, & du Duché de France. Ce Duché joint à ce Comté, s'étendoit non-seulement jusqu'aux frontieres de Bretagne entre la Seine & la Loire, mais encore en-deçà de la Seine du côté de la Champagne, & de ce que nous appellons aujourd'hui la Picardie, sans qu'on puisse en marquer bien précisément les bornes, sinon que le Duché de Bourgogne, le Comté de Vermandois, & le Comté de Flandres, & les Villes qui en dépendoient, n'étoient point du Comté de Paris, ni du Duché de France ; mais l'union du Comté de Paris & du Duché de France au Domaine Royal, rendoit le nouveau Roi beaucoup plus puissant que n'avoient été les derniers Rois de la seconde Race. Outre cela Henri son frere étoit Duc de Bourgogne, & ce Duché avoit à peu près en ce tems-là la même étendue qu'aujourd'hui ; de sorte que la Maison Royale n'avoit plus de Vassaux qui l'égalassent en puissance, au moins en-deçà de la Loire.

Ils furent d'abord pour la plûpart assez soumis au nouveau Roi, & l'aiderent à s'affermir sur le Trône, que la prise de Charles, Oncle du feu Roi son Competiteur, & la mort de ce Prince dans sa prison d'Orleans lui assurérent parfaitement : mais accoutumez qu'ils étoient à l'indépendance, quelques uns d'entr'eux se brouillerent avec lui. Dans un ancien fragment de l'Histoire d'Aquitaine, on voit un exemple de l'extrême fierté de ces sortes de Vassaux. Aldebert Comte de Perigord assiégeoit Tours, dont Eudes Comte de Champagne étoit maître. Hugues-Capet, & son fils Robert qu'il avoit associé au Trône, écrivirent à Aldebert, sur ce que contre leurs ordres il faisoit la guerre au Comte de Champagne; & pour le faire souvenir de son devoir, ils lui parloient de la sorte : *Qui est ce donc qui vous a fait Comte ?* A quoi il répondit par cette autre question : *Qui est-ce donc qui vous a fait Rois ?* voulant dire que s'il leur avoit obligation de son Comté, ils lui avoient aussi obligation de leur Couronne. Hugues-Capet vint neanmoins à bout de soumettre ces Sujets indociles, partie par son adresse à les détacher les uns des autres, partie par sa fermeté, & par la vigueur avec laquelle il les poussa.

Glaber. lib. 2. c. 1.

Apud Duchesne, T. 4.

*Fierté grands Vassaux de la Couronne.*

Les plus puissans Vassaux de la Couronne étoient alors le Duc de Normandie, le Duc ou Comte de Bretagne, le Duc de Guienne, le Duc de Bourgogne frere de Hugues-Capet, le Comte de Barcelone, le Comte de Toulouse, le Comte de Flandres, le Comte de Champagne. Tel étoit alors l'état de la France en general, qui demandoit dans le Souverain beaucoup de prudence, & en même tems beaucoup de résolution pour se maintenir sur le Trône.

---

## CHAPITRE II.

*De la maniere de lever les Troupes, & de former les armées sous les Rois de la troisiéme Race, jusqu'au Regne de Charles VII.*

LA maniere de lever & de former les Armées, fut la même pour l'essentiel sous le Regne de tous ces Princes, qu'elle avoit été sous les deux premieres Races; c'est-à-dire que les Seigneurs Sujets

I iij

ou Vassaux de la Couronne fournissoient chacun leur contingent au Roi, & commandoient sous lui les Troupes qu'ils amenoient. La possession des Duchez, des Comtez, & des autres Seigneuries qu'eux ou leurs Ancêtres avoient usurpez, & qui leur fut authentiquement confirmée par Hugues-Capet pour eux & pour leur posterité, ne changea rien à cet égard. Ils ne disputerent jamais à leur Souverain le droit d'exiger d'eux le service, quoique leur ambition, leur interêt, leur caprice les fissent de tems en tems manquer à ce devoir.

Il ne faut qu'avoir lû l'Histoire pour convenir de ce que je dis; & l'exposé que j'en vais faire ne laissera aucun doute là-dessus. Il s'introduisit dans la suite quelques nouveaux usages dont je parlerai : mais qui n'empêcherent point que les principales forces, & comme le fond des Armées, ne fussent les Troupes conduites par les Seigneurs & Gentilshommes vassaux & feudataires de la Couronne.

Comme les forces du Royaume pour le défendre contre ses ennemis, consistoient dans ce que les Vassaux devoient fournir, nos Rois avoient des rôles exacts de ces Feudataires, aussibien que du nombre & de la qualité des Troupes, & des hommes qu'ils étoient obligez d'amener au service. Ces rôles de nos premiers Rois de la troisiéme Race jusqu'à Philippe-Auguste, se sont perdus pour la plûpart; & je crois que le plus ancien qui nous soit resté, ou du moins que j'aye vû, est celui de l'an 1214 sous le Regne de ce Prince, au sujet de l'Armée qu'il assembla pour combattre l'Empereur Othon, & Ferrand Comte de Flandres, sur lesquels il gagna la fameuse bataille de Bovines.

A la tête de ce Rôle est une Liste des Archevêques & des Evêques qui devoient le service pour leurs Fiefs.

Suit celle des Abbez, celles des Ducs & des Comtes, celle des Barons qui faisoient comme un troisiéme ordre dans la haute Noblesse. Celle des Châtelains, c'est-à-dire de ceux dont les Fiefs étoient appellez Châtellenies, & qui avoient droit de Château ou de Forteresse & Haute-Justice. On donnoit aussi ce nom à ceux qu'on appella depuis Capitaines des Forts situés sur les frontieres de l'Etat, & encore à ceux que les grands Seigneurs établissoient dans leurs Châteaux pour les défendre contre leurs voisins dans le tems des guerres particulieres.

# DE LA MILICE FRANÇOISE. Liv. III.

Suit la Liste des Vavasseurs ; *Vavassores*, c'est-à-dire des Seigneurs qui n'étoient ni Ducs, ni Comtes, ni Barons, ni Châtelains, du moins en vertu de la Terre pour laquelle ils étoient Vavasseurs ; car dans ce même Rôle on voit un Montmorenci, un Mortemer, un Mauvoisin, & d'autres, au nombre des Vavasseurs, qui pouvoient avoir des Titres plus relevez.

Ceux des Vavasseurs qui tenoient leurs Fiefs immédiatement du Roi, étoient appellés grands Vavasseurs, pour les distinguer des petits Vavasseurs, qui tenoient des Ducs, des Comtes, &c. Ce mot de *Vavasseur* vient du mot Latin *Vassus*, ou *Vassallus*.

Suivent dans le Rôle la Liste des Chevaliers Bannerets de Normandie : *Milites Normaniæ ferentes Bannerias*, les Listes des simples Chevaliers du Perche, de Bretagne, d'Anjou, de Touraine, de Flandres, de Bologne, de Ponthieu, du Comté de Saint-Pol, d'Artois, de Vermandois, du Territoire de Couci, du Vexin, &c.

Ce Rôle n'est pas general ; car il y avoit dans cette Armée de Philippe-Auguste beaucoup de Chevaliers & de Milices d'autres Pays & Provinces, dont il n'est point fait de mention dans ce Rôle : mais il suffit tel qu'il est pour nous faire comprendre la maniere dont ces Rôles se faisoient, & leur usage.

Nous avons encore d'autres Rôles ; un de 1236 sous le Regne de saint Louis ; un de 1242, & un de 1253 sous le même Roi ; un de 1271 sous Philippe le Hardi ; deux de 1272 sous le même Roi ; un de 1296 sous Philippe le Bel ; un de 1304 sous le même Roi, & diverses Ordonnances de ce Prince qui ont rapport à ce sujet, quelques autres Rôles sous Philippe le Long, &c.

Tout cela a été ramassé par le sieur de la Roque dans son Traité du Ban & de l'Arriere-ban. Il y en a beaucoup d'autres que je n'ai pas examinés, parce que la personne qui les avoit, crut devoir refuser de me les mettre entre les mains, sans doute pour les donner lui-même au Public.

Je vais faire mes reflexions sur ces Rôles, & elles serviront à donner l'idée qu'on doit avoir de la Milice de ces tems-là.

Premierement, il est fait mention dans le Rôle de 1214 de Chevaliers Bannerets ; & dans quelques-uns des autres, il est parlé des Milices des Communes. Ces deux especes de Milices n'étoient point sous les trois premiers Rois de la troisiéme Race. Dans la suite je traiterai de leur institution.

*Ibid.*

*Reflexions sur les anciens Rôles des hommes Fieffez.*

*Lettre de Philippe le Long au Bailli de Vermandois, an. 1318.*

Secondement, le Roi écrivoit lui-même aux grands Seigneurs, aux Prélats, aux Abbez, pour les avertir de se rendre au service, & faisoit convoquer par les Sénéchaux ou Baillifs les autres qui avoient des Fiefs.

Troisiémement, ceux dont les noms sont marqués dans les Rôles ne faisoient pas tous le service par eux-mêmes. Il y en avoit plusieurs que leur âge, leurs infirmitez, ou d'autres excuses legitimes, & principalement leur Etat, dispensoient de le faire. Dans le Rôle de la convocation qui se fit sous Philippe-Auguste l'an 1214, memorable par la bataille de Bovines, sont les noms de plus de soixante & dix Evêques, & de plus de vingt Abbez, dont très-peu furent de cette expedition.

On voit dans ce Rôle, dans celui de 1236, & dans quelques autres, des femmes nommées, comme la Comtesse de Flandres: *La femme feu Gauthier de Joigni; la femme feu Robert de Andrezel*, & quelques autres, qui assurément ne conduisoient pas elles-mêmes leurs Vassaux à la guerre: mais on les nommoit dans ces Listes, à cause de leurs Fiefs qui étoient chargez de l'obligation du service. J'ai neanmoins l'idée de l'exemple d'une Dame Feudataire de la Couronne, qui mena elle-même ses Vassaux à la guerre; mais je n'ai pu me souvenir du Memoire où je l'ai vû.

† *Durée du service n'étoit pas la même pour tous.*

Quatriémement, le tems du service sous la troisiéme Race, étoit communément limité à quarante jours, sans y comprendre le tems du voyage, soit pour se rendre à l'Armée, soit pour en revenir. Cela se voit par le Rôle de 1271 sous le Regne de Philippe le Hardi, lorsqu'il alla punir la révolte du Comte de Foix au commencement de son Regne.

Il se trouve dans ces Rôles quelques Gentilshommes qui n'étoient obligez de servir que cinq jours; d'autres quinze; d'autres vingt-cinq, &c. mais l'ordinaire étoit quarante jours. C'étoit contre l'ancien usage de la Nation; car ainsi que je l'ai fait remarquer en parlant de la premiere & de la seconde Race, l'obligation du service étoit generalement pour trois mois. Je crois que ce changement se fit dans le tems de l'établissement du Droit féodal, & lorsque Hugues-Capet fut mis sur le Trône. Les Vassaux se trouvant trop chargez de trois mois de service, obtinrent de ce Prince, qui leur étoit redevable de sa Couronne, qu'il se contentât desormais de quarante jours.

*Capitul. Caroli M. L. 3. c. 74. edition. Pithœana.*

Pour

# DE LA MILICE FRANÇOISE. *Liv. III.*

Pour ce qui est de ceux que l'on voit dans les Rôles, n'être obligés qu'à cinq, qu'à quinze, ou vingt-cinq jours, ce furent des concessions particulieres, dont il est difficile de conjecturer la cause: ce fut pour quelque service signalé rendu à l'Etat, ou peut-être que leurs Ancêtres durant les guerres civiles soumirent au Roi leurs Châteaux, ou leurs Terres à cette condition, ou qu'ils avoient quelque autre obligation qui suppléoit au service ordinaire; comme, par exemple, de faire la garde en certains lieux lorsque l'ennemi approchoit. On voit en effet dans ces Rôles quelques Gentilshommes fieffés, obligés seulement à faire le guet en certaines occasions dans quelques Forteresses.

*Raisons de cette difference.*

Une autre raison peut avoir contribué à la réduction du service à un terme plus court qu'il n'étoit autrefois: c'est que sous la premiere Race, & fort avant sous la seconde, l'Empire François étoit beaucoup plus étendu que sous la troisiéme. Il falloit aller chercher les Ennemis & les Rebelles dans la Germanie & au-delà; il falloit passer les Alpes, ou les Pyrenées, & entrer bien avant en Italie & en Espagne: par consequent les expeditions duroient beaucoup plus longtems que sous la troisiéme Race, sous laquelle le Royaume avoit des bornes beaucoup plus étroites. En ce tems-là les François ne possedoient plus rien en Italie ni en Germanie. Les deux Royaumes de Bourgogne, & le Royaume d'Arles, qui se formérent des débris de la Monarchie Françoise sous la seconde Race, & les démembremens qui se firent de la Haute & de la Basse Lorraine, resserrérent extrêmement les frontieres de l'Etat. Les Comtes de Barcelone sous les commencemens de la troisiéme Race, reconnoissoient encore nos Rois pour leurs Seigneurs suserains: mais les hommages qu'ils rendoient étoient fort volontaires. On n'étoit pas en état de les y contraindre, s'ils les avoient refusés; & ils ne furent pas fort longtems sans secouer le joug. Il est assés vraisemblable que par cette raison, lorsque la Couronne passa de la Maison de Charlemagne à Hugues-Capet, les Vassaux demandérent à ce Prince la diminution du tems du service,& qu'il la leur accorda.

Mathieu Paris parlant du siege d'Avignon que Louis VIII. fit l'an 1226, & qui dura depuis le dixiéme de Juin veille de saint Barnabé, jusqu'au douziéme de Septembre, dit que Henri Comte de Champagne demanda au Roi permission de se retirer, après

*Ad an. 1226.*

74 HISTOIRE

avoir servi 40 jours, selon la coûtume du Royaume : *De consuetudine Gallicanâ*. Après ce terme le service étoit volontaire ; & c'est sans doute pour cela que Philippe-Auguste fit une Milice particuliere de gens qui étoient à sa solde, & sans quoi il n'auroit pu faire les grandes conquêtes qu'il fit sur les Anglois.

*Livre intitulé : Li bons Roys Loys, ch. 60.*

*Tems du service prolongé par S. Louis.*

Nonobstant cette ancienne coutume, le Roi saint Louis fit une Ordonnance, par laquelle il regla que le service des Nobles & des Vassaux seroit de deux mois. Et en un autre endroit, il est dit : « Que le Baron, & ses hommes devoient suivre le Roi en son Ost, » & le servir 40 jours & 40 nuits, avec autant de Chevaliers qu'il » devoit, quand il en est semons ; & que si le Roi le vouloit tenir » auprès de lui pour défendre le Royaume, il devoit bien demeu-» rer, & ne s'en revenir. Cela semble aussi marquer, qu'après le terme du service expiré, les Seigneurs & Gentilshommes communément se faisoient un honneur de le continuer, surtout quand le Roi étoit en personne à l'Armée. Il me paroît que cette Ordonnance de saint Louis n'eut point d'execution au-delà de son Regne. Il y a une Ordonnance de Philippe le Bel de l'an 1303, après la funeste journée de Courtrai, qui ordonne le service pour quatre mois ; mais c'étoit un cas extraordinaire.

Cinquiémement, nous avons vu que sous la seconde Race, tous les hommes de condition libre, quand ils étoient en âge de porter les armes, avoient obligation de marcher, lorsqu'on les appelloit au service, excepté en certains cas marqués dans les Capitulaires : mais la police de l'Etat changea à cet égard dans la translation de la Couronne à la troisiéme Race, & dans l'établissement du droit féodal ; car dès que les Fiefs furent institués, chaque Fief fut chargé selon sa qualité ; & il fut marqué combien chaque Gentilhomme, ou Seigneur fieffé fourniroit d'hommes au service, & quels hommes il fourniroit.

Cela se voit par les Rôles dont j'ai parlé ; & on concevra ce que je dis ici par quelques exemples tirés du Rôle de 1271 sous Philippe le Hardi, pour l'expedition contre le Comte de Foix.

« Le Duc de Bourgogne amena avec soi 7 Chevaliers Banne-» rets, qui étoient eux 50 de Chevaliers, & li Duc avec d'autres » Chevaliers.

Cela veut dire que ces sept Chevaliers Bannerets avoient d'autres Chevaliers non Bannerets sous leurs Bannieres, & qu'ils faifoient tous enfemble le nombre de cinquante Chevaliers ; & qu'outre cela le Duc de Bourgogne avoit d'autres Chevaliers fous fa propre Banniere.

» Le Duc de Bretagne amena foixante Chevaliers, defquiex
» en avoit 16 Bannerets.... L'Evefque de Nevers envoya deux
» Chevaliers pour fon Eglife, & à tant il eft tenu, fi comme
» il dit.

» Le Comte de Dammartin envoya deux Chevaliers, lefquiex
» il doit pour fervir quarante jours pour la Terre de Moucy, &
» pour fa Terre de Trie, & en envoya par deffus autres quatre
» de fa grace.

» Le Comte de Blois doit fervice à Monfeigneur le Roy, pour
» fa Terre de Guife, de dix Chevaliers.

Il n'y avoit que les Grands Feudataires, & quelques Grands Seigneurs qui duffent ainfi fervice de Chevaliers en grand nombre. Les autres devoient fervice au moins de leur perfonne, & devoient les uns fervice de Chevalier, c'eft-à-dire avec les armes, & la fuite que devoit avoir un Chevalier; d'autres devoient fervice d'Ecuyers.

Il y avoit des Fiefs qui devoient un Chevalier & demi. Un tel Fief avoit, felon toutes les apparences, été partagé entre deux Freres; & avant le partage devoit trois Chevaliers: les deux moitiés de Fiefs en fourniffoient enfuite chacun un, & équipoient le troifiéme à communs frais. On a un exemple de ce Chevalier & demi dans le même Rôle de 1271, fous le titre de *Baillie de Rouen.*

*Obligation pour le fervice d'un Chevalier & demi.*

» Robert de Bouville, & Thomas Sarazin, pour Monfieur Gui
» de Gazi, qui dit foy devoir un Chevalier pour 40 jours, & demi
» Chevalier pour 20 jours, en allant & retournant. On en voit dans le même Rôle qui ne devoient qu'un quart ou un tiers de Chevalier.

Il y avoit un ufage femblable dès le tems de la feconde Race, où j'ai fait remarquer que tout homme qui avoit quatre Métairies étoit obligé à aller à l'Armée : mais celui qui n'en avoit qu'une fe joignoit à un autre qui en avoit trois; & tous deux enfemble ne faifoient qu'un homme pour le fervice, c'eft-à-dire que l'un des deux feulement alloit à l'Armée, & l'autre fourniffoit l'équipage.

Sixiémement, nonobſtant la détermination de ce que devoit fournir chaque Fief, nos Rois de la troiſiéme Race s'étoient réſervé le droit qu'avoient ceux de la premiere & de la ſeconde, de faire marcher à l'Armée generalement tous leurs Sujets, ſurtout dans les grandes néceſſités de l'Etat. Nous en avons un exemple dans l'Ordonnance de Philippe le Bel de l'an 1302, qui fut celui de la ſanglante journée de Courtrai, où les Flamans défirent une des plus belles Armées qu'on eût vu de longtems en France. Cette Ordonnance portoit, que tous les François *Nobles, & non Nobles, de quelque condition qu'ils ſoient, qui auront âge de 18 ans & plus, juſqu'à l'âge de 60 ans*, ſoient prêts à marcher en Campagne : ce n'eſt pas à dire pour cela que tous marchaſſent en effet : mais ceux que le Roi commettoit pour faire ces levées, prenoient de chaque Ville & de chaque Bourg & Village le nombre d'hommes, & tels hommes qu'ils jugeoient à propos en ces occaſions.

Nous avons encore un autre exemple plus ancien de ce Ban general. Lorſque l'Empereur Henri ligué avec Henri Roi d'Angleterre ſon Gendre, entra en Champagne l'an 1124, ſous le Regne de Louis le Gros ; l'Abbé Suger, un des Miniſtres d'Etat de ce Prince, faiſant le dénombrement des Troupes Françoiſes, dit que les ſeules Milices du Rémois & du Châlonnois, faiſoient ſoixante mille hommes, tant Cavalerie, qu'Infanterie ; que celles du Soiſſonnois & du Laonnois n'étoient pas moins nombreuſes ; & que l'Empereur épouvanté de ce grand nombre de Troupes, & de l'ardeur qu'elles faiſoient paroître, abandonna ſon entrepriſe, & s'eſtima fort heureux de n'avoir pas été pourſuivi dans ſa retraite.

Septiémement, on voit encore par les Rôles, que les convocations étoient differentes ; car par le Rôle de 1271, le Duc de Bretagne, par exemple, amena 60 Chevaliers ; & par celui de 1317, ſous Philippe le Long, le Duc de Bretagne amena ſeulement 60 hommes d'armes. Or 60 Chevaliers faiſoient une bien plus groſſe troupe que 60 hommes d'armes, parce que les Chevaliers avoient d'ordinaire des hommes d'armes à leur ſuite.

Huitiémement, les Feudataires étoient obligés de fournir juſqu'à des chariots & des chevaux de bagages de l'Armée ; & c'étoient particulierement les Abbayes dont les Fiefs étoient chargés de cette obligation.

*marginalia:*
Obligation generale au ſervice pour tous les Sujets dans de certaines neceſſités de l'Etat.

Suger in vitâ Ludovici Groſſi.

DE LA MILICE FRANÇOISE. *Liv. III.* 77

A la fin du Rôle de 1236, on lit ce titre : *Ce sont les noms de ceux qui doivent sommiers au Roi*, c'est-à-dire des chevaux de bagage. Et puis suit la Liste.

Li Abbé de Machaz 1. Sommier.
Saint-Sulpice de Bourges 1. Sommier.
Saint-Benoist sur Loire 1. Sommier.

Les plus fameuses Abbayes de France sont nommées dans cette Liste, où il n'y a que celle de Saint-Denis, & celle de Corbie qui dussent deux Sommiers.

Dans le Rôle de 1253 sont les Abbayes qui doivent fournir chacune un chariot tout attelé, ou une charette toute attelée. Et voici ce qui est marqué en particulier pour l'Abbaye de Saint-Wast d'Arras : *Saint-Wast d'Arras un chariot, ou un char couvert, pour mener les armures le Roy*, c'est-à-dire les armures, ou les harnois du Roi.

Il y en avoit qui ne payoient qu'une somme d'argent, comme on le voit par le Rôle de l'Arriere-ban de l'an 1272 sous Philippe le Hardi, où il est dit que l'Abbé de Sainte-Colombe de Sens ayant comparu en personne, déclara qu'il n'avoit jamais vu que son Monastere fit le service par des Chevaliers : mais qu'il le faisoit par une somme d'argent ; sçavoir par huit vingt livres pour le service, *pro exercitu*, & dix-sept livres parisis pour un sommier, *pro uno sommario*, c'est-à-dire pour un cheval de bagage. Il est fort vrai-semblable que c'étoit un rachat, tant pour le service, que pour le sommier.

Neuviémement, il y avoit des Gentilshommes fieffés qui n'étoient point obligés d'aller en Campagne ; mais leur obligation étoit de faire la garde, ou d'être en garnison en quelque Château. D'autres ne devoient fournir qu'une tres-petite somme d'argent en ces occasions : d'autres ne devoient servir que dans l'étendue de leur Province. A en juger par le Rôle de 1271, presque toute la Noblesse de Poitou étoit sur ce pied-là.

Dans le même Rôle, sous le titre : *Des Chevaliers de la Senéchauffée de Xaintonge*, » Guillaume de Monlor dit qu'il doit au Roi » tant seulement hommage, & douze livres.... & service d'un » jour en la Châtellenie de Tonnaivaconne, en telle maniere que » ou soir il puisse retourner en sa maison. Les Gentilshommes de la Châtellenie d'Issoudun en Berri ne devoient nul service : cela

*Obligation de quelques Abbayes de fournir des chevaux & des chariots pour le service.*

K iij

78 HISTOIRE

est exprimé en plusieurs endroits du même Rôle. « Pierre Ceigoi-
» gnal Chevalier, dit qu'il ne doit nul service au Roi, car il est
» de la Châtellenie d'Issoudun, laquelle ne doit nul service au
» Roi. Geoffroy de Lespinette dit qu'il ne doit point de service au
» Roi, car il est de la Châtellenie d'Issoudun, qui ne doit point
» de service. Jean Trous-le-Bois ne doit ost ne chevauchée, car
» il est du Fié d'Issoudun.

*Châtellenie d'Issoudun, exempte de faire le service.*

Je ne sçai point l'origine d'un privilege si singulier, si ce n'est peut-être qu'il eût été accordé par quelqu'un des Rois d'Angleterre, qui furent Maîtres d'Issoudun, afin de s'attacher la Noblesse de ce Canton, & qu'il eût été confirmé par Philippe-Auguste, lorsque Richard Cœur-de-Lion lui ceda cette place l'an 1189. L'Auteur de l'Histoire du Berri * fait mention d'un autre semblable, accordé à Issoudun par Henri III. & confirmé par ses Successeurs, sçavoir de l'exemption du Ban & de l'Arriereban pour les Habitans de cette Ville. On voit cependant dans le Rôle de l'année de la bataille de Bouvines, le Seigneur d'Issoudun parmi les Barons convoqués pour le service ; mais c'étoit à cause du danger pressant de l'Etat. Pontoise, la Rochelle, & quelques autres Villes avoient des privileges assés semblables.

* Le sieur de la Thomassiere, l. 5.

Dixiémement, deux choses me paroissent remarquables dans ce Rôle de 1271, dont j'ai déja fait plusieurs fois fait mention : il fut fait au sujet du Comte de Foix, lorsque Philippe le Hardi, dès le commencement de son Règne, alla châtier ce Prince son Vassal qui s'étoit révolté contre lui.

*Reflexion importante sur le Rôle de 1271.*

La premiere chose est que dans ce Rôle les Vassaux déclarent eux-mêmes la qualité du service qu'ils devoient, le nombre de Chevaliers ou d'Ecuyers qu'ils étoient obligés de fournir, &c. que quelques-uns d'entre eux y disent qu'ils croyent devoir tel ou tel service, sans être pourtant bien assurés de ce qu'ils devoient précisément, & que celui qui fit le Rôle sur leur déclaration, s'exprime ainsi : » Quelquefois un tel doit tel ou tel service, & rien de
» plus, à ce qu'il dit ; ne comptant-pas assurément sur la déclaration qu'on lui donnoit.

Cela doit paroître extraordinaire ; car comme alors les Armées de nos Rois n'étoient guéres composées que des Troupes que leurs Vassaux leur amenoient, il leur étoit de la derniere importance de sçavoir exactement ce qui leur étoit dû ; & ils pouvoient en être d'autant mieux instruits, que depuis l'institution du droit feodal, toutes ces obligations étoient mises par écrit. Il est donc question de sçavoir, ou du moins de conjecturer d'où venoit cette incertitude, tant des Vassaux qui faisoient leur déclaration, que des Commissaires du Roi qui la recevoient. Or c'est ce que je crois avoir trouvé dans un endroit de notre Histoire, où un accident qui arriva à Philippe-Auguste est raconté.

Ce Prince étant en guerre l'an 1194 avec Richard Roi d'Angleterre; & passant sur les Terres de Louis Comte de Blois, fut attaqué dans une retraite par les Anglois, qui lui défirent une partie de son arriere-garde, & lui enlevérent entre autres choses son Chartrier : car nos Rois le faisoient toujours alors porter avec eux, parce que dans leurs expeditions, & dans les voyages qu'ils faisoient en diverses Provinces de leur Royaume, ils étoient souvent obligés de prononcer sur les differens qui survenoient, tant entre eux & leurs Vassaux, qu'entre les Vassaux mêmes : ces differens se terminoient par le moyen des Titres, qui contenoient les prérogatives, les limites, les Charges de chaque Fief. C'étoit de ces Titres dont étoit principalement composé le Chartrier. Le Roi d'Angleterre, quelques instances, & quelques offres que fit Philippe-Auguste, ne voulut jamais le lui rendre ; de sorte qu'on fut obligé d'avoir recours à un nommé Gautier, qui avoit une grande connoissance de ce qui étoit contenu dans les Registres enlevés, & dont la mémoire suppléa en quelque façon à la perte qu'on en avoit faite : mais il étoit impossible que dans la varieté & dans le détail presque infini des obligations des Vassaux envers le Souverain, un tres-grand nombre de choses ne lui échapassent ; & quelques recherches que l'on fit dans les Archives, tant des particuliers, que des Eglises, & des Monasteres, on ne put jamais bien rétablir les Registres. C'est pourquoi dans le Tresor des Chartes du Roi, on n'a presque rien du Regne de Philippe-Auguste, & encore moins des Regnes de ses Prédecesseurs ; & c'est sans doute par cet accident que s'est perdu l'important Traité qui fut passé entre Hugues-Capet, & les grands Vassaux de la Couronne, lorsqu'il fut élevé sur le Trône.

Cependant à l'égard du service, on suivoit l'usage, & les Vassaux y satisfaisoient sur le pied qu'ils y avoient satisfait par le passé. La chose se fit de la même maniere sous le regne de Louis

*Nos Rois dans leurs voyages faisoient porter leur Chartrier avec eux.*

*Le Roi d'Angleterre enleve le Chartrier de Philippe-Auguste.*
*Guillel. Brito Philippid. L 4.*

*Pourquoi dans le Tresor des Chartes, on ne trouve presque rien du Regne de Philippe-Auguste & de ses Prédecesseurs.*

VIII. successeur de Philippe-Auguste, qui fut fort court, & sous celui de saint Louis : mais dans la suite du tems par la mort d'une infinité de Noblesse qui périt dans les Croisades & dans les autres guerres, les Fiefs passérent successivement en differentes mains & en differentes familles ; & il étoit naturel que peu à peu la Tradition touchant la qualité du service qui étoit dû par divers Seigneurs & Gentilshommes, devint incertaine. Les guerres civiles dont la minorité de saint Louis fut agitée, dut encore contribuer beaucoup à cet oubli ; & il est hors de doute que quantité de gens sçachant que les Actes publics n'étoient plus entre les mains du Prince, s'exemptérent autant qu'ils pûrent des obligations dont leurs Fiefs étoient chargés. C'est-là, ce me semble, la raison pour laquelle dans le Rôle dont il s'agit, & qui fut fait sous Philippe le Hardi fils de saint Louis, il est parlé d'une maniere si incertaine de la qualité du service que chacun devoit. Ce Prince pour remedier à ce desordre, prit l'unique moyen dont il pouvoit user, qui fut d'obliger tous les Particuliers à déclarer par devant ses Commissaires les charges de leurs Fiefs, sauf à examiner par les connoissances que l'on pourroit avoir d'ailleurs, s'ils accusoient juste.

L'autre chose remarquable par rapport à ce Rôle de 1271, est l'Ordonnance du Roi qui y est jointe, par laquelle on voit à quoi furent condamnés ceux qui ne se rendirent pas au service, soit par negligence, soit parce qu'ils prétendoient n'y être pas obligés. Ce fut une peine pécuniaire, qui consistoit premierement à payer au Roi la somme d'argent qu'il leur auroit lui-même payée comme leur solde pour leur voyage de chez eux jusqu'au Camp, pour le séjour qu'ils auroient fait à l'Armée, & pour le retour dans leurs maisons après la Campagne. Secondement, à lui payer une autre somme sous le nom d'amende, proportionnée à leur qualité de Baron, de Chevalier Banneret, de simple Chevalier, d'Écuyer, & de Sergent ou de Servant, c'est-à-dire de simple Cavalier, ou Gendarme. Voici la teneur de cette Ordonnance :

» Philippe, &c. A tel Bailli, &c. Afin que les Droits de
» notre Royaume plus pleinement & plus franchement soient gar-
» dés, & que les délinquens soient punis de leur animaversité ;
» duëment par notre Cour a été ordonné que nos Subgiez qui nous
» sont tenus à nos dépens en office d'Ost, & qui de venir avec
» nous en l'Ost de Foix, furent amonestés, ne vinrent pas, tant seulement

» lement nous rendent quant à l'eſtimation, comme s'ils fuſſent
» avec nous en venant, demourant & retournant, ils deuſſent
» avoir deſpendu, més que amende ſur ce ils nous preſtent ſouf-
» fiſant, pourquoy nous vous mandons ſelon l'Ordonnance de-
» vant dite, que vous leviés pour chacun jour auquel ils nous
» devoient ledit ſervice ; ſi comme dit eſt, de chacun des Barons
» pour ſa perſonne cent ſols tournois pour l'amende, & de chacun
» Vaxal ou Banneret 20 ſols pour raiſon deſdits deſpens, & dix
» ſols tournois pour l'amende, & de chaſcun ſimple Chevalier dix
» ſols tournois pour cauſe deſdits deſpens, & 5 ſols tournois pour
» l'amende, & de chaſcun Sergent ou Eſcuyer 5 ſols tournois pour
» cauſe deſdits deſpens, & pour l'amende 2 ſols ſix deniers. En
» telle maniere, c'eſt aſſavoir que les ſinguliers Barons, ou les
» ſinguliers Vaxauls nullement ne contraignez à nous payer pour
» les ſinguliers Chevaliers, leſquiex ils euſſent avec ſoy, ou deuſ-
» ſent avoir avec eulx à faire le ſervice devant dit. C'eſt aſſavoir
» pour chaſcun jour 10 ſols tournois pour les deſpens de chaſcun
» Chevalier, & 5 ſols tournois pour chaſcun auſſi pour amende.
» Somme à décréter pour 40 jours pour chaſcun Baron pour rai-
» ſon de ſa perſonne, leurs Chevaliers en celle ſomme non com-
» ptez, 300 livres tournois, ſomme pour 40 jours pour chacun
» Vaxal pour raiſon de leur perſonne, leurs Chevaliers en cette
» ſomme non comptez 60 livres tournois, ſomme par 40 jours
» pour chaſcun Chevalier 30 livres tournois ; ſomme par 40 jours
» pour chaſcun Sergent 15 livres tournois. Derechief nous vous
» mandons que de tous ceux qui à nos deſpens nous ſont tenus
» audit ſervice, & qui furent amoneſtez de le faire, & ne le vou-
» drent faire, ou ne le firent pas, ſoit Barons, Vaxauls, Cheva-
» liers ou Sergens, vous les contraigniez à nous payer autant com-
» me dit eſt deſſus de chaſcun pour ſoy deſſuſdit ; ce excepté que
» deſdites ſommes par chaſcun jour pour les deſpens de chaſcun
» Chevalier ſix ſols pariſis ; & pour les deſpens de chaſcun Eſcuyer
» 4 ſols pariſis en ſoient rabatus, &c.

On peut obſerver dans cette Ordonnance premierement ces paroles du Roi : *Devement par notre Cour a été ordonné* ; c'eſt-à-dire par la Cour des Pairs & des Barons. Secondement, la peine pécu-niaire des hommes fieffés, pour avoir manqué au ſervice, laquelle comme j'ai dit, conſiſtoit à payer autant d'argent, que le Roi en payant leur solde, en auroit dépensé, tant pour leur voyage à l'Armée, que pour le séjour qu'ils y auroient fait, & pour leur retour à leurs Terres, outre l'amende qui étoit proportionnée à leur qualité, soit de Baron, soit de Banneret, soit de simple Chevalier, &c. Cette amende pecuniaire s'exigeoit conformément à l'ancien droit de France, où l'on voit qu'un homme obligé au service étoit condamné à une somme d'argent, s'il y manquoit.

*L. 1. Capitul. cap. 67.*

*Peine des hommes fieffez qui manquoient au service.*

Mais Philippe Auguste l'an 1213, selon que le rapporte Matthieu Paris, ordonna le service sous peine de crime de leze-Majesté & de félonie, & par consequent de confiscation du Fief. L'Ordonnance de Charles VI. de l'an 1392, *prive & dégrade du privilege de Noblesse les possedant-Fiefs par le défaut de service*, c'est-à-dire que nos Rois étoient maîtres de décerner les peines qu'ils jugeoient à propos en ces occasions.

On voit encore par les Lettres ou Ordonnances de nos Rois jointes à ces Rôles dont j'ai parlé, que les Gentilshommes étoient quelquefois reçus à financer pour s'exempter du service.

Il est hors de doute que les convocations n'étoient pas toujours generales ; que cela dépendoit des forces de l'ennemi ; & que s'il s'agissoit par exemple de la défense d'une frontiere, ou de soumettre quelque Vassal rebelle qui n'eut pas de grosses Troupes, il n'y avoit que la Noblesse du Pays & des lieux les plus voisins qui étoit mandée. Rien n'est plus propre que ce détail que je viens de faire, pour faire connoître combien la maniere de lever les Troupes, & de former les Armées en ces tems-là, étoit differente de celle d'aujourd'hui.

*Fiefs autrefois possedez par les seuls Gentilshommes.*

Pendant fort longtems il n'y avoit que la Noblesse qui fut commandée en vertu des Fiefs qu'elle possedoit, parce qu'il n'y avoit que les Gentilshommes qui possedassent des Fiefs : mais il y a déja plusieurs siecles que les Roturiers ont eu permission d'acheter des Fiefs ; & en les achetant, ils entroient dans l'obligation d'en acquitter les charges, & d'aller au service. Voici ce que dit là-dessus l'Auteur* du Livre du Ban & de l'Arriere-ban, qui me paroît avoir assés approfondi cette matiere.

*\* Le sieur de la Roque, p. 10.*

« Les Rois considérant qu'ils avoient fait bréche à leur Etat, » parce que les biens érigez en Fiefs étoient tombez dans les mains » des personnes inhabiles aux armes ; & qu'ainsi les forces du » Royaume étoient diminuées, & les Bans & Arriere-bans dégar-

DE LA MILICE FRANÇOISE. *Liv. III.* 83

» nis d'hommes capables des exercices militaires. Ces Princes vou-
» lant en quelque façon réparer ce défaut, ordonnérent la levée
» du droit des francs-Fiefs fur les Roturiers pour furvenir au paye-
» ment des gens de guerre, & pour obtenir la permiffion & la
» confirmation de tenir & poffeder des Fiefs & arriere-Fiefs dans
» ce Royaume en la forme & maniere des Nobles. Outre ce droit
» de Francs-fiefs qu'ils payent actuellement, ils font encore obligés
» à fervir de leurs perfonnes.

» La difpenfe qui permit aux Roturiers de tenir des Fiefs eft
» fort ancienne, comme il fe voit par l'Ordonnance de Philippe
» III. dit le Hardi, verifiée au Parlement de la Touffaints l'an
» 1275. Une autre de Philippe IV. dit le Bel, enregiftrée au Par-
» lement de Noël l'an 1291. Des Lettres de Philippe le Bel de
» l'an 1302. D'autres de Charles IV. dit le Bel, de l'an 1325 ; &
» de Charles V. dit le Sage, du 15 Novembre 1370.

» La levée du droit provenant de la difpenfe accordée aux
» non-Nobles de tenir des Fiefs, fe fit ouvertement fous le Regne
» de Charles VI. fuivant fon Ordonnance dattée de Senlis l'an
» 1380. Elle contient, que pour y proceder, il feroit informé par
» des Commiffaires de la valeur des Terres & Fiefs nouvellement
» acquis par les non-Nobles. Cela eft encore contenu dans une
» autre Ordonnance faite fous le même Regne l'an 1388, & par des
» Lettres du 8 Juillet 1394.

» Le Roi Louis XI. confirma en faveur des gens du Tiers-
» Etat le privilege de tenir des Fiefs par des Lettres Patentes don-
» nées à Rouen le 13 Juin 1467. Et par fon Edit de l'an 1470, il
» ordonna que tous les Nobles qui tenoient des Fiefs privilegiez,
» ou non-privilegiez euffent à fe trouver en perfonne en armes
» aux Arriere-bans, fans y envoyer aucun en leur place, fous
» peine de confifcation de leurs biens & de leurs perfonnes; nean-
» moins il fembloit odieux à ce Prince que les Ignobles poffedaf-
» fent des Fiefs, puifqu'il ennoblit en la même année par Lettres
» données au Pleffis-lés-Tours, tous ceux qui fe trouvérent en
» avoir dans la Normandie, & même ceux qui poffedoient des
» arrierefiefs, & des rentes Nobles en cette Province, afin que
» ces ennoblis ferviffent l'Etat plus décemment avec les Nobles.
A ces reflexions de l'Auteur du Traité du Ban & de l'Arriere-
ban, j'en ajouterai une.

*Origine de la possession des Fiefs par les Roturiers.*

Je crois que les Croisades furent ce qui donna lieu à la vente que les Gentilshommes firent de leurs Fiefs aux Roturiers, de même qu'à la réunion de plusieurs Villes & Terres au domaine de la Couronne. La plûpart des Gentilshommes se piquoient d'honneur & de dévotion en ces rencontres ; mais souvent ils manquoient d'argent pour se mettre en équipage ; & pour en avoir ils vendoient leurs Terres au Roi, ou aux Roturiers qui avoient de l'argent comptant à leur donner, ou bien ruinés par les dépenses qu'ils avoient faites dans les Croisades, ils étoient obligez de vendre leurs Terres pour acquiter leurs dettes.

Cette reflexion paroît bien appuyée sur le tems où cet usage étoit déja introduit ; sçavoir sous le Regne de Philippe le Hardi, fils de saint Louis ; car c'est depuis le Regne de Philippe I. jusqu'à celui de Philippe le Hardi que se firent toutes les grandes Croisades : mais cet abus ayant été autorisé par une raison si specieuse, devint depuis tres-commun, quoique le prétexte eut cessé, & la vanité des riches non-Nobles jointe au mauvais ménage de la Noblesse, a fait dans la suite des tems ce que nous voyons aujourd'hui ; qu'il y a presque autant de Fiefs & des plus Nobles entre les mains des Roturiers, ou descendans de Roturiers, qu'il en reste dans les Familles Nobles d'origine & les plus anciennes.

*Les Fiefs, nonobstant leur obligation au service, recevoient une solde du Prince sous la troisiéme Race.*

Onziémement, on voit par l'Ordonnance de Philippe le Hardi que j'ai transcrite, & par quelques-uns des Rôles cités, que les Barons, les Chevaliers, & même les Bannerets, les Ecuyers, &c. recevoient au moins pour la plûpart une solde du Roi : c'étoit sans doute un relâchement introduit dans la Police militaire de France. Il est certain que quand Clovis se saisit de la plus grande partie des Gaules, il ne soudoyoit point ses Troupes. Leur solde sous son Regne, aussi-bien que sous celui de ses Prédecesseurs audelà du Rhin étoit le butin qu'elles faisoient dans leurs courses & dans leurs conquêtes, & surtout les prisonniers qu'ils amenoient, & qui devenus leurs Serfs leur produisoient un grand profit. Et lorsqu'il se fut rendu maître des Pays d'en-deçà du Rhin, & qu'il eut partagé une grande partie des Terres conquises entre ses Capitaines & ses Soldats, en les obligeant seulement au service, ils le faisoient gratuitement. Il n'est point mention de solde dans l'Histoire de la premiere Race ; & les Capitulaires faits pour la guerre sous la seconde Race, semblent supposer par tout le même

## DE LA MILICE FRANÇOISE. Liv. III.

uſage. Telle étoit la coutume de toutes les Nations venuës de Germanie pour s'établir dans les Gaules, en Italie & en Eſpagne, & telle fut longtems celle du peuple Romain même ; car il est marqué expreſſément dans l'Hiſtoire Romaine, que pendant près de trois cens cinquante ans la République ne ſoudoyoit point les Soldats, & que ce ne fut qu'après la priſe d'*Anxur*, appellée depuis *Terracine*, qu'elle établit la ſolde pour les Piétons, & trois ans après pour les Cavaliers. Il est fort vrai-ſemblable que les Feudataires de la Couronne exigèrent cette ſolde de Hugues-Capet, quand ils l'élevèrent ſur le Trône. Je ne crois pas que les Ducs & les Comtes la reçuſſent, cela paroît au deſſous d'eux: mais on voit par l'Ordonnance que j'ai citée, que les Barons, les Chevaliers, & les autres, la prenoient dans le tems du ſervice. Je trouve même pluſieurs exemples dans les Rôles, où il est dit, que tel Fieffé non-ſeulement recevoit la ſolde du Roi, mais encore qu'il ne marchoit qu'aux dépens du Roi, c'est-à-dire que le Roi lui fourniſſoit de quoi le mettre en équipage.

*Tit. Livius. Hiſt. l. 4. c. 59. L. 5. cap. .*

Douziémement, je remarquerai encore un uſage par rapport au ſervice, ſelon lequel autrefois le Roi non-ſeulement payoit la ſolde, mais encore dédommageoit ceux dont les chevaux étoient tuez à la guerre, ou mis hors d'état de ſervir.

Cela s'obſervoit premierement à l'égard du Connétable, des gens de ſon Hôtel, & de ceux qui combattoient dans la Troupe à la tête de laquelle il étoit dans une bataille ; comme je le dirai en parlant des privileges du Connétable, dont voici un des Articles: « Item, ſe li Conneſtable eſt en guerre pour le Roy, avec le Roy, » ou ſans luy, il doit faire priſer par ſon Mareſchal les chevaux » d'armes de luy, ( c'eſt-à-dire ſes chevaux de bataille ) de ſes » Compagnons, & de tous les gens de ſon Hoſtel ; & tel prix » comme ſon Mareſchal y met, le Roy luy doit rendre. Cela dans la ſuite ne fut plus particulier au Connétable, mais à tous les Chevaliers, Ecuyers & Gendarmes. J'en juge ainſi par d'anciens Rôles, ou monſtres que j'ai vûs, dont je rapporterai un exemple de l'an 1337. ſous Philippe de Valois, lorſque le Maréchal de Briquebec alla commander en Flandres ſous le Comte d'Eu, Connétable.

*Le Roi payoit les chevaux tuez ou eſtropiez au ſervice.*

« Cy enſuivent les noms des Gendarmes de la retenuë de Ro-« bert Bertrand ſieur de Briquebec Mareſchal de France.

« Premierement, ledit Mareschal Banneret monté sur un che-
» val gris livet, de la livrée du Roy.
» Item, autre cheval sien propre pour son corps tout livet, du
» prix de 300 liv. tournois.
» Item, autre cheval sien propre pour son corps gris livet, mar-
» qué à la cuisse d'être de prix de 250 liv. tournois.
» Huet de Montigny est son cheval brun, bay, estelé, marqué
» à la cuisse du prix de 200 liv. tournois.

Tous les autres Gendarmes sont nommés, la couleur de leurs chevaux est aussi marquée. La différence qu'il y a, c'est qu'il n'y a que les chevaux de grand prix, tels qu'étoient ceux de deux & trois cens livres en ce tems-là, dont le prix fut marqué sur la cuisse. Or ce prix étoit marqué, & le Rôle porté à la Chambre des Comptes par le Tresorier des Guerres, afin qu'on y sçût la somme qu'on devoit donner au Gendarme dont le cheval avoit été tué au service du Roi, ou affollé, comme on parloit en ce tems-là, c'est-à-dire estropié & rendu inutile. Cela montre que le Roi étoit alors chargé pour la guerre de certaines dépenses dont il est exemt aujourd'hui ; mais il ne lui en coute pas moins à cause des gros appointemens qu'il donne aux grands Officiers, & même aux Officiers particuliers pour la remonte, pour les Recrues, & les autres détails dont ils ont soin, en ce qui regarde l'entretien des Troupes.

Treiziémement, dans quelques Rôles est marqué le nombre des Gendarmes que le Seigneur devoit amener au service : mais communément on n'y voit marqué que le nombre des Chevaliers ou Ecuyers qu'il devoit fournir, parce que le Chevalier, & quelquefois l'Ecuyer étoient obligés d'avoir à leur suite un certain nombre de Gendarmes.

*Fiefs ne fournissoient point d'Infanterie par obligation.*

Quatorziémement, à en juger par plusieurs Rôles que j'ai vûs, les Fiefs n'étoient point chargés de fournir de l'Infanterie, mais seulement de la Cavalerie. L'obligation de fournir de l'Infanterie ne fut imposée qu'aux Villes, dans l'institution de la Milice des Communes, dont je parlerai bientôt. Ces Communes ne furent instituées que du tems de Philippe I, quatriéme Roi de la troisiéme Race ; & je suis persuadé que jusques-là c'étoient les Serfs & les Affranchis qui composoient l'Infanterie, comme sous la seconde Race. Dans la suite elle fut augmentée de Troupes qui

# DE LA MILICE FRANÇOISE. *Liv. III.*

étoient à la solde du Roi, & de quantité d'Archers, la plûpart Génois.

Quinziémement, quant à la Cavalerie, il me paroît que les Fiefs n'étoient guéres chargés que de fournir des Gendarmes, c'est-à-dire des Soldats armés de pied-en-cap, qui étoient à la suite des Chevaliers & des Ecuyers. On ne voit point d'autres Troupes dans les Mandemens pour l'Arriere ban, faits sous Philippe le Long l'année 1316, & dans les suivantes. A la verité dans la convocation de l'an 1304, on trouve ce qui suit :

*ni communément autrefois de la Cavalerie Legere, mais des Gendarmes.*

» Mr Aimar de Poitiers le pere & le fils, cent hommes d'armes,
» & trois mille Sergeans.

» Mr d'Archiac, Seigneur de Roussillon, 60 hommes d'armes,
» & mille Sergeans, &c.

Ces Sergeans, que nos Auteurs Latins appellent *Servientes*, étoient en partie de la Cavalerie legere, distinguée de la Gendarmerie par leur armure plus legere : mais cette convocation n'étoit pas en vertu de l'obligation des Fiefs ; c'étoit à cause de la necessité de l'Etat, qui se trouvoit en très-grand danger après la journée de Courtray, où une infinité de Noblesse périt à l'attaque des retranchemens des Flamans, & au sujet de laquelle Philippe le Bel fit d'abord un Ban general, par lequel tous ses Sujets depuis l'âge de 18 ans, jusqu'à 60, furent obligés de se presenter pour aller à la guerre. Je n'ai trouvé qu'un exemple de l'an 1271, sous Philippe le Hardi, où il est dit dans le Rôle sous le titre de Gisors, que la Comtesse de la Marche envoya dix Chevaux-Legers. Comme je n'ai pas vû tous les Rôles, il se peut faire qu'il se trouveroit d'autres exemples pareils à celui-ci. Ainsi je ne prétens pas faire sur ce fait une proposition generale ; je dis seulement que l'ordinaire étoit de fournir des Gendarmes.

Tout ce que je viens de dire montre que sous les premiers Rois de la troisiéme Race, & longtems depuis encore, les Armées Françoises se formoient à peu près comme sous la premiere & sous la seconde Race, c'est-à-dire des Troupes que les Sujets ou Vassaux de la Couronne amenoient au service, par l'obligation dont leurs Terres étoient chargées : mais il s'y fit un changement, ou plûtôt une addition tres-remarquable sous Philippe I, quatriéme Roi de la troisiéme Race : ce fut l'établissement des Milices appellées *les Communes*, dont je vais parler.

## CHAPITRE III.

*Changement fait dans la Milice Françoise sous Philippe I. par l'établissement des Communes.*

LEs Seigneurs Feudataires de la Couronne s'émancipérent beaucoup sous ce Regne, abusant du peu de fermeté de Philippe, plus occupé de ses plaisirs & de ses amours, que des affaires de son Etat. Son adultere public avec Bertrade de Montfort, qui lui causa tant d'embarras de la part du Pape & des Evêques de France, affoiblit extrémement son autorité, & auroit pû avoir de fâcheuses suites, si ce Roi n'avoit eu un fils aussi brave & aussi actif que Louis : c'est celui qui fut surnommé *le Gros*, & qui succeda à la Couronne. Ce jeune Prince dès qu'il fut en âge de porter les armes soutint tout le poids du gouvernement sous le Regne de son pere. Il étoit sans cesse en Campagne pour dompter l'indocilité des Seigneurs, qui étoient devenus autant de petits Tyrans dans leurs Terres, vexoient leurs Vassaux, usurpoient les biens de leurs voisins, & principalement ceux des Evêques & des Abbez ; & ces Evêques & ces Abbez avoient sans cesse recours au Roi, pour demander justice contre ces violences.

Les plus indociles de ces Vassaux étoient les Seigneurs de Montmorenci, de Beaumont, de Couci, de Rochefort, de Montjay, & de Gournai. Louis les mit à la raison, en ravageant leurs Terres, en prenant leurs Châteaux, & en les rasant quelquefois ; car l'Abbé Suger marque dans la Vie de Louis le Gros une chose digne d'attention ; sçavoir, que le Roi n'avoit droit de les punir que de cette maniere, & non point par la mort, ou par la prison ; & ce fut encore apparemment un Privilege qu'ils extorquérent de Hugues-Capet, en le mettant sur le Trône. Louis les battit en une infinité de petits combats ; ce qui lui fit donner le surnom de *Batailleur* ; sans parler de la guerre qu'il soutint pendant trois ans contre Guillaume II. Roi d'Angleterre.

Il jugeoit bien que plus ces Seigneurs avoient été domptés, moins ils seroient en disposition & en volonté de secourir l'Etat, s'il survenoit quelque Guerre étrangere ; & c'est ce qui lui fit imaginer

*Sugerius, in vitâ Ludov. Grossi.*

DE LA MILICE FRANÇOISE. *Liv. III.* 89

ner le projet de la Milice dont je parle, qui devoit rendre le Roi moins dépendant de ces Seigneurs pour avoir des Soldats, sans les dispenser cependant de l'obligation de servir, quand on le leur commanderoit, & qu'on seroit en état de les y contraindre.

La conjoncture étoit tres-favorable par les premieres Croisades qui se firent sous Philippe I. Premierement, en Espagne contre les Sarrasins, où le Duc de Guyenne, le Comte de Toulouse, & quelques autres se signalérent ; & secondement en la Terre-Sainte, où le Duc de Normandie, le Comte de Toulouse, les Comtes de Chartres & de Blois, & plusieurs autres des plus puissans Seigneurs de France s'engagérent.

Leur absence, les grandes levées d'hommes qu'ils faisoient dans leurs Domaines, les excessives dépenses qu'il leur falloit faire pour se mettre en équipage, leur ôtoient le moyen d'appuyer & de soutenir la révolte des Seigneurs du Domaine du Roi, & laissoient ce Prince en pouvoir d'executer ses volontés, sans que ceux-ci osassent s'y opposer. On peut dire que ces Croisades contribuérent beaucoup au rétablissement de l'Autorité Royale, en ruinant tous ces Ducs & tous ces Comtes, dont quelques-uns même vendoient leurs Domaines pour survenir aux frais du voyage ; ainsi que fit Herpin Comte de Bourges, qui pour se mettre en état d'armer, & d'avoir une grande suite de Noblesse & de Soldats, vendit son Comté au Roi. Et il me souvient à ce sujet d'une réponse que Philippe-Auguste fit à Jean Roi d'Angleterre, qui ayant pris la Croix, lui envoya des Ambassadeurs, pour le prier de lui rendre pour de l'argent une partie du Pays qu'il avoit pris sur lui : *Je suis surpris*, répondit Philippe-Auguste, *qu'un homme qui s'est Croisé, veuille acheter des Terres & des Domaines, au lieu d'en vendre, comme il devroit, pour accomplir son Vœu.*

Les raisons de l'établissement de la nouvelle Milice étoient plausibles & specieuses, & en même tems tres-justes, & pour le bien de l'Etat. Non-seulement les violences des Seigneurs particuliers & des Gentilshommes étoient poussées aux derniers excès, mais encore l'insolence & la cruauté d'une infinité de brigands & de scelerats qui s'avoüoient d'eux, étoient extrêmes. Il n'y avoit nulle sûreté dans les chemins ; le Commerce par cette raison étoit interrompu par tout : il se commettoit jusques dans les Villes des homicides & des assassinats, que l'impunité rendoit tres-

*Les Croisades ont beaucoup contribué au rétablissement de l'Autorité Royale, en ruinant les Grands Seigneurs.*

Multi nobiles ... possessiones suas & feuda vendiderunt & impignoraverunt ... ut sibi providerent in viatico ad expeditionem Hierosolymitanam. *Otho Frising. lib. I. c. 35.*

Alberic ad an. 1215.

*Raisons de l'établissement des Communes.*

*Tome I.* M

fréquens; & l'on n'y voyoit point de remedes qui fuſſent efficaces. Voici donc ce que Louis *imagina ſur ce ſujet.

Au lieu que juſques-là c'étoient les Seigneurs, les Baillifs, les Comtes, ou Gouverneurs des Villes, ou les Vicomtes & les Châtelains qui levoient ſeuls les Troupes, pour les envoyer ou les conduire à l'Armée, on concerta avec les Evêques, & les Bourgeois des Villes, les moyens de lever ces nouvelles Milices. Les Prélats furent ravis d'augmenter par là leur puiſſance & leur conſideration, & de ſe mettre à couvert des vexations que les Troupes levées par les Seigneurs, & agiſſant ſous leurs ordres, faiſoient ſouvent ſur les Terres des Egliſes.

Il fut reglé que les Villes leveroient elles-mêmes des Troupes de Bourgeois, pour les faire marcher à l'Armée par Paroiſſes, les Curez à leur tête, avec la Banniere de l'Egliſe. » Le Roi de » France, & le Duc de Normandie, (dit encore le même Auteur que je viens de citer) » allérent durant le Carême aſſieger Breherval, & furent deux mois à ce ſiege. Là les Curez avec leurs » Paroiſſiens portérent leurs Bannieres ; les Abbez y vinrent auſſi » avec leurs Vaſſaux. Les Curez n'alloient pas à l'Armée pour combattre eux-mêmes, mais pour prêcher, confeſſer & aſſiſter leurs Paroiſſiens à la mort.

*Troupes des Communes.*
Ordericus, l. 8. p. 705.

De tout tems, comme nous l'avons vû par les Capitulaires de la ſeconde Race, tous les gens de condition libre étoient obligez au ſervice ; ainſi cette Ordonnance n'avoit rien de nouveau à cet égard : mais la maniere de les convoquer étoit nouvelle ; car ainſi que je viens de le dire, juſques-là les Comtes ou Gouverneurs, les Sénechaux, les Baillifs, les Vicomtes l'avoient fait ; & ce furent les Villes qui furent chargées de lever cette nouvelle Milice. Les Troupes avoient toujours marché ſous les Enſeignes du Senechal, du Bailli, du Vicomte ; & celles-ci devoient marcher déſormais ſous les Bannieres de leurs Paroiſſes. Ces Troupes furent depuis appellées du nom de Communes *Communia*, ou les Communautés des Paroiſſes, *Communitates Parochiarum*. Ce qu'il y eut donc de plus ſingulier là-deſſus, c'eſt que l'autorité & les fonctions des

*Sug. in vita Lud. Groſſi.*

---

* Ludovicus (VI) in primis ad comprimendam ejuſmodi tyrannidem prædonum & ſeditioſorum, auxilium totam per Galliam depoſcere coactus eſt Epiſcoporum : tunc ergo communitas in Francia popularis inſtituta eſt à præſulibus, ut Presbyteri comitarentur Regi ad obſidionem, vel pugnam cum vexillis & Parochianis omnibus. *Orderic. Vital. lib. 11. & 12.*

Baillis, des Vicomtes, &c. à l'égard de ces Troupes tirées des Villes, furent transportées aux Villes mêmes; le Roi se croyant plus sûr de leur fidelité & de leur soûmission à ses ordres, que de celle des Baillis, des Vicomtes, &c.

De tout tems la Noblesse demeuroit pour la plûpart à la Campagne, & les Villes étoient composées de quatre sortes de personnes; sçavoir, de gens libres non-Nobles, & qui, à ce que je crois, descendoient originairement pour la plûpart d'Affranchis; car ceux de cette condition, s'ils ne demeuroient pas auprès de leurs anciens Maîtres, s'établissoient dans les Villes, & y achetoient le droit de Bourgeoisie. Ces Habitans des Villes faisoient le Commerce; plusieurs Affranchis exerçoient les métiers qu'ils avoient appris dans le tems de leur servitude; c'étoit ce qui faisoit le gros des Villes. Il y avoit en second lieu des Clercs & des Prêtres qui desservoient les Eglises. Il y avoit des Tribunaux de Justice; les uns dépendans du Prince immédiatement, comme dans la plûpart des grandes & anciennes Villes; les autres dépendans des Seigneurs particuliers, surtout dans les Villes moins anciennes, & qui n'ayant été d'abord que des Bourgs, s'étoient peuplées, agrandies, fortifiées, & avoient par-là mérité le nom de Ville.

*Dequoi les Villes étoient alors peuplées.*

Je ne doute point que quelques-uns des Citoyens ne fussent admis aux Charges de Judicature, mais non pas à celle de Bailli, ou de Vicomte, qui representoient le Prince, ou le Seigneur, & qui étoient & furent encore depuis exercés par la Noblesse. Enfin dans ces Villes il y avoit des Serfs, gens *de morte-main*, gens *de poëste*, gens *de corps*, ainsi qu'on les appelloit alors; c'est-à-dire, gens qui étoient sous la puissance de leurs Maîtres, dont les biens ne passoient point à leurs enfans, & qui travailloient au profit de ceux à qui ils appartenoient, à proportion comme les Serfs de la Campagne.

Pour donner le pouvoir aux Villes de lever des Troupes, on fit un Corps des principaux Bourgeois des Villes, ausquels ce pouvoir fut conferé sous l'autorité du Roi. On institua dans plusieurs, tant grandes, que petites Villes, un Tribunal nouveau de Justice, séparé de celui des Juges Royaux, ou de celui du Vicomte : on lui attribua certaines espèces d'affaires; & presque tout ce qui regardoit la Police, & les personnes des Habitans, dont ce Tribunal devoit connoître dans le district de la Commune, qui avoit sa banlieuë.

M ij

La Jurisdiction des Seigneurs en souffrit, & cela causa des murmures : mais comme le Roi diminuoit en même tems celle des Juges Royaux, il fallut aussi que les Seigneurs particuliers souffrissent la diminution de celle de leurs Officiers.

Ce Tribunal étoit composé de Juges Citoyens de la Ville ; dans les unes il y en avoit six ; en d'autres dix ou douze ; ils portent dans plusieurs Chartes le nom d'Echevins *, & leur Chef le nom de Major, qui répond à celui de Maire, & leur autorité étoit annuelle. Il est visible que c'est-là l'origine de la Jurisdiction des Maisons-de-Ville, qui fut établie en même tems que la Milice des Communes. On donna à cette Jurisdiction un Cachet ou Sceau particulier ; le Droit de Cloche, pour convoquer les Bourgeois ; le Droit d'un Beffroy, pour faire le guet, & plusieurs autres Privileges, appellez du nom d'Immunitez, de Libertez, de Franchises, qui n'étoient pas partout tout-à-fait les mêmes. On les peut voir dans une infinité de Chartes qui nous restent dans le Chartulaire manuscrit de Philippe-Auguste, & dans les Coûtumes de diverses Provinces : car les Successeurs de Philippe I. multiplierent beaucoup ces Communes, & les Maisons-de-Ville.

Plusieurs Gentilshommes dans la suite s'incorporerent dans ces Communes pour jouir des Privileges, & pour être admis au gouvernement des Villes avec les Bourgeois ; & c'est-de-là que vient l'usage de certaines Villes, de donner place dans l'Echevinat à quelques Gentilshommes.

Ces sortes d'établissemens se firent d'abord dans le seul Domaine immédiat du Roi : mais dans la suite les grands Vassaux, comme les Comtes de Champagne, les Comtes de Flandre, les Ducs de Guyenne, de Normandie, & les autres en firent autant dans l'étendue de leur domination, mais avec la permission du Roi ; & ils le firent par les mêmes raisons, parce que leurs Vassaux n'étoient pas plus aisez à gouverner, qu'eux-mêmes l'étoient à l'égard du Souverain, & que par ce moyen ils pouvoient en peu de tems lever un grand nombre de Troupes. Cet usage passa même dans les Pays étrangers, comme en Savoye, en Angleterre, & ailleurs.

Comme il y a toujours des inconveniens dans toutes sortes d'institutions, & que les Villes par ces Libertez qu'on leur accordoit, devenoient en quelque façon comme autant de petites Ré-

---

*Scabini.*

*Origine de la Jurisdiction des Maisons-de-Ville.*

In Arresto an. 1322. Charta sancti Ludovici, 1225.

*Leurs Privileges.*

*Multiplication des Communes.*

Charta Baldrici Episcop. Noviom. descripta à Vassorio, p. 805.

Hist. Ludov. VII. apud Duchesne, T. 4.

publiques; où le Maire & les Echevins avoient grande autorité, elles faisoient quelquefois de la peine au Prince; & leurs Milices qui avoient été instituées pour empêcher les violences des Seigneurs en faveur des Ecclesiastiques, commettoient elles-mêmes de semblables excès. Les Princes punirent diverses fois les Villes, en leur ôtant leurs Privileges, & le Droit de Commune; & alors les Seigneurs rentroient dans leurs Droits pour l'exercice de la Justice.

*p. 419. & pag. 392. Suger in vita Lud. Grossi, p. 305.*

*Cassacio Communix Stamparum in Chartulario Philip. Aug.*

Ces deux établissemens qui se firent en même tems, & l'un à l'occasion de l'autre, je veux dire celui des Maisons-de-Ville, & des Communes pour la Guerre, sont deux choses tres-remarquables du Regne de Philippe I.

Ces Milices des Communes n'étoient obligées de marcher à leurs frais, que jusqu'à une certaine distance de leur demeure; que si on les menoit plus loin, c'étoit au Roi à les défrayer: il y en avoit même qui n'étoient obligées de s'éloigner de leur Ville, que de telle maniere qu'elles pussent revenir le même jour coucher chez elles. C'étoit le Privilege de la Ville de Rouen, ainsi qu'il est marqué dans le Rôle de 1272. *Major & Burgenses Rothomagenses comparuerunt dicentes quod non debent exercitum nisi tantummodo ita quod possint redire in sero in hospitia sua.* C'étoit la convention que cette Ville avoit faite avec les Rois d'Angleterre, qui la ménageoient beaucoup, par la crainte qu'elle ne se donnât aux Rois de France. Et comme ses Privileges lui furent confirmez, quand elle se rendit à Philippe-Auguste, elle étoit encore en possession de celui-ci sous le Regne de Philippe le Hardi, sous lequel ce Rôle de 1272 fut fait.

*Cartulaire MS. de Philipp. Aug. fol. 162.*

*Leur obligation pour le service.*

Le nombre des Soldats que les Villes devoient fournir étoit marqué dans les Chartres de leurs Franchises; & il ne passoit guéres quatre ou cinq cens. Le Roi convoquoit les Communes pour le service, comme il convoquoit ses Vassaux. Nous en avons un exemple dans le Rôle de 1253. Un des Titres est: *Les Communes qui envoyérent Sergens de pied*, suit la Liste des Villes de Picardie avec le nombre de leurs Soldats: Laon, 300; Bruieres, 100; Soissons, 200; Saint-Quentin, 300; Peronne, 300; Montdidier, 300; Corbie, 400, &c. Ce nombre suffisoit pour réprimer les violences des Feudataires Laïques contre les Feudataires Ecclesiastiques, & pour dissiper les Troupes de Brigands qui

*Nombre des Soldats que fournissoient les Communes.*

troubloient le Commerce des Villes les unes avec les autres ; & toutes ces Milices assemblées pour la Guerre, faisoient des Corps considerables : c'étoient là les fins pour lesquelles elles avoient été instituées.

Il seroit à souhaiter pour connoître parfaitement les Reglemens & la Discipline de cette Milice, que les anciens monumens qui en font mention, nous en eussent fait un plus grand détail : mais le grand nombre de Chartes qui nous restent, touchant l'établissement des Communes, nous en marquent tres-peu de choses, & elles ne contiennent guéres que les Privileges accordez aux Villes, & les conventions que nos Rois faisoient avec elles pour regler la Jurisdiction, & les obligations mutuelles que les Princes & les Villes contractoient dans ces établissemens.

Il est certain qu'elles n'étoient composées que de Bourgeois, & de ceux qui entroient dans ces Communautez avec eux. On voit encore que dans les Armées, les Communes d'un Pays faisoient un Corps à part, auquel les Historiens de Philippe-Auguste donnent le nom de Legion. *Intereà*, dit Rigord, *adveniunt Legiones Communiarum. Legio Troüm*, la Commune de Troyes, dit Guillaume le Breton.

*Rigordus ad an. 22. Philip. Aug.*
*Guill. Brito, Philippid. l. 8.*

On ne peut pas douter que ces Corps, qui joints ensemble, en faisoient un tres-nombreux, ne fussent commandez par quelque Seigneur de distinction, quand ils étoient réunis dans une même Armée ; & que les Gentilshommes, dont plusieurs, comme je l'ai dit, participoient aux Droits & aux Privileges des Communes, n'eussent avec les plus considerables Bourgeois les principales Charges dans chacun de ces Corps. En effet, je trouve sous le Regne de Philippe de Valois, que dans le combat de Poissi de l'an 1346, où les Anglois défirent les Milices de Picardie, la Commune d'Amiens étoit commandée par quatre Chevaliers Picards.

*Par qui commandez à la Guerre.*

*Contin. Nangii. Froissart. ch. 125.*

Entre plusieurs Chartes qui nous restent touchant les Communes, je n'en trouve point qui en établissent de nouvelles dans l'étendue du Domaine de nos Rois au-delà du Regne de S. Louis : mais on en voit de plus récentes dans les Pays des grands Vassaux, comme en Champagne ; & il y en a une de Louis Duc de Savoye pour la petite Ville de Saint-Rambert en Bresse de l'an 1442.

Avant que de finir cet Article, je ferai encore une reflexion qui ne me paroît pas sans fondement ; sçavoir, que jusqu'alors les Paroisses dans les Processions ne portoient que la Croix, & non la Banniere : ma raison est, que l'usage des Etendarts n'étoit que pour la Guerre, ou pour marquer la Jurisdiction Seigneuriale. L'Abbaye de Saint-Denis, & celle de Marmoutier à Tours en avoient chacune une dès-lors ; mais ce n'étoit que pour un pareil usage. Les Comtes du Vexin qui étoient les Advoués de Saint-Denis, & les Comtes d'Anjou qui l'étoient de l'Abbaye de Marmoutier, les portoient en Campagne dans les Guerres particulieres contre les Seigneurs qui envahissoient les Terres de ces Abbayes. Je conjecture donc que quand les Milices commencerent à être levées par Paroisses, on ajoûta à la Croix ces Bannieres, où étoit representé le saint Patron de la Paroisse, & que cette espece d'Etendart fut un Privilege militaire qui leur fut accordé. Je confirme cette pensée par l'étymologie du nom de *Bannieres*, qui vient du mot Ban, *Bannum*. Or *Bannum* ou *Bannus* signifioit l'ordre du Souverain, intimé à ceux qui devoient faire le service pour se mettre en Campagne : de sorte que ce qui dans son institution étoit un Privilege militaire, est devenu dans la suite un ornement Ecclesiastique, pour distinguer dans les Processions une Paroisse d'une autre Paroisse. Au reste, ces Bannieres étoient beaucoup plus petites & plus simples que celles d'aujourd'hui, dont quelques-unes sont si pesantes, qu'à peine peut-on les porter dans les Processions, surtout quand il fait du vent. Ces anciennes Bannieres étoient à peu près comme le *Labarum* des Empereurs Romains, qui étoit un petit & leger Drapeau, attaché à un bâton, lequel avec la lance où il étoit suspendu, formoit une croix, comme dans les Bannieres de notre tems.

*Origine des Bannieres des Paroisses.*

La Milice des Communes dura tout au plus jusqu'à Charles VII, qui en établit une toute differente, dont je parlerai dans la suite. On en voit pourtant encore des restes dans quelques Titres militaires qui subsistent, comme ceux de Capitaines de Quartier, de Major de la Bourgeoisie, d'Archers de la Ville, &c. qui font encore en certaines occasions des fonctions Militaires : mais l'établissement des Communes semble a⬛ donné lieu aux Historiographes de Philippe-Auguste, de ⬛ instruire un peu plus particulierement du reste de la Mil⬛ Françoise de

*Fin de la Milice des Communes.*

ce tems-là, & principalement de celle qui étoit composée de la Noblesse; surquoi il y a plusieurs reflexions assez curieuses à faire.

## CHAPITRE IV.

*Autre changement dans la Milice Françoise, sous les premiers Rois de la troisiéme Race, par l'institution des diverses especes de Chevaliers, d'Ecuyers, &c.*

L'Etablissement des Communes & des Maisons-de-Ville (car ce nom de *Communes* comprend l'un & l'autre): cet établissement, dis-je, n'exemptoit pas les Seigneurs de l'obligation de faire le service avec leurs Vassaux, comme ils le devoient, selon l'ancienne coûtume : mais ils affecterent de distinguer leur Milice de celle des Bourgeois; & les Historiens du tems de Philippe-Auguste, ne manquent guéres de marquer cette distinction.

Quand ils parlent de celle des Villes, ils l'appellent *Communia*, les Communes; *Communitates Parochiarum*, les Communautez des Paroisses; *Burgenses*, les Bourgeois: mais quand il s'agit des Troupes que les Seigneurs amenoient au service, ils les designent par certains noms, certains Titres, certains Ordres de Milice, qui n'étoient point pour la plûpart dans celle des Communes. On y voit souvent ce mot de *Milites*, & celui d'*Equites*, non pas pour signifier toûjours des Soldats ou des Cavaliers, mais des Chevaliers; celui d'*Armigeri*, qui signifie des Ecuyers; *Servientes*, *Clientes*, *Famuli*, *Satellites*, & quelques autres, dont je tâcherai de donner les notions dans la suite.

*Signification particuliere du mot Miles, du tems de Philippe-Auguste.*

### Des Chevaliers en général.

Il est certain que la Chevalerie, c'est-à-dire une certaine distinction, & un certain rang dans la Milice, qui se conferoit avec des ceremonies particulieres, & étoit indépendant du rang que pouvoient donner les Charges militaires, fut en usage avant la troisiéme Race de nos Rois; & sans en aller chercher des exemples

ples ailleurs qu'en France, & dans les siecles plus reculez, nous avons vu dans notre Histoire, que Charlemagne ayant fait venir en Germanie Louis son Fils & son Successeur, lui ceignit l'épée, ce qui étoit la principale ceremonie de ce qui fut appellé depuis *Chevalerie*.

Vita Ludovici Pii.

Il est encore certain que le titre de Chevalier, exprimé en Latin par celui de *Miles*, commence à paroître comme une espece de dignité, & est donné à quelques Seigneurs dans certains Actes sur la fin de la seconde Race. Le P. Mabillon dans ses Annales de l'Ordre de saint Benoît en fournit plusieurs exemples : mais il est vrai aussi que c'est sous les premiers Rois de la troisième Race, que les Chevaliers commencerent à faire comme un Corps distingué dans l'Etat & dans les Armées ; qu'il se forma une espece de Jurisprudence qui regloit leurs rangs, leurs droits, leurs prérogatives, l'âge, les qualitez, & les autres conditions requises pour parvenir à cette dignité. C'est ce que je vais tâcher de développer autant qu'il en sera besoin par rapport à cette Histoire de la Milice Françoise.

Ce qu'on appelloit *Miles*, un Chevalier du tems de Philippe-Auguste, sous le Regne duquel on commence à faire une plus frequente mention de ces Chevaliers, étoit un homme de naissance qui avoit fait preuve de Noblesse par de bons Titres, & de valeur par de belles actions, & à qui la Chevalerie avoit été conferée avec de certaines ceremonies, dont nous avons le détail dans des monumens anciens, qu'on appelle *Cérémoniaux*.

La Chevalerie premierement supposoit la Noblesse, & en France plus qu'ailleurs, comme le remarque Gonther Poëte du douzième siecle, dans son Poëme de la Guerre que l'Empereur Frideric Barberousse fit en Ligurie : il dit que cet Empereur donna le titre de Chevalier à plusieurs personnes de basse naissance ; *ce qui*, ajoûte-t'il, *auroit été regardé comme une chose indigne parmi les François* *.

Il falloit même en France que la Noblesse ne fut pas trop nouvelle ; cela se prouve par un exemple tiré des Registres du Parle-

---

* Utque suis omnem depellere finibus hostem
Posset, & armorum Patriam virtute tueri
Quoslibet ex humili vulgo QUOD GALLIA FOEDUM
JUDICAT, accingi gladio concedit equestri.

ment de Paris, appellés *Olim*. Deux Freres, fils de Philippe de Bourbon, c'est-à-dire natifs de Bourbon, mais qui n'étoient pas de la Maison de Bourbon, laquelle est fondue dans celle de France, furent faits Chevaliers par le Comte de Nevers sous le Regne de Philippe le Hardi : ce Comte fut obligé de payer une amende au Roi, pour avoir fait Chevaliers ces deux Freres, d'autant qu'ils n'avoient pas du côté de leur Pere assés de Noblesse, pour pouvoir être faits Chevaliers. Le Comte eut ordre de les envoyer au Roi, & ils furent condamnez chacun à une amende de mille livres tournois: cependant comme c'étoient deux vaillans hommes, le Roi confirma leur Chevalerie, & l'amende fut depuis réduite à quatre cens livres *. Cette amende du Comte de Nevers pourroit bien avoir été en consequence d'un Arrêt du Parlement rendu l'année précédente, c'est-à-dire en 1280, par lequel il fut prononcé contre le Comte de Flandre, qu'il ne pouvoit ni ne devoit faire Chevalier un Villain, c'est-à-dire un Roturier, sans l'Autorité du Roi ; car quoiqu'un Chevalier en certain cas pût conferer la Chevalerie, il ne le pouvoit faire qu'à l'égard d'un Gentilhomme qui eût la Noblesse requise pour recevoir cet honneur.

Il falloit donc en France pour parvenir à la Chevalerie, être Gentilhomme de nom & d'armes, & qu'on pût prouver sa Noblesse de quatre Quartiers ou de quatre têtes, c'est-à-dire prouver la Noblesse de son pere & de son ayeul, de sa mere & de son ayeule. Cette interpretation du titre de Gentilhomme de nom & d'armes, me paroît bien appuyée par M. du Cange dans sa Dissertation sur ce sujet, aussibien que par l'exemple que je viens de citer des deux Freres de Bourbon.

Quelque établie que fut en France cette coutume, de ne faire Chevaliers que ceux dont la Noblesse n'étoit pas trop nouvelle,

---

* Comes Nivernensis emendam fecit Domino Regi, eo quod fecisset Milites duos filios Philippi de Borbonio : & Scriptum fuit Comiti Nivernensi, quod dictos duos Fratres Milites ad Dominum Regem mitteret : & quia dicti duo filii Philippi de Borbonio non existentes adeo Nobiles ex parte patris, quod Milites fieri deberent, se fecerunt fieri Milites, emendaverunt hoc Domino Regi, & solvit eorum quilibet 1000 libras turonenses, & Milites remanserunt, & postea emenda fuit moderata ad 400 libras. *Registre Olim. Tom. 2. fol. 111. dans l'Exemplaire de M. le Président de Lamoignon, an. 1281.*

a Fuit propositum & pronuntiatum contra Comitem Flandrensem, quod non poterat, nec debebat facere de Villano Militem, sine auctoritate Regis. *Registre du Parlement de 1280.*

on se relâcha là-dessus avec le tems dans ce Royaume, aussibien qu'ailleurs; & nos Rois donnerent souvent des dispenses sur cet article.

La naissance seule ne donnoit pas la Chevalerie; il falloit regulierement parlant avoir l'âge de majorité, c'est-à-dire vingt & un an, parce que le titre de Chevalier supposoit le service, & que celui à qui on le donnoit, avoit déja fait preuve de son courage: or ainsi que s'exprime saint Louis au premier Livre de ses *Establissemens*, *Gentilhomme n'a âge de soi combattre devant qu'il ait 21 an*; c'est pourquoi dans nos Histoires, & dans les Rôles de convocations pour le service, il se trouve quantité de Seigneurs de la premiere qualité, qui n'ont que le titre d'Ecuyer. Et Guillaume le Breton parlant du Seigneur de Tourelle qui s'étoit signalé à la bataille de Bouvines, & étoit d'une grande naissance, mais qui n'étoit pas encore Chevalier, dit de lui:

*Qui fieri Miles & origine dignus & actu.*

La dispense d'âge se donnoit neanmoins quelquefois surtout aux enfans des Princes; & Joinville écrit que saint Louis fit Chevalier le fils du Prince d'Antioche qui n'avoit que 16 ans. Il se trouve quantité d'autres semblables exemples.

La maniere de faire un Chevalier étoit differente, selon qu'elle se faisoit à l'Armée, ou hors de l'Armée. Quand on faisoit un Chevalier hors de l'Armée, il y avoit beaucoup plus de ceremonies: nous en avons plusieurs de marquées dans la Fête que le Roi Charles VI donna à Saint-Denis l'an 1389, dont je parlerai bientôt: mais ce qui se passoit dans les premiers tems, est encore plus détaillé dans un ancien Ceremonial, que M. du Cange a rapporté dans son Glossaire, & qui me paroît mériter d'être transcrit ici tout du long, tant à cause du détail, que de la naïveté du stile, & encore plus de la bisarrerie des ceremonies qui se faisoient pourtant alors fort sérieusement:

*Cy après ensuit l'Ordonnance & maniere de créer & faire nouveaulx Chevaliers du baing, au temps de Paix, selon la Coutume d'Angleterre.*

» Quant ung Escuyer vient en la Cour pour recevoir l'Ordre
» de Chevalerie en temps de Paix, selon la Coustume d'Angle-
» terre, il sera tres-noblement receu par les Officiers de la Cour,
» comme le Seneschal, ou du Chamberlain, si ils sont presens; &
» autrement par les Mareschaux & Huissiers. Et adonc seront

*Age requis pour la dignité de Chevalier.*

Chap. 71.

Joinville, Hist. de saint Louis, p. 98.

*Deux manieres de faire des Chevaliers.*

Annotations sur l'Hist. de Charles VI. p. 593.

T. 2. p. 3572.

» ordonnez deux Escuyers d'onneur & saiges & bien aprins en
» courtoisies, & nourritures, & en la maniere du fait de Cheval-
» rie : & ils seront Escuyers & Gouverneurs de tout ce qui appar-
» tient à celluy qui prendra l'Ordre desusdit. Et au cas que l'Es-
» cuyer viengne devant disner, il servira le Roy de une Escuelle
» du premier cours seulement. Et puis lesdits Escuyers Gouver-
» neurs admeneront l'Escuyer qui prendra l'ordre en sa chambre,
» sans plus estre veu en cette journée. Et au Vespre les Escuyers
» Gouverneurs envoyeront après le Barbier, & ils appareilleront
» ung baing gracieusement appareillé de toile, aussy bien dedans
» la cuve, que dehors : & que la cuve soit bien couverte de ta-
» piz & manteaulx, pour la froideur de la nuyt. Et adoncques
» sera l'Escuyer rez la barbe, & les cheveulx rondé *. Et ce fait
» les Escuyers Gouverneurs yront au Roy, & diront, SIRE, il
» est Vespre, & l'Escuyer est tout appareillé au baing, quant vous
» plaira. Et sur ce le Roy commandera à son Chamberlan qu'il
» admene avecque luy en la Chambre de l'Escuyer le plus gentilz
» & le plus saiges Chevaliers qui sont presens, pour luy informer
» & conseiller & enseigner l'ordre & le fait de Chevalrie. Et sem-
» blablement que les Escuyers de l'Ostel, avec les Menestrelx
» voisent par devant les Chevaliers, chantans, dansans & esbatans
» jusques à l'uys de la Chambre dudit Escuyer.

» Et quant les Escuyers Gouverneurs orront la noise des Me-
» nestrelx, ils despouilleront l'Escuyer & le mettront tout nu de-
» dans le baing. Mais à l'entrée de la chambre les Escuyers gou-
» verneurs feront cesser les Menestrelx & Escuyers aussy pour le
» temps. Et ce fait les gentilz saiges Chevaliers entreront en la
» Chambre tout coyement sans noise faire : & adoncques les
» Chevaliers feront reverence l'un à l'autre, qui sera le premier
» pour conseiller l'Escuyer au baing l'ordre & le fait. Et quand ilz
» seront accordez dont yra le premier au baing, & ilec s'agenoil-
» lera pardevant la cuve, en disant en secret : Sire, à grant hon-
» neur pour vous cest baing ; & puis luy monstrera le fait de l'Or-
» dre, au mieux qu'il pourra, & puis mettra de l'eaue du baing
» dessues l'Espaulle de l'Escuyer, & prendra congié : Et les Es-
» cuyers gouverneurs garderont les costez du baing. En mesme
» maniere feront tous les autres Chevaliers l'un après l'autre, tant
» qu'ils ayent tous fait. Et donc partiront les Chevaliers hors de la

* c'est-à-dire, faits & cou-pez en rond.

## DE LA MILICE FRANÇOISE. *Liv. III.*

» chambre pour ung temps. Ce fait les Escuyers gouverneurs pren-
» dront l'Escuyer hors du baing, & mettront en son lict tant qu'il
» soit séchié, & soit ledit lict simple sans courtines. Et quant il
» sera séchié, il levera hors du lict, & sera addurné * & vest bien
» chauldement pour le veillier de la nuit. Et sur tous ses draps il
» vestira une cotte de drap rousset, avecques unes longues man-
» ches, & le chapperon à ladite robbe en guise de ung hermite.
» Et l'Escuyer ainsi hors du baing & attorné, le Barbier ostera le
» baing, & tout ce qu'il a entour, aussi bien dedens, comme en
» dehors, & le prendra pour son fié *, ensemble pour le collier,
» comme ensi, si c'est Chevalier, soit Comte, Baron, Baneret,
» ou Bachelier, selon la coustume de la Cour. Et ce fait les Es-
» cuyers gouverneurs ouveront l'uys de la chambre, & feront les
» saiges Chevaliers reentrer pour mener l'Escuyer à la Chapelle.
» Et quant ilz seront entrez, les Escuyers, esbatans & dansans
» seront admenez pardevant l'Escuyer avec les Menestrelx faisant
» leurs melodies jusques à la Chappelle. Et quant ilz seront en-
» trez en la Chappelle, les espices & le vin seront prestz à donner
» auxdits Chevaliers & Escuyers : & les Escuyers gouverneurs
» admeneront les Chevaliers pardevant l'Escuyer pour prendre
» congié ; & il les mercira toutes ensemble de leur travail, hon-
» neur & courtoisies qu'ilz lui ont fait : & en ce point ilz départi-
» ront hors de la Chappelle. Et sur ce les Escuyers gouverneurs
» fermeront la porte de la Chappelle, & n'y démorera force l'Es-
» cuyers ses Gouverneurs, ses Prestres, le chandellier & le guet.
» Et en cette guise demourra l'Escuyer en la Chappelle tant qu'il
» soit jour, tousjours en oraisons & prieres : requerant le puis-
» sant Seigneur & sa bennoite Mere, que de leur digne grace luy
» donnent pouvoir & confort à prendre ceste haute dignité tem-
» porelle en l'onneur & louënge de l'eur, de sainte Eglise, & de
» l'Ordre de Chevilerie. Et quant on verra le point du jour, on
» querra le Prestre pour le confesser de tous ses pechiez, & orra ses
» Matines, & Messe, & puis sera accommuschié *, s'il veult.
» Mais depuis l'entrée de la Chappelle aura ung cierge ardant de-
» vant luy. La Messe commencée, ung des Gouverneurs tiendra
» le cierge devant l'Escuyer jusques à l'Evangille ; & à l'Evangil-
» le le Gouverneur baillera le cierge à l'Escuyer, jusques à la fin
» de ladite Evangile. L'Escuyer gouverneur ostera le cierge, & le

* c'est-à-dire, habillé.

* c'est-à-dire, pour le service rendu à l'Ecuyer.

* communié.

N iij

» mettra devant l'Escuyer jusques à la fin de ladite Messe : & à la
» levacion du Sacrement ung des Gouverneurs ostera le chappe-
» ron de l'Escuyer ; & après le Sacrement le remettra jusques à
» l'Evangile *In principio* : & au commencement de *principio*, le
» Gouverneur ostera le chapperon de l'Escuyer, & le fera ester *,
» & lui donnera le cierge en sa main : maies qu'il y ait ung denier
» au plus près de la lumiere fichié. Et quant ce vient *Verbum caro*
» *factum est*, l'Escuyer se genoillera, & offra le cierge & le denier:
» c'est assavoir le cierge en l'onneur de Dieu, & le denier en l'on-
» neur de luy qui le fera Chevalier. Ce fait les Escuyers gouver-
» neurs remeneront l'Escuyer en sa chambre, & le mettront en
» son lict jusques à haute jour. Et quant il sera en son lict, pen-
» dant le tems de son réveillier, il sera amendé, c'est assavoir avec
» ung couverton d'or *, appellé sigleton, & ce sera lure du car-
» de *. Et quant il semblera temps aux Gouverneurs, ils yront
» au Roy, & luy diront : Sire, quant il vous plaira, nostre Mais-
» tre réveillera. Et à ce le Roy commandera les saiges Cheva-
» liers, Escuyers, & Menestrelx d'aler à la chambre dudit Escuyer
» pour le reveiller, attourner, vester, & admener pardevant luy
» en sa Sale. Mais pardevant leur entrée, & la noise de Menes-
» trelz oye, les Escuyers gouverneurs ordonneront toutes ses né-
» cessaires prests par ordre, à bailler aux Chevaliers, pour attour-
» ner & vestir l'Escuyer. Et quant les Chevaliers seront venus à
» la chambre de l'Escuyer, ils entreront ensemble en licence *, &
» diront à l'Escuyer : Sire, le très-bon jour vous soit donné, il est
» temps de vous lever & adrecier ; & avec ce les Gouverneurs le
» prendront par les braz, & le feront drecier. Le plus gentil ou le
» plus saige Chevalier donnera à l'Escuyer sa chemise ; ung au-
» tre lui baillera ses braies, le tiers luy donnera ung pourpoint,
» un autre luy vestira avec un Kyrtel * de rouge tartarin. Deux
» autres le leveront hors du lict, & deux autres le chausseront :
» mais soient les chausses denouz * avecquez semelles de cuir. Et
» deux autres lasceront ses manches, & un autre le ceindra de la
» sancture de cuier blanc, sans aucun harnois de métal. Et ung
» autre peignera sa teste, & ung autre mettra la coiffe, ung autre
» luy donnera le mantel de soye de Kyrtel de rouge tartarin atta-
» chiez avec un laz de soye blanc, avecune paire de gans blancs
» pendus au bout du laz. Mais le chandellier prendra pour son

* c'est-à-dire, se tenir debout, du Latin *stare*.

* c'est-à-dire, on lui méttra une couverture d'étoffe d'or.
* carde est une espece de couleur.

* Je croi qu'il faut lire *en silence*.

* espece de manteau.

* c'est-à-dire, sans jarretieres.

DE LA MILICE FRANÇOISE. *Liv. III.*  103

» fiés tous les garnemens * avec tout l'arroy & neceffaries en    * garnitures.
» quoy l'Efcuyer eftoit attournez & veftuez le jour qu'il entra
» en la court pour prendre l'Ordre : enfemble le lit en qui il
» coucha premierement après le baing, auffibien avec le fin-
» gleton, que des autres neceffitez. Pour lefquels fiefs ledit
» Chandelier trouvera à fes defpens la coiffe, les gans, la
» ceinture & le las. Et puis ce fait les faiges Chevaliers mon-
» teront à cheval & admeneront l'Efcuyer à la Sale, & les
» Miniftrez tousjours devant, faifant leurs melodies. Mais foit
» le cheval habillé comme il enfuit. Il aura une felle couverte
» de cuir noir, les arzons de blanc fuft *, & efquartez les étri-    * de bois
» viers noires, les fers dorez, le poitral de noir cuir avec une    blanc.
» croix patée dorée pendant pardevant le piz du cheval, & fans
» croupiere, le frain de noir à longues cerres à la guife d'Efpai-
» gne, & une croix patée au front. Et auffi foit ordonné un
» jeune jouvenfel Efcuier, gentil, qui chevauchera devant l'Ef-
» cuier. Et il fera déchaperonné & portera l'efpée de l'Efcuier,
» avec les efperons pendans fur les efchalles de l'efpée, & foit
» l'efpée à blanches efchalles fectes de blanc cuir, & la ceinture
» de blanc cuir fans harnois, & le jouvencel tendra l'efpée par
» la poignée, & en ce point chevaucheront jufques à la Sale
» du Roy : & feront les Gouverneurs preftz à leur meftier, &
» les faiges Chevaliers menans ledit Efcuier. Et quant il vient,
» pardevant la Sale, les Marefchaux & Huiffiers fe feront preftz
» alencontre de l'Efcuier & lui diront : Defcendez, & lui def-
» cendu, le Marefchal prendra fon cheval pour fon fié. Et fur
» ce les Chevaliers admeneront l'Efcuier en la Sale jufques à la
» haute table, & puis il fera drefciez au commencement de la
» table feconde jufques à la venuë du Roy. Les Chevaliers de
» cofte lui, le jouvenfel à tout l'efpée eftant pardevant luy,
» par entre lefdits deux gouverneurs. Et quant le Roy fera venu
» à la Sale, & regardera l'Efcuier preft de prendre le haut
» ordre de dignité temporelle, il demandera l'efpée avecque
» les efperons. Et le Chamberlain prendra l'efpée & les efpe-
» rons du jouvencel, & les monftrera au Roy, & fur ce le Roy
» prendra l'efperon dextre, le baillera au plus noble, & plus
» gentil, & lui dira : Mittez ceftuy au talon de l'Efcuyer. Et
» celluy fera agenoillié à l'un genoil, & prendra l'Efcuier par

» la jambe dextre, & mettra son pié sur son genoil, & fiche-
» ra l'esperon au talon dextre de l'Escuier. Et le Seigneur fera
» croix sur le genoil de l'Escuier & lui baisera. Et ce fait
» viendra ung autre Seigneur qui fichera l'esperon au talon
» senestre en mesme maniere. Et doncques le Roy de sa très-
» grande courtoisie prendra l'espée, & la ceindra à l'Escuier.
» Et puis l'Escuier levera ses bras enhault, les mains entrete-
» nans, & les gans entre les pous & les doits : & le Roy met-
» tra ses bras entour le col de l'Escuier, & lievera la main
» dextre, & frapera sur le col, & dira : Soyez bon Chevalier;
» & puis le baisera. Et adoncques les sages Chivaliers admene-
» ront le nouvel Chivalier à la Chapelle à très-grande melodie
» jusques au haut Autel. Et ylecques se agenoillera & mettra
» sa dextre main dessus l'Autel, & fera promise de soustenir le
» droit de saincte Eglise toute sa vie. Et adoncques soy-mesme
» déceindra l'espée avec grande devotion & prieres à Dieu, à
» saincte Eglise, & l'offreira en priant Dieu, & à tous ses
» Saincts, qu'il puisse garder l'Ordre qu'il a prins jusques à la
» fin. Et ces accompliz, il preindra une souppe de vin. Et à
» l'issuë de la Chappelle le maistre Queux du Roy sera prest de
» oster les esperons, & les prendra pour son fié ; & dira je suis
» venu le maistre Queux du Roy, & prens voz esperons pour
» mon fié ; & si vous faictes chose contre l'Ordre de Cheval-
» rie, ( que Dieu ne veuille ) je coupperay voz esperons de
» dessus voz talons. Et puis les Chivaliers le remeneront en
» la Sale. Et il commencera la table des Chivaliers. Et se-
» ront assiz entour luy les Chevaliers ; & il sera servy, si com-
» me les autres, mais il ne mangera ne bevera à la table, ne se
» mouvra, ne ne regardera, ne deça, ne delà non plus que
» une nouvelle mariée. Et ce fait, ung de ces Gouverneurs
» aura ung cuervercher * en sa main, qu'il tendra pardevant le
» visage, quant il sera besoin pour le craiser *. Et quant le Roy
» sera levé hors de sa table, & passé en sa chambre, adoncques
» le novel Chevalier sera mené à grant foison de Chevaliers &
» Menestrelz devant lui, jusques à sa chambre. Et à l'entrée les
» Chevaliers, & Menestrelz prendront congié, & il yra à son
» disner. Et les Chevaliers departiz, la chambre sera fermée,
» & le nouvel Chevalier sera dispouillé de ses paremens ; & ilz
» seront

* un mou-
choir.
* pour cra-
cher.

» feront donnez aux Roys des Heraulz, fe ils y font prefens, ou
» fi non, aux autres Heraulx fe ils y font : autrement aux Me-
» neftrelz, avecques ung marc d'argent, fe il eft Bacheler; &
» fe il eft Baron, le double : & fe il eft Conte, ou de plus,
» le double : & le roufet cappe de nuyt fera donné au guet,
» autrement ung Noble. Et adoncq il fera reveftu d'une robe
» de bleu, & les manches de cuftote en guife d'un Preftre, &
» il aura à l'efpaule feneftre un laz de blanche foye pendant.
» Et ce blanc laz il portera fur tous fes habillemens qu'il veftira
» au long de cette journée, tant qu'il ait gagné honneur &
» renom d'armes, & qu'il foit recordé de fi hault record com-
» me de nobles Chevaliers, Efcuiers & Heraulx d'armes, &
» qu'il foit renommé de fes faiz d'armes, comme devant eft dit,
» ou aucun hault Prince, ou tres-noble Dame, de pouvoir cou-
» per le las de l'efpaule du Chevalier, en difant : Sire, nous avons
» ouy tant de vray renom de voftre honneur que vous avez
» fait en diverfes parties, au tres grand honneur de Chevalerie
» à voüés mefmes, & à celuy qui vous a fait Chivalier, que
» droit veult que ceft laz vous foit oftez. Mais après difner
» les Chevaliers d'onneur & Gentilz hommes vendront après
» le Chevalier, & le admeneront en la prefence du Roy, & les
» Efcuiers gouverneurs pardevant luy. Tres noble & redouté
» Sire, de tout ce que je puis, vous remercie de toutes ces
» honneurs, courtoifies, & bontez que vous me avez, & vous
» en mercie. Et ce dit, il prendra congié du Roy. Et fur
» ce les Efcuiers gouverneurs prendront congié de leur maif-
» tre, en difant, Sire, ceo nous avons fait par le commande-
» ment du Roy, ainfi comme nous fufimes obligiez, à noftre
» povoir. Mais s'il eft ainfi que nous vous ayons defpleu par
» negligence, ou par fait en ceft temps, nous vous requerons
» pardon d'autre part, Sire, comme veray droit eft felon les
» couftomes de Court, & des Royalmes anciens, nous vous
» demandons robes, & fiefz à terme de, comme Efcuiers
» du Roy, compaignons aux Bacheliers, & aux autres Sei-
» gneurs.

Telles étoient les ceremonies dont on ufoit autrefois en faifant un Chevalier : cela fe faifoit toujours avec grand appareil
en France, en Efpagne, en Angleterre, en Allemagne, en Ita-

*Tome I.*

lic. Il pouvoit y avoir quelque diversité pour certains usages ; mais le bain, la veille d'armes, la coûtume de chausser les éperons, de ceindre l'épée, de changer l'habillement du nouveau Chevalier, en lui faisant quitter celui d'Ecuïer avec lequel il se presentoit, étoit universelle.

Mais pour montrer que tout cela pour la plûpart se pratiquoit en France, je vais faire l'extrait de l'Histoire de Charles VI par l'anonyme de Saint Denis, traduite & imprimée par M. le Laboureur. Il s'y agit d'une Fête pareille à celle dont je viens de parler, où ce Prince fit Chevaliers Louis & Charles d'Anjou ses cousins.

„ Le jour d'aller à Saint-Denis ayant été assigné au Samedi
„ premier jour de Mai, le Roi y arriva à Soleil couchant, &
„ peu après suivit la Reine de Sicile Duchesse d'Anjou, ac-
„ compagnée depuis Paris de plusieurs Ducs & Princes du
„ Sang, & d'un grand nombre de Chevaliers & de Seigneurs,
„ à la tête desquels marchoient les deux jeunes Princes ses
„ enfans, qui n'avoient pour lors aucun avantage que de leur
„ bonne mine & de leur beauté. Leur équipage étoit aussi mo-
„ deste qu'extraordinaire ; mais c'étoit pour garder les ancien-
„ nes coutumes de la nouvelle Chevalerie qui les obligeoit à
„ paroître en jeunes Ecuyers vêtus d'une longue tunique de gris
„ brun qui leur battoit les talons sans aucun ornement dessus*
„ non plus que sur les harnois de leurs chevaux, qui n'avoient
„ pour tout caparaçon que quelques pieces de la même étoffe,
„ plissées & attachées à la selle en forme de petite housse.
„ Cela sembla étrange à beaucoup de gens, parce qu'il y en
„ avoit fort peu qui sçussent que c'étoit l'ancien ordre de
„ pareilles Chevaleries.

„ La Reine leur mere étant arrivée en cette pompe, ils
„ allerent descendre au Prieuré de l'Estrée, où leurs bains
„ étoient preparez en quelques lieux secrets, & après s'y être
„ plongez tout nuds, ils vinrent sur l'entrée de la nuit sa-
„ luer le Roi, qui les reçût fort amoureusement, & qui leur
„ dit de le suivre à l'Eglise avec leur nouvel habit de Che-
„ valerie. Il étoit tout de soye vermeille fourré de menus-
„ ver ; la robe ou tunique taillée en rond traînoit jusqu'aux
„ talons, & le manteau fait en façon de chappe ou d'épitoge

*marginalia:*
Nicolaus Upton. l. 1. de Militari Officio, cap. 3.

P. 168.

* Il est marqué dans l'Original Latin, qu'ils n'avoient de l'or ni sur leurs habits, ni sur les harnois de leurs chevaux.

Equipage de l'Ecuyer prêt à être fait Chevalier.

Ceremonie du bain.

„ Imperial defcendoit jufques en terre ; enfin rien ne les dif-
„ tinguoit des autres Princes & des Chevaliers, finon qu'ils
„ n'avoient point de chaperon. Devant & derriere marchoit
„ une grande foule de Nobleffe, & les deux Chevaliers futurs
„ étoient conduits, c'eft à fçavoir le Roi Louis de Sicile par
„ les Ducs de Bourgogne & de Touraine, l'un à la droite,
„ l'autre à la gauche, & Charles fon frere tout de même
„ par le Duc de Bourbon, & par Meffire Pierre de Na-
„ varre.

„ Après la priere faite devant l'Autel des Martyrs, le Roi
„ les ramena dans le même ordre à la Salle Royale où le fou-
„ per avoit été préparé, & après lui prirent place à fa main
„ droite, la Reine de Sicile, les Ducs de Bourgogne & de
„ Touraine, & le Roi d'Armenie. A main gauche furent
„ affis le Roi de Sicile & fon frere, & le refte de la table
„ fut occupé d'un grand nombre de Dames & de grands Sei-
„ gneurs, chacun felon fon rang & fa qualité. Après le feftin,
„ le Roi donna le bon foir à la Compagnie pour s'aller repo-
„ fer ; & les deux jeunes Princes furent reconduits devant les
„ corps Saints pour y faire la veillée. C'étoit une regle an-
„ cienne que les pourfuivans de Chevalerie paffoient la nuit
„ en priere dans l'Eglife ; mais on adoucit la rigueur de la
„ Loi en faveur de la jeuneffe de ces deux-ci ; ils en furent *La veille*
„ quitte pour fort peu de tems, à la charge de fe venir ren- *d'armes.*
„ dre le lendemain à leur faction de fi bon matin qu'ils fem-
„ blât qu'ils n'en euffent bougé à ceux qui les viendroient
„ relever, & qui en effet les trouverent profternez & en grande
„ dévotion.

„ On les ramena au logis pour fe repofer en attendant la
„ Meffe qui fut chantée Pontificalement par Meffire Ferry
„ Caffinel Evêque d'Auxerre, & où le Roi arriva revêtu d'un
„ long manteau Royal avec un appareil auffi digne de fa qua-
„ lité, que de la magnificence d'une fi grande ceremonie. Il
„ marchoit à la tête de tous les Grands & de toute la No-
„ bleffe de fa Cour, & avoit devant les deux principaux
„ Ecuyers de fa garde qui portoient leurs épées nuës par la
„ pointe & la garde en haut d'où pendoient deux paires d'épe- *Eperons do-*
„ rons d'or. Ils entrerent par la porte qui va du cloître dans *rez.*

"l'Eglife, & le Roi de Sicile & fon frere accompagnez com-
"me le jour precedent le fuivirent devant l'Autel des Bienheu-
"reux Martyrs, où l'on attendit quelque tems l'arrivée des
"Reines de France & de Sicile pour commencer la Meſſe qui
"ſe chanta du Dimanche, & où l'on prit pour Introïte *Miſe-*
"*ricordias Domini*, *&c.* ſelon l'ordinaire des Fêtes doubles. La
"Meſſe finie l'Evêque s'approcha du Roi, & en ſa preſence

*L'accolade.*

"les deux jeunes Princes ſe mirent à genoux, pour ſupplier
"Sa Majeſté de leur donner l'accolée, & de les faire nou-
"veaux Chevaliers. Il prit leur ſerment, il leur ceignit le
"baudrier de Chevalerie; il commanda au ſire de Chauvigni

*Eperons dorez chauſſez aux nouveaux Chevaliers.*

"de leur chauſſer les éperons, & la ceremonie s'accomplit par
"la benediction de l'Evêque, après laquelle on les conduiſit
"avec le Roi en la Salle des feſtins, où toute la journée s'ache-
"va en bonne chere, en bal, & en toutes ſortes de jeux &
"de réjouiſſances.
" Le lendemain jour de Lundi troiſiéme du mois de Mai qui
"avoit été deſtiné pour les Tournois, les vingt-deux Cheva-
"liers que le Roi avoit choiſis entre toute la Nobleſſe comme
"les plus braves & les plus adroits, vinrent en bel équipage
"d'armes & de chevaux ſur les trois heures après midi ſa-
"luer Sa Majeſté dans la premiere cour de l'Abbaye de Saint-
"Denis. Ils avoient l'écu verd pendu au col avec la deviſe gra-

* Les Cattes étoient une partie des anciens François au-delà du Rhin.

"vée en or du Roi des Cattes *, & étoient ſuivis chacun de
"leur Ecuyer qui portoit leurs armes & leur lances. Et afin
"d'encherir plûtôt que de rien oublier de tout ce qui ſe publie
"de plus magnifique des joutes & des pas d'armes des anciens
"Paladins & Chevaliers errans, ils attendirent les Dames que
"le Roi avoit deſtinées pour les conduire aux lices, & qui s'y
"étoient préparées avec des habits de la même livrée, qui
"étoit d'un verd brun brodé d'or & de perles. Elles les vin-
"rent joindre montées ſur de beaux palefroys; & s'il m'eſt per-
"mis d'emprunter les termes de la Fable pour ſatisfaire en peu
"de mots à la deſcription de ce merveilleux arroy, je ne dirai
"pas qu'il ſembloit que ce fuſſent autant de Reines, mais au-
"tant de Déeſſes; car il n'y avoit perſonne qui ne pût dire à
"voir enſemble tant de beautez, tant de richeſſes & tant de
"Majeſtez, que les fictions des Poëtes n'en donnent qu'une

« grossiere idée dans tous leurs Ouvrages ; & que c'étoit quel-
« que chose de plus Auguste que toutes les assemblées des
« Divinitez du Paganisme. » Ainsi se faisoient les Chevaliers
en temps de Paix ; de quoi on n'a gueres retenu que l'accolade, & quelques autres formalitez aisées à observer dans la creation des Chevaliers pour les Ordres de Chevalerie instituez depuis par divers Princes.

Quand l'on faisoit un Chevalier à l'Armée, on omettoit la plûpart de ces rubriques, parce qu'on n'avoit pas le loisir de les observer. Voici ce qu'en écrit Nicolas Upton, qui vivoit du tems de Charles VII. « On créoit, dit-il, des Chevaliers « durant les sieges devant ou après un assaut : c'étoit le Prince « ou le General, ou quelqu'un des principaux Chefs de l'Ar- « mée. Celui qui devoit recevoir cet honneur tenant une épée « à la main venoit se presenter au Prince ou au General, & « lui demandoit la Chevalerie. Le Prince ou le General pre- « noit cette épée, & la tenant avec les deux mains lui don- « noit un coup du plat de l'épée, & en le frappant ainsi l'ap- « pelloit du nom de Chevalier. Ensuite le Prince nommoit un « vieux Chevalier pour chausser à celui qui venoit d'être fait, « des éperons dorez, & l'accompagner dans l'assaut ; que si l'on « n'étoit pas encore prêt de donner l'assaut, & que l'on travail- « lât actuellement à miner la muraille, le nouveau Chevalier « devoit passer & veiller la nuit dans la mine avec le vieux « Chevalier.

*Maniere de faire les Chevaliers à l'armée.*

*Nicolaus Uptonus, l. 1. de Militari Officio, cap. 3. Ibid.*

*Coup du plat de l'épée, au lieu de l'acolade.*

Cette veille dans la mine tenoit lieu de la veille d'armes qui se faisoit dans une Eglise, ou dans une Chapelle, lorsque la ceremonie se passoit hors du Camp. Elle suppléoit aussi à l'assaut, parce qu'on se battoit souvent dans ces mines, qui étoient beaucoup plus vastes que celles d'aujourd'hui ; ainsi que je le dirai en parlant de la maniere dont se faisoient autrefois les sieges.

*Veille d'armes dans une mine.*

On faisoit aussi des Chevaliers, quand on étoit sur le point de donner une bataille, & que les deux Armées étoient prêtes d'en venir aux mains ; & on observoit les mêmes ceremonies. On voit dans Froissart, dans Monstrelet, & dans d'autres anciens Ecrivains de notre Histoire plusieurs exemples de cet usage. Le premier des Historiens que je viens de nommer,

*Froissart, vol. 1. cap. 43.*

rapporte un fait, qui est la preuve de ce que je dis, & dont une circonstance fut assez ridicule. Il dit que le Roi Philippe de Valois, & Edouard Roi d'Angleterre étant à la tête de leurs Armées à Vironfosse dans la Tierache, prêts à en venir aux mains, un Liévre se leva aux premiers rangs de l'Armée Françoise ; que les Soldats ayant fait de grandes huées après le Liévre, on crut à l'arriere-garde que l'on commençoit à se battre ; qu'aussi-tôt chacun prit les armes, qu'on y fit sur le champ plusieurs Chevaliers ; & que le Comte de Haynault pour sa part en fit quatorze ; que cependant la bataille ne se donna point ; & que ces Chevaliers créez à cette occasion furent toujours depuis appellez *les Chevaliers du Liévre*.

Non-seulement le Prince, le General d'Armée, les grands Feudataires de la Couronne, pouvoient faire des Chevaliers, mais encore les Chevaliers particuliers étoient en droit de faire le même honneur à d'autres, pourvû que ceux à qui ils le faisoient eussent les qualités requises. C'est encore une chose si souvent marquée dans nos Histoires, qu'il est inutile d'en apporter d'autres exemples pour la prouver.

*Les Chevaliers particuliers pouvoient faire des Chevaliers.*

*Dans un combat un Chevalier pouvoit faire un Chevalier dans le Parti ennemi.*

Les Chevaliers pouvoient même faire des Chevaliers parmi les ennemis ; & celui qui l'avoit été fait de la sorte, étoit reconnu pour tel dans sa Nation. Nous en avons aussi des exemples dans notre Histoire. Je me contenterai d'en rapporter un. Après que la fameuse Pucelle eut fait lever le siege d'Orleans du tems de Charles VII, le Comte de Suffolc un des Generaux Anglois fut pris au siege de Jargeau par Guillaume Renaud ; il lui demanda avant que de se rendre : *Es tu Gentilhomme* ; il lui répondit qu'il l'étoit. *Es-tu Chevalier ?* ajouta-t'il. Il répondit que non. *Je veux que tu le sois,* dit-il, *avant que je me rende.* Il lui donna l'accolade, lui ceignit l'épée, & se rendit à lui.

*Les plus grands honneurs rendus aux Chevaliers.*

Les Chevaliers étoient dans les premiers tems de la troisiéme Race, & furent plusieurs siecles après dans la plus haute consideration. On leur donnoit toujours le titre de *Monseigneur,* ou de *Messire,* soit en leur parlant, soit en parlant d'eux, ainsi qu'on le voit dans nos anciens Historiens, & dans les Monstres de Gendarmerie, dont j'ai vû un tres-grand nombre. On leur donne toujours cette qualité ; au lieu que les autres, fussent-

# DE LA MILICE FRANÇOISE. Liv. III.

ils de la plus ancienne Noblesse, n'y sont marquez que par leur nom. Les simples Gentilshommes, & même ceux de la plus grande qualité qui n'étoient point encore Chevaliers, leur rendoient des respects, qu'à peine on rendroit aujourd'hui aux Princes du Sang ; les Rois mêmes les traitoient de *Monseigneur*.

C'est ainsi qu'Edouard III Roi d'Angleterre en usa à l'égard d'Eustache de Ribaumont, après l'avoir fait prisonnier dans un combat auprès de Calais. Ce Prince le fit souper à sa table, avec d'autres Chevaliers qui avoient aussi été pris ; & sur la fin du repas, après avoir fait l'éloge de leur vaillance, il parla ainsi à Ribaumont : „ *Messire Eustace*, vous êtes le Chevalier du mon„ de que vîstes oncques plus vaillamment assaillir ses ennemis, „ ne son corps deffendre, n'i ne me trouvai oncques en bataille „ où je visse qui me donnât tant d'affaires corps à corps, que „ vous avez hui fait. Si vous en donne le prix, & aussi sur „ tous les Chevaliers de ma Cour par droite Sentence. Adonc „ prit le Roi son Chapelet* qu'il portoit sur son Chef, qui étoit „ bon & riche, & le mit sur le Chef de Monseigneur Eusta„ ce, & dit : *Monseigneur Eustace*, je vous donne ce Chapelet „ pour le mieux combattant de la journée de ceux de dedans „ & de dehors ; & vous prie que vous le portiez cette année „ pour l'amour de moi. Je sçai bien que vous êtes gai & amou„ reux, & que volontiers vous vous trouverez entre Dames & „ Damoiselles. Si dites partout là où vous irez que je le vous „ ai donné, si vous quitte votre prison, & vous en pouvez par„ tir demain, s'il vous plaît.

Froissart. vol. 1. chap. 151. Trait singulier d'Edouard III Roi d'Angleterre envers un Chevalier François son prisonnier.
* c'étoit une espece de bonnet.

Les Chevaliers n'étoient pas tous de même rang ; Brunon Auteur de l'onziéme siecle fait mention des Chevaliers du second & du troisiéme Ordre ; ce qui suppose qu'il y en avoit d'un premier Ordre *. L'ancien Ceremonial que je viens de transcrire marque expressément deux Ordres. Le Chevalier, dit ce Ceremonial, payera aux Rois des Heraults un marc d'argent, *se il est Bacheler* ; *& se il est Baron*, *le double* ; *& se il est Comte ou de plus*, *le double*.

Je crois en effet, que conformément à l'expression des deux

---
* Similiter pacis oscula dederunt Ordinis secundi, seu tertii utriusque partis Milites. *Bruno de Bello Saxonico*, p. 133.

anciens Auteurs que je viens de nommer, on peut partager les Chevaliers de ces tems-là en deux ou en trois ordres. Le premier des hauts Chevaliers, & le second des bas Chevaliers. Les hauts Chevaliers étoient de deux sortes ; les uns titrez, c'est-à-dire, qui avoient le titre de Duc, ou de Comte, ou de Baron, ainsi qu'il est marqué dans le Ceremonial ; les autres qui n'étoient pas titrez, mais qui avoient la qualité de Banneret, qualité qui leur étoit commune avec les Chevaliers titrez, lesquels d'ordinaire dès qu'ils étoient en âge *levoient banniere*. Les Chevaliers du second rang, ou du troisiéme, si l'on en veut donner un particulier aux simples Bannerets, étoient les bas Chevaliers, que l'on appelloit par les deux mots joints ensemble *Bacheliers* ; car cette étymologie du nom de *Bachelier* me paroît la plus vrai-semblable & la mieux fondée. Mathieu Paris appelle le Bachelier *minor Miles* ; & dans l'Histoire de Guillaume le Conquerant par l'Archidiacre de Lisieux, ces Bacheliers sont appellez *Milites media nobilitatis*. Ces Chevaliers, ou bas Chevaliers étoient ceux qui ne pouvoient *lever banniere*, faute d'avoir un assez grand nombre de Vassaux pour la lever, ou qui étant assez riches pour cet effet, n'avoient point encore obtenu ce privilege, dont je traiterai bientôt en parlant plus au long des Chevaliers Bannerets. Il est souvent fait mention dans nos anciens Historiens de ces Bacheliers ou Chevaliers non riches.

*Chevaliers de trois Classes differentes.*

*Chevaliers Bannerets.*

Ad an. 1215.
Gesta Guillelmi, p. 207.
*Chevaliers Bacheliers.*

A un Chevalier Baceler
Ki par pauvreté vot * aller        * veut.
Droit en Pulle * à Robert Wiscard.   * en Poüille.

Philippe Mouske dans son Histoire de France en Vers manuscrite, à la Bibliotheque du Roi.

,, Ils remarierent cele Marguerite à un vaillant Bachelier
,, des marches de Bourgogne, qui fut appelléez Guillaume de
,, Dampierre, & n'étoit mie riche.
,, Hoirs fu de la Comté de S. Paul, mais povres Bacelers
,, étoit, tant cont ses Oncles vesqui.

Chronique de Flandre, ch. 18.

Voyage d'Outremer, MS. de Guillaume Comte de Ponthieu, vide du Cange in glossario verbo Baccalarii.

Tous ces Chevaliers avec leur suite faisoient la force des Armées Françoises, & sur tout les Bannerets, soit qu'ils fussent titrez, soit qu'ils ne le fussent pas. Je vais traiter en particulier de ce qui regarde les Bannerets, comme tenant les premiers rangs dans les Troupes de ces tems-là.

CHAP. V.

## CHAPITRE V.
### Des Chevaliers Bannerets.

JE ne me souviens point qu'il soit fait mention des Chevaliers Bannerets dans nos Historiens avant le tems de Philippe-Auguste : mais les Auteurs de ce tems-là en parlent comme d'une chose qui n'étoit pas nouvelle.

Nous avons parmi les Collections de Duchesne, les noms des Chevaliers Bannerets du tems de Philippe-Auguste, distinguez par Provinces. Ceux de Normandie, du Perche, de Bretagne, d'Anjou, &c. Je crois que c'étoit ceux qui étoient à la bataille de Bouvines; car on y voit jointe une autre Liste qui contient les noms des plus considerables prisonniers faits par les François en cette bataille. *Tom. 5.*

Ces Chevaliers s'appelloient Bannerets, parce qu'ils *avoient levé banniere*, ainsi qu'on parloit alors.

Il falloit pour avoir cette prérogative être non-seulement Gentilhomme de nom & d'armes, mais encore être puissant en Terres, & avoir pour Vassaux plusieurs Gentilshommes qui suivissent la Banniere à l'Armée sous le commandement du Banneret. Rigord dit qu'après la bataille de Bouvines, on fit paroître devant le Roi les Seigneurs qui avoient été faits prisonniers, & ajoute que parmi eux il y avoit cinq Comtes, & vingt-cinq autres d'une si haute Noblesse, qu'ils avoient le droit de Banniere : *Qui tanta nobilitatis ut eorum quilibet vexilli gauderet insignibus*. Et M. du Cange dans la Dissertation qu'il a faite sur ce sujet, dit que ces Chevaliers à Banniere étoient appellez dans le Royaume d'Arragon, *Riccos hombres*; c'est à-dire, *Riches hommes*. *Conditions requises pour être Chevalier Banneret.* *Pag. 222. edit. Pithoeanæ. Dissertation 9. sur Joinville.*

L'Auteur que je viens de nommer cite un ancien Ceremonial manuscrit, qui marque la maniere dont se faisoit le Chevalier Banneret, & le nombre d'hommes qu'il devoit avoir à sa suite.

„ Quand un Bachelier, dit ce Ceremonial, a grandement
„ servi & suivi la guerre, & que il a terre assez, & qu'il puisse

*Tome I.* P.

*Maniere dont se sa faisoit un Chevalier Banneret.*

„ avoir Gentilshommes ses hommes, & pour accompagner sa
„ Banniere, il peut licitement lever Banniere, & non autre-
„ ment; car nul homme ne doit lever Banniere en bataille, s'il
„ n'a du moins cinquante hommes d'armes, tous ses hommes,
„ & les Archiers & les Arbelestriers qui y appartiennent; &
„ s'il les a, il doit à la premiere bataille où il se trouvera ap-
„ porter un pennon de ses armes, & doit venir au Connétable
„ ou aux Maréchaux, ou à celui qui sera Lieutenant de l'Ost,
„ pour le Prince requerir qu'il porte Banniere; & s'ils lui oc-
„ troyent, doit sommer les Herauts pour témoignage, & doi-
„ vent couper la queuë du Pennon. " C'est de là qu'est venu
l'ancien Proverbe : *Faire de Pennon banniere*, pour dire, *Passer d'une dignité à une autre plus relevée.*

On voit par là premierement que le Banneret devoit avoir un grand nombre de Gentilshommes, & d'autres personnes à sa suite ; mais le même nombre ne fut pas toujours requis, ainsi que le témoignent d'autres anciens monumens sur cette matiere.

*Olivier de la Marche, l. 6. c. 25.*

Olivier de la Marche dit qu'il falloit que le pennon du Banneret fut accompagné au moins de vingt-cinq hommes d'armes ; ce qui faisoit soixante & quinze Cavaliers ; car chaque homme d'armes avoit deux hommes de cheval avec lui, suivant la supputation de Froissart, qui dit que vingt mille hommes d'armes faisoient soixante mille hommes.

*Froissart, vol. 4.*

*Du Cange, ibid.*

Un autre Ceremonial demande seulement qu'un Chevalier ou Ecuyer qui veut être fait Banneret, *soit accompagné au moins de quatre ou cinq Nobles hommes, & continuellement de douze ou seize chevaux.*

Mais aussi il y avoit de ces Bannerets puissans en Terres, qui avoient une bien plus grande suite. Thomas de Saint-Valleri * à la bataille de Bouvines avoit outre cinquante Chevaliers deux mille hommes de pied qu'il avoit amenez de ses Terres.

Quand les Chevaliers ou Ecuyers qui suivoient le Banneret, faisoient deux Troupes dans le combat, il y en avoit toujours

---

* Misit ( Rex ) Thomam de sancto Valerio virum Nobilem ... qui cum esset bene munitus .... habens secum de terrâ sua ibidem fideles viros equites quinquaginta & pedites duo millia, irruit cum magno furore in eos & omnes penitus trucidavit. *Rigord. pag. 221. edit. Pithœana.*

DE LA MILICE FRANÇOISE. *Liv. III.* 115

une partie qui demeuroit avec lui comme sa garde & pour la garde de la Banniere. *Le Banneret*, dit le Ceremonial que j'ai cité, *doit avoir cinquante lances, & les gens de trait qui y appartiennent ; c'est à sçavoir les vingt-cinq pour combattre, & les autres vingt-cinq pour lui & la Banniere garder.*

On voit encore par le même Ceremonial, que la banniere du Banneret étoit quarrée, au lieu que le Pennon ou Guidon des Chevaliers non Bannerets qui étoient sous lui, étoit en pointe, & que pour en faire une Banniere, il n'y avoit qu'à couper cette pointe ou queuë ; „ & s'ils lui octroyent ( l'honneur „ de Banneret ) doit sommer les Herauts pour témoignage, & „ doivent couper la queuë du pennon.

*Banniere du Banneret de figure quarrée.*

Ceci est encore plus expressément marqué par Olivier de la Marche, dans l'endroit où il raconte comme Messire Louis de la Vieuville releva banniere avec la permission du Duc de Bourgogne. „ Le Roi d'Armes de la Toison d'or... dit au Duc, „ il vous presente son pennon armoyé suffisamment, accompa-„gné de vingt-cinq hommes d'armes pour le moins, comme „est l'ancienne coutume. Le Duc lui répondit que bien fut-il „venu, & que volontiers le feroit, si Baillé le Roi d'Armes un „couteau au Duc ; & prit le pennon en ses mains, & le bon „Duc sans ôter le gantelet de la main senestre, fit un tour „autour de sa main de la queuë du pennon, & de l'autre „main coupa ledit pennon & demeura quarré ; & la Banniere „faite.

L. 6. c. 25.

*Le Pennon étoit en pointe.*

C'est de là qu'est venu le Privilege de quelques Bannerets de Bretagne & de Poitou, & de quelques autres Provinces, de porter leurs armes en quarré. *Tout Seigneur*, dit la Coutume de Poitou, *qui a Comté, Vicomté ou Baronie, peut en guerre ou armoiries porter ses armes en quarré ; ce que ne peut le Seigneur Châtelain, lequel les peut seulement porter en forme d'écusson ;* c'est que les Bannieres avoient été attachées à ces Terres titrées, où il y avoit quantité de Gentilshommes Vassaux du Seigneur ; ce qui ne se trouvoit pas dans la Terre du simple Châtelain.

*Armoiries quarrées.*
Art. 1. Coutume de Poitou.

Le titre de Banneret, & le droit de porter banniere se perpetuoient quelquefois dans les familles, & passoient aux descendans de celui qui en avoit été honoré, au moins en certains

*Titre de Banneret quelquefois hereditaire.*

P ij

pays : j'en trouve les preuves dans la nouvelle Histoire de Bretagne où sont les Actes par lesquels les Seigneurs de Sevigné, de Grand-Bois, de Guemené, François du Châtel, de la Muce, Tanneguy-du-Châtel, & quelques autres sont créés Bannerets par les Ducs de Bretagne, & où il est marqué expressément que ces avantages passeroient à leurs Successeurs, avec la *Haute-Justice, & justice patibulaire à quatre posts.*

Mais la qualité de Chevalier n'étoit pas hereditaire comme celle de Banneret : il falloit comme j'ai déja dit, un certain âge & un certain service & certaines ceremonies pour pouvoir la prendre. Avant cela le fils du Chevalier Banneret ne portoit que la qualité d'Ecuyer à laquelle il joignoit celle de Banneret. Il y en a un exemple dans l'Histoire que je viens de citer, où dans une montre de Gendarmerie est marqué Lancellot-Goyon Ecuyer Banneret, qui commandoit cent hommes d'armes l'an 1419 sous M. le Regent, c'est-à-dire sous Charles depuis Roi de France VII du nom qui avoit pris le titre de Regent durant la maladie du Roi son pere, & après l'horrible carnage que les Bourguignons avoient fait à Paris de ceux qu'on appelloit Armagnacs.

J'en trouve plusieurs autres exemples dans un compte de Guillaume Charrier sous le Regne du même Prince l'an 1424, où faisant l'énumeration des gages donnez aux Chevaliers & aux Ecuyers, il dit : Chevalier Banneret, 60 liv. Chevalier Bachelier, & *Ecuyer Banneret*, 30 liv. Chacun autre Ecuyer 15 liv. & chacun Archer 7 liv. 10 s. par mois ; où l'on voit le Chevalier Bachelier avec la même solde que l'Ecuyer Banneret, & les autres Ecuyers à la moitié moins : mais ces Ecuyers Bannerets avant que d'avoir été faits Chevaliers, cedoient le pas aux Chevaliers Bacheliers, n'avoient point le titre de *Messire* ou de *Monseigneur*, qu'on ne donnoit qu'aux Chevaliers, & étoient aux gages & au service des Chevaliers dans les Armées.

De-là venoit encore une difference dans la maniere dont s'expriment les Auteurs de ces tems-là en cette matiere, quand ils parlent d'un Ecuyer Banneret, ou heritier d'une Terre à Banniere : ils disent *qu'il développoit, qu'il déployoit ; qu'il relevoit, qu'il mettoit, qu'il boutoit hors sa Banniere* : mais pour celui à qui le Prince donnoit le titre de Banneret, & qui ne l'avoit point herité de ses Ancêtres, on disoit qu'il *levoit Banniere, qu'il entroit en Banniere*.

*Lever banniere.*

C'est ce qui est signifié par l'expression d'un ancien Recueil de Blasons, où il est parlé de la sorte : *Cy-après s'ensuivent les noms & les armes d'aucuns Seigneurs à Banniere, qu'on a vûs en Hainaut qui sont morts sans relever* ; c'est-à-dire qu'ils étoient morts avant que quelque occasion de bataille ou d'assaut se fut presentée *pour relever Banniere* par la permission du Prince.

*Cité par du Cange, Dissert. 9.*

Ce que j'ai dit de la difference du Pennon ou Guidon des simples Chevaliers ou Ecuyers, d'avec la banniere du Banneret, montre que les simples Chevaliers & les Ecuyers avoient aussi leurs étendarts à la tête de leurs Vassaux, quoiqu'ils fussent comme incorporez dans la troupe du Banneret : mais cela ne doit s'entendre que des Chevaliers ou Ecuyers, qui venoient au service avec une assés grande suite ; car il n'est pas vraisemblable qu'un Chevalier Bachelier qui n'avoit point de Terre, ou qui n'avoit que tres-peu de Vassaux avec lui, eut son Pennon particulier, à moins peut-être qu'on ne lui donnât quelque Troupe de Gendarmes à commander sous la banniere du Banneret.

Les Bannerets dans les Armées avoient quelquefois un Pennon avec leur banniere. « Là étoit, dit Froissart, Messire Huë le » Despensier à Pennon ; & là étoit à Banniere & à Pennon le sire » de Beaumont, Messire Huë de Caurelée, & Messire Guillaume » Helmen ; & à pennons sans banniere Messire Thomas Draston. C'étoit apparemment que le Banneret outre sa banniere, sous laquelle étoient ses Vassaux, avoit une Compagnie de Gendarmes levée à ses dépens, ou par une Commission particuliere du Prince, qui étoit conduite sous son Pennon par quelqu'un des Chevaliers Bacheliers, à qui il en avoit donné le commandement ; ou bien qu'il partageoit la Troupe de ses Vassaux en deux, dont l'une étoit sous sa Banniere, & l'autre sous son Pennon.

*Vol. 2. c. 135.*

Comme les Bannerets & les Chevaliers étoient ce qu'il y avoit de plus distingué dans les Armées, après les grands Feudataires de la Couronne & les Barons, qui avoient aussi leurs bannieres, & qu'on comptoit alors l'Infanterie pour peu de chose dans les Troupes, on marquoit combien elles étoient nombreuses

*Forces des Armées, comptées*

*par le nombre des bannieres & des pennons.*

*Vol. I. c. 42.*

par le nombre des bannieres & des pennons, comme nous le marquons aujourd'hui par le nombre des Bataillons & des Escadrons.

Le même Froissart en parlant de l'Armée d'Edouard Roi d'Angleterre, & de celle de Philippe de Valois, qui furent sur le point d'en venir aux mains à Vironfosse dans la Tierache en Picardie, en fait ainsi le dénombrement.

« Nous parlerons premierement, dit-il, de l'Ordonnance des
» Anglois, qui se tirerent sur les champs, & firent trois batailles
» à pied, & mirent les chevaux & tous leurs harnois en un petit
» bois qui étoit derriere eux, & s'en fortifierent. La premiere
» bataille eût le Duc de Guerles *, & y avoit vingt-deux ban-
» nieres & soixante pennons, & si étoient huit mille hommes de
» bonne étoffe... La seconde bataille avoit le Duc de Bra-
» bant... Si étoit le Duc de Brabant jusqu'à vingt-quatre ban-
» nieres & quatre-vingt pennons, si étoient bien sept mille com-
» battans, toutes gens de bonne étoffe. La tierce bataille, & la
» plus grosse avoit le Roi (d'Angleterre) avec lui... Si avoit le
» Roi vingt & huit bannieres & quatre-vingt & dix pennons, &
» pouvoient être en sa bataille environ six mille hommes d'armes
» & six mille Archers.

* Gueldre.

Et puis parlant de l'Armée de France, » Il y eut, dit-il, onze
» vingt bannieres, quatre Rois, six Ducs, vingt-six Comtes, &
» plus de quatorze mille Chevaliers, & des Communes de Fran-
» ce plus de quarante mille, & ordonnerent les François trois gros-
» ses batailles, & mirent en chacune quinze mille hommes d'ar-
» mes, & vingt mille hommes à pied.

Par la même raison, que l'Infanterie n'étoit point estimée en comparaison de la Cavalerie, on ne marquoit guéres la grandeur des victoires ou des déroutes, que par le nombre des Chevaliers, des Sergens, & des autres Gentilshommes qui avoient été tuez ou pris. En telle ou telle rencontre, disent les Historiens, tant de Chevaliers furent tuez, tant de Sergens, *Servientes*, furent pris.

Pareillement, ils ne marquoient guéres la force d'une garnison, que par le nombre des Chevaliers ou des autres Gentilshommes qui y étoient. On jetta dans telle Place qui étoit menacée de siege, vingt Chevaliers, cent Sergens, & ainsi du reste.

## DE LA MILICE FRANÇOISE. Liv. III. 119

Quand les bannieres étoient rassemblées en corps d'Armées, les Bannerets étoient commandez par le Maréchal de France, ou par le Lieutenant General. Il est encore hors de doute que quand plusieurs marchoient ensemble, il y avoit quelque Banneret à leur tête, & c'étoit toujours un des plus qualifiés : mais dans ce dernier cas, s'il étoit question d'un combat, ils choisissoient entre eux un Commandant pour l'action ; le cri de guerre étoit celui de ce Commandant ; c'étoit sa Banniere qui devoit regler certains mouvemens des Troupes pendant le combat, & en cas de déroute le ralliement se devoit faire sous cette banniere.

C'est de quoi nous avons un exemple dans le fameux combat de Cocherel sur la Riviere d'Eure en haute Normandie, tout au commencement du Regne du Roi Charles V, l'an 1364.

Les Commandans dans ce combat, furent Jean de Grailli Captal de Buch, qui étoit du parti Anglois & Navarrois, & Bertrand du Guesclin qui tenoit le parti de France.

*Vol. 1. p. 250.*
*Combat de Cocherel sous le Roi Charles V.*

» Quand ceux de France, dit Froissart, eurent toutes ordon-
» nées leurs batailles à leurs avis, & que chacun sçavoit quelle
» chose il devoit faire ; ils parlerent entre eux, & regarderent
» longuement quel cri pour la journée ils crieroient, & à quelle
» banniere ou pennon ils se trahiroient, si furent grand tems sur
» tel état que de crier *Notre-Dame Auxerre*, & de faire le Comte
» d'Auxerre leur Souverain pour ce jour. Mais ledit Comte ne
» s'y voulut oncques accorder : ains s'excusa moult gracieuse-
» ment, en disant : Messeigneurs, grand merci de l'honneur que
» vous me portez & voulez faire : mais quant à moi pour le pre-
» sent je ne veuille pas cette Charge ; car je suis encore trop jeu-
» ne pour encharger si grand fais, & tel honneur. Car c'est la pre-
» miere journée arrêtée où je fusse oncques : parquoi vous pren-
» drez un autre que moi. Ici avez plusieurs bons Chevaliers,
» comme Monseigneur Bertrand du Guesclin, Monseigneur l'Ar-
» cheprêtre, Monseigneur le Maître des Arbalestriers, Monsei-
» gneur Louis de Chalons, Monseigneur Aimemon de Pommiers,
» & Messire Odart de Rancy qui ont été en plusieurs grosses be-
» sognes & journées arrêtées, & sçavent mieux comment telles
» choses se doivent gouverner que je ne fais. Si m'en déportés,
» je vous en prie. Alors regarderent tous les Chevaliers qui là

» étoient l'un l'autre. Et lui dirent : Comte d'Auxerre, vous
» êtes le plus grand de mise, de Terres & de lignage qui cy soit.
» Si pouvez bien de droit être notre Chef. Certes, Seigneurs,
» répondit-il, vous me dites votre courtoisie : mais je serai au-
» jourd'hui votre Compagnon, & mourrai & vivrai, & attendrai
» l'avanture de lez vous ; car quant à Souveraineté je n'en veuille
» point avoir. Adonc regarderent-ils l'un l'autre pour sçavoir
» lequel dont ils ordonneroient, si fut regardé & avisé pour le
» meilleur Chevalier de toute la place ; & qui plus s'étoit com-
» battu, & qui mieux sçavoit aussi comment telles choses se de-
» voient maintenir, Monseigneur Bertrand si fut ordonné d'un
» commun accord, qu'on crieroit : *Notre-Dame Guesclin*, &
» qu'on s'ordonneroit cette journée du tout par ledit Messire
» Bertrand.

Ils ne pouvoient faire un meilleur choix, & le Captal fut défait & pris. Ils étoient de chaque côté environ quinze cens hommes. On voit par-là combien en ces occasions ils déferoient à la
naissance pour le commandement ; qu'ils avoient aussi beaucoup
d'égard à l'autorité que le Banneret avoit dans un Corps de Troupes par le nombre de ses Vassaux qui l'accompagnoient : mais que
ni tout cela, ni l'ancienneté du service, ne donnoient point de
droit au commandement sur les autres, & qu'il n'en étoit pas de
ces Bannieres comme de nos Regimens d'aujourd'hui, parmi lesquels les vieux Corps ont à cet égard des prérogatives, & les
autres un certain ordre entre eux. Je trouve neanmoins dans
un ancien Manuscrit, qui commence par une Ordonnance de
Philippe le Bel de l'an 1306, touchant les gages de bataille,
» qu'en guerre pour lever les débats des envieux, le droit or-
» donne que les bannieres plus anciennes voisent devant, à cela
» prés, excepté les grands Feudataires, & quelques autres tres-
» grands Seigneurs, les Chevaliers Bannerets se regardoient tous
comme égaux, & observoient seulement entre eux certaines
bienséances.

*Le Banneret commandoit les Bacheliers.*

Regulierement parlant, le Banneret commandoit les Chevaliers Bacheliers. Il se trouve neanmoins quelques exemples,
où un Chevalier Bachelier commandoit un Chevalier Banneret.

*Vie des anciens Sei-*

Pierre de Mornay en 1383 n'étoit que Chevalier Bachelier,

quoique

DE LA MILICE FRANÇOISE. *Liv. III.* 121

quoique son fils de même nom que lui eût eu depuis la qualité de Banneret. Or dans une Monstre de cette année 1383, Pierre de Mornay le pere avoit sous ses ordres une Compagnie de Chevaliers & d'Ecuyers, parmi lesquels il y avoit un Chevalier Banneret.

*gneurs de Mornay, pag. 95. Exemple particulier de Pierre de Mornay.*

Monstre de Messire Pierre de Mornay, Seneschal de Perigord, Chevalier Bachelier, d'*un Banneret*, de quatre autres Chevaliers Bacheliers, de soixante & deux Escuyers de sa Chambre, reçûë à Orleans le 6<sup>e</sup> jour d'Aoust l'an 1383.

Et premierement

Ledit Messire Pierre.
Messire Bertrand d'Elbene (*Chevalier Banneret.*)
Messire Guillaume Gudlay.
Messire Renaud Charmer.
Messire Pierre de Mornay, le jeune.
Messire Pierre Taillepié.

ECUYERS.

Jean Dupin.
Jean Flament, &c.

Il faut observer que cette Compagnie n'étoit pas une Compagnie de Vassaux amenez au service par leur Seigneur en vertu de son Fief, mais une Compagnie levée par une commission particuliere du Roi Charles VI, qui en avoit donné le commandement au Seigneur de Mornay. Il y avoit de ces sortes de Compagnies en ce tems-là, & avant ce tems-là.

Secondement, le Seigneur d'Elbene avoit sans doute la qualité de Banneret, en vertu de quelque Terre qu'il possedoit, ainsi que je l'ai expliqué auparavant. Il avoit été fait Chevalier pour ses services, mais il n'avoit point encore relevé banniere, apparemment parce que son pere étoit encore vivant, & qu'il ne possedoit pas encore assez de Terres pour avoir à sa suite le nombre de Vassaux requis pour relever banniere. Il s'étoit mis dans cette Compagnie du Seigneur de Mornay, pour continuer à servir, mais il n'y avoit point sa banniere, & étoit sous le pennon de Mornai.

*Tome I.* Q

Hors de ce cas le Banneret ne servoit point sous le Chevalier Bachelier : mais les Chevaliers Bacheliers, à moins qu'ils n'eussent un commandement particulier, se rangeoient tous sous la banniere de quelque Banneret ; & peut-être même ces Compagnies levées par commission extraordinaire s'y rangeoient-elles aussi.

Traité de la Noblesse par Robert Hubert, p. 73.
Ce que je dis que les Chevaliers Bacheliers se rangeoient à l'Armée sous la banniere du Banneret, se prouve par les anciens Rôles de Monstres, dont voici des exemples que j'ai tirés d'un Traité de la Noblesse.

L'an 1340, de la Compagnie de Messire Jean d'Arablay Chevalier,
quatre Chevaliers Bacheliers, & soixante & dix-sept Escuyers.

L'an 1382, Messire Moreau Potin, Chevalier,
deux Chevaliers Bacheliers, & huit Escuyers.

L'an 1385, Bernard du Lac, Chevalier,
deux Chevaliers Bacheliers, & douze Escuyers.

L'an 1411, le bastard d'Orleans, son Estendart & Trompette, avec quatre Chevaliers Bacheliers, vingt Escuyers, & dix-huit Archers.

J'ai dit que c'étoit sous le Regne de Philippe-Auguste que nous trouvions dans les Historiens ces differens Ordres de Milice plus expressément marquez : mais il est difficile de déterminer quand tout cet état fut reglé de la maniere que nous le voyons sous le Regne de ce Prince, & encore plus nettement sous celui de ses Successeurs. Je dirai sur cela ma conjecture. Je crois donc que ces divers rangs de Chevaliers-Bannerets, de Chevaliers-Bacheliers, & celui des Ecuyers, duquel je parlerai aussi bien-tôt, furent d'abord instituez dans les Tournois, & dans le tems qu'il se fit des reglemens pour les Tournois.

Je ne prétens pas appuyer cette proposition par des textes formels des anciens Auteurs ; car nul ne s'est mis en peine de nous instruire sur l'institution de cette police de la Chevalerie : mais je vais exposer sur ce sujet un système, qu'on trouvera peut-être assez plausible, & même vrai.

# DE LA MILICE FRANÇOISE. Liv. III.

10. Nous avons une Epoque assez marquée du tems que se firent les Reglemens pour les Tournois ; elle est dans deux Chroniques anciennes, qui nous disent aussi le nom de celui qui fut chargé de travailler à ces Reglemens. Ces deux Chroniques sont la Chronique de Tours, & la Chronique de Saint-Martin de la même Ville. Voici comme parle la premiere : *L'an 1066* [*] *Geoffroy de Preuilly, qui inventa les Tournois, fut tué à Angers.* L'autre s'exprime à peu près de même : *La septiéme année de l'Empereur Henri, & la sixiéme du Roi Philippe* [*], *il y eut une trahison à Angers, où Geoffroy de Preuilly, & quelques autres Barons furent tuez, & Geoffroy de Preuilly est l'inventeur des Tournois.*

Il est hors de doute que Geoffroy de Preuilli ne fut pas l'inventeur des Tournois en ce sens, qu'il ait été le premier qui eût fait des Tournois ; on voit long-tems avant lui, & dans notre Histoire, & dans l'Histoire des autres Nations, de ces divertissemens Militaires, dont la Noblesse s'occupoit : tous les Sçavans conviennent de ce point [c] : cela signifie donc que c'est lui qui fut chargé de faire certains Reglemens qu'on observa depuis dans les Tournois, & qui sont rapportez dans plusieurs anciens Auteurs.

Ces Loix ou regles étoient touchant la qualité des personnes qui devoient *tournoyer*, c'est-à-dire combattre dans le Tournois, touchant les especes d'armes dont on pouvoit ou devoit se servir, touchant la maniere de combattre, &c. Il y avoit des prix pour ceux qui combattoient le mieux ; & on nommoit des Juges qui ajugeoient les prix à ceux qui les méritoient.

*Reglemens pour la Chevalerie, quand, comment, & par qui furent dressez.*

Ces mêmes Juges devoient examiner les armes, les mesurer, pour voir si elles étoient de part & d'autre de même longueur, si elles étoient sans pointes, & rabattues. *Les Chevaliers,* dit un ancien Traité des Tournois, *tournoyent d'épées rabattues, les taillans & pointes rompues, & des bâtons tels qu'à Tournois appartient, & devoient frapper de haut en bas, sans tirer ne sans saquier.* Ces

*Ibid.*

---

[*] Anno 1066 Gaufridus de Pruliaco qui torneamenta invenit, apud Andegavum occiditur. *Chronic. Turon.*

[*] Anno 1066 anno Henrici Imperatoris 7. & Philippi Regis 6, &c. *Chronic. S. Martin. Turon.*

[c] *Voyez* la sixiéme Dissertation de du Cange sur les Tournois, après l'Histoire de saint Louis par Joinville.

fortes d'épées s'appelloient *glaives courtois*, *armes courtoises*. Quiconque manquoit d'obferver ces regles, perdoit le prix, & *amendoit*, c'eſt-à-dire payoit une amende.

2°. Il eſt certain que ces Loix furent faites dans quelques Aſſemblées de Nobleſſe, & enſuite redigées par écrit : on n'en peut douter, vû qu'elles regardoient tous les Chevaliers, & tous ceux qui avoient droit d'entrer en lice dans les Tournois. Il me paroît donc que Geoffroy de Preuilli fut dit l'inventeur des Tournois, parce qu'il fut chargé de faire cette eſpece de Code ou de Reglemens pour la Chevalerie, qui fut approuvé dans quelque grande Aſſemblée de Chevaliers, & ſervit deſormais de regle.

3°. Ces Aſſemblées étoient ſouvent tres-nombreuſes : on le peut prouver par pluſieurs exemples ; en voici un tiré de l'Hiſtoire de Philippe-Auguſte. L'an 1203, Philippe croyant la Campagne finie, avoit ſéparé ſon Armée ; mais il apprit peu de tems après, que Jean Roi d'Angleterre avoit inveſti Alençon ; il en fut ſurpris & embaraſſé, à cauſe de la difficulté qu'il y avoit à raſſembler ſes Troupes. Il rappella au plûtôt celles qui étoient les plus proches ; & ayant ſçu qu'il ſe faiſoit un Tournois à Moret dans le Gatinois, il y alla ; il invita tous les Seigneurs & Gentilshommes qui s'y trouverent, à le ſuivre pour le ſecours d'Alençon : ils le firent volontiers, & avec le peu de Troupes que le Roi avoit raſſemblées, ils formerent un corps d'Armée aſſez conſiderable, pour obliger les Anglois à lever le ſiege ; & ils le leverent avec tant de précipitation, qu'ils abandonnerent leurs tentes, leurs machines & leurs bagages. C'eſt que dans ces Tournois la haute Nobleſſe paroiſſoit toujours avec grand équipage, & avoit à ſa ſuite un tres-grand nombre de Gentilshommes & de Domeſtiques.

*Rigord Guillelmus Armoricus.*

4°. C'eſt une opinion communément reçûë & tres-bien fondée, que les Armoiries des Familles ont pris naiſſance dans les Tournois, & que les métaux, les couleurs, les fourrures, les pieces, les partitions des écus d'armes, viennent originairement des cottes-d'armes des Chevaliers, leſquelles étoient de drap d'or ou d'argent, ou de diverſes pannes. Les Herauts d'Armes par l'ordre & de concert avec la Nobleſſe, firent des

*Origine des Armoiries dans les Tournois.*

regles & une espece de Jurisprudence des Armoiries; & les Familles dans la suite s'approprierent tel métal, telle couleur, telle fourure, telles pieces, telles partitions du consentement les unes des autres, & avec la permission du Souverain.

5°. Ces Tournois étoient à l'égard de la Noblesse des exercices ausquels elle s'occupoit pendant la paix par rapport à la guerre. C'est pour cela que dans les anciens, ils sont appellez des Jeux Militaires *a*, des exercices Militaires *b*, des preparations à la guerre *c*. On s'y exerçoit à manier la lance & l'épée, à se bien servir du bouclier, à se tenir ferme à cheval, à soutenir les plus violens assauts sans se laisser desarçonner; & c'étoit-là le point capital pour la Gendarmerie dans les combats; car les Gendarmes y étoient armez de si bonnes armes défensives, qu'ils étoient presque invulnerables, & que ce qu'ils avoient principalement à craindre, étoit d'être renversez de cheval; parce que la pesanteur de leurs armes les empêchant de se relever, ils étoient foulez aux pieds des chevaux, & assommez par les ennemis sans pouvoir se défendre. C'est pourquoi Richard Roi d'Angleterre du tems de Philippe-Auguste, ayant éprouvé en diverses occasions l'avantage que ces exercices donnoient à la Gendarmerie Françoise sur la sienne, introduisit l'usage des Tournois dans ses Etats; & ce fut du Royaume de France qu'ils passerent dans tous les Etats de l'Europe.

Mathæus Parisi. circa an. 1194.

6°. De tout ce que je viens de dire des Loix & des Reglemens que les Seigneurs assemblez dans les Tournois, faisoient entre eux sous le Regne des premiers Rois de la troisiéme Race, il s'ensuit que ce que j'ai avancé n'est pas une conjecture frivole, sçavoir que ces divers rangs dans la Chevalerie, les Ceremoniaux pour la creation des Chevaliers, l'âge pour obtenir ce titre, les titres d'honneur de *Messire* & de *Monseigneur* qu'on leur donnoit à l'exclusion des autres, les services & les déferences que les Ecuyers, de quelque haute naissance qu'ils fussent, leur rendoient; que tout cela, dis-je, fut reglé par la Noblesse dans quelques Tournois sous le Regne de Philippe I, ou sous la fin de Henri I son Predecesseur, & avant

*a* Ludi Militares Walsingam, p. 44.
*b* Exercitia Militariâ Roger de Hoveden.
*c* Belli præludia Guillelm. Neubrig. L. 5. c. 4.

celui de Louis le Gros son Succeſſeur ; car, comme je l'ai dit, cette inſtitution étoit déja faite dès le tems de Philippe-Auguſte ; & les Auteurs de ces tems-là n'en parlent pas comme d'une inſtitution tout-à-fait nouvelle. En un mot, il eſt impoſſible que cela ſe ſoit fait autrement, que de concert entre ceux que ces Reglemens regardoient, & ſous l'autorité du Prince, comme étant le Chef de la Nobleſſe de ſon Royaume.

Il fut donc arrêté entre les Seigneurs, que ceux qui auroient aſſez de Terres & aſſez de Vaſſaux pour ſe faire ſuivre à l'Armée par cinquante hommes d'armes, auroient droit de banniere ; que cette banniere ſeroit diſtinguée du pennon par ſa figure ; qu'elle ſeroit quarrée, au lieu que le pennon étoit en pointe ; que les autres Chevaliers conſerveroient le droit de porter le pennon, s'ils avoient des Vaſſaux à leur ſuite ; mais qu'ils ſe rangeroient ſous la banniere de quelque Banneret ; qu'il faudroit avoir pour le moins vingt & un an pour être fait ſimple Chevalier ; & ces ſimples Chevaliers furent appellez Chevaliers du ſecond rang : *Milites ſecundi Ordinis*, & Bacheliers, ou bas Chevaliers, *Baccalarii*, ou *Baccalaurei*. Que tous les Chevaliers, & les ſeuls Chevaliers auroient le titre de *Meſſire* & de *Monſeigneur*. On regla les ceremonies avec leſquelles les Gentilshommes de nom & d'armes ſeroient faits Chevaliers, ſoit durant la paix, ſoit dans les Armées, aux ſieges & aux batailles : pareillement avec quelles ceremonies les ſimples Chevaliers leveroient ou releveroient banniere ; que les *Ecuyers*, ou *Varlets*, c'eſt-à-dire les jeunes Gentilshommes qui avoient droit de prétendre au rang de Chevaliers, s'attacheroient aux Chevaliers, ſoit dans les Tournois, ſoit dans les Armées ; qu'ils leur rendroient certains ſervices : il fut reglé même, comme je le dirai dans la ſuite en parlant des Ecuyers, que ceux-ci auroient des armes défenſives & des habits differens de ceux des Chevaliers, &c.

Voilà, ce me ſemble, ce qui ſe peut dire de plus vraiſemblable & de mieux fondé ſur cette matiere : j'ajouterai ſeulement encore une reflexion touchant les bannieres, qui regarde les Armées Françoiſes, tiré d'un ancien Manuſcrit que j'ai déja cité, où il eſt dit que les principaux Officiers des Troupes du Roi avoient droit de porter banniere ſans être Bannerets.

DE LA MILICE FRANÇOISE. *Liv. III.* 127

„ Tous Royaux Chiefs de guerre, dit le Manuscrit, comme
„ Lieutenans, Connestables, Amirals, Maistres des Arbalestriers,
„ & tous les Mareschaux sans estre Barons ne Bannerets, tant
„ comme ils sont Officiers, par dignité de leurs Offices, peu-
„ vent porter Banniere, & non autrement.

Après avoir traité des divers Ordres des Chevaliers qui ont fait longtems la plus considerable partie des Armées Françoises sous la troisiéme Race de nos Rois, je vais parler des Ecuyers qui étoient à leur suite, & en tres-grand nombre dans ces Armées.

---

## CHAPITRE VI.

### Des Ecuyers & des Valets.

IL y avoit deux sortes d'Ecuyers par rapport à la matiere que je traite. Les uns portoient ce nom à cause de la qualité de leur Fief ; & il y en avoit plusieurs de cette espece, sur tout dans les Etats des Rois d'Angleterre. *Ecuage* est appellé en Latin *Scutagium*, c'est à sçavoir *Servitium scuti. Et tiel tenant que tient sa terre par écuage, tient par service de Chevalier.* Les autres étoient generalement tous les Gentilshommes qui faisoient le service à la suite des Chevaliers avant que de parvenir à la dignité de Chevalier. On les appelloit en Latin *Scutarii, Scutiferi, Armigeri*.

Rastal verbo écuage.<br>Litleton sect. 95.

Leurs fonctions étoient d'être assidus auprès des Chevaliers, & de leur rendre certains services, surtout à l'Armée & dans les Tournois.

Fonctions des Ecuyers.

*Armigerique suis Dominis qui deesse nequibant.*

dit Guillaume le Breton dans son Histoire en Vers de Philippe-Auguste.

Lib. 3.

Ils tenoient le cheval de bataille du Chevalier, jusqu'à ce qu'il voulut le monter pour combattre.

  Ces Chevaliers alor otez * venir,
  Ces blancs haubers endosser & vétir
  Les Ecuyers ces bons chevaux tenir.

Poëme de Guillaume Guyard.<br>* à leurs Hôtels.

Ils gardoient & lioient les prisonniers que les Chevaliers faisoient dans le combat.

*Guillel. Brito in Philippide.*

*Arripiunt, sternuntque viros, traduntque ligandos, Armigeris.*

Ils portoient les armes du Chevalier jusqu'à ce qu'il voulut s'en servir, c'est-à-dire sa lance & son bouclier ; & c'est pour cette raison qu'on les appelloit *Armigeri*. Lorsque Guillaume des Barres, un des plus fameux Chevaliers de l'Armée de Philippe-Auguste se mit en marche pour aller escarmoucher auprès de Mante contre Richard depuis Roi d'Angleterre, il prit, dit Guillaume le Breton, sa lance & son bouclier qu'un Ecuyer portoit.

*L. 3.*

*Armigeri spoliat clypeo latus & rapit hastam.*

Les Ecuyers étoient à pied ou à cheval, selon que les Chevaliers alloient eux-mêmes ; car dans la suite, ainsi que je le dirai, la mode vint que les Chevaliers combattissent à pied.

Les Ecuyers n'avoient pas le droit de se vétir aussi magnifiquement que les Chevaliers, & il ne leur étoit pas permis d'avoir de l'or sur leurs habits ; c'est ce qui paroît exprimé dans la relation de la Fête, où Louis & Charles d'Anjou furent faits Chevaliers du tems de Charles VI, dont j'ai parlé. Il y est dit qu'ils partirent de Paris à cheval pour aller à Saint-Denis, & que pour observer les Loix de la Chevalerie prescrites aux Ecuyers, ils avoient un long habit gris brun, & qu'il n'y avoit point d'or du tout, ni sur leur habit, ni sur le harnois de leurs chevaux ; qu'ils avoient quelque bagage de même étoffe lié sur la croupe de leurs chevaux, pour représenter l'équipage avec lequel les Ecuyers avantureux alloient chercher hors de leur pays quelque occasion de se signaler ; qu'enfin après les ceremonies ordinaires on leur donna l'habit de Chevalier.

*Hist. Car. VI.*

*Honneurs rendus aux Chevaliers par les Ecuyers.*
*Voyez du Cange in glossario V. Baccalariat.*

De quelque haute naissance qu'ils fussent, quand ils se trouvoient avec les Chevaliers en Compagnie, ils avoient des sieges plus bas qu'eux, & un peu écartez en arriere. Un de nos anciens Poëtes dans un Poëme intitulé, *Le Roman dudit du Chevalier*, fait ainsi parler un Ecuyer à une Dame :

Li dit

## DE LA MILICE FRANÇOISE. *Liv. III.*

 Li dit Dame, faites me sage *
 Pourquoi c'eſt que li Ecuyers
 Ne s'oſent pas cointrier *
 De droit que li Chevaliers ſont
 Et le cauſe pourquoi ils ſont
 Mis arriere & plus bas aſſis
 Jaçoit-il que de moult haut prix
 Soit aucuns en leur état.
 La Dame n'y mit pas débat,
 Ains dit, je vous répondrai
 Tout chou que j'en eſpoire & ſçai.
 Ils ſont bas & arriere mis
 Et trop plus l'étoient jadis
 Pour eux donner plus grand deſir
 De toſt Chevaliers devenir.

* apprenés-moi.*

* s'ajuſter, ſe vétir.*

Ils ne s'aſſeoient pas même à table avec les Chevaliers, fuſſent-ils Comtes ou Ducs. Nous en avons un exemple dans le continuateur de Nangis. Cet Hiſtorien dans la narration de la reception que Charles V Roi de France fit à l'Empereur Charles IV, parle ainſi du Feſtin de ceremonie où le Roi regala ce Prince. *Et fut l'aſſiéte telle qui s'enſuit. L'Evêque de Paris premier, le Roy, le Roy des Romains, le Duc de Berry, le Duc de Brabant, le Duc de Bourgogne, le Duc de Bar : & pour ce que deux autres Ducs n'étoient pas Chevaliers, ils mangerent à une autre table.*

Un Ecuyer qui auroit frappé un Chevalier, ſi ce n'étoit en ſe défendant, étoit condamné à avoir le poing coupé : *Manus detruncatione puniri, eadem pœna Valetto imminente qui Militem nobilioris gradûs verberaverit.*

*Conſtitut. Siculæ. L. 3. tit. 33.*

Les Ecuyers, non-ſeulement dans les Tournois, mais encore dans les combats, n'avoient pas le droit de porter les mêmes armes défenſives que les Chevaliers, ainſi que je le dirai, lorſque je traiterai des armes : mais rien ne marque plus la prééminence des Chevaliers, que les qualitez dont les Ecuyers ſe faiſoient honneur, par rapport à eux, comme de celle de *Famuli*, de Serviteurs, de *Valeti*, de Valets. » *En ce tems-là*, dit une » Chronique, *il n'y avoit point de titre parmi la Nobleſſe plus*

*Ecuyers armez autrement que les Chevaliers.*

*Fabricius in Chronico Miſnenſi.*

*Tome I.*              R

» *considerable que celui de braves Valets*, *Strenui Famuli*, com-
» me on le peut prouver par les Chartes, & celui de Cheva-
» liers.

*Guillelmus Brito in Philippide.*

Il est parlé plusieurs fois de ces *Famuli* dans l'Histoire en Vers de Philippe-Auguste, composée par Guillaume le Breton.

*At Famuli quorum est gladio pugnare vel hastis*
*Et famulos in equis tria millia*, &c.

*Du titre de Valet, ou Varlet.*

Le nom de Valet: *Valetus*, ou *Vasletus*, pourroit bien être un diminutif de *Vassalus*, pour signifier un jeune Vassal, comme on appelloit quelquefois *Domicellus*, Damoiseau, celui dont le pere s'appelloit *Dominus*, *Monseigneur*, titre que l'on donnoit aux Chevaliers. Ce titre de Damoiseau se trouve en ce sens dans Amadis, dans quelques vieux Romans, & dans d'anciennes Histoires: mais il ne se donnoit pas à tous les fils de Chevaliers. C'étoit un titre particulier attaché à de certaines Seigneuries: il y a encore aujourd'hui le Damoiseau de Commerci. Ce titre est, ou du moins étoit autrefois fort commun dans les pays de Toulouse, de Rouergue & de Querci. Il y en a quantité de marquez dans le Rôle de l'Arriereban de 1271, sous Philippe le Hardi pour l'expedition contre le Comte de Foix. Il y est dit que Hugues d'Arpajon alla à l'Armée à 2 *Chevaliers*, *& XI Damoiseaux*.

» Mr Hugues de Balanguiere a un Chevalier & cinq Damoi-
» siau.

» Deodat de Cabus fils Monsieur Bernart de Clargi, a avec
» soi six Damoisiaux.

» Mr Emery de Narbonne a douze Chevaliers en armes &
» en chevaux, & trente & un Damoisiaux en armes & en
» chevaux, &c.

M. Pithou sur les Coutumes de Troyes, & M. du Cange dans ses Notes sur Ville-Hardouin, croyent que le nom de *Valet* n'étoit pas donné à tous les Ecuyers, comme celui de *Famulus*, & qu'on ne le donnoit communément qu'aux fils des plus grands Seigneurs. Celui-ci pour confirmer sa pensée, remarque que Ville-Hardouin donne le nom de *Valet* au fils de l'Empereur de Constantinople, & cite plusieurs endroits de nos anciens Romans François sur ce sujet; entr'autres: le Roman de

Rou manuscrit, où en parlant de Guillaume le Conquerant, il dit :

>Guillaume fut Valet petit
>A Falaise posé & nourit.

*Et en un autre endroit :*
>Et me fit avoir en ôtage
>Deux Valets de noble lignage
>N'ert * mi Chevalier, encore ert Valleton.

\* n'étoit.

*Et en parlant de Henri II Roi d'Angleterre :*
>Cinquante-trois ans plus sa terre justisa
>Emprès la mort son pere qui Valet le laissa.

Mais en ces sortes de matieres qui regardent les anciens usages, il est dangereux de faire des propositions trop generales ; car quoique par tout ce que je viens de dire, il paroisse constant que le nom de Valet & d'Ecuyer ne se donnoit qu'aux jeunes Gentilshommes ou Seigneurs, qui n'étoient point encore Chevaliers ; cependant je trouve un exemple contraire, où le titre de Chevalier est joint à celui de Valet : c'est dans l'Inventaire des Chartes, où *Guillaume de Mareil est dit Chevalier Valet Seigneur dudit lieu*. Je laisse aux Sçavans en cette matiere à résoudre cette difficulté.

T. 1. Poitou, n. 44.

Quoiqu'il en soit, après toutes ces Reflexions, on ne doit pas s'étonner si le nom de Valet a été si longtems dans la maison de nos Rois attaché à des Offices qui étoient exercez par des personnes de qualité. Dans un Etat des Officiers de la Maison du Roi Charles VIII pour l'année 1490, on en voit parmi les Officiers de l'Echansonnerie qui portoient le titre de *Valets tranchans*. En voici l'extrait :

Valets tranchans, Louis d'Aux Ecuyer Premier Valet tranchant, *quatre cens livres*, Poncet de Biron, Antoine de Vesq, Charles du Mesniles, Jacques de Grassay, Jean d'Arpajon, Charles de Harcourt, Jacques le Sénéchal, Jacques de Vesq, Ecuyers, chacun *quatre cens livres* : & encore dans un compte de Florimond le Charron du tems de François I, l'an 1535, les Seigneurs de Clermont-Lodéve, de Clermont Dampierre, de Matignon, de Liancourt, & d'autres de ce rang exerçoient le même Office, & portoient le même titre.

Observations sur l'Histoire de Charles VIII, p. 609.

Ms. de la Biblioth. du Roi, cotté 9844.

*Lettres de Charles VIII au Vol. des Memoires de Bethune, vol. coté 8439.*

Enfin, pour finir cet Article, je remarquerai que Charles VIII dans diverses Lettres qu'il écrivoit pour s'informer de la santé de Charles-Orland Dauphin son fils, qui ne vécut guéres que trois ans, l'appelloit en riant *Monsieur l'Ecuyer*, faisant allusion à l'ancienne coutume, selon laquelle les jeunes gens qui n'étoient pas encore Chevaliers portoient le titre d'Ecuyer & de Valet.

## CHAPITRE VII.

*Des divers noms de quelques autres Troupes, dont il est fait mention dans les Armées de Philippe-Auguste.*

LEs Chevaliers & les Ecuyers étoient dans ces anciens tems ce qu'il y avoit de plus illustre & de plus distingué dans les Armées de France, comme on vient de le voir ; il en étoit de même des Armées des autres Nations ; car ces usages passérent bientôt chez les Anglois, chez les Allemans, aux Pays Bas, &c. Mais les Historiographes de Philippe-Auguste nous marquent encore les noms de quelques autres especes de Troupes dont les Armées de ce Prince & de ses Successeurs furent composées.

Ces noms étoient en Latin *Servientes, Clientes, Satellites, Ribaldi, Piquiquini*. Je vais tâcher d'expliquer ce que c'étoient que ces differentes sortes de Troupes.

Nos anciens Auteurs qui ont écrit en François, traduisent le nom de *Servientes* par celui de Sergens ; & en effet de tous tems tous ceux à qui l'on donne ce nom, ou faisoient le service dans les Armées, ou à la Cour, & à la compagnie du Prince ; ou bien ils avoient de certaines fonctions dans les Terres des Seigneurs particuliers, ou c'étoient des Officiers de Justice, ou étoient au service des Chapitres & des Communautez. Ce détail n'est point de mon sujet, & je me borne à ceux qui servoient dans les Armées.

*Du nom de Sergent dans les Troupes.*

Ce nom étoit commun à tous ceux qui faisoient le service dans les Troupes, excepté les Chevaliers qu'on ne comprenoit point sous ce nom, & qu'on distinguoit communément en Latin par le nom de *Miles*. On donnoit ce nom de Sergent aux Gentilshommes comme aux simples Soldats, excepté quand les Gentilshommes faisoient actuellement la fonction d'Ecuyer à la suite des Chevaliers; car alors on les distinguoit par leur qualité d'*Armigeri*, Ecuyers, de *Famuli*, ou de *Valeti*, de Valets, ou Varlets.

Ce nom de Sergent se donnoit non-seulement aux Soldats des Troupes, que les Gentilshommes fieffez, ou les Châtelains amenoient au service, mais encore aux Soldats des Communes. Dans un Rôle de la Chambre des Comptes de l'an 1253 sous le Regne de saint Louis, le second titre porte: *En icell Rôle est contenu ceux qui furent semons au service au Samedi après la Notre-Dame aux Marteaux* ( c'est la Fête de l'Annonciation ; ) & au quatriéme titre, il est dit : *Les Communes qui envoyerent Sergens de pied* ; & puis suit le dénombrement : Laon, 300 ; Amiens, 300, &c.

Parmi les *Servientes*, ou Sergens, dont il est parlé dans ces anciennes Histoires, il y en avoit qui portoient ce nom à cause de leur Fief, qu'on nommoit Sergenterie, ou Sergentises ; c'étoient des Sergenteries nobles ; & il y en a plusieurs de cette espece, surtout en Normandie & en Bretagne. Quelques Auteurs les appellent *Magna Sergentia*, grandes Sergenteries : c'étoient celles qui étoient tenuës immediatement du Roi, & non des Seigneurs particuliers *a*.

*Sergenteries.*

*Bracton, l. 2. cap. 16.*

Aux Etats de Bretagne tenus à Vannes l'an 1462, sous le Duc François II, on appela comme Sergens feodez plusieurs des plus considerables Seigneurs du pays, comme Richard Seigneur d'Espinay, le sire de Combour, le sire de Malestroit, le sire de Quintin, & un grand nombre d'autres.

Ces Sergens, & les autres qui étoient Gentilshommes de quelque importance, sont dans les histoires fort distinguez des autres *Servientes*, ou Soldats qui étoient tirez de la populace, ou de pauvres Gentilshommes sans suite. Il y avoit dans l'Armée, dit un de nos anciens Historiens *b*, *six-vingt mille Ca-*

---

*a* Sergenteriarum Regis, quæ non erant de feodis Militum. *Roger de Hoveden*, *pag.* 779.
*b* Congregati ergo fuerunt 120 millia equitum, 30 millia Peditum præter Clientes & Servientes. *Gesta Francorum expugnant. Hierusal. cap.* 46.

*valiers*, trente mille Piétons, outre les *Cliens* & les *Sergens*. C'étoient ces Sergens dont je parle, que cet Auteur distingue des simples Soldats.

Rigord, Historien de Philippe-Auguste, parle d'un de ces Sergens qui étoit fort avant dans la confidence de ce Prince *a*.

Enfin, on trouve quelquefois dans ces Historiens le dénombrement des pertes qu'on avoit faites dans une bataille, dans un combat, dans un siege : tant de Chevaliers ont été pris ou tuez, tant d'Ecuyers, tant de Sergens ; & c'est pour l'ordinaire de ces Sergens-Gentilshommes qu'il faut entendre ces endroits des Auteurs.

Il y avoit encore des Sergens-d'Armes, *Servientes armorum*, qui faisoient une partie de la garde du Roi, & portoient la Masse devant lui. *Et quant aucuns des Châteaux qui sont en frontiers, escherront, nous y mettrons des Sergens d'armes : qui garderont lesdits Chasteaux pour leurs gages de la Mace, & n'est pas notre entention de donner plus nuls gardes de Chasteaux. Ainçois les garderont les Sergens-d'armes pour leurs gages, si comme dessus est dit* b. Je parlerai de ces Sergens, en traitant de la garde Militaire de nos Rois.

Il y avoit donc dans les Armées trois sortes de *Servientes*, ou de Sergens qui tiroient tous le nom du service Militaire. Les premiers étoient ceux qui avoient des Fiefs appellez Sergenteries ; & ce n'est pas de ceux-là seulement dont parlent les Historiographes de Philippe-Auguste, parce qu'ils n'étoient pas en assez grand nombre pour faire un Corps nombreux dans l'Armée. Les seconds étoient des Gentilshommes riches & avec suite, qui servoient à cheval. Les troisiémes servoient à pied, & c'étoit pour la plûpart ceux que les Communes envoyoient au service, & qui avec les Serfs, & les Domestiques à pied des Gentilshommes, & d'autres gens qui suivoient les Armées, formoient l'Infanterie.

Les Cliens, *Clientes*, étoient aussi des Gentilshommes qui servoient sous le Pennon du Chevalier, ou sous la Banniere du Banneret leurs Seigneurs, ou sous celle de l'Avoué de quelque

---

*a* Maximè ad suggestionem cujusdam Servientis qui eo tempore fidelissimus in negotiis Regis pertractandis esse videbatur. *Rigord.*
*b* Ordonnance de Pontoise 28 de Juillet de l'an 1319.

## DE LA MILICE FRANÇOISE. Liv. III.

Abbaye dont ils étoient Vassaux. Guillaume le Breton dans la description de la bataille de Bouvines, en parle d'une maniere à ne nous laisser nul doute que ce ne fussent des Gentilshommes. Les trois cens Cliens, dit-il* que l'Abbé de Saint-Medard avoit envoyez à l'Armée, étoient recommandables par leur grande probité ; ils étoient montez à l'avantage, & armez d'épées & de lances. Tout cela ne convient point à de simples Soldats tirez de la populace, mais à des Gentilshommes. — *Cliens.*

Je suis persuadé qu'on donnoit à ces Gentilshommes le nom de *Cliens* par rapport à leur Chef, sous la banniere duquel ils marchoient, & qu'ils regardoient comme leur Patron.

Les Satellites, *Satellites*, étoient encore une autre espece de Troupes, dont il est parlé dans les Historiographes de Philippe-Auguste. — *Satellites.*

*Robustisque Satellitibus & Milite multo.*

Il est certain que le mot de *Satellites* signifie souvent dans les anciens Auteurs ce que nous appellons des Gardes, c'est-à-dire ceux qui étoient destinez pour garder le Prince. — Guillelm. Brito in Philippide, pag. 240.

Il signifioit encore un Vassal, comme on le voit par les Lettres de Fulbert de Chartres, où il se donne ce titre par rapport au Roi dont il étoit Vassal : *Ecce habetis me parvum Satellitem pro viribus opitulari paratum.* Et dans une Charte de Robert Comte de Meulan, citée par du Cange *Satellitio*, étoit une espece de Fief : *Satellitionem suam erga me inde in plegio posuit.* Mais en lisant avec attention nos Historiens, il ne paroît pas que le nom de *Satellites* convienne en aucun de ces deux sens, à ceux dont il s'agit ici. Ce n'étoient ni des Gardes du Prince, ni des hommes fieffez, c'est-à-dire que ce n'étoient point des Gentilshommes qui seuls alors possedoient des Fiefs. Ce que je vais dire sera la preuve de ce que j'avance. — Epist. 84. Vide du Cange in glossar. ver. *Satellitio.*

Rigord, dans son Histoire de Philippe-Auguste, en parlant du commencement de la bataille de Bouvines, dit que Guarin Evêque nommé de Beauvais, qui avoit rangé l'Armée en bataille, & paroît

---

\* Et quos Medardicus Abbas
Miserat immensa claros probitate Clientes
Terdenos decies quorum exultabat in armis
Quilibet altus equo gladioque horrebat & hasta.

y avoir eu le principal commandement, fit commencer l'attaque par les Satellites à cheval, afin qu'ayant ébranlé par ce premier choc les Chevaliers Flamans qu'ils avoient en tête, les Chevaliers François survenans missent plus aisément ceux-ci en déroute.

Il ajoute, " Les Chevaliers Flamans, quelque ardeur qu'ils " eussent pour combattre, indignez de ce qu'on les faisoit " charger par les Satellites, & non point par les Chevaliers, ne " daignerent pas faire un pas au devant d'eux ; mais ils les " reçûrent bravement, en blesserent un grand nombre, & tuë-" rent presque tous leurs chevaux.

L'Auteur de la Philippide s'exprime d'une maniere encore plus forte, en racontant cette premiere charge ; & il dit que ce qui empêcha les Chevaliers Flamans d'avancer contre les Satellites, c'est qu'il leur paroissoit honteux de s'exposer à être battus par des gens de la populace.

*Cum sit pudor ultimus alto*
*Sanguine productum superari à plebis alumno.*

On voit donc par là que ces Satellites étoient de simples Soldats, & non des Gentilshommes ; cependant l'un de ces Auteurs en parle comme de gens vigoureux, *Robustisque satellitibus* ; & l'autre dit que c'étoient de tres-bons Soldats, *probissimi Milites* ; & la commission qu'on leur donna de charger les Chevaliers Flamans, & la maniere dont ils s'en acquitterent, en sont de tres-bonnes preuves.

Pour moi je me persuade que Philippe-Auguste avoit fait des Compagnies des meilleurs hommes de chaque Corps des Communes ; car il est marqué que ceux dont je parle étoient du pays de Soissons de *Valle Suessionensi*, pour les mettre à la tête des autres, & s'en servir dans des occasions qui demandoient de la vigueur, tels que ceux qu'on a depuis appellez *Enfans perdus*.

Les Satellites combattoient à cheval, comme on vient de le voir : mais ils combattoient aussi à pied ; du moins ceux de l'Empereur Othon à la bataille de Bouvines combattoient ainsi : " La Cavalerie ennemie étant toute dissipée, dit Rigord, il " restoit encore dans le champ de bataille sept cens Satellites " tres-braves Soldats à pied. Et le même Historien remarque
que

DE LA MILICE FRANÇOISE. *Liv. III.* 137

que l'Evêque de Beauvais qui avoit été à la découverte avant la bataille, rapporta au Roi, « Que les Ennemis approchoient « en résolution de combattre; parce, dit-il, que j'ai vû les che- « vaux des Chevaliers couverts de tous leurs harnois, & leurs « Satellites qui marchent devant eux à pied, ce qui est une mar- « que certaine de bataille.

Enfin, le même Auteur parlant des Satellites de l'Armée de France, dit expressément qu'ils combattoient également à pied & à cheval : *Nec minus pugnabant sine equis, quam in equis.*

Il se pourroit faire encore que les Satellites qui attaquoient les Chevaliers Flamans, ne fussent que les domestiques des Che- valiers François, qui d'ordinaire avoient à leur suite des gens de main & résolus, & qu'à l'Armée on mettoit en Compagnie ces sortes de gens dans l'occasion d'un combat, & qu'on les appelloit Satellites, parce qu'ils escortoient leurs Maîtres, comme les Princes sont escortez par leurs Gardes, appellez en Latin *Sa- tellites*.

Voici une autre espece de Milice qui étoit dans les Armées de Philippe-Auguste, & de laquelle on peut donner une idée un peu plus distincte. C'étoit un Corps de Soldats qu'on appel- loit Ribauds, *Ribaldi*. Il en est fait mention à l'occasion de l'al- larme que le Chevalier Guillaume des Barres, s'étant détaché de l'Armée Françoise auprès de Mante, alla donner au Camp des Anglois, du tems de Philippe-Auguste.

*Ribaldi.*

*Et Ribaldorum nihilominus agmen inerme,*
*Qui nunquam dubitant in quavis ire pericla.*

*Philippid.l.3.*

On voit par ces Vers que les Ribauds étoient des gens dé- terminez qui affrontoient hardiment les plus grands périls, quoique sans armes *Agmen inerme* ; ce qui se doit entendre des armes défensives seulement, c'est-à-dire qu'ils étoient ar- mez à la legere.

Rigord, sous l'an 1189, en parle à peu près de la même maniere ; car après avoir raconté comment Philippe-Auguste ayant passé à gué la riviere de Loire avec son Armée auprès de Tours, s'approcha des murailles de la Ville pour la recon- noître, il ajoûte : « Mais dans le tems que le Roi en faisoit le « tour, ses Ribauds qui dans les attaques des Places étoient « d'ordinaire à la tête des assauts, insultérent la muraille,

*Tome I.* S

» y presenterent l'escalade, & l'emportérent.

*Chap. 15.*    Pierre Du Vau-Cernay dans l'Histoire des Albigeois, raconte une chose toute semblable des Ribauds de l'Armée Catholique, qui prirent d'emblée la Ville de Beziers.

Ces Ribauds étoient à pied ; car ce que Rigord a dit en Prose, Guillaume le Breton le racontant en Vers, parle ainsi de ces Ribauds.

*Irrequieta manus peditum quibus omnis ubique*
*Est onerosa quies Scalas ad mœnia Rege*
*Ignorante levant.*

Il paroît par tout cela que ces Ribauds avoient beaucoup de rapport à nos Grenadiers d'aujourd'hui : mais ils se décrierent tellement dans la suite par leur mauvaise vie, par leurs insolences, par leurs débordemens, que leur nom devint infame, & que pour signifier un débauché à l'excès, & qui faisoit gloire de ses débauches, on disoit que c'étoit un Ribaud ; & encore aujourd'hui parmi la populace, ce mot n'a point d'autre signification : c'étoit une grosse injure dès le tems de saint Louis.

*Registre olim,*
*au Parlement*
*de 1266.*

Parmi les Officiers qui suivoient la Cour & l'Armée, il y en avoit un qu'on appelloit Roi des Ribauds. Du Tillet a cru que cette Charge étoit la même que celle du Prevôt de l'Hôtel : mais d'anciens monumens rapportez par M. du Cange dans son Glossaire font connoître que cela n'est pas vrai, & que le Roi des Ribauds étoit un Officier moins considerable que le Prevôt de l'Hôtel. Il est certain par les mêmes monumens, qu'il avoit quelque Jurisdiction de Police touchant les femmes débauchées & les mauvais lieux : & comme les Ribauds fréquentoient beaucoup ces lieux, c'est pour cela qu'on l'appella le Roi des Ribauds, c'est-à-dire l'Officier de Police, pour ce qui concernoit ces sortes de gens par rapport aux lieux de débauche. Cette Charge étoit dès le tems de Philippe-Auguste; car dans la Liste des prisonniers de la bataille de Bouvines, il est fait mention d'un Gentilhomme nommé Roger de Wafale prisonnier, qui fut donné au Roi des Ribauds, afin qu'il profitât de sa rançon : *Rogerus de Wafalea, hunc habuit Rex Ribaldorum quia dicebat se esse Servientem.*

*Verbo Ribaldi.*

*Roi des Ribauds.*

Au reste, le titre de Roi donné à cette espece d'Officier,

DE LA MILICE FRANÇOISE. *Liv. III.* 139

n'étoit point une chose extraordinaire ; il se donnoit autrefois à plusieurs autres, par rapport à ceux sur lesquels ils avoient quelque Jurisdiction, ou quelque prééminence. Les plus considerables parmi les Herauts-d'Armes, s'appelloient Rois-d'Armes, *Reges Armorum*. Il y avoit un Roi des Merciers, *Rex Merceriorum* ; un Roi des Archers & des Arbalêtriers, *Rex Arcariorum & Arbalestariorum*. La Charge de Roi des Ribauds n'est point nommée depuis Charles VI dans nos Histoires. Du Tillet

Je trouve encore dans les Armées de Philippe-Auguste des gens nommez *Piquichini. Ribaldi cum Piquichinis*. On pourroit croire que c'étoit des Piquiers, qu'on appella depuis en François du nom de *Piquenaires*, mais la pique n'est pas une arme si ancienne en France, c'étoient plutôt des Goujats, & d'autres gens de cette sorte. J'en dis de même des Petaux & des Bidaulx, dont Froissart parle souvent : ce n'étoient tout au plus que des Païsans armez qui servoient à pied avec l'arc & la flèche, & composoient une mauvaise Infanterie. Nos Rois dans la suite prirent à leur solde beaucoup d'Archers Génois, tant à pied qu'à cheval, qui étoient d'assez bonnes Troupes en ce genre. Les Anglois & les Gascons l'emportérent depuis pour l'Arc & l'Arbalête. Je vais continuer le détail des Troupes qui composoient les Armées de ces tems-là. Piquichini<br/><br/>Vol. 1.

## CHAPITRE VIII.
### *Des autres especes de Milices sous la troisiéme Race avant le Regne de Charles VII.*

Outre les Communes qui marchoient aux frais des Villes pour un certain tems, & jusqu'à une certaine distance de leur pays, outre les Gentilshommes fieffez, qui selon les anciennes Loix amenoient leurs Vassaux au service, il y avoit dès le tems de Philippe-Auguste d'autres Troupes soudoyées, & qui ne servoient précisément que pour la solde ; & c'est pour cela qu'on appelloit proprement ceux qui composoient ces Troupes du nom de *Soldats*, ou *Soudoyers*, ainsi que Froissart les appelle souvent.

S ij

# HISTOIRE

*Aut quos conductos numerata Stipendia præstant.*
dit Guillaume le Breton.

*Philippid. l.6.*

Je crois que Philippe-Auguste est le premier de nos Rois qui se soit servi des Troupes de cette espece, c'est-à-dire de Soldats ou Soudoyers, ou du moins qui en ait eu un Corps assez nombreux, & que jusqu'à lui les Armées Françoises n'é-toient composées que des Communes & de la Noblesse, & des Vassaux de la Noblesse; j'excepte les Armées des Croisades, où les Chefs de ces entreprises prenoient des hommes à leur solde, parce que ces Guerres étoient volontaires, & que les Vassaux & les Villes n'étoient point dans l'obligation d'y contribuer en vertu de leurs Fiefs, ou d'aucun contrat passé entre les Princes & les Sujets.

*Soldats, ou Soudoyers.*

J'ai remarqué dans l'Histoire du Regne de Philippe-Auguste, qu'il amassa beaucoup d'argent pendant quelques années, en retranchant quantité de dépenses inutiles; c'étoit dans la vûë d'avoir de quoi soudoyer ses Troupes extraordinaires, & d'être moins dépendant de ses Vassaux pour les expeditions qu'il mé-ditoit contre les Anglois, & qui lui réussirent si bien.

*Rigord, ad an. 1194.*

Il suivit en cela l'exemple de Henri II Roi d'Angleterre, qui voyant ses trois fils liguez contre lui avec Louis le Jeune, & la plûpart de ses Sujets révoltez, leva une Armée, & la forma de certains Avanturiers ou Bandits, qui couroient en bandes les Provinces de France & les ravageoient, & il s'en servit utilement. Il me paroît que ces Bandits & ces Avanturiers furent les premiers qui se mirent à la solde des Rois de France & des Rois d'Angleterre, & qui furent joints de tems en tems par ces Princes à la Milice ordinaire.

*Roger de Ho-veden, part.2.*

Ces Troupes communément n'étoient ni Angloises ni Fran-çoises, mais mêlées de diverses Nations. On leur donne dans l'Histoire divers noms, tantôt on les appelle Cottereaux, *Coterelli*, tantôt Routiers, *Ruptarii Rutarii*, tantôt Brabançons *Brabantiques*.

*Brabançons, Routiers, Cottereaux.*

M. de Marca dans son Histoire de Bearn, dit fort vrai-semblablement qu'on les nommoit *Coterelli*, parce qu'ils se ser-voient de grands couteaux, qu'on appelle encore à Toulouse Coterels. En effet, dans un petit Traité en Vers, fait au pluftard du tems de saint Louis, & intitulé: *L'oustillement* au

*L. 6. c. 14.*

*villain*, c'est-à-dire les armes du Paysan, & cité par Fauchet dans son Traité de la Milice & des Armes, le Coterel est mis parmi les armes que les Paysans pouvoient avoir chez eux.

> Si le convient armer
> Por la terre garder
> Coterel & Haunet
> Maçue & Guibet
> Arc & lance enfumée, &c.

De ce nom de Cotereaux vient le mot de *Cotterie*, qui signifie une espece de société de gens qui se soutiennent les uns les autres.

M. Pithou dans son Histoire des Comtes de Champagne, & sur les Coutumes de Troyes, croit qu'on les appelloit *Ruptarii*, ou *Rutarii*, du mot Allemand *Rote*, qui signifie *solde*, parce que les Princes & les Seigneurs les prenoient souvent à leur solde; d'autres croyent que ce nom leur fut donné, parce qu'ils ruinoient & rompoient tout. Quoiqu'il en soit de ces étymologies & d'autres semblables, c'étoient des Troupes de Brigands qui faisoient partout d'effroyables desordres. Nos anciens Historiens François appelloient ces Troupes les *Routes*, ou les *Compagnies*, & en Latin *Rupta*; & ceux qui les composoient *Routiers*, mot qui est demeuré dans notre Langue, & d'où est venu une façon de parler Proverbiale: *C'est un vieux Routier*.

Le nom de *Brabantiones*, *Brebanciones*, *Brebantini*, leur étoit donné sans doute, parce que le plus grand nombre, ou les plus redoutables étoient du Brabant. Il y avoit parmi eux beaucoup d'Allemans, comme on le voit dans plusieurs Lettres rapportées par du Chesne au quatriéme Tome de ses Collections pour l'Histoire de France. En un mot c'étoient, comme je viens de le dire, des troupes de Brigands, ramassez de divers pays, qui s'étoient faits des Chefs, & qui pilloient de tous côtez.

Ils avoient fait déja de fort grands ravages sous le Regne de Louis le Jeune, comme le témoignent les Lettres que je viens de citer. Et une des premieres expeditions de Philippe-Auguste son Successeur, fut contre ces Brigands. Ils furent défaits dans le Berri, & il y en eut plus de sept mille de tuez.

*D'où vient le mot de Cotterie.*

Art. 11.

mais ils se rétablirent, & on en vit quelques années après un grand nombre à la solde, tant du même Prince, que de Jean Roi d'Angleterre.

<small>Rigord, de Gestis Philippi Augusti.</small>

Un des plus fameux Capitaines de ces Brabançons, qui étoit au service du Roi d'Angleterre, s'appelloit Lupicaire; il servoit dans son Armée, lorsque Philippe-Auguste fit le siege du Château d'Andeli, & du fameux Château-Gaillard sur le bord de la Seine au-dessus de Rouen, par où ce Prince commença la conquête de la Normandie sur les Anglois. Les Troupes de Lupicaire étoient du détachement que le Roi d'Angleterre fit pour le secours du Château d'Andeli ; car voici comme Guillaume le Breton fait parler ce Prince à Guillaume le Maréchal un de ses Generaux.

<small>Philipp. p. 67.</small>

*Accipe Selectos equites Guillelme trecentos*
*Et famulos in equis tria millia, sume Clientes*
*Mille quater pedites, tecum* LUPICARICA RUPTA.
*Fac eat.*

<small>Ibid.</small>

Ce Lupicaire se rendit si considerable à la Cour de Jean Roi d'Angleterre, que ce Prince repassant la mer après la perte de Château-Gaillard, & de quelques autres Places, lui confia le commandement des Armes en Normandie, & lui donna pour Adjoint un autre Capitaine de Brabançons, nommé Martin Arcas.

<small>Ibid.</small>

Dans le même tems le Chef des Brabançons, qui étoient à la solde de Philippe-Auguste, s'appelloit Cadoc * : il falloit que ce Corps de Brabançons fut tres-nombreux, car l'Historien marque que le Roi donnoit par jour à ce General mille livres de paye pour lui & pour ses gens, tres-grosse somme pour ce tems-là : mais, comme je l'ai déja remarqué, c'étoit le fruit des épargnes que Philippe-Auguste avoit faites dans cette vûë *.

Cette Milice dura longtems, & se donnoit pour de l'argent, tantôt aux Anglois, tantôt aux François, & quelquefois aux uns & aux autres, comme on vient de le voir. Elle s'accrut tellement, qu'elle devint tres-redoutable à nos Rois.

<small>Froissart, vol. 1. c. 215.</small>

Durant la prison du Roi Jean, ces Brabançons s'attroupé-

---

\# *Numerosaque Rupta Cadoci.*
\* *Cui Rex quotidie Soli pro seque suisque Libras mille dabat.*

rent jufqu'au nombre de feize mille ; & fe jetterent dans le Lionnois & dans le Beaujolois.

Jacques de Bourbon, Comte de la Marche & de Ponthieu, & Connétable de France, marcha contre eux avec une Armée, & les attaqua au Village de Brignais à deux lieuës de Lion, mais avec tant de malheur, que non feulement il fut défait, mais encore bleffé à mort, auffibien que fon fils Pierre de Bourbon.

Ce fut encore pis dans la fuite ; car plufieurs Seigneurs François & Anglois qui n'avoient point dequoi fubfifter, ayant été ruinez par les Guerres, fe joignirent à ces Brigands, & defolerent toute la France : c'eft ainfi qu'en parle la Chronique manufcrite de Bertrand du Guefclin *.

*Ravage de ces Routiers.*

*citée par du Cange, V. Compagnia.*

    Mais ou noble Royaume avoit confufion
    D'une grant Compagnie & étoit foifon
    Gens de maints Pays & de mainte Nation
    L'un Anglois, l'autre Efcot, fi avoit maint Breton.
    Hanuyers & Normants y avoient à foifon
    Par li pays alloient prendre leur manfion
    Et prenoient par tout les gens à rainçon
    Vingt-cinq Capitaines trouver y pouvoit-on
    Chevaliers, Ecuyers y avoient, ce dit-on
    Qui de France exillier avoient dévotion
    Et il n'y demeuroit bœf, vache ni mouton
    Ne pain, ne char, ne vin, ne oye, ne chapon
    Tout pillar, meurtrier, traîteur & félon
    Etoient en la route dont je fais mention.

Ces defordres durerent jufqu'au Regne de Charles V. Ce Prince furnommé *le Sage*, & dont en effet la fageffe fut le principal caractere, trouva le moyen d'y remedier par l'entremife de Bertrand du Guefclin : ce Seigneur engagea les Compagnies & les Routes à le fuivre en Efpagne, pour aller faire la Guerre à Pierre le Cruel Roi de Caftille, en faveur du Comte de Tranftamare frere bâtard de ce Prince. Du Guefclin réuffit fi bien, qu'il détrôna Pierre le Cruel, & mit fur le Trône Henri de Tranftamare. Les Compagnies dans les deux expeditions d'Efpagne perirent prefque toutes, où fe diffiperent ; & le Roi donna de fi bons ordres par-tout, qu'en

*La France délivrée de ces Routiers fous Charles V.*

peu d'années elles furent entièrement exterminées en France.

*On donnoit à ces Routiers le nom de Compagnies.*

Outre ces *Routes*, ou *Compagnies*, car on les désigne souvent par ce dernier nom, nos Rois dans la suite des tems prirent aussi à leur solde d'autres Troupes plus réglées & mieux disciplinées : c'étoient des Compagnies de Gendarmes, commandez par des Gentilshommes, ayant la qualité de Capitaines d'Hommes-d'Armes ; & quoique le nom de Compagnies d'Ordonnance ait été proprement donné aux quinze Compagnies de la nouvelle Milice que Charles VII institua, je trouve que l'on donnoit ce nom à quelques Compagnies de Gendarmes dès le tems de Charles V. C'est dans une Ordonnance de ce Prince de l'an 1373, rapportée par Rebuffe,

*L. 3. titre 4.*

dont le titre est, *De la Gendarmerie d'Armes & Archers, appellez Gens des Ordonnances*. Ces Compagnies devoient être de cent hommes sous un Capitaine. Dès le tems de Philippe le Long,

*Dans les Rôles de 1316, 1317, &c.*

on voit les plus grands Seigneurs à la tête, les uns de cent hommes d'Armes, les autres de soixante, d'autres de cinquante, &c. de sorte que ces Seigneurs, outre leurs Vassaux qu'ils amenoient au service par obligation, commandoient encore des Gendarmes, pour lesquels ils recevoient une solde particuliere du Roi. Je crois que ces Compagnies étoient appellées Compagnies d'Ordonnance, non-seulement parce qu'elles avoient été créées par des Ordonnances du Prince, mais encore qu'on les appelloit ainsi pour les distinguer de celles qui étoient amenées au service par les Gentilshommes fieffez, lesquels indépendamment des Ordonnances du Prince, étoient obligez, selon l'ancien droit de la Nation, de lever des Soldats, quand le Souverain étoit engagé à faire ou à soutenir quelque Guerre contre ses Voisins, ou contre ses Vassaux rebelles.

*Quelques autres espèces de Troupes soudoyées.*

Outre ces Compagnies de Gendarmerie, il y avoit des Seigneurs & des Gentilshommes qui étoient à la solde du Roi, pour amener au service des Soldats de diverses espèces, à proportion de leur solde, & selon les conventions qu'ils avoient faites. Tel amenoit trois Chevaliers avec dix Ecuyers, & vingt Arbalêtriers. Cela s'exprimoit ainsi : Tel Seigneur est au service à dix Gendarmes, vingt Archers, dix Arbalêtriers, & à tant de gages ; ou bien : Tel Seigneur est retenu pour tant

de

DE LA MILICE FRANÇOISE. Liv. III. 145

de Gendarmes, &c. On voit une infinité de ces exemples dans l'Histoire des Grands Officiers de la Couronne, lorsqu'on y fait le détail de leur service : ce qui montre, qu'outre la Milice ordinaire, qui consistoit dans les Troupes que les Seigneurs & les Gentilshommes fieffez amenoient au service, & celles des Communes, il se faisoit d'autres levées de Troupes soudoyées par le Roi, sur l'exemple que Philippe-Auguste en avoit donné.

## CHAPITRE IX.
### Des Troupes Etrangeres.

DAns les Armées Françoises, sous les premiers Regnes de la troisiéme Race, on ne voyoit guéres de Troupes Etrangeres, soit à la solde de nos Rois, soit en qualité d'Auxiliaires ; car je n'appelle point Troupes Etrangeres ces *Routes* ou *Compagnies* dont j'ai parlé, parce que ce n'étoient que des gens ramassez de tout pays, des gens sans aveu, & où il y avoit aussi quantité de François.

J'appelle donc ici Troupes Etrangeres des Troupes reglées, telles que les Princes Etrangers envoyent aux Rois leurs Alliez pour servir dans leurs Armées. La raison pourquoi cela ne se faisoit point dans les premiers tems de la troisiéme Race de nos Rois est qu'alors non-seulement en France, mais encore dans les Pays circonvoisins, c'est-à-dire, en Angleterre, en Espagne, en Allemagne, en Italie, les Princes, selon les anciennes Coutumes de leurs Etats, ne pouvoient guéres avoir d'autres Troupes que celles que leurs Vassaux leur amenoient par l'obligation du service attachée à leurs Fiefs, & desquelles les Princes ne pouvoient point disposer à leur volonté, pour les envoyer hors de leur Pays au service d'un autre Prince.

La seconde raison étoit, qu'il eût fallu soudoyer ces Troupes, qui eussent dû être payées, ou bien par le Prince du Pays où on les auroit levées, ou bien par le Roi de France qui les auroit prises à son service. Or ni ces Princes, ni la

*Pourquoi nos Rois pendant longtems ne se servoient point de troupes Etrangeres.*

Tome I.  T

Roi de France n'avoient pas alors d'assez gros revenus pour survenir à cette dépense.

La troisiéme raison est, que nos Rois ne pensoient guéres alors à faire des conquêtes hors de la France, mais seulement à affermir leur Trône, & à l'assurer à leur posterité contre les entreprises de leurs grands Vassaux : ils se souvenoient des fâcheux exemples qu'on avoit vûs en cette matiere sur la fin de la seconde Race ; & c'est pourquoi les Rois de la troisiéme jusqu'au tems de Philippe-Auguste, prirent toujours la précaution de faire de leur vivant reconnoître leur fils aîné pour Roi. Comme donc ils ne prétendoient point étendre les bornes de leur Royaume, ils ne faisoient guéres de Ligues, soit offensives, soit défensives avec les autres Princes, si ce n'étoit pour ménager quelquefois des diversions ; mais ils faisoient encore moins des Traitez avec eux, en vertu desquels ils s'obligeassent à se secourir de Troupes les uns les autres. Si les François sous Philippe I firent quelques expeditions en Espagne, ce n'étoit point par les ordres de ce Prince ; c'étoit de leur plein gré, par dévotion & par zele de Religion, pour combattre contre les Sarrazins. Ainsi fit Guillaume VII Comte de Poitou & Duc de Guyenne, le Comte Raymond de Toulouse & de Saint-Gilles, & quelques autres.

Le premier de nos Rois de la troisiéme Race, qui selon nos Histoires *a*, ait traité avec les Etrangers pour avoir de leurs Troupes à son service, est Philippe le Bel. Il traita avec Jean de Bailleul Roi d'Ecosse, & Erric Roi de Norwege *b* : mais ces Traitez ne furent point mis en execution, Jean de Bailleul ayant été pris par Edouard I Roi d'Angleterre ; & l'on ne voit pas que le Roi de Norwege ait rien fait non plus pour le secours de la France contre Edouard.

*Philippe le Bel s'est le premier servi de troupes Etrangeres.*
*\* cité par Sainte-Marthe.*

Il n'en fut pas de même des Traitez que Philippe le Bel fit avec Albert Duc d'Autriche, & avec quelques autres Princes d'Allemagne ; car on voit des Actes dans le Tresor des Chartes *, par lesquels ce Duc, & d'autres encore font hommage-lige à Philippe, pour des pensions qu'il leur faisoit, à condi-

*a* Du Tillet, Recueil de Traitez entre la France & l'Angleterre.
*b* Ce Traité d'Erric est au Tresor des Chartes. Voyez l'Histoire de la Maison d'Auvergne de Baluze, T. 1. pag. 188.

tion de lui faire service dans les Guerres qu'il auroit contre ses ennemis.

Ces hommages pour des Pensions nous paroissent fort extraordinaires, parce que l'hommage ne se faisoit que pour des Fiefs, ou pour des Terres qui se donnoient en benefice avant l'institution du Droit Feodal. Aussi voit-on par plusieurs anciens Titres, que ces Pensions se donnoient à titre de Fief ; & cela supposé, il n'est pas surprenant qu'on en fît hommage, & cet hommage consistoit dans une reconnoissance que le Feudataire faisoit & renouvelloit de tems en tems pour ces sortes de Pensions, & par laquelle il reconnoissoit l'obligation qu'il avoit contractée pour le service dans la Guerre à l'égard du Prince dont il recevoit la Pension. M. Rymer au T. 1. de son Recueil des anciens Actes qui se trouvent en Angleterre, en rapporte un bien plus ancien que Philippe le Bel, par lequel Henri I Roi d'Angleterre l'an 1101, s'oblige à payer à Robert Comte de Flandre, en fief, 400 marcs d'argent, à condition de le servir avec 500 Cavaliers.

On voit encore au même Tresor des Chartes de pareils engagemens de Humbert Dauphin de Vienne, que Philippe le Bel avoit attiré à son parti, pour l'opposer au Comte de Savoye, Partisan d'Edouard : il y en a encore de Hugues de Longwy, de Jacques de Châtillon Seigneur de Leuse & de Condé, & aux mêmes conditions d'une grosse Pension. *Invent. des Chartes, T. 4. Dauphiné, n. 5.*

Ce même Roi, à même fin, fit encore un Traité, qui paroîtroit aujourd'hui fort extraordinaire ; ce ne fut pas avec le Roi de Castille, mais avec quelques Villes de Castille, aussibien qu'avec les Communes de Fontarabie & de Saint-Sebastien, pour en être secouru de Troupes, quand il en auroit besoin. *Du Tillet ; Recueil de Traitez.*

Mais ce fut principalement sous Philippe de Valois, que les Etrangers commencerent à servir dans les Armées de France en plus grand nombre, tant sur la mer, que sur la terre.

Dans l'Inventaire du Tresor des Chartes, est rapportée une obligation de Henri Comte Palatin du Rhin, & Duc de Baviere, de servir à trois cens chevaux, avec promesse de ne faire Guerre audit Roi Philippe & à ses Enfans, sous quelque *Tom. 2 Champagne 2. n. 26. Philippe de Valois s'en servit encore plus.*

prétexte que ce soit l'an 1337 Novembre, scellé du sceel dudit Duc de Baviere, & aussi du sceel de Jean Roi de Boheme & Comte de Luxembourg, lequel se constitue Fidejusseur pour le Duc de Baviere... ledit Duc de Baviere reconnoît avoir reçu du Roi 5600 florins petits de Florence. Ce sont-là à peu près les termes de celui qui a fait dans l'Inventaire manuscrit l'extrait de cet Acte.

Ce même Jean Roi de Boheme l'an 1346, étoit dans l'Armée de France à la bataille de Cressi avec Charles son fils depuis Empereur, à la tête des Troupes qu'il avoit amenées de ses Etats, & même il y périt, par un trait d'une bravoure tres-mal entendue ; car étant aveugle, & voulant nonobstant cela faire, disoit il, un coup d'épée, il se fit conduire à un endroit où l'on se battoit par quelques-uns de ses Gentilshommes, qui avec des cordons avoient attaché leurs chevaux à la bride du sien, de peur que ce Prince dans la mêlée ne fût séparé d'eux ; & on les trouva tous après la bataille tuez aussi-bien que lui, les uns auprès des autres.

*Froissart, vol. 1ᵉ chap. 130. ch. 51, 92.*

Philippe de Valois avoit à la bataille même de Cressi près de quinze mille Arbalêtriers Génois, que nos Historiens de ce tems-là appellent Genevois. Ils le servoient aussi sur la mer. Les Espagnols lui fournissoient pareillement des Vaisseaux & des Troupes, en consequence d'un Traité solemnel qui fût conclu entre ce Prince, & Alphonse XI Roi de Castille, non-seulement pour eux, mais encore pour leurs Successeurs, & duquel Philippe de Commines fait mention dans l'Histoire de Louis XI. Il y eut toujours depuis ce tems-là sous le Regne de Philippe de Valois, & sous les suivans, une tres-étroite union entre les deux Nations.

*Commines, chap. 36.*

*Louis XI prend des Suisses à sa solde.*

Ensuite Louis XI sur la fin de son Regne traita avec les Suisses, & en prit six mille à son service. Nos Rois en ont eu depuis beaucoup plus, excepté Charles VII, qui eût pour maxime de prendre rarement à son service des Troupes Etrangeres, horsmis des Ecossois. On vit durant les Guerres Civiles des Huguenots, grand nombre d'Allemans servir dans les Armées Françoises des deux partis sous le nom de Reitres, qui étoient de la Cavalerie, & de Lansquenets, qui étoient de l'Infanterie.

*Ses Successeurs augmentérent les Troupes Etrangeres dans leurs Armées.*

# DE LA MILICE FRANÇOISE. Liv. III. 149

Sous les derniers Regnes, nous avons eu de toutes sortes de Nations dans nos armées, Anglois, Ecossois, Irlandois, Hollandois, Danois, Italiens, Espagnols, suivant les Alliances que nos derniers Rois ont eû avec ces diverses Nations.

J'obſerverai ſeulement encore une choſe avec l'Auteur du Livre de la Discipline Militaire, attribué à M. de Langeai, quoique j'aye des preuves qu'il n'eſt pas de lui, que ſous Charles VIII, & ſous François I, nos Armées, ſurtout l'Infanterie, étoient tellement remplies de Troupes Etrangeres, c'eſt-à-dire d'Allemans & de Suiſſes, que nos Generaux n'y étoient pas quelquefois les Maîtres, ſoit pour donner, ou ne pas donner une bataille, comme il arriva à la journée de la Bicoque, & en quelques autres; ce qui cauſa des contre-tems tres-fâcheux pour l'Etat : & ce fut la principale raiſon qui détermina François I à inſtituer la Milice des Legions Françoiſes, dont je parlerai dans la ſuite.

Avant que d'aller plus loin, je vais faire une courte récapitulation de ce qui regarde les Troupes dont les Armées Françoiſes étoient compoſées ſous les Regnes de nos anciens Rois de la troiſiéme Race.

Il y avoit dans les Armées, de la Cavalerie, & de l'Infanterie.

La Cavalerie étoit diviſée en Gendarmerie, & en Cavalerie legere.

La Gendarmerie étoit compoſée des Chevaliers Bannerets, des Chevaliers Bacheliers, & des Ecuyers; car quoique ceux-ci n'euſſent pas communément le Haubert, qui étoit l'arme défenſive propre des Chevaliers, ils combattoient cependant avec eux : ces Chevaliers & ces Ecuyers amenoient à leur ſuite beaucoup d'hommes d'armes, qui groſſiſſoient la Gendarmerie, outre quelques Compagnies particulieres de Gendarmes levées par ordre du Roi, même avant Charles VII, le reſte des Troupes à cheval étoit de la Cavalerie legere.

Les Communes étoient compoſées d'Infanterie & de Cavalerie legere. Les Troupes des Routiers étoient auſſi partie à pied, partie à cheval. Il y avoit auſſi parmi eux de la Gendarmerie, c'eſt-à-dire quelques Troupes armées de pied en cap;

T iij

150 HISTOIRE

car du tems du Roi Jean, il y avoit des Chevaliers dans ces Troupes. Pour les Ribauds, ils combattoient à pied.

L'Infanterie étoit presque toute composée d'Archers & d'Arbalêtriers. La Cavalerie legere dans les premiers tems consistoit aussi en Archers & en Arbalêtriers, parce qu'alors la lance étoit reservée dans les Troupes à la Gendarmerie : mais depuis on la donna souvent à la Cavalerie legere, & même à l'Infanterie : telles étoient en general les Troupes qui composoient les Armées Françoises.

## CHAPITRE X.
### Du Commandement des Armées.

IL est manifeste que lorsque nos Rois y étoient en personne, ils avoient le Commandement general ; & à compter depuis Clovis jusqu'à maintenant, la plûpart y ont souvent été ; il faut en excepter plusieurs de ces Rois de la premiere Race, qu'on appella Faineans, dont quelques-uns neanmoins y allérent, & en particulier Chilperic II, qui ne méritoit point ce nom honteux de Faineant ; car il fit des sieges & donna des batailles : mais ayant perdu celle de Vinci auprès de Cambrai, Charles-Martel obligea le Duc d'Aquitaine de le lui livrer : il s'empara de la Puissance Royale, & relegua Chilperic dans une Maison de Campagne, pour y vivre comme ses Prédecesseurs, avec le seul titre de Roi, sans en exercer la Puissance.

*Chronicon. Magdeburg.*

Dans la seconde Race, tous nos Rois commanderent au moins quelquefois les Armées, sans en excepter Charles le Simple, qui fut le moins estimé de tous. Quelques Historiens mêmes lui font l'honneur d'avoir tué de sa propre main Robert usurpateur de sa Couronne à la bataille de Soissons.

*Presque tous les Rois de France ont*

Dans la troisième Race, il s'en trouve peu qui se soient entierement dispensez de cette Royale fonction. Philippe V, & Charles le Bel son Successeur, sont les premiers qui n'ayent jamais commandé leurs Troupes en personne, ayant eu occa-

## DE LA MILICE FRANÇOISE. *Liv. III.*

sion de le faire : mais la Guerre que Charles eut avec les Anglois dura peu, aussi-bien que son Regne; & quant à Philippe son Predecesseur, il fut prévenu de la mort, lorsqu'il pensoit aussi sérieusement qu'aucun de ses Ancêtres à se mettre à la tête d'une Croisade contre les Infideles. Charles V ne marcha point non-plus à la Guerre depuis qu'il fut Roi; car étant Dauphin, il se trouva en diverses expeditions Militaires, & en particulier à la funeste journée de Maupertuis, à deux lieuës de Poitiers, où le Roi Jean son pere fut pris.

*commanda leurs Armées en personne.*

Ce fut une grande sagesse à lui depuis qu'il fut sur le Trône, de ne point trop exposer sa personne ; car c'étoit la bravoure, pour ne pas dire la temerité de ses deux Prédecesseurs, qui avoit réduit le Royaume dans le déplorable état où il étoit à son avenement à la Couronne : & c'est un bel éloge que lui donna son plus grand ennemi Edouard III Roi d'Angleterre, *qu'il n'y eut onc Roy qui si peu s'armât, & qui tant lui donnât d'affaires.* Depuis ce tems-là François II est le seul de nos Rois qui n'ait point paru à la tête de ses Armées : mais sa jeunesse, ses infirmitez, & la brieveté de son Regne, qui ne fut que de seize mois, l'en empêcherent.

*Bel éloge donné au Roi Charles V par Edouard III Roi d'Angleterre.*
*Froissart.*

Les Maires du Palais durant la premiere Race, s'emparerent avec le tems du Commandement des Armées, quoique d'abord leur Charge ne fût qu'un Office de la Cour, & non Militaire. Quand ils n'y étoient pas, c'étoit quelque Duc ou quelque Comte qui commandoit ; & c'étoit d'ordinaire le Duc ou bien le Comte de la frontiere où la Guerre se faisoit, surtout si l'Armée n'étoit composée que des Troupes du Pays. Sous la seconde Race, quand nos Rois ne commandoient point en personne, ils choisissoient pour leurs Lieutenans Generaux quelques-uns de leurs Vassaux des plus distinguez par leur Noblesse, par leur rang, par leurs richesses, & par leur experience dans la Guerre : & ce choix fut arbitraire, jusqu'à ce que le Commandement fut attaché à certaines Charges ou Dignitez dont je vais parler. Je commencerai par celle de Grand-Senechal de France.

## De la dignité de Grand Sénéchal de France.

PArmi les diverses matieres qui doivent entrer dans cet Ouvrage, il s'en presente quelques-unes de telle nature, que pour les bien éclaircir, il faut quitter le stile Historique, & prendre celui de la Dissertation. Telle est celle que je vais traiter: mais je m'appliquerai à mettre dans ces sortes de sujets tant de netteté & de précision, que j'espere qu'elles n'auront rien de trop épineux & de trop sec.

Qu'il y ait eu une Charge & une Dignité sous le titre de *Sénéchal* dans la Maison de nos Rois, c'est dont personne ne doute. Nos Histoires, & divers Monumens historiques qu'il seroit inutile de rapporter, le marquent expressément sous les trois Races. Elle paroît n'être devenue Charge Militaire, au plutôt que sur la fin de la seconde Race : ce n'est qu'en cette qualité qu'elle a rapport à mon sujet, & que je vais en traiter.

Il est encore certain que cette Charge étoit une des plus considerables de la Cour. Le Moine Marculfe met le Sénéchal au nombre des grands Officiers, qui jugeoient avec le Roi sous la premiere Race. Hincmar nous le fait regarder de même sous la seconde Race. L'Histoire de Louis le Gros sous la troisiéme, nous parle du Sénéchal, comme de la plus considerable Dignité qui fut alors à la Cour.

Par quelques Monumens anciens, il paroît que cette Charge n'étoit pas unique, c'est-à-dire que ce titre étoit quelquefois donné à plusieurs, & la Dignité partagée entre deux Seigneurs ; cependant communément il n'y en avoit qu'un.

Une chose est encore constante par nos Histoires, que la Dignité de Sénéchal avoit des fonctions tout-à-fait semblables à celle du Grand Maître d'Hôtel d'aujourd'hui, & en particulier la fonction de servir le Roi dans les Festins de ceremonie : c'est par cette raison que partout on lui donne le titre de *Dapifer*, c'est-à-dire celui qui sert à table ( le Prince: ) mais on voit de plus sur la fin de la seconde Race, & sous les premiers Regnes de la troisiéme, la Dignité de Sénéchal infiniment relevée par le Commandement des Armées, & par

*L. 1. Formula 25.*

*Hincmar, de Ordine Palatii, cap. 16.*

*Mabillon, T. 4. Vitæ SS. Ord. Benedict. p. 617, 619.*

des prérogatives fort semblables à celles qui furent depuis attachées à la Charge de Connétable ; & c'est ce qui m'a donné lieu d'en traiter ici, comme d'une Dignité la plus distinguée pendant longtems dans la Milice Françoise.

Rigord Auteur Contemporain de Philippe-Auguste en parlant de Thibaut Comte de Blois, qui étoit Sénéchal de France, l'appelle le Prince ou Chef de la Milice Françoise, *Princi- pem Militiæ*. *Ad an. 1184.*

Quatre Seigneurs de Garlande eurent presque de suite cette Charge sous les Regnes de Philippe I & de Louis le Gros : il est dit d'Etienne de Garlande, le dernier des quatre, qu'il étoit après le Roi le Chef de la Milice *a*.

Mais nous avons une autre Piece ancienne, qui mérite d'être mise ici, parce qu'elle est historique, qu'elle contient distinctement les prérogatives de la Charge de Senéchal, & qu'elle donne lieu à quelque Critique sur cette matiere. C'est une espece de procez-verbal fait par un Seigneur, ou Chevalier du Comté d'Anjou, nommé Hugues de Cleers, *Huo*, ou *Hugo de Cleriis*. Il fut envoyé par Foulques V Comte d'Anjou, qui fut depuis Roi de Jerusalem, pour négocier entre ce Comte & le Roi Louis le Gros, au sujet de la dignité de Senéchal, que le Comte d'Anjou prétendoit être hereditaire dans sa famille, à laquelle Louis l'avoit ôtée. A cette occasion le Comte d'Anjou refusa de faire le service à l'Armée du Roi contre Henri I Roi d'Angleterre, jusques à ce que le Roi l'eût rétabli dans ce droit, qu'il soutenoit lui appartenir. Le Comte d'Anjou avant que de faire partir Hugues de Cleers, lui montra l'Acte par lequel il prétendoit prouver que la Dignité de Senéchal avoit été accordée par le Roi Robert fils de Hugues-Capet à Geoffroy Comte d'Anjou, surnommé *Grisegonnelle* b.

Ce procez-verbal qui contient l'Acte dont je viens de parler, & l'Histoire de la negociation de Hugues de Cleers, a été mise au jour en Latin par le Pere Sirmond à la fin de ses

---

*a* Militiæ simul post Regem duceret Principatum. *Chronicon. Maxrinia- censis.*

*b* Ce Comte s'appelloit ainsi, parce qu'il portoit ordinairement une cotte-d'armes, ou une casaque grise, qu'on appelloit alors une *gonnelle*.

*Tome I.* V.

Notes, sur les Ouvrages de Geoffroy de Vendofme; il l'avoit tiré d'un ancien Manufcrit, qu'il trouva dans l'Abbaye de Saint-Aubin d'Angers : il a été depuis imprimé dans le quatriéme Volume de la Collection des Hiftoriens de l'Hiftoire de France par M. du Chefne, & depuis encore par M. Baluze, dans le quatriéme Volume de fes Mélanges. Ce Manufcrit avoit été vû longtems avant ces fçavans Hommes dont je viens de parler par le Préfident Fauchet, qui en a donné une traduction Françoife de la feconde Partie dans fon Livre des Dignitez & Magiftrats de France; je vais en faire une nouvelle Traduction fur le Latin.

*Commentaire de Hugues de Cleers Chevalier d'Anjou, fur la Dignité de Maire & de Sénéchal de France, autrefois hereditaire dans la Maifon des Comtes d'Anjou.*

IL met d'abord l'Ecrit de Foulques Comte d'Anjou, en y ajoutant ce fecond titre :

*Cet Ecrit a été fait par le Comte Foulques, appellé le Jerofolymitain, enterré dans l'Eglife du Saint-Sepulcre de Loches, touchant les dons faits à fes Predeceffeurs par le Roi de France.* Ce qui fuit eft le contenu de l'Ecrit du Comte Foulques.

,, Lorfque Dieu voulut élever Robert fils de Duc *a* à la
,, dignité de Roi, Geoffroy Grifegonnelle faifoit fervir à Ro-
,, bert fon Seigneur avec trois mille Soldats. Alors Othon Roi
,, des Allemans vint avec toutes fes Troupes, compofées de
,, Saxons & de Danois affieger Montmorenci *b*, & donna plu-
,, fieurs affauts à Paris, d'où il fut repouffé avec honte. Dans cette
,, occafion de combattre l'Ennemi, le Roi Robert & fon pere
,, donnerent audit Comte Geoffroy Grifegonnelle le Commande-
,, ment de l'Avant-garde de leur Armée, & le firent leur Confeil-

*a* C'eft-à-dire, de Hugues-Capet, qui étoit Duc de France, avant que d'être Roi.
*b* *Montum Mortiaci.* L'Hiftoire d'Anjou met *Merenciaci.*

» ler & le General de leurs Troupes, pour pourſuivre l'Armée
» des Allemans. Le Roi Robert pourſuivit donc le Roi Alle-
» mand, juſqu'à la Riviere d'Aiſne, étant precedé par Geoffroy
» Griſegonnelle.

» Le Comte Geoffroy habile dans la Guerre, & accoutumé
» à combattre, fit un ſi grand carnage des Ennemis au paſſage
» de cette Riviere, avant que le Roi arrivât, qu'on l'eût priſe
» pour un Etang, & non pour une Riviere.

» Les Allemans ayant donc été défaits, le Roi Robert fit
» une Aſſemblée generale, & donna par le conſeil de ſon pere,
» des Evêques, des Comtes, des Barons, au Comte Geoffroy
» tout ce que le Roi Lothaire avoit poſſedé dans les Evêchez
» d'Anjou & du Maine : Que ſi lui ( le Comte d'Anjou ) &
» ſes Succeſſeurs pouvoient y acquerir quelques autres biens,
» il les lui affranchit pour en jouir, comme il en jouiſſoit lui-
» même.

» La malice du Comte de Troyes ne pût ſupporter cette
» proſperité du Roi Robert : mais ce Prince pour punir ſa per-
» fidie, aſſembla une nombreuſe Armée : il aſſiegea Melun ; &
» après avoir été longtems devant la Place , voyant qu'il ne
» pouvoit avancer, il appella Geoffroy Griſegonnelle avec ſes
» Angevins, lequel obéit auſſitôt. Geoffroy étant prêt d'arri-
» ver au Camp, envoya devant ſes Connétables, pour voir quel
» Quartier on lui aſſigneroit. Ceux-ci étant revenus vers leur
» Maître, lui dirent que l'Armée du Roi étoit ſi nombreuſe,
» qu'on ne pouvoit faire un nouveau Quartier ; car ladite
» Ville étoit ſituée dans une Iſle de la Seine, & entourée d'une
» forte muraille bâtie à chaux & à ſable.

» Les Angevins voyant qu'ils ne pouvoient avoir leur place
» dans le Camp, prennent leurs Armes, ils traverſent la Seine,
» paſſent au milieu de l'Armée ; donnent l'aſſaut à la Ville
» & la forcent, de ſorte que ce que l'Armée n'avoit pû faire
» en trois mois, ils le firent en une demie journée.

» Les François étonnez de cette ſurprenante valeür en fai-
» ſoient partout l'éloge. Le Roi ne pouvant aſſez récompen-
» ſer la belle action du Comte ; & voyant l'eſtime qu'il avoit
» dans tout le Royaume, pour ſon habileté dans la Guerre &
» pour ſa ſageſſe, & qu'il l'avoit ſi-bien ſervi en cette occa-

» sion, & dans d'autres, lui donna & à ses Successeurs, comme
» un heritage, la Mairie *a* du Royaume, & la dignité de *Dapifer* b
» de son Hôtel, avec l'applaudissement & les éloges de tout
» le Royaume.

Le Comte Foulques parla ainsi à Tescelin son Chapelain:
» Ecoutez Prêtre, les grands services que le Comte Geoffroy
» Grisegonnelle a rendu au Roi Robert son Seigneur; David
» Comte du Mans, & Geoffroy Comte de Corbeil dédaignoient
» de recevoir leur Fief dudit Roi, déclarant qu'ils ne pou-
» voient se soumettre à cette Race Bourguignone *c*: mais le Roi
» irrité de leur fierté, & voyant par ce refus une grande dimi-
» nution de son Etat, tint Conseil avec le Comte Geoffroy
» ( Grisegonnelle ) & avec les Seigneurs de son Royaume, &
» au tems dont on étoit convenu, il alla attaquer la Forteres-
» se de Mortaigne. Quand Geoffroy sçût que le Roi étoit ar-
» rivé devant la Place, il décampa d'auprès de Vendosme,
» donna l'assaut à la Forteresse, secondé de la valeur ordinaire
» de ses Troupes, & prit Geoffroy ( Comte de Corbeil ) dans
» la Place, & le remit avec le Comte entre les mains du
» Roi.

» Pour ce qui est de David ( Comte du Maine ) il refusa
» de venir conferer avec le Roi, & osa dire qu'il se gardât
» bien d'approcher de son Comté du Maine; sur quoi le Roi
» indigné de l'audace du Comte, donna ce Comté à Geof-
» froy Grisegonnelle, pour être possedé par lui & par ses Suc-
» cesseurs.

Cette Relation finit par ces paroles: *Jusques ici est l'Ecrit*
*de Foulques le Jerosolymitain*; après suit l'attestation du Chevalier Angevin Hugues de Cleers, en ces termes:

*Vous tous qui lirez ces Ecrits, sçachez que moi Hugues de Cleers*
*ay vû dans l'Eglise du Saint-Sepulchre de Loches, les Ecrits du*
*Comte Foulques le ferosolymitain, touchant la Mairie & Sénéchauf-*
*sée de France, qui lui ont été conferées, & à ses Prédecesseurs par le*
*Roi Robert.*

*a* Majoratum Regni.
*b* Et Regix domûs Dapiferatum.
*c* Le frere de Hugues-Capet, pere de Robert, étoit Duc de Bourgogne.

Suit l'Histoire de la negociation de ce Chevalier avec le Roi Louis le Gros, auquel il avoit été envoyé par le même Comte Foulques, au sujet de la Dignité de Sénéchal que ce Comte prétendoit avoir été hereditaire dans sa maison. C'est-là que l'on voit avec quelque détail les prérogatives de cette Charge. Voici donc ce que raconte le Chevalier Angevin.

» Entre le Roi Louis ( VI dit le Gros ) fils du Roi Philip-
» pe ( premier du nom ) & le Comte Foulques, qui fut depuis
» Roi de Jerusalem, il y eut un grand differend ; car le Comte
» Foulques refusoit le service au Roi Louis, d'autant que ce
» Prince avoit donné la Mairie & Senéchauffée de France à
» Anselme de Garlande, & depuis à Guillaume de Garlande,
» desquels le Comte Foulques ne pouvoit avoir ses redevances
» & ses hommages. Or il arriva que le Roi Louis eût une gran-
» de Guerre avec le Roi Henri * fils de Guillaume le Conqué-
» rant d'Angleterre. A l'occasion de cette Guerre, le Roi Louis
» somma le Comte de lui faire service : le Comte répondit qu'il
» ne le lui devoit point, parce qu'il lui avoit ôté la Mairie &
» la Senéchauffée de France, qui étoit l'heritage de ses An-
» cêtres.

» Alors le Roi Louis fit sçavoir au Comte Foulques par
» Amauri de Montfort Oncle de ce Comte, & par Geoffroy
» Abbé de Vendôme, & par Rodulfe de Baugency, que par le
» Conseil de ces mêmes personnes, il étoit prêt de le satisfaire
» sur l'article de la dignité de Sénéchal, & sur d'autres points
» importans.

» Le Comte Foulques tint sur cela Conseil avec les Sei-
» gneurs de sa Cour, qui étoient Robert de Blo, Salmace
» alors Echanson, Hugues de Cleers, Gaudin de Vege, * &
» plusieurs autres. Il répondit au Roi Louis, que s'il exe-
» cutoit ce qu'il lui avoit mandé, il feroit volontiers ce
» qu'il exigeoit de lui, & lui donneroit toutes sortes de
» secours.

» Lorsqu'on tint ce Conseil, il y avoit à la Cour d'Anjou
» beaucoup de sages & de bons Chevaliers. Amauri de Mont-
» fort, & les autres qui étoient venus de la part du Roi,
» proposèrent au Comte Foulques de dépêcher au plûtôt à ce
» Prince, & même avant le retour de ses Envoyez quelqu'un

*Negociation de Hugues de Cleers du tems de Louis le Gros.*

\* Henri I Roi d'Angleterre.

‡ de Végies

V iij

» qui lui fut connu, pour lui porter sa réponse & le remercier.
» Les Conseillers du Comte approuverent fort le Conseil
» d'Amauri ; & la Comtesse Aremburge l'ayant sçû, fut d'avis
» qu'on envoyât ( à la Cour de France ) le seul Hugues de
» Cleers.

» Moi, donc Hugues de Cleers, j'allai à Paris ; de là j'al-
» lai à Vignori *, où je trouvai le Roi & le Comte de Beau-
» mont. L'ayant donc trouvé à Vignori entre Pontoise & Beau-
» mont & Chaumont, je parlai au Seigneur Roi ; je le saluai
» d'abord de la part du Comte, & le remerciai de ce qu'il lui
» avoit mandé. Et puis je lui dis que le Comte Foulques lui
» offroit son service dès maintenant, & une Conference avec
» lui auparavant, supposé qu'il l'agreât. Le Roi fort satisfait,
» répondit, qu'avant toutes choses, il auroit volontiers une
» conference avec le Comte. On convint du jour & du lieu
» de la conference, entre Marché-Noir *a*, & Birci dans la
» Beauce.

» Cependant le Roi fit sçavoir au Comte, qu'il lui feroit
» plaisir d'amener avec lui à la conference Geoffroy son fils,
» qui fut depuis enterré dans l'Eglise de Saint-Julien du Mans ;
» car il souhaitoit fort de le voir.

» Le jour de l'entrevûe étant proche, le Roi Louis & le
» Comte Foulques se mirent en chemin, pour se rendre
» au lieu marqué avec leur Conseil ; & là furent reconnus
» les droits du Comte touchant la Mairie & Senéchaussée
» de France.

» Guillaume de Garlande alors Senéchal de France *b*, re-
» connut dans la conference, qu'il devoit hommage au Comte
» Foulques pour la Senéchaussée de France ; & depuis il fut
» aux ordres du Comte. Après Guillaume-Etienne de Garlan-
» de fut Senéchal, & fit hommage au Comte. Après Etienne,
» Radulfe Comte de Peronne lui fit aussi ses hommages & son
» service. Voici l'hommage & les services que celui qui sera
» Senéchal de France fera au Comte.

» Si le Comte va à la Cour du Seigneur Roi, le Senéchal

* Guenori-
eum.

Prérogatives
du grand Se-
néchal.

―――――――――
*a* Marchesneium & Bircium. Fauchet traduit Bierne.
*b* Il faut observer, qu'outre le grand Senéchal, il y avoit un Senéchal qui étoit
comme son Lieutenant.

DE LA MILICE FRANÇOISE. *Liv. III.* 159

» commande aux Maréchaux du Seigneur Roi de préparer les
» logis pour lui Comte. Quand le Comte arrivera, le Sénéchal
» ira au-devant de lui, & le conduira à son logis. Alors
» le Sénéchal ira dire au Roi que le Comte d'Anjou est
» arrivé.

» Si le Comte veut aller voir le Roi, le Sénéchal le con-
» duira à la Cour, & de la Cour le ramenera au logis ; que
» si le Comte veut venir aux Couronnemens *a* du Roi, le Sené-
» chal fera préparer les logis qui sont appropriez & dûs au
» Comte.

» Lorsque le Roi sera à table le jour de son Couronne-    * Die coronæ
» ment *, le Sénéchal fera préparer un banc fort beau cou-    suæ.
» vert d'étoffe ou d'un tapis ; & le Comte y sera assis jusqu'à
» ce qu'on apporte les services de table. Quand le premier plat
» paroîtra, le Comte se levera de son banc, recevra le plat
» de la main du Sénéchal, le mettra devant le Roi & la Reine,
» & ordonnera au Sénéchal de servir les autres tables. Le Comte
» sera assis un peu en arriere, en attendant les autres ser-
» vices, & fera pour les suivans comme il a fait pour le pre-
» mier.

» La ceremonie du dîner étant finie, le Comte montera à
» cheval & retournera à son logis accompagné du Sénéchal.
» Le cheval que le Comte aura amené en venant à la Cour,
» sera un cheval de bataille * ; il sera donné au Queux du Roi,    * Dextrarius.
» comme une redevance feodale. Le manteau dont le Comte
» étoit revêtu, sera donné au Dépensier, & cela après le dîner.
» Alors le Pannetier envoyera au Comte deux pains, & un
» septier de vin, & le Queux un morceau de chair, & un
» coup de vin : car c'est-là la livrée *b* du Sénéchal ce jour-là.
» Le Sénéchal du Comte recevra ces livrées, & les donnera
» aux Lépreux.

» De plus, quand le Comte ira à l'Armée du Roi, le Se-
» néchal de France lui fera préparer une tente assez grande
» pour contenir cent hommes, & fournira un cheval de som-

---

*a Couronnemens.* Ce sont sans doute les Cours plenieres, ausquelles on donnoit le
nom de *Curia Coronata*, parce que le Roi y assistoit la couronne sur la tête.
*b Liberatio* : c'est-à-dire ce que le Sénéchal devoit fournir ou livrer au Comte
ce jour-là.

» me * pour la porter : il fournira auſſi les cordes & les pi-
» quets, & un homme à cheval & deux à pied, pour condui-
» re le cheval de ſomme. Le Comte, s'il le juge à propos,
» rendra la tente au Sénéchal : mais quand il ne la lui ren-
» droit pas, il ne ſeroit pas diſpenſé de lui en fournir un au-
» tre dans une autre expédition.

* Sommi-
tium.

» Quand le Comte ſera dans l'Armée du Roi, il ſera à
» l'Avant-garde en allant, & à l'Arriere-garde au retour *,
» & quelque bon ou mauvais ſuccès qu'il lui arrive, le Roi
» ne l'en blâmera point.

» Moi Hugues de Cleers, j'ai vû rendre ces ſervices au
» Comte Foulques Roi de Jeruſalem dans deux Armées en
» Auvergne, & dans un *Couronnement* à Bourges ; & je les
» ai vû rendre au Comte Geoffroy qui eſt enterré au Mans,
» *aux Couronnemens* à Bourges, & à un autre à Or-
» leans.

» Pareillement, Gautier du pays de Senlis reconnut devant
» le Roi Louis, moi preſent & l'écoutant, qu'il tenoit du
» Comte d'Anjou ce qu'il poſſedoit hors des murailles
» de Senlis, & que le Droit de Forage *b* dans toute l'Ar-
» brie *c*, & tous ſes Fiefs étoient du Fief du Comte
» d'Anjou.

» Radulfe de Martrei, & Thomas ſon Frere, faiſoient ſer-
» vice dans l'Anjou pour leur Fief; & moi Hugues de Cleers,
» dans le tems que je parlois au Roi Louis, il dit ces paroles
» à Radulfe de Martrei : Voyez Hugues de Cleers Chevalier
» du Comte d'Anjou votre Seigneur, faites le ſervice de votre
» Fief de Maréchauſſée *d*, & logez Hugues ; parce que vous
» tenez ce Fief du Comte. Radulfe me logea à ce titre de
» Maréchauſſée ; & le Roi ajouta : Je ſuis bien, graces à
» Dieu, maintenant avec le Comte d'Anjou.

» Au reſte, le Comte eſt appellé *Maire* * en France, à
» cauſe

* Major.

*a* Protuletam faciet ei ; in reditu retutelam.
*b* *Forage*, étoit un droit dû au Seigneur, quand il fixoit le prix du vin pour les cabarets.
*c* *Arbria* : c'eſt peut-être la *Brie*.
*d* C'étoit une eſpece de Sergenterie, dont une des redevances étoit de loger les Envoyez du Prince.

» cause qu'il commande l'avant-garde & l'arriere-garde dans
» les Armées du Roi *a*.

» Pareillement quand il sera en France, ce que sa Cour au-
» ra jugé sera ferme & stable ; que s'il y a quelque contesta-
» tion pour le jugement fait en France, le Roi ordonnera que
» le Comte vienne *b* pour corriger ce Jugement. Que si le Com-
» te ne juge point à propos d'envoyer personne pour ce sujet,
» le Roi fera porter les Ecrits des deux Parties ; & ce que la
» Cour du Comte jugera, demeurera ferme & stable. Pour
» moi Hugues de Cleers j'ai vû plusieurs fois des Jugemens
» rendus en France ( sans doute par la Cour du Comte ) cor-
» rigez en Anjou. Ainsi en fut-il pour la guerre *c* faire auprès
» de Saint-Denis, & de plusieurs autres Plaids & Jugemens.
» Je l'ai vû & plusieurs autres l'ont vû avec moi.

Ces deux Monumens, c'est à dire l'Ecrit du Comte Foulques, & l'Histoire de la négociation de Hugues de Cleers peuvent fournir beaucoup de réflexions par rapport à la Charge
de grand Sénéchal. Je vais exposer ici celles que j'ai faites,
& je commencerai par la Négociation de Hugues de Cleers.

### Reflexions sur la Négociation du Chevalier Hugues de Cleers.

ON y voit premierement que la Dignité de grand Sénéchal
donnoit à celui qui la possedoit les plus grandes prérogatives
qui ont été depuis attachées à la Dignité de Connêtable &
à celle de grand Maître d'Hôtel ; c'est-à-dire qu'elle étoit la
premiere Charge de la Milice & la plus considerable de la Maison du Roi.

Secondement, qu'outre le grand Sénéchal de France, il y
avoit un autre Officier qui portoit le titre de Sénéchal de France, mais qui étoit obligé de faire hommage de cette Charge
au grand Sénéchal, & de lui rendre certains devoirs qui sont
marquez dans la Négociation du Chevalier de Cleers.

*Sénéchal de France distingué du grand Sénéchal.*

---

*a* Propter retutelam quam facit in exercitu Regis.
*b* Veniat illud emendare. Cela ne veut peut-être point dire autre chose sinon qu'il le corrigera.
*c* bello. Bellum signifie là apparemment un Duel, & cette signification n'est point extraordinaire.

Troisiémement, que Loüis le Gros avoit défendu à Guillaume de Garlande de faire ses hommages, & que par consequent ce Seigneur avant le Traité dont il s'agit, étoit lui-même grand Senéchal.

Quatriémement, que par le Traité de Loüis le Gros avec le Comte d'Anjou, ces hommages furent rétablis, & que par consequent Guillaume de Garlande cessa d'être grand Senéchal de France.

Cinquiémement, la Charge de Senéchal de France representoit assez bien celle du premier Maître d'Hôtel, qui est une Charge audessous de celle de grand Maître d'Hôtel; parce que le premier Maître d'Hôtel aujourd'hui, en ce qui regarde la Maison du Roi, est à l'égard du grand Maître d'Hôtel, à l'hommage près, ce que le Senéchal de France étoit à l'égard du grand Senéchal.

Sixiémement, que par ce Traité la prétention des Comtes d'Anjou, touchant la Dignité de grand Senéchal, comme hereditaire dans leur Maison, leur fut confirmée. Mais les reflexions que j'ai à faire sur l'Ecrit de Foulques Comte d'Anjou ne sont pas moins importantes.

### Reflexions sur l'Ecrit de Foulques Comte d'Anjou dit le Jerosolymitain, sur lequel le Chevalier Hugues de Cleers appuya la prétention des Comtes d'Anjou.

*Critique de cette Piece.*

MA premiere reflexion sera sur l'ancienneté de ce Monument. On ne peut pas raisonnablement en douter. Le P. Sirmond assure qu'il l'a transcrit d'un ancien Manuscrit de S. Aubin d'Angers. Le Président Fauchet, comme je l'ai déja dit, l'avoit vû aussi. Ces deux sçavans hommes étoient tres-bons connoisseurs en cette matiere.

*Elle est tres-ancienne & du tems de Loüis le Gros.*

De plus, cette piece est rapportée dans une ancienne histoire des Comtes d'Anjou intitulée : *Gesta Consulum Andegavensium*, faite par un Moine de l'Abbaye de Marmoutier, que Dom Luc d'Achery a mise au jour dans le dixiéme Tome de son Spicilege. Ainsi on ne peut révoquer en doute l'ancienneté de cet Ecrit de Foulques Comte d'Anjou dit le Jerosolymitain.

Mais il n'en est pas de même de la verité du contenu de cette

Piece, où il y a des fauſſetez & des anachroniſmes viſibles; & c'eſt ma ſeconde reflexion.

*Elle contient beaucoup de fauſſetez.*

Pour démontrer ces anachroniſmes, il ne faut que ſuppoſer le tems de la mort de Geoffroy Griſegonnelle, que le Roi Robert, ſelon cette Relation, fit grand Senéchal de France hereditaire. Cette mort arriva au mois de Juillet de l'an 987 au ſiege de Marſon ſur les confins de la Touraine & du Maine, ſelon nos Hiſtoires & ſelon celles d'Anjou.

Cette époque étant ſuppoſée, ce qui eſt d'abord énoncé dans la Piece dont il s'agit eſt tres-faux; ſçavoir, que *dans le tems que le Roi Robert fils de Hugues Capet fut élevé ſur le Trône, Geoffroy Griſegonnelle lui faiſoit ſervice avec trois mille hommes.* Car Robert ne fut élevé ſur le Trône de France, c'eſt-à-dire aſſocié à la dignité Royale par Hugues Capet ſon pere, qu'au premier Janvier de l'an 988, ou ſelon quelques autres le 30 de Decembre de l'an 987. Cela eſt conſtant par nos Hiſtoires. Robert ne fut donc pas Roi du vivant de Geoffroy Griſegonnelle, ni Souverain de ce Seigneur qui étoit mort au mois de Juillet de l'an 987.

*Voyez Mabillon in ſupplem. diplomat. p. 43.*

Secondement, il eſt marqué dans cette Relation que Geoffroy Griſegonnelle commandoit l'avant-garde de l'Armée du Roi Robert contre Othon Roi des Allemans qui avoit donné pluſieurs aſſauts à Paris; & qu'il défit ce Prince au paſſage de la Riviere d'Aiſne. Or il eſt encore certain par toutes nos Hiſtoires qu'Othon entra en France avec une Armée de ſoixante mille hommes, & qu'il fut chargé dans ſa retraite non point ſous le Regne de Robert, mais ſous le Regne de Lothaire penultiéme Roi de la ſeconde Race, l'an 977 ou 978; c'eſt-à-dire onze ou douze ans avant que Robert fut Roi.

Troiſiémement, il eſt encore dit dans cette Relation que Geoffroy Griſegonnelle prit Melun d'aſſaut ſur le Comte de Troyes, & cela en un demi jour, après que le Roi Robert eût été campé inutilement pendant trois mois devant la Place. Or ſelon tous les Hiſtoriens ce ſiege de Melun ne fut fait que l'an 999 ou l'an 1000 ou l'an 1001. Comment eſt-ce donc que Geoffroy Griſegonnelle qui étoit mort dès l'an 987 put emporter cette Place treize ans après ſa mort?

On pourroit encore faire d'autres reflexions de critique ſur cette Piece ; mais celles-ci suffisent pour montrer que celui qui la fabriqua n'a eu nul égard à la verité, soit par ignorance, soit par fourberie. Cependant elle eut son effet; & Louis le Gros reconnut la dignité de grand Senéchal comme hereditaire dans la Maison des Comtes d'Anjou; & voici comme je crois que cela se fit.

Il y a beaucoup d'apparence que Geoffroy Grisegonnelle fut fait grand Senéchal par Lothaire ou par Louis V dernier Roi de la seconde Race; que Foulques son fils surnommé *le Noir* lui succeda après sa mort dans cette dignité, comme dans un bien qui lui appartenoit, selon la coûtume des grands Vassaux de ce tems-là, qui s'approprioient ce que leurs parens avoient possedé, soit des Terres du domaine du Roi, soit des Charges; que Hugues-Capet qui ne faisoit que monter sur le Trône & Robert son fils qu'il s'associa, le laisserent en possession de cette Charge; que le Roi Henri I & Philippe I en gratifierent encore ses Successeurs jusqu'à Foulques V qui fut depuis Roi de Jerusalem; que ce Comte sous lequel le different fut vuidé en sa faveur, la posseda aussi; & que Louis le Gros la lui ôta pour la donner à Guillaume de Garlande: car la plainte qu'il fit par le Chevalier Hugues de Cleers, fut que le Roi lui ôtoit son heritage: *Comes vero ei respondit, quod nullo modo ei servire debebat, cum namque de majoratu & Senescalcia Franciæ exhæreditabat*; que Louis le Gros ayant besoin de lui dans la guerre contre Henri I Roi d'Angleterre, consentit que la chose fut examinée, avec promesse de lui restituer cette Charge, s'il pouvoit prouver qu'elle avoit été conferée à Geoffroy Grisegonnelle pour ses Successeurs; que le Comte Foulques, ou ses Ministres supposerent & fabriquerent cette Histoire; que l'ignorance de l'Histoire à la Cour de France la fit recevoir comme une Piece veritable; ou bien, & c'est ce qui me paroît le plus vrai-semblable, que Louis le Gros ayant grand interêt à avoir le Comte dans son parti, reçut comme un bon titre ce qui en étoit un fort mauvais, & lui accorda ce qu'il ne pouvoit lui refuser sans un grand danger de son Etat; qu'il consentit que les Senéchaux de France dont on a une suite depuis le Regne de Louis le Gros, fissent à ce Comte & à ses Successeurs hommage de leur Charge, com-

*L'ignorance de l'Histoire, ou la necessité des affaires de Louis le Gros la fit recevoir par ce Prince comme un bon Titre.*

me au grand Senéchal, & qu'il fît en diverses occasions les fonctions de cette dignité, soit en ce qu'elle avoit de semblable à la Charge de grand Maître d'Hôtel, soit en ce qui regardoit la Milice, ainsi que Hugues de Cleers l'atteste à la fin de l'Histoire de sa negociation avec Louis le Gros.

On ne peut douter que depuis ce tems-là les Comtes d'Anjou n'ayent possedé cette Charge comme hereditaire ; car sous le Regne de Louis le Jeune dans un Traité de Paix qui se fit avec Henri II Roi d'Angleterre, dont j'ai parlé dans mon Histoire de France, & où Louis prescrivit les conditions, la Charge de grand Senéchal de France fut renduë à Henri Comte d'Anjou fils du Roi d'Angleterre, comme une Charge attachée au titre de Comte d'Anjou ; & ce jeune Prince en fit les fonctions le jour de la Purification, en servant le Roi de France à table.

*Les Comtes d'Anjou reconnus grands Senéchaux de France hereditaires.*

*Robertus de Monte.*

De plus, du Tillet * parle d'un Acte par lequel Philippe le Bel reconnut *à Orleans en publique Audience, que la garde de l'Abbaye de Saint-Julien de Tours appartenoit à Henri III Roi d'Angleterre, à cause de l'Office de grand Maître de France hereditaire.* Cet Acte a embarassé du Tillet, *sur ce que,* dit-il, *entre les Rois Robert & Philippe le Bel y a eu plusieurs grands Maîtres de France autres que les Comtes d'Anjou.* Mais il auroit été tiré d'embarras s'il avoit vu la negociation de Hugues de Cleers, où il eut trouvé que les Maîtres d'Hôtel, ou Senéchaux de France nommez dans nos Histoires, n'étoient ni grands Senéchaux ni grands Maîtres ; que c'étoit le Comte d'Anjou qui étoit grand Senéchal ou grand Maître, & que ceux qui sont nommez Senéchaux de France dans nos Histoires, étoient au-dessous du grand Senéchal, & qu'ils lui faisoient hommage de leur Charge.

* *au Chapitre du grand Maître de France.*

*Embarras de du Tillet sur cette matière.*

Au reste, il est hors de doute que quand le Comté d'Anjou fut venu par succession aux Rois d'Angleterre, les Princes de cette Nation ne faisoient point les fonctions de grand Senéchal dans les Armées de France, parce que les deux Nations étoient souvent en guerre l'une contre l'autre, & qu'ils n'avoient que les droits honorifiques de cette Charge, & les fonctions de grand Maître, lorsqu'ils vouloient venir les faire

*Les Comtes d'Anjou de la Maison d'Angleterre, ne faisoient point les fonctions de grand Senéchal dans les armées de France.*

X iij

avec l'agrément du Roi dans les Cours solemnelles, comme fit le Prince Henri fils de Henri II du tems de Louis le Jeune.

Du Tillet ajoute, que si la Charge de grand Maître avoit été attachée à la dignité de Comte d'Anjou, les Princes de la Maison de France qui ont été Comtes d'Anjou depuis que Henri II & Richard I eurent cedé l'Anjou à nos Rois, auroient été grands Maîtres; qu'ainsi Charles d'Anjou frere de saint Louis & le Comte de Valois frere de Philippe le Bel auroient eu le titre de grand Maître; & que cependant du vivant de ces Princes, on voit d'autres grands Maîtres de France: mais ce raisonnement ne prouve rien; car quoique l'Anjou eût été cedé par les Rois d'Angleterre aux Rois de France, cela n'empêcha point que les Rois d'Angleterre ne conservassent le titre de grand Maître de France: ce qui est prouvé par l'Acte de reconnoissance de Philippe le Bel, cité par du Tillet lui-même dont je viens de parler. D'où s'ensuit que ceux qu'on appelle dans nos Listes grands Maîtres d'Hôtel de France, n'étoient alors que Maîtres, & non grands Maîtres d'Hôtel, les Rois d'Angleterre s'étant toujours reservé par les Traitez le titre de grands Maîtres; & c'est pour cela que les Comtes d'Anjou Princes de la Maison de France ne prenoient point le titre de Maître d'Hôtel, & qu'ils le laissoient à d'autres, parce qu'il ne leur convenoit pas d'avoir au-dessus d'eux un grand Maître d'Hôtel, quoique celui-ci n'en fît plus les fonctions.

La Charge de Sénéchal de France sous le nom de Senéchal, & sous celui de *Dapifer*, & avec le droit de commander les Armées, cessa d'être remplie en France en 1191 après la mort de Thibaud Comte de Blois, qui mourut cette année-là au siege d'Acre, ou Ptolemaïs sur les confins de la Palestine. Cela se prouve par les Chartes de nos Rois, où les noms des grands Officiers étoient souscrits; car depuis ce tems-là on n'y voit plus la souscription du *Dapifer*; & même il y est expressément marqué qu'il n'y en avoit point alors, par ces mots qu'on y ajoute: *Dapifero nullo*. Cette Formule se trouve dans les Chartes, jusqu'à l'an 1262 sous le Regne de saint Louis: & une raison fort vrai-semblable de cette Formule *Dapifero nullo*, est que Philippe-Auguste, depuis cette année 1191, fut presque toujours

*Vacance de la Charge de grand Sénéchal.*

*Voyez Ducange in glossar. V. Senescalcus.*

en guerre avec les Rois d'Angleterre, qu'il ne vouloit plus reconnoître pour grands Sénéchaux; mais aussi il ne vouloit pas en supprimer le titre, de peur qu'il ne fut obligé de le rétablir par quelque Traité de Paix, comme il étoit arrivé à son pere Louis le Jeune.

 Cette souscription *Dapifero nullo*, ne marquoit donc pas la suppression de la Charge, mais seulement la vacance, comme on voit dans une de ces Chartes, *Vacante Cancellaria*, pour signifier qu'il n'y avoit point alors de Chancelier. Ainsi je crois qu'il n'y eut jamais d'Ordonnance pour la suppression de la dignité de grand Sénéchal: mais elle cessa d'être par le non-usage. Nos Rois laissérent aux Connétables le commandement des armes, qui faisoit une partie des fonctions de la dignité de Sénéchal, & dont ils étoient en possession depuis le Regne de Philippe-Auguste, & firent exercer l'autre qui regardoit l'Hôtel du Roi par le Maître d'Hôtel. Je crois que c'est saint Louis qui institua le titre de grand Maître d'Hôtel, en laissant cependant aux Rois d'Angleterre quelques droits qu'ils avoient possedez en qualité de grands Sénéchaux de France, & de Comtes d'Anjou, & qu'ils s'étoient réservez par les Traitez, lorsqu'ils cederent l'Anjou à la France. Tel étoit, par exemple, celui de la garde de l'Abbaye de Saint-Julien de Tours, dont il fut question sous Philippe le Bel.

 Du Tillet * dit que dans les Etats de la Maison de Philippe le Bel, il a vû deux grands Maîtres, sçavoir Frere Arnoul de Wismale, qui étoit Chevalier du Temple, & Messire Mahi de Trie. Or Arnoul de Wismale, comme le prouve l'Auteur de la nouvelle Histoire de la Maison de France & des grands Officiers de la Couronne, vivoit dès le Regne de saint Louis ayeul de Philippe le Bel, & il pourroit bien avoir été le premier grand Maître d'Hôtel sous ce titre. Aussi le met-on communément à la tête dans les Listes des grands Maîtres d'Hôtel. C'est-là tout ce que j'ai pu trouver dans nos monumens historiques, pour débrouiller & éclaircir ce qui regarde la Charge de grand Sénéchal, ou de *Dapifer* de France. Je vais mettre ici la Liste de ceux qui possederent cette grande dignité.

* au Chapitre des grands Maîtres de France.

## Liste des Grands Sénéchaux de France.

Après les observations que je viens de faire sur la negociation du Chevalier Hugues de Cleers, je ne dois pas regler ma Liste des grands Senéchaux de France sur celle que nous en a donnée l'Auteur de l'Histoire des grands Officiers de la Couronne : il a confondu les grands Senéchaux de France avec les Senéchaux de France, qui ne portoient pas le titre de *Grand*. Il faut les distinguer en quelque façon, comme on distingue aujourd'hui le grand Maître d'Hôtel & le premier Maître d'Hôtel. On a vu par la Piece dont je viens de faire la critique, que le Senéchal de France faisoit hommage de son Office au grand Senéchal de France, & qu'il n'étoit que comme son Lieutenant. Je vais faire deux Listes. La premiere contiendra les grands Senéchaux de France, qui furent les Comtes d'Anjou, lesquels prétendirent que cette Charge étoit hereditaire dans leur Maison, & attachée à ce Comté. Le second sera de ceux qui n'étoient pas grands Senéchaux, mais seulement Senéchaux.

### Grands Sénéchaux de France.

Geoffroy Comte d'Anjou surnommé Grisegonnelle, mort en 987.

Foulques III dit Nerra, ou le Noir, Comte d'Anjou, mort en 1040.

Geoffroy II, surnommé Martel, Comte d'Anjou, mort en 1060.

Foulques IV, mort en 1109.

Foulques V, mort en 1142.

Anseau de Garlande.

Je place ici ce Seigneur parmi les grands Senéchaux, parce qu'il est marqué dans la negociation de Hugues de Cleers qu'il étoit Senéchal ; qu'il ne faisoit point hommage de sa Charge au Comte d'Anjou ; & que le Roi en lui donnant cette Charge, l'avoit ôtée à la Maison des Comtes d'Anjou. Il étoit donc non-
seulement

seulement Senéchal de France, mais encore grand Senéchal : il fut deſtitué, & cette dignité fut reſtituée aux Comtes d'Anjou.

Geoffroy III dit Plante-geneſt Comte d'Anjou, mort en 1150.

Geoffroy IV Comte d'Anjou mort ſans enfans, en 1158.

Henri II Roi d'Angleterre & Comte d'Anjou.

Thibaud Comte de Chartres & de Blois.

Henri Comte d'Anjou fils du Roi d'Angleterre.

Le Roi Louis le Jeune par un Traité fait avec Henri II rendit la Charge de grand Senéchal à Henri fils de ce Prince : il la lui avoit ôtée à cauſe de la guerre qu'il avoit avec les Anglois, & l'avoit donnée au Comte de Blois.

Artus Comte d'Anjou & de Bretagne.

Ce Prince ayant été aſſaſſiné par Jean Sans-terre Roi d'Angleterre, Philippe-Auguſte déclara la guerre au Roi Jean, lui enleva l'Anjou, & le réunit à la Couronne. Ainſi la Charge de grand Senéchal ne fut plus attachée au Comté d'Anjou. Les Rois d'Angleterre étant encore Comtes d'Anjou ne faiſoient plus les fonctions de grand Senéchal en ce qui regardoit les Armées, pour les raiſons que j'ai dites : mais depuis même qu'ils ne furent plus maîtres de l'Anjou, ils conſervèrent le titre, ou au moins quelques prérogatives attachées au titre de grand Maître de France, comme il paroît par l'Acte cité par du Tillet dont j'ai parlé. La Charge de grand Maître de France étoit, comme je l'ai dit, une partie de celle du grand Senéchal.

Après la Liſte des grands Senéchaux de France, je vais mettre celle des Seigneurs qui ont porté le titre de Senéchal de France, ſans avoir celui de grand Senéchal, & qui étoient comme les Lieutenans du grand Senéchal, à qui ils faiſoient hommage de leur Charge, & étoient obligez à ſon égard à certaines redevances. Ce ſont ceux que l'Auteur de l'Hiſtoire des grands Officiers de la Couronne a confondus avec les grands Senéchaux. Il a tiré leurs noms de divers anciens monumens, auſquels ils ont ſigné en prenant le titre de Senéchal.

Tome I.                   Y

Guillaume, en 1060.
Raoul, en 1067.
Frederic, en 1071.
Robert, en 1079.
Hugues, en 1083.
Gervais, en 1085, ou 1086.
Guy de Montlheri, dit le Rouge, en 1095.
Hugues de Montlheri, en 1107.
Anseau de Garlande.

Il fut d'abord grand Sénéchal : mais par un Traité fait entre Louis le Gros, & le Comte d'Anjou dont j'ai parlé, il fut destitué, & devint simplement Sénéchal de France.

Guillaume de Garlande frere du precedent.
Etienne de Garlande frere des precedens.
Raoul Comte de Vermandois.
Thibaut Comte de Blois & de Chartres, qui mourut au siege d'Acre en 1191. Cette Charge après sa mort ne fut point remplie, comme je l'ai prouvé ci-dessus ; & le commandement des Armées passa quelque tems après aux Connêtables, comme je le dirai dans la suite.

Thibaut avoit été grand Sénéchal sous Louis le Jeune : mais par un Traité de Paix cette Charge avoit été rendüe au fils du Roi d'Angleterre ; de sorte que Thibaut ne fut pas toujours grand Sénéchal, & depuis le Traité il ne fut que Sénéchal de France.

## De la Dignité de Connêtable de France.

*Fonctions du Connêtable dans l'origine de cette Charge.*

LE seul nom de Connêtable de France, en Latin *Comes Stabuli*, suffit pour faire comprendre que cette dignité dans son origine n'étoit pas une Charge dans les Armées, comme elle l'a été depuis, mais seulement un Office de la Maison du Prince, & qu'elle avoit de la ressemblance avec celle du grand Ecuyer d'aujourd'hui, qui a l'Intendance sur les Ecuries du Roi.

C'étoit une Charge que nos Rois avoient instituée dans leur maison sur le modele de la Cour des Empereurs Romains. Il est parlé de cette Charge dans le Code Theodosien, & dans les

Historiens de l'Empire, sous le nom de *Comes stabuli*, & de *Tribunus Stabuli*. Aimoin l'a fort bien définie en ces termes : *Regalium præpositum equorum quem vulgo Comestabilem vocant*. Gregoire de Tours & Fredegaire en ont fait mention plusieurs fois dans leurs Histoires.

L. 3. Hist. Franc. c. 71.

Le sieur le Laboureur sur des Pieces autentiques dont il cautionne la verité, dit ce qui suit de la Charge de Connêtable, avant que cet Officier eût le commandement de la Milice. « C'étoit « par son ordre qu'on distribuoit des montures à ceux qui avoient « chevaux à cour ; c'étoit le terme & la façon de parler du tems, « comme celui de bouche à cour : il commandoit à la guerre « tous les Officiers de la Maison ; & il étoit de sa connoissance de « mettre prix aux chevaux de ceux qui venoient au service, parce « que le Roi en devoit restaurer la perte, soit qu'ils mourussent, « ou qu'ils fussent affollez & méhaignez, pour user des mots du « tems. De-là vient celui de *Restauratio equorum*, dans les anciens « comptes des guerres Latins, tourné en François *Restour*, dont on « se sert encore aujourd'hui. Il avoit sous sa Charge en l'Ecurie « le Maréchal, qui étoit comme son Lieutenant.

Additions aux Memoires de Castelnau, t. 2. p. 78.

Mais depuis longtems cette Charge est devenuë en France la premiere dans la Milice avec les plus insignes prérogatives : il est question principalement de sçavoir en quel tems elles y ont été attachées.

Il me paroît certain : 1°. Que ce n'a point été avant Philippe-Auguste, & avant l'an 1191 ; car ce ne fut qu'en cette année que mourut Thibaut Comte de Blois au siege d'Acre ou Ptolemaïs en Palestine, qui étoit Senéchal de France, & qui en cette qualité est appelé par Rigord Historien Contemporain de Philippe-Auguste, Chef de la Milice : *Principem Militiæ*, ainsi que je l'ai dit.

Ad an. 1184.

2°. Il est encore certain que Mathieu de Montmorenci II du nom Connêtable de France, & qui fut élevé à cette dignité par Philippe-Auguste l'an 1218, c'est-à-dire, vingt-cinq ans après la mort de Thibaut Comte de Blois, à qui on ne donna point de Successeur dans la dignité de Senéchal de France : il est, dis-je, certain que Mathieu de Montmorenci commanda les armées depuis qu'il fut Connêtable : mais ce ne fut que par commission, & nullement en vertu de sa dignité ; d'autant que celle

Mathieu de Montmorenci a été le premier Connêta-

Y ij

ble qui ait commandé les Armées.
Ce n'était que par commission.

de Senéchal de France, quoique vacante, n'étoit point encore supprimée, comme je l'ai déja remarqué, puisque dans les Chartes on marquoit cette vacance par ces Formules : *Dapifero nullo, vacante Dapiferatu*.

Les Succeſſeurs de Mathieu de Montmorenci continuerent de commander les armées de la même maniere, c'eſt-à-dire par commiſſion, à cauſe de la même vacance, qui dura juſqu'à l'an 1262, qu'il n'eſt plus fait mention de cette vacance dans les Chartes par ces Formules : *Dapifero nullo, vacante Dapiferatu*; que par conſequent la dignité de Senéchal fut cenſée être ſupprimée : & ce fut fort vrai-ſemblablement alors, c'eſt-à-dire ſous le Regne de ſaint Loüis, que le droit de commander les armées fut attribué à la dignité de Connêtable, comme il l'avoit été à celle de Senéchal ; & je croi que dans le tems que cette attribution ſe fit à la dignité de Connêtable, la Charge de *Grand Maître d'Hôtel, de Souverain Maître d'Hôtel, de Souverain Maître de France*, fut inſtituée après la ſuppreſſion expreſſe ou tacite de celle de Senéchal, qui avoit l'Intendance de la Maiſon du Roi, auſſibien que le commandement des armes ; & qu'ainſi la Charge de Senéchal fut ſeparée en deux, le commandement des armes ayant été attribué au Connêtable, & l'Intendance de la Maiſon du Roi au Grand-Maître d'Hôtel.

Dignité de grand Senéchal, supprimée sous le Regne de saint Louis.

En effet, comme je l'ai remarqué, Arnoul de Wiſemale qui vivoit ſous le regne de ſaint Louis, eſt le premier dans la Liſte des grands Maître d'Hôtel depuis la ſuppreſſion des Senéchaux de France. Il étoit Grand Maître d'Hôtel de Philippe le Hardi, fils de ſaint Louis, qui commença à regner en 1270, huit ans après la ſuppreſſion de la Charge de Senéchal de France ; & le Seigneur de Wiſemale étoit apparemment Maître d'Hôtel dès la fin du Regne de ſaint Louis.

De cette Epoque de la ſuppreſſion de la Charge de grand Senéchal de France, j'ai tiré deux conſequences ; la premiere, que le Connêtable n'avoit eu juſques-là le commandement des armées que par commiſſion. Cette conſequence paroît évidente, puiſque la dignité de Senéchal à laquelle ce commandement appartenoit, n'étoit point encore ſupprimée. La ſeconde conſequence, c'eſt qu'après l'an 1262 ce commandement fut attribué à la dignité de Connêtable, & qu'il fut exercé par les Connêtables en titre d'Office : cette conſequence paroît être auſſi aſſez naturelle, puiſque depuis ce tems-là le commandement des armées a toujours été attaché à leur Charge, qui avoit remplacé celle de Senéchal, à laquelle ce commandement avoit toujours été attaché de droit.

La dignité de Connêtable par ce moyen, & par les honneurs, par la puiſſance & par les grandes prérogatives que nos Rois y attribuerent, devint la premiere dignité de l'Etat. Quant à ce qui concerne ſes prérogatives, je ne parlerai gueres ici ſuivant mon deſſein, que de celles qui regardent la guerre. L'Auteur de l'Hiſtoire genealogique de la Maiſon Royale de France & des Grands Officiers de la Couronne, a mis à la fin de l'Article des Connêtables quelques anciens Actes où elles ſont contenues. Je vais en tranſcrire ce qui regarde mon ſujet, ſans rien changer au vieux langage ; je l'éclaircirai par un Commentaire aux endroits où il en ſera beſoin, & je renfermerai ce Commentaire dans de courtes parenthêſes.

### Extraits des Titres de Bourbon de la Chambre des Comptes de Paris.

*Ce ſont les droits que le Connêtable de France doit avoir pour cauſe de la Connêtablie.*

„ PRemierement. Li Conneſtable eſt & doit eſtre du plus
„ ſecret & eſtroit Conſeil du Roy, & ne doit li Roys or-
„ donner de nul fait de guerre ſans le conſeil du Conneſtable,
„ pour tant qu'il puit avoir ſa preſence.

„ Item. Li Conneſtable doit avoir chambre à Court (c'eſt-
„ à-dire un logement à la Cour) devers le Roy, ou que li
„ Roys ſoit.... (c'eſt-à-dire en quelque lieu que le Roi ſoit.)

„ Item. Se li Roys va en oſt (c'eſt-a-dire à l'armée) le
„ Conneſtable peut chevaucher ſans conroy * (c'eſt-à-dire, ce me ſemble ſans ſes propres équipages, le Roi étant obligé de lui en fournir) „ ſoit li Roys, ou ne ſoit (c'eſt-à-dire ſoit qu'il ſoit dans le même Corps de Troupes que le Roi, ou dans un autre) „ toutes les fois qu'il lui plaira, & ne font ſes gens nul
„ guet, ce ce n'eſt de ſa voulenté ; & doit aſſeoir le guet tou-

* conroy dans le langage de ce tems-là ſignifioit *Troupe, ſuite, train.*

,, tefois que les Chevaliers le font ( les Chevaliers faifoient rarement le guet ou la garde; ils ne le faifoient que dans des occafions extraordinaires, & c'étoit pour l'honneur du Corps des Chevaliers, qui étoient alors en tres grande confideration, qu'il appartenoit au Connêtable de leur faire lui-même monter la Garde. )

,, Item. Se on prend Chaftel ou Forterefle à force, ou qu'il
,, fe rende, chevaux & harnois, vivres & toutes autres chofes
,, que on trouve dedans, font au Connêtable, excepté l'or &
,, les prifonniers qui font au Roy, & l'Artillerie au Maiftre des
,, Arbaleftriers.

,, Item. Se li Conneftable chevauche, foit avec le Roy, ou
,, fans le Roy, pourtant que li oft foit pour le Roy, li Connefta-
,, ble peut prendre de chacune bataille dix hommes d'armes pour
,, mener avec lui, excepté la bataille du Roi ( c'eft à dire que le Connêtable pouvoit choifir de chaque Banniere ou de chaque Compagnie de Gendarmerie, excepté du Corps où étoit le Roi, dix hommes d'armes pour former un Corps particulier, à la tête duquel il combattoit. )

,, Item. Se li Conneftable eft en guerre pour le Roy, avec
,, le Roy, ou fans luy, il doit faire prifer par fon Marefchal
,, les chevaux d'armes de luy, de fes Compagnons, & de tous
,, les gens de fon Hoftel; & tel prix comme fon Marefchal y
,, met le Roy luy doit rendre ( c'eft-à-dire, que fi le Connefta-
ble, ou les gens de fa fuite perdoient à l'armée leurs chevaux de bataille, le Roi au retour de la Campagne leur en payoit la valeur. )

,, Item. Nuls n'a connoiffance, Juftice, Seigneurie, ne ju-
,, gement fur les gens de l'Hoftel le Conneftable fors il, & li
,, Maiftres de fon Hoftel ( c'eft-à-dire que les gens du Connêtable n'étoient jufticiables de perfonne que de lui.)

,, Item. Toutefois que le Roy a guerre, li Conneftable a une
,, journée de toutes gens qui font à gages, ou qui ont fomme
,, d'argent en lieu de gages ( c'eft-à-dire que le Connêtable avoit droit de prendre la folde d'un jour de chaque Soldat & Officier qui recevoit folde du Roi. Ce Privilege fut confirmé par une Ordonnance de Philippe de Valois de l'an 1340.) ,, & qui-
,, conque s'efchange d'eftablie en autre, li Conneftable a fa jour-

„ née de nouvel ( c'eſt-à-dire que quand les Troupes paſſoient d'un lieu où elles étoient en garniſon, pour aller en garniſon dans un autre, le Connêtable avoit encore le droit de prendre pour lui la ſolde d'un jour de chaque homme de guerre. *Stabilitates*, d'où vient le mot d'établies, ſignifioient dans le Latin de ce tems-là les Garniſons. Cela voudroit peut-être encore dire, que quand un homme de guerre quittoit ſa Compagnie, ou la Banniere du Chevalier Banneret pour paſſer à un autre, il étoit obligé de payer ce droit au Connêtable. )

„ Item. Si le Conneſtable chevauche, tout ce qui ſe gagne
„ de ly, ou de ceux de ſon Hoſtel, eſt ſien, excepté l'or & les
„ priſonniers qui ſont au Roy ( c'eſt-à-dire que ſi marchant à la tête de quelques Troupes en Campagne, il faiſoit quelque priſe ou quelque butin, il lui appartenoit, excepté, &c. )

„ Item. Toutes les journées que le Roy chevauche armé
„ de tous points pour aſſaut ou pour batailles, li Conneſtable
„ a cent livres ; & ſe il chevauche jambes armées tant ſeu-
„ lement, il n'en a que cinquante ( c'eſt-à-dire qu'à un jour d'aſſaut ou de bataille la paye du Connêtable étoit doublée )
„ & ſe on amene au Roy pluſieurs chevaux pour fait d'armes de
„ la journée, quand li Roys a pris lequel qu'il veut, li Conneſta-
„ ble prend le ſecond après.

„ Item. Se il a champ de bataille ou Royaume ( c'eſt-à-dire
„ dans le Royaume ) le Conneſtable le doit garder, & penre les
„ ſermens ; ( il s'agit ici des duels entre Seigneurs ou Gentils-hommes qui ſe faiſoient quelquefois par autorité publique, & avec la permiſſion du Prince : c'étoit au Connêtable à y préſider, à prendre les ſermens des combattans, &c. ) „ & ſi il chiez
„ rien ou champ ( c'eſt-à-dire s'il tombe rien dans le champ de
„ bataille ) des armures des combattans, elles ſont au Conneſta-
„ ble, & puet faire arreſter & aller avant & tenir en point quant
„ il luy plaiſt ( c'eſt-à-dire que c'étoit à lui à faire donner le ſignal du combat, & à le faire finir après quelques coups de lances ou d'épées, comme il le jugeoit à propos ) „ & ſi ſont ſiens
„ li glaive ( c'eſt-à-dire la lance ) & les épées, & les armures du
„ cheval mort.

„ Item. Se le Conneſtable eſt en guerre pour le Roy, il eſt
„ de tous frais aux couſts du Roy.

,, Item. Toutes gens d'armes des Osts doivent obéïr au ,, Connestable, & à ce qu'il fait crier de par luy; & se aucun se ,, part de l'Ost sans son gré, ou sans son congié qui preigne ,, gages, li cheval & les armures sont à luy, & li corps à la vou- ,, lenté du Roy.

,, Item. Li Mareschal, ne li Maistre des Arbalestriers ne ,, doivent rien entreprendre en fait d'armes en Ost ou establie ( c'est-à-dire dans l'Armée ou en Garnison ) ,, pour le Roy, sans ,, parler au Connestable, & sans son assentement.

,, Item. En tous les lieux là où Chastiaux & Forteresses ,, sont pris, se li Roys n'est present, la Banniere du Connesta- ,, ble doit estre la premiere mise sus, & pour chacune de ses ,, deux Bannieres doit avoir cils qui les portent, cent sols du ,, Roy, & se li Roys est present, les Bannieres du Roy vont tou- ,, jours devant, & celle du Connestable après: mais celui qui les ,, porte n'y prend nul profit.

,, Item. En tous les lieux où li Roys est present en Ost, tuit ,, cry doivent estre fait de par le Roy & de son Connestable, sans ,, nommer autres personnes.

,, Item. Où que li Connestable soit és faits des guerres pour ,, le Roy, soit à tout luy ( c'est-à-dire avec lui ) ou sans luy,) ,, tuit Sergens d'armes se doivent traire à luy, & ouvrer de son ,, commandement & de son conseil ( ces Sergens d'armes étoient la Garde du Roi & tous Gentilshommes: leurs Commandans qui étoient gens de haute consideration, faisoient apparemment difficulté de recevoir l'ordre du Connestable, quand le Roi étoit present au camp; & cette difficulté peut avoir donné lieu à ce reglement. )

,, Item. Se un Sergent d'armes se messait, li Connestable ly ,, puet oster sa masse, & souspendre son service, & ne li doit li ,, Roys rendre, jusques à tant que li Connestable li ait dit la ,, cause pourquoy il ly osta.

,, Item. Quand li Roys est à son sacre à Rheims, li Connesta- ,, ble doit avoir Hostel du Moulinet devant Nostre-Dame, & ,, doit ordonner les Gens d'armes pour aller querre l'Ampolle ( c'est-à-dire la sainte Ampoule ) ,, & aller avec eux, & revenir ,, eux conduire.

Voici encore une Piece qui contient les prérogatives du Connêtable:

Connétable : elle est à la Chambre des Comptes de Paris, au Registre intitulé : *Pater* fol. 183.

" Premierement. Le Connestable est par dessus tous autres
" qui sont en l'Ost, excepté la personne du Roy ; & s'il y est,
" soit Ducs, Barons, Comtes, Chevaliers, Ecuyers, Soudoyers,
" tant de cheval que de pied, de quelque état qu'ils soient, doi-
" vent obéir à luy.

" Item. Les Mareschaux de l'Ost sont dessous lui, & ont
" leur Office distincte de recevoir les Gendarmes, Ducs, Ba-
" rons, Chevaliers, Ecuyers, & leurs Compagnons. ( je crois
que cela veut dire que c'étoit à eux à aller au devant des Troupes qui arrivoient au Camp pour leur distribuer leurs Quartiers )
" & ne peuvent ni ne doivent chevaucher, ni ordonner bataille,
" si ce n'est par le congé, ne faire Bans ni proclamations sans la
" Sentence du Roy ou du Connestable.

" Item. Le Connestable doit ordonner toutes les batailles,
" les chevauchées ; & de toutes les establies ( c'est à dire des
garnisons, & peut-être aussi des quartiers dans le Camp. )

" Item. Toutefois que l'Ost se remue de place en autre, le
" Connestable prend & livre toutes les Places de son droit au
" Roy, & autres de l'Ost devant les bataillons, tantost après
" les Maistres des Arbalestriers, puis les bataillons, & doivent
" estre les Mareschaux en sa bataille ( c'est à dire que le Conne-
table en vertu de sa Charge range l'Armée pour la marche, &
assigne au Roi, & aux autres chacun leur poste. )

Cet Article qui est énoncé d'une maniere assez obscure, est
éclairci dans un ancien Manuscrit que j'ai, à la tête duquel
est une Ordonnance de Philippe le Bel de l'an 1306, touchant les
gages de batailles. Plusieurs autres matieres y sont traitées ; &
entr'autres on y voit ce Titre : *Ordonnance du Roy quand il va en
armez*. Et voici ce qui suit :

" Quand le Roy sault en armée sur les champs, il doit che-
" vaucher en bataille. . . . . & premierement le Connestable ou
" Mareschaux doivent mander ( c'est-à-dire envoyer ) les décou-
" vreurs par le pays qui doivent estre gens de guerre & bien à
" cheval. Après eux ung Mareschal, ou autre vaillant homme
" qui conduise une eschelle de bonne gens ( c'est-à-dire une
troupe de braves Soldats rangez par rangs & par files ) " où ait

Tome I.                                                               Z

,, du trait fuffifamment ( c'eſt à-dire des Archers) pour l'eſtour
,, des decouvertes ( c'eſt-à-dire pour le combat, au cas que les
,, découvreurs y fuſſent engagez) = & là ſont les Maiſtres d'Of-
,, fices, Prevoſts, Fourriers, & ces gens pour départir les logis.
,, Après ce vient le Conneſtable en l'avant-garde, & ſont Ba-
,, rons aſſez & bonnes gens ; & là ſont leurs Pannons, Banie-
,, res & Etendarts, & leur grand trait ( c'eſt-à-dire leurs Ar-
,, chers ) qui va devant. Après eux vient le Maiſtre des Arbale-
,, ſtriers avec le trait qui leur appartient : puis vient le premier
,, Eſcuyer d'Eſcuyerie qui porte ou fait porter l'Eſtendart Royal
,, juſques au beſoing ; & après lui ſont les Pages ſur les deſtriers
,, couverts ( c'eſt à-dire ſur les chevaux de bataille bardez )
,, & les chevaux du Roy qui portent les riches bacinets, heaul-
,, mes, lances, ſalades, & chapeaux ( c'eſt-à-dire toutes les ar-
,, mures de tête.) = Après eux viennent les Trompettes, & puis la
,, Baniere du Roy, que portoit ou doit faire porter juſques au
,, beſoin le premier Chambellan environné des Rois d'armes,
,, Heraulx & pourſuivans : & après tout ce vient la perſonne du
,, Roy accompagné des Ducs, Comtes, Barons, & Princes, &
,, autres nobles hommes à grant pouvoir ; & le premier Varlet
,, tranchant doit eſtre le plus prouchain derriere lui portant ſon
,, Panon, qui doit aller çà & là, par tout où le Roy va, afin
,, que chacun connoiſſe où le Roy eſt, & les chevaux de la
,, Baniere, Panon & Eſtendart ſont au retourner ( c'eſt-à-dire
,, au retour de la Campagne )= de droit à ceux qui les ont portez;
,, & ce deux couſtez de la bataille, ſont les deux elles ( c'eſt-
,, à-dire les deux Aſles du Corps de bataille) & leurs gens de trait
,, conduire par deux Princes, Amiral ou Mareſchaux, ou autres
,, Capitaines ſaiges & vaillans, qui doivent preſtement mander
( c'eſt à-dire envoyer) ,, à droite & à ſeneſtre bons & ſuffiſans
,, hommes bien à cheval pour découvrir bien la contrée ; & le
,, pays : & après tout ce vient l'arriere-garde, ou à Duc, Com-
,, te, ou Mareſchal, bien accompaigné de vaillans gens avec le
,, trait qui ſe appartient, qui derriere eux doivent avoir une
,, petite eſquierre ( c'eſt-à-dire un petit Corps rangé en bataille )
,, de bonnes gens, & après iceux des gens à cheval bien mon-
,, tez, pour avoir regard à qui les voudroit aſſaillir par der-
,, riere.

On voit assez distinctement par cet Extrait ce qui est dit confusément dans l'Article, comment le Connêtable en vertu de sa Charge *& de son Droit* assignoit au Roi & aux Officiers le poste que chacun devoit tenir dans la marche de l'Armée. Premierement le Connêtable faisoit un détachement qui marchoit devant l'Armée ; & dans ce détachement étoient les Fourriers & autres Officiers destinez *pour departir les lougis* dans le lieu où l'on devoit camper. Secondement, le Connêtable marchoit à la tête de l'avant garde. Troisiémement, après l'avant-garde, & avant le Corps de bataille marchoit le Grand-Maître des Arbalêtriers dont le Corps étoit fort nombreux, & puis suivoit le Corps de bataille où étoit le Roi après le Corps commandé par le Maître des Arbalêtriers ; & enfin suivoit l'arriere-garde, derriere laquelle il y avoit un détachement de braves Soldats pour empêcher que l'ennemi ne la troublât dans sa marche. Je reviens à la suite des fonctions ou prérogatives du Connêtable.

« Item. Le Roi, s'il est en Ost, ne doit chevaucher, ne
« les autres bataillans ne doivent chevaucher, fors par l'Ordon-
« nance & conseil du Connêtable.

« Item. Le Connestable a la cure d'envoyer Messager & Es-
« pies pour le fait de l'Ost par tout où il voit qu'il appartient à
« faire, les coureurs & autres chevaucheurs, quand il voit que
« mestier en est.

Les quatre Articles suivans regardent le droit que le Connêtable avoit de prendre la solde d'un jour de chaque homme de guerre qui étoit aux gages ou à la solde du Roi, dont il a été fait mention dans les autres Actes.

Dans un compte de Guillaume Charrier de l'an 1424 sous Charles VII, tiré de la Chambre des Comptes, j'ai remarqué un Privilege du Connêtable ; sçavoir *qu'il devoit avoir par chacun mois comme ses Predecesseurs* le payement de cent hommes d'armes, *sans en faire monstre ne revûe* ; étant seulement tenu de bailler chaque mois en un Rôle de parchemin les noms & surnoms desdits Gendarmes, certifiant sous son sceellé les avoir tenus en sa Compagnie.

Il est manifeste par toutes ces Pieces que le Connêtable ayant le commandement general de l'Armée, même lorsque le Roy y étoit présent, il étoit en son pouvoir d'y choisir tel poste qu'il jugeoit à propos : il le prenoit toujours à l'avant-garde, ou à la premiere ligne dans les batailles, & dans les retraites, à l'arriere-garde : c'étoit un ancien droit du grand Sénéchal auquel le Connétable avoit succedé pour le commandement des Armées. Ce droit étoit marqué par ces paroles que j'ai rapportées, en parlant des prérogatives du grand Sénéchal : *Cum in exercitu Regis fueris vel ieris, protutelam facies ei, & in reditu retutelam.*

Charles VI ayant proposé au Connétable de Clisson de demeurer auprès de sa personne durant la bataille de Rosebeque, ce Seigneur s'en excusa, & dit au Roi, ainsi que le rapporte Froissart : « Cher Sire, il viendroit à grant contraire à mes » Compagnons ( c'est-à-dire à une Troupe de Gendarmes d'élite qui devoient l'accompagner dans la bataille ) » & à l'avant-» garde, s'ils ne m'avoient en leur Compagnie.

Une des raisons du mécontentement du Connétable de Bourbon qui eut de si fâcheuses suites sous François I, fut que dans la marche de l'Armée en Flandres contre celle de Charles V l'an 1521, le Roi fit commander l'avant-garde au Maréchal de Châtillon, qui avoit la faveur de Louise de Savoye Mere du Roi, & au Duc d'Alençon ; ainsi que je l'ai remarqué dans mon Histoire de France.

Après tout nos Rois ne se crurent pas toujours tellement astraints par les droits que leurs Predecesseurs avoient attachez à la dignité de Connétable, qu'ils ne passassent quelquefois par-dessus. Philippe le Bel en l'an 1302 fit commander l'Armée Françoise par Robert d'Artois à la fameuse & funeste journée de Courtray, quoique le Connétable Raoul de Clermont Seigneur de Neesle y fut présent, & tous deux y périrent ; & j'ai remarqué dans l'Histoire du Regne de Henri IV, que ce Prince faisant le siege d'Amiens, où le Connétable Henri de Montmorenci se trouva, voulut que le Maréchal de Biron eut toute la conduite du Siege en qualité de Maréchal General des Camps & Armées du Roi : mais communément les Rois à moins qu'ils n'eussent des raisons particulieres d'en user autrement, ou que ces grands Officiers ne l'agreassent, les laissoient jouir de tous leurs droits.

La dignité de Connétable donnoit un si grand relief à celui qui la possedoit, qu'un attentat commis contre sa personne étoit censé être un crime de leze-Majesté. Sous le Regne du Roi Jean, Charles Roi de Navarre ayant assassiné le Connétable Charles d'Espagne, fut obligé tout Souverain qu'il étoit d'en prendre remission ; & le même Clisson ayant été attaqué & blessé par Pierre de Craon, ce Seigneur & ses complices furent condamnez comme criminels de leze-Majesté.

Le Connétable avoit encore une prérogative, qui bien qu'elle ne regarde pas la guerre, mérite d'être inferée dans l'Histoire de cette dignité ; c'est qu'en vertu de sa Charge il assistoit avec les Pairs du Royaume aux jugemens où il s'agissoit de juger quelque Pair. Ce Privilege lui fut confirmé, aussibien qu'au Bouteiller & au Chambrier l'an 1324 sous le Regne de Charles IV dit le Bel, ainsi que je l'ai vu dans un Mémorial de la Chambre des Comptes de Paris, qui est aussi rapporté dans l'Histoire des grands Officiers de la Couronne. En voici l'Extrait :

*Le Connétable admis avec les Pairs pour juger un Pair.*

### Extrait du Volume des Memoriaux de la Chambre des Comptes, cotté A, commençant en 1309, folio 42. v°.

*Les Grands Officiers de la Couronne, du nombre desquels est le Connétable, doivent juger les Pairs de France avec les autres Pairs.*

» COmme contens * fut entre Jeanne Comtesse de Flandres,
» de une part, & Jean de Néelle d'autres ; icelui Jean appella
» la Comtesse de deffaut à la Court Notre Sire le Roy ; li Rois fit
» la Comtesse semondre par-devant lui par deux Chevaliers ; la
» Comtesse comparant à jour, proposa qu'elle n'avoit pas été suf-
» fisament semonse par deux Chevaliers ; quar elle devoit estre
» semonse par ses Pers, les Parties eux appayant * en jugement.
» Sur ce fut jugié en la Court le Roy que la Comtesse avoit été
» souffisament & convenablement semonse par deux Chevaliers,
» & que la sus-monition faite par iceus de la Comtesse venoit &
» valoit. Item, la Comtesse proposa que Jean de Néelle avoit

* c'est-à-dire, different, ou Procez.

* c'est-à-dire, apparoissant, ou comparoissant.

« Pers en Flandres, par lefquiex il devoit eftre jugée en la Court
« de la Comteffe, & que elle eftoit appareillé li faire droit en
« fa Court par les Pers d'icelui Jean, ne icil Jean ne difoit mie
« que elle li ait failly de droit par les Pers d'icil, par lef-
« quiex il devoit eftre jugié en la court de la Comteffe, & ainfi
« requerroit la Comteffe la court de Jean de Néelle. Icil Jean
« répondit au contraire, en difant que en nulle maniere il ne
« vouloit retourner à la court la Comteffe, quar elle li avoit
« défailly de droit, & de deffaut de droit* il avoit appellé la
« Comteffe à la Court le Roy, où il eftoit appareillié convain-
« cre la Comteffe de deffaut de droit, de la confideration de la
« Court le Roy. Seur ces chofes fut jugié que Jean de Néelle
« ne devoit pas retourner à la court la Comteffe, & que elle
« li devoit refpondre en la Court le Roy, où il la avoit appelé
« de deffaut de droit. Aprés ce comme les Pers de France deif-
« fent que le Chancelier, le Bouteiller, le Chamberier & le
« Conneftable, qui font des Offices de l'Hoftel le Roi, ne doi-
« vent mie eftre avec eux à faire jugement fur les Pers de
« France, & lefdits Officiers dudit Hoftel, le Roi d'eiffent au
« contraire, & que ils devoyent eftre aus Us & Couftumes de
« France gardées avec les Pers pour jugier les Pers. Il fut jugié
« en la Court le Roy que iceux Officiaux dudit Hoftel le Roy
« devoient eftre avec les Pers de France à jugier les Pers ; & lors
« jugierent lefdits Officiaux avec les Pers la Comteffe de Flan-
« dres, à Paris l'an 1324.

* c'eft-à-dire, de déni de Juftice.

J'ai trouvé dans des Notes fur l'Edit de François I donné
à Moulins le 19 de Février 1537, que ce Privilege avoit été
donné au Conneftable, & à quelques autres Officiers de la Couronne par Louis VIII pere de faint Louis. Ceux qui feroient
curieux de voir d'autres femblables Pieces anciennes touchant
la dignité de Conneftable, le ftile de leurs provifions, &c. peuvent avoir recours aux Notes du fieur Godefroy fur le Livre
des grands Officiers de la Couronne de le Feron, qu'il a augmenté & corrigé en une infinité d'endroits.

Cette dignité fous la troifiéme Race, & fur tout depuis que
le commandement des armes y avoit été attaché, fut toujours
poffedée par de grands Seigneurs de la plus haute naiffance &
riches : & l'Hiftoire remarque comme une chofe finguliere

qu'elle eût été donnée par le Roi Charles V à Bertrand du Guesclin qui n'étoit que simple Gentilhomme. En effet, comme le raconte Froissart, du Guesclin se défendit de l'accepter, & il ajoute » qu'une des excuses qu'il apporta fut, *qu'il étoit* » *venu de pauvre Noblesse*, pour ce n'oseroit bonnement com-» mander pour le fait & exercice de l'Office aux Princes du » Sang, ayant charge de Gendarmes : ainsi ne s'en pourroit » acquiter ; & s'il le vouloit entreprendre seroit chargé d'envie. » A quoi ledit Roi lui répondit, qu'il n'avoit frere, neveu, » ne cousin, ne autre son Sujet qui ne lui obéît. La chose arriva comme le Roi l'avoit prédit ; jamais Connêtable n'exerça cette Charge avec plus d'autorité & plus de satisfaction de toutes les Troupes, tant la réputation de valeur, d'habileté dans la guerre & de droiture avoit rendu ce Gentilhomme respectable.

*Charge de Connêtable toujours possedée par de grands Seigneurs.*

*Modestie de Bertrand du Guesclin à ce sujet.*

Le Connêtable recevoit l'investiture de cette Charge par l'Epée Royale que le Roi lui mettoit en main. Il est marqué dans l'Histoire de Charles VI, que quand Charles Sire d'Albret fut fait Connêtable, le Roi lui donna son Epée de sa main, & que les Ducs d'Orleans, de Berri, de Bourgogne Oncles paternels du Roi, & le Duc de Bourbon, qui étoient tous quatre les Chefs du Conseil de ce Prince, lui ceignirent l'Epée.

*Investiture de cette Charge par l'Epée Royale.*

Cette ceremonie marquoit que le Roi mettoit son Epée en sa garde ; le Connêtable la recevoit toute nuë, & faisoit hommage-lige de sa dignité au Souverain : c'est par cette raison que les Connêtables portent aux côtez de l'Ecu de leurs Armes deux épées nuës fleurdelisées la pointe en haut, l'une à droite, l'autre à gauche.

Le Connêtable avoit une Jurisdiction, dont le Siege étoit à la Table de Marbre : cette Jurisdiction depuis la suppression de la Charge de Connêtable est encore exercée par les Maréchaux de France ; le Doyen des Maréchaux y préside.

*Jurisdiction de la Connêtablie.*

Duhaillan dans son Livre *de l'état des Affaires de France*, fait le détail de l'étenduë de cette Jurisdiction, telle qu'elle étoit encore de son tems, c'est-à-dire sous le Regne de Henri III.

*Fol. 294. v.*

» Estant adonc l'Estat de Conte d'Estable destiné pour le com-
» mandement des armes, les Rois ont donné aux Connêtables
» une Jurisdiction resseante à la Table de Marbre à Paris,

„ congnoissante de tous excez, crimes & delicts commis &
„ perpetrez par les gens d'armes des Ordonnances du Roi, &
„ autres gens de guerre, soit de cheval ou de pied, au camp,
„ en leurs garnisons, ou revenans, ou tenans les champs, &
„ des prisonniers de guerre, rançons, butins, & aussi des efforts
„ qui peuvent estre faicts aux dessusdits, & autres delicts, qui,
„ à cause de ce, peuvent advenir. Ils ont aussi cognoissance de
„ la desobeïssance des Soldats envers leurs Chefs, de la cassa-
„ tion faite par les Commissaires des Guerres, des Deserteurs
„ de la Milice, & generalement de tous les differends qui peu-
„ vent tomber entre les gens de Guerre, & pour le fait de
„ la Guerre.

*Etat de la France de 1708 vol. 2.*

Il y a encore à l'Armée un Prevôt de la Connêtablie qui y a quelque Jurisdiction.

*Vacance de la dignité de Connêtable.*

La Charge de Connêtable avant sa suppression a été quelquefois laissée vacante pendant plusieurs années, soit parce que les Rois apprehendoient de faire des mécontens de ceux qui y prétendoient, & qui en auroient été exclus par le choix d'un Sujet, soit parce qu'ils n'avoient personne à qui ils pussent sûrement confier une Charge, qui rendoit celui qui la possedoit très puissant, & par-là redoutable au Souverain même. Elle vaqua cinq à six ans depuis la mort de Bernard d'Armagnac, jusqu'au Comte de Boucan Ecossois, que Charles VII honora de cette dignité : elle vaqua vingt-quatre ans depuis la mort du Connêtable Jean de Bourbon, jusqu'à Charles de Bourbon, qui fut créé Connêtable par François I ; elle ne fut remplie après la mort de Charles de Bourbon arrivée en 1527 qu'au bout de dix ans, que le même Roi éleva Anne de Montmorenci à cette dignité ; & ce Seigneur étant mort en 1557, il n'y eut point de Connêtable jusqu'en 1593, que Henri IV donna l'Epée de Connêtable à Henri de Montmorenci, qui succeda ainsi au bout de vingt-six ans à Anne son pere. Enfin

*Suppression de la dignité de Connêtable par Louis XIII.*

après la mort du Connêtable de Lesdiguieres, elle fut supprimée par Louis XIII l'an 1627. Les motifs qu'il apporte de cette suppression dans son Ordonnance, sont les gros appointemens qu'il falloit donner à ce grand Officier, & la trop grande puissance que les Connêtables s'étoient attribuée au préjudice de l'Autorité Royale ; & cette raison avoit fait penser

Louis XI

DE LA MILICE FRANÇOISE. *Liv. III.* 185

Louis XI longtems auparavant à la supprimer.

Je finirai cet Article par le Serment que faisoient les Connétables en recevant l'Epée.

*Forme du Serment que le Connêtable faisoit entre les mains du Roi.*

„Vous jurez Dieu le Createur, par la Foi & la Loi que *Serment du*
„vous tenez de lui, & sur vostre honneur, que en l'Office *Connêtable.*
„de *Connestable de France*, duquel le Roi vous a presentement
„pourveu, & dont vous lui faites hommage pour ce deu, vous
„servirez icelui Sieur envers & contre tous, qui peuvent vivre &
„mourir, sans personne quelconque en excepter, en toutes
„choses lui obéirez comme à votre Roi & souverain Seigneur,
„sans avoir intelligence ne particularité à quelque personne
„que ce soit, au préjudice de lui & de son Royaume : & que
„s'il y avoit pour le tems present ou à venir, sur communauté
„ou personne quelconque, soit dedans ou dehors le Royaume
„de France, qui s'élevast, ou voulsist faire, & entreprendre
„quelque chose contre & au préjudice d'icelui sondit Royau-
„me, & des droits de la Couronne de France, vous l'en aver-
„tirez & résisterez de tout vostre pouvoir, & vous y employe-
„rez comme Connestable de France, sans rien épargner, jus-
„ques à la mort inclusivement ; & jurez & promettez de gar-
„der & observer le contenu és Chapitres, & forme de fidelité
„vieux & nouveaux.

*Liste des Connêtables de France.*

COmme je ne traite ici de la Charge de Connêtable que par rapport à la Milice, je ne commencerai cette Liste que par le Connêtable qui a eu l'autorité dans les Armées, soit qu'il l'eût d'abord seulement par commission, comme je le crois, soit que dès lors elle eût été attachée à la Charge.

Mathieu de Montmorenci II du nom : il eut cette dignité en 1218.

Amauri II du nom, Comte de Montfort-l'Amauri, en 1231.

*Tome I.* Aa

Cette Charge lui avoit été promise par Louis VIII, à qui il céda ses droits sur le Comté de Toulouse; & il fut mis en possession par saint Louis.

Humbert V du nom, Sire de Beaujeu, vers l'an 1240.

Gilles II du nom, dit le Brun, Seigneur de Trasignies, en 1248.

Humbert de Beaujeu, Seigneur de Montpensier, en 1250.

Raoul de Clermont II du nom, Seigneur de Neesle, étoit Connêtable dès l'an 1287.

Il fut tué à la sanglante défaite de l'Armée Françoise à Courtrai en 1302.

Gaucher de Chastillon sur Marne IV du nom en 1302.

Raoul de Brienne III du nom, vers 1335.

Raoul de Brienne IV du nom Comte d'Eu, fils du precedent, en 1344.

Le Roi Jean lui fit couper la tête l'an 1350, pour avoir eu des intelligences avec le Roi d'Angleterre.

Charles de Castille, dit plus communément Charles d'Espagne, en 1350.

Il fut assassiné dans son lit à l'Aigle dans le Perche par Charles Roi de Navarre dit le Mauvais, en 1354.

Jacques de Bourbon I du nom, Comte de la Marche & de Ponthieu, en 1354.

Il mourut des blessures reçuës à la journée de Brignais contre *les Compagnies*, en 1361.

Gauthier VI du nom, Comte de Brienne, & Duc d'Athenes, en 1356.

Il fut tué à la funeste bataille de Maupertuis, où le Roi Jean fut pris, en 1356.

Robert de Fiennes, en 1356.

Il quitta sa Charge à cause de sa vieillesse & de ses infirmitez.

Bertrand du Guesclin, en 1370.

Il fut aussi Connêtable de Castille.

Olivier de Clisson IV du nom, en 1380.

Philippe d'Artois Comte d'Eu, en 1392.

Louis de Sancerre, en 1397.

Charles d'Albret, en 1402.

# DE LA MILICE FRANÇOISE. *Liv. III.* 187

Il fut tué à la malheureuse bataille d'Azincourt, en 1415.

Valeran de Luxembourg III du nom, Comte de Saint-Paul.

Il fut mis à la place de Charles d'Albret, que la Faction Bourguignonne avoit fait dépoſer.

Bernard VII du nom, Comte d'Armagnac, en 1415.

Il fut maſſacré à Paris par la Faction du D. de Bourgogne, en 1418.

Charles I du nom Duc de Lorraine, ſucceda au Connêtable d'Armagnac.

Il fut redevable de cette dignité à la Reine Iſabeau de Baviere, & à la Faction Bourguignonne.

Jean Stuart Comte de Boucan, Ecoſſois, en 1424.

Il fut tué à la bataille de Verneuil au Perche la même année.

Artus de Bretagne Comte de Richemont, ſecond fils de Jean V Duc de Bretagne, en 1424.

Il devint Duc de Bretagne, & garda l'Epée & la Charge de Connêtable juſqu'à ſa mort.

Louis de Luxembourg Comte de Saint-Paul, en 1465.

Louis XI lui fit trancher la tête dans la Place de Gréve pour crime de leze-Majeſté, en 1475.

Jean II du nom Duc de Bourbon, en 1483.

Charles III du nom Duc de Bourbon, en 1515.

Il fut tué en donnant l'aſſaut aux murailles de Rome après ſa révolte contre le Roi François I, en 1527.

Anne Duc de Montmorenci, en 1538.

Il mourut des bleſſures reçûës à la bataille de Saint-Denis contre les Huguenots, en 1567.

Henri I du nom Duc de Montmorenci, fils du precedent, en 1593.

Charles d'Albert Duc de Luynes, en 1621.

François de Bonne Duc de Leſdiguieres, en 1622.

Il fut le dernier Connêtable de France; cette Charge ayant été ſupprimée par le Roi Louis XIII l'an 1627.

Il ſeroit naturel de traiter ici de la dignité de Maréchal de France, qui eſt la plus haute parmi les dignitez Militaires après celle de Connêtable, & de traiter auſſi du titre de Lieutenant

A a ij

General : mais je me réserve à en parler dans la derniere Partie de cet Ouvrage, suivant le Plan que je me suis fait pour éviter les redites, de renfermer dans l'Histoire de la Milice du Regne de Louis le Grand, ce qui regarde toutes les especes de Troupes, & toutes les Charges Militaires qui subsistent encore aujourd'hui. Or la Charge de Maréchal de France, & celle de Lieutenant General sont de ce nombre; & elles auront leur place en cet endroit. Il ne me reste qu'à dire ici quelque chose de certaines autres Charges, qui donnoient du commandement dans l'ancienne Milice. J'en trouve trois principales, sçavoir celle de Capitaine General, celle de Grand Maître des Arbalêtriers, & celle de Porte-Oriflamme, qui ne subsistent plus de notre tems. Je commence par celle de Capitaine General.

### Du Titre de Capitaine General.

CE Titre est fort ancien en France, & donnoit autrefois un commandement presque sans bornes à celui qui en étoit revêtu, dans le district où il commandoit.

On va voir par les provisions de Capitaine General, que Philippe de Valois donna à Guy de Nesle en 1349, l'autorité qui y étoit attribuée.

» Philippe, par la grace de Dieu Rois de France, à tous
» ceux qui ces presentes Lettres verront : Salut. Sçavoir faisons
» que nous confians du sens, loyauté & diligence de nôtre amé
» & féal Chevalier Guy de Neelle, Mareschal de France, ice-
» luy avons fait & establi, faisons & establissons par ces Lettres
» pour la seureté du pays, Capitain General & Souverain,
» de par Nous és Parties de Xaintonge, & és Pays & marches
» d'environ, & de tous les lieux voisins, auquel nous avons
» donné, & encore donnons pouvoir, autorité, & mandement
» especial de mander, assembler, & tenir à nos gages gens d'ar-
» mes & de pié tant, tel nombre & toutefois que bon li sem-
» blera, de visiter & establir les Villes, Chasteaux & Forte-
» resses du pays, & des marches, & de croistre & apetisser les
» establies *, de changer, mettre de lieu en autre, & oster du
» tout Chastelains, Baillis, Prevos, Receveurs, & toutes manie-

* c'est-à-dire, les garnisons.

« res d'autres Officiers quiex & quelque estat qu'ils soient, &
» autres establir de nouvel en lieux d'eux, de quitier, remet-
» tre, pardonner toutes manieres de crimes & malefices aux
» personnes que il verra qu'à bon soit, de rappeller Bains *, de   * c'est-à-dire,
» donner Lettres d'Estat à ceux qui seront en nostre service avec   bannis.
» luy, ou autre part de son commandement, du jour que il
» partiront de leur pays jusques à un mois après leur retour des
» parties où ils seront alés, de composer à toutes manieres de
» gens, de quelque estat que il soient tenant Villes, Chasteaux
» & Forteresses de nos ennemis qui vauldroient sans fraude ve-
» nir à nostre obéïssance, de prendre deniers sur les Receveurs
» quelconques desdites Parties pour faire les choses dessusdites,
» toutefois que mestier en sera, en eux donner quittance sous son
» scel de ce qu'il prendra d'eux, & de faire toutes autres cho-
» ses qui a Office de Capitain. General & Souverain, puent &
» doivent appartenir. Lesquelles choses dessusdites ainsi faites
» par nostredit Capitain, nous aurons fermes & agreables, &
» icelles & cescunes confremerons par nos Lettres scellées en las
» de soye de cire verte, se mestier est. Donnons en Mande-
» ment par la teneur de ces Presentes à tous nos Officiers &
» Subjets de quelque estat qu'ils soient, que audit Mareschal
» comme à Capitain establi de par Nous, obéïssent diligemment
» & prestent & donnent conseil, confort & aide, toutefois
» que mestier en aura, & à nos amez & feaux Gens de nos
» Comptes à Paris, que tout ce que nostre dit Capitaine aura
» pris ou receu desdits Receveurs, ou d'aucuns d'iceux pour la
» cause dessusdite, ils allouent en leurs comptes, & rabatent
» de leurs receptes sans contredits, & nonobstant que ces Pre-
» sentes soient passées par les Gens de nostre secret Conseil,
» en témoin de laquelle chose nous avons fait mettre à ces
» Lettres nostre grand Scel. Donné au Bois de Vincennes le
» 9 jour d'Aoust l'an de grace 1349.

C'est le sçavant M. du Cange qui nous a donné ce Monument tiré du Tresor des Chartes. Il en cite encore un autre
plus ancien de Philippes le Bel, donné à Vincennes l'an 1302,
le Mardi devant la fête de la Magdelaine, au Comte de Saint-
Paul Bouteiller de France. C'étoit là une commission, & non
une Charge.

*Titre de Capitaine General du tems de Louis XIII.*
T. 1. p. 170.

Le titre de Capitaine General fut donné par Louis XIII au Duc de Savoye en 1635 pour les Armées d'Italie: il lui en expedia les Patentes, qui sont rapportées dans les Memoires pour l'Histoire du Cardinal de Richelieu; & le Maréchal de Créqui qui commandoit alors en ce païs-là, eut ordre de lui obéïr.

Je trouve encore le titre de Capitaine General donné depuis ce tems-là sous le Regne de Louis XIV: mais les fonctions & les prérogatives attachées à cette Dignité ou Commission, n'étoient pas les mêmes que celles dont je viens de parler; car ce titre de Capitaine General donné au Duc de Savoye en 1635 lui attribuoit le commandement sur toute l'Armée, & répondoit à celui de Generalissime, dont on a usé quelquefois de notre tems. Mais les Capitaines Generaux de nouvelle institution, dont je vais faire mention, étoient dans l'Armée sous les ordres du Maréchal de France qui la commandoit, & leur donnoit seulement le droit de commander aux autres Lieutenans Generaux sans rouler avec eux.

*Autre espece de Capitaine General sous Louis XIV.*

Le Marquis de Castelnaut, & le Marquis d'Uxelles pere du Maréchal d'aujourd'hui, furent honorez de cette qualité en 1656: c'est ce que je trouve dans les Memoires de M. de Bussy-Rabutin, dont voici l'Extrait, où l'on verra l'occasion de cette institution.

Memoires de Bussy-Rabutin, T. 2. p. 62.

» Je ne servois pas, dit-il, de Lieutenant General cette
» Campagne, parce que Castelnaut pressant le Cardinal de le
» faire Maréchal de France; & ce Ministre ne le voulant ni sa-
» tisfaire là-dessus, ni tout-à-fait mécontenter, avoit inventé
» une Charge de Capitaine General, pour le mettre au-dessus
» de nous autres ses Camarades; de sorte que Monpesat, & les
» autres anciens Lieutenans Generaux ne voulant pas obéïr à
» Castelnaut, à moins qu'il ne fût Maréchal de France, s'étoient
» tous retirez de l'emploi; & j'aurois fait comme eux si je n'a-
» vois eu une grande charge à faire, à laquelle je me réduisis,
» & dans laquelle il n'étoit point honteux d'obéïr, non-seule-
» ment aux Lieutenans Generaux d'Armée, mais même aux
» Maréchaux de Camp.

» Dans la consideration qu'eut le Cardinal d'obliger Castel-
» naut, il entra encore celle de rebuter par-là les autres Lieu-
» tenans Generaux, dont l'élevation eût bientôt trop pressé son

» Eminence : & il trouva bien mieux son compte à faire des
» Lieutenans Generaux exprès, pour obéir à cette nouvelle
» Charge de Capitaine General, lesquels étoient proprement des
» Maréchaux de Camp sous un plus grand titre. De ce nom-
» bre-ci fut Crequi, Humieres, Bellefonds, Gadagne, & quel-
» ques autres.

» Ce que l'on fit pour Castelnaut dans l'Armée de Turenne,
» on le fit pour Uxelles dans l'Armée de la Ferté.

Ce titre a été encore donné dans ces derniers tems à quelques Commandans ; & j'en ferai mention dans la partie de cette Histoire, où je traiterai de la Milice du Regne de Louis le Grand.

Je vais parler d'une autre Charge qui n'est plus, & qui étoit autrefois des plus considerables ; c'est celle de Maître des Arbalêtriers.

### Des Grands Maîtres des Arbalêtriers.

CEtte Charge étoit la plus relevée de l'Armée après celle de Maréchal de France pour le commandement : aussi la voyons-nous toujours possedée par des personnes de qualité.

Le premier que je sçache des Maîtres des Arbalêtriers qui soient nommez dans nos Histoires, est Thibaut de Monleart sous le Regne de saint Louis ; & il n'y a pas lieu de s'étonner qu'on n'y en trouve point avant Philippe-Auguste, puisque, comme le dit Guillaume le Breton, au commencement du Regne de ce Prince ayeul de saint Louis, on ne connoissoit ni la Balliste ni l'Arbalête en France. C'est en rancontant le Siege du Château de Boves, dont on voit encore les ruines à deux petites lieuës d'Amiens, qu'il nous assure de ce fait. *. *Arcus Ballistarius*, dont il est parlé dans les Vers de Guillaume le Breton, c'est l'Arbalête, comme l'étymologie même du mot le montre. Ce Prince mit les Arbalêtes & les Arbalêtriers en usage : mais on ne voit point par les Historiens de son Regne qui descendent neanmoins en de grands détails de guerre, qu'il eût

*Philippe-Auguste introduit en France l'usage de l'Arbalête.*

---

\* Francigenis nostris illis ignota diebus,
Res erat omnino quid Ballistarius arcus,
Quid Ballista foret. Nec habebat in agmine toto,
Rex quemquam sciret armis qui talibus uti.

établi un Officier d'Armée avec le titre de Maître des Arbalêtriers. Nous n'en voyons point non-plus sous le Regne de Louis VIII. son fils : mais depuis saint Louis l'Histoire fournit une suite de ces Officiers jusqu'en l'an 1523, sous le Regne de François I, sous lequel Aymar de Prie avoit encore ce titre.

Je n'ai trouvé nulle part les fonctions & les prérogatives du Grand Maître des Arbalêtriers bien marquées, que dans l'Extrait d'un Registre *a* des Titres de Rochechouart-Chandenier ; il est intitulé ainsi :

*Fol. 103.*

*Les Droits anciens que souloient avoir les Grands Maîtres des Arbalêtriers de France.*

» LE Maître des Arbalêtriers de son droit a *toute la Cour*,
» garde & administration, avec la connoissance des gens
» de pied étant en l'Ost où chevauche le Roi, & de tous les
» Arbalêtriers, des Archers, de Maîtres d'Engins, de Cano-
» niers, de Charpentiers, de Fossiers, & de toute l'Artillerie de
» l'Ost, à toutes les monstres, à l'Ordonnance sur ce à la
» Bataille *b* premier assiet les Ecoutes *c*, envoye querre le cry *d*
» la nuict, & se Ville, Forteresse ou Chasteau est pris, à lui ap-
» partient toute l'Artillerie quelque soit qui trouvée y est ; &
» se l'Artillerie de l'Ost est commandée à traire sur ennemis,
» le revenant de l'Artillerie est à lui. Item a son droit sur
» oyes & chieves qui sont prises en fait de pillage sur les en-
» nemis du Roy.

Ces paroles du commencement de cet Article, *a toute la Cour*, signifient, je crois, que le Maître des Arbalêtriers a toute la Jurisdiction, garde, &c. *des gens de pied estant en l'Ost où chevauche le Roy*. Je ne crois pas que cela veuille dire que le commandement de tous les gens de pied, fut attaché à sa Charge, mais seulement que lorsque le Roi *chevauchoit en l'Ost,*

c'est à dire,

---

*a* Il est rapporté dans l'Histoire des Grands Officiers de la Couronne, T. 2. p. 1058.
*b* A la Bataille, c'est-à-dire, à l'Armée.
*c* Les Ecoutes, c'est-à-dire, les Sentinelles & les Vedettes.
*d* Le Cry, c'est-à-dire, le mot du Guet.

c'eſt-à-dire, lorſqu'il étoit preſent à l'Armée, il prenoit immediatement de lui l'ordre pour l'Infanterie, faiſoit les monſtres, &c. ſans prendre l'ordre du Maréchal de France : mais quand le Roi n'étoit point en l'Oſt, il n'agiſſoit que par les ordres du General, qui repreſentoit la perſonne du Roi.

Cette Reflexion eſt fondée ſur un Arrêt du 22 d'Avril de l'an 1411 ſous Charles VI, au ſujet d'un differend qu'il y eut entre le Maréchal Boucicaut, & Jean ſieur d'Hangeſt Maître des Arbalêtriers de France. Du Tillet parle de cet Arrêt ſous le titre *du Connétable, des Maréchaux, & des Maîtres des Arbalêtriers de France*. « Les Arbalêtriers, dit du Tillet, Ar-
» chers & Canoniers ayant les Maîtres des Arbalêtriers & de
» l'Artillerie leurs Superieurs, debattoient n'être ſous la charge
» deſdits Maréchaux. Le Roi Charles VI ſur ce débat meu
» entre le Maréchal Boucicaut, & Jean ſieur de Hangeſt Maî-
» tre des Arbalêtriers de France le 22 Avril 1411, déclara que
» la connoiſſance deſdits Arbalêtriers, Archers & Canoniers
» appartenoit & appartiendroit perpetuellement, & la reception
» de leurs monſtres & revûës auſdits Maréchaux.

Ce differend ſans doute ne conſiſtoit pas à ſçavoir ſi le Maître des Arbalêtriers, & tous ceux qui étoient ſous ſa Charge, obéïroient dans l'Armée au Maréchal de France ; car de tout tems les Officiers les plus conſiderables, comme fut depuis le Colonel General de l'Infanterie, obéïſſoient toujours dans les Armées au Maréchal de France, comme au General de toutes les Troupes. Mais il étoit ſeulement queſtion de ſçavoir ſi les crimes des Arbalêtriers & des autres devoient être jugez par le Maître des Arbalêtriers, ou par le Maréchal de France à l'Armée ; ſi c'étoit à celui-ci à ordonner les revûës des Arbalêtriers, des Archers, &c. à recevoir l'argent pour les monſtres des Arbalêtriers & autres choſes ſemblables, quand il étoit preſent ; & c'eſt ce qui fut ajugé au Maréchal.

Duhaillan * qui fait auſſi mention de cet Arrêt, dit que cela fut changé depuis, c'eſt-à-dire que les Maîtres des Arbalêtriers revinrent contre l'Arrêt, & qu'ils furent rétablis dans les droits que les Maréchaux de France leur avoient diſputez.

Du Tillet prétend, & quelques autres ſur ſon témoignage

* De l'Etat des Affaires de France, l. 4. fol. 305. v.

l'ont depuis écrit, qu'à la Charge de Grand Maître des Arbalêtriers fut substituée celle de Colonel General de l'Infanterie. « Le Maître des Arbalêtriers, dit-il, étoit ancienne Office, » ainsi nommée dès le tems de saint Louis & auparavant, parce » que des gens de pied, les Arbalêtriers étoient en plus grande » estime, & lui a succedé le Couronnel de l'Infanterie.

Ce sentiment est appuyé sur un mauvais principe, parce que du Tillet semble supposer que tous les Arbalêtriers n'étoient que de l'Infanterie : or par nos Histoires cela est constamment faux ; car Philippe de Comines racontant la bataille de Fornoüé sous le Regne de Charles VIII fait plusieurs fois mention d'Arbalêtriers à cheval, tant parmi les François, que parmi les ennemis. Le même Auteur parlant des Troupes que Jean Duc de Calabre amena aux Princes durant la guerre du bien public au commencement du Regne de Louis XI, dit qu'entre autres Troupes, *il avoit quatre cens Cranequiniers que lui avoit prêté le Comte Palatin, gens fort bien montez, & qui sembloient bien gens de guerre* a. Or ces Cranequiniers étoient certainement des Arbalêtriers à cheval.

Marc de Grimaut Seigneur d'Antibes, qui est nommé dans la Liste des Grands Maîtres des Arbalêtriers sous le Roi Charles V l'an 1373 est qualifié de *Capitaine General des Arbalêtriers, tant de pied que de cheval, étant au service du Roi*, par Lettres données à Vincennes le 16 de Decembre b 1373. Il est encore parlé d'Archers à cheval sous le Regne du Roi Jean dans l'Article de Baudoin de Lence Grand Maître des Arbalêtriers.

Il n'y a donc nul fondement à dire que la Charge de Colonel General de l'Infanterie ait succedé à celle de Grand Maître des Arbalêtriers, étant une Charge toute differente, non seulement parce qu'il y avoit des Arbalêtriers à cheval sous les ordres du Grand Maître des Arbalêtriers ; au lieu que la Charge de Colonel de l'Infanterie n'avoit point de Jurisdiction sur aucune Cavalerie ; mais encore parce que tout ce qui regardoit l'ancienne & la nouvelle Artillerie n'a jamais eu aucune dépendance du Colonel General, & que l'ancienne Artillerie étoit

---

a Notes Marginales de Philippe de Comines, loc. cit. Fauchet de la Milice, fol. 530.

b Citées dans l'Histoire des Grands Officiers de la Couronne, p. 1035.

DE LA MILICE FRANÇOISE. *Liv. III.* 195

toute sous le Grand Maître des Arbalêtriers. Par cette derniere raison, la dignité de Grand Maître de l'Artillerie d'aujourd'hui represente beaucoup mieux celle de Grand Maître des Arbalêtriers; & elles ont entre elles beaucoup plus de ressemblance. Je parlerai ailleurs du Grand Maître de l'Artillerie. J'observerai seulement ici deux choses. La premiere, que le Maître des Arbalêtriers pouvoit être appellé Maître de l'Artillerie dès le tems de ces anciens Regnes qui précederent l'invention du canon & des autres armes à feu. Premierement, parce que toutes les machines de guerre dont on usoit dans les sieges, soit pour la défensive, soit pour l'offensive, les Ingénieurs, & tous ceux qu'on employoit à gouverner ces machines, selon du Tillet même, étoient de sa dépendance; comme tous ceux qui servent aujourd'hui le canon & les mortiers, les Mineurs, ceux qui les commandent, les Arsenaux, &c. sont du district du Grand Maître de l'Artillerie.

*Ressemblance de la Charge de Grand Maître des Arbalêtriers, avec celle de Grand Maître de l'Artillerie.*

Secondement, parce qu'en effet les machines de guerre, & tout ce qui y avoit rapport, portoient dès lors le nom d'Artillerie. Il n'y a qu'à voir dans l'Histoire des Grands Officiers de la Couronne la Liste de ceux qui sont marquez sous le titre & dans l'Article du Grand Maître de l'Artillerie pour n'en pas douter. Guillaume d'Audan y est dit Maître de l'Artillerie du Louvre. Guillaume Chastelain de Montargis y est appellé Maître de l'Artillerie de Montargis, & cela sous l'an 1291, & plusieurs autres de même avant l'invention des armes à feu : c'étoit le titre ordinaire de ceux qui étoient chargez du soin des machines de Guerre & des Arsenaux, qui étoient en diverses places du Royaume.

*Pag. 1060. Machines de guerre appellées du nom d'Artillerie avant l'invention des armes à feu.*

Guillaume Guyart au sujet de la bataille de Monts en Puelle sous Philippe le Bel l'an 1304, où assurément il n'étoit point encore mention de canon, parle ainsi:

    Nul ne pense ores * à lescherie,
    Plusieurs vont à l'Artillerie
    Qui fut sans que ce Trusle lise
    Prés des tentes du Roy assise
    Artillerie est le charroy
    Qui par Duc, par Comte, ou par Roy,

* c'est-à-dire, à aller au Cabaret.

Bb ij

Ou par aucun Seigneur de terre
Est chargé de quarriaux * en guerre
D'Arbalestes, de dards, de lances
Et de targes d'une semblances.

*espece de flèches.

Ceux qui étoient employez à construire ces machines, s'appelloient Artilliers, comme on le voit dans le Statut d'Edouard II Roi d'Angleterre. *Item ordinatum est, quod fit unus ARTILLATOR qui faciat Ballistas, carellos, arcos, sagittas, lanceas, Spiculas, & alia arma necessaria pro Garnisonibus Castrorum.*

De Officio Seneschalli Aquitaniæ.

Ce mot d'*Artillerie* & d'*Artillier* vient du mot Latin *Ars Artis*, parce qu'il y avoit beaucoup d'artifice dans ces machines, comme le mot d'Engin vient d'*Ingenium*, & d'engin, engeigneur, & d'engeigneur, Ingenieur.

*Hi se clauserunt prope ripas ingeniorum* *,
Cura quibus pontemque data est a rege tuendi.*

* les Engins ou machines.

dit Guillaume le Breton,
& Guillaume Guiart.

Sous l'an 1206.

Li Engigneurs engins drecent

Sous Louis VIII.

Et Philippe Mouskes,
Quant li boins mestres Amauris
Le Sire des Engignours
Commandere des Minours *.

*des Mineurs.

Il paroît donc certain que la Charge du Grand Maître des Arbalêtriers étoit en ces anciens tems à proportion ce qu'est aujourd'hui la Charge de Grand Maître de l'Artillerie : & il commandoit les Arbalêtriers, comme maintenant le Grand Maître de l'Artillerie commande le Regiment Royal d'Artillerie, celui des Bombardiers, &c.

La seconde chose que j'observerai, & qui confirmera encore ce que je viens de dire, c'est que ceux qui portoient le titre de Maître de l'Artillerie longtems avant l'invention des armes à feu, étoient certainement des Officiers subalternes du Maître des Arbalêtriers. On en voit depuis 1291, c'est à dire sous le Regne de Philippe le Bel, & depuis sous quelques-uns de ses Successeurs qui portoient le titre de Maître de l'Artillerie, non pas de toute l'Artillerie de France, mais de divers lieux particu-

Voyez l'Hist. des grands Officiers de la Couronne, t. 2. p. 1060.

liers, comme de l'Artillerie du Louvre, de l'Artillerie de Rouen, de Melun, &c. On voit ces titres de Maîtres d'Artillerie des lieux particuliers jusqu'en 1378, c'est-à-dire jusqu'à la fin du Regne du Roi Charles V. On ne peut douter que ces Officiers, au moins jusqu'au tems de l'invention du canon, ne fussent des Subalternes des Grands Maîtres des Arbalêtriers, & même au moins pendant quelque tems depuis l'usage du canon, puisque dans l'Acte que j'ai cité touchant les anciens droits des Grands Maîtres des Arbalêtriers, nonseulement les Archers, les Arbalêtriers, mais encore les Maîtres d'Engins, *& les Canoniers*, & toute l'Artillerie de l'Ost étoient sous ses ordres.

Outre que ces Maîtres particuliers de l'Artillerie en certains lieux étoient gens peu considerables ; & quoiqu'on y trouve quelques Gentilshommes qu'on y reconnoît par leur qualité d'Ecuyer ou de Sergent d'armes, il paroît que les autres n'étoient que de simples Bourgeois.

Mais depuis que l'on voit dans la Liste des Maîtres d'Artillerie des gens d'une naissance distinguée, avec le titre de Maître General de l'Artillerie de France, il y a lieu de douter si alors l'Artillerie, c'est-à-dire, ce qui regardoit les canons, les autres armes à feu, & les Officiers qui faisoient ce service, n'eurent point un autre Chef que le Grand Maître des Arbalêtriers ; & si l'autorité de celui-ci ne fut point bornée à l'Intendance sur les anciennes machines dont on se servit encore longtems avec le canon dans les Sieges des Villes, & sur les Officiers commis pour l'usage de ces sortes de machines.

Ce n'est que sous Louis XI que l'on commence de voir un homme d'une naissance bien distinguée, *commis au gouvernement de toutes les Artilleries de France*. C'étoit Louis Sire de Crussol, de Beaudisner, de Levis, & de Florensac : il exerça deux fois cette Charge par commission. On voit depuis lui la Charge de Maître de l'Artillerie possedée par des personnes de qualité. Cela me persuade que du tems de Louis XI la Charge de Maître de l'Artillerie, c'est-à-dire du canon, des armes à feu, des Mineurs & des Officiers qui servoient à cette nouvelle Artillerie, fut démembrée de la Charge de Grand Maître des Arbalêtriers, & soustraite à son Intendance, d'autant plus que

Histoire des grands Officiers de la Couronne, t. 2. p. 1069.

*Vacance de la Charge de Grand Maître des Arbalêtriers sous Louis XI jusqu'à François I.*

la Charge de Grand Maître des Arbalêtriers demeura vacante après la mort de Jean Sire & Ber d'Auxy, qui l'exerça sous Louis XI, & qu'elle ne fut remplie que par François I, lequel la conféra à Aymar de Prie. Il fut le dernier de tous, & il l'étoit en 1523 : mais je toucherai encore ce point en traitant de la Charge de Grand Maître de l'Artillerie. Il est donc incontestable que tout ce que l'on appelloit Artillerie avant les armes à feu étoit de la dépendance du Grand Maître des Arbalêtriers ; & il est fort vrai-semblable que même la nouvelle Artillerie depuis l'invention de la poudre fut dans son district au moins jusqu'au Regne de Louis XI. Je vais ajoûter la Liste des Grands Maîtres des Arbalêtriers depuis saint Louis, sous lequel il paroît qu'elle fut instituée.

### Liste des Grands Maîtres des Arbalêtriers de France.

Thibaud de Montleard sous le Regne de saint Louis.

Rénaud de Rouvray ou de Rouvroy en 1274 sous le Regne de Philippe le Hardi.

Jean de Burlas Sénéchal de Guyenne, en 1284.

Jean le Picard Chevalier Poitevin, en 1298.

Pierre de Courtisot, en 1303.

Thibaud Sire de Chepoy, en 1304.

Pierre de Galart, en 1310.

Etienne de la Baume, dit le Galois, en 1339.

Mathieu de Roye, dit le Flamant, en 1346.

Robert Sire de Houderot Sénéchal d'Agenois, Chevalier du Bailliage de Caux en Normandie, en 1350.

Baudouin de Lens Gouverneur de Lisle, Douay & Orchies, en 1359.

Nicolas de Ligne, selon Froissart vol. 1. ch. 223 étoit Maître des Arbalêtriers, en 1364.

Hugues de Chastillon Seigneur de Dampierre, &c. en 1364.

Marc de Grimaut Seigneur d'Antibes fut établi Capitaine General de tous les Arbalêtriers, tant de pied que de cheval, étant au service du Roi par Lettres données à Vincennes le seize de Decembre 1375.

Guichard Dauphin Seigneur de Jaligni, &c. en 1379. Il l'étoit encore en 1403.

Il fut Gouverneur du Roi Charles VI.

Renaud de Trie exerça cette Charge en 1394, & en 1395, par la destitution du precedent, qui fut rétabli dans la Charge en 1399.

Jean Sire de Bueil exerçoit cette Charge en 1396, par la destitution de Guichard Dauphin.

Il fut tué à la bataille d'Azincourt.

Jean de Hangest, en 1403.

Jean de Hangest, en 1407.

Il fut tué à la bataille d'Azincourt.

David Sire de Rambures, en 1411.

Jean de Torsay, en 1415.

Jacques de la Baume, en 1418.

Hugues de Lannoy Seigneur de Santes, en 1421.

Jean Malet Sire de Graville, en 1425.

Jean Sire & Ber d'Auxi, en 1461.

Aymar de Prie, en 1523.

La Charge de Maître des Arbalêtriers demeura soixante ans vacante après la mort du Seigneur d'Auxi, & ne fut remplie qu'en 1523 par François I qui y nomma Aimar de Prie: c'est le dernier qui a possedé cette Charge.

*Aimar de Prie dernier Grand Maître des Arbalêtriers.*

Après avoir traité de la dignité de Connétable, & de celle de Grand Maître des Arbalêtriers, qui depuis la suppression de la Charge de Grand Senéchal de France étoient les plus considerables dans les Armées pour le commandement, je vais parler de celle de Porte-Oriflamme, qui n'avoit ni le commandement general de l'Armée, ni le commandement de la Gendarmerie, ni celui de l'Infanterie, mais qui avoit seulement celui du Corps particulier de Gendarmerie, où il étoit à la tête de l'Armée dans les batailles.

# HISTOIRE

## De la Dignité de Porte-Oriflamme.

*Oriflamme Banniere de l'Abbaye de saint Denis.*

JE traiterai plus au long de l'Oriflamme dans le Chapitre des Etendarts de France. Je ne prétends parler ici que du titre de Porte-Oriflamme, qu'on donnoit à celui que nos Rois chargeoient de porter cette Banniere dans les Armées. Je dirai seulement par avance que c'étoit l'ancienne Banniere de l'Abbaye de Saint Denis, que les Comtes du Vexin qui étoient les Avoüez de cette Abbaye portoient dans les guerres particulieres que l'Abbé, selon l'usage de ce tems-là, étoit quelquefois obligé d'avoir contre les Seigneurs ses voisins. Nos Rois étant entrez en possession du Vexin, firent cette Banniere la principale de leurs Armées à l'honneur de saint Denis, qu'ils avoient choisi pour Patron & Protecteur de la France : cette Banniere étoit d'un cendal ou taffetas rouge, suspendu à une lance dorée.

Celui donc à qui le Roi confioit l'Oriflamme pour la porter à la tête de l'Armée, avoit le titre de Porte-Oriflamme. Il n'avoit, comme je l'ai dit, en vertu de cet emploi, que le commandement de la Troupe à la tête de laquelle il portoit cette Banniere : mais cette Troupe étoit toujours composée de Chevaliers & de Gendarmes d'élite.

Cet emploi ne se donnoit qu'à un Chevalier d'une prudence & d'une vaillance éprouvée ; & par cette raison l'honneur qui y étoit attaché le faisoit préferer aux plus hautes Charges. De sorte que le Seigneur Arnoul d'Audenehan, ou d'Andrehen, comme il est plus souvent nommé dans nos Histoires, donna en 1368 sous le Roi Charles V la démission de sa Charge de Maréchal de France, pour être honoré de celle de Porte-Oriflamme.

*Serment du Porte-Oriflamme.*

Le Serment que faisoit cet Officier, l'obligeoit à périr plûtôt que d'abandonner cette Banniere. M. du Cange a le premier imprimé ce Serment dans sa 18e Dissertation sur l'Histoire de saint Louis par Joinville. En voici la Formule : » C'est » le Serment que fait le Chevalier à qui le Roi baille l'Ori-» flamme à porter. Vous jurez & promettez sur le précieux » Corps de J. C. sacré ci present, & sur le Corps de Monsei-
» gneur

« feigneur faint Denis & fes Compagnons qui cy font, que vous
« loyalement en votre perfonne, tendrez & gouvernerez l'O-
« riflambe du Roy Monfeigneur qui cy eft, à l'honneur & pro-
« fit de lui & de fon Royaume : & pour doute de mort ne
« autre avanture qui puiffe venir, ne la délaifferez, & ferez
« par tout votre devoir, comme bon & loyal Chevalier doit
« faire envers fon Souverain & droiturier Seigneur.

Le Porte-Oriflamme marchoit pour l'ordinaire à la tête de toute l'Armée, & cette Banniere précedoit toutes les autres : c'eft ainfi qu'en parlent Rigord *a*, & Guillaume le Breton *b* Auteurs Contemporains de Philippe-Augufte.

La dignité de Porte-Oriflamme paroît avoir été une Charge, ou une Commiffion à vie. Au compte *c* de Jean Huiffier Receveur General des Aydes, qui eft à la Chambre des Comptes de Paris, il y a un Mandement du Roi Charles du 26e jour de Novembre de l'an 1370, par lequel il ordonne de payer la fomme de deux mille livres au Seigneur d'Andenehan, Chevalier, fon Confeiller établi pour porter l'Oriflamme, *aux gages de deux mille livres francs par an à fa vie, pour foutenir fon état, lorfqu'il lui commit la garde de fon Oriflamme.* Mais il faut obferver que fi le Porte-Oriflamme avoit d'ailleurs quelque Penfion, la Charge ne lui procuroit point d'autres appointemens ; il étoit feulement défrayé aux dépens du Roi pendant le tems du fervice, & on le dédommageoit s'il perdoit quelques chevaux. C'eft ce qui eft marqué dans l'Extrait d'un Regiftre de la Chambre des Comptes de Paris fur l'Oriflamme, qui m'a été communiqué.

---

*a* Revocatur vexillum B. Dionyfii quod omnes præcedere in bella debebat. *Rigord*, an. 1215.
*b* Omnibus in bellis habet omnia figna præire. *Guillelm. Brito.*
*c* Cité par du Cange dans fa dix-huitième Differtation.

# HISTOIRE

## Certificats & prérogatives de Porteur de l'Auriflambe.

*Du Regiſtre de la Chambre des Comptes, fol. 61ˣˣ xij.*
*L'Auriflambe.*

« Meſſire Pierre de Villiers Souverain Maiſtre d'Hoſtel du Roi, & député par icelui Seigneur à porter l'Auri-flambe, demandoit qu'on lui déclarât les droits apparte-nans audit fait : fuſt trouvé en la Chambre des Comptes, que

*Appointemens du Porte-Oriflamme.*

« Le Seigneur de Noyers fuſt retenu du Grand Conſeil du Roi à deux mille livres de penſion, & longtems après fut ordonné pour porter l'Auriflambe, & ne lui fuſt-il rien crû a excepté que pour le tems qu'il portoit l'Auriflambe, il étoit à tous dépens du Roi.

« Item. Mᵉ Geoffroi de Charny fuſt retenu du Grand Conſeil du Roi à mille livres de penſion, & après, lui fut baillé l'Auriflambe ſans aucune croiſſance, comme deſſus à tous dépens.

« Item. Le Maréchal d'Andrehan quand il laiſſa l'Office de Maréchauſſée, fuſt retenu du Conſeil du Roi à deux mille livres de penſion, parce qu'il ne prenoit autre choſe ſur le Roi, & eſtoit ancien honneur, & rien pour l'Auriflambe.

« Et encore le retour b des chevaux ce qu'ils avoient coû-té : & fuſt expoſé au Roi de par la Chambre le premier Octobre mil trois cens ſeptante-deux.

La dignité de Porte Oriflamme, ſelon M. du Cange, & ſelon l'opinion commune, ceſſa à la fin du Regne de Char-les VI, parce qu'on prétend que depuis ce tems-là, c'eſt-à-dire depuis que les Anglois furent Maîtres de Paris & de Saint-Denis, on ne porta plus l'Oriflamme dans les Armées : mais depuis que M. du Cange a écrit ſa Diſſertation ſur ce ſujet, on a eu de nouvelles lumieres là-deſſus. Voici ce

*On n'a pas ceſſé de porter l'Oriflamme au Regne de Charles VI.*

a C'eſt-à-dire, qu'on n'augmenta point ſa Penſion.
b Le retour ou reſtour des chevaux *reſtauratio*, c'eſt-à-dire qu'on lui rendoit le prix des chevaux qui avoient été tuez ou eſtropiez.

# DE LA MILICE FRANÇOISE. Liv. III.

que dit Guillaume Marcel dans son Histoire de l'origine & du progrès de la Monarchie Françoise, imprimée en 1686. *comme on le croit communément.*

» Je n'assure point, dit-il, comme la plûpart des Histo-
» riens, que l'Oriflamme ait cessé d'être porté sous Charles
» VI, ayant vû depuis par les Originaux de plusieurs Titres
» produits & reçûs en une enquête faite en 1604 devant le
» Grand Prieur d'Aquitaine, pour justifier la Noblesse de Re-
» né Moreau sieur de la Monerie & du Feüillet, un Certificat
» donné devant Falaise le dernier Juillet 1450, par lequel Jean
» Bâtard d'Orleans Comte de Dunois, Chambellan de France,
» & Lieutenant General du Roi *, Chef des Arrierebans de
» France, certifie que Jean Moreau Seigneur de la Monerie,
» *étoit retenu pour la garde de l'Oriflamme.*

* *Charles VII.*

*Charge de Porte-Oriflamme subsistoit du tems de Charles VII.*

Ce Monument prouve que trente-huit ans après la mort de Charles VI, son fils Charles VII faisoit encore porter l'Oriflamme à la guerre. Mais l'Auteur de la nouvelle édition de l'Histoire des Grands Officiers de la Couronne produit une autre Piece, selon laquelle l'Oriflamme fut encore portée dans les Armées du tems de Louis XI fils de Charles VII. Voici ce qu'il en dit.

» Le Roi Louis XI reçût l'Oriflamme des mains du Car-
» dinal d'Alby Abbé de Saint-Denis, après avoir oüi la Messe
» dans l'Eglise de Sainte-Catherine du Val des Ecoliers à
» Paris le Vendredi trente Aoust 1465, pour aller combattre
» les Bourguignons, comme il s'apprend d'un Manuscrit con-
» temporain du P. Maupoin Prieur de cette Eglise. On ne
» trouve plus depuis, que nos Rois s'en soient servis dans les
» guerres. Il s'ensuit de ces deux témoignages que le dernier Roi qui ait fait porter l'Oriflamme à l'Armée n'est pas Charles VI, mais Louis XI.

*Cette Banniere fut encore en usage sous Louis XI.*

T. 2. p. 110.

Le premier qui soit nommé par l'Auteur de l'Histoire des Grands Officiers, & dans la Liste des Porte-Oriflammes, est Galois ou Galon de Montigni, qui fut choisi, dit il, par le Roi Philippe-Auguste pour porter l'Oriflamme à la bataille de Bouvines. Il s'appuye sur l'autorité de Philippes Mousques Evêque de Tournai, qui dans son Histoire de France écrite en Vers parle ainsi :

Cc ij

# HISTOIRE

Et par le conseil de sa gent
Si a fait bailler esramment
L'Oriflambe de Saint-Denise
A un Chevalier par devise
Walo de Montigni ot nom
Qui moult estoit de grand renom.

*Galon de Montigni ne portoit point l'Oriflamme à la bataille de Bouvines.*

Mais certainement Galon de Montigni doit être ôté de la liste des Porte-Oriflamme. Philippe Mouskes qui écrivoit plus de soixante ans après la bataille de Bouvines, s'est mépris en prenant pour l'Oriflamme l'Etendart Royal que Galon de Montigni portoit en cette bataille, & qui n'étoit pas le même. Cela est constant par les deux Historiens Contemporains de Philippe-Auguste, Rigord & Guillaume le Breton. Le premier parle ainsi :

* L'Oriflamme.

» Cependant les Troupes des Communes reviennent sur
» leurs pas ; elles avoient presque marché jusqu'au lieu où l'on
» devoit camper, *& où étoit la Banniere de Saint-Denis* *. Ils
» accourent aussitôt à l'endroit où combattoit le Roi, où ils
» voyoient l'*Etendart Royal* qui étoit parsemé de fleurs-de-lys,
» que Galon de Montigni tres-vaillant Chevalier, mais qui
» n'étoit pas riche, portoit ce jour-là.

Rigord, ad an. 1215.

On voit ici clairement la Banniere de Saint Denis, c'est-à-dire l'Oriflamme tout-à-fait distinguée de l'Etendart Royal que portoit Galon de Montigni auprès de la personne du Roi. Cet Etendart étoit parsemé de fleurs-de-lys, & l'Oriflamme étoit d'un taffetas rouge sans nulle figure. De plus l'Oriflamme étoit à la tête des premieres Troupes qui avoient déja passé le Pont de Bouvines, lorsque l'Empereur Othon fit charger l'arriere-garde de Philippe-Auguste, où ce Prince s'étoit rendu n'ayant pas encore passé le Pont. Le même Historien marque plus haut que l'Oriflamme étant déja trop avancé, parce qu'il marchoit à la tête des Troupes, on n'attendit pas qu'il fut revenu pour combattre.

Guillaume le Breton parlant de la même bataille, distingue pareillement & tres expressément les deux Etendarts, l'Oriflamme dont il fait la description, & l'Etendart Royal que Galon de Montigni portoit. Il est manifeste par tout cela que

Galon de Montigni ne doit point être mis dans la liste de ceux qui ont été honorez de l'emploi de Porte-Oriflamme.

## Liste des Porte-Oriflamme.

EN retranchant de cette liste Galon de Montigni, comme il l'en faut certainement retrancher, le premier Seigneur que je trouve nommé faisant les fonctions de Porte-Oriflamme est,

Anseau Seigneur de Chevreuse en 1294, sous Philippe le Bel.

Il porta l'Oriflamme à la journée de Mons en Puelle, & y perdit la vie, ayant été étouffé dans ses armes par la chaleur. Il eut des Predecesseurs dès le tems de Louis le Gros, sous le Regne duquel on commença à porter l'Oriflamme dans nos Armées, mais leurs noms ne sont point venus jusqu'à nous.

Raoul, dit Herpin, Seigneur d'Erqueri sous le Regne de Louis Hutin, en 1315.

Milés Seigneur de Noyers porta l'Oriflamme à la bataille de Mont-Cassel en 1328, sous le Regne de Philippe de Valois.

Geoffroi de Charni en 1355, sous le Roi Jean.

Il fut tué à la bataille de Maupertuis auprès de Poitiers, où le Roi Jean fut pris par les Anglois.

Arnoul d'Andenehan, ou d'Andrehen en 1368, sous le Regne de Charles V.

Pierre de Villiers Seigneur de l'Isle-Adam en 1368, sous le Regne de Charles V.

Guy Sire de la Trimouille en 1383, sous le Regne de Charles VI.

Pierre d'Aumont, dit Hutin, en 1397, sous le Regne de Charles VI.

Guillaume Martel Seigneur de Baqueville en 1414, sous le même Roi.

Il fut tué à la bataille d'Azincourt.

## HISTOIRE

A cette liste tirée de l'Histoire des Grands Officiers de la Couronne, il faut ajouter René Moreau, qui fut retenu pour la garde de l'Oriflamme en 1450, sous le Regne de Charles VII, comme je l'ai prouvé ci-dessus. Cette liste n'est pas complete ; mais je n'ai trouvé dans nos Histoires & dans les anciens Monumens que ceux que je viens de nommer.

J'ai traité jusques à présent de la maniere dont se formoient les Armées de France avant le Regne de Charles VII, & durant les vingt-trois premieres années que ce Prince fut sur le Trône. Au bout de ce tems-là, il changea entierement la forme de la Milice Françoise. Il s'y est fait encore depuis son Regne de grands changemens. C'est ce qui va faire la matiere des Livres suivans.

# LIVRE IV.

*Des Troupes qui ont composé les Armées depuis les changemens que Charles VII y fit, & qui n'y sont plus maintenant, ou du moins qui n'y sont plus sur le même pied qu'elles y étoient alors.*

DEPUIS l'Epoque que je viens de marquer du Regne de Charles VII, la Milice Françoise changea presque entierement; & les changemens qu'on y fit contribuerent toujours de plus en plus à la perfectionner.

Je traiterai ici d'abord des changemens qui furent faits dans la Cavalerie; ensuite de ceux qui furent faits dans l'Infanterie, & de diverses especes de Troupes qui composoient l'une & l'autre.

## CHAPITRE PREMIER.
### De l'Institution des Compagnies d'Ordonnance.

APrès la prise du Roi Jean à la journée de Maupertuis à deux lieuës de Poitiers l'an 1356, le Royaume tomba dans la plus extrême confusion, & il n'y eût presque plus nul ordre dans la Milice. Les séditions des Provinces, & sur tout celles

*Déplorable état du Royaume pendant la prison du Roi Jean.*

qui se firent à Paris sous la Regence de Charles Dauphin depuis Roi de France V du nom, l'empêcherent de remedier à ce désordre.

Il y eut en ce tems-là des Connêtables, des Maréchaux de France, des Grands Maîtres des Arbalêtriers, des Maîtres d'Artillerie à l'ordinaire : mais ils avoient si peu d'autorité sur les Troupes, qu'elle ne suffisoit pas pour rétablir la discipline Militaire. On n'avoit plus que très-peu de Troupes étrangeres, parce qu'on ne les payoit pas. Les Communes ne marchoient plus que selon la fantaisie des Magistrats des Villes, souvent gens factieux ou peu affectionnez au bien de l'Etat; & ils avoient même en plusieurs endroits besoin de leurs Milices, afin de se défendre contre les Païsans qui s'attroupoient de toutes parts pour piller les lieux où ils pouvoient avoir entrée, comme ils avoient été pillez dans leurs Villages par les Troupes débandées.

Cette même raison obligeoit les Seigneurs & les Gentilshommes à se fortifier dans leurs Châteaux pour les défendre, & les empêchoit par consequent de faire le service, & d'y mener leurs Vassaux. Le peu que le Dauphin pouvoit assembler de Troupes, lui étoit amené par quelques Seigneurs des Provinces les moins troublées, ou lui étoit fourni par quelques Communes qui étoient demeurées dans le devoir.

*Rétablissement de l'Etat par le Roi Charles V.*

Quand Charles V fut monté sur le Trône, quelques Seigneurs lui amenérent des Troupes, non pas tant composées de leurs Vassaux, que de leurs amis, ou de gens attachez à eux. Quelques-uns le firent à leurs frais; d'autres attirez par les Pensions qu'il leur promit, par les Charges qu'il leur donna, & par d'autres avantages qu'il leur fit. Le fameux Bertrand du Guesclin entr'autres dont la réputation étoit déja grande dans les Armées, & qui fut depuis Connêtable de France, lui rendit de signalez services. Ce Prince que peu d'autres égalérent en sagesse & en habileté dans le gouvernement, rétablit peu à peu l'ordre dans le Royaume & dans la Milice; & après s'être défait des *Routes ou Compagnies* dont j'ai parlé ailleurs, il fut en état de déclarer la guerre aux Anglois, sur lesquels il reprit un tres-grand nombre de Places; de sorte qu'Edouard III Roi d'Angleterre, après un des plus brillans Regnes qu'on eût

# DE LA MILICE FRANÇOISE. Liv. IV.

eût vu depuis longtems, eut le chagrin sur la fin de sa vie de voir la fortune changer entierement de parti ; & mourut durant la décadence des affaires des Anglois en deçà de la mer ; & après la perte de la plus grande partie des Etats hereditaires qu'il y possedoit. Henri de Transtamare Roi de Castille qui étoit redevable de sa Couronne à Charles V, renouvella avec lui les anciennes Alliances entre les deux Etats ; & les Castillans envoyérent depuis en France des secours considerables, principalement sur la mer.

Charles VI, fils & Successeur de Charles V, nonobstant les brouilleries & le mauvais gouvernement des Ducs d'Anjou, de Berry & de Bourgogne ses Oncles durant ses premieres années, se rendit redoutable à ses voisins, dès qu'il eut pris en main le gouvernement de son Etat. Les Armées étoient composées comme autrefois de ses Vassaux, des Troupes des Communes, & des Soudoyers. Il y avoit de la discipline & de la subordination : mais le funeste accident de sa frenesie, & les factions des Maisons de Bourgogne & d'Orleans replongérent le Royaume dans le trouble. On vit les Anglois Maîtres de Paris & de la France jusqu'à la Riviere de Loire, & en état d'envahir tout le reste.

C'étoit la situation où se trouvoit le Royaume, lorsque Charles VII après la mort de Charles VI parvint à la Couronne. Les choses empirérent encore depuis ; & il n'étoit redevable du peu de Troupes qu'il avoit qu'à la bonne volonté de quelques Seigneurs, & surtout des peuples d'au-delà de la Loire.

*Nouveau renversement de l'Etat sous le Regne de Charles VI.*

La Providence lui sauva son Etat par des coups extraordinaires : il fit lever le Siege d'Orleans, & depuis poussa vivement les Anglois & les Bourguignons. La Paix qu'il fit avec le Duc de Bourgogne, & la prise de Paris rétablirent ses affaires ; il secoua le joug de ses Ministres & du Connétable de Richemont, & commença à gouverner en Maître : il se rendit redoutable au Duc de Bourgogne ; & voyant son Etat assez tranquile, un de ses principaux soins fut de procurer le repos à ses Sujets par le Reglement de la Milice, qui faisoit partout d'étranges ravages, faute de paye & de discipline.

*Charles VII le rétablit.*

*Tome I.*          D d

*Projet de Charles VII pour la réforme de la Milice.*

*Mathieu de Coucy, Hist. de Charles VII.*

*Abregé de l'Histoire de Charles VII. &c.*

*Inconveniens à craindre de cette réforme.*

Ce fut en 1445 qu'il fit ce Reglement, après avoir beaucoup déliberé sur ce sujet à cause des inconveniens qu'on en apprehendoit. Il y avoit alors Tréve entre la France & l'Angleterre. Le projet fut de réduire la Gendarmerie à quinze Compagnies, qui seroient commandées par autant de Capitaines, & entretenuës en tems de Paix, & en tems de Guerre, & de congedier tout le reste.

Les inconveniens qu'il y avoit à craindre dans cette réforme, se réduisoient à deux principaux. Le premier étoit que les Soldats & les Officiers que l'on congedieroit, pourroient s'attrouper & former des *Routes ou Compagnies*, semblables à celles dont Charles V avoit eu tant de peine à se défaire ; que si cela arrivoit, la Campagne seroit plus ravagée que jamais ; qu'on seroit obligé de faire marcher contre elles les Troupes que l'on conserveroit sur pied ; & que si ces Mécontens faisoient leur complot pour se tenir unis, il en couteroit bien du sang pour les dissiper.

L'autre difficulté étoit, qu'on ne pourroit établir une discipline exacte parmi les Troupes que l'on retiendroit, à moins que de les payer exactement ; parce que si elles n'avoient pas de quoi fournir à leur entretien, elles vivroient aux dépens du Païsan & du Bourgeois, comme elles avoient fait jusqu'alors, désordre qu'on se proposoit principalement d'abolir par la réforme que l'on projettoit.

Plusieurs Conseils furent donc tenus là-dessus dans le Château de Serre auprès de Châlons, où assistoient avec le Roi, Louis Dauphin, le Roi de Sicile, le Duc de Calabre fils de ce Prince, le Comte de Richemont Connétable de France, les Comtes de Clermont, de Foix, de Saint-Paul, de Tancarville, de Dunois, & plusieurs autres du Conseil d'Etat. La chose fut enfin concluë ; & pour ce qui étoit des deux difficultez qu'on apprehendoit dans l'execution, il fut résolu sur la

*Précautions prises pour l'execution.*

premiere, qu'avant que de publier la réforme, on envoyeroit ordre aux Prevôts des Maréchaux dans toutes les Provinces de se mettre en Campagne avec leurs Archers, & de se fortifier de tous les secours que les Gouverneurs ou les Magistrats des Villes & la Noblesse de la Campagne pourroient leur donner : de marcher dans les grands chemins, & non-seulement d'empêcher que les Soldats qu'on alloit licencier ne fissent aucuns désordres, mais encore de faire en sorte qu'ils n'allassent point en grandes troupes, & de faire main basse sur tous ceux qui feroient paroître la moindre résistance aux ordres du Roi.

Pour l'autre difficulté, qui regardoit l'entretien des Troupes que l'on conserveroit sur pied, à quoi les Finances du Roi ne pouvoient pas alors subvenir, le parti que l'on prit fut d'engager les Villes & les gens de la Campagne à se charger de cet entretien, en leur representant les avantages qu'ils en tireroient pour leur repos, pour le Commerce, pour la sûreté de leurs bestiaux, pour la culture des terres; & tous ces avantages qui étoient en effet tres réels, leur furent si bien representez, qu'ils acceptérent sans peine la proposition du Roi.

Dès qu'on eût pris ces deux précautions, le Roi choisit parmi toutes les Troupes quinze Capitaines, gens de qualité, d'experience, de probité & de valeur; & les ayant fait venir, il leur exposa son dessein, de quelle importance il étoit pour le bien & la gloire de l'Etat qu'ils répondissent à l'estime & à la confiance qu'il avoit en eux, & qu'il ne pouvoit mieux leur marquer que par le choix qu'il faisoit de leurs personnes pour un si important emploi. Il leur ordonna de choisir dans toutes les Troupes les meilleurs hommes, les plus braves, les plus capables d'observer une exacte discipline, & d'en composer chacun leur Compagnie.

*Institution des Compagnies d'Ordonnance.*

Cet enrôlement étant fait, & les Rôles apportez au Roi, il fit publier à son de trompe par toute l'Armée, que tous ceux qui n'étoient pas compris dans les quinze Compagnies, eussent à partir incessamment pour retourner chacun dans leur païs, sans faire aucun désordre sur la route, & sans s'attrouper, sous peine de la vie aux Contrevenans.

Le Roi fut obéï, & ses ordres furent si bien executez dans les Provinces par les Prevôts des Maréchaux, & par les autres Officiers, qu'au bout de quinze jours il ne parut presque plus de Soldats dans les chemins, & tous se disperserent chacun de leur côté.

Or voici en quoi consistoient les Compagnies nouvellement

formées, & qu'on a toujours appellées depuis Compagnies d'Ordonnance. L'Ordonnance de Charles VII pour la levée des quinze Compagnies ausquelles il réduisit la Cavalerie, ne se trouve point que je sçache; du moins je ne l'ai pas vûë dans la Collection que le fameux Jurisconsulte Pierre Rebuffe a fait des Ordonnances de nos Rois depuis l'an 1226, où il a mis aussi celles qui concernent la Milice, ni dans Fontanon, ni dans quelques autres où je l'ai cherchée : mais les Historiens Contemporains de Charles VII, & en particulier Mathieu de Coucy nous en ont parfaitement instruits.

*Diverses espe-ces de Cava-liers dont les Compagnies d'Ordonnance étoient compo-sées.*

Chaque Compagnie avoit cent lances ou hommes d'armes; & chaque homme d'armes avoit avec lui cinq personnes. Pour faire une lance garnie ou fournie, ainsi qu'on parla depuis, il devoit avoir trois Archers, un Coutillier, c'est-à-dire, comme l'interprete le sieur Godefroy, un écuyer ainsi appellé d'une espece de couteau ou de bayonnette qu'il portoit au côté, comme les Fuseliers de notre tems, & enfin un Page ou un Valet.

*Recueil des Hist. de Char-les VII, pag. 206.*

*Nombre de Cavaliers dans chaque Compagnie. Total des Ca-valiers de tout le Corps. Volontaires dans ces Com-pagnies.*

Ainsi chaque Compagnie étoit composée de six cens hommes tous à cheval; & les quinze ensemble faisoient neuf mille chevaux, sans y comprendre quantité de Volontaires qui regardérent comme une grande grace d'être agregez à cette Gendarmerie, & y servoient à leurs dépens, dans l'esperance d'y avoir avec le tems une place de Gendarme.

Le nombre de ces Volontaires & des autres qui s'attachoient aux Capitaines & aux autres Officiers, fut si grand dans la suite, qu'une Compagnie de cent hommes d'armes comprenoit quelquefois jusqu'à douze cens chevaux. C'est ce que nous apprend le Maréchal de Fleurange dans ses Memoires sous le Regne de Louis XII, en parlant de la Compagnie de Robert de la Mark Seigneur de Sedan son pere : » Cette Compa-» gnie, dit-il, étoit de cent hommes d'armes, que menoit le » Vicomte d'Estoges, les mieux équipez que jamais je veïsse, » lesquels passerent avec lui, & prindrent leur chemin au Mont » de Senis; & par la Savoye, & pour vous dire quels gens » estoient ces cent hommes d'armes dudit sieur de Sedan, je » vous assure qu'au passer de Lyon, ils estoient douze cens » chevaux de compte fait, & y avoit tels cinquante hommes

*Memoires du Maréchal de Fleurange, fol. 90.*

DE LA MILICE FRANÇOISE. *Liv. IV.* 213

« d'armes en ladite bande, qui estoient suffisans pour mener
« cinquante hommes d'armes aux champs.

On voit par les Ordonnances de Louis XII, de François I, & de Henri II, qu'outre le Capitaine, il y avoit pour chaque Compagnie un Lieutenant, un Guidon, & un Enseigne, Charges qui dès leur établissement & dans la suite furent toujours remplies par des personnes de la premiere qualité, ou par des Gentilshommes qui s'étoient le plus signalez par leurs belles actions : outre cela il y avoit un Maréchal des Logis.

*Officiers des Compagnies d'Ordonnances.*

On les distribua dans les Villes, tant des Frontieres que du dedans du Royaume par Troupes seulement de vingt, de vingt-cinq, de trente, afin qu'ils fussent moins à charge à ces Villes, & moins en état de gourmander les Bourgeois. On créa des Inspecteurs ou Commissaires qui en faisoient tres-souvent la revûë, s'informoient de leurs déportemens, examinoient leurs armes & tous leurs harnois, & si leurs chevaux étoient en bon état. Ils étoient ou cassez ou punis, selon la qualité des fautes qu'ils commettoient.

*Police de ces Compagnies.*

Chaque Gendarme avoit quatre chevaux, un pour un Valet, un autre pour porter son bagage, un cheval de bataille qu'il laissoit dans le lieu de la garnison, aussibien que son harnois, quand il en sortoit avec congé pour ses affaires domestiques, & un courtaut ou bidet pour faire ces voyages. Chaque Archer n'avoit que deux chevaux ; ils marchoient toujours par Etapes, & ce qu'on devoit leur fournir dans leurs logemens étoit reglé.

Dans les marches & dans les Garnisons, le Capitaine ou le Lieutenant, ou celui qui commandoit la brigade, répondoit des désordres qui y arrivoient ; & la discipline fut si bien observée, que fort peu de tems après cette institution le commerce refleurit dans le Royaume, la sûreté des chemins fut rétablie, & les gens de la Campagne commencérent à labourer, & à cultiver les Terres sans craindre qu'on leur enlevât leurs chevaux & leurs autres bestiaux.

*Utilité de ces Compagnies.*

La solde de ces Troupes, & tout ce qui étoit necessaire pour leur entretien, se levoit, comme on en étoit convenu, sur les Villes, sur les Bourgs & sur les Villages, & on établit des Commis pour cet effet dans les Bailliages & Senéchaussées.

D d iij

*Tous les Gendarmes des Compagnies Gentilshommes.*

*Histoire du Chevalier Bayard, c. 37.*

*Réponse du Chevalier Bayard à l'Empereur Maximilien sur ce sujet.*

Les Gendarmes étoient Gentilshommes ; & ils l'étoient tous encore sous le Regne de Louis XII. C'est ce que le Chevalier Bayard fit déclarer à l'Empereur Maximilien au Siege de Padouë, que ce Prince & les François assiegeoient conjointement. Maximilien fit proposer aux Commandans François de faire donner un second assaut à la Place par leurs Gendarmes & par ses Lansquenets. Bayard s'y opposa ; & la raison qu'il en apporta fut qu'il n'y avoit point de gens dans les Compagnies d'Ordonnance du Roi *qui ne fussent Gentilshommes* ; & que si l'Empereur vouloit que la Gendarmerie Françoise se chargeât de cet assaut, il falloit qu'il l'y fit accompagner par la sienne, & non point par des Lansquenets.

Les choses étoient encore à peu près sur ce pied au commencement du Regne de François I ; c'est ce que nous apprenons des Commentaires de Monluc, où il dit qu'il fit sa premiere Campagne dans la Compagnie des Gendarmes du Maréchal de Foix en qualité d'Archer. *Ce qu'on estimoit*, ajoute-t'il, *beaucoup en ce tems-là ; car il se trouvoit beaucoup de Seigneurs qui étoient aux Compagnies, & deux ou trois dans une place d'Archer. Depuis tout s'est abâtardi.*

*Ordonnance de 1514.*

*Gendarmes dans la suite non tous Gentilshommes.*

*Fontanon, T. 3. p. 124. M. de la Nouë p. 119.*

En effet, on commençoit à se relâcher sur cet Article dès le tems même dont parle Monluc. Cela paroît par une des premieres Ordonnances de François I, où il est dit qu'en certains cas, pour faire observer la discipline dans les logemens, *le Capitaine ou le Lieutenant deputeront quelques Gendarmes Gentilshommes, & des plus gens de bien* : Ce qui marque qu'il y en avoit parmi eux qui n'étoient pas Gentilshommes. On voit encore par plusieurs anciens Rôles, que même parmi les Archers de la Gendarmerie, il y en avoit beaucoup de Gentilshommes ; & Henri III par son Ordonnance de l'an 1575, ordonna que *tous Archer des Ordonnances seroit de noble race.*

Mr. de la Nouë dans ses Discours politiques & militaires, dit que c'étoit la coutume de mettre les jeunes Gentilshommes parmi les Archers des Compagnies d'Ordonnance : mais il étoit difficile de fournir un si grand Corps, en n'y mettant que des Gentilshommes.

Je dois placer ici une observation que j'ai faite, & que je crois veritable, sçavoir que l'institution des quinze Compagnies d'Ordonnance, & qui furent beaucoup multipliées dans la suite, doit être regardée comme le commencement de la décadence dans ce Royaume de ce qu'on appelloit Chevalerie, c'est-à-dire de cette espece de Corps illustre composé de Seigneurs & de Gentilshommes, qui avoient acquis par leurs faits d'armes le titre de Chevalier, qui faisoient auparavant la force, & comme la fleur des Armées, & qui avoient sous leurs Bannieres, ou sous leurs Pennons la plufpart des Troupes.

*L'Institution des Compagnies d'Ordonnance cause de la décadence de l'ancienne Chevalerie.*

L'institution des Capitaines de ces Compagnies d'Ordonnance, à quoi Charles VII reduisit la Cavalerie, fit que les Feudataires de la Couronne n'amenoient plus leurs Vassaux au service, excepté certains cas extraordinaires où l'on convoquoit l'Arriere-ban. Ainsi l'usage des Bannieres & des Pennons cessa; & en même tems les grandes distinctions des Bannerets & des autres Chevaliers ausquels les jeunes Seigneurs & Gentilshommes ne s'attachoient plus comme auparavant, parce que la qualité de Banneret & de Chevalier ne donnoit plus de commandement. La Noblesse s'enrôloit dans les Compagnies d'Ordonnance, & les Capitaines prenoient plus volontiers cette qualité. Ils s'en firent plus d'honneur que de celle de Chevalier, parce qu'elle marquoit le commandement qu'ils avoient dans les Troupes.

Ajoutez à cela que Louis XI Successeur de Charles VII fit une nouvelle espece de Chevalerie, qui fut l'Ordre de Saint-Michel, où il mit des Princes & des plus grands Seigneurs du Royaume, qui estimoient plus les marques de distinction attachées à cet Ordre, que le titre de Chevalier de l'ancienne espece. Ensuite vinrent les titres de Colonel & de Mestre-de-Camp, dont ceux qui en étoient honorez se parérent aussi beaucoup plus que de celui de Chevalier.

Cela n'empêchoit pas qu'il ne se fit encore des Chevaliers. Nos Rois étoient encore faits Chevaliers à leur Sacre; ils en faisoient d'autres eux-mêmes dans cette Ceremonie. On en fit encore avant ou après quelques batailles, ou à l'assaut de quelques Villes; & François I voulut l'être de la main du Chevalier Bayard, à l'occasion de la bataille de Marignan: mais cela ne donnoit plus de rang, ni les prérogatives des anciens tems.

*François I. fait Chevalier par le Chevalier Bayard.*

Je vais achever de rapporter ce qu'on peut sçavoir de la Milice des Compagnies d'Ordonnance, par quelques remarques que j'ai faites sur les Ordonnances de r ....ois qui les concernent.

## CHAPITRE II.

### *Remarques sur les Ordonnances de nos Rois, touchant la Gendarmerie.*

COmme la Gendarmerie dans ces tems-là faisoit la principale force des Armées Françoises, il n'y a aucune partie de la Milice sur laquelle nos Rois ayent fait plus d'Ordonnances.

1°. Il ne me paroît pas certain que Charles VII soit le premier qui ait donné le nom de Compagnies d'Ordonnance aux Compagnies de Gendarmes. Je crois que ce nom est plus ancien, & qu'avant lui on le donnoit à quelques Compagnies de Gendarmerie levées par des Ordonnances particulieres du Roi, pour les distinguer des autres Troupes que les Seigneurs & Gentilshommes fieffez étoient obligez d'amener au service, suivant l'ancien droit & la Coutume de la Monarchie.

*Dans un Manuscrit de la Bibliotheque du Roi, cotté 9833.*
*Rebuffe, l. 3. tit. 4.*
*Il y eut quelques Compagnies d'Ordonnance avant Charles VII.*

En effet, le Roi Charles V dans son Ordonnance de Vincennes de l'an 1373, appelle les Chefs de ces Compagnies de Gendarmerie, *Capitaines ordonnez*. Et le Jurisconsulte Rebuffe semble avoir été de mon avis, en mettant cette Ordonnance de Charles V sous ce titre : *des Gens d'Ordonnance*.

Charles VII même semble avoir pris pour modéle des quinze Compagnies d'Ordonnance cette Ordonnance de Charles V, qui regla que desormais toutes les Compagnies de Gendarmerie fussent de cent hommes d'armes ; & l'on voit dans les Compagnies instituées par Charles VII à peu près la même police & les mêmes regles de discipline que dans l'Ordonnance de Charles V.

*Au même Manusc. de la Biblioth. du Roi.*

2°. Il y eut dans la suite divers changemens dans ces Compagnies. Par une Ordonnance de Louis XI, la lance fournie ou garnie ne comprenoit plus que six hommes. Dans une autre qu'on qu'on appella la grande Ordonnance, il est dit qu'il retrancha un des trois Archers, & qu'il n'en laissa dans chaque Compagnie d'Ordonnance que deux, comme je le dirai encore en traitant de la Compagnie des cent Gentilshommes qu'il institua.

*Livre intitulé : Origine des deux Compagnies des cent Gentilshommes.*

Louis XII dans son Ordonnance du septiéme de Juillet de 1498 met sept hommes pour une lance fournie; & François I huit dans son Ordonnance du 18 de Juin de l'an 1526. C'étoit-là une notable augmentation pour la Gendarmerie : mais ce septième & ce huitième homme ajoutez aux Compagnies de Gendarmerie, en quelle qualité y servoient-ils ? Étoit-ce en qualité d'Archers, ou de celle de Coustilliers, ou en celle de Pages ou de Valets ? La difficulté de répondre à cette question est augmentée par un Article de l'Ordonnance de Henri II de l'an 1549, où il est dit : *Chacune lance de nosdites Ordonnances sera fournie de huit chevaux, d'un homme d'armes, & de deux Archers, suivant les anciennes Ordonnances.* Car premierement, selon les plus anciennes Ordonnances, sçavoir celles de Charles VII, il devoit y avoir trois Archers, & il n'en marque ici que deux. Je crois que ces paroles de Henri II doivent s'entendre des Ordonnances de quelques-uns de ses Prédecesseurs plus immédiats, & en particulier de Louis XI, qui avoient retranché un Archer des Compagnies d'Ordonnance.

*Changemens faits dans les Compagnies d'Ordonnance.*

Mais dans chaque lance fournie n'y ayant plus qu'un homme d'armes & deux Archers, en quelle qualité y étoient les cinq autres ? Je crois qu'il n'y avoit plus sous Henri II ces distinctions de Coustilliers & de Pages ou de Valets, & que les cinq autres Cavaliers qui faisoient la lance fournie avec l'homme d'armes & les deux Archers, étoient cinq Chevaux Legers. Je me le persuade d'autant plus aisément, que par l'Ordonnance de François I faite à Bourdeaux l'an 1530, les Archers mêmes eurent ordre de se mettre en équipages de Chevaux-Legers. Ainsi tout cela varia beaucoup sous les divers Regnes.

3°. Ce Page ou Valet dont il est parlé dans les anciennes Ordonnances, n'étoit pas un domestique du Gendarme; & ce nom de Valet se doit entendre en cet endroit selon l'ancien usage. C'étoient de jeunes hommes de condition, ou vivans

*Pages ou Valets dans les Compagnies d'Ordonnance étoient gens de condition.*

Tome I.   E e

noblement, qui selon l'Ordonnance de Louis XII de l'an 1498 devoient avoir au moins quinze ans, & au moins dix-sept, selon l'Ordonnance de François I de l'an 1526.

Une chose montre que ces Pages ou Valets étoient gens de condition; c'est qu'ils devoient avec le tems, & selon l'Ordonnance, quand ils auroient l'âge, être promûs à la place d'Archer ou de Gendarme, où l'on ne recevoit alors que des personnes de quelque naissance; suivant ce que dit M. de la Nouë dans ses discours politiques & militaires, que de son tems, c'est-à-dire sous Henri II, & les Rois suivans, c'étoit la coutume de mettre les jeunes Gentilshommes parmi les Archers des Compagnies d'Ordonnance. Ces Pages ou Valets étoient alors comme les Cadets que nous avons vûs dans les derniers tems au Regiment des Gardes, & parmi les Gardes du Corps. Il me paroît que dans la suite, c'est-à-dire sous le Regne de Charles IX, ces Archers à qui l'on donnoit encore ce nom, quoiqu'ils ne se servissent plus d'arcs & de flèches, furent mis dans la Cavalerie Legere, & séparez des Compagnies d'Ordonnance, lesquelles ne furent plus composées que de veritables Gendarmes, c'est-à-dire de gens armez de pied en cap, & qu'il n'étoit plus alors question de lances fournies ou garnies de leurs Archers, &c.

*Pag. 119.*

*Les Archers, Pages, &c. n'étoient pas dans les rangs des Gendarmes en combattant.*

On peut ici faire une question au sujet de ces Archers, de ces Coustilliers, de ces Pages ou Valets, sçavoir de quelle maniere ils combattoient dans la Gendarmerie. Car il n'est pas vrai-semblable qu'ils combatissent rangez avec les Gendarmes, c'est-à-dire que dans un rang de Gendarmes, il y eut des Archers, des Coustilliers, &c. mêlez avec eux. La raison est que les Archers & les autres étoient bien moins armez que les Gendarmes: ils ne l'étoient guéres plus que la Cavalerie Legere; & nous venons de voir que par l'Ordonnance de François I de l'an 1530, les Archers n'étoient qu'en équipage de Chevaux Legers. Or avec une telle armure, ils n'auroient pû soutenir l'assaut des Gendarmes ennemis. De plus, leurs chevaux n'étoient point des chevaux de bataille comme ceux des Gendarmes; & ils auroient été facilement culbutez par les grands & fort chevaux des Gendarmes qui les auroient attaquez.

Je crois donc que les Archers, & les autres qui composoient

la lance garnie n'étoient point mêlez dans un combat avec les Gendarmes, ni dans les mêmes rangs, mais qu'ils servoient à deux usages. Le premier à escarmoucher, tantôt à pied, tantôt à cheval avant le combat des Gendarmes les uns contre les autres. Le second après que la Gendarmerie ennemie avoit été rompuë, ils servoient à la poursuite & à empêcher le ralliment, en quoi ils avoient un grand avantage sur les Gendarmes rompus, que la pesanteur de leurs armes empêchoit de se remuer si aisément; au lieu que les Archers, les Coustilliers & les Valets faisoient bien plus promptement leurs mouvemens, étant bien moins embarassez de leur armure qui étoit beaucoup plus legere.

Les Archers, les Coustilliers, les Pages ou Valets marchoient donc dans une bataille, ou derriere les rangs des Gendarmes de leur Compagnie, ou plûtôt sur les flancs pour combattre à leur maniere, suivant l'ordre que le Capitaine de la Compagnie leur donneroit. Tout ceci sera confirmé par une Ordonnance de Charles le Hardi Duc de Bourgogne, du tems de Louis XI, que je rapporterai en parlant de l'arrangement des Armées, où l'on voit expressément que les Archers ne combattoient point dans les rangs des Gendarmes; qu'ils mettoient quelquefois pied à terre, &c. C'est ainsi que depuis l'institution des Carabins, cette espece de Milice pendant un assez longtems fut comme associée à la Cavalerie Legere; de sorte qu'une Compagnie de Cavalerie avoit un certain nombre de Carabins qui lui étoient attachez, quoiqu'ils ne fussent point du Corps de la Compagnie. Ils combattoient à côté de la Compagnie, n'avoient point d'autre Capitaine que celui de la Compagnie, & ne chargeoient que par ses ordres, comme je le dirai dans la suite.

4°. Dans ces anciennes Ordonnances, on voit des Commissaires qui assistoient aux Revûës, & qui étoient chargez de conduire des Brigades d'hommes d'armes, soit lorsqu'ils alloient au rendez-vous de l'Armée, soit lorsqu'avec Congé ils partoient pour aller en tems de Paix, ou pendant le Quartier d'Hyver à leurs maisons regler leurs affaires. Ces Commissaires étoient chargez de répondre des comportemens des Gendarmes pendant le voyage. C'est de-là qu'est venuë la Charge

*Commissaires à la conduite dans les Compagnies d'Ordonnances.*

qui est encore dans tous les Corps de la Maison du Roi ; & où celui qui l'exerce a le titre *de Commissaire à la conduite.*

*Deux officiers d'Archers dans les Compagnies d'Ordonnance.*

5°. Outre les Archers ordinaires des Compagnies d'Ordonnance, on voit des Archers *sujets à volonté.* Il en est fait mention dans l'Ordonnance de Louis XII de 1498. C'étoit, comme je crois, des gens dont les Capitaines pouvoient se servir comme ils le jugeoient à propos, & à des fonctions ausquelles les Archers ordinaires n'étoient point obligez; & de plus dans une Compagnie d'Ordonnance de cent lances, il étoit permis aux Capitaines d'avoir quinze ou vingt Arbalêtriers, pourvû que ce fussent gens éprouvez, & qui eussent bien servi. C'étoient de nouveaux usages qui s'introduisoient dans les Compagnies d'Ordonnance, & ausquels des raisons particulieres pour l'avantage du service avoient donné lieu ; comme, par exemple, nous avons vû de notre tems mettre des Carabiniers à la tête des Escadrons de Cavalerie.

*Reglement pour empêcher les débauches des Gendarmes.*

6°. Par la même Ordonnance renouvellée depuis par François I, pour empêcher autant qu'il seroit possible que les filles de mauvaise vie ne suivissent la Gendarmerie, il étoit défendu de leur donner des chevaux ; & au cas qu'on les trouvât à cheval, celui qui les démonteroit avoit le cheval à lui, comme confisqué au Roi qui le lui donnoit.

*Habits d'Ordonnance des Gendarmes.*

7°. Par plusieurs Ordonnances des Princes que j'ai nommez, chaque Capitaine avoit sa livrée & sa devise, & les Archers, les Pages, & les Serviteurs des hommes d'armes étoient obligez de porter le Hoqueton de leur Compagnie. Cela se faisoit non-seulement, parce que cette variété de devises & de livrées dans les diverses Compagnies, & l'uniformité dans chacune, servoit à la beauté de ces Troupes : mais les Ordonnances marquent encore une autre raison de cet usage ; c'est que si un Archer, ou un autre de la Compagnie faisoit quelque violence ou quelque désordre, on connoissoit par-là de quelle Compagnie il étoit, & le châtiment & la réparation en étoit aussitôt faits par le Capitaine, & afin que l'on connût plus promptement de quelle Compagnie étoit le coupable, on envoyoit dans toutes les Senéchaussées ou Bailliages la forme de la livrée de chaque Compagnie d'Ordonnance.

Si nous nous en rapportons à un Auteur du Regne de

## DE LA MILICE FRANÇOISE. Liv. IV.

Louis XIII, ce fut ce Prince qui abolit l'usage des Hoquetons, ou des Casaques dans la Gendarmerie. Voici ce qu'il dit là-dessus. « Nos Gendarmes, dit-il, portérent longtems des Ca-»saques de la livrée & du Blason de leurs Capitaines : mais le »Roi regnant voyant que les armes reluisantes d'un acier bien »fourbi & doré, battues des rayons du Soleil, rendoient com-»me un éclair flamboyant qui éblouissoit les yeux, & rendoit »l'appareil d'une Armée plus terrible, il voulut être armé à »blanc, & enjoignit le même à ses Troupes.

*Philippe Moreau, Tableau des Armoiries.*

J'ajouterai à cet Article une chose qui est dans les mêmes Ordonnances dont j'ai parlé, & qui montre la magnificence de ces Compagnies de Gendarmerie. « Et pour ce que, dit l'Or-»donnance, la plûpart d'eux ont Hoquetons *couverts d'Orfévre-* »*rié*, ils les pourront épargner, & chacun en faire faire d'au-»tres de drap aux couleurs & à la devise des Capitaines. C'est ce qui se pratique encore aujourd'hui dans les Compagnies des Gendarmes & des Chevaux-Legers de la Garde, qui ont de tres-beaux habits dans les Revûës, dans les batailles, & en certaines ceremonies, & qui en ont de plus communs hors de ces occasions ; mais sans obligation neanmoins de les avoir de la livrée ou couleur de la Compagnie.

François I dans une Ordonnance de 1533, se contente que les Archers portent à leur Casaque une manche de la livrée de leur Capitaine ; & il se pourroit faire que de là est venu un usage qui est encore aujourd'hui, par exemple, dans la Maison de M. le Duc de Luxembourg, que les gens de sa livrée portent une manche toute differente du reste du justan-corps.

8º. Les Monstres des Compagnies d'Ordonnances se faisoient quatre fois l'année : il y en avoit deux generales, où se trouvoit souvent un Maréchal de France ; celles-ci se faisoient en armes, c'est-à-dire que les Gendarmes y paroissent équipez avec l'armure complette de pied en cap, comme s'ils avoient été sur le point de combattre. Les deux autres Revûës étoient des Revûës particulieres de chaque Compagnie qui se faisoient en presence du Commissaire. La Compagnie n'y étoit point en armes ; mais seulement avec la livrée du Capitaine, & cela s'appelloit faire la monstre en *Robe*. C'est le terme dont on se sert dans divers anciens Rôles.

*Diverses monstres des Gendarmes.*

*Monstre en Armes.*

*Monstre en Robe ce que c'étoit.*

Ce mot de *Robe* est mis là pour celui de livrée ; & ces deux mots signifioient la même chose à cet égard. On voit par divers monumens de la Chambre des Comptes, que les livrées, c'est-à-dire les habits que nos Rois donnoient aux grandes Fêtes à plusieurs Seigneurs Officiers de leur Maison, & à d'autres Commensaux, sont appellées tantôt du nom de livrées, tantôt de celui de Robe. Ainsi les Revûës particulieres qui se faisoient en *Robe*, étoient celles où la Compagnie d'Ordonnance paroissoit sans l'armure complette, mais seulement avec la casaque de la livrée du Capitaine, & qu'on appelle encore aujourd'hui l'habit d'Ordonnance. L'Auteur du Livre de la Discipline Militaire attribué au Seigneur Guillaume de Langey, parle ainsi : « Ces hommes d'armes doivent avoir l'épée d'arme au côté, » l'estoc à l'arçon de la selle d'une part, & la masse de l'au- » tre ; leur lance sera grosse & bien longue, *leurs Robes seront de* » *la couleur de l'Enseigne.*

Et au même endroit, en parlant des Arquebusiers à cheval : *Leurs Robes*, dit-il, *seront de la même façon & couleur de celle des Estradiots.*

Les Etats de Blois de l'an 1576, donnent à ces Casaques de livrées, non-seulement le nom de *Robe*, mais encore de *Robe-longue*. » Quand ladite quatriéme partie ( des Gendarmes ) en- » trera en garnison ; & aussi quand elle en sortira, elle fera » monstre en armes ; & pour les autres Quartiers, *en Robe-lon-* » *gue*. C'est que ces Robes ou livrées étoient des Hoquetons, ou des Casaques assez longues, & qu'elles l'étoient beaucoup en comparaison de l'armure, dont la principale Piece qui étoit la Cuirasse, ne venoit que jusqu'au dessus de la ceinture ; & Mr de Montgommeri dans son Traité de l'Ordre de la Cavalerie, marque que la Casaque des Gendarmes, *qu'ils appelloient Robe d'armes, étoit plus grande, & d'autre forme que les Casaques des Chevaux-Legers.* Ce terme de *Robe*, pour signifier la Casaque du Gendarme étoit encore en usage du tems de Henri IV. Je l'ai vû dans une Monstre des Gendarmes de ce Prince, où il y a pour titre : *Rôle d'une Monstre & Revûë faite en Robe dans la Ville de Condom, ce jourd'hui Mercredi deuxiéme de Septembre 1598.* Le Roi Louis XIII s'en servit encore dans une Lettre écrite au Maréchal de Châtillon, où il lui mande qu'il sera payé

# DE LA MILICE FRANÇOISE. Liv. IV.

un Quartier aux Gendarmes de la Trimouille, de Tresmes, &c. pendant l'Hyver, dont ils feront *la Monstre en Robes*.

9°. La solde de chaque Gendarme pour lui & pour toute sa lance fournie, étoit de trente francs par mois ; ce qui fut appellé *la Taille des Gendarmes* dès le tems de Charles VII, que les gens de la Campagne, & les Bourgeois des Villes payoient pour l'entretien de la Gendarmerie ; & c'est là le commencement des Tailles ordinaires. Cette solde paroîtra bien petite, eû égard à l'équipage & à la suite du Gendarme, & elle le seroit sans doute de notre tems : mais alors une telle somme étoit considerable à cause du prix des vivres ; car nous voyons par les Ordonnances de Louis XII, & même de François I, qu'un mouton à la Campagne ne coûtoit que cinq sols, pourvû qu'on rendît la peau & la graisse qui servoit à faire du suif. Cette solde fut depuis augmentée par la raison contraire.

Quand à la fin d'une guerre, ou pour quelque autre sujet, il se faisoit une réforme de Troupes, le Roi conservoit toujours des Gendarmes sur pied. Les Lettres qu'il expedioit aux Tresoriers des Guerres, & qui étoient aussi envoyées à la Chambre des Comptes ; ces Lettres, dis-je, étoient appellées des Lettres de Retenuë. Rien n'est plus frequent dans divers Monumens de la Chambre des Comptes de Paris, que ces termes: *Le Roy retient tel N. avec tant de Gendarmes, tant d'Archers, &c.* En voici un exemple tiré du septiéme Compte de Nicolas de Mauregard Tresorier des Guerres, du 23 de Juin l'an 1368, sous le Regne de Charles V.

*Lettres de retenuë de Gendarmes faite par le Roi contre les Gens des Compagnies* *

» CHARLES, &c. A nos amez & feaux Tresoriers de
» nos Guerres, & à chacun d'eux ou à leurs Lieutenans :
» Salut & dilection. Comme par déliberation de nostre Con-
» seil, Nous, les Gendarmes & Archiers qui Nous ont servi à
» nos gaiges cette saison & presentes Guerres, ayons aujourd'hui

---

* Ces Compagnies étoient des Troupes très-nombreuses de Brigands, qui firent tant de désordres en France sous le Regne du Roi Jean, & sous le commencement du Regne de Charles V, dont on a parlé ci-dessus.

» pour certaines & justes causes, cassez de nosdits gaiges, excepté
» certain nombre que *retenu* en avons, aux gaiges & estat qui
» ci-après s'ensuivent, c'est à sçavoir le Mareschal de Sancerre,
» 120 payes, & pour estat 300 liv. par mois. Le Maréchal de
» Blainville 133 payes & demie, & pour estat 300 liv. Le Grand-
» Maître des Arbalêtriers 226 payes, & pour estat 300 l. &c....
» Si vous mandons & commandons expressément à chacun de
» vous que au dessus nommez, & à chacun d'eux, vous fassiez
» presentement *le prest* d'un mois pour eux & les Gendarmes de
» leurs Compagnies, & leur payez à chacun la somme par Nous à
» lui ordonnée pour *son estat* par mois, *outre lesdits gaiges* en la
» maniere que dit est, & ainsi leur faites payement de mois en
» mois, tant comme ils sont & demeureront en nostre service
» *desdits gaiges & estat*, jusques à tant que vous aurez sur ce
» mandement de Nous au contraire, &c. Car ainsi l'avons-
» nous ordonné & voulons être fait, de notre certaine Science
» & déliberation de nostre Conseil. Donné en nostre Hostel de
» Saint-Pol à Paris le 23ᵉ jour du mois de Juing l'an de grace
» 1368, & de nostre Regne le quint. Par le Roy. H. D'AUNOY.

*Les Capitaines avoient une paye de Gendarme, outre ce qu'on appelloit leur état.*

L'état dont il est parlé, qui se devoit payer chaque mois au Capitaine, étoient ses gages ou appointemens. Les payes étoient la solde de chaque Gendarme ; ainsi un Capitaine à qui on donnoit 120 payes, par exemple devoit avoir sa Compagnie complette de 119 Gendarmes, parce qu'il avoit pour lui & à son profit une place de Gendarme ; coutume qui s'observoit non-seulement dans la Gendarmerie, mais même dans la Cavalerie legere & dans l'Infanterie, comme je l'ai trouvé marqué dans quelques Rôles, où les Capitaines avoient outre leur état la paye d'un Chevau-Leger ou d'un Fantassin.

Ceci est exprimé dans cette Lettre de Retenuë, par ces termes : » Et luy payez à chacun ( Capitaine ) la somme par Nous
» à lui ordonnée *pour son estat, outre lesdits gaiges*, c'est-à-dire les
» gaiges d'un Gendarme.

On voit encore que le payement des Gendarmes se faisoit tous les mois ; ce qui étoit executé à la monstre qu'ils faisoient.

Depuis, à cause des malversations qui se commettoient par les Capitaines qui retenoient quelquefois les gages des Gendarmes,

## DE LA MILICE FRANÇOISE. Liv. IV.

més, ou qui mettoient des Passevolans, la paye des Gendarmes se fit par les Commissaires.

On peut de plus ici observer le terme de prest, qui est encore aujourd'hui en usage parmi les Troupes, pour signifier une avance de quelque argent qu'on fait aux Soldats pour subsister en attendant leur monstre ; & ce terme est pris dans ce même sens dans la Lettre de Retenuë, où les Tresoriers ont ordre d'avancer aux Gendarmes & aux Capitaines leur état & leurs gages d'un mois.

On peut encore faire reflexion sur cette Formule : *Car ainsi l'avons-nous ordonné & voulons être fait*, à laquelle a succedé cette autre qui signifie la même chose : *Car tel est nôtre plaisir*.

10°. Le nombre des Capitaines d'hommes d'armes & des Compagnies fut fixé à quinze par Charles VII ; mais depuis les Capitaines & les Compagnies furent multipliez, soit par la creation de nouvelles Compagnies, soit par la séparation d'une Compagnie en deux, ou en trois parties, à chacune desquelles on donnoit un Capitaine. On voit par l'Ordonnance de Louis XII de l'an 1498, qu'il y avoit des Compagnies de cent hommes d'armes, de soixante, de cinquante, de quarante, de trente, de vingt-cinq.

La même chose se prouve par les Memoires manuscrits du Maréchal de Fleurange, & par l'Histoire de ces tems-là. La raison de cette multiplication étoit que l'emploi de Capitaine d'homme d'armes étoit tres considerable, & qu'il n'y avoit ni Prince ni grand Seigneur qui ne s'en tînt tres honoré.

Charles IX fit une Ordonnance, par laquelle il fut statué que toutes les Compagnies d'Ordonnance fussent au moins de cinquante hommes d'armes ; mais cela ne dura pas. Il s'en falloit beaucoup que cette Milice eût alors la réputation qu'elle avoit eu sous les Regnes de Louis XII & de François I, & sous les Regnes des Predecesseurs de ces Princes, comme l'a remarqué M. de la Noüe dans ses Discours politiques & militaires, & M. de Montgommeri à ce sujet observe qu'il y avoit peine de la vie anciennement pour un Gendarme qui avoit fui, ou qui s'étoit rendu ayant le bras droit entier & son cheval en vie.

Le même Seigneur dit que de son tems, c'est à dire

*Institution des Commissaires à la place des Capitaines pour les montres.*

*Prêt des Gendarmes, terme dés-lors usité.*

*Multiplication des Compagnies d'Ordonnance.*

Conferences des Ordonnances, vol. 2. p. 949.

La Noüe, onziéme Discours, &c. Montgommeri, Traité de l'Ordre de la Cavalerie, p. 136. Pag. 134.

*Tome I.*      F f

sous le Regne de Henri IV, les Compagnies de Gendarmes des Princes, des Officiers de la Couronne, & des Gouverneurs de Provinces, étoient de deux cens Maîtres quand elles étoient complettes, & que celles des autres Seigneurs étoient de cent.

129. Selon toutes nos Histoires, & quantité de Rôles anciens que j'ai vûs, les Gendarmes tant en France qu'en Angleterre, & chez les autres Nations, étoient essentiellement gens de cheval, quoique pendant quelques Regnes, ainsi que je l'ai remarqué ailleurs, ils combattissent ordinairement à pied. Cependant dans la Copie d'un ancien Manuscrit de l'an 1441, les Anglois étant encore Maîtres d'une grande partie de la France, il est fait mention de Gendarmes à pied. C'est une espece de Lettre ou Commission, par laquelle Henri VI. Roi d'Angleterre charge Messire Thomas Hoo Chevalier Bailli de Mante de commander dans cette Ville. Le titre de cette Lettre est, *Endenture faite entre Henri VI. Roi d'Angleterre, & Thomas Hoo, &c.* Ces Endentures étoient des Contrats en parchemin appellez en Latin, *Charta indentata*. On les faisoit doubles pour les deux Contractans, mais sur une même feuille de parchemin pliée, l'un sur un feuillet & l'autre sur l'autre, ensuite on les séparoit, & lorsqu'ils étoient séparez, on découpoit le parchemin en forme de dents, afin qu'on ne pût le falsifier. Celui qui vouloit se servir de son double étoit obligé de faire voir que les endentures se rapportoient à l'autre Original, en les approchant l'un de l'autre, & les joignant par les dents; on les appelloit aussi *Charta partita*.

*Ce que c'étoit qu'Endenture.*

Il est dit dans cette Endenture dont je parle: Que le Roi » d'Angleterre retient Thomas Hoo, Chevalier Capitaine de » Mante, du jour Saint-Michel 1441. jusqu'au jour de la Saint- » Michel suivant, & de là en avant pour tout le tems que M. le » Duc d'York Lieutenant General, Gouverneur de France & » Normandie, aura le gouvernement desdits pays, pour la garde » seureté & défense de laquelle Ville de Mante ledit Chevalier » y tiendra continuellement *cinquante hommes d'armes à cheval*, » sa personne non comprise, & *vingt hommes d'armes à pied*, » & deux cens dix Archers armez, montez, arrayez & ha- » billez bien suffisamment oû auba pour ses appointemens, &c.

*Gendarmes à pied.*

## DE LA MILICE FRANÇOISE. Liv. IV.

Je ne me souviens point d'avoir vû d'autre exemple de Gendarmes à pied.

13°. Les Compagnies d'Ordonnance ou de Gendarmes dont plusieurs Princes & grands Seigneurs étoient Capitaines, ont subsisté jusques vers le tems de la Paix des Pyrénées sous le Regne de Louis XIV. Celles des Seigneurs furent alors supprimées. Le Roi est aujourd'hui Capitaine de toutes les Compagnies de Gendarmerie, excepté de celles de quelques Princes qui en ont ; & les Commandans n'ont que le titre de Capitaine-Lieutenant.

*Quand on a supprimé les Compagnies d'Ordonnance des Seigneurs particuliers.*

14°. De toutes les anciennes Compagnies d'Ordonnance instituées par Charles VII, il n'y a plus que la Compagnie Ecossoise qui subsiste ; encore n'est-elle plus Ecossoise que de nom, étant toute composée d'Officiers & de Gendarmes François.

La Gendarmerie d'aujourd'hui est toute différente de celle d'autrefois ; j'en parlerai en traitant des Troupes de la Maison du Roi.

15°. J'ajouterai ici le Serment que les Capitaines de Gendarmes faisoient, tel qu'il est exprimé dans l'Ordonnance de Louis XI de l'an 1467. C'étoit apparemment le même que ces Officiers firent quand Charles VII pere de ce Prince les institua. « Je promets & jure à Dieu & à Nostre-Dame, ou » qu'elle ne puisse nuire en toutes mes affaires & besognes, que » je garderai justice, & ferai garder par ceux dont j'ai la » charge, & ne souffrirai faire aucune pillerie, & pugnirai tous » ceux de ma charge que trouverai avoir failli, sans y espar- » gner personne, & sans aucune fiction, & ferai faire répara- » tion des plaintes qui viendront à ma connoissance, à mon » pouvoir avec la pugnition des susdits ; & promets faire faire » à mon Lieutenant semblable Serment que dessus.

*Serment des Capitaines des Compagnies d'Ordonnance.*

Quoique la Gendarmerie Françoise fût encore en grande réputation du tems de Louis XII & de François I, cependant il paroît par le Livre de la Discipline Militaire attribué au Seigneur de Langey, que dès ce tems-là on commençoit à y voir du relâchement. Je finirai cet Article par la reflexion que l'Auteur fait sur ce sujet.

*Relâchement dans les Compagnies d'Ordonnance.*

» Au cas, dit-il, que la façon de donner garnison aux gens

Ff ij

Fol. 25. v.
» d'armes fut toujours gardée, il seroit besoin de les contrain-
» dre d'y faire plus longue résidence qu'ils ne font, voire, &
» que les Capitaines mêmes s'y tinssent comme ils faisoient du
» tems du Roi Louis XI, que la Gendarmerie de France em-
» portoit le bruit par dessus toute autre, tant d'adresse, que
» d'équipages, non pas d'adresse à danser à diverses modes
» ( combien que la danse, si l'on pensoit à en faire son pro-
» fit, n'est sinon bonne ) ne pareillement à se parer mignote-
» ment, ne s'équiper de lits de camp, ne d'accoustremens de
» plusieurs sortes; car alors n'en estoit tenu aucun compte:
» ains celui qui manioit & piquoit le mieux un cheval, qui
» couroit une lance, qui se combattoit le mieux à l'épée, qui
» luitoit, sailloit, ruoit la barre*, & voltigeoit mieux que les
» autres, étoit le plus estimé; & celui-là aussi avoit la vogue
» dessus ses Compagnons, qui étoit monté & armé mieux
» qu'eux: de sorte que l'on n'eût guéres sçu trouver un Gen-
» darme qui ne fût monté de quatre grands chevaux pour le
» moins, & l'un d'iceux, ou les tous bien bardez. Quant à leur
» personne, ils n'avoient garde de se détruire en habillemens,
» comme les Gentilshommes d'aujourd'hui font: mais aussi
» étoient-ils armez en Saints-Georges, & fournis d'escus com-
» me chiens de pulces.

Par tout cela l'on voit comment sur la fin du Regne de
Charles VII, sous celui de Louis XI, & de quelques-uns de
ses Successeurs, la Gendarmerie Françoise passoit avec raison
pour la meilleure Milice qui fut en Europe. Tous les premiers
Officiers étoient des personnes de la plus haute qualité, ordinairement riches & en état de faire de la dépense pour bien
entretenir leurs Compagnies. Les Gendarmes étoient tous, ou
presque tous Gentilshommes, toujours bien montez & bien
équipez, qui n'épargnoient rien pour avoir d'excellens chevaux de bataille, de bonnes & belles armes, & des habits
d'Ordonnance magnifiques. Ils s'exerçoient continuellement
pendant la Paix & les Quartiers d'Hyver aux Joustes & aux

---

* Ruer la Barre, étoit un exercice qui consistoit à jetter une barre de fer très-
pesante. Celui qui la jettoit le plus loin emportoit le prix. On acqueroit par cet
exercice une grande force de bras. Il est encore aujourd'hui en usage parmi la jeunesse du Royaume de Navarre.

Tournois ; le luxe pour la table, la mollesse pour les commoditez superflues ne s'y introduisit que sous François I & sous Henri II, encore n'étoit-elle pas montée à de fort grands excès. Ce ne fut que sous François II, c'est-à-dire aux Guerres Civiles allumées par les Huguenots, que l'on vit l'entiere décadence de la Gendarmerie, par la foiblesse du gouvernement de ce Prince & de ses Successeurs.

Charles VII en instituant les quinze Compagnies d'Ordonnance, paroît n'avoir point conservé sur pied de Cavalerie legere, parce que cette espece de Cavalerie n'étoit pas alors fort estimée ; & il se réservoit en cas de guerre d'en faire de nouvelles levées pour les usages ausquels elle servoit dans les Armées. Comme ce genre de Milice est encore dans nos Armées, j'en parlerai dans l'endroit où je traiterai des Troupes qui les composent actuellement ; j'ajouterai seulement quelque chose de quelques especes de Cavalerie qui n'y sont plus en usage.

## CHAPITRE III.

### De quelques especes de Cavalerie en usage dans les Armées depuis Charles VII, & qui n'y sont plus aujourd'hui.

Outre les Archers à cheval & les Arbalêtriers à cheval appellez *Crennequiniers*, qui faisoient encore depuis le Regne de Charles VII une partie de la Cavalerie Françoise, il y avoit dans les Armées quelques autres especes de Cavalerie qui n'y sont plus maintenant.

Messire Louis de Montgommeri Seigneur de Courbouson en son Traité de la Milice Françoise, dans la partie où il traite de *l'ordre de la Cavalerie*, partage la Cavalerie Françoise telle qu'elle étoit depuis Louis XI jusqu'à Henri II inclusivement, en quatre especes ; sçavoir les hommes d'armes, les Chevaux-Legers, les Estradiots, & les Argoulets. J'ai dit que je traiterois ailleurs de la Cavalerie legere ; & j'ai parlé suffisamment de la

Gendarmerie de ces tems-là. Il ne me reste donc plus à cet égard que de dire ce que j'ai pû trouver touchant les Estradiots & les Argoulets.

*Estradiots Cavalerie legere.*

Les Estradiots ou Stradiots furent une Milice, dont les François n'eurent connoissance que durant les guerres d'Italie sous Charles VIII, comme Comines le remarque. Leur nom est Grec, & Stradiot vien: de στρατιώτης, qui signifie *Soldat*; aussi étoient-ils Grecs, ou des environs de la Grece. Mr de Bussy-Rabutin dans ses Memoires donne une autre étymologie de ce mot; il prétend qu'il vient du mot Italien *Strada*, qui signifie chemin, parce qu'une des fonctions des Estradiots étoit de battre l'estrade. Je crois la premiere étymologie plus veritable. Voici ce que dit Philippe de Comines de ces Stradiots au sujet de la bataille de Fornouë.

T. 1. p. 464.

Comines, l. 8. chap. 5.

« Encore jusques icy n'est point commencée la guerre de
» nostre costé : mais le Mareschal de Gié manda au Roy
» ( Charles VIII ) comme il avoit passé ces montagnes, &
» comme il envoya quarante chevaux courir devant l'Ost des
» Ennemis : lesquels furent bien recueillis par les Estradiots, &
» tuérent un Gentilhomme appellé le Bœuf, & luy coupérent
» la teste, qu'ils pendirent à la banderole d'une lance, & la
» portérent à leur Providadour pour en avoir un ducat. Estra-
» diots sont gens comme Genetaires, vestus à pied & à cheval,
» comme Turcs, sauf la teste, où ils ne portent cette toile qu'ils
» appellent Turban, & sont dures gens, & couchent dehors tout
» l'an, & leurs chevaux; ils étoient tous Grecs *, venus des
» Places que les Venitiens y ont; les uns de Naples de Romanie
» en la Morée, autres d'Albanie devers Duras, & sont leurs che-
» vaux bons & tous de Turquie. Les Venitiens s'en servent fort,
» & s'y fient. Je les avois tous vûs descendre à Venise, & faire
» leurs monstres en une Isle où est l'Abbaye de Saint-Nicolas, &
» estoient bien quinze cens, & sont vaillans hommes, & qui fort
» travaillent un Ost, quand ils s'y mettent. Les Estradiots chas-
» sérent, comme j'ai dit, jusqu'au logis dudit Mareschal où
» estoient logez les Allemans, & en tuérent trois ou quatre,
» & emportérent les testes, & telle estoit leur Coustume. Car
» ayant Venitiens guerre contre le Turc pere de cettuy-cy ap-
» pellé Mahumet-Ottoman ; il ne vouloit point que ses gens

* Cela confirme l'étymologie de leur nom que j'ai donnée.

# DE LA MILICE FRANÇOISE. Liv. IV.

« prissent nuls prisonniers, & leur donnoit un ducat pour teste, « & les Venitiens faisoient le semblable ; & crois bien qu'ils « vouloient épouvanter la Compagnie, comme ils firent : mais « lesdits Estradiots se trouvérent bien épouventez aussi de l'Ar-« tillerie ; car un Faulcon tira un coup qui tua un de leurs che-« vaux, qui incontinent les fit retirer ; car ils ne l'avoient point « accoutumé.

Louis XII prit depuis des Stradiots à son service ; & le Maréchal de Fleurange dans ses Memoires, dit que dans l'Armée de ce Prince, lorsqu'il alla châtier la révolte de Génes, il avoit dans ses Troupes deux mille de ces Stradiots commandez par le Capitaine Mercure. On appelloit en France cette Milice, *Cavalerie Albanoise*.

Brantofme ajoûte que le même Roi donna à M. de Fontrailles l'Etat de Colonel General des Albanois qu'il avoit à son service ; & que ce sont eux *qui nous ont apporté la forme de la Cavalerie legere*, qui jusqu'alors avoit été peu estimée en France, & étoit sans nulle forme & discipline. *(Brantosme, dans l'Eloge de M. de Fontrailles.)*

Il y avoit encore de cette Cavalerie Albanoise dans les Armées Françoises sous le Regne de Henri III. Le Duc de Joyeuse en avoit un Escadron à la bataille de Coutras contre Henri Roi de Navarre, depuis Roi de France. *(D'Aubigné, T. 3. l. 1. c. 16.)*

Mr de Montgommeri-Courbousson décrit ainsi leur armure : *(Pag. 113. Armure des Estradiots.)*
« Les Estradiots, dit-il, étoient armez de même que les Che-« vaux-Legers, hormis qu'au lieu des avant-bras & gantelets, « ils avoient des manches de mailles & des gans de mailles, l'épée « large au côté, la masse à l'arçon, & la zagaye qu'ils appel-« loient arzegaye au poing longue de dix à douze pieds, ferrée « par les deux bouts, leur cotte ou soubreveste d'armes étoit « courte & sans manches ; au lieu de cornette ils faisoient por-« ter une grande banderole au bout d'une lance pour se rallier. « Ils avoient pour la teste une salade à vûe coupée. »

Dans le Livre attribué à M. de Langey, il est dit qu'on pouvoit leur faire mettre pied à terre ; & qu'avec leurs arzegayes ou bâtons ferrez par les deux bouts, ils étoient en état de faire la fonction de Piquiers contre la Cavalerie. Il ajoute qu'un de leurs principaux exercices étoit de bien se servir de cette arme & à toutes mains, en donnant tantôt d'une pointe & tantôt *(Pag. 25.)*

de l'autre, & qu'avec cet instrument quand ils sçavoient bien le manier, ils faisoient un grand carnage des ennemis armez à la legere ; c'étoit quelque chose de semblable à ce qu'on appelle un bâton à deux bouts.

*P. 138.*
*Argoulets Cavalerie legere.*

Pour ce qui est des Argoulets, voici comme en parle le même M. de Montgommeri : « Les Argoulets, dit-il, étoient armez de « même que les Estradiots, excepté la teste où ils mettoient un « cabasset qui ne les empêchoit point de coucher en joüe. Leurs

*Leur Armure.*

« armes offensives étoient l'épée au côté, la masse à l'arçon « gauche, & à droit une arquebuse de deux pieds & demi de « long dans un fourreau de cuir-boüilli. Par-dessus leurs armes « une soubreveste courte comme celle des Estradiots, & comme « eux une longue banderole pour se rallier.

*T. 2, l. 7. pag. 391, & ailleurs. Popeliniere, fol. 364.*

*Registre de 1562, & 1563. Provence.*

Il est parlé quelquefois de ces Argoulets dans les Commentaires de Monluc & dans nos autres Historiens. Popeliniere dit qu'il y en avoit à la bataille de Dreux sous Charles IX. Il en est fait mention au Registre de l'Extraordinaire des Guerres de l'an 1562 & 1563 dans les Troupes de Provence. Comme ils ne servoient guéres dans les Armées que pour aller à la découverte, pour harceler les Ennemis dans une retraite, & qu'ils ne combattoient ordinairement qu'à la débandade, on les regardoit comme la partie la moins considerable de la Cavalerie legere ; c'est pourquoi ce nom est devenu un terme de mépris qui est encore en usage. On dit pour signifier un homme de néant, pour qui on ne doit avoir nul égard : *C'est un Argoulet, c'est un chetif Argoulet*.

M. de Montgommeri après avoir parlé de la Cavalerie Françoise, telle qu'elle étoit sous le Regne de Louis XI, jusqu'à celui de Henri II, où il a transcrit plusieurs choses du Livre de la Discipline Militaire, attribué au Seigneur Guillaume de Langey, il passe au Regne de Henri IV, & traite du même sujet, c'est-à-dire de la Cavalerie telle qu'elle étoit sous ce Regne ; & dans l'énumeration qu'il y fait des diverses especes de Cavalerie, il parle des Carabins, autre espece de Milice qui n'est plus dans nos Armées.

*Carabins, Cavalerie legere.*

Il tire l'origine de ce nom du mot Espagnol *Cara*, qui signifie *visage*, & du mot Latin *Binus*, qui signifie double. Comme qui les diroit, ajoute-t'il, *à deux visages*, à cause de leur manie-

## DE LA MILICE FRANÇOISE. Liv. IV.

*niere de combattre, tantôt fuyant, tantôt tournant tête comme les Parthes.*

Le sieur de Cazeneuve dans ses Origines Françoises, croit que nous avons emprunté ce mot des Langues Orientales, & se fonde sur l'autorité de Leunclavius, qui dans le Vocabulaire des mots Turcs & Persans qu'il a mis à la fin de son Histoire Musulmane, rend le mot de *Caravuli* par ceux de *Speculatores* & d'*Exploratores*, c'est-à-dire de gens qui vont à la découverte. Ainsi, selon M. de Cazeneuve, le mot de *Carabin* viendroit de celui de *Caravulus*, parce qu'une des fonctions des Carabins étoit de battre l'estrade pour aller découvrir les ennemis.

Ces étymologies me paroissent peu fondées, parce que nos Guerriers & ceux d'Espagne du tems de Henri IV ne se piquoient pas assez de Doctrine pour aller chercher dans les Langues Orientales & dans les mœurs des Parthes, les noms qu'ils donnoient à leurs Troupes. Il en est de ces étymologies comme de celle d'Argoulet, que quelques-uns font venir d'*Argolicus*, nom que Virgile donnoit aux Soldats Grecs ; j'aime mieux dire que ces étymologies me sont inconnuës.

Ce qui paroît de plus certain là-dessus, c'est que le nom de Carabin est né en Espagne, puisque selon M. de Montgommeri, les Espagnols sont les Auteurs de cette Milice. Ils ne faisoient point un Corps séparé dans les Troupes de France sous le Regne de Henri IV ; mais un certain nombre étoit comme incorporé dans une Compagnie de Chevaux-Legers, ou plutôt y étoit joint sans être du Corps. *Pag. 141.*

Ces Carabins attachez à une Compagnie de Chevaux Legers, quelquefois jusqu'au nombre de cinquante, n'avoient point d'autre Capitaine, ni d'autre Cornette que le Capitaine & la Cornette de cette Compagnie ; mais ils avoient un Lieutenant, un Maréchal des Logis, & deux Caporaux. *P. 140. Leurs Officiers.*

« Leurs armes défensives étoient une cuirasse échancrée à *Leur Armure.*
» l'épaule droite, afin de mieux coucher en jouë, un gantelet
» à coude pour la main de la bride, un cabasset en tête, &
» pour armes offensives une longue escopette de trois pieds &
» demi pour le moins, & un pistolet.

Leur maniere de combattre étoit de former un petit esca-

<small>*Leur manière de combattre.* Pag. 141.</small>

dron plus profond que large, à la gauche de l'Escadron de la Compagnie des Chevaux-Legers, d'avancer au signal du Capitaine jusqu'à deux cens pas d'un Escadron de lances de l'ennemi, & à cent si c'étoit un Escadron de Cuirassiers, de faire leur décharge rang à rang l'un après l'autre, & puis de se retirer à la queuë de leur Escadron. Que si les Ennemis avoient aussi des Carabins, ils devoient les aller attaquer, non pas en gros, mais en escarmouchant, pour les empêcher de faire feu sur les Chevaux-Legers dans le tems que ceux-ci marchoient pour charger.

Ils étoient instituez, ajoute l'Auteur, pour entamer le combat, pour les retraites & pour les escarmouches. Il en est souvent parlé dans l'Histoire du Regne de Henri IV; mais il y <small>*Compte de 1559. Picardie, v. vol.*</small> en avoit avant le Regne de ce Prince: il en est fait mention dans l'Extraordinaire des Guerres dès le tems de Henri II. <small>*Dupleix sous l'an 1552.*</small> L'Historien Dupleix prétend que ceux qu'on appelloit Carabins de son tems, étoient ceux-là mêmes ausquels sous le Regne de Henri II on donnoit le nom d'Argoulets; & d'Aubigné <small>*D'Aubigné, p. 705.*</small> dit que ce ne fut que sous Henri III que le nom de Carabin commença à être bien en usage pour cette espece de Milice. *Mussar*, dit-il, *qui commandoit les Carabins de Metz, desquels le nom a été depuis plus familier*. Ce qui est certain, c'est que le service des Argoulets, & celui des Carabins étoient fort semblables.

Cette Milice subsistoit du tems de Louis XIII, comme nous l'apprenons du sieur de Bellon qui écrivoit sous le Regne <small>*Bellon, des principes de l'Art Militaire, part. I. p. 325.*</small> de ce Prince. Il décrit ainsi l'armure des Carabins: « Ils auront la cuirasse & un pot ou salade sans autres armes défensives, & pour armes offensives une grosse arquebuse à rouet de trois pieds ou peu plus, ayant gros calibre, & l'épée au costé, & un pistolet court. *C'est*, ajoute-t'il, *comme le Roi lui-même les a instituez*.

Il se trompe s'il entend par-là que le Roi Louis XIII eut créé cette Milice: mais il veut dire apparemment que ce Prince avoit ainsi reglé leur armure.

Il continue: « Ils porteroient, si l'on vouloit, les casaques, « & les gamaches au lieu de bottes pour mettre mieux pied « à terre au besoin. Etant ainsi armez & montez, ils peuvent

# DE LA MILICE FRANÇOISE.

« combattre à pied & à cheval, & se mêler avec la Cavalerie. »

Les Carabins qui sous le Regne de Henri IV ne faisoient point de Corps séparé dans les Troupes, & étoient joints aux Compagnies de Cavalerie legere sous les Capitaines de ces Compagnies, ainsi que le vient de dire M. de Montgommeri, formérent des Regimens entiers sous le Regne de Louis XIII. Il s'en trouve dans l'Etat des Armées de l'an 1643 jusqu'à douze Regimens Etrangers. On fit sous ce Regne pour les Carabins ce qu'on a fait sous celui de Louis le Grand pour les Carabiniers. On les sépara de la Cavalerie legere pour les mettre en Regimens; de même que de toutes les Compagnies de Carabiniers qui étoient dans les Regimens de Cavalerie legere, on forma le Regiment des Carabiniers, commandez aujourd'hui par M. le Duc du Maine. *On en fait des Regimens.*

Les plus fameux Carabins du Regne de Louis XIII furent les Carabins de d'Arnaut, qui étoit Mestre-de-Camp d'un de ces Regimens. Son Regiment étoit de onze Compagnies, gens déterminez, comme le furent depuis les Dragons de la Ferté. *Etat des Armées de 1643.*

Alors, selon le même Etat de 1643, la garde des Generaux d'Armées étoient ordinairement des Carabins. Il y est marqué que le Maréchal de la Meilleraye avoit pour sa garde trente Carabins; le Maréchal de Chastillon autant; le Duc d'Angoulême qui commandoit en Picardie autant. M. du Hallier Lieutenant General en avoit vingt. Le Duc d'Enguien en avoit aussi. *Ils faisoient la garde des Generaux.*

Il y avoit une Charge de General des Carabins; elle subsista même depuis la suppression des Carabins, qui ne se fit que plusieurs années après la Paix des Pyrenées; car il est fait encore mention de Carabins dans une Ordonnance de Louis XIV du mois de Novembre de l'an 1665. *Suppression de cette Milice.*

M. le Comte de Tessé aujourd'hui Maréchal de France, acheta cette Charge du Comte de Quincé l'an 1684, la fit supprimer par le Roi, & obtint en même tems pour lui la creation de la Charge de Mestre-de-Camp General des Dragons.

La Charge de General des Carabins étoit la même que celle de Mestre-de-Camp General des Carabins dont il est parlé dans l'Ordonnance de Louis XIII du 26 de Mars 1636. Il prenoit son attache du Colonel General de la Cavalerie, & étoit de sa dépendance. C'est pourquoi M. de Bassompierre dans sa Critique de l'Histoire de Dupleix, le reprend aigrement à son ordinaire, de ce qu'il avoit appellé le sieur de Gié, Colonel General des Carabins. « Cet ignorant, dit-il, ne sçait » pas que les Carabins sont du Corps de la Cavalerie legere, » & que ce n'étoit que leur Mestre-de-Camp.

La Charge de Mestre-de-Camp des Carabins étoit dès le tems de Henri IV, comme on le voit par le Compte de l'Extraordinaire des Guerres de 1609, où le sieur de Gié portoit dès-lors ce titre. Il s'appelloit Balzac de Gié : en effet le Mestre-de-Camp General des Carabins étoit si-bien du Corps de la Cavalerie legere, que dans un état Major de la Cavalerie que j'ai tiré d'un Manuscrit de M. de Bussy-Rabutin, le Mestre-de-Camp General des Carabins est marqué parmi les Officiers de cette Milice.

Comme les Estradiots, les Argoulets, & les Carabins avoient beaucoup de ressemblance pour leur maniere de combattre, je me contenterai de mettre ici la figure d'un Estradiot, sur laquelle après avoir lû ce que j'ai dit des Argoulets & des Carabins touchant leurs armes, on pourra aisément se former une idée de ces deux autres especes de Milice.

    A. Estradiot à cheval avec son arzegaye.
    B. Manches de mailles, gantelets de mailles.
    C. Masse d'armes pendante à l'arçon de la selle.
    D. Arzegaye.
    E. Enseigne ou banderole des Estradiots.
    F. Leur Soubreveste.

Voilà, ce me semble, toutes les diverses especes de Milices de Cavalerie qui ont été instituées depuis Charles VII, & qui ne sont plus aujourd'hui. Je vais maintenant traiter des differentes especes d'Infanterie qui ont été sous ce même Regne, & ont cessé depuis d'être dans nos Armées.

## CHAPITRE IV.

*Des changemens faits dans l'Infanterie depuis Charles VII, & des diverses especes d'Infanterie instituées depuis ce tems-là, & qui n'y sont plus aujourd'hui.*

JE ne suis nullement dans l'idée de ceux qui regardent Charles VII comme un médiocre Prince. J'en ai rapporté les raisons dans mon Histoire de France. Mais je ne trouve rien de plus grand dans son Regne, que l'ordre qu'il mit dans la Milice, qui n'y pouvoit être rétabli que par une Réforme generale, & par le changement entier qu'il y fit. Il en connut la necessité pour le bien de son Royaume. Il en prévit les difficultez qui étoient extrêmes. Il les surmonta par sa prudence, par son habileté, & par sa fermeté. Il prit son tems à propos : il en vit les fruits, par la tranquilité que ce dessein bien executé produisit dans l'Etat, & par les grandes conquêtes qu'il fit ensuite sur les Anglois, qui ne pûrent se conserver que Calais après la perte de la Normandie & de la Guyenne.

Outre l'institution des Compagnies d'Ordonnance, Charles VII fit encore un autre changement considerable dans la Milice Françoise.

Avant le Regne de ce Prince, l'Infanterie Françoise, ainsi que je l'ai déja dit ailleurs, étoit comptée pour fort peu de chose, parce qu'elle n'étoit composée, ainsi que s'exprime Brantolme, *que de marauts, bellistres, mal armez, mal complexionnez, faineans, pilleurs & mangeurs de peuples*, excepté quelques Troupes reglées d'Arbalètriers & d'Archers, la plûpart Génois : mais Charles VII avoit pour maxime de ne se servir guéres de Troupes étrangeres, hormis des Ecossois, dont il connoissoit l'attachement pour sa personne & pour son Royaume.

Il paroît par la maniere dont l'institution des quinze Compagnies d'Ordonnance est racontée, qu'il licencia & cassa presque toutes ses autres Troupes. Il projetta apparemment dèslors de créer une nouvelle Milice d'Infanterie dont il ne pou-

*Brantosme dans le Discours des Colonels, P. 48.*

*Hist. Chronol. de Charles VII.*

voit se passer: mais il n'executa ce projet que trois ans après durant la Tréve qui fut prolongée entre la France & l'Angleterre, c'est à dire en 1448.

L'institution des Compagnies d'Ordonnance fournissoit au Roi Charles VII. neuf à dix mille chevaux, toujours prêts à marcher au premier ordre. Voici ce qu'il fit pour avoir pareillement une Milice d'Infanterie aussi aisée à assembler. Il ordonna que chaque Paroisse de son Royaume choisît un des meilleurs hommes qu'il y auroit pour aller en Campagne avec l'arc & les fléches, dès qu'il seroit commandé, & servir en qualité d'Archer. Le privilege qu'il accorda à ceux qui seroient choisis, fit qu'il y eut de l'empressement pour l'être; car il les affranchit presque de tous subsides, & c'est de cet affranchissement qu'on les appella *Francs-Archers*, ou *Francs-Taupins*. Ce nom de Taupins leur fut donné sans doute, parce qu'on le donnoit alors aux Païsans, à cause des Taupinieres dont les clos des gens de la Campagne sont ordinairement remplis. Je vais transcrire l'Ordonnance que Charles VII. fit là-dessus.

*Institution des Francs-Archers.*

*Ordonnance de Charles VII touchant les Francs-Archers.*

„ Ordonnons qu'en chacune Paroisse de nostre Royaume y
„ aura un Archer qui sera & se tiendra continuellement en
„ habillement suffisant & convenable de salade, dague, espée,
„ arc, trousse, jacque ou huque de brigandine, & seront appel-
„ lez les Francs-Archers; lesquels seront esleus & choisis par
„ nos Eslus en chacune Eslection, les plus droits & aisez pour
„ le fait & exercice de l'arc qui se pourront trouver en cha-
„ cune Paroisse, sans avoir égard ne faveur à la richesse & aux
„ Requestes que l'on pourroit sur ce faire; & seront tenus
„ d'eux entretenir en l'habillement susdit, & de tirer de l'arc,
„ & aller en leur habillement toutes les Festes & jours non-
„ ouvrables, afin qu'ils soient plus habiles & usitez audit fait
„ & exercice, pour nous servir toutes les fois qu'ils seront par
„ nous mandez, & leur ferons payer quatre francs pour hom-
„ me pour chaquun mois, pour le tems qu'ils nous serviront.
„ Ordonnons qu'ils & chacun d'eux soient francs & quittes,
„ & iceux exemptons de toutes Tailles & autres charges quel-
„ conques, qui seront sus, par de Nous en nostre Royaume,
„ tant de fait & entretenement de nos Gens d'armes, de Guet,
„ Garde & Porte, que de toutes autres Subventions quelcon-

„ ques, excepté du fait des Aydes, ordonnez pour la Guerre &
„ Gabelle de Sel ; deffendons à tous ceux qui feront commis
„ à mettre fus, & affeoir les Tailles & autres Impofts mis par
„ Nous, qu'ils ne les affeent ; & aux fieurs Capitaines, Chafte-
„ lains des Chaftelainies qu'ils ne les contraignent dorefna-
„ vant à faire ledit Guet & garde. Voulons qu'il leur foit bail-
„ lé par nos Eflus Lettres d'affranchiffement, lefquelles vou-
„ lons valoir comme fi elles eftoient obtenuës de Nous. Or-
„ donnons qu'ils feront le Serment par devant lefdits Efleus
„ de bien & loyaument nous fervir en leur habillement envers
„ tous & contre tous, & eux exciter en ce que dit eft, mefme
„ en nos Guerres & affaires toutesfois qu'ils feront par nous
„ mandez, & ne ferviront aucun en fait de Guerre ne audit
„ habillement fans noftre Ordonnance. Voulons que lefdits
„ Francs-Archers foient par nofdits Efleus enregiftrez par noms
„ & furnoms, & les Paroiffes où ils feront demourans, & que
„ de ce fera fait Regiftre en la Cour. Donné aux Montils les
„ Tours l'an 1448, & de noftre Regne le vingt-fixiéme.

Ce Prince par le moyen de cette inftitution, & de celle des Compagnies d'Ordonnance, eut toujours une Armée confiderable de Cavalerie & d'Infanterie ; de forte qu'il ne pouvoit être furpris par fes voifins ; & qu'en attendant qu'il eût fait d'autres Troupes, il avoit toujours de quoi leur oppofer, & même de quoi les prévenir.

Cette importante inftitution qui eut de fi heureufes fuites mérite bien quelque détail. A la vérité l'Ordonnance que je viens de tranfcrire, nous dit bien en general comment les Francs-Archers étoient armez, mais elle ne marque ni le nombre de Soldats dont cette Milice étoit compofée, ni comment elle étoit levée, ni par quels Officiers elle étoit commandée, & je n'ai trouvé rien de tout cela dans les diverfes Hiftoires du Regne de Charles VII : mais un ancien Manufcrit du tems de Louis XI fon Succeffeur, dont j'ai la Copie entre les mains fuppléera à ce défaut, & nous apprendra : 1°. Que fous le Regne de ce Prince l'armure des Francs-Archers fut changée en partie. 2°. Combien il en avoit dans fes Armées. 3°. En combien de bandes ils étoient partagez, & par combien de Capitaines ils étoient commandez. Mais afin qu'on ne foit point arrêté dans la lecture de ce Memoire par les noms de certaines armes dont on armoit les Francs-Archers, je le vais faire preceder de l'explication de ces termes, dont bien des gens peuvent ignorer aujourd'hui la signification.

*Explication de quelques termes employez dans les deux Pieces suivantes.*

### SALADE.

LA Salade étoit une espece de casque leger sans crête. Il y en avoit qui avoient une visiere, & d'autres qui n'en avoient point, comme on le voit par le Memoire.

### LE JAQUE.

Le Jaque, ou la Jaque, étoit une espece de justau-corps, qui venoit au moins jusqu'aux genoux. Nicot le définit ainsi: *Jaque habillement de Guerre renflé de cotton*; & Coquillart dans son Livre des Droits nouveaux le décrit ainsi en quatre Vers:

 C'étoit un pourpoint de chamois
 Farci de boure sus & sous
 Un grand vilain Jaque d'Anglois
 Qui luy pendoit jusqu'aux genous.

De Jaque est venu le mot de Jaquette, encore usité en notre Langue, pour signifier l'habillement des enfans qui ne portent point encore de haut-de-chausses.

Ces Jaques étoient bourez entre les toiles ou l'étoffe dont ils étoient composez. C'étoit non-seulement pour empêcher que la lance ou l'épée ne perçât, mais encore pour empêcher les contusions, que l'effort de la lance ou de l'épée pouvoient faire. Autrefois, pour la même raison, les Chevaliers avoient de ces Jaques bourez sous leur Haubert de mailles. C'étoient ces especes de Jaques qu'on appelloit du nom de Gobisson, de Gombison, de Gambeson.

Le Jaque dont il s'agit dans le Memoire que je vais rapporter, étoit d'un cuir de cerf, doublé de vingt-cinq ou de trente

trente toiles usées & médiocrement déliées. L'Auteur du Memoire dit que ces Jaques étoient à l'épreuve, & qu'on avoit vû rarement des Soldats tuez dans cette armure.

### BRIGANDINE.

La Brigandine étoit une espece de corcelet faite de lames de fer, attachées les unes aux autres sur leur longueur, par des cloux rivés, ou par des crochets.

### VOUGES.

La Vouge, ou Voulge étoit une espece d'épieu, à peu près comme celui dont on se sert à la chasse du Sanglier, de la longueur d'une halebarde, garni par un bout d'un fer large & pointu. Celui de la Vouge, selon le Memoire, devoit être tranchant & large par le milieu.

### GUYSARMIERS.

Les Guysarmiers étoient des Piétons, puisqu'ils étoient, selon le Memoire, du nombre des Francs-Archers. Ils étoient ainsi appellez d'une arme offensive qu'ils portoient, nommée Guisarme, ou Gisarme, ou Jaisarme, ou Jusarme; car ce mot est écrit diversement dans nos anciens Romanciers.

  Et vous avez Lances aguës
  Et Guisarmes bien émoluës.

*Roman de Rou.*

Il paroît par le Memoire que la Guisarme étoit la même chose que la Voulge, puisqu'il l'attribuë aux Guisarmiers.

### RONDELLE.

La Rondelle étoit une espece de bouclier de figure ronde ou ovale, dont on se servoit encore quelquefois du tems de Henri IV, comme je le dirai en parlant des diverses armes qui ont été en usage dans les Troupes Françoises.

### QUARREAUX.

Il est dit dans le Memoire pour les Arbalêtriers, que leurs Arbalêtes seront de dix Quarreaux ou environ; c'est à dire qu'elles seroient environ de la longueur de dix Quarreaux. Ces Quarreaux appellez en Latin dans nos Historiens *Quadrelli*, étoient des Dards ou Fléches, ainsi nommées, parce que leur fer étoit quarré par le bout en aboutissant en pointe, ainsi que je l'expliquerai ailleurs. Ce qu'on appelle ici le Quarreau n'étoit que le fer du dard, & non pas tout le dard ; c'est-à-dire que l'Arbalête des Francs-Archers étoit de trois ou quatre pieds de longueur.

## TROUSSE.

La Trousse étoit une espece de carquois, où les Arbalêtriers & les Archers mettoient leurs fléches. Ils devoient avoir dans leurs Trousses au moins dix-huit traits, comme le Memoire le marque ; excepté ces termes, il n'y a rien que l'on ne puisse entendre dans le Memoire que voici.

» Memoire de ce que le Roy veult que les Francs-Ar-
» chiers de son Royaume soient habillez en Jacques d'icy en
» avant. Et pour ce a chargé au Bailly de Mante en faire un
» projet. Et semble audit Bailly de Mante que l'habillement de
» Jacques leur seroit bon, prouffitable & avantageux pour
» faire la guerre, veu que sont gens de pié ; & que en ayant
» les Brigandines, il leur fault porter beaucoup de choses que
» ung homme seul & à pié ne peut faire.

» Et premierement leur fault desdits Jacques de 30 toiles,
» ou de 25 : & ung cuir de cerf à tout le moins. Et si sont
» de 30, & ung cuir de cerf, ils sont des bons. Les toiles
» usées & déliées moyennement sont les meilleures ; & doi-
» vent estre les Jacques à quatre quartiers. Et fault que les
» manches soient fortes comme le corps, reservé le cuir ; Et
» doit estre l'assiéte des manches grande, & que l'assiéte prei-
» gne près du collet, non pas sur l'os de l'espaule, qui soit
» large dessoubz l'aisselle, & plantureux dessoubz le bras,
» assez faulce & large sur les costez bas. Le colet soit com-
» me le demourant du Jacques, & que le colet ne soit pas
» trop hault derriere pour l'amour de la Salade. Et fault que
» ledit Jacques soit lassé devant, & que il ait dessoubz une
» porte-piece de la force dudit Jacques. Ainsi sera seur ledit
» Jacques & aisé : moyennant qu'il ait un pourpoint sans

„ manches ne colet, de deux toiles seulement, qui n'aura que
„ quatre Doys de large sur l'Espaule. Auquel pourpoint il at-
„ tachera ses chausses. Ainsi flotera dedans son Jacques, &
„ sera à son aise. Car on ne vit oncques tuer de coups de
„ main ne de flesche dedans lesdits Jacques six hommes : &
„ se y souloient les gens bien combattre. ( J'observerai ici en
passant que cette armure & cette espece de cuirasse de linge
n'étoit point une invention nouvelle, & qu'elle avoit été en
usage chez quelques Nations dans les tems les plus éloignez,
& que Xenophon en fait mention.)

„ Item. Il semble audit Bailly que les Francs-Archiers se
„ devroient départir en quatre habillemens. Les ungs en Voul-
„ ges, les autres en lances, les autres Archiers, & les autres
„ Arbalestriers.

„ Item. Luy semble que ceux qui porteroient Voulges les
„ devroient avoir moyennement larges, & qu'ils eussent ung
„ peu de ventre. Et aussi qu'ils fussent tranchans & bon estoc.
„ Et que lesdits Guisarmiers ayent Salades à visieres, Gante-
„ lets & grands Dagues, sans espées.

„ Item. Ceulx qui porteroient lances doivent avoir Salades
„ à visieres, & gantelets & espées de passot moyennement lon-
„ gues, roides & bien tranchans. Et que leurs lances soient
„ de la longueur des lances d'armes. Qu'ils ne soient pas si
„ tres-grosses, & qu'elles soient presque d'une venuë, excepté
„ qu'elles ayent au bas un petit détailliz, & ung petit arrest
„ d'un demi doyt de hault derriere la tailleure, pour leur don-
„ ner façon. Et fault que le fer soit tranchant & ung peu
„ longuet, & toutes voyes qu'il soit fortelet.

„ Item. Les Archiers auront les Salades sans visieres, arcs
„ & trousses & espées de passot assez longuetes, roides & tran-
„ chans qui s'appellent espées bastardes. Et si veulent porter les
„ Boucliers, il n'y aura point de mal, & qu'ils ayent les
„ Dagues moyennes, & ne devroient pas estre les rondelles
„ trop haultes.

„ Item. Les Arbalestriers devroient avoir Salades à visie-
„ res, qu'ils pûssent lever assez hault quant ils vouldroient.
„ Et que le dessoubz de la visiere ne les arme pas si fort qu'elle
„ leur couvre la vûë. Et aussi que le costé droit n'arrive pas

„ si bas à la jouë que le gauche : afin qu'ils puissent à leur
„ jouë assoir leur arbrier * à leur aise. Et auront espées de
„ passot non pas trop longues, roides & tranchans. Et que la
„ ceinture hausse l'espée par derriere, afin qu'elle ne touche
„ à terre de beaucoup. Et seront leurs Arbalêtes de dix quar-
„ reaulx ou environ. Et banderont à quatre polies ou à deux,
„ s'ils sont bons bandeux. Et auront trousses empanées & ci-
„ rées de dix huit traits du moins, & n'auront point de dagues.
On voit par ce Memoire quelle étoit alors l'armure des Francs-
Archers. La Piece qui suit apprendra quel étoit leur nombre,
& par qui ils estoient commandez.

*marginalia: C'est le manche de l'Arbalête.*

*Ensuit l'Ordonnance qui a été faite par le Roi &*
*son Conseil, touchant le fait des Francs-Archiers.*

„ ET premierement que pour conduire lesdits Francs-Ar-
„ chiers, a esté ordonné & fait quatre Capitaines Gene-
„ rauls, dont les noms s'ensuivent. Messire Aymar du Puysieu,
„ dit Cadorat Chevalier, Conseiller & Maistre d'Hostel du Roy
„ nostre Sire, & Bailly de Mante *. Pierre Aubert Seigneur de
„ la Grange & Bailly de Melun. Messire Russec de Balzac
„ Chevalier, Seneschal de Beaucaire. Messire Pierre Comberel
„ Seigneur de l'Isle. Et qu'il y aura ung Chef par dessus tous
„ lesdits quatre Capitaines lequel le Roy doit nommer.
„ Item A esté ordonné que on levera par tout ce Royau-
„ me seize mille Francs-Archiers.
„ Item. Que chacun desdits quatre Capitaines aura pour sa
„ charge quatre mille Francs-Archiers, à prendre comme ci-
„ après sera déclaré, où il y aura sept Capitaines qui en con-
„ duiront chacun cinq cens, & les autres cinq cens pour four-
„ nir les quatre mille, chacun desdits quatre Capitaines en
„ aura cinq cens. (C'est à-dire que ces cinq cens seront com-
„ mandez immediatement par chacun des quatre Capitaines
„ Generaux.)
„ Item. Et pour lever lesdits seize mille Francs-Archiers,
„ l'on a départi le Royaume en quatre parties, pour à cha-
„ cun desdits quatre Capitaines bailler ung quartier comme il
„ s'ensuit.

*marginalia: Capitaines Generaux des Francs-Archers.*
*C'est celui qui avoit fait le Memoire précedent.*
*Commandement general.*
*Nombre des Francs-Archers.*
*Capitaines particuliers.*
*Quartiers du Royaume où se devoit faire la levée.*

## DE LA MILICE FRANÇOISE. Liv. IV.

„ Et premierement que ledit Meſſire Cadurat Bailly de
„ Mante, pource que ſon Bailliage eſt prés de Normandie,
„ pour l'une des quatre parties de ce Royaume aura le païs de
„ Normandie, en ce comprins les Terres de Monſeigneur d'Alen-
„ çon, le Maine & Mortaing pource qu'ils ſont joints enſem-
„ ble, les Bailliages de Mantes, Chartres, Eſtampes & Dour-
„ dan, les Comtez de Dreux, de Dunois & de Blois deçà Loi-
„ re; & les autres Terres qui ſont par-deçà la Riviere de Som-
„ me & d'Oiſe, en ce comprins l'Eſlection de Beauvois &
„ d'Amiens deçà Somme; la Comté d'Eu, & le Païs de Vi-
„ meu, ſans toucher au Bailliage de Vermandois.

„ Item. Ledit Aubert Bailly de Melun pour la ſeconde deſ-
„ dites quatre parties, aura les quatre Bailliages de Champai-
„ gne. C'eſt à ſçavoir Chaumont, Vitry, Troyes & Meaux:
„ Les Bailliages de Vermandois & Senlis juſqu'à la Riviere
„ d'Oiſe. Les Comtez de Rethel & de Porcien, de Marle, de
„ Vertus, Brenne, Rouſſy, Grantpré & Joigny. Les Duchiez
„ de Valloys, Comtez de Beaumont & de Soiſſons; la Pre-
„ voſté & Vicomté de Paris; le Bailliage de Montargis, com-
„ prins les Duchiez d'Orleans, & tout Gaſtinoys: les Baillia-
„ ges de Melun & de Sens, avec les pays de Nivernois, de
„ Donziois & de Tournonoys*, Morvant, Puyſoys, & l'Ele-   *Tonnerrois.
„ ction de Langres.

„ Item. Ledit Meſſire Ruffec pour la tierce part deſdites
„ quatre parties, aura le païs de Berry, & ce que contient le
„ Bailliage de Chartres & de la Comté de Blois de là la Rivie-
„ re de Loire en la Saulongne; le Bailliage de Saint-Pierre le
„ Monſtier, Bourbonnois, Roennois, Foreſts, Beaujolois, Lyon-
„ nois, Auvergne hault & bas: la Marche, Combraille &
„ Rouergue, avec les terres de Monſeigneur d'Armaignac deçà
„ & delà Garonne; la Seneſchauſſée de Bazas; les Comtez de
„ Comminges, de Leſtrac & de Perdriac.

„ Item. Ledit Meſſire Pierre Comberel pour la quarte par-
„ tie aura Poictou, Anjou, Touraine, Limoſin hault & bas,
„ Xaintonge, Aunys, Angomois, Peregort, Quercy, Agenois,
„ Condomois, avec la Seneſchauſſée de Guyenne, la Seneſ-
„ chauſſée des Lannes, la Comté de Bigorre, les Terres de
„ Monſeigneur de Foix qu'il tient és Lannes, en Guyenne,

„ & de là la Garonne, Bayonne & le Bourg.

„ Item. A été ordonné que l'on levera & mettra sus les
„ Francs-Archiers tout le long de la coste de la mer en Nor-
„ mandie, comme és autres lieux.

„ Item. Pour sçavoir quel nombre de Francs-Archiers le
„ Roy a, il a ordonné que chacun desdits quatre Capitaines
„ ira en personne par tous les Bailliages & Eslections de son
„ quartier, & portera mandemens par lesquels fera contrain-
„ dre les Esleus de bailler au vrai les feux de leurs Elections,
„ pour faire mettre sus tous les Francs Archiers d'icelles Elec-
„ tions, sans y faire point de composition ny tromperie. Et ou
„ cas que lesdits Capitaines ne pourroient aller en aucuns des-
„ dits lieux, ils y envoyeront de leurs gens, afin de mieulx &
„ plus seurement lever lesdits Francs-Archiers. Et ce fait lesdits
„ Capitaines se asseureront chacun en leur endroit du nombre
„ de leurs dits Francs-Archiers pour advertir le Roy, s'ils auront
„ leur nombre entier.

„ Item. Lesdits quatre Capitaines Generaulx jureront que
„ justement ils asseiront & mettront sus lesdits Francs-Archiers
„ és lieux & Paroisses où ils n'ont point encore esté assis, sans
„ y commettre fraude. Et en ce ensuivront le vouloir & en-
„ tention du Roy, ainsi que ordonné leur a esté. Et avecques
„ ce ne souffriront que les Esleus ny autres quelconques fa-
„ cent compositions ne appointemens qui desrogent ou préjudi-
„ cient à l'encontre du Roy. Et tout sur peine de confiscation
„ de leurs Terres, Offices & biens quelconques. Et en baille-
„ ront chacun desdits quatre Capitaines une cedulle signée de
„ sa main, que Monseigneur le Chancelier gardera. Et seront
„ Messeigneurs les Mareschaux presens à faire ladite Cedulle
„ ou Obligation.

„ Item. A esté ordonné que en chacun quartier y aura ung
„ Lieutenant desdits Capitaines: lequel aura puissance ques'au-
„ cun Franc-Archier s'en retourne sans congié du Capitaine
„ General, il le fera pendre par la gorge: & ne sera mené
„ en autre Justice que devant ledit Lieutenant.

„ Item. A esté ordonné que desormais chacun des vingt-
„ huit Capitaines qui aura à conduire soubs sa charge 500
„ Francs-Archiers, aura par chacun an des gaiges ordinaires

# DE LA MILICE FRANÇOISE. Liv. IV.

« la somme de 120 liv. & 10 l. pour leurs chevauchures, ainsi
« qu'ils avoient anciennement & du tems du feu Roy *, &
« depuis. Et pareillement quant ils chevaucheront, & seront
« en la guerre, ils auront quinze francs pour mois, & leurs
« Lieutenans dix francs, comme ils ont accoutumé.

> * Cela montre que ce Projet fut fait du tems de Louis XI.

« Item. A esté ordonné que tous les Francs-Archiers que
« l'on mettra sus de nouvel, soient habillez de Jacques, Sa-
« lades, Gantelets, Espée, Dague & Voulge, ou autre baston
« dont ils se sçauront aider. Et ceux qui sont desia en habille-
« ment de Brigandines, y demeureront, à condition que quant
« elles seront rompuës & gâtées, on les habillera de Jacques.

« Item. A esté ordonné que désormais chacun desdits qua-
« tre Capitaines Generaulx des Francs-Archiers qui aura sous
« sa charge 4000 Francs-Archiers, aura chacun des gages ordi-
« naires 800 liv. & en outre que quant ils seront employez en
« l'Armée, chacun desdits quatre Capitaines sera payé d'une
« lance fournie par dessus lesdits gages. Et sera tenu chacun
« d'iceulx Capitaines avoir sous sadite lance deux Archiers en
« bon & souffisant habillement. Lesquels deux Archiers ne se-
« ront point compris du nombre desdits Francs-Archiers.

« Item. A esté ordonné que chacun desdits quatre Capi-
« taines Generaulx aura ung Lieutenant, lequel aura de gai-
« ges 10 liv. pour mois, comme ont les Lieutenans desdits Capi-
« taines particuliers.

« Item. A pareillement esté ordonné que doresnavant nuls
« desdits Francs-Archiers ne menera cheval ne sommier. Mais
« qu'ils se pourront assembler 8, 10, 12, 20, ou tel nombre que
« bon leur semblera, & avoir une charette ou charettes pour
« porter leurs habillemens ou vivres : pourveu que ladite char-
« rette ils quierent & la nourrissent à leurs despens.

« Item. A esté ordonné que chacun desdits quatre Capitai-
« nes Generaulx aura ung chevaulcheur de l'escurie avec luy
« pour porter les Lettres & Mandemens, afin de avoir plus grant
« obéissance.

« Item. A pareillement esté ordonné que lesdits quatre
« Capitaines Generaulx feront assembler chacun en son quar-
« tier les Esleus, Baillys, Vicomtes & autres Officiers, en-
« semble les Capitaines particuliers desdits Francs-Archiers en

» quatre lieux de leur dit quartier, pour en chacun desdits
» lieux y en assembler mille, & y faire la montre.

» C'est assavoir quant à la Charge de Monseigneur le Maistre
» d'Hostel Cadorat, a esté advisé que l'un desdits quatre lieux
» de sondit quartier sera à Rouen, où l'on fera venir les Bail-
» liages de Rouen, de Caux, d'Evreux & de Gisors ; l'autre se
» tiendra à Beauvois, où pourront venir ceulx de la Comté d'Eu,
» du pays de Vimeu, de l'Election de Beauvois & de celle d'A-
» miens, deçà la Riviere de Somme ; ensemble ce qui est du
» Bailliage de Senlis entre Oyse & Normandie, & jusques à
» ladite Riviere de Somme, sans toucher au Bailliage de Ver-
» mandois. La tierce partie se tiendra en la Ville de Saint-Lou *
» pource qu'elle est plus au milieu du pays. Là où se rendront
» les Esleus de Caën, de Falaise, de Bayeux, de Coustances,
» Avranches & Vallongnes : & aussi ceulx de la Comté de Mor-
» taing, de l'Election d'Alençon, & de la Vicomté de Domfront.
» Et la quarte partie se tiendra à Chartres, où se rendront ceulx
» des Comtez du Maine, du Perche, de Dreux, de Dunois, &
» de la Comté de Blois deçà Loire, & pareillement ceulx de
» Mantes, Estampes & Dourdan.

» Item. Au regard de la Charge dudit Pierre Aubert, il a
» semblé qu'il doit tenir ses quatre Sieges ainsi qu'il s'ensuit.
» L'un en la Ville de Sens, où se rendront ceulx de la Duché
» d'Orleans, le Bailliage de Montargis, la Comté de Gien deçà
» Loire, le païs de Nivernois & Donziois, les Comtez de Joigny,
» Vezelay, le païs de Morvant, & le Bailliage de Sens. L'autre
» Siege se tiendra à Melun, où se pourront rendre ceulx de
» la Vicomté & Prevosté de Paris, le Bailliage de Senlis deçà la
» Riviere d'Oise ; le Bailliage de Meaulx tout entier, & tout le
» païs de Gastinois, Nemours, & tout ce qui n'appartient au Bail-
» liage de Sens. Le tiers Siege se pourra tenir à Reims, où se ren-
» dront ceulx du Bailliage de Vermandois ; la Duchié de Valois,
» les Comtez de Rhetel, Porcien & Guyse, & toutes les Terres
» qui en dépendent, & le Bailliage de Vitry. Et le quart Siege se
» tiendra à Troyes, où se rendront les Bailliages de Chaumont,
» la Duchié de Langres ; la Comté de Tonnerre & Brie, &
» ce qui est de la Duchié de Nemours, ensemble le Bailliage
» de Troyes *.

» Item.

* C'est S. Lo en basse Normandie.

* Les départemens des deux autres Capitaines Generaux manquent.

## DE LA MILICE FRANÇOISE. Liv. IV.

» Item. Chafcun defdits Capitaines ne bougera de l'un def-
» dits quatre lieux, jufques à ce que lefdits Francs-Archiers
» feront levez & mis fus ; & qu'ils fçauront le nombre dont le
» Roy fe pourra fervir.

» Pour aucunement advertir lefdits quatre Capitaines Ge-
» neraulx ordonnez pour mettre fus les Francs-Archiers ; fem-
» ble que quant ils feront és lieux ordonnez par le Roy pour
» faire venir les Efleus, Baillys, Vicomtes ou leurs Lieutenans
» par devers eulx ; & là où il n'y aura nuls Vicomtes y faire
» venir les Juges ordinaires ou leurs Lieutenans, & les Sergens
» que l'on advifera eftre neceffaires ; après ce qu'ils auront eu
» le Rôle des Capitaines particuliers defdits Francs-Archiers, &
» des Paroiffes dont ils font : & auffi les Rôles des Efleus pour
» fçavoir quantes Paroiffes il y aura en leurs Elections chacun
» en fon regart, & les feux taillables au vray & contribuables
» aufdits Francs-Archiers enrollez par les Baillys, Vicomtes,
» Juges ordinaires en leurs Elections, & les Sergens dont on
» verra que on fe pourra aider : & que tout foit fans fraude
» & abus fur les peines fur ce indites par le Roy, déclarées
» és Mandemens fur ce fais : lefdits quatre Capitaines princi-
» paux, chacun en fa Charge verront fe en leur Charge ils ont
» le nombre ordonné par le Roy : c'eft affavoir de 4000 Francs-
» Archiers.

» Item. Et ou cas qu'ils n'auroient leur nombre entier, ils
» n'auront plus autre chofe à faire finon leurs Regiftres du
» nombre particulier defdits Francs-Archiers en chacune Elec-
» tion, & voir la Monftre defdits Francs-Archiers ; & s'ils font
» perfonnages propres pour cela, & en eftat fouffifant pour fer-
» vir le Roy. Et s'ils trouvent qu'ils ne foient perfonnages pro-
» pres pour fervir à la guerre, ils changeront ceulx qui ver-
» ront à changer, & en mettront des autres en leurs lieux
» bons & fouffifans, fans en prendre argent, comme à ce font
» obligez. Et au regart de leurs habillemens, tant de ceulx
» qui demeureront comme de ceulx qui feront changez, les
» Commiffaires y pourvoiront felon la teneur de leur commif-
» fion.

» Item. Et fe lefdits Capitaines voyoient qu'ils n'ayent pas
» leur nombre entier és Païs dont ils ont la charge, ils regar-

*Tome I.*           I i

» deront combien il leur en fauldra; & lesquels Païs sont les
» moins chargez eu regart au nombre des feux, à la faculté
» des personnes, & à la pauvreté ou richesses des Païs & des
» Paroisses. Et ce fait, chargeront de nouvel les Païs & Pa-
» roisses qui seront moins chargez, d'autant qu'il leur faudra
» de Francs-Archiers, & les feront mettre sus bons & conve-
» nables; le fort portant le foible au mieux qu'ils pour-
» ront.

On voit par cette Ordonnance le nombre des Francs-Archers qui étoit de 16000; qu'ils avoient quatre Capitaines qui en commandoient chacun 4000. Que sous chacun de ces quatre Capitaines il y en avoit sept autres qui en commandoient chacun 500. Que les Capitaines Generaux en commandoient aussi immediatement 500. De plus, de quelle maniere, & en quel Païs la levée se devoit faire; & enfin, qu'au dessus des quatre Capitaines Generaux, il y avoit un Commandant General de tous les Francs-Archers. J'ajouterai ici que j'ai trouvé dans un des papiers de feu M<sup>r</sup> du Fourni Auditeur des Comptes de Paris, que le premier Capitaine des Francs-Archers créé par Charles VII, pour les Villages des environs de Paris, & autres Adjacens qui devoient en fournir, s'appelloit Yvon de Carnazet. Il étoit originaire de Bretagne & Seigneur de Lardi & d'autres Villages; & ce que je dis est dans l'inscription de sa Tombe dans l'Eglise de Lardi dont il étoit Fondateur.

J'ai dit que le Manuscrit que je viens de transcrire étoit du tems de Louis XI; cela se prouve par ce qui y est dit des gages des Capitaines, sçavoir qu'ils auront par chacun an des gaiges ordinaires la somme de 120 liv. & 20 liv. pour leur chevauchure, ainsi qu'ils avoient anciennement, & *du tems du feu Roy*. Or il n'y avoit point eu de Capitaine de Francs-Archers avant Charles VII, & il n'y en eut point depuis l'an 1480, c'est-à-dire depuis la fin du Regne de Louis XI. C'est donc ce Prince qui parle dans cette Ordonnance.

Les Compagnies d'Ordonnance ont duré jusqu'à notre tems, comme je l'ai dit: mais la Milice des Francs-Archers ne subsista que jusques vers la fin du Regne de Louis XI. Cela paroît par une Lettre de Charles VIII fils de ce Prince, datée de Melun le huitiéme de Decembre de l'an 1485, c'est-à-dire la troisiéme année de son Regne, écrite au Bailli de Caën. Il le consultoit dans cette Lettre sur la maniere de faire une Milice de gens de pied, pour en former une Armée en cas de besoin avec les Compagnies d'Ordonnance. Il consulta sur le même sujet le Bailli de Troyes, celui de Vermandois, & celui de Cotentin. Le Bailli de Caën lui répondit, qu'après avoir pris l'avis de diverses personnes nommées dans sa Lettre, il lui sembloit que le meilleur expedient que l'on pût prendre, étoit que sur cinquante-cinq feux dans chaque Flection, on levât un homme de pied, qui seroit équipé aux dépens des Habitans, lesquels le soudoyeroient de soixante sols par mois, pendant le tems qu'il serviroit ; & que ce Soldat fût pour l'avenir franc & quitte & exemt des Tailles établies sur le peuple pour la Guerre.

*Observations sur l'Histoire de Charles VII. Pag. 502.*

Cela approchoit fort de la premiere institution des Francs-Archers. Je ne crois pas que ce Projet ait été executé : mais cela montre que la Milice des Francs-Archers avoit déja été supprimée avant Charles VIII fils de Louis XI, puisqu'on proposoit de la rétablir.

Le President Fauchet prétend que cette suppression fut faite par Louis XI dans les premieres années de son Regne ensuite de la guerre du bien public, où ce Prince fut fort surpris de voir tout-à-coup par tout le Royaume la plûpart de la Noblesse & de la Milice déclarée contre lui ; & que ceux qui levoient les Soldats sous son nom, les conduisoient au Camp des Princes révoltez : mais il se méprend ; car Philippes de Commines & Olivier de la Marche, en parlant de la journée de Guinegate, font encore mention des Francs-Archers sous l'an 1479, qui étoit la dix-huitiéme du Regne de Louis XI. Et François de Beaucaire Evêque de Mets nous assure en effet que ce ne fut que l'an 1480 que ce Prince abolit la Milice des Francs-Archers.

*L. 1. de la Milice & armes.*

*L. 6. chap. 6. De la Marche, Introduction, ch. 6.*

*Belcarius, l. 5. n. 38.*

## CHAPITRE V.

*Des changemens faits dans l'Infanterie Françoise sous Louis XI, Charles VIII, & Louis XII.*

Quelques avantages que Charles VII eût tiré de la Milice des Francs-Archers, Louis XI les caſſa, & déchargea par là les Bourgs & les Villages qui étoient chargez de leur entretien : mais comme avec ſa Gendarmerie compoſée des Compagnies d'Ordonnance, il vouloit avoir auſſi de l'Infanterie ſur pied, il commença par lever ſix mille Suiſſes, contre la maxime du Roi Charles VII, qui ne s'accommodoit point des Troupes étrangeres : mais Louis XI prenoit volontiers & par inclination le contre-pied de ſon Prédeceſſeur.

Comines, l.6. chap. 7.

Outre ces ſix mille Suiſſes, il leva dix mille hommes d'Infanterie Françoiſe pour être à ſa ſolde; & pour cela il mit un grand impôt ſur le peuple. Dès qu'il les eût levés, il établit un camp auprès du Pont-de-l'Arche à trois lieuës de Roüen l'an 1480, où toutes ces Troupes marchérent avec les Compagnies d'Ordonnance, & deux mille cinq cens Pionniers. Il faiſoit faire dans ce Camp tous les exercices Militaires, & obſerver la Diſcipline avec autant de regularité que s'ils euſſent été en Païs ennemi. Il y alla lui-même; & ce fut la premiere & la derniere fois qu'il les viſita, ſes maladies & d'autres affaires l'ayant empêché d'y retourner pendant trois ans, au bout deſquels il mourut en 1483.

Charles VIII ſon Succeſſeur l'imita; il groſſit ſes Armées de Troupes Suiſſes, & y ajouta des Lanſquenets, c'eſt-à-dire de l'Infanterie Allemande : il avoit des uns & des autres & des François à pied à la conquête de Naples : mais les Suiſſes & les Allemans étoient beaucoup mieux diſciplinez que l'Infanterie Françoiſe, où à la verité il y avoit, dit Brantôme, dans ſon ſtile ordinaire, de bons hommes; mais la *plûpart gens de ſac & de corde, méchans garnimens échapez de la Juſtice, & ſur tout force marquez de la fleur-de-lys ſur l'eſpaule, eſſoril-*

Brantôme Diſcours des Colonels.

lez *, & qui ca*hoïent les oreilles à dire vray, par longs cheveux heriffez, barbes horribles ; tant pour cette raifon que pour fe montrer effroyables à leurs ennemis. L'Infanterie Françoife étoit donc encore alors fur un mauvais pied. L'Auteur du Livre de la Difcipline Militaire attribué à M. de Langey, dit en effet que les autres Nations levérent & difciplinérent l'Infanterie fur le modéle des Suiffes. » Les exemples de la vertu, » dit-il, que les Suiffes ont montré avoir au fait des armes » à pied, font caufe que depuis le voyage de Charles VIII » ( au Royaume de Naples ) les autres Nations les ont imi- » tez, mefmement les Allemans & Efpagnols, lefquels font mon- » tez en la réputation que l'on les tient aujourd'hui, pour » autant qu'ils ont voulu imiter l'ordre que lefdits Suiffes gar- » dent, & la mode des armes qu'ils portent. Les Italiens » s'y font addonnez après eux, & nous finalement.

Mais, felon Brantofme, Louis XII. y mit beaucoup plus de Difcipline que Charles VIII fon Prédéceffeur, ayant trouvé moyen d'engager les gens de qualité à fe mettre à la tête des Bandes.

» Le Roi Louis XII, dit-il, étant venu à la Couronne, & » ayant retiré Milan qui lui appartenoit ; & le Royaume de » Naples de même, pour les acquerir & garder, il fe fit de » belles guerres & continuelles, tant contre les Italiens, qu'Ef- » pagnols : pour ce notre Infanterie commença à fe façonner » . . . . . puis après ledit Roi Louis, lorfque les Génois fe » révoltérent de fon obéïffance, il dreffa une fort groffe Ar- » mée pour prendre leur Ville ; & d'autant qu'il avoit befoin » d'Infanterie plus que de Gendarmerie, il bailla la charge à » plufieurs Capitaines & braves Gentilshommes François & de » bonne Maifon, comme aux Seigneurs de Maugiron, de » Vandeneffe, d'Efpic, de la Crote, de Bayard, de Nor- » manville, de Montcavray, de Rouffillon, de Trévil, de » Silli le Cadet, de Duras, le Capitaine Oder, le Capitaine » Imbaut, & plufieurs autres, defquels ni les uns ni les au- » tres n'avoient Charge de Colonel ni le nom de Meftre-de-Camp. » Nous lifons dans les Romans de Bayard, qu'il lui donna auffi » charge de mille hommes de pied ; ce que voyant il l'accep- » ta, encore qu'il eût fait profeffion plus de cheval que de

* c'eft-à-dire, à qui on avoit coupé une ou les deux oreilles pour crime.

Au Difcours des Colonels.

Rétabliffement de l'Infanterie Françoife par Louis XII.

» pied ; mais à lui tout étoit guerre : toutefois il remontra
» au Roi qu'il avoit trop de gens sous sa charge que ces mil-
» le, pour s'en acquitter tres-dignement. Aujourd'hui nos Mes-
» tres-de-Camp ne font pas cela ; car ils en prennent trois
» mille, quatre mille, dix mille, voire vingt mille, tant qu'on
» leur en donne, jusques à les entasser & saouler : aussi font-
» ils de belles glissades & faux pas ; par quoi il le pria de ne
» lui en donner que cinq cens, & qu'il s'asseuroit avec l'aide
» de Dieu & de ses amis de lui faire mener une si belle Trou-
» pe, que pour petite qu'elle seroit, il battroit bien une plus
» grande deux fois que la sienne . . . . aussi fit-il cette Com-
» pagnie de cinq cens hommes tous gens d'élite, si bien que
» plusieurs Gendarmes quittérent la lance pour prendre la pi-
» que avec lui, comme il alla aussi ; & ce fut lui & sa
» Troupe qui firent le grand effort à la prise de Génes, &
» en fut la principale cause . . . . . Monsieur de Mollard
» vieux routier aux guerres d'Italie . . . . avoit charge de deux
» mille hommes de pied, qu'il entretint toujours braves & vail-
» lans, comme ils le montrerent à la bataille de Ravennes,
» où ils firent tres-bien, & en mourut beaucoup avec leur
» Capitaine : aussi donna-t'il le premier avec le Capitaine Ja-
» cob Allemand, qui avoit charge de quelques Lansquenets,
» qui servit bien le Roi ce jour : aussi mourut-il des premiers
» avec Monsieur de Mollard . . . . Le Baron de Grammont,
» & le Capitaine de Maugiron firent là aussi tres-bien, qui
» commandoient chacun à mille hommes de pied, comme le
» Capitaine Bonnet qui aussi s'y trouva qui fit tres-bien : mais
» il n'y mourut pas comme les autres ; il en fut quitte pour un
» coup de pique dans le front, dont le fer y demeura. Il avoit
» eu auparavant un tres-brave & tres-vaillant Lieutenant, qui
» étoit le Capitaine Lorge frere aîné de ce brave que nous avons
» vû depuis, qui a commandé longuement plusieurs Troupes
» de gens de pied, & pour ses mérites fait Capitaine des Gar-
» des Ecossoises du Roi.

On voit par cet Extrait des Memoires de Brantosme : 1°. Que
l'Infanterie Françoise étoit devenuë excellente sous le Regne
de Louis XII ; que ces Seigneurs qui en commandoient les
diverses Bandes l'avoient mise sur un bon pied ; & la même

chose est confirmée par les Memoires manuscrits du Maréchal de Fleuranges, à l'endroit où il parle de l'expedition de Génes, excepté qu'il ne convient pas avec Brantôme pour le nombre des Fantassins que ces Seigneurs commandoient ; car, par exemple, il en donne deux mille au Chevalier Bayard, & non pas seulement cinq cens, comme le dit Brantôme. 2°. On voit que les Seigneurs & Gentilshommes qui commandoient ces Corps d'Infanterie, n'avoient ni le titre de Colonel, ni le titre de Mestre-de-Camp, mais seulement celui de Capitaine. Ils avoient un Lieutenant, un Enseigne, qui étoient des Charges tres-considerables ; & sans doute quantité d'Officiers subalternes, tels qu'on les voit encore dans les Troupes, c'est-à-dire, des Sergens, des Caporaux, &c.

*Fol. 59. v.*

Outre cette Infanterie bien disciplinée, les Memoires du Maréchal de Fleuranges nous apprennent que sous Charles VIII & Louis XII il y en avoit une autre espece bien differente & bien moins reglée, composée de ceux qu'on appelloit Avanturiers. J'en parlerai en traitant des changemens qui furent faits dans l'Infanterie Françoise sous le Regne de François I, qui y en fit aussi de considerables, comme on va le voir.

*Fol. 152.*

## CHAPITRE VI.

### *Changemens arrivez dans l'Infanterie Françoise sous le Regne de François I.*

François I en montant sur le Trône après Louis XII, trouva l'Infanterie dans l'état que je viens de dire, & paroît l'y avoir maintenuë pendant plusieurs années, si ce n'est que Brantôme remarque comme une chose extraordinaire, qu'en 1521, quand le Roi mit son Armée en Campagne, pour aller faire lever le Siege de Mezieres attaquée par l'Armée de l'Empereur Charles V, & défendue par le Chevalier Bayard, il donna jusqu'à cinq mille hommes de pied à commander à un seul Capitaine, qui fut le Comte de Saint-Paul.

*Brantôme dans le Discours des Colonels.*

Mais ce Prince peu de tems après son retour de sa prison de Madrid, réduisit en 1527 les Bandes qui avoient été auparavant de mille & de deux mille, à un bien moindre nombre ; car il est parlé ainsi dans une Ordonnance du 26 de May de cette année, rendue au bois de Vincennes. « Ledit » Seigneur ( Roi ) entend que d'ici en avant une Enseigne & » Bande de gens de pied des susdites Nations ( Françoises & » Italiennes qui sont au-delà des Monts ) ne soient plus que de » trois cens hommes, & de quatre cens hommes au plus, & » que chacun homme ait de soulde par mois six livres tournois. Il s'étoit déja fait une réforme pareille quatre ans auparavant.

*Premier changement dans l'Infanterie Françoise sous François I.*

Montluc dans ses Commentaires marque le tems où se fit la réduction de ces nombreuses Compagnies pour la premiere fois : ce fut l'an 1523. » Incontinent après ( le combat de Saint-Jean de Lus ) dit-il, le Camp des Ennemis se retira en Navarre ; » & Monsieur de Lautrec cassa la moitié de ces Compagnies, » & réserva les deux Enseignes de Monsieur de Cauna, & » celle du Baron Jean de Cauna, étant chacune de trois cens » hommes, qui fut la premiere fois, ajoute-t'il, qu'on les ré- » duisit à ce nombre ; car auparavant elles étoient de cinq cens » & de mille hommes, qui apportoit beaucoup de soulagement » aux Finances du Roi : parceque tant de Lieutenans, Enseignes, Sergeans, & autres Officiers emportent beaucoup de » paye ; qu'aussi le commandement d'un bon nombre d'hom- » mes appellent les Gentilshommes de Maison à ces Charges, » lesquels à present les dédaignent, voyant tant de Capitaineaux » ausquels on voit donner ces Charges, sans avoir jamais don- » né coup d'épée.

L. 1.

Ce fut depuis ce tems-là un grand problême, sçavoir si la multiplication des Officiers étoit utile ou desavantageuse. L'opinion pour cette multiplication a prévalu depuis : mais le grand changement dans l'Infanterie sous le Regne de François I se fit en l'an 1534 par l'institution des Legions.

*De l'Institution*

DE LA MILICE FRANÇOISE. *Liv. IV.* 257

*De l'Institution des Legions par François I.*

DEpuis que Louis XI eût pris six mille Suisses à son service, & que Charles VIII & Louis XII ses Successeurs en eurent fait venir beaucoup plus, & y eurent ajouté les Lansquenets, ce fut encore un autre problême sur lequel les hommes d'Etat & les gens de Guerre disputérent souvent ; sçavoir s'il étoit de l'avantage du Royaume d'avoir tant de Troupes étrangeres dans les Armées Françoises.

*Second changement dans l'Infanterie Françoise par le même Prince.*

Les raisons de ceux qui tenoient pour l'affirmative, étoient que c'étoient autant de Soldats qu'on ôtoit aux Ennemis de la France : que par les grands avantages qu'on leur faisoit, les Suisses & plusieurs Princes Allemans demeuroient dans les interêts de la Couronne : que l'Infanterie de ces deux Nations étoit la meilleure qu'il y eût alors en Europe : qu'autant que la Gendarmerie Françoise l'emportoit sur toute la Gendarmerie des autres peuples, autant l'Infanterie Françoise le cedoit aux Suisses & aux Lansquenets : que Louis XII ayant crû se pouvoir passer des Suisses, & s'étant brouillé avec eux, il avoit mis le Royaume en danger : qu'ils avoient été sur le point de prendre Dijon ; & que si M. de la Trimouille n'avoit eu l'adresse de les amuser, & de leur faire lever le Siege pour de l'argent, la Bourgogne étoit perdue.

Les autres qui étoient d'un avis contraire se fondoient sur l'experience & sur les fâcheux inconveniens qui étoient arrivez au sujet de ce grand nombre de Troupes étrangeres dans les Armées Françoises : que le secret du General avoit été souvent trahi par les Officiers de ces Troupes : qu'elles étoient aisées à débaucher, sur tout quand elles n'étoient point exactement payées : qu'on étoit obligé de leur donner les Places d'honneur, en les mettant au Corps de Bataille dans les Combats, au préjudice des Troupes Françoises : qu'elles étoient exemtes de toutes sortes de corvées : qu'elles refusoient d'aller aux Assauts, & prétendoient n'être que pour les Batailles : que les projets d'un General étoient souvent déconcertez par leurs caprices : qu'à Atelle dans le Royaume de Naples, le Duc de Montpensier fut abandonné par les Lansque-

*Tome I.* K k

nets à la merci des Espagnols, & contraint à une Capitulation honteuse pour ce Prince & pour la Nation Françoise : que le Seigneur de Lautrec fut forcé par les Suisses d'attaquer les Ennemis à la Bicoque sans nulle apparence de vaincre : qu'ils l'abandonnérent dans le Duché de Milan, & furent cause de la perte de ce Duché : que les Grisons en firent autant à l'égard de François I immediatement avant la Bataille de Pavie, où ce Prince fut pris.

*Fol. 5.*

Ce sont-là les raisons pour & contre qu'apporte l'Auteur du Livre de la Discipline Militaire, attribué au Seigneur du Bellay de Langey. Il y résout la difficulté, en disant qu'il est bon d'avoir des Troupes étrangeres dans les Armées de France ; mais qu'il ne faut pas qu'elles y soient en si grand nombre, que le General n'en soit absolument le Maître.

C'est dans cette vûe que François I fit le projet de mettre sur pied une nombreuse Infanterie Françoise, & d'y établir une exacte Discipline, pour être toujours prêts à resister à deux puissans Voisins dont il avoit tout à craindre ; c'étoit l'Empereur Charles V, & Henri VIII Roi d'Angleterre.

Comme François I n'étoit pas ignorant dans l'ancienne Histoire, il donna aux Corps qui devoient former son Infanterie le nom de Legion à l'exemple des Romains, & les fit plus nombreux que les plus fortes Legions Romaines, à cela près qu'il n'y joignit point de Cavalerie.

*Institution des Legions.*

Il institua donc sept Legions, chacune de six mille hommes, qui étant complettes auroient fait quarante-deux mille hommes.

*Ordonnance de François I de l'an 1534. Provinces où les Legions devoient être levées.*

Une devoit être levée en Normandie, une autre en Bretagne, une troisiéme en Picardie, une quatriéme en Languedoc, une cinquiéme en Guyenne. La Bourgogne, la Champagne, & le Nivernois devoient fournir la sixiéme. Le Dauphiné, la Provence, le Lyonnois & l'Auvergne, la septiéme.

Tous les Soldats devoient être armez, les uns d'Arquebuses, les autres de Piques, les autres de Hallebardes. Les Arquebusiers étoient en tout au nombre de douze mille.

Les Capitaines, les Lieutenans, les Enseignes, & les autres Officiers Subalternes devoient être du Païs où la Legion se levoit, & les Soldats aussi. De sorte que dans la Legion de

Picardie, par exemple, il n'y avoit que des Picards; dans celle de Normandie, que des Normans; en celle de Bretagne, que des Bretons, & ainsi du reste.

Il y avoit six Capitaines dans chaque Legion, dont l'un étoit le Colonel qui commandoit toute la Legion; le Roi pourtant se réservant la liberté de nommer un Colonel different des six Capitaines, qui commandoient chacun mille hommes. Chaque Capitaine avoit sous lui deux Lieutenans qui commandoient chacun cinq cens hommes; ou bien l'un les Arquebusiers, & l'autre les Piquiers avec les Hallebardiers. Au-dessous des deux Lieutenans étoient deux Enseignes; & pour commander chaque centaine d'hommes il y avoit un Centenier. Ainsi ils étoient soixante Centeniers dans chaque Legion.

*Officiers de chaque Legion.*

Pour chaque Bande de mille hommes, il y avoit quarante Caps d'Escadre, quatre Fouriers, six Sergens, quatre Tabourins, & deux Fifres.

Les simples Soldats étoient exemts de la Taille, supposé que dans leurs Paroisses avant l'enrôlement ils ne fussent taxez qu'à vingt sols; car si leur taxe étoit plus forte, ils n'étoient exemts par le service que des vingt sols, & payoient le surplus. Que si parmi ces Legionnaires il se trouvoit quelques Gentilshommes, ce service les exemtoit des autres qu'ils devoient en vertu de leurs Fiefs; comme, par exemple, de servir à cheval, si l'on convoquoit l'Arriere-ban.

*Privileges des Legionnaires.*

Le Roi se réserva la nomination des Colonels & des Capitaines: mais il leur laissa celle de leurs Lieutenans & des autres Officiers subalternes.

Les Capitaines étoient des personnes de qualité. Voici ce qu'en dit M. de la Nouë dans son quatorziéme Discours Militaire. « Le sieur de Langey, dit-il, témoigne que les Chefs » & Capitaines des Legions de Normandie & de Picardie étoient » tous de fort bonne Maison, & nomme les sieurs de Baque- » ville, de Cantelou, de Mailli, & de Cani. François I le vou- » lut ainsi; parce, dit encore M. de la Nouë, que l'experience » nous a fait connoître que ce qui a abatardi notre Infanterie, » est que les Nobles s'en sont retirez, & ont dédaigné non-seu- » lement d'y porter l'Arquebuse & la Pique; ains souvent d'y » prendre Charge.

Ceux des Soldats qui devenoient invalides par leurs blessures, étoient exempts de Tailles & de tout Subside pour le reste de leur vie, & servoient dans les Garnisons avec la solde de Morte payes, s'ils étoient en état de le faire.

Si un Soldat se distinguoit par quelque belle action, son Colonel ou son Capitaine devoit lui donner un Anneau d'or, que le Soldat avoit droit de porter au doigt ; & si montant de degrez en degrez il parvenoit jusqu'à être Lieutenant, dès-là il étoit censé annobli.

*Un Anneau d'or devoit être donné aux Soldats qui se distinguoient par quelque action extraordinaire.*

Comme François I institua ces Legions sur l'idée de l'ancienne Milice Romaine, ce fut sur le même modéle qu'il pensa à introduire l'honorable récompense de l'Anneau d'or ; car nous apprenons de Polybe & d'autres Auteurs de l'Histoire Romaine, que jamais un Soldat ne se signaloit par quelque action éclatante, sans qu'on lui donnât quelque marque d'honneur, qu'il gardoit précieusement dans sa Famille, & avec laquelle il assistoit aux Jeux publics : mais je n'ai pas remarqué dans notre Histoire que l'Ordonnance de François I eût été communément mise en execution pour l'Anneau d'or. J'en trouve un exemple environ deux ans après que l'Ordonnance eût été publiée. Ce fut lorsque François I s'empara des Etats du Duc de Savoye l'an 1536. L'Amiral de Chabot étoit campé à Chivas, & entreprit de passer la grande Doire en presence de l'Armée des Ennemis.

" Un Legionnaire, dit M. du Bellay dans ses Memoires, pas-
" sa la riviere à nage pour aller querir un bateau de l'autre
" côté, lequel il amena en dépit des Ennemis, encore qu'ils
" lui tirassent des coups d'Arquebuse sans nombre : mais jamais
" il ne fut touché. Monseigneur l'Amiral pour donner cœur
" aux autres, lui fit donner en presence de tous un Anneau
" d'or, en suivant l'Ordonnance du Roi.

*Memoires du Bellay, l. 5.*

Ce Prince dans la même Ordonnance, d'où j'ai tiré la plûpart des choses que je viens de dire, établit plusieurs Loix pour la Discipline de ces Legions.

Cette nombreuse Milice ne fut pas longtems complette, ou plutôt elle ne le fut jamais ; car l'Auteur du Livre de la Discipline Militaire qui écrivoit sous François I, se plaint en divers endroits de son Livre, que ce beau dessein qui rendoit la France

*L. 1 de la Discipline Militaire, l. 1. fol. 6. &c.*

DE LA MILICE FRANÇOISE. *Liv. IV.* 261

Indépendante des Etrangers, c'est-à-dire des Allemans & des Suisses, n'avoit point été mis parfaitement en execution. Mais de plus cette Milice ne subsista que quelques années, & on en revint à l'ancien usage des Bandes de trois cens & de quatre cens hommes, qui étoient toutes des Compagnies séparées sous un Capitaine.

*Milice des Legions ne fut jamais tout à fait rem-plie.*

Nous avons l'Epoque de la suppression de la Legion de Dauphiné, qui étoit composée des Troupes de cette Province, de celles de Provence, du Lyonnois & d'Auvergne. C'est par une Lettre que François I écrivit à M. d'Estouteville Gouverneur du Dauphiné, par laquelle il lui donne ordre de casser cette Legion, pour le peu de Discipline qu'il y avoit, & pour les violences qu'elle faisoit dans le pays. Cette Lettre est datée du mois de Juillet de l'an 1536. Je l'ai eüe de Monsieur de Valbonay premier Président de la Chambre des Comptes de Grenoble, qui s'est acquis une grande réputation de capacité parmi les Sçavans de notre tems par ses doctes Ouvrages & ses curieuses recherches, principalement en ce qui regarde l'Histoire de Dauphiné. On voit par cette datte que cette Legion fut cassée deux ans après son institution. Quelques-unes des autres Legions durérent encore quelques années.

*Legion de Dauphiné, Provence, &c. cassée.*

Je trouve même que dès la premiere année de l'institution des Legions, on n'observa pas un des principaux Articles de l'Ordonnance, selon lequel les Officiers & les Soldats devoient être du pays dont la Legion portoit le nom; car Montluc parlant de la Legion de Languedoc, dit ce qui suit: « Au premier « mouvement de Guerre le Roi François dressa les Legionnaires, « qui fût une tres-belle invention si elle eût été suivie ... Le « Roi en donna mille au Sénéchal de Toulouse Seigneur de Fau-« doüas, lequel me *fit son Lieutenant; & encore que ce fut de la* « *Legion de Languedoc, & qu'il en fut Colonel, je lui dressai toute* « *sa Compagnie en Guyenne, & lui fis ses Centeniers, Caps-d'Esca-* « *dres, & Enseignes.* Ainsi la Legion de Languedoc fut dèslors composée en grande partie d'Officiers & de Soldats de Guyenne & de Gascogne, & non de Languedoc, contre un des Articles de l'Ordonnance. Cette levée de Bouclier ne fit point d'honneur à François I. Plus ces sortes de projets sont

+ *Article important de l'institution des Legions non observé.*

L. 1. p. 65.

K k iij

grands & éclatans, & plus doit-on penser avant que de commencer à les mettre en execution, si on sera en état de les soutenir.

## CHAPITRE VII.

*D'une autre espece de gens de pied dans les Armées de France du tems de François I, appellez Avanturiers.*

Outre les Troupes reglées qui composoient les Legions, & ce qu'on appelloit les Bandes, soit vieilles, soit nouvelles, qui étoient Compagnies franches ; outre ces Troupes, dis-je, il y avoit une autre espece de gens de pied à qui l'on donnoit le nom d'Avanturiers. Voici ce qu'en dit Brantôme vers le commencement de son Discours sur les Colonels.

» D'autres, dit il, les ont appellez Avanturiers de Guerre
» tirez de-là les Monts, & aussi que tels les trouverez vous-
» mêmes dans les vieux Romans de Louis XII & de François
» I au commencement, & peints & representez dans les vieil-
» les peintures, tapisseries, & vitres des anciennes maisons ; &
» Dieu sçait comment representez & habillez, plus à la pen-
» darde vraiement, comme l'on disoit de ce tems, qu'à la pro-
» preté, portant des chemises à longues & grandes manches,
» comme Bohemes de jadis & Mores, qui leur duroient vêtuës
» plus de deux & trois mois sans changer, ainsi que j'ai oui
» dire à aucuns, montrant leurs poitrines veluës & peluës &
» toutes découvertes, les chausses plus bigarrées, découpées,
» déchiquetées & balafrées, usant de ces mots ; & la plusparr
» montroient la chair de la cuisse, voire des fesses : d'autres
» plus propres avoient du taffetas en si grande quantité, qu'ils
» les doubloient & appelloient chausses bouffantes : mais il fal-
» loit que la plusparr montrassent la jambe nuë, une ou deux,
» & portoient leurs bas-de-chausses pendants à la ceinture :
» encore aujourd'hui les Espagnols usent de ce mot *Advantu-*
» *ros* : mais ce ne sont pas Soldats gagez ni soldoyez, mais qui

» y sont pour leur plaisir, soient Soldats ou Gentilshommes,
» tous les appellent ainsi ceux qui ne tirent paye : mais ils
» disent quand ils veulent nombrer leurs gens de Guerre en
» une Armée, après avoir compté les Soldats gagez, ils disent
» outre cela, & *Advantureros tanto.* En nostre France les ap-
» pelle-t'on Soldats de Fortune. Voilà la différence des Avan-
» turiers d'aujourd'hui à ceux du tems passé, lesquels outre
» ce que j'en ai dit, prenoient plaisir à être les plus mal en
» point qu'ils pouvoient, jusques à marcher les jambes nuës,
» & porter les chausses à la ceinture, comme j'ai dit : d'au-
» tres avoient une jambe nuë, & l'autre chaussée à la bizarre.
» Sur quoi il me souvient qu'un combat à la Barriere se fai-
» sant un jour à la Cour en la basse-Salle du Louvre, après
» les premiers troubles, entre autres Combattans, entra & com-
» parut le Capitaine Bruno Gentil Cavalier certes, mais bien
» bizarre en tout : il étoit fort bien en point & bien habillé;
» il avoit une jambe chaussée & l'autre nuë. Les vieux Capi-
» taines qui étoient pour lors à la Salle, dirent & confirmé-
» rent que les Soldats Avanturiers du tems passé, alloient
» ainsi chaussez à la bizarre; & ainsi l'entendoit ledit Capitai-
» ne Bruno encore de notre tems.

Quand Brantôme dit que ces Avanturiers étoient tirez de
de-là les Monts, cela ne signifie pas qu'ils fussent Italiens;
car ces Avanturiers du tems de François I & de Henri II
étoient François pour la plûpart : mais il veut dire que ces
Avanturiers ressembloient aux *Avanturieri* d'Italie, qui avant
les expeditions de Charles VIII & de Louis XII étoient à la
disposition de divers petits Seigneurs de de-là les Monts, lesquels s'en servoient pour faire des courses sur les Terres de
leurs voisins, & les vendoient ou les loüoient souvent aux Princes pour grossir leurs Troupes.

Il étoit donc assez ordinaire en France, que quelques Gentilshommes ou Officiers qui avoient servi, prissent sans commission le titre de Capitaine; qu'ils levassent des Compagnies
de vagabonds & de scelerats, & se joignissent à l'Armée. Il
paroît que dans les commencemens du Regne de François I on
les y souffroit. Ce Prince parle dans une de ses Ordonnances
de ces Capitaines sans aveu. « Pource qu'il y a, dit-il, plu-

Donnée à
Lyon en Sep-
tembre 1543.

» sieurs qui se renomment Capitaines de Compagnie, ou d'être
» du nombre d'icelles, qui toutefois ne le sont point : mais au
» contraire prennent ce titre pour couvrir plus aisément leurs
» pilleries, foules & oppressions qu'ils font au pauvre peuple :
» Voulons en ce cas qu'ils puissent estre apprehendez par les
» Officiers de la Justice ; que les Gouverneurs & nos Lieu-
» tenans Generaux, Capitaines & Gouverneurs des Villes,
» Baillis, Senéchaux, les fassent incontinent tailler en pie-
» ces, &c.

Comme ces Troupes n'avoient point de solde, on leur donnoit des Etapes dans le Royaume ; & étant arrivées en Pays
ennemi, elles s'entretenoient par le butin qu'elles y faisoient :
mais accoutumées qu'elles étoient à piller hors du Royaume,
elles ne pouvoient s'empêcher de le faire quand elles y étoient
rentrées, & elles y faisoient d'effroyables désordres.

*Fol. 7.*
*Fol. 131.*

Il y avoit de ces Avanturiers dans les Troupes de France
avant François I. Le Livre de la Discipline Militaire attribué à
Guillaume du Bellay les nomme ; & le Maréchal de Fleurange
en fait mention dans ses Memoires, où lui même se donne le
titre de jeune Avantureux, non pas qu'il fut à la tête de
quelques unes de ces Compagnies, mais voulant seulement
marquer qu'il vouloit pousser sa fortune à la Guerre.

*Ordonnance de l'an 1523.*

François I marque dans une de ses Ordonnances, qu'il
avoit été contraint de se servir de ces sortes de Troupes au
commencement de son Regne, à cause des grandes Guerres
qu'il eut alors sur les bras ; & à cette occasion il fait leur
caractere. » Et par lesdites longues Guerres, dit-il, se sont
» levez quelques Avanturiers, gens vagabonds, oiseux, per-
» dus, méchans, flagitieux, abandonnez à tous vices, lar-
» rons, meurtriers, rapteurs, & violeurs de femmes & de filles,
» blasphemateurs & renieurs de Dieu, cruels, inhumains, im-
» misericordieux, qui font de vice vertu, & sont précipitez
» en l'abîme de tous maux, loups ravissans, faits pour nuire
» à chacun, & qui ne veulent & ne sçavent nul bien ne ser-
» vice faire ; lesquels sont coutumiers de manger & dévorer
» le peuple, le dénuer & dépouiller de tout son bien, per-
» dre, gâter & dissiper tout ce qu'ils trouvent, battre, muti-
» ler, chasser, & mettre le bon homme hors sa maison, tuer,

*Desordres des Soldats appel-
lez Avantu-
riers, sous
François I.*

» meurtrir,

„ meurtrir, & tyrannifer nos pauvres Sujets, & leur faire plus
„ d'oppreſſe, de violence & cruauté, que nuls Ennemis, fuf-
„ ſent-ils Turcs ou Infideles, ne voudroient faire ne penſer ;
„ & non-ſeulement s'attachent aux hommes, mais en tres-exe-
„ crable & déteſtable façon, inſurgent par blaſphêmes horri-
„ bles, en l'invention deſquels ils ſe glorifient contre l'hon-
„ neur & reverence de Dieu & de ſa glorieuſe Mere ; telle-
„ ment qu'il eſt à douter & craindre qu'une grande partie
„ des calamitez, fortunes & adverſitez dont eſt affligé ce
„ Royaume, viennent & procedent de l'ire de Dieu, pro-
„ voquée par l'abîme des maux que chacun jour font &
„ commettent leſdits plus que méchans & malheureux Avan-
„ turiers.

Il ajoute qu'une des choſes qui avoit donné lieu principalement à cette Ordonnance, étoit que ces Avanturiers s'étoient
unis les uns aux autres en groſſes Bandes & Compagnies, &
avoient même oſé attaquer & forcer des Villes fermées, où ils
avoient exercé les plus horribles cruautez. C'eſt pourquoi il
les déclare Ennemis de l'Etat ; & réſolu de les exterminer, il
les abandonne à quiconque pourra les prendre pour les tuer
impunément par tout où ils ſe trouveront.

Le Preſident de Chaſſaigne dit à cette occaſion une choſe
digne de remarque, que ce furent les Bourgeois d'Autun qui
oſerent les premiers executer cette Ordonnance du Roi ; qu'ils
leverent des Milices pour marcher contre ces Avanturiers at-
troupez ; qu'ils les battirent, les diſſipérent, en prirent pluſieurs qu'ils firent pendre, & que quantité d'autres Villes à
leur exemple s'enhardirent & délivrérent leurs Territoires de
ces Brigands.

<small>Catalog. glo-
riæ mundi,
part. 9.</small>

Mais François I ayant été fait priſonnier quelque tems après
à la bataille de Pavie, ces déſordres recommencérent. Il tâcha
encore de les réprimer enſuite de ſa délivrance. Mais l'irrup-
tion de l'Empereur Charles V dans la Provence, qui mit tout
le Royaume dans la conſternation, fut une nouvelle occaſion
aux Avanturiers de ſe raſſembler, & de faire les mêmes ravages. C'eſt ce qui produiſit en 1537 une nouvelle Ordonnance
pareille à celle de 1523.

<small>Ordonnance
de François I
de l'an 1537.</small>

Il y en eut encore une en 1543 ſur le même ſujet. Il ſem-

266   HISTOIRE

ble que le plus court moyen auroit été de ne plus permettre de levées de ces sortes de Compagnies : mais François I étant pressé par ses Ennemis continua de se servir de ces Troupes.

*Nouveau Reglement de François I pour les Avanturiers.*

Après qu'il eût institué la Charge de Colonel General, il fit une nouvelle Ordonnance en 1544, par laquelle il déclare, « que toutesfois & quantes que sera besoin faire levée desdits » Avanturiers François, leur General qui est à present M. de » Taix, expediera & envoyera aux Capitaines particuliers qui » en auront la Charge, Commissions signées de sa main & scel-» lées de son sceau, qu'ils ne pourront retirer sous leurs Ensei-» gnes plus grand nombre de gens que celui qui leur sera or-» donné sous peine d'être cassez.... Que és pays où ils seront » levez, on leur assignera & ordonnera une Ville, ou plusieurs, » pour l'amas & assemblées de chacune bande.... que quand » ils marcheront, ce sera par Etapes.

*11. Discours, Pag. 223.*

Il paroît que sous Henri II ces désordres cessérent ; & que si on leva encore des Avanturiers, on les contint dans le devoir; car je n'ai point vû d'Ordonnance de ce Prince sur ce sujet; & M. de la Nouë dans ses Discours Politiques & Militaires, remarque que sous le Regne de ce Prince l'Infanterie fut sur un tres-bon pied : mais sous ses Successeurs survinrent les Guerres Civiles de Religion, pendant lesquelles il y eut plus que jamais de ces sortes de désordres ; car il n'y avoit point de Gentilhomme qui ne se crût en droit de lever des Soldats, qui n'étoient guéres payez que par les ravages & les pillages qu'ils faisoient dans le Royaume, jusqu'à ce que Henri IV ayant dompté & détruit la Ligue, rétablit la Discipline dans les Troupes.

*Regiment d'Avanturiers sous Henri IV.*

Dans un Compte de l'Extraordinaire des Guerres de 1590, qui étoit la premiere année du Regne de ce Prince, je trouve dans le dénombrement des Regimens d'Infanterie un Regiment d'Avanturiers de quatre Compagnies, qui avoit pour Mestre-de-Camp Pierre Clere ; ce qui marque qu'il y avoit encore alors de cette Milice d'Avanturiers en France. Je crois que c'étoit des Volontaires qu'on avoit mis en Regiment, mais qui avoient leur solde comme les autres.

François I environ dix ans après le changement qu'il fit dans la Milice par l'institution des Legions, institua une nouvelle Charge qui dura beaucoup plus longtems. Ce fut celle

DE LA MILICE FRANÇOISE. *Liv. IV.* 269

de Colonel General de l'Infanterie Françoise. Elle ne subsiste plus aujourd'hui. C'est pourquoi je vais en traiter ici suivant le Plan que je me suis fait de traiter séparément des especes de Milices & de Charges qui ne sont plus dans nos Armées, & de celles qui y sont encore, dont je me réserve à parler dans la suite de cet Ouvrage.

## CHAPITRE VIII.

### De la Charge de Colonel General de l'Infanterie Françoise.

Brantôme a fait un discours sur cette espece de Colonels, qu'il a fort bigarré à son ordinaire de quantité de digressions, mais qui ne laisse pas de nous donner beaucoup de lumieres sur ce sujet.

Il commence par l'étymologie du mot de Colonel. Il dit que cet Officier a été ainsi appellé, parce que celui qui commande l'Infanterie, doit être *comme une Colonne ferme & stable, & le principal appui de tous les Soldats.* Il ajoute, que d'autres disent, *Couronnel, d'autant que celui qui est le Chef General a été élu & couronné de son Roi, comme triomphant & couronné par dessus tous les autres.* Quoiqu'il en soit de ces étymologies qui ne paroissent pas fort bonnes, Brantôme dit encore qu'il avoit appris de M. de Montluc, que ce mot de Colonel nous venoit des Italiens & des Espagnols, & je crois que cela est vrai.

Ce titre ne fut en usage dans les Troupes Françoises que sous le Regne de François I; je dis dans les Troupes Françoises, car Brantôme lui-même a écrit en un autre endroit que Louis XII donna à M. de Fontrailles *l'état de Colonel General des Albanois qu'il avoit à son service.*

François I employe plusieurs fois ce titre dans son Ordonnance de 1534, touchant les Legions, où il ordonne qu'un des six Capitaines de la Legion, ou tel autre qu'il lui plaira de choisir, portera le titre de Colonel : mais il n'institua la

*Le titre de Colonel dans les Troupes Françoises ne commença à être en usage que du tems de François I.*

*Dans l'Eloge de M. de Fontrailles.*

L l ij

Charge de Colonel General que plusieurs années après.

*Importance de la Charge de Colonel General de l'Infanterie.*

Cette Charge après celle de Maréchal de France & de Commandant General, étoit sans contredit la plus belle qui fut dans les Armées, parce que le Colonel General commandoit toute l'Infanterie Françoise, qui sous le Regne de François I devint beaucoup plus nombreuse qu'elle n'avoit été sous les precedens ; & il avoit toute Jurisdiction sur elle en ce qui concernoit la Police Militaire.

Outre ces prérogatives, il en avoit plusieurs autres, & elles furent portées à l'excès sous le Regne de Henri III. Il y en a plusieurs marquées dans les Ordonnances de nos Rois. J'en rapporterai les principales, & les changemens qui y arriverent sous les divers Colonels Generaux dont je vais faire la Liste depuis l'institution de cette Charge, jusqu'à l'an 1661 qu'elle fut supprimée par le Roi Louis XIV.

*Dans le Discours des Colonels.*

*M. de Taix premier Colonel General de l'Infanterie Françoise.*

» Mr de Taix, dit Brantôme, eût cet honneur d'être élû
» & fait du Roi François Colonel General de l'Infanterie Fran-
» çoise, tant deçà que de-là les Monts.

C'étoit un Gentilhomme de Touraine Chevalier de l'Ordre du Roi, Maître de l'Artillerie, & Capitaine de la Ville & Château de Loches, homme qui n'avoit pas moins d'esprit que de valeur, employé à la negociation & à la guerre. Montluc dit qu'il fut disgracié pour avoir parlé trop librement de la Duchesse de Valentinois par rapport au Maréchal de Brissac.

*Sa disgrace, & sa mort.*

Il fut tué n'étant plus Colonel General dans la tranchée au Siege de Hedin l'an 1553.

*T. 2. au titre des Colonels Generaux.*

Je n'ai point trouvé l'année précisément marquée en laquelle François I institua la Charge de Colonel General, ni quand M. de Taix qui en fut le premier honoré prit possession de cette Charge. L'Auteur de l'Histoire des grands Officiers de la Couronne, semble supposer que ce fut l'an 1546. Mais François I dans un Reglement de l'an 1544, qualifie dès ce tems-là ce Seigneur de General de l'Infanterie, & les Capitaines qui leveroient dans la suite des Compagnies d'Infanterie, avoient ordre de prendre leurs Commissions de lui. Ce qui me fait croire que dès-lors il étoit Colonel General, dont une des fonctions étoit de délivrer les Commissions aux Officiers.

» Et premierement, est-il dit dans ce Reglement, toutes &

DE LA MILICE FRANÇOISE. *Liv. IV.* 269

„ quantes fois qu'il fera befoin faire levées defdits Avantu-
„ riers François; leur General qui eft à prefent le Seigneur de
„ Taix Chevalier de l'Ordre dudit Seigneur, expediera & en-
„ voyera aux Capitaines particuliers qui en auront la Charge,
„ Commiffions fignées de fa main & fcellées de fon fcel, pour
„ en vertu d'icelles faire faire les levées de leurs Bandes, &
„ non autrement.

*Ordonnances de Rebuffe, l. 3.*

Ce que je dis eft confirmé par Brantôme dans fon Difcours des Colonels, où il dit de M. de Taix: *Sa premiere & plus belle montre de fa Charge* ( de Colonel General ) *fut en la bataille de Cerifoles*. Or cette bataille fe donna en 1544. Montluc en effet dans la Relation de cette bataille, donne à M. de Taix le titre de Colonel; & comme Brantôme dit que ce fut la premiere occafion où il fit la fonction de fa Charge, il paroît indubitable que M. de Taix fut fait Colonel General l'an 1544. ou fur la fin de 1543. Il fut obligé de fe démettre de fa Charge pour la raifon que j'ai marquée, au plus tard au commencement de l'an 1549, deux ans après que Henri II fut monté fur le Trône. Car ce Prince dans une de fes Ordonnances fur la Milice, dit que Gafpard de Coligni Seigneur de Châtillon étoit Colonel General à fon expedition de Boulogne, lorfqu'après avoir pris tous les Forts des environs de cette Place, il en forma le blocus. Or cette expedition fe fit en 1549, & les Anglois lui rendirent Boulogne en 1550.

*Pag. 194.*

*Epoque de l'inftitution de la Charge de Colonel.*

*Ordonnance de 1550.*

Ce Gafpard de Coligni qui fut depuis Amiral de France, eft celui qui fous Charles IX étoit à la tête du parti Huguenot, & fut maffacré à la journée de Saint-Barthelemi. C'étoit un des grands Capitaines qu'il y eût alors en Europe, que les mauvais fuccez ne déconcertérent jamais, qui malgré quatre batailles perduës, fçût toujours fe rendre redoutable; & qui pour le malheur de la France ne réuffit que trop bien à y établir le Parti de l'herefie.

*Gafpard de Coligni.*

Il porta fort haut l'autorité de Colonel General, par la confiance que Henri II avoit en fa prudence pour le Gouvernement des Troupes; elle fut extrêmement augmentée par le grand ordre qu'il y maintint pendant le long blocus de Boulogne: ce fut lui qui dreffa l'Ordonnance de 1550 pour la Difcipline de l'Infanterie; & le Roi lui en fait honneur dans

*Montgeon dans fon Alphabet Militaire, p. 32.*

L l iij

l'Ordonnance même. Il avoit en sa puissance non-seulement toute la Justice & toute la Police Militaire de l'Infanterie, mais encore les Capitaines ne pouvoient pas même disposer des places de Caporal & d'Anspessade sans son agrément, ou sans celui du Mestre-de-Camp en son absence.

Il avoit deux Compagnies Colonnelles où il disposoit immediatement de toutes les Charges ; il n'y avoit point encore alors de Regimens, qui ne furent instituez que l'an 1558 sur la fin du Regne de Henri II ; & toutes les Compagnies qu'on appelloit du nom de Bandes, étoient toutes Compagnies franches. Ainsi les Colonelles étoient aussi des Compagnies séparées, & étoient distinguées des autres par le rang & par le drapeau blanc, qu'il n'étoit pas permis aux autres d'avoir. Dans la suite après l'institution des Regimens, il y eut autant de Compagnies Colonelles que de Regimens, parce qu'il y en eut une dans chaque Regiment. La Colonelle étoit la premiere du Regiment : le Capitaine s'appelloit Lieutenant-Colonel, comme representant le Colonel General ; & le Mestre-de-Camp n'avoit que la seconde place : mais cela ne se fit pas ainsi d'abord, comme je le dirai en traitant de l'institution des Regimens d'Infanterie.

François I en créant la Charge de Colonel General, & en lui attribuant diverses prérogatives sur l'Infanterie, s'étoit réservé le droit de nommer les Capitaines des vieilles Bandes : mais Henri II en accorda la nomination à Coligni ; & c'est par-là que cette Charge devint beaucoup plus considerable qu'auparavant, parce que tous les Officiers étoient les Créatures du Colonel General.

Gaspard de Coligni ayant été fait Amiral de France en 1552, à la mort de l'Amiral d'Annebaut, François de Coligni son frere Seigneur d'Andelot fut fait quelque tems après Colonel General de l'Infanterie à sa place. Ce fut un des plus vaillans hommes de son tems, & un des plus attachez à la Secte de Calvin. Il exerça cette Charge à diverses reprises, étant tantôt dépossedé & tantôt rétabli.

La premiere avanture qui lui fit ôter cet emploi, arriva sous le Regne de Henri l'an 1558. On l'avoit déja rendu suspect de Calvinisme à ce Prince, qui l'aimoit & l'estimoit beaucoup

---

*Marginalia:*

*Ordonnance de Henri II de 1550.*

*Prérogatives du Colonel General.*

*Brantôme, dans l'Eloge de l'Amiral de Coligni, & dans l'Eloge de M. de Martigues.*

*Ces prérogatives augmentées par Henri II.*

*Le Sr d'Andelot Colonel General.*

pour sa valeur ; il voulut qu'il se disculpât publiquement sur cette accusation.

D'Andelot s'étant trouvé au dîner du Roi, ce Prince lui fit beaucoup de caresses ; & puis prenant un ton tres-sérieux, lui dit qu'il lui étoit revenu certains bruits qui le chagrinoient ; qu'il avoit pour lui la bien-veillance que ses services méritoient : mais qu'on lui avoit parlé de lui sur l'article de la Religion d'une maniere fâcheuse ; qu'il souhaitoit d'être détrompé là-dessus par lui-même, & qu'il vouloit qu'il lui déclarât sur le champ ce qu'il pensoit de la Messe.

D'Andelot sans s'étonner répondit qu'il étoit tres-sensible à la bonté que Sa Majesté vouloit bien lui témoigner ; qu'il étoit prêt comme il l'avoit toujours été à répandre son sang pour son service : mais qu'en matiere de Religion, il croyoit que la fidélité qu'il devoit à Dieu ne lui permettoit pas de dissimuler ses sentimens ; qu'il répondroit avec toute la franchise dont il avoit toujours fait profession, à la question que Sa Majesté lui faisoit, & qu'il étoit persuadé que la Messe étoit une impieté.

*Belcarius, lib. 28.*
*Thuanus, lib. 14.*

Le Roi également surpris & irrité d'un tel blasphême, s'emporta jusqu'à lui jetter un plat à la tête. D'Andelot fut arrêté & envoyé prisonnier au Château de Melun : sa Charge de Colonel General fut donnée à Blaise de Montluc, qui fut depuis Maréchal de France ; il en fit les fonctions au Siege de Thionville, qui fut assiegée en ce tems-là, & prise par François Duc de Guise.

*Disgrace & déposition de d'Andelot.*

*Le sieur de Montluc Colonel General.*

D'Andelot obtint sa grace quelque tems après à la priere du Connétable de Montmorenci son Oncle ; & il me paroît qu'il fût aussi rétabli dès-lors dans sa Charge. Il le fut au moins aussitôt après la mort de Henri II qui mourut l'an 1559 par l'accident qui lui arriva au Tournois, que l'on fit au sujet des Nôces d'Elisabeth sa fille aînée avec Philippe II Roi d'Espagne.

*Le sieur d'Andelot de nouveau Colonel General.*

Les Guerres Civiles survinrent sous les Regnes de François II & de Charles IX à diverses reprises. Comme d'Andelot suivoit toujours le parti des Huguenots, on lui ôtoit alors cette Charge ; mais toutes les fois qu'on concluoit la Paix, on la lui rendoit : ainsi il eut divers Successeurs en peu d'années, jusqu'en 1569, qu'il mourut d'une fièvre contagieuse à Xaintes.

*Charles de la Rochefoucault, Comte de Randan Colonel Général.*

Ses Successeurs dans ces intervales, outre Montluc, furent Charles de la Rochefoucault Comte de Randan, Seigneur d'un grand mérite, & qui mourut d'une blessure reçûë au Siege de Roüen de l'an 1562.

*Sebastien de Luxembourg Vicomte de Martigues, Colonel Général.*

Sebastien de Luxembourg, Duc de Penthièvre, & Vicomte de Martigues surnommé le Chevalier Sans peur, succeda encore à d'Andelot après une nouvelle révolte de ce Seigneur & des Huguenots. Il fut obligé de ceder de nouveau sa Charge à d'Andelot après la Paix qui suivit la mort du Duc de Guise au Siege d'Orléans ; & ensuite il fut tué d'une arquebusade dans la tête au Siege de Saint-Jean d'Angeli l'an 1569.

*Brantôme, dans l'Eloge du Vicomte de Martigues.*

D'Andelot dans un de ces intervales de Paix, où il étoit rétabli dans sa Charge de Colonel General, souffrit avec beaucoup de chagrin & d'impatience le retranchement d'une prérogative de sa Charge, que l'Amiral de Coligni y avoit fait attribuer : c'étoit la nomination des Capitaines des vieilles Bandes. Voici comme Brantôme raconte ce fait.

*Ibid.*

„ Le Printems étant venu, dit-il, après le Roi ( Charles IX)
„ entreprit son voyage projetté de faire tout le tour du Royau-
„ me, & se faire voir à son peuple, & partit de Fontainebleau
„ ( c'étoit en 1564) & alla faire ses Pâques en Champagne à
„ Troyes, où M. d'Andelot vint de sa belle maison de Tanlay
„ qui est là près, faire la reverence au Roi, & aussi pour se
„ plaindre à lui, de quoi un de ses Capitaines ayant une Com-
„ pagnie vieille en garnison à Metz étant mort, il avoit pourvû
„ à la Compagnie, & l'avoit donnée à un autre des siens, & le
„ Roi en avoit pourvû un autre à sa volonté & dévotion.
„ M. d'Andelot montrant que c'étoit lui faire tort à son auto-
„ rité & privilege de Colonel qu'il avoit de longtems, à pour-
„ voir de places vacantes de Compagnies vieilles, & que M.
„ l'Amiral avant lui, & lui après avoient toujours ainsi fait
„ & pratiqué.

„ Mais à cela, lui répondit tres-bien & aussitôt la Reine
„ en plein Conseil ; car un Grand qui y étoit, me le dit aussi-
„ tôt, qu'elle avoit bien parlé à lui.

„ Monsieur d'Andelot, lui dit elle, ce que vous alleguez ,
„ c'étoit

# DE LA MILICE FRANÇOISE. Liv. IV. 273

„ c'étoit du tems du Roi Monseigneur & mon Mari, qui par
„ la faveur grande qu'il portoit à Monsieur le Connestable
„ votre Oncle, lui accordoit beaucoup de choses qu'il ne
„ devoit, & même celle-là : car quelle raison y avoit-il que
„ M. l'Amiral, & vous Colonels, eussiez cette prérogative &
„ disposition ainsi absolument de telle Charge ? puisque cela
„ appartenoit au Roi, afin que d'autant plus il s'obligeât de
„ bons Capitaines & Serviteurs ; au lieu qu'à vous autres re-
„ dondoit cette obligation ; & les Capitaines pourvûs de vous
„ autres se disoient vos Creatures & Serviteurs, & non du
„ Roi, comme j'ai vû dès ce tems-là, dont en cela vous en
„ devez bien remercier la faveur de votre Oncle, & la vo-
„ lonté qu'il avoit de vous faire Grands. Mais à cette heure,
„ comme les Rois font les Loix & les défont, comme il leur
„ plaît, le Roi mon Fils ne vous veut point conceder plus tel
„ pouvoir, & se le veut réserver pour lui, & faire des Servi-
„ teurs, & les remplacer, au lieu de plusieurs autres que
„ vous autres lui avez fait perdre. Parquoi ne vous y atten-
„ dez plus à cela : car le Roi mon Fils y veut pourvoir dé-
„ sormais ; & le Capitaine qu'il a mis à la place du mort,
„ faut qu'il y demeure. Ce fut à Monsieur d'Andelot à en
„ passer par-là.

„ Quelle Reine brave, & de quelle audace elle s'en fai-
„ soit accroire ! Et M. le Connestable qui n'étoit pour lors
„ au Conseil, mais en sa chambre, se trouvant un petit mal,
„ ayant sçû ces propos par M. d'Andelot, n'en dit autre chose
„ sinon qu'il n'en falloit plus parler.

L'ancien usage qui étoit que le Roi nommât les Capitaines *Pouvoir du*
des vieilles Bandes fut ainsi rétabli, & subsista, tandis que *Colonel Gene-*
d'Andelot & ses Successeurs exercérent la Charge de Colonel *ral resserré.*
General sous Charles IX.

Quand la Guerre eût encore recommencé en 1568, après
qu'on eût manqué d'enlever le Prince de Condé & l'Amiral
de Coligni à Noyers, comme on l'avoit projetté dans le Conseil, qu'on appelloit le Conseil du Cabinet, alors d'Andelot
engagé de nouveau dans le parti Huguenot, fut destitué à
l'ordinaire de sa Charge de Colonel General. Je suis obligé
de contredire ici le sçavant Auteur de l'Histoire des Grands

*Tome I.* M m

Officiers de la Couronne fur deux points. Le premier, fur ce qu'il dit que Philippe Strozzi ne fut Colonel General qu'après la mort de d'Andelot; & le second, fur ce qu'il met Timoleon de Coffé Comte de Briffac au nombre des Colonels Generaux de l'Infanterie Françoise.

Le premier se peut réfuter premierement, parce que d'Andelot qui ne mourut qu'en 1569, s'étoit révolté dès l'an 1568, & que dès que pareille chose lui étoit arrivée dans les autres Guerres Civiles, on ne manquoit point de nommer un autre Colonel General : mais ce qui décide ce point, c'est que j'ai vû une Lettre en original du Roi Charles IX écrite au Capitaine de Sarlabous, qui étoit de la Maison de Cardaillac, dattée du 28 d'Octobre de l'an 1568, de laquelle je ferai mention dans la suite, où il est parlé de M. de Strozzi, comme étant dès lors Colonel General de l'Infanterie Françoise.

L'autre point est plus important, sçavoir que Timoleon de Coffé Comte de Briffac ne doit point être mis dans la liste des Colonels Generaux de l'Infanterie Françoise, parce qu'il ne le fut point en effet. Ce Seigneur méritoit sans doute de l'être, par les belles & importantes actions qu'il avoit faites sur tout à la bataille de Jarnac où il eût tres-grande part. La haute estime qu'il s'étoit acquise, le mettoit en passe d'aller aussi loin en matiere de Guerre que le Maréchal de Briffac son pere, s'il n'eût pas été malheureusement tué en attaquant Muffidan ville de Perigord au mois de Mai de 1569 ; & il n'a point besoin du faux relief qu'on lui donne, en le mettant au nombre des Colonels Generaux de l'Infanterie Françoise. On n'appelloit Colonel General de l'Infanterie Françoise, que celui qui l'étoit en deçà des Monts, soit qu'il le fut aussi de l'Infanterie d'au delà des Monts, soit qu'il ne le fût pas ; & celui qui l'étoit au delà ne s'appelloit que Colonel General d'au-delà des Monts ou de Piémont.

Je tire la preuve de ce que j'avance des Memoires de Brantôme, qui descend dans un grand détail sur ce sujet. Je vais les rapporter. On y verra avec quelle vivacité les Colonels Generaux soûtenoient certains droits qu'ils s'étoient appropriez, & en même tems que le Comte de Briffac n'étoit point Colonel General de l'Infanterie Françoise, mais seule-

*Le Comte de Briffac ne fut point Colonel General de*

DE LA MILICE FRANÇOISE. *Liv. IV.* 275

ment des Bandes de Piémont, chose tres-differente. *l'Infanterie Françoise.*

Pour bien entendre ce qui est contenu dans ces Extraits, il faut sçavoir premierement que François I s'étant rendu Maître du Piémont, en dépouillant de cet Etat Charles III Duc de Savoye, fut obligé d'avoir toujours de grosses Troupes en ce païs là pour conserver sa conquête. Ses Successeurs jusqu'à Henri III, qui rendit au Duc Emanuel-Philbert ce que les François possedoient encore alors dans le Piémont, furent dans la même obligation. François I dans l'institution du Colonel General, étendit la Jurisdiction de cet Officier, tant sur les Bandes, qui étoient en France, que sur celles qui étoient en Piémont. Et M. de Taix, comme le dit le même Brantôme, fut fait *Colonel General de l'Infanterie Françoise, tant deçà, que de là les Monts.* L'Amiral de Coligni le fut aussi : mais il faut observer que Henri II fit une Charge de Colonel de de là les Monts séparée du Colonel General de l'Infanterie Françoise en deçà, & sans subordination de l'une à l'autre ; car selon le même Auteur M. de Bonnivet, le Vidame de Chartres, & le Prince de Condé eurent le titre de Colonel de l'Infanterie au-delà des Monts, & non pas celui de Colonel General de l'Infanterie Françoise. On voit ce que je dis en particulier du Prince de Condé dans l'Extraordinaire des Guerres de ce temslà. Philippe Strozzi fils de Pierre Strozzi Maréchal de France, fut fait Colonel General de l'Infanterie en 1568, & le Comte de Brissac l'étoit en même tems des Bandes de Piémont. Je le trouve dans l'Extraordinaire des Guerres en cette qualité dès l'an 1561, & il succeda dans cette Charge au Prince de Condé ; ce qui montre, pour le dire en passant, que d'Andelot ne fut point Colonel des Bandes de Piémont, au moins depuis son rappel à la Cour : c'étoit le Comte de Brissac qui l'étoit alors.

*Dans le Discours des Colonels.*

*Charge de Colonel General des Bandes de Piémont séparée de celle de Colonel General de l'Infanterie Françoise.*

*Sur la fin du Discours des Colonels.*

*Philippe Strozzi Colonel General.*

*Vol. de 1562 Piémont.*

La seconde chose qu'il faut sçavoir, pour bien entendre ce que je vais rapporter des Memoires de Brantôme ; c'est que Strozzi & Brissac se mirent en tête de ne pas souffrir qu'aucun Officier en France Commandant de Regiment, prît le titre de Colonel, excepté eux deux, ni qu'il fît porter dans sa Compagnie le Drapeau blanc. Ce differend éclata en 1568, aussitôt que Strozzi fut fait Colonel General. Tout ceci sup-

*Differends entre les Colonels Generaux, & les Commandans des Regimens.*

M m ij

posé, il sera aisé d'entendre le sujet des differens dont va parler Brantôme, & des querelles que le Comte de Sommerive & d'Ardelai frere de Brantôme, eurent avec le Comte de Brissac, au sujet du titre de Colonel.

*Dans l'Eloge de Timoleon de Cossé Comte de P..ssac.*

Il dit donc que le Comte de Sommerive étant venu à l'Armée à la tête d'un Regiment de Provençaux, dont il se disoit Colonel indépendant de M. de Strozzi & avec le Drapeau blanc, le Comte de Brissac choqué de cette entreprise le fit appeller en duel: mais que le Duc d'Anjou qui commandoit l'Armée les empêcha de se battre, sur quoi Brantôme ajoûte une reflexion qui fait à mon sujet.

« Il y eut force personnes, dit-il, qui blâmérent Monsieur
» de Strozzi d'avoir été adjoint & complice en ce fait du
» Comte de Brissac, contre son frere qui avoit épousé sa Sœur
» la Signora Cleria Strozze.... Il eut tort de se bander ainsi
» contre son Beaufrere, encore qu'il laissât jouer tout ce jeu au
» Comte de Brissac. Toutefois puisque lui étoit *Colonel General*
» *de France*, *M. de Brissac n'y avoit pas beaucoup à voir*. Mais en
» cela il avoit gagné M. de Strozzi, & le possedoit, comme je
» l'ai vû, & s'y laissoit fort aller.

On voit par-là que M. de Strozzi étoit le seul *Colonel General de France*, comme s'exprime Brantôme, & que M. de Brissac n'avoit nullement ce titre, quoiqu'il fût Colonel General des Bandes de Piémont, & que ce differend regardoit seulement M. de Strozzi, & nullement lui.

Brantôme avoit rapporté un peu auparavant un autre fait tout semblable. Son frere nommé d'Ardelaï, étoit dans Chartres, lorsque l'Amiral de Coligni assiegea cette Place à la tête des Huguenots. Il avoit un Regiment de Gascons dont il se disoit Colonel, & y avoit l'Enseigne blanche; il fut tué durant ce Siege. Le Comte de Brissac étoit résolu de l'appeller en duel pour ce sujet, après que l'on auroit fait lever le Siege, ou après la prise de la Place. Voici ce qu'il disoit à Brantôme pendant ce Siege, & ce que Brantôme lui répondit : »J'en suis
„ bien marri, ce me disoit-il, quand votre Frere sera sorti de-
„ là, nous nous battrons, s'il ne quitte cela ( c'est à-dire le
„ titre de Colonel & l'Enseigne blanche ) & en riant je lui ré-
„ pondois ; il n'en faut pas douter : mais que vous importe ce

DE LA MILICE FRANÇOISE. *Liv. IV.* 277

» la ? *Vous n'avez rien à faire en France touchant votre état ; vous*
» *n'êtes que Colonel de Piémont.* Mais après je découvris qu'il
» avoit gagné M. de Strozze, & l'avoit fait jurer que jamais il
» n'y auroit qu'eux Colonels, ni Enseigne blanche en France
» que les leurs.

» Et en un autre endroit ; il y en a aucuns si ignorans, Dans l'Eloge<br>de M. de Mar-<br>tigues.
» dit-il, & même je l'ai vû écrit dans une Histoire de nôtre
» tems, qui disent & affirment que M. de Strozze eût l'état de
» Colonel General après la mort du Comte de Brissac qui l'étoit
» alors. Voilà bien dit. Quels abuseurs & menteurs Ecrivains !
» Tels gens pour lors ne hantoient guéres les Armées ni les
» Compagnies, parmi lesquelles on a bien oüi les bandons faits,
» & se faire par M. de Strozze, *Colonel General de l'Infanterie de*
» *France*, & *M. de Brissac Colonel General des vieilles Bandes de*
» *Piémont*. Et cela est tres-vrai ce que je dis. Plusieurs Capitai-
» nes & Soldats du tems qui vivent encore, en diront de mê-
» me que moi.

Enfin Brantôme distingue si bien les Colonels Generaux de Sur la fin du<br>Discours des<br>Colonels.
l'Infanterie Françoise, & ceux des Bandes de Piémont, qu'il en
fait deux listes séparées. » Parquoi, dit-il, je fais fin à nôtre
» discours de nos Colonels de France. On les voit là tous jus-
» qu'ici qui ont été depuis leur premiere institution. S'ensuit
» de parler des Colonels de Piémont qui ont été, lesquels je
» déchifrerai le plus promptement & briévement que je pour-
» rai, afin de ne traîner tant cette besogne, qui possible pour-
» roit ennuyer à plusieurs.

Il avoit déja parlé fort au long du Comte de Brissac ; ceux
qu'il nomme dans la suite, & qui avoient précédé le Comte de
Brissac, sont M. de Bonnivet, le Vidame de Chartres, & le
Prince de Condé, qui certainement n'ont jamais été mis dans
la liste des Colonels Generaux de l'Infanterie Françoise, & que
l'Auteur de l'Histoire des Grands Officiers de la Couronne n'y
a pas mis non-plus : mais qu'il y auroit dû mettre en parlant
consequemment, & pour la même raison pour laquelle il y a
placé le Comte de Brissac, qui n'étoit non-plus qu'eux, que
Colonel General des Bandes de Piémont.

Il est donc évident par tout ce que j'ai dit, que Timoleon
de Cossé Comte de Brissac, d'ailleurs un des plus vaillans hom-

mes de Guerre qui fussent alors, ne doit point entrer dans la liste des Colonels Generaux de l'Infanterie Françoise, mais seulement dans celles des Colonels Generaux des bandes de Piémont, comme M. de Bonnivet & les autres. Je dois me corriger moi-même dans mon Histoire de France *, où j'ai suivi ce que quelques Historiens avoient dit sur ce point.

* Dans le Regne de Charles IX, p. 962.

Les querelles que le Comte de Brissac fit à M. de Sommerive, & à Ardelaï frere de Brantôme, prouvent non pas qu'il fut Colonel General de l'Infanterie Françoise ; Brantôme dit expressément le contraire, & le dit lui-même au Comte de Brissac : mais le sujet de ces querelles étoit que lui & M. de Strozzi ne vouloient pas qu'aucun, excepté eux, prît le titre de Colonel ; & ils avoient obtenu cela du Roi Charles IX. C'est ce qui se voit tres-distinctement marqué dans la Lettre de ce Prince au Capitaine Sarlabous que j'ai déja citée, & qui m'a été communiquée par M. l'Abbé de Cardaillac. Ce Gentilhomme lui avoit fait instance pour avoir le titre de Colonel en Languedoc, où il commandoit plusieurs Compagnies d'Infanterie ; sur quoi voici ce que le Roi lui répondit :

» Monsieur de Sarlabos, j'ai veu ce que m'avez écrit du
» huictiéme de ce mois par ce Porteur votre homme, lequel je
» vous renvoye, & outre cela entendu de lui ce qu'il m'a dit
» de votre part. Pour à quoi vous faire réponse, je vous advise
» que quant à l'Estat de Collonel en Languedoc que vous de-
» mandez, c'est chose que je ne puis vous accorder, pour ne
» vouloir qu'il y ait autres Collonels que les sieurs de Brissac
» & Strozzi : mais pour vous faire connoistre combien je désire
» vous faire tout bon favorable & gracieux traitement, je veulx,
» entends, & vous accorde, que venant presentement à mon
» Camp & Armée, & amenant vos Compagnies qui sont en
» Languedoc, ausquelles vous commandez de present, & com-
» manderez toujours en qualité de Mestre-de-Camp, vous
» n'ayez à reconnoistre aucun Collonel, ni du fait de votre
» Charge répondre à autre que à moi, ou à mon Frere le Duc
» d'Anjou mon Lieutenant General representant ma Personne....
» Je prie Dieu vous avoir, Monsieur de Sarlabos, en sa tres-
» sainte garde. Ecrit à Paris le XXVIII.me jour d'Octobre 1568.

CHARLES.

## DE LA MILICE FRANÇOISE. *Liv. IV.*

L'inscription de cette Lettre est singuliere en une chose ; c'est que le Roi y donne au Capitaine Sarlabous le titre qu'il lui refuse dans la Lettre même : *A Monsieur de Sarlabos Chevalier de mon Ordre, & Collonel de l'Infanterie Françoise en Languedoc.*

J'ajouterai ici par occasion une remarque sur ce titre de Colonel General, sçavoir que dans la suite on ne le donna pas seulement au Colonel General de l'Infanterie Françoise, & à celui des bandes de Piémont, mais encore à ceux qui dans les Pays étrangers commandoient l'Infanterie des Troupes auxiliaires que la France y envoyoit. C'est ainsi que Sebastien de Luxembourg Vicomte de Martigues, avant que d'être Colonel General de l'Infanterie Françoise, porta le titre de Colonel General des bandes Françoises en Ecosse au Siege de Leït. On le lui donne aussi dans les Registres de l'Extraordinaire des Guerres de ce tems-là. Brantôme, dans l'Eloge de M. de Martigues.

Au commencement même du Regne de Louis XIII, dans un Mémorial de la Chambre des Comptes de Paris, où il s'agit d'une gratification de trente mille livres, que ce Prince fit à M. de Chastillon l'an 1615 le 23 de Septembre ; ce Seigneur est qualifié de Colonel General des Regimens François en Hollande. J'en pourrois rapporter d'autres exemples. Mémorial cotté cinq, 2. fol. 249.

Nous avons encore en France le Colonel General des Suisses & Grisons ; c'est aujourd'hui M. le Duc du Maine. On a vû encore sous le Regne de Louis XIV le Baron de Merargues fils du Maréchal d'Ornano Colonel General des Corses. Alphonse d'Ornano sous le Regne de Charles IX amena des Corses au service de ce Prince, & dès-lors il eut ce titre de Colonel General des Corses. J'ai trouvé aussi dans un Volume du Secretariat de la Maison du Roi, ce titre : *Provisions de Colonel General de l'Infanterie Italienne.* Elles étoient en faveur de Claude d'Angennes, par la démission d'Alexandre d'Elbéne. C'étoit du tems de Henri III. Le Baron d'Egenfeld fut aussi Colonel de la Cavalerie étrangere sous Louis XIII. Je trouve encore dans un état des Troupes de 1643 M. de la Ferté-Imbaut Colonel General des Troupes Ecossoises. Mais de toutes ces especes de Colonels Generaux, il n'y a plus que celui des Suisses & Grisons qui subsiste aujourd'hui. Je réviens à la Vol. 1. Piémont, de l'an 1571, de l'Extraordinaire des Guerres. Vol. 9.

suite de l'Histoire des Colonels Generaux de l'Infanterie Françoise.

Philippe Strozzi succeda donc à d'Andelot en dernier lieu l'an 1568 ; & posseda cette Charge jusqu'à l'an 1582, qu'il fut envoyé aux Isles Açores avec une Armée Navale dont il fut fait commandant, en faveur de Dom Antoine de Portugal qui disputoit cette Couronne à Philippe II Roi d'Espagne. Strozzi perdit la bataille & y périt. Il ne ceda en valeur à aucun de ses Prédecesseurs, & passa pour avoir mis l'Infanterie Françoise sur un tres bon pied.

Avant que de partir pour cette expedition, la Reine lui fit entendre que la qualité de Lieutenant General qu'on lui donnoit étoit incompatible avec celle de Colonel General de l'Infanterie, & qu'il falloit se démettre de celle-ci. Ce ne fut pas sans peine qu'il s'y résolut ; mais il fallut obéir au Roi Henri III, qui avoit destiné cet emploi au Duc d'Espernon son Favori.

Quoique l'Auteur de la vie du Duc d'Espernon *, qui ne parle pas fort exactement sur cette matiere, ne fasse le Duc d'Espernon Colonel General de l'Infanterie qu'en 1585, il est vrai neanmoins qu'il le fut dès l'an 1582 ; car la Charge fut vacante dès cette année-là : on n'en demanda la démission à Strozzi que pour la donner au Duc d'Espernon ; & il n'est pas vrai-semblable qu'on eût été deux ou trois ans sans la remplir : mais ce qu'a dû & voulu dire cet Historien, c'est que la Charge de Colonel General n'eût toutes les prérogatives que Henri III y attacha, & qu'elle ne fût érigée en Charge de la Couronne que vers le tems dont il parle ; car cette érection en Charge de la Couronne se fit au mois de Decembre 1584, & fut verifiée au Parlement au mois de Janvier suivant. Voici comme parle ce Prince dans son Ordonnance de Saint Germain en Laye.

» Créons & érigeons la Charge de Colonel General de notre
» Infanterie Françoise en titre d'Etat & Office de notre Cou-
» ronne : Voulant que quiconque en sera pourveu comme Offi-
» cier de cette Couronne, se puisse dire & intituler *Colonel Gene-*
» *ral de France*, *tant deçà que de-là les Monts* ; & qu'il jouisse
» avec ledit titre des mêmes honneurs, autoritez, prééminen-
» ces, franchises, libertez & privileges octroyez aux autres Of-
» ficiers

---

*Brantôme, dans l'Eloge de Philippe de Strozzi.*

* *Sous l'an 1585.*

*Le Duc d'Espernon Colonel General.*

*Histoire des Grands Officiers de la Couronne, t. 2. Titre des Colonels Generaux.*

*Charge de Colonel General de l'Infanterie Françoise érigée en Charge de la Couronne.*

DE LA MILICE FRANÇOISE. *Liv. IV.* 281

» ficiers de notredite Couronne, tout ainsi que s'ils étoient ci-
» specifiez & déclarez, outre & par dessus les autres droits &
» autoritez déclarez au pouvoir qui sera octroyé par Nous pour
» raison de ladite Charge.

Henri III attribua au Colonel General le pouvoir de nommer generalement à toutes les Charges qui vaqueroient dans l'Infanterie Françoise, sans excepter même celle de Mestre-de-Camp du Regiment des Gardes, sur laquelle il y avoit eu depuis long-tems une difficulté particuliere, dont je parlerai en traitant du Regiment des Gardes. Ce Prince donna non-seulement au Colonel General une Justice particuliere, pour juger de la vie & de l'honneur des gens de guerre, sans être obligé d'y appeller d'autres Officiers que les siens, mais encore il augmenta les appointemens de la Charge, & y attacha une grosse pension; & par-là le Colonel General devint le Maître absolu de l'Infanterie. Ses appointemens étoient de 19667 livres: il tiroit outre cela six deniers pour livre sur tout le payement du Regiment des Gardes; ce qu'on appelloit les aumônes, & qui montoit à une grosse somme.

*Augmentation des prérogatives du Colonel General.*

Les honneurs qu'on lui rendoit étoient aussi extraordinaires. La Garde étoit montée devant son logis à deux Compagnies, avec le Capitaine & le Drapeau, les Tambours battans aux champs, quand il entroit ou sortoit; en un mot de la maniere que l'on fait pour le Roi. Quand il vouloit monter la Garde chez le Roi, il en faisoit avertir les Capitaines, & on le saluoit de la pique, même à la porte du logis du Roi.

*Honneurs extraordinaires rendus au Colonel Generale.*

Au sujet du tambour qui battoit aux champs pour lui, j'ai oui raconter à un homme digne de foi, qu'un jour Monsieur Gaston Frere du Roi Louis XIII, entrant au Louvre dans son carosse, où étoit le Duc d'Espernon, le Tambour de la Garde voyant le carosse de Monsieur, commença à appeller seulement selon la coûtume; qu'aussitôt le Duc d'Espernon mit la tête à la portiere, & cria au Tambour qu'il étoit-là; surquoi le Tambour battit aux champs, ce qui choqua extrémement le Prince. C'étoit là un trait de la fierté du Duc d'Espernon, & tout-à-fait de son caractere.

*Trait singulier du Duc d'Espernon.*

Le Colonel General recevoit le Serment du Mestre-de-Camp des Gardes, couvert & assis dans un fauteuil, le Mestre-de-

*Tome I.*  N n

Camp étant chapeau bas, à genoux sur un carreau, & tenant les mains sur l'Evangile. Le Meſtre-de-Camp lui devoit une fois le ſalut de la pique; & quand il ne le faiſoit pas le jour de ſa reception, il étoit obligé de lui rendre cet honneur la premiere fois qu'il paroiſſoit devant lui à la tête du Regiment.

*Compagnie Colonelle appartenant au Colonel General dans tous les Regimens.*

Longtems avant le Duc d'Eſpernon, les Colonels Generaux avoient des Compagnies Colonelles qui paſſoient devant toutes les autres: & comme je l'ai déja remarqué, ces Compagnies avant l'inſtitution des Regimens, étoient des Compagnies franches & ſéparées, qui ne faiſoient point Corps avec d'autres: mais quand les Regimens furent inſtituez, ces Colonelles furent multipliées; & ils en avoient une dans pluſieurs Regimens, qui étoit la premiere de chacun de ces Regimens: mais je croi que ce ne fut qu'après que le Duc d'Eſpernon fut fait Colonel General, qu'il y eût dans tous les Regimens une Compagnie Colonelle, dont le Colonel General étoit Capitaine, & qui paſſoit devant la Meſtre-de-Camp, comme il s'eſt toujours pratiqué, juſqu'à la ſuppreſſion de la Charge de Colonel General. Depuis l'inſtallation du Duc d'Eſpernon, on voit dans tous les états de Guerre cette Compagnie Colonelle même dans le Regiment des Gardes: neanmoins quoiqu'elle ait toujours ſubſiſté dans ce Regiment, juſqu'à la ſuppreſſion de la Charge de Colonel General, Henri IV dans la ſuite jugea à propos de ſe réſerver la nomination du Meſtre-de-Camp de ce Regiment.

*Henri IV retranche au Colonel General la nomination du Meſtre-de-Camp du Regiment des Gardes.*

*Girard dans la vie du Duc d'Eſpernon.*

Ce fut en 1604, lorſque Monſieur de Crillon Meſtre-de-Camp du Regiment des Gardes donna la démiſſion de ſa Charge, qu'il y eut à cette occaſion une groſſe affaire entre le Roi Henri IV & le Duc d'Eſpernon. Le Roi jugea à propos de mettre de ſa main un Meſtre-de-Camp au Regiment des Gardes; & comme ce Prince affectionnoit fort le Maréchal de Leſdiguieres, il nomma pour cet emploi Monſieur de Créqui, Seigneur fort diſtingué par ſes belles actions, & Gendre du Maréchal. Le Duc d'Eſpernon s'y oppoſa fortement; mais enfin il fut obligé d'en paſſer par où le Roi voulut. Je parlerai de cette affaire un peu plus au long, lorſque je ferai l'Hiſtoire du Regiment des Gardes. Depuis ce tems-là la nomination de cette Charge ne fut plus à la disposition du Colonel General.

Quant à ce qui concerne le privilege du Drapeau blanc, il me paroît : 1°. Que les Colonels Generaux l'eurent d'abord pour leurs deux Compagnies Colonelles, à l'exclusion de toutes les autres. 2°. Qu'à l'institution des Legions par Henri II, desquelles je parlerai dans la suite, les Colonels de ces Legions eurent aussi le droit de le faire porter aux deux Compagnies Colonelles dont ils étoient Capitaines dans leur propre Legion ; car ce ne pouvoit être que sur ce fondement que les Commandans de quelques autres Regimens qui furent levez depuis, prétendirent avoir ce droit. 3°. Le Privilege du Drapeau blanc fut ensuite communiqué à d'autres des plus anciens Regimens, & puis à d'autres plus récens que ceux-ci. Le Colonel General ne s'opposa point à cette multiplication de Drapeaux blancs, parce que ce Drapeau étoit dans la Colonelle de ces Regimens, laquelle lui appartenoit, & dont il étoit Capitaine.

*Privilege du Drapeau blanc particulier aux Colonels Generaux.*

*Ce Privilege est communiqué aux autres Regimens.*

4°. Je prouve cette multiplication de Drapeaux blancs par les Memoires faits pour l'Histoire du Cardinal de Richelieu, où il y a une Ordonnance de Louis XIII de l'an 1635, dans laquelle parlant de la Réforme qu'on devoit faire de quelques Regimens, il en excepta *les Drapeaux blans, sçavoir les Regimens de Rambure, de Maugiron, de Nerestang, de Vaubecourt, de Bellenave, de Sault, & de Chamlay.* De plus, selon les mêmes Memoires, on donna encore le Drapeau blanc à quelques autres Regimens ; car M. de Noyers Secretaire d'Etat, écrivant au Cardinal de la Valette, qui commandoit un Corps d'Armée sur les frontieres d'Allemagne, lui parle ainsi : *Le Roy trouve bon que Monsieur le Colonel Hebron conserve son rang devant tous nos nouveaux Drapeaux blancs.*

T. I. p. 584.

Pag. 656.

Enfin, le Comte de Bussy Rabutin dans ses Memoires sous l'an 1636, dit qu'après le Siege de Corbie, le Roi donna au Regiment de son pere *le Drapeau blanc comme aux vieux Corps.* Aujourd'hui toutes les Compagnies Colonelles des Regimens ont le Drapeau blanc.

T. I. p. 16.

A compter depuis 1582, que Monsieur de Strozzi donna sa démission de la Charge de Colonel General, jusqu'à la mort du Duc d'Espernon, qui arriva en 1642, ce Duc la posseda soixante ans.

*T. 2. sous le Titre des Colonels Generaux, art. 9.*

Je ne sçai où l'Auteur de l'Histoire des Grands Officiers de la Couronne a trouvé ce qu'il dit, que Bernard de Nogaret Duc de la Valette, & depuis Duc d'Espernon fils du précedent, fut pourvû de la Charge de Colonel General en 1610 par la démission de son pere. Il seroit fort surprenant que ce jeune Seigneur eût été, à dix-huit ans qu'il avoit alors, pourvû d'une telle Charge, qui ne s'étoit jamais donnée qu'à des personnes d'une grande experience, & qui en demandoit en effet beaucoup. Il n'auroit pas été moins étonnant, que le Duc d'Espernon, homme dont tout le plaisir étoit de dominer & de commander, & d'avoir toujours un grand cortege de gens qui dépendissent de lui, se fût dépouillé d'une dignité qui lui attiroit plus de consideration que toutes les autres dont il étoit revêtu. Mais il est notoire qu'il exerça cette Charge jusqu'à la mort. Il l'avoit encore en 1614, quand il se fit une grosse affaire avec le Parlement de Paris, pour avoir enlevé de force de l'Abbaye de Saint-Germain un Soldat aux Gardes, qu'il prétendoit être son Justiciable, en vertu de sa Charge de Colonel General. Enfin l'an 1641 cinq mois avant sa mort, il nomma encore comme Colonel General un Aide-Major du Regiment des Gardes, à la recommandation du Cardinal de Richelieu; & on a les Lettres que ce Ministre & lui s'écrivirent l'un à l'autre sur ce sujet.

*A la fin de la vie du Duc d'Espernon.*

Ce que l'Auteur a voulu dire sans doute, c'est qu'en 1610 le Duc d'Espernon obtint de la Cour, où il avoit alors grand credit au commencement du Regne de Loüis XIII, la survivance de la Charge de Colonel General pour son second fils: & cela est vrai, & marqué dans la vie de ce Duc. En effet, Bernard de Nogaret, dit depuis Duc d'Espernon, lui succeda dans cette Charge, & la posseda jusqu'à sa mort, c'est à-dire jusqu'à l'an 1661. Il en avoit aussi obtenu la survivance pour le Duc de Candale son fils : mais ce Seigneur mourut avant lui l'an 1658.

*Creation d'une Charge de Lieutenant Colonel General.*

Avant que de parler de la suppression de cette Charge, je ferai encore une remarque; c'est que Henri IV en créa une de Lieutenant-Colonel General de l'Infanterie Françoise, qui donnoit le commandement fur toute cette Infanterie, fous le Colonel General: & ce fut M. de Crillon qui en fut honoré quelques années après qu'il eût quitté la Charge de Meftre-de-Camp du Regiment des Gardes. On le voit avec cette qualité de Lieutenant-Colonel General dans les Comptes de l'Extraordinaire des Guerres, depuis l'an 1607 jufqu'en 1615 qu'il mourut. Il n'eut point de Succeffeur. Il y a beaucoup d'apparence que Henri IV donna un tel fecond au Duc d'Efpernon, moins pour le foulager dans l'exercice de cet emploi, que pour moderer fon autorité, & empêcher qu'il n'en abufât.

Ce fut l'an 1661, à la mort du fecond Duc d'Efpernon, que le Roi Louis XIV fupprima la Charge de Colonel General de l'Infanterie Françoife. Je vais tranfcrire ici l'Ordonnance de ce Prince, laquelle fuivit cette fuppreffion, parce qu'on y verra en même tems la grande puiffance que la Charge de Colonel General donnoit à cet Officier, & les changemens confiderables qui fe firent dans les Troupes à cette occafion.

*Suppreffion de la Charge de Colonel General de l'Infanterie.*

„ *Ordonnance du Roy, portant que les Meftres-de-Camp*
„ *des Regimens d'Infanterie, eftant à la folde de Sa*
„ *Majefté, prendront déformais la qualité de Colo-*
„ *nels, & qu'ils les commanderont immédiatement*
„ *fous l'autorité de Sa Majefté. Du 28 Juillet 1661.*

## DE PAR LE ROY.

„ SA MAJESTE' ayant à l'occafion du decés de feu Mon-
„ fieur le Duc d'Efpernon, vivant Pair & Colonel General
„ de l'Infanterie de ce Royaume, éteint & fupprimé ladite
„ Charge de Colonel General, pour ne pouvoir jamais revivre
„ ni être rétablie en quelque maniere, & pour quelque caufe
„ que ce puiffe être: Sa Majefté a en même tems réfolu de
„ prendre elle-même les foins aufquels les fonctions de ladite
„ Charge s'étendoient fur toutes fes Troupes d'Infanterie, &

» de ne faire déformais répondre qu'à elle feule les principaux
» Chefs qui les commanderont, établiffant l'ordre & la manie-
» re du commandement qu'elle defire être gardé en chaque
» Regiment. Et voulant fur cela faire fçavoir bien particulie-
» rement fes intentions, Sa Majefté a ordonné & ordonne que
» tout Meftre-de-Camp d'Infanterie prendra dorefnavant le
» titre & qualité de Colonel, au lieu de celle de Meftre-de-
» Camp, fans toutefois qu'il puiffe prétendre comme Colonel
» de plus grandes prérogatives ni d'autres avantages que ceux
» dont il a joüi ci-devant en qualité de Meftre-de-Camp : Que
» la Compagnie que chacun d'eux commande en ladite qualité
» de Meftre-de-Camp, & qui marchoit après celle du Colonel
» General, tiendra le premier rang & prendra la droite fur
» toutes les autres Compagnies du Regiment dont elle eft, en
» toutes marches & occafions de guerre, comme la Colonelle
» & la premiere d'icelui : Que celle qui étoit la Compagnie du
» feu Colonel General, & qui eft commandée par le Lieutenant-
» Colonel en chaque Corps, fera la feconde d'icelui, & mar-
» chera immediatement après ladite Compagnie Colonelle ; &
» que l'une & l'autre feront toujours la premiere & la feconde
» du Regiment, & ne rouleront point avec les autres d'ice-
» lui : Que ladite feconde Compagnie fera commandée par
» ledit Lieutenant-Colonel en chaque Regiment, comme Capi-
» taine particulier d'icelle : Et afin qu'elle foit pourvûe de pa-
» reil nombre d'Officiers que les autres Compagnies du Regi-
» ment, Sa Majefté entend que l'Enfeigne-Colonel monte à la
» Charge de Lieutenant de ladite Compagnie, pour en faire la
» fonction tout ainfi & en la même maniere que les Lieutenans
» des autres Compagnies dudit Regiment ; & Sa Majefté pour-
» voira à la Charge d'Enfeigne de ladite Compagnie, qui vac-
» quera par cette promotion : Que lorfque la Charge de Lieu-
» tenant-Colonel viendra à vacquer en chaque Regiment, Sa
» Majefté y pourvoira ainfi qu'aux autres Compagnies d'icelui,
» fans qu'aucun Capitaine puiffe prétendre y devoir monter, foit
» par droit d'ancienneté ou autrement. Veut Sa Majefté que
» les Lieutenans-Colonels qui font préfentement en Charge
» dans les Regimens en confideration des fervices qu'ils y ont
» rendus, jouiffent pendant tout le tems qu'ils poffederont lef-

« dites Charges, des mêmes appointemens dont ils ont été payez
» jusqu'à present, sans que ceux qui leur succederont esdites
» Charges puissent prétendre ledit payement ni d'autres avan-
» tages que ceux qui leur seront dûs en qualité de Capitaines.
» Mande & ordonne Sa Majesté aux Colonels des Regimens de
» son Infanterie Françoise, lesquels en étoient ci-devant Mes-
» tres-de-Camp, & aux Commissaires des Guerres ordonnez
» à la conduite & police desdits Regimens, de tenir la main,
» chacun comme il appartiendra, à l'exacte observation de la
» Presente, laquelle Sa Majesté veut être luë & publiée à la
» tête de chacun desdits Corps, & affichée ès Quartiers où ils
» sont en Garnison ; à ce qu'aucun n'en prétende cause d'igno-
» rance. Fait à Fontainebleau le 28e jour de Juillet 1661.
» *Signé*, LOUIS. *Et plus bas* : LE TELLIER.

Le Colonel General mettoit derriere l'Ecu de ses Armes quatre ou six Drapeaux des couleurs du Roi qui sont blanc, incar-
nat & bleu.

*Drapeaux portez par le Colonel General derriere l'Ecu de ses Armes.*

Après avoir traité des diverses especes de Milices qui composoient autrefois les Armées Françoises, & qui n'y sont plus, du
moins sur le même pied qu'elles y étoient en ces tems-là, il
semble que je devrois parler de celles qui les composent aujourd'hui : mais comme le dénombrement, tant de ces especes de Milices anciennes, que de celles de notre tems, n'est
qu'une partie du dessein de cet Ouvrage qui embrasse beaucoup d'autres matieres, je rejetterai ce qui regarde la Milice
moderne au neuviéme Livre de cet Ouvrage ; & pour ne pas
revenir de si loin, & à diverses reprises à l'ancienne Milice
sous la troisiéme Race, je vais mettre tout de suite ce qui la
concerne dans les quatre Livres suivans.

Tout ce que j'ai fait jusqu'à present dans cette Histoire de
la Milice Françoise, a été premierement de faire connoître ce
qui regarde l'ancienne Milice sous la premiere Race de nos
Rois. Secondement ce qui regarde l'ancienne Milice sous la
seconde Race : & dans ces deux premieres Parties, j'ai rassem-
blé tout ce que j'ai trouvé de plus digne d'être remarqué,
soit touchant les Troupes qui formoient alors les Armées, soit
pour leur maniere de combattre, soit pour l'attaque & la défense des Places, soit pour les differentes especes d'Armes of-

288 HISTOIRE

fenfives & défenfives dont elles fe fervoient ; & il ne me refte plus rien à dire fur ce fujet des deux premieres Races : mais la troifiéme Race me fourniffant plus de matieres, j'ai été obligé de les féparer. Tout ce que j'en ai dit dans ce quatriéme Livre ne regarde uniquement que les diverfes efpeces de Troupes dont les Armées ont été formées depuis le commencement de la troifiéme Race jufqu'aux derniers Regnes. Je vais maintenant traiter de l'arrangement de ces Armées, foit dans les combats, foit dans les campemens, foit dans les marches. Et comme pour faire mieux entendre cette matiere, je ferai fouvent obligé de faire la comparaifon de ces anciens arrangemens des Troupes avec ceux de notre tems, je traiterai en même tems des uns & des autres dans le Livre fuivant. J'y ajouterai quelques autres points concernant les Troupes, lefquels ne pourroient pas fi commodément avoir leur place féparée ailleurs.

LIVRE V.

# LIVRE V.

*De l'arrangement des Troupes dans les Armées, & de leur maniere de combattre, &c. De l'arrangement dans les Campemens, &c. sous la troisiéme Race.*

## CHAPITRE PREMIER.

*De l'arrangement des Troupes dans les Batailles, & de leur maniere de combattre.*

JE ne sçai si dans cette Partie de mon Ouvrage, je satisferai mes Lecteurs autant que je le souhaiterois, parce que moi-même je n'ai pû me satisfaire parfaitement sur ce sujet dans la lecture de nos Historiens. Ils rapportent presque tous generalement les combats & les batailles d'une maniere fort confuse. Les uns, parce qu'ils n'avoient pas même en speculation assez de connoissance de l'Art Militaire. Les autres, parce que de leur tems on ne s'étudioit pas à faire plaisir aux Lecteurs, en tâchant de leur donner une idée nette & distincte des choses dont on vouloit les entretenir dans un Livre ; car ce

*Difficulté du sujet de ce Chapitre.*

*Raisons de cette difficulté.*
*Premiere raison.*
*Seconde raison.*

défaut est commun même à plusieurs de nos Historiens, qui sçavoient & pratiquoient la guerre, comme à Philippe de Comines, à Montluc, à d'Aubigné, à Popeliniere, &c. Leurs Relations d'ordinaire sont ou estropiées ou mal digerées ; il n'y en a presque point que l'on puisse transcrire de suite : il faut prendre de l'un la situation d'un Champ de Bataille, d'un autre l'Ordonnance des Troupes ; d'un autre la suite & l'ordre des actions & des charges qui se sont faites ; & ils n'apportent pas toujours la raison de certains mouvemens & de certaines dispositions qui paroissent aujourd'hui extraordinaires aux connoisseurs en cette matiere.

*Troisiéme raison.*

Après tout il n'y a pas si grand sujet de s'étonner de la difficulté qu'il y a à se former une idée juste de ces anciennes Batailles. Les Armes, tant offensives que défensives des Combattans, étoient toutes differentes de celles d'aujourd'hui. C'étoient des Fléches, des Lances, des Haches, des Massuës, des Boucliers, des Armures completes de pied-en-cap ; & il y avoit en ces tems-là une difference extrême entre la Gendarmerie & la Cavalerie-Legere, & toute autre que celle que nous y voyons aujourd'hui : car on pourroit dire qu'il n'y a point maintenant de Gendarmerie, soit pour l'armure, soit pour la maniere de combattre.

Ces diversitez d'Armes, d'Armures, & d'especes de Troupes, faisoient que l'on rangeoit les Armées d'une maniere differente de celle de notre tems ; car, par exemple, quand la Gendarmerie bien serrée venoit la lance en arrêt fondre sur la Cavalerie Legere, celle ci ne tenoit pas devant elle ; & au contraire, quand la Gendarmerie étoit une fois rompuë, la Cavalerie Legere en avoit bon marché, par la facilité qu'elle avoit à faire ses mouvemens, & à manier ses armes contre des gens que le seul poids de leur gros harnois embarassoit. On commençoit d'ordinaire par tuer les chevaux des Gendarmes qui tomboient dessous, & étoient ensuite assommez ou foulez au pieds de la Cavalerie Legere.

On se regloit dans l'arrangement des Armées sur ces avantages & sur ces désavantages réciproques, qui ne sont pas aujourd'hui les mêmes ; & l'on ne doit pas juger des Batailles, je dis même de celles qui se donnoient il y a six-vingts ans, sur l'idée que nous avons de celles qui se sont données dans ces derniers tems.

C'est là une des principales raisons qui causent la confusion de nos idées dans la lecture de nos anciens Historiens en matiere de Batailles.

Outre cette Reflexion generale que j'ai crûë necessaire, pour qu'on n'exige pas de moi plus qu'il ne m'est possible de faire sur cette matiere, j'en ferai encore une autre sur ce qui regarde les tems les plus reculez de notre Histoire ; c'est que la connoissance que nous avons de la Milice Romaine ne peut nous donner sur ce point autant de lumiere qu'elle nous en fournit sur l'article des Sieges, où les François suivirent assez la methode des Romains, soit pour les machines, soit pour les travaux, soit pour la maniere d'attaquer & de défendre une Place : mais ils ne paroissent pas s'être si fort astreints aux mêmes regles que suivoient les Romains pour l'Ordonnance des Armées & pour les Batailles. *Quatriéme raison.*

La maniere la plus ordinaire des Romains, sur tout dans les tems de la République, étoit de mettre leur armée sur trois Lignes, composées de Soldats bien armez tant d'armes offensives, que d'armes défensives. *Arrangement des Armées Romaines.*

La premiere Ligne étoit formée de jeunes gens forts & vigoureux, qu'ils appelloient *Hastati*, à cause de leurs longues Lances ou Piques, mais qui étoient bien moins longues que nos Piques d'aujourd'hui, & beaucoup moins encore que les Sarisses des Macedoniens, dont ceux-ci bordoient leurs Phalanges, ou gros Bataillons quarrez.

A la seconde Ligne étoient ceux qu'ils appelloient *Principes*. Les Critiques ne conviennent pas de la raison de ce nom ; ils étoient d'un âge plus avancé que les *Hastati*.

La troisiéme Ligne étoit composée de ceux qu'on nommoit *Triarii*, ou *Tertiarii*, parce qu'ils étoient au troisiéme Rang. C'étoient tous vieux Soldats qui avoient servi dans les deux autres ordres. Ces trois Lignes n'étoient que de l'Infanterie. Les Legions Romaines étoient dans le centre de ces trois Lignes. De sorte, par exemple, que si dans une Armée il y avoit six Legions, il y en avoit deux dans le centre de la premiere Ligne, deux dans le centre de la seconde, & deux dans le cen- *Titus-Livius, L.8.Polyb.&c.*

Oo ij

tre de la troisiéme Les Troupes de gens de pied qui flanquoient ces Legions, étoient des Auxiliaires tirées des Provinces de l'Empire Romain, ou des pays de leurs Alliez. La Cavalerie étoit sur les Aîles, la Romaine ordinairement à la droite, & l'Auxiliaire à la gauche.

Les Troupes des trois Lignes d'Infanterie étoient partagées en petits Bataillons, qu'ils appelloient *Manipuli*, féparez les uns des autres, & de six-vingt hommes chacun : ils étoient ordinairement de figure quadrangulaire, de dix Rangs & de douze Files. La Cavalerie étoit aussi partagée en Escadrons, de trente hommes en trois Rangs, & formoit un Corps qui avoit plus de profondeur que de front.

Outre cela il y avoit une autre espece d'Infanterie armée à la legere, qui combattoit avec la Fronde & la Fléche ; elle étoit placée derriere les trois Lignes : on en répandoit quelquefois une partie entre les Lignes : mais quand l'Armée étoit rangée, & qu'il étoit question de commencer le combat, on faisoit passer un grand nombre de ces Piétons par les espaces d'entre les Bataillons, pour commencer les Escarmouches avec la Fronde & la Fléche : c'est ce qui s'appelloit en Latin *Velitare*, du nom de *Velites*, que l'on donnoit à une partie de cette Infanterie.

Quand ces Escarmoucheurs avoient fait quelques décharges, & qu'ils étoient poussez, comme il arrivoit ordinairement, parce qu'ils étoient peu armez, ils se retiroient derriere l'Armée par les intervales des Bataillons ; & alors les *Hastati* qui formoient la premiere Ligne, s'ébranloient & joignoient les Ennemis.

Si les *Hastati* étoient défaits, ils se retiroient derriere les *Principes* pour se rallier ; & c'étoit à ceux-ci à soutenir le choc : & quelquefois les *Hastati* se remettoient de nouveau en Bataillons, & se plaçoient entre les Bataillons des *Principes* pour recommencer le combat.

Si la seconde Ligne étoit encore forcée, elle se ralliot entre les Bataillons des *Triarii*, & alors tous ces Corps se serroient, & ne faisoient plus que comme un gros Bataillon ; c'étoit la derniere ressource ; d'où vint le Proverbe dont parle Tite-Live *Res ad Triarios rediit*, pour signifier qu'après avoir tenté toutes sortes de moyens dans une affaire, on en étoit au dernier expe-

*Loc. cit.*

dient, & que s'il ne réussissoit pas, tout étoit perdu. La Cavalerie étoit pour couvrir les flancs de l'Infanterie, pour résister à la Cavalerie ennemie, pour entrer dans l'Infanterie, quand l'occasion s'en presentoit, afin d'achever la déroute, & poursuivre les Fuyards.

J'ai dit que c'étoit-là la maniere la plus ordinaire des Romains ; car il arrivoit quelquefois que les choses se faisoient autrement, selon le terrain, selon la force & la disposition de l'Armée ennemie, selon certaines vûës particulieres des Generaux qui formoient quelquefois les Bataillons en triangle, quelquefois en rond, quelquefois en tenaille, & de diverses autres manieres, que l'on peut voir dans les Auteurs qui ont traité de la Milice Romaine.

A. Hastati.
B. Principes.
C. Triarii.
D. Velites.
E E. Infanterie Auxiliaire.
F. Cavalerie Romaine.
G. Cavalerie Auxiliaire.

Or je ne trouve point dans nos Histoires que les François ayent observé cette methode ordinaire des Romains dans les Batailles ; car premierement ces trois Lignes de l'Armée Romaine n'étoient que d'Infanterie, couverte aux flancs par la Cavalerie. Cette Infanterie étoit ce qu'on estimoit le plus ; & les Legions sur tout en faisoient la principale force : au lieu que dans les Armées Françoises sous les premiers Rois de la troisiéme Race, & tres-longtems encore depuis, la Gendarmerie non-seulement tenoit le premier rang, & en étoit regardée comme le nerf, mais encore l'Infanterie étoit presque comptée pour rien & fort méprisée, parce que ce n'étoit pour la plûpart que des Paysans mal armez & mal disciplinez ; & c'est de-là que venoient ces noms de mépris, que les Historiens mêmes leur donnent, comme autorisez par l'usage, de gros *Varlets*, de *Laquais*, de *Bidaux*, de *Petaux*, de *Brigands*, &c. Ainsi en ces tems-là l'Infanterie Françoise dans les Batailles ne servoit guéres pour la plûpart à d'autres usages, que les

*Difference des Armées Romaines & de celles des François sous la troisiéme Race.*

*Velites* dans les Armées Romaines. C'étoit la Gendarmerie avec quelques Troupes reglées d'Arbalêtriers, tantôt à pied, tantôt à cheval, & quelque Cavalerie Legere, quoique aussi peu estimée, qui faisoit proprement le Corps d'une Armée rangée en bataille.

Pour ce qui est de certaines regles generales & essentielles, observées par les Romains, on les observoit aussi dans les Armées Françoises, autant qu'on le peut remarquer dans la confusion avec laquelle les anciennes Batailles sont racontées par nos Historiens.

La premiere dont nous avons quelques particularitez, est celle où Philippe-Auguste courut risque de la vie, & où il remporta une si glorieuse victoire. Ce fut auprès de Bovine dans le Comté de Flandres, & non pas de Bovines dans le Comté de Namur sur la Meuse, comme l'ont écrit quelques Modernes, faute d'avoir lû avec assez d'attention nos anciens Historiens. En voici le détail, sur lequel je ferai quelques Reflexions au sujet de la disposition des Troupes dans cette Bataille.

### Bataille de Bovines.

Rigord, ann. 1214.

LE Roi décampa de Peronne le vingt-troisiéme de Juillet & marcha jusqu'à Tournay qui lui appartenoit, en défolant tout le pays. L'Empereur Othon s'avança de Valenciennes à Mortagne, à trois ou quatre lieuës de Tournay. Le Roi proposa dans le Conseil de Guerre de l'y aller attaquer : mais on l'en détourna, à cause des Défilez qu'il falloit passer pour arriver au Campement.

Le lendemain, qui étoit un Dimanche, vingt-septiéme de Juillet, le Roi partit de Tournay, & marcha vers Lisle. Le dessein de cette marche étoit premierement de faire sortir l'Empereur de son poste, & de l'engager en pleine Campagne, parce que l'Armée Françoise étoit tres forte en Cavalerie ; & en second lieu de le tirer du voisinage du Haynaut, qu'il avoit toujours couvert jusqu'alors, & où le Roi, en cas qu'on ne pût pas en venir à une bataille, avoit dessein de mener son Armée, pour l'y faire subsister quelque tems, & l'enrichir du pillage de ce pays.

Dès que l'Empereur eût appris que les François étoient en

marche, il s'y mit lui-même pour les suivre, croyant qu'ils fuyoient, & qu'ils vouloient s'éloigner pour éviter le combat. On se faisoit alors un scrupule de donner bataille le Dimanche; & quand on vint dire au Roi que l'Empereur s'approchoit pour l'attaquer, il eut peine à le croire. Toutefois pour prendre ses sûretez, il détacha avec quelque Cavalerie legere & quelques Arbalêtriers, Adam Vicomte de Melun, & Garin ou Guerin Chevalier de l'Hôpital de Jerusalem, nommé à l'Evêché de Senlis, mais qui n'en avoit pas pris possession, & qui portoit encore l'habit de Chevalier. Ils s'avancérent jusques à une lieuë & demie vers l'Armée Ennemie, sur une éminence, d'où ils la découvrirent. Elle marchoit en ordre de bataille, & les chevaux étoient couverts de leurs armures derriere l'Infanterie, signe évident, dit l'Historien, qu'ils venoient pour combattre.

*Ibid.*

Le Chevalier Garin partit aussitôt, pour en porter l'avis au Roi, & le Vicomte demeura encore quelque tems, pour reconnoître plus à loisir le nombre & la disposition des Ennemis. Sur cet avis le Roi fit faire alte à l'Armée, & délibera avec les Généraux, si on continueroit la marche, ou si on se rangeroit là en bataille. La plûpart furent d'avis qu'on marchât toujours vers Lisle, & qu'on passât le Pont de Bovines, pour se mettre en bataille au-delà du Pont, qui est à peu près à mi-chemin de Tournay à Lisle, en tirant un peu vers Doüay.

*Guillelm. Brito.*

Les Ennemis en traversant un ruisseau, dont le passage étoit assez difficile, furent obligez de défiler; & à cette occasion, soit exprès, soit déterminez par le terrain, ils firent un mouvement, par lequel il parut qu'ils vouloient aller à Tournay: ce qui confirma l'avis de ceux qui soutenoient que les Ennemis ne pensoient point à combattre, & qui vouloient qu'on passât le Pont de Bovines. Le Chevalier Garin soutint toujours le contraire; que c'étoit une feinte; qu'infailliblement ils reviendroient tomber sur l'arriere-garde quand ils verroient la plus grande partie de l'Armée passée, & qu'on s'exposoit à recevoir un échec.

On ne fut pas longtems sans voir qu'il avoit raison. La plus grande partie de l'Armée Françoise ayant passé le Pont, & le

Roi s'étant fait ôter ses Armes afin de prendre un moment le frais sous un arbre en-deçà du Pont, on vit les Coureurs venir à grande hâte, pour dire que les Impériaux arrivoient, & qu'on commençoit à escarmoucher.

En effet, le Vicomte de Melun qui avoit toujours devancé les Ennemis, en se rapprochant de l'Armée sans les perdre jamais de vûë, tâchoit par toutes sortes de moyens de retarder leur marche, en caracollant avec ce qu'il avoit de Cavalerie armée à la legere, & en faisant sans cesse tirer ses Arbalêtriers : mais enfin pressé par le grand nombre de Cavalerie qu'on détachoit sur lui, il doubla le pas, pour venir se rejoindre au gros de l'Armée.

Le Roi alors certain, mais un peu tard du dessein des Ennemis, donna promptement ses ordres, pour faire repasser le Pont de Bovines à l'Avant-garde, qui étoit déja bien au-delà ; & après une courte & fervente priere qu'il fît dans une Eglise qui se trouva tout proche du lieu où il étoit, monta à cheval. Il vint l'épée à la main avec un air guay, qui encouragea beaucoup le Soldat, se mettre à la tête de son arriere-garde, pour soutenir les premiers efforts des Ennemis, & donner le tems à ses autres Troupes de venir à son secours.

L'Empereur avoit compté que le Roi auroit passé le Pont avec l'Avant garde, & qu'en son absence il auroit bon marché du reste. Il fut étonné de le trouver au premier rang, où il affecta de se faire voir & de se faire connoître aux Ennemis, pour leur ôter la pensée qu'ils l'eussent surpris.

En arrivant, l'Empereur prit à droite du côté du Septentrion, en tirant un peu vers l'Occident pour occuper quelques hauteurs. Le Roi prolongeoit sa Ligne à mesure que les Ennemis s'étendoient ; de sorte que dans le commencement du Combat, le Corps de Bataille où étoit le Roi, & celui de l'Empereur avoient un front d'un peu plus de demie lieuë. La situation des Armées étoit avantageuse aux François, parce qu'il faisoit ce jour-là une extrême chaleur, & un Soleil fort ardent qu'ils avoient à dos, & qui donnoit contre le visage des Impériaux.

Le Roi avoit à son aîle gauche Robert Comte de Dreux,

avec

avec les Milices du Comté de Gamaches & celles du Ponthieu, auſquelles étoit oppoſé le Comte de Boulogne avec les Anglois. A l'aîle droite de l'Armée de France étoit Eudes Duc de Bourgogne avec les Troupes de Champagne, & celles du Comté de Soiſſons, ayant en tête le Comte de Flandre qui commandoit l'aîle gauche de l'Armée Ennemie. Dans ce même Corps étoient avec le Duc de Bourgogne le Chevalier Garin, qui paroît avoir eu dans cette Armée le commandement ſous le Roi, & avoir été chargé de l'arrangement des Troupes, Adam Vicomte de Melun, Jean Comte de Beaumont, Gaucher Comte de Saint-Paul, de qui on avoit quelque défiance, Mathieu de Monmorenci, Hugues de Malaunay, les deux freres Hugues & Jean de Mareüil.

*Guillelm. Brit.*

Un peu avant la charge, le Roi parcourant les rangs, anima les Soldats, en les faiſant ſouvenir qu'ils alloient combatre des Excommuniez ennemis de Dieu & de l'Egliſe, contre leſquels le Ciel ne pouvoit pas manquer de ſe déclarer. Ils répondirent par de grands cris de joye; & priant le Roi de leur donner ſa bénédiction, Philippe ordonna à ſon Chapelain de faire la Priere. Le Chapelain entonna avec quelques autres Eccleſiaſtiques ce Pſeaume de David : *Que le Seigneur ſe leve, & que ſes Ennemis ſoient diſſipez*. Auſſitôt les trompettes ſonnérent, & on commença à s'ébranler.

*Rigord.*

Le combat avoit déja été engagé à l'aîle droite. Le Chevalier Garin par le conſeil du Comte de Saint-Paul, y fit charger un gros de Gendarmerie Flamande par une Troupe de cent cinquante hommes de Cavalerie legere des Milices de Soiſſons. Cette Troupe étoit ſoutenuë par le Comte de Saint-Paul à la tête des Gendarmes de ſon Comté.

Les Gendarmes Flamands tres-indignez de l'affront qu'on leur faiſoit de les faire attaquer par de la Cavalerie legere, & non par de la Gendarmerie, où l'on n'admettoit alors que des Gentilshommes, ne daignérent pas faire un ſeul pas pour s'avancer contre cette Troupe; mais ils la reçurent avec beaucoup de fermeté. Deux de ces Cavaliers François furent tuez, & la plûpart des autres bleſſez ou démontez.

Alors le Comte de Saint-Paul voyant que ce premier aſſaut avoit rompu en partie le rang des Chevaliers Flamands, dit au Chevalier Garin: *On me soupçonne d'intelligence avec l'Ennemi, vous allez voir que je suis un bon Traître.* Il partit en même tems de la main, & donna avec tant de furie, que passant sur le ventre à toute cette Troupe, & renversant tout ce qu'il rencontra, il perça la Ligne qui fut en cet endroit mise en déroute.

Deux Seigneurs Flamands, l'un nommé Gautier de Guistelle, & l'autre Buridan de Furnes, s'étoient détachez avec quelques Gendarmes, pour prendre en flanc le Comte de Saint-Paul. Mais ils furent arrêtez par Pierre de Remi Gentilhomme du Ponthieu, qui les défit, & les prit tous deux prisonniers.

Avant le combat, l'Empereur, le Comte de Flandre, & le Comte de Boulogne étoient convenus, que sitôt que la Bataille seroit commencée, ils tâcheroient de se réunir, pour faire tous leurs efforts contre l'endroit où ils sçauroient que seroit le Roi de France, persuadez que s'il étoit tué ou pris, la déroute de l'Armée Françoise suivroit bien-tôt après. Selon ce projet, le Comte de Flandre après le premier choc, fit marcher toute son Aîle en la courbant, pour s'avancer vers le Corps de Bataille où étoit le Roi. Mais le Duc de Bourgogne avec ses Milices & celles de Champagne, le Comte de Beaumont & Mathieu de Monmorenci pénétrant son dessein, lui coupérent chemin, & le combat fut là infiniment sanglant. Le Duc de Bourgogne eut son cheval tué sous lui, & fut renversé par terre: & comme il étoit extrémement gros & pesant, il courut un grand risque, ne pouvant se relever, à cause du poids de ses armes; mais ses Bourguignons l'ayant investi de tous côtez, & empêché les Ennemis de l'approcher, il fut remis sur un autre cheval. Hugues de Malaunay, & plusieurs autres Seigneurs & Gentilshommes ayant aussi perdu leurs chevaux combatirent longtems à pied.

Le Vicomte de Melun & le Comte de Saint-Paul se signalérent en cette rencontre. L'un & l'autre percerent encore en cet endroit la Gendarmerie ennemie; & étant revenus à leur poste pour reprendre un peu haleine, le Comte de Saint-Paul vit un Gentilhomme de ses Vassaux entouré d'Ennemis contre lesquels il se défendoit presque seul avec une valeur surprenante. Le Comte se couchant sur son cheval, & l'acollant avec les deux bras, courut à toute bride vers cet endroit, se jetta au milieu de la Troupe, puis se levant sur les étriers, & écartant les Ennemis avec le sabre, les dissipa, & sauva son Vassal. Quelques-uns de ceux qui étoient presens à cette action, rapportérent qu'ils l'avoient vû en même tems attaqué par douze lances, dont il soutint les coups, sans pouvoir être desarçonné.

Le combat fut tres-opiniâtré de ce côté-là. Le Comte de Flandre y combattit comme un homme résolu à vaincre ou à périr : mais ses Troupes ayant été rompuës, il fut enveloppé, renversé de son cheval, & contraint de se rendre aux deux Seigneurs de Marcüil, tout couvert de sang & de blessures.

Tandis que cela se passoit à l'aîle droite de l'Armée Françoise, le Roi soutenoit les efforts des Allemands avec des forces beaucoup inferieures aux leurs pour le nombre, faisant en même tems tout ce qu'on pouvoit attendre d'un sage General & d'un brave Soldat. Le point capital étoit de donner le tems aux Troupes qui avoient passé le Pont, de le repasser, & de se mettre en Bataille sans confusion. Le Roi fit si bien, que jusqu'à leur arrivée, il repoussa toujours les Ennemis sans rien perdre du terrein qu'il avoit occupé.

Une grande partie de ces Troupes qui venoient le joindre, étoient celles des Communes de diverses Villes, & entre autres de Corbie, d'Amiens, de Beauvais, de Compiegne, & d'Arras, la plûpart Infanterie. On fit passer ces Bataillons par les intervalles des Escadrons, dont étoit composée la Ligne que le Roi avoit d'abord formée, & on fit de ces Bataillons comme une premiere Ligne qui couvroit celle du Roi.

Ce qui obligea apparemment ce Prince à faire cette disposition, fut premierement que ces Troupes-là n'avoient point encore combattu ; & en second lieu, que l'Armée Allemande, selon l'ordinaire de ce tems-là, étoit pour la plûpart composée d'Infanterie ; & que l'Empereur avoit mis la sienne sur trois Lignes à la tête de tout le Corps, où il avoit pris son poste : mais la chose réussit mal au Roi.

Soit que cette Infanterie, qui étoit revenuë à grands pas,

Guillelm. Brito.

n'eût point encore repris haleine, ou qu'elle n'eût pas eu le moyen de prendre assez de terrain, soit que l'Infanterie Allemande qui étoit tres-bonne, & faite à combattre en pleine Campagne, même contre la Cavalerie, lui fût autant superieure par cet endroit-là, que par le nombre, dès le premier choc la Françoise plia, & fut poursuivie si vivement par l'Allemande, que celle-ci parvint jusqu'à la seconde Ligne de l'Armée Françoise, y mit le désordre, & s'avança fierement vers la Troupe du Roi, où paroissoit la Banniere Royale, reconnoissable par les Fleurs de-Lis dont elle étoit semée, & desquelles on voit ici le nom * pour la premiere fois dans notre Histoire.

*Floribs Lilii.*

Ce Prince durant le combat avoit toujours eu à ses côtez un grand nombre des plus braves Seigneurs de son Armée; sçavoir, Guillaume des Barres, Barthelemi de Roye, le jeune Gautier, Pierre de Mauvoisin, Gerard Scrophe, Etienne de Longchamp, Guillaume de Mortemer, Jean du Rouvray, Guillaume de Garlande, Henri Comte de Bar, & plusieurs autres.

Ces Seigneurs pour couvrir le Roi, formérent tous ensembles un Escadron; & s'avançant vers les Allemands, en firent un grand carnage: mais malgré tous leurs efforts, un gros Bataillon pénétra jusques au Roi, & l'investit de tous côtez. Il se défendit longtems l'épée à la main avec un petit nombre de Gentilshommes qui étoient restez autour de sa personne, & tua de sa propre main plusieurs de ceux qui oférent l'approcher.

Rigord.

Galon de Montigny, Chevalier plus vaillant que riche, ainsi que parle notre Historien, portoit l'Etendart Royal; & s'élevant sur son cheval, donnoit incessamment en baissant & relevant cet Etendart, le signal du péril où étoit le Roi. Il devint extrême. On ne s'attachoit presque qu'à lui: on lui portoit des coups de tous côtez, que son adresse, sa force, & la bonté de ses armes paroient heureusement, jusqu'à ce qu'un Soldat Allemand avec un de ces javelots, dont se servoient les anciens François, où il y avoit deux crochets à chaque côté de la pointe, l'atteignit vers la gorge au défaut de la cuirasse. Une espece de collier que le Roi avoit par-dessous, rompit le coup, & empescha la blessure: mais les crochets du javelot s'étant engagé entre la cuirasse & la mentonniere du casque, ce Soldat en tirant de toutes ses forces, entraîna le Roi de dessus son cheval, & l'abattit par terre.

Philippe eut l'adresse & la force de se relever aussitôt, mais sans que le Soldat le lâchât. L'Empereur qui se trouva proche de-là accouroit pour le percer ; & le Roi eût péri sans doute, si dans le moment de sa chute, plusieurs Seigneurs & Gentilshommes renversant à grands coups d'épée tout ce qui se presentoit pour les arrêter, ne se fussent fait passage jusqu'à lui. Le Soldat, ou tué ou écarté lâcha prise. On se battit là avec une extrême furie. Etienne de Longchamp, un des plus estimez Seigneurs de l'Armée Françoise, tomba mort aux pieds du Roi d'un coup d'épée qu'il reçut dans l'œuil. Un autre Gentilhomme nommé Pierre Tristan, sauta promptement de son cheval, & le donna au Roi ; & Guillaume des Barres survenant avec un nouveau renfort, chargea si furieusement les Ennemis, qu'il les obligea de reculer.

Les François les poussèrent à leur tour ; & ce premier succès les animant, ils les poursuivirent si vivement, qu'ils les mirent en désordre, & bientôt après en fuite. Ils arrivèrent jusqu'à l'Empereur. Pierre de Mauvoisin lui saisit la bride de son cheval ; & la foule l'empêchant de l'emmener, Gerard Scrophe porta à ce Prince un grand coup d'épée dans l'estomac. L'épée plia contre la cuirasse, sans qu'il en fût desarçonné : il voulut lui en porter un second : mais le cheval de l'Empereur se cabrant dans le moment, reçut le coup dans l'œuil, ce qui lui fit faire un effort extraordinaire ; de sorte qu'échapant au Seigneur de Mauvoisin, il emporta l'Empereur d'une extrême vîtesse, en passant sur le corps à ceux qui se rencontrèrent devant lui. Guillaume des Barres dont le cheval avoit été tué, s'étant rencontré sur le passage de l'Empereur, le saisit au corps : mais comme ce Prince se tint ferme sur ses étriers, & qu'à l'instant il piqua son cheval, il lui échapa ; & ce Seigneur attaqué par plusieurs de ceux qui accompagnoient l'Empereur, y fût demeuré sans le secours de Thomas de Saint-Valery, qui le délivra. A quelque distance de-là le cheval de l'Empereur tomba mort ; & ce Prince en ayant monté un autre ne pensa plus qu'à fuir à toutes jambes, & fut suivi de tous ceux qui étoient autour de lui.

Le Comte de Boulogne qui commandoit l'aîle droite de l'Armée Ennemie avec le Comte de Saliſbery, combattoit encore avec une extrême opiniâtreté. Dès le commencement du combat, il avoit fait autour de lui une eſpece de Bataillon creux à double rang de Soldats choiſis, rangez en rond & armez de piques. Ce Bataillon avoit une ouverture à la tête, par où il ſortoit pour charger, & rentroit de tems en tems pour reprendre haleine ; car la peſanteur de l'armure des Gendarmes les obligeoit à le faire ; & deux Troupes Ennemies combattant l'une contre l'autre le faiſoient quelquefois de concert. Ils ſe déchargeoient alors la tête de leur heaume dont le poids étoit tres-grand. Le Comte de Boulogne fit paroître dans toute l'action un courage & une conduite qui lui auroient mérité une gloire immortelle, s'il n'avoit pas combatu contre ſon Souverain. Il pénétra même une fois juſqu'au Roi, qui dans le commencement du combat étoit allé voir lui-même l'état où ſe trouvoit ſon aîle gauche. Ce Comte parut d'abord venir vers lui la lance en arrêt ; mais apparemment l'horreur du crime qu'il alloit commettre l'ayant ſaiſi, il tourna tout-à-coup contre Robert Comte de Dreux, qui le reçut vaillamment & le fit reculer.

Malgré la déroute du reſte de l'Armée & de ſes propres Troupes, il tenoit encore ferme avec quelque peu de ſes gens qui étoient autour de lui, tuant tous ceux qui l'approchoient, lorſqu'un Gentilhomme François nommé Pierre de la Tourelle, qui avoit été démonté, l'ayant joint, leva l'armure du flanc de ſon cheval, & y plongea ſon épée juſqu'à la garde. Le cheval tomba mort, & le Comte ſous lui. En ce moment arriverent Hugues & Jean des Fontaines, Jean du Rouvray, & Jean de Neſle, qui tous quatre prétendirent le faire leur priſonnier. Cette diſpute auroit pu cauſer du déſordre, ſi le Chevalier Garin ne fût ſurvenu. Le Comte, qui ſans cela auroit pu être le victime du différend, le pria de vouloir bien le faire ſon priſonnier, & il ſe rendit à lui. Toutefois ayant apperçu un brave Gentilhomme Flamand nommé Arnoul d'Oudenarde, qui venoit à ſon ſecours avec quelque Cavalerie, il voulut ſe dédire, & ſe remettre en défenſe : mais il fut promptement ſaiſi, mis ſur un cheval & emmené ; & Arnoul avec ceux qui l'accompagnoient, ayant été enveloppé, demeura lui-même priſonnier.

DE LA MILICE FRANÇOISE. *Liv. V.* 305

Les Ennemis fuyoient de tous côtez dans la Campagne, excepté un gros de sept cens Brabançons, qui s'étant retranchez, vouloient attendre la nuit pour se retirer, ou vendre leur vie bien cher, en cas qu'on entreprît de les forcer. Le Roi les fit attaquer par Thomas de Saint-Valery à la tête de deux mille hommes, & de quelque Cavalerie, qui les investirent de toutes parts. La plûpart furent passez au fil de l'épée, & l'affaire fut faite si promptement & si heureusement, que Saint-Valery ramena tous ces gens, excepté un seul homme qui fut trouvé après parmi un tas de corps morts des Ennemis, extrémement blessé, & qui guérit de ses blessures.

Comme la nuit approchoit, le Roi ne voulut pas qu'on poursuivît les Ennemis bien loin, & fit sonner la retraite.

Les Historiens les plus sûrs se contentant de nous dire en général qu'il se fit un grand carnage des Ennemis, n'ont point marqué le nombre des morts de part & d'autre, non plus que des prisonniers. Il y en a un qui fait monter la perte des vaincus jusqu'à trente mille hommes, tant tuez que prisonniers. Ce qu'il y a de certain, c'est que du côté des Ennemis furent pris deux Comtes Allemands, le Comte de Flandre, le Comte de Boulogne, le Comte de Hollande, & le Comte de Salisbery surnommé Longue-Epée, que Philippe de Dreux Evêque de Beauvais abattit à ses pieds d'un coup de massuë, dont il se servit durant tout le combat, prétendant qu'en assommant seulement les Ennemis avec cet instrument, & n'usant ni de l'épée ni de la lance, il ne faisoit rien contre les Canons, qui défendent aux Evêques de tremper leurs mains dans le sang, même en une Guerre juste. Vingt-cinq Seigneurs Bannerets furent aussi du nombre des prisonniers, & un tres grand nombre d'autres Gentilshommes de moindre rang. Il y périt du côté des François peu de personnes de marque. Voici maintenant mes Reflexions sur l'arrangement de cette Bataille.

*Chronic. Senonense.*
*Chronic. Belgicum.*
*Rigord.*

On voit premierement qu'en cette Journée l'Armée Françoise fut rangée en Ligne, *Exercitus linealiter protensus*, dit Rigord ; que le Corps de Bataille où étoit le Roi occupoit un terrain de demi-lieuë ; qu'elle étoit rangée sur plusieurs Lignes, puisqu'il est marqué que le Roi * étoit à la premiere &

*Arrangement de l'Armée Françoise à la Bataille de Bouvines.*

* *In medio hujus dispositionis in primâ fronte erat Philippus Rex.*

au centre. Secondement, qu'il y avoit des espaces entre les Bataillons & les Escadrons, puisque la Bataille étant commencée, & les Communes de Corbie, de Compiégne, d'Amiens, de Beauvais & d'Arras qui avoient déja traversé le Pont de Bovines, ayant rebroussé chemin, passérent au travers de toute l'Armée, & vinrent prendre le poste qu'on leur avoit destiné devant la Ligne où étoit le Roi. *

Il est aussi fait là mention d'une Aîle droite & d'une Aîle gauche. La premiere opposée à Ferrand Comte de Flandres, & l'autre au Comte de Boulogne qui commandoient les deux Aîles de l'Armée Impériale.

Quoique l'Armée de l'Empereur fût infiniment plus nombreuse que celle du Roi, ce Prince eût soin que les François fissent un front égal à celui des Impériaux, afin de n'en être pas pris en flanc. * Tout cela montre, comme j'ai dit, que l'on gardoit en ces tems-là pour l'arrangement au moins certaines regles generales & essentielles.

*Maniere dont on combattit à la Bataille de Bovines.*

Pour ce qui est des mouvemens particuliers qui se firent dans cette Bataille, & qui peuvent donner quelque idée de la maniere dont on se battoit ; je remarquerai premierement qu'à l'Aîle droite des François où le combat commença, le Chevalier Guarin avoit fait un rang d'un grand nombre de Chevaliers armez de toutes pieces, pour l'opposer à celui des Chevaliers Flamands ; & qu'avant que les Chevaliers s'ébranlassent pour aller enfoncer les Ennemis avec la lance, il détacha une Troupe de cent cinquante hommes de Cavalerie legere pour faire la premiere charge, non pas qu'il crût que cette Cavalerie pût enfoncer la Gendarmerie ; car cela étoit impossible, à cause non-seulement de la bravoure des Chevaliers, mais encore à cause de l'avantage de leurs armes défensives qui les rendoient presque invulnérables, de leurs longues lances qui empêchoient la Cavalerie d'aborder, & de leurs grands chevaux de bataille : mais il le fit seulement pour causer quelque dérangement parmi eux, afin que les Chevaliers François survenans pussent plus aisément

* Penetraverunt cuneos Militum & posuerunt se ante ipsum Regem.
* Nè forte præanticipari,
Aut intercludi tam multo passet ab hoste.
Guillelm. Brito, pag. 366.

ment faire brêche avec leurs lances ; ce qui réussit.

La seconde chose digne de remarque est la maniere dont le Comte de Boulogne révolté contre le Roi, & qui commandoit l'Aîle droite de l'Empereur, combattit en cette occasion à la tête de ce gros Bataillon rond & creux dont j'ai fait la description. On voit encore des détachemens faits pour prendre l'Ennemi en flanc, & de l'autre part d'autres détachemens pour empêcher le dessein des premiers; la précaution de se mettre le Soleil à dos. C'est-là le peu qu'on peut observer sur ce que les Historiens nous apprennent de cette Bataille, quant à l'arrangement & à la maniere de combattre.

Une des plus mémorables Batailles dont notre Histoire fasse mention depuis celle de Bovines, fût la Bataille de Benevent où Charles d'Anjou frere de saint Louis défit & tua Mainfroy son concurrent pour le Royaume de Naples : il n'en est point dit autre chose pour l'arrangement des Troupes, dans la Relation que Hugues de Beauçoi Chevalier François en écrivit à la Noblesse d'Anjou & de Touraine, sinon que l'Armée du Comte d'Anjou étoit partagée en cinq Corps, qui avoient chacun leur Commandant. L'Histoire de la défaite de Conradin, laquelle suivit bientôt après, & assura à Charles la Couronne de Naples, ne nous instruit pas davantage sur le sujet dont il s'agit.

*Duchesne, t. 5. p. 844.*

La Journée de Mons en Puële en l'an 1304, où Philippe le Bel pensa être enlevé, & où les Flamans furent repoussez, en laissant six mille hommes sur la place, se passa avec tant de confusion des deux côtez, que le seul hazard & la seule bravoure y eurent part. Ce fut une de ces occasions où la résolution & la presence d'esprit des Officiers particuliers leur firent prendre leur parti à propos, selon les conjonctures où ils se trouvoient, sans qu'il y eût presque aucune ordonnance de bataille.

*Confusion de la Bataille de Mons en Puele sous Philippe le Bel.*

Il en fut de même de la Journée de Mont-Cassel sous Philippe de Valois, qui courut le même risque que Philippe le Bel avoit couru à Mons en Puële, & pour la même cause, c'est-à-dire par la negligence des François à veiller à la garde de leur Camp, chose qui leur étoit assez ordinaire en ces tems-là. Les Flamans vinrent jusqu'à la tente du Roi, qui

*Confusion de la Bataille de Mont-Cassel sous Philippe de Valois.*

ne fut ni tué ni pris, par la seule raison qu'il ne fut point reconnu; car ils ne cherchoient que lui: Et ce qui l'empêcha de l'être, fut que par bonheur il n'avoit pas sa cotte-d'armes: cela fit que les Flamans le prenant pour un Officier particulier, passèrent outre. Les Troupes accoururent de tous leurs quartiers à celui du Roi; la Cavalerie donna brusquement sur les Flamans qui n'en avoient que tres-peu, & en fit un effroyable carnage; car il en demeura près de douze mille sur le champ de bataille.

### Bataille de Cressy.

LA Bataille de Cressy sous le même Regne eut quelque chose de moins irregulier, & en même tems de plus funeste pour la France. Froissart dit qu'Edouard Roi d'Angleterre fit de son Armée jusqu'à trois Batailles, c'est-à-dire trois Corps composez de Gendarmes tous à pied, & d'Archers: il dit que dans le premier commandé par le jeune Prince de Galles, les Gendarmes étoient *dans le fond de la Bataille*, c'est-à dire au centre, & les Archers aux flancs *en maniere d'une herse*. Je crois que cela signifie que ces deux Corps d'Archers étoient prolongez bien au-delà de la Ligne, & formoient chacun comme un triangle, dont la base fort large étoit tournée du côté des François. Les Romains formoient des Bataillons de cette sorte. Ce qui me persuade que la chose étoit ainsi, c'est que Froissart dit, comme je viens de le marquer, que les Gendarmes de ce premier Corps étoient dans le fond de la Bataille. Le second Corps, dit Froissart, étoit sur l'Aîle, *pour conserver le Prince de Galles*; c'est-à dire, qu'il débordoit le premier, & que c'étoit comme un Corps de réserve pour le jeune Prince. Le Roi d'Angleterre s'étoit mis à la tête du troisiéme. Un Historien donne quelques pieces de Canon au Roi d'Angleterre.

Les François arrivérent fort en désordre à la vûë de l'Ennemi: leur Armée étoit tres-nombreuse, & paroît avoir été rangée sur trois Lignes. La premiere étoit de quinze mille Archers, la plûpart Génois, si nous en croyons Froissart, ou seulement de six mille, selon Villani: ce qui est plus vraisemblable.

*Froissart, vol. 1. ch. 128.*
*Arrangement de la Bataille de Cressy, sous le même Roi.*

*Joan. Villani, l. 12. c. 66.*

*Villani, l. 12. ch. 66.*

La seconde de quatre mille Gendarmes & de beaucoup d'Infanterie. Elle avoit à sa tête le Comte d'Alençon. A la troisiéme étoit le Roi avec quantité de Noblesse. C'est-là la premiere Bataille donnée en France, dont les Historiens ayent eu soin de nous apprendre la disposition avec quelque exactitude. Ils nous apprennent aussi ce qui la fit perdre aux François.

La premiere cause fut que les Troupes Françoises étoient fort fatiguées de la marche qu'elles avoient faite ce jour-là. La seconde qu'elles arrivérent fort en désordre. La troisiéme qu'on changea l'Ordonnance en présence de l'Ennemi, & que l'on fit passer les Génois au travers de l'Armée pour former la premiere Ligne, contre ce qui avoit été résolu d'abord. La quatriéme, qu'une tres-grosse pluye étant survenuë, la corde des Arcs & des Arbalêtes des Génois s'étoit lâchée, & que par cet accident, ils ne furent nullement en état de soutenir la décharge des Archers Anglois, & de leur répondre par des décharges pareilles. La cinquiéme fut que les Génois commençant à lâcher le pied, le Comte d'Alençon au lieu de leur faciliter leur retraite, ou de prévenir les désordres qu'elle pouvoit causer, les fit charger par les Soldats de sa Ligne comme des Traîtres; & que durant ce tems-là, non-seulement les Archers Anglois tiroient sans cesse; mais encore que leur Gendarmerie vint charger la Gendarmerie Françoise, qui étant fort dérangée ne pût soutenir l'effort. Il est vrai que le Comte d'Alençon rétablit sa Ligne au moins en quelques endroits, & marcha avec beaucoup de résolution & en assez bon ordre aux Ennemis : mais ils le reçurent avec une extrême valeur. Il y fut tué, & la plûpart de ses gens taillez en pieces.

*Causes de la perte de cette Bataille par les François.*

On a encore quelque chose d'un peu plus développé pour l'arrangement des Armées dans la Bataille de Maupertuis, qu'on appelle aussi la Bataille de Poitiers, où le Roi Jean fut pris par Edouard Prince de Galles fils d'Edouard III Roi d'Angleterre. l'an 1356.

*Froissart. ch. 162.*

## HISTOIRE

### Bataille de Poitiers, ou de Maupertuis.

LE jeune Prince se voyant prêt d'être accablé par l'Armée de France, incomparablement plus nombreuse que la sienne, tâcha en grand Capitaine de suppléer par l'avantage du terrain à l'inégalité de ses forces. Il se posta dans un lieu de tres-difficile abord coupé de hayes, de vignes, de buissons, où il étoit tres-difficile à la Cavalerie de pénétrer, & à l'Infanterie d'attaquer.

On ne pouvoit aller à lui que par un chemin bordé de hayes, derriere lesquelles il avoit posté un grand nombre d'Archers, dont il falloit essuyer les décharges avant que d'arriver au gros de l'Armée ; & il ne pouvoit entrer dans ce chemin que quatre Cavaliers de front. À l'extrémité du défilé du côté du Camp, étoient les Gendarmes Anglois, la plûpart à pied sur trois lignes. La premiere flanquée d'un grand nombre d'Archers des deux côtez, & qui étoient rangez en triangle ou en herse, ainsi que s'exprime Froissart, le grand côté de la herse tourné vers les François comme à la Bataille de Cressy, le Prince de Galles avoit pris son poste dans le fond des vignes au milieu de la Ligne que formoient ses Gendarmes.

Le Roi Jean demanda l'avis du Seigneur de Ribaumont sur la maniere dont on feroit l'attaque, que les plus sages de son Conseil regardoient comme infiniment dangereuse. Il répondit qu'il ne voyoit qu'un moyen de réussir, à cause de la qualité du poste que les Ennemis occupoient. Que selon lui il falloit que la Cavalerie mît pied à terre : qu'on choisît seulement trois cens Gendarmes des plus braves, des plus vigoureux, & des mieux armez de toutes les Troupes, lesquels entreroient à cheval dans le Défilé, pour essuyer la premiere décharge des Archers qui le bordoient, & pour rompre ensuite la Gendarmerie ennemie ; & qu'après qu'ils lui auroient passé sur le ventre, les Gendarmes à pied dont ils seroient suivis, entrant par cette bréche, donnassent l'épée à la main sur le gros de l'Armée Angloise.

Ce projet d'attaque fut approuvé du Roi. Les Gendarmes choisis se mirent à la tête de l'Avant-garde armez de toutes pieces. Le reste des Troupes se mit à pied, excepté quelques

# DE LA MILICE FRANÇOISE. Liv. V.

Allemans qu'on jugea à propos de faire tenir à cheval, en cas que dans la suite de l'action on eût besoin de Cavalerie.

Le Connêtable & les Maréchaux partagérent l'Armée en trois Corps, chacun de seize mille hommes. Le premier qui étoit le plus avancé vers le Camp ennemi, étoit commandé par le Duc d'Orleans Frere du Roi. Au second un peu plus reculé, en tirant vers la gauche étoit le Dauphin avec les deux Princes Louis & Jean ses Freres. Le Roi étoit à la tête du troisiéme, qui étoit comme un Corps de réserve avec Philippe son quatriéme fils, qui n'avoit alors que quatorze à quinze ans.

L'attaque se fit d'une maniere qui ne pût être plus malheureuse. Les Archers Anglois qui bordoient les hayes du Défilé, & ceux du front de l'Armée Angloise, firent de si terribles décharges sur les trois cens Gendarmes, qu'en tres-peu de tems le Défilé fut bouché par les corps des hommes & des chevaux tuez. Ceux qui avoient passé malgré les fléches marchoient fierement aux Anglois, lorsque Jean d'Andelee, un de leurs Generaux vint fondre à la tête d'une grosse Troupe de Gendarmes à cheval sur les François, & les rompirent ; le Maréchal d'Andrehen, & le Maréchal de Clermont qui étoient à la tête des Gendarmes François, furent le premier fait prisonnier, & le second tué. Le reste périt dans le Défilé par les fléches des Archers qui les choisissoient, & les tiroient de fort près. Les Gendarmes à pied qui les soutenoient & devoient les suivre, ne pouvant avancer, commencérent à reculer & à fuir, & vinrent pêle-mêle se refugier dans le Corps de M$^r$ le Dauphin, & y annoncérent la mort d'un des Maréchaux, & la prise de l'autre. La consternation se mit par tout; & durant ce désordre, six cens Cavaliers Anglois qui avoient coulé le long d'une colline sans avoir été apperçûs, vinrent fondre sur le Dauphin, & achevérent la déroute. Le Roi eût son cheval tué sous lui, fut blessé & pris avec son fils Philippe.

*Bataille de Maupertuis.*

A. Armée Angloise.
B. Armée Françoise.
C. Défilé entre les deux Armées.
D. Archers Anglois rangez en herse.
E. Gendarmes François allant forcer le défilé.
F. Anglois sortant de derriere une colline, venant prendre les François en flanc.

Je n'ai point trouvé d'autres exemples qui puissent donner d'idée plus distincte de l'Ordonnance de nos Armées dans ces anciens tems. Les arrangemens devinrent plus reguliers dans la suite, sur-tout depuis que Louis XII & François I eurent discipliné l'Infanterie : mais je vais faire encore quelques remarques sur certains usages qui me paroissent dignes de reflexion en cette matiere, & qui serviront à l'éclaircir, & à débrouiller un peu les idées confuses que l'Histoire nous en donne.

*La Gendarmerie combattoit à cheval jusqu'à Philippe de Valois.*

Premierement, dans les premiers tems dont nous avons quelque connoissance, c'est-à-dire du tems de Philippe-Auguste, de saint Louis, & de quelques-uns de ses Successeurs, la Gendarmerie combattoit toujours à cheval : mais je trouve que cette coûtume changea au plûtard sous Philippe de Valois.

*Elle combattit à pied sous ce Regne & sous les Rois suivans.*

La Guerre s'étant allumée entre ce Prince & Edouard III Roi d'Angleterre, celui-ci entra en Picardie, après avoir inutilement attaqué Cambray. Les deux Armées se trouvérent fort proche l'une de l'autre à Vironfosse en Thierache, où l'on convint de part & d'autre de décider la querelle par une Bataille ; ce fut en 1338. Voici ce que dit Froissart touchant les Gendarmes, & qui prouve ce que j'ai avancé touchant l'usage qui paroît avoir été dès lors établi de faire combattre les Gendarmes à pied.

« Nous parlerons premierement, dit-il, de l'Ordonnance des
» Anglois qui se tirérent sur les champs, & firent trois Batail-
*Froissart, vol. 1. ch. 42.* » les A PIED, & mirent leurs chevaux & tout leur harnois
» dans un petit bois qui étoit derriere eux, & s'en fortifié-
» rent.

Il ajoute qu'il y avoit seulement un Corps de réserve à cheval commandé par le Comte de Varvic, *pour reconforter les Ba-*

# DE LA MILICE FRANÇOISE. Liv. V.

*tailles qui branleroient.* Nonobstant tous ces préparatifs, les deux Rois se séparérent sans combattre.

Le même Historien racontant la Bataille de Cressy, dit « que le Roi d'Angleterre fit faire un grand parc près d'un bois « derriere son Ost, & là mettre tous chars & charettes, & fit « entrer dedans ce Parc tous ses chevaux, & demeura chacun « homme d'armes & Archer A PIED. *Chap. 128.*

A la Bataille de Maupertuis proche de Poitiers où le Roi Jean fut pris, tous les Gendarmes François furent mis A PIED, excepté trois cens, & un petit Corps de réserve d'Al'emans, qui eurent ordre de demeurer à cheval. *Bataille de Maupertuis ou de Poitiers sous le Roi Jean.*

La même chose se fit au combat de Cocherel sur la Riviere d'Eure en haute Normandie, à l'entrée du Regne de Charles V, entre Bertrand du Guesclin, qui étoit du parti de ce Prince, & le Captal de Buch qui tenoit celui des Anglois & des Navarrois. *Chap. 160. Combat de Cocherel sous le Roi Charles V.*

La Bataille d'Azincourt se donna de la même maniere sous Charles VI : on en voit encore divers exemples sous Charles VII. *Chap. 221, 222. Bataille d'Azincourt sous Charles VI. Hist. de Charles VI, sous l'an 1415.*

Je crois que la principale raison de cet usage qui s'introduisit en France, & comme de concert avec les Anglois avec lesquels on fut sous tous ces Regnes en guerre continuelle; je crois, dis-je, que la principale raison fut le danger que les Chevaliers couroient en combattant à cheval; car s'ils étoient une fois desarçonnez, ou qu'ils eussent leur cheval tué, il étoit rare qu'ils échapassent, & qu'ils ne fussent ou tuez ou pris, tant leur armure étoit alors pesante & embarassante, & tant il étoit impossible avec un tel harnois de se tirer de dessous un cheval blessé ou tué, quelqu'effort que l'on fît. *Raisons pourquoi la Gendarmerie combattoit à pied. Premiere raison.*

Je crois encore que cette Coûtume s'introduisit peu à peu, & que d'abord en certaines occasions où la Cavalerie ne pouvoit agir, & où l'on auroit eu besoin de quelque Infanterie brave & vigoureuse dont l'on manquoit en ce tems-là, les Chevaliers, les Ecuyers & d'autres Gendarmes mirent pied à terre, & s'acquirent de l'honneur; qu'on reconnut comme autrefois l'utilité & la nécessité d'une bonne Infanterie dans les Batailles; & que n'y en ayant point de telle, la Gendarmerie des deux Nations, je veux dire de l'Angloise & de la Françoise, voulut *Seconde raison.*

bien y suppléer. Quoiqu'il en soit, cet usage s'introduisit, & dura longtems, puisqu'il a commencé au plûtard sous Philippe de Valois, qu'il a continué sous le Roi Jean, sous Charles V, sous Charles VI, & qu'il finit au plûtôt sous Charles VII. Pour moi je suis persuadé que quand ce Prince eut une Gendarmerie fixe, par l'établissement qu'il fit des Compagnies d'Ordonnance, & une Infanterie reglée par l'institution des Francs-Archers, on en revint à l'ancien usage, qui étoit que la Gendarmerie ne combattît qu'à cheval, excepté dans quelques occasions extraordinaires, comme on a vû faire de tout tems.

La seconde chose que je remarquerai est la maniere dont cette Gendarmerie combattoit à cheval avec la lance dans les Batailles. Elle escadronnoit dans la marche d'une Armée, ayant les lances hautes, comme on le voit dans les bas-reliefs du tombeau de Louis XII à Saint-Denis : mais elle ne se battoit point en Escadron ; je veux dire que quand une Troupe de Gendarmes alloit à la charge avec la lance, elle étoit d'un seul rang ; & qu'un Escadron, par exemple, défiloit pour former ce rang. C'est ce que nous marque Guillaume le Breton, en décrivant l'Ordonnance de l'Armée Françoise à la Bataille de Bovines : il dit que le Chevalier Guarin rangea tellement la Gendarmerie, qu'un Chevalier ne servoit point de bouclier à un autre Chevalier ; c'est-à-dire qu'un Chevalier n'étoit point placé devant un autre * ; & que chacun des Chevaliers François avoit en face l'Ennemi qu'il devoit combattre. La raison de tout ceci est que le premier effort du Gendarme étoit dans la lance pour desarçonner & culbuter l'Ennemi qu'il avoit en tête ; & que la maniere dont se faisoit cet assaut, ne comportoit point un second, ni un troisiéme rang de lances derriere le premier, & même depuis qu'on eût commencé à former des Escadrons de lances sous Henri II, comme je le dirai bientôt ; il n'y avoit que le premier rang qui fit usage de la lance, ainsi que le remarque M. de la Nouë dans un de ses Discours Militaires. Le second & le troisiéme étoient d'ordinaire contraints de jetter leurs lances & de se servir de l'épée. Voici donc comme

*avant*

---

* Ne scutum Miles faciat de Milite
Sed se quisque suo, fronte opposita, sponte offerat hosti.

# DE LA MILICE FRANÇOISE. *Liv. V.*

avant le Regne de ce Prince, & souvent depuis encore les Gendarmes combattoient.

Quarante Lanciers, par exemple, se rangeoient à côté les uns des autres ; ils marchoient à l'Ennemi serrez, & tous du même pas sans que personne débordât de la Ligne, autant qu'il étoit possible, afin que tout l'effort se fît en même tems de tout le front. Il ne falloit pas prendre trop tôt carriere, ainsi que l'on parloit alors, c'est-à-dire, qu'il ne falloit pas commencer de trop loin à courir à bride abbatuë, afin que ni le Gendarme, ni le cheval en arrivant sur l'Ennemi, ne fussent pas hors d'haleine ; ils ne commençoient d'ordinaire à piquer que de soixante pas ; & ce fut pour n'avoir pas observé exactement ces deux regles, que tant de jeune Noblesse commandée par le Duc de Joyeuse, périt à la Bataille de Coutras en venant attaquer en même tems la Troupe de Henri Roi de Navarre, celle du Prince de Condé, & celle du Comte de Soissons ; car d'Aubigné remarque premierement qu'elle prit carriere de trop loin, au lieu que les trois Princes ne piquérent vers elle que quand ils la virent fort près ; & en second lieu que la fougue emportant ces jeunes Seigneurs, on en voyoit plusieurs hors du rang de la longueur de leurs chevaux. *Ce qui fit perdre la bataille de Coutras au Duc de Joyeuse. D'Aubigné T. 3. C. 17.*

Une troisiéme chose contribua encore à leur défaite, c'est que le Roi de Navarre se servit dans cette Bataille d'une pratique qu'il avoit apprise du feu Amiral de Coligni, qui étoit de mettre des Arquebusiers à pied, à côté des diverses Troupes de Cavalerie. Leur emploi étoit d'attendre de pied-ferme la Cavalerie Ennemie, & de ne tirer sur elle que de vingt pas, pour ne pas le faire inutilement. On choisissoit pour cela les plus braves Soldats qui étoient résolus à périr & à se voir passer sur le corps la Cavalerie Ennemie en cas de déroute. Ces petits Bataillons étoient seulement de cinq de front & de quatre rangs. Les premiers étoient ventre à terre, les seconds sur un genouil, les troisiémes panchez, & ceux de derriere debout pour faire en même tems leurs décharges. Ces Bataillons firent extrémement bien leur devoir, & abbattirent beaucoup des Gendarmes du Duc de Joyeuse avant qu'ils arrivassent à la longueur des lances. Monsieur de Turenne fit quelque chose *Petits bataillons mêlez à la Cavalerie dans cette bataille par le Roi de Navarre.*

de semblable à la Bataille de Sinsheim l'an 1674; car craignant que les Cuirassiers de l'Empereur ne renversassent nos Escadrons qui étoient foibles, il mit à côté de ces Escadrons des pelotons d'Infanterie, dont le feu arrêta l'impétuosité des Cuirassiers. Il usa de la même methode à la Bataille d'Ensheim, qui se donna trois à quatre mois après, & ce fut avec un pareil succès.

*Quand on a commencé à escadronner en France.*

Ce que j'ai dit de la Gendarmerie, qu'elle ne se battoit point en Escadron, se pratiquoit aussi par la Cavalerie legere; & cela se faisoit de la sorte jusqu'au Regne de Henri II, où l'on commença à escadronner, mais on ne le faisoit pas toujours; car à la Bataille de Saint-Denis sous Charles IX, la Cavalerie du Prince de Condé étoit encore rangée en haye, comme il est remarqué dans les Memoires du Maréchal de Tavannes, où cette Bataille est décrite. Et c'est ce que j'ai lû dans ces Memoires sur ce sujet, qui m'a donné lieu de faire cette importante observation.

Monsieur de la Nouë dans ses Discours Politiques & Militaires a traité ce point assez au long; & je ne puis mieux faire que de transcrire ici ce que ce grand Capitaine, & un des plus renommez de ce tems-là, en a dit; c'est dans son quinziéme Discours.

*Que la forme ancienne de ranger la Cavalerie en haye ou en file, est maintenant peu utile, & qu'il est nécessaire qu'elle prenne l'usage des Escadrons.*

## XVe DISCOURS.

*Inconstance des François.*

LEs François qui sont fort prompts à embrasser les choses nouvelles, & à quitter les vieilles, n'ont pas toûjours tellement observé cette regle, qu'ils ne soyent demourez fermes en aucunes façons anciennes, qu'ils ont estimé devoir estre continuées. Mais quand on est venu à les bien examiner, on a connu que comme en quelques unes ils ont montré avoir laissé le pire pour prendre le meilleur, aussi en d'autres ils ont fait paroistre avoir méprisé ce qui estoit plus recevable, que ce à quoi ils demouroyent attachez. Il est aussi quelquefois advenu qu'en une mesme chose leur bon & mauvais jugement s'est découvert: car la pouvant rendre utile, belle & facile tout ensemble, ils se sont contentez de la premiere qualité; & au lieu des deux autres, ils y ont adjousté la laideur & la difficulté. L'exemple que j'en allegueray, sera de la maniere de s'armer de maintenant. Or comme ils ont eu bonne raison (à cause de la violence des harquebuses & pistolles) de rendre les harnois plus massifs, & à meilleure espreuve qu'auparavant, ils ont toutesfois si fort passé mesure, que la pluspart se sont chargez d'enclumes, au lieu de se couvrir d'armures. En après toute la beauté de l'homme de cheval s'est convertie en difformité; car son habillement de teste ressemble à un pot de fer. Au bras gauche, il porte un grand gantelet qui le couvre jusqu'au coude; & au droit un petit mougnon qui cache seulement l'espaule : & ordinairement ne porte nulles tassettes; & au lieu de casaque un mandil, & sans lance. Nos Gendarmes & Chevaux-Legers, du tems du Roi Henri II estoient bien plus beaux à voir, portans la salade, brassals, tassettes, la casaque, la lance & la banderolle, & n'avoyent toutes leurs armes pesanteur qui les empeschast de les porter vingt & quatre heures. Mais celles d'aujourd'huy sont si griefves, qu'un Gentil-homme à trente & cinq ans, est tout estropié des espaules, d'un tel fardeau. J'ay autrefois veu feu Monsieur d'Eguilli, & le Chevalier de Puigreffier, honorables Vieillards, demourer l'espace d'un long jour, armez de toutes piéces, marchans à la teste de leurs Compagnies : là où maintenant un Capitaine plus jeune ne voudra ou ne pourra demourer deux heures en tel estat.

<small>Exemple des armes.</small>

Mais c'est trop insisté sur ceci, ayant déliberé de traiter de l'ordre de la Cavalerie. Je diray donc que la façon qu'on a observée jusques à cette heure de la ranger, doit estre laissée, pour prendre celle que la raison nous admonneste de suivre, comme meilleure. A cette proposition je sçai bien qu'aucuns contrediront, disans que l'ancienne coustume ne doit pas estre legerement changée, & que lorsque la Gendarmerie estoit en sa fleur, elle combattoit en cette sorte. Davantage, que puisque feu Monsieur de Guise, & feu Monsieur le Connestable (qui ont esté si excellents Chefs) n'y ont rien innové; c'est bien

<small>De la façon de ranger les gens de cheval.</small>

signe qu'elle doit estre laissée en usage. Je respondray, quant aux coustumes anciennes, qu'il faut regarder trois fois devant que les laisser. Car si les mutations ès choses d'estat sont dangereuses (ainsi que dit Xenophon) aussi muer les ordres Militaires amene des inconveniens. Mais quand on a manifestement connu, par espreuve, l'utilité d'un nouvel ordre, & les défauts du vieil, n'est il pas alors necessaire de quitter l'un & prendre l'autre ? Les Romains qu'on peut dire avoir esté Souverains Maistres en l'Art Militaire, ont souvent fait le semblable. En après, si la Gendarmerie a prosperé au temps qu'elle se rangeoit en haye, il ne s'ensuit pas qu'à cette heure elle le doyve faire, parce que plusieurs choses sont survenuës depuis, qui contraignent de changer de façons ; comme on a fait en la fortification des Places, depuis que l'Artillerie a esté inventée. Froissart, qui traite au long, en son Histoire, des Guerres des François, celebre fort la Cavalerie d'alors, qui estoit plus de cinquante ans devant l'institution des Ordonnances ; & semble par ses discours qu'elle combattoit en file. Il la dépeint bien armée, & montée sur coursiers puissans, & les lances fortes : de maniere qu'elle pouvoit donner un grand choq. Je cuide aussi, que cet ordre fut choisi, pour ce que ladite Gendarmerie estant toute composée de Noblesse, chacun vouloit combattre de front, & ne demourer des derniers rangs : à cause que nul ne s'estimoit moindre en valeur que son Compagnon. Et est à présumer qu'en ce temps-là, les autres Nations tenoyent le mesme ordre. Depuis quand la Gendarmerie fut créée, elle le suyvit, & l'a continué jusques à la moitié du Regne du Roi Henri second, avec beaucoup d'heureux succès : mais vers la fin, les pertes que nous fismes, nous apprindrent qu'elles estoient provenuës en partie de la foiblesse de nostre ordre, & de la fermeté de celui de nos Ennemis. Car alors les Esquadrons de lances entrérent en réputation, qui ont esté ainsi disposez par l'Empereur Charles (à ce que j'ay ouy dire) lesquels s'estans affrontez avecques nos files de Gendarmerie, les ont aisément renversées. Ce qu'ont fait aussi quelquefois les Esquadrons de Reitres. Il ne faut point beaucoup s'esbahir, pourquoy cela est ainsi advenu ; car la raison naturelle le démonstre, qui veut que le fort emporte le foible,

DE LA MILICE FRANÇOISE. *Liv. V.* 317
& que six ou sept rangs de Cavallerie joints en renversent un seul.

Aucuns font cette Objection, que quand une Compagnie est estenduë, tous combattent : & estant en Esquadron, qu'il n'y a que la sixiéme partie au plus, à sçavoir ce qui est au front. A cela je responds, que quand on ordonne une Troupe, on ne doit pas regarder à ce que chacun donne à l'abordée un coup de lance : mais plustost à ce qu'elle puisse rompre tout ce qui se presente devant elle. Ce qui se fait beaucoup plus gaillardement, quand elle est en Esquadron. On pourra encores repliquer, que l'Esquadron ne pourra au plus renverser que quinze ou seize chevaux de la troupe qui est en haye, ce qui est vrai : mais ce sera à l'endroit où l'Enseigne est, & où les Capitaines & les meilleurs hommes se placent : Et cela estant emporté, tout s'esbranle. Et encores que ce qui n'a esté choqué, donnast aux flancs de l'Esquadron, il y fait peu de mal, pource qu'il ne peut forcer les hommes qui sont ainsi amassez & unis : lesquels de leur esbranlement heurtent de mesme ceux-ci que les premiers, & les rompent. Et quand ainsi seroit, qu'il y eust trois ou quatre Troupes de Cavalerie, les unes après les autres, ordonnées en haye, un Esquadron les renversera toutes, quasi aussi aisément qu'une boule feroit plusieurs rangs de quilles. Ainsi donc pour soustenir une force, il faut une autre force. Si on bailloit à un Capitaine mille corcelets, pour mettre en une Bataille, & qu'il n'en fit que deux ou trois rangs, les Goujats des Soldats se mocqueroyent de lui : pource que la raison veut qu'un Bataillon ait sa convenable espesseur. Quasi la mesme consideration doit on avoir pour la Cavalerie, m'estonnant dequoy on ne l'a euë plustost. Et si ces deux grands Chefs, que j'ay nommez, eussent encore vescu, par avanture qu'ils y eussent pourveu. Ceux qui estoient au voyage de Vallenciennes, sçavent qu'en l'Armée du Roy il y avoit près de dix mille Lances Françoises : & quand elle se presenta devant le Fort où les Imperiaux estoient retranchez, j'observay qu'un Corps de trois cens hommes d'armes rangé en file, tenoit près de mille pas de longueur, & le reste de la Cavalerie tenoit un pays infini : mais qui eust mis lesdits trois cens hommes d'armes en trois Esquadrons, ils n'eussent pas oc-

*Réponse à ceux qui veulent que la Cavalerie soit étenduë en haye.*

cupé six-vingt pas de longueur, & l'ordre en eust esté bien meilleur : car pour faire un grand effort, il faut que les hommes soyent bien serrez : &, afin aussi qu'ils se puissent mieux entr'aider & secourir, ils ne doyvent estre si esloignez les uns des autres. Nostre Gendarmerie a bien esprouvé, en ces Guerres Civiles, la force des Esquadrons de Reitres : car encores qu'elle ait tousiours donné courageusement dedans, si est-ce qu'elle ne les a peu fausser, d'autant qu'ils sont si espais, qu'il n'y a moyen de passer à travers. A Saint-Quentin & à Gravelines, elle connut encores mieux ce que peuvent les gros Esquadrons de lances, desquels elle fut aisément renversée : qui sont espreuves assez suffisantes pour induire nos Grands à corriger les imperfections de nos ordres. J'en allegueray encore un autre pour les y mieux disposer : c'est de la Bataille de Moncontour, où la Gendarmerie du Roy se rangea par Esquadrons de lances ; aussi vit-elle, venant à s'affronter avecques ceux de la Religion, qui estoient ordonnez en haye, & sans aucunes lances, qu'ils furent rompus avec facilité.

*Preuve qu'il faut disposer la Cavalerie par Escadrons.*

Je veux encore examiner les choses de plus près, & commenceray par l'Esquadron, que je formeray d'une Compagnie de cinquante hommes d'armes complette. Et qui en voudra faire sept rangs, le front sera pour le moins de quinze lances. Or il est vrai-semblable que ceux qu'on met au premier, sont hommes choisis, & que ceux du second les secondent en valeur : & une Compagnie est bien miserable, s'il n'y a au moins vingt & cinq bons hommes. Quant au reste, que je présuppose n'estre de tel courage, il est rangé comme à couvert sous l'ombre de ces premiers : ce qui les fait suivre plus asseurément venant aux Charges, sçachant bien que la teste recevra tout le péril & le dommage, & que si elle rompt l'Ennemi, qu'ils participeront au mesme honneur. Parquoy ce doit estre une lascheté insigne, quand une Troupe ainsi disposée ne vient aux mains : veu que la valeur des premiers les doit faire donner dedans, & la seureté des derniers les doit faire suyvre & pousser. Mais quand une Troupe est ordonnée en aile, les bons, qui sont ordinairement le moindre nombre, encore qu'ils marchent gaillardement au combat ; neantmoins les autres qui n'ont gueres envie de mordre ( qui feignent saigner du nez, avoir une

# DE LA MILICE FRANÇOISE. Liv. V. 319

eſtriviere rompuë, ou leur cheval desferré) demeurent derriere : en ſorte qu'en deux cens pas de chemin, on voit eſclaircir cette longue file, & apparoiſſent de grandes breſches dedans. Ce qui donne un merveilleux courage aux Ennemis Et ſouvent de cent chevaux, il n'y en aura pas vingt & cinq qui enfoncent : leſquels venans après à connoiſtre qu'ils ne ſont nullement appuyez, après avoir rompu leurs lances, & donné quelque coup d'eſpée, retournent, s'ils n'ont eſté renverſez à l'abordée. Ceçy monſtre la difference qu'il y a entre une façon de combattre & l'autre. Quand je viens à conſiderer de quelles gens ſont compoſées les Compagnies des autres Nations, & ceux dont les noſtres ſont remplies ; je m'eſbahi pourquoy elles ne leur ſont ſuperieures en bonté. Car ſi nous regardons à la Gendarmerie Bourguignonne, qui eſt en réputation, on trouvera peu de Nobleſſe en leurs Compagnies. Aux Troupes Italiennes & Eſpagnolles qui ſont aujourd'hui des meilleures, il y en a encore moins : vrai eſt qu'il s'y trouve de tres-bons Soldats. Mais en une de nos bandes d'Ordonnance de cinquante lances, où il doit avoir environ cent dix chevaux : on y trouvera, nonobſtant la corruption ſurvenuë, plus de ſoixante Gentils-hommes, leſquels ayant l'honneur devant les yeux, doyvent mieux faire que les autres qui ſont de moindre qualité : non que cette regle ſoit touſiours vraye, ains le plus ſouvent. Or le moyen pour rendre noſtre Gendarmerie bien fournie de Nobleſſe, eſt de l'entretenir comme au paſſé : & le moyen de la rendre inſuperable, eſt de l'accouſtumer de combattre en Eſquadron. Et quant à moy, j'eſtime que cens Valets armez, montez & guidez, gardans cet ordre, rompront cent Gentils-hommes tenans Bataille en haye.

Pluſieurs cuident qu'il eſt difficile de faire tenir un tel ordre entre noſtre Nation ; ce qui eſt bien vray, pour le regard de quelques Grands Seigneurs & Gentils-hommes volontaires, d'autant que chacun veut eſtre des premiers à marcher & à combattre. Mais dans une Compagnie d'Ordonnance, le Chef ſe fait obéir d'amour ou de force : Et puis quand cette façon auroit un peu eſté pratiquée, tous s'y accommoderoient. Une choſe doit-on noter, c'eſt que jamais les hommes ne garderont bien leurs rangs quand il faudra combattre, ſi premierement au

*Moyen de mettre en pratique cet avis.*

marcher ordinaire ils ne s'y font accoutumez ; car du petit on vient au grand ; & qui s'acquitte bien de l'un, est mieux preparé pour se bien acquitter de l'autre. Nous voyons que nos Reitres & leurs Valets, qui ne sont pas plus spirituels que les Gentils-hommes François, observent religieusement cest ordre. Et pour dire la vérité, cette façon de marcher est fort commode, que nous-mesmes loüons en eux. Et quand nous la voulons pratiquer comme une nouveauté, elle nous fasche incontinent comme estant trop grave. Et la cause est, nostre impatience qui ne nous peut laisser un quart d'heure en un estat. Mais l'autorité des Chefs peut remedier, avecques le tems, à cela. On dira que trois cens lances, rangées en file, ont plus de monstre, que trois Esquadrons de pareil nombre ; ce qu'on ne peut nier. Toutesfois pour le combat, ( qui est le principal où il faut viser ) elles n'ont pas tant d'effet. Et c'est ce qu'il faudroit tousiours faire bien entendre aux Gens de Guerre. Car le Capitaine les doit par bonnes instructions faire demis. Soldats, & par les experiences les rendre accomplis. Voyons si l'ordre ancien ne se doit en nulle maniere pratiquer à present. Mon avis est, qu'on s'en peut servir en deux occasions. La premiere, quand on envoye vingt ou trente lances dehors : car estant la Troupe si petite, il lui est meilleur de combattre en haye, où elle paroist davantage. Secondement, quand on veut charger de l'Infanterie, il est bon de departir un Esquadron en plusieurs petites Troupes ordonnées en file, afin d'attaquer par plusieurs costez. Hors cela, je voudrois que ladite Cavalerie reprist tousjours l'ordre des Esquadrons. Et si on considere combien la pluspart des hommes sont aujourd'huy mal montez & mal dextres à la lance, on aura honte de les mettre en un Corps simple : qui est autant que se faire battre à credit. A cette heure je laisse à juger à ceux qui ont experimenté la Guerre, si la forme que je propose, que les Espagnols, Italiens, Alemans & Bourguignons observent, n'est pas meilleure que l'ancienne. On pourroit encore faire ces questions, combien de rangs il faut qu'ait l'Esquadron, puis de quel nombre il doit estre : après, si deux Esquadrons de chacun cent cinquante lances, n'en emportent pas un de trois cens ? Quant aux rangs, je me voudrois régler selon la valeur des hommes ; & estant grande, moins en voudrois-je faire :

## DE LA MILICE FRANÇOISE. Liv. V.

faire : & estant petite, plus. Pour le regard du nombre convenable pour composer l'Esquadron, il s'y faut en partie regler selon l'ordre des Ennemis : car s'il en a de gros, il en faut aussi avoir quelques-uns de mesme ; & mon avis est, qu'un de trois cens lances est suffisant, si ce n'estoit ès guerres contre les Turcs. La troisiesme question n'est pas plus difficile à vuider : car deux moyennes Troupes s'entendans bien, & chargeans à propos, doyvent emporter, selon mon jugement, une plus grosse.

La vérité de la remarque que j'ai faite ne peut être mieux prouvée que par le Discours de ce Seigneur qui avoit une si grande connoissance de l'Art Militaire. On voit par ce Discours que la coûtume d'Escadronner n'a commencé en France que vers la fin du Regne de Henri II, & par les Memoires du Maréchal de Tavannes, qu'elle n'étoit pas encore toujours pratiquée sous Charles IX.

On peut voir dans ces Memoires du Maréchal de Tavannes quelques Reflexions sur ce sujet, semblables à celles de M. de la Noüe à l'occasion de la Bataille de Saint-Denis.

Tout ce que je viens de dire est confirmé par une observation que j'ai faite, sçavoir qu'avant le Regne de Henri II, on ne voit point, ou presque point dans nos Historiens qui décrivent les Guerres de leur tems, le mot d'*Escadron*, quand il est question des Troupes Françoises : mais quand ils parlent, par exemple, d'une Charge faite dans un combat, ils disent, ce fut la Compagnie d'hommes d'armes d'un tel Seigneur qui chargea, qui enfonça l'Ennemi, qui fut mise en déroute : & c'est ainsi que s'expriment les Historiens depuis l'institution des Compagnies d'Ordonnance sous Charles VII. *Comment s'expriment les Historiens en divers tems, en parlant des Combats de Cavalerie.*

*Du tems de Charles VII.*

Ceux qui ont écrit avant cette institution, se servent d'un autre terme, sçavoir de celui de Banniere, parce que la Milice des Chevaliers Bannerets subsistoit encore. Ils disent, un tel Seigneur se mit aux champs avec sa Banniere ; il y avoit dans cette Armée tant de Bannieres, comme nous comptons aujourd'hui par Escadrons. *Avant Charles VII.*

Froissart se sert quelquefois du mot d'*Escadre* : mais c'est en parlant de l'Infanterie ou d'un détachement, & non point pour signifier un Escadron. Selon les Ordonnances de François I, il *Bataillon appellé Escadre. Ordonnances de l'an 1534.*

Tome I.                                                         S f y avoit dans les Legions, qui n'étoient que de l'Infanterie, des Caps d'Escadres. Il y en avoit quarante pour mille hommes, c'est-à-dire qu'ils en commandoient chacun vingt-cinq. Ce mot d'Escadre venoit d'un mot de la basse Latinité, dont nos anciens Historiens qui ont écrit en Latin se servoient, non pas pour exprimer un Escadron ou un Bataillon, mais une Troupe de Soldats, soit de Cavalerie, soit d'Infanterie, soit mêlée de l'une & de l'autre. Ce mot étoit *Scala*, ou *Scara*. Et je crois que M. du Cange n'a pas parlé assez juste dans son Glossaire, lorsqu'il a traduit ce mot de *Scala* par celui d'Escadron; & toutes les autoritez qu'il cite là-dessus, marquent ce que je dis.

<small>Guill. Brito. Philipp. l. 11.</small>

*Quos inter Regemque viri virtute corusci,*
*Astans continua serie, SCALASque suorum,*
*Quisque Magistrorum densans, dum Buccina signum*
*Obstrepat.*

<small>Roman de Turpin, Mss.</small>

Sa Bataille ordena, ses échelles parti.

<small>Roman de Rou, Mss.</small>

Charlemagne fit trois échelles; la premiere fut de Chevaliers; la seconde de gens de pied; la troisiéme de Sergens à cheval.

<small>Ce qu'on appelloit du nom d'Echelles dans l'arrangement des Troupes.</small>

On voit par tout cela, & particulierement par le dernier exemple, que ces échelles n'étoient pas des Escadrons, mais des Corps de Troupes, soit Cavalerie, soit Infanterie.

Je crois qu'on appelloit ces Corps de Troupes *Scala*, des Echelles, parce que les diverses Lignes sur lesquelles ils étoient rangez, étoient comme autant d'Echellons, & paroissoient ainsi quand ils étoient en Bataille sur le penchant d'une colline.

Le mot de *Scara*, ou *Schera* signifioit la même chose, & c'étoit le même mot prononcé diversement, comme on le voit par les Glossaires. Et quelques-uns de nos anciens Auteurs l'ont traduit en François par le mot d'*Esquieres*.

<small>Guillaume Guyart, Hist. de France, Mss.</small>

Et li Roys ne veut con les sive,
Més sans son seu se détrive
Du Chef de l'une des Esquieres.

# DE LA MILICE FRANÇOISE. Liv. V.

Sçavoir maintenant si le mot d'*Escadron* vient de *Scara*, ou du mot Latin *quadrum*, parce que l'Escadron chez les Romains avoit une figure quadrangulaire ; c'est une question assez inutile. Il est certain qu'il nous vient immédiatement de l'Italien *Squadrone* : on dit d'abord en François *Scadron*, & puis *Escadron*. *Etymologie du terme d'Escadron.*

Quoyque le nom d'Escadre fut donné autrefois à une Troupe d'Infanterie, tout le monde sçait que le terme d'Escadron est aujourd'hui affecté à la Cavalerie, & celui de Bataillon à l'Infanterie. Cet usage est ancien ; & Brantôme se moque d'un Historien de son tems qui parloit autrement. Etienne Pasquier dans ses recherches de la France prétend que le terme de Bataillon se disoit autrefois de la Cavalerie. *Dans l'Eloge de M. de Chastillon, p. 228. p. 684. 302.*

Au reste, quand je dis que la Cavalerie d'une Armée ne se rangeoit pas alors en Escadrons comme aujourd'hui, c'est-à-dire en plusieurs petits Corps qui ont au moins trois rangs dans leur profondeur, je ne prétends pas dire que tous les Cavaliers d'une Armée fussent tous sur un seul rang, parce qu'ils auroient occupé un terrain infini, lorsque dans une Armée Françoise il y avoit, comme il est arrivé plusieurs fois, dix à vingt mille chevaux ; les rangs se doubloient, se triploient, & se multiplioient, selon l'étendue du terrain, & selon le nombre des Combattans. Ils escadronnoient même dans la marche, ainsi que je l'ai dit plus haut. Ce que je veux dire seulement, c'est que plusieurs rangs ne composoient pas une même Troupe, comme font aujourd'hui les rangs d'un Escadron qui sont fort proche les uns des autres, & marchent ensemble pour charger l'Ennemi, indépendamment des autres Corps semblables. Ces Rangs de Cavaliers avoient entre eux une grande distance, & le second rang soutenoit le premier, comme un Corps séparé où un Escadron en soutient aujourd'hui un autre dans un Combat. *Comment se rangeoit la Cavalerie.*

C'est par cet arrangement de la Cavalerie en hayes, & non en Escadrons que l'on peut comprendre, comme je l'ai remarqué dans la Préface de mon Histoire de France, comment à la Bataille de Saint-Denis le Prince de Condé & l'Amiral de Coligni n'ayant pour toutes Troupes que douze cens chevaux & dix-huit cens Fantassins, pouvoient occuper avec cette petite *Comment la tres-petite armée du Prince de Condé occupoit tant de terrain à la bataille de Saint-Denis.*

ST ij

Armée rangée en Bataille, tout le terrain depuis Aubervilliers, où leur gauche étoit appuyée, jusqu'à Saint-Oüen, où ils avoient leur droite sur le bord de la Seine, leur centre étant à la hauteur de Saint-Denis. Il est visible que les douze cens chevaux rangées en hayes même multipliées, occupoient beaucoup plus de place qu'ils n'eussent fait, s'ils avoient été en Escadrons. Aussi est-il remarqué dans les Mémoires du Maréchal de Tavannes, que la Cavalerie du Prince de Condé fut en cette occasion rangée en hayes, & non en Escadrons.

Quand l'usage des Escadrons passa en France de chez les Espagnols & les Allemans qui s'en servoient avant nous, je crois qu'il fut introduit dans la Cavalerie legere, plûtôt que dans la Gendarmerie, parce qu'il étoit moins convenable à celle-ci qu'à l'autre.

<small>Montgommeri dans l'Ordre de la Cavalerie, p. 133.</small>

Avant cet usage des Escadrons, les Gendarmes aussi-bien que les Chevaux-Legers étoient rangez sur des rangs éloignez les uns des autres de quarante pas, dit M. de Montgommeri: cette disposition de la Gendarmerie étoit fort bonne ; car si la premiere haye manquoit d'enfoncer l'Ennemi, elle pouvoit se retirer à droite & à gauche ; ou par un des deux côtez pour aller se rallier & faire une nouvelle haye à la queuë. La seconde haye marchoit ensuite contre les Gendarmes Ennemis, qui ne pouvoient manquer d'être en désordre après avoir soutenu la premiere charge : & ce qui étoit tres-important, elle avoit dans cette distance de quarante pas de quoi prendre carriere, d'où dépendoit beaucoup l'effet des lances. Or étant mise en Escadron de trois rangs disposez comme aujourd'hui, elle perdoit cet avantage.

Nonobstant cela la Gendarmerie dans la suite escadronna comme la Cavalerie legere : mais ceux qui ont écrit sur cette matiere, après les experiences dont ils avoient été témoins, comme George Basta *, le Cavalier Melzo, Jean-Jacques Valhausen conviennent que dans un Escadron de Gendarmerie, le premier rang seul faisoit tout son effet avec la lance ; le second en faisoit tres-peu, en étant empêché par le premier qui se dérangeoit necessairement dans la charge, & dérangeoit aussi le

---

* Basta, du gouvernement de la Cavalerie legere ; Melzo Regole Militari. Valhausen, de l'exercice de la Cavalerie.

# DE LA MILICE FRANÇOISE. *Liv. V.* 325

second, qui ne pouvoit plus marcher sur la même ligne, ni faire son effort de tout son front, en étant empêché par les Gendarmes du premier rang, dont quelques-uns ou leurs chevaux étoient tuez, ou qui étoient repoussez, & par consequent se trouvoient dans la carriere du second rang ; enfin que le troisiéme rang de lances ne pouvoit produire nul effet, l'embarras augmentant par le dérangement du second.

Valhausen par cette raison ne vouloit que deux rangs de lances ; & encore il disoit qu'il falloit qu'ils fussent éloignez l'un de l'autre de vingt à trente pas : mais dès-là ce n'étoit plus un Escadron. *L. 1. p. 62.*

Enfin tous demeurent d'accord que supposé que la Gendarmerie armée de lances fut mise en Escadron, on n'en devoit former que de tres-petits Escadrons de vingt à vingt-cinq hommes, pour attaquer, par exemple, un Escadron de Cuirassiers par divers endroits de front & par les flancs, pour tâcher de le rompre & de le pénétrer ; & qu'il étoit inutile de faire de gros Escadrons de lances, par les raisons que j'ai dites, à quoi il ajoute la difficulté que ces gros Escadrons avoient à se rallier, comme il falloit toujours faire après la charge, où il étoit impossible qu'ils ne se dérangeassent. Or cette difficulté étoit bien moindre dans les petits Escadrons. Je crois que l'utilité de cette methode de faire combattre la Gendarmerie par petits Escadrons ou par petites Troupes, fut une des raisons pourquoi les Compagnies d'Ordonnance, qui dans leur institution étoient de cent lances, furent partagées pour la plûpart, & réduites à cinquante, à quarante, à trente, à vingt-cinq ; & cela afin que le Capitaine pût toujours combattre à la tête de sa Compagnie ; car quand elles étoient de cent hommes d'armes, on étoit obligé de les séparer, en suivant la methode dont je viens de parler, & d'en faire commander une partie au Lieutenant, & une autre à l'Enseigne. *La Gendarmerie combattoit en fort petits Escadrons.*

Selon le Cavalier Melzo dans une Bataille ou un Combat depuis l'invention des armes à feu, l'arrangement étoit tel, quand le terrain le permettoit, qu'il y avoit toujours des Arquebusiers devant les lances, qui faisoient leur décharge sur l'Ennemi ; après quoi ils s'ouvroient pour faire place aux lances ; que les lances étoient soutenuës par des Cuirassiers, & que derriere *Arrangement de la Cavalerie depuis l'usage des armes à feu.*

S s iij

ceux-ci il y avoit encore des Arquebusiers.

Il est aisé de concevoir la raison de cette Ordonnance. Les Arquebusiers éclaircissoient les rangs de l'Ennemi. Les Lanciers suivoient, qui trouvant les rangs éclaircis les perçoient avec facilité; & puis venoient les Escadrons massifs, comme on les appelloit alors, des Cuirassiers qui passoient sur le ventre de l'Ennemi déja fort affoibli: & s'ils étoient repoussez, ils étoient soutenus du feu des derniers Arquebusiers.

*Lances abolies en France sous Henri IV, & sous le Comte Maurice en Hollande. Montgommeri de l'Ordre de la Cavalerie, p. 134.*

Mais quand les lances furent abolies dans la Gendarmerie en France & aux Païs-Bas, comme il arriva sous le Regne de Henri IV, & sous le gouvernement du Comte Maurice Prince d'Orange, ainsi que je le dirai en un autre endroit; il n'y eut pas plus de difficulté à escadronner pour la Gendarmerie que pour la Cavalerie legere; car alors la Gendarmerie se servit des armes à feu comme la Cavalerie legere, & faisoit à peu près les mêmes mouvemens en combattant.

*Des Enfans perdus.*

Il y avoit encore un usage dans les Batailles qu'on ne voit plus de notre tems, c'est celui *des Enfans perdus*; c'étoient des détachemens que l'on faisoit de quelques Troupes de Soldats, pour escarmoucher avant une Bataille, & lorsque les deux Armées étoient déja rangées & prêtes d'en venir aux mains. Cet usage étoit tres-ancien, & les François pouvoient l'avoir pris des Romains, dont les *Velites* desquels j'ai fait mention ci-devant, étoient en effet dans leurs Armées ce que furent depuis nos Enfans perdus dans les nôtres & dans celles des Anglois, des Espagnols, des Italiens & des Allemans.

Nous avons vû qu'à la Journée de Bovines sous Philippe-Auguste les *Satellites* vinrent à la maniere d'Enfans perdus caracoller autour des Chevaliers Flamans; & qu'ensuite s'étant ouverts, les Chevaliers François vinrent fondre sur les Chevaliers Flamans, parmi lesquels ces *Satellites* avoient causé quelque dérangement qui contribua à la victoire des François.

*Les Enfans perdus marchoient par détachemens.*

Dans les siecles suivans nos Historiens qui ont écrit en François parlent presque dans toutes les Batailles d'Enfans perdus, qu'on envoyoit de part & d'autre entre les deux Armées pour escarmoucher, avant que les Bataillons & la Gendarmerie en vinssent aux mains. Ce n'étoit point une espece de Milice particuliere comme chez les Romains; c'étoient des Soldats qu'on détachoit des Legions ou des Regimens ou des Compagnies avant qu'il y eut des Legions ou des Regimens.

L'Auteur du Traité de la Discipline Militaire attribué à M. du Bellay, en parlant des diverses Troupes dont il voudroit composer une Armée, fait mention en divers endroits des Enfans perdus. « J'aurai, dit-il, encore deux Bandes (des Legions) » pour les Enfans perdus ; car ainsi nommerai-je ceux qui doi- » vent commencer la Bataille. L. 1. fol. 13. v.

« Les deux bandes d'Enfans perdus feront le nombre de huit » cens soixante & huit hommes. En une Legion . . . . . quant » aux Enfans perdus il y aura 358 Piquiers extraordinaires, & » 1116 Arquebusiers. Fol. 14. Grand nombre d'Enfans perdus. Fol. 15.

« Et les Enfans perdus Piquiers & Arquebusiers, je les dresse » pour commencer le combat, & pour combattre parmi la Gen- » darmerie sans tenir point d'ordre ; & à ces fins je les ai armez » legerement ; car leur office sera de combattre sans tenir ferme, » & en courant çà & là, soit qu'ils chassent les Ennemis, soit » qu'ils en soient chassez. Fol. 19.

Le sieur de la Nouë dans ses Discours Politiques & Militaires parlant de la Bataille de Dreux, remarque comme une chose fort extraordinaire que cette Bataille eût commencé sans qu'aucune escarmouche eût précédé, tant cet usage des Enfans perdus étoit autorisé par la coutume. Il est fait encore mention d'enfans perdus sous le Regne de Louis XIII l'an 1635, dans la Relation de la retraite du Duc Charles de Lorraine vers Beffort. Il y est dit que le Capitaine Valin qui commandoit les Enfans perdus du Regiment de Navarre, fit l'attaque d'un bois où les Ennemis s'étoient postez : il en est fait aussi mention à la Bataille d'Avein, & même à la Bataille des Dunes * en 1658. Il n'y en eut point à la bataille de Dreux. Il y en eut encore à la bataille des Dunes.

Monsieur du Bellay parle aussi des Enfans perdus pour les assauts, c'est-à-dire qu'on faisoit en ces occasions des détachemens des plus déterminez Soldats de l'Armée, pour marcher à la tête des autres. L. 3. fol. 99. Enfans perdus aux assauts.

Au reste ces détachemens d'Enfans perdus, soit pour les assauts, soit pour les Batailles ne se faisoient point par un ordre Comment se faisoient les détachemens des Enfans perdus.

* Memoires pour l'Histoire du Cardinal de Richelieu, T. 1. p. 477, 489. Discours de M. de Bussy-Rabutin, p. 337 & 339.

abſolu du General. On ne prenoit de chaque Corps que ceux qui s'offroient eux-mêmes & auſquels on donnoit un Commandant. Que ſi, comme il arrivoit ſouvent, il s'en offroit plus qu'on n'en avoit beſoin, on les faiſoit tirer au ſort, pour ne point cauſer de jalouſie, & ne point offenſer ceux qu'on n'auroit point agréez.

De notre tems dans les Batailles, il n'eſt plus fait mention d'Enfans perdus, quoique ſelon les rencontres & la diſpoſition du terrain elles ſoient quelquefois précedées d'eſcarmouches, & ce n'eſt plus l'uſage & *l'office de ceux qui les font, de combattre ſans tenir ferme & en courant çà & là, & ſans tenir point d'ordre*, comme on faiſoit du tems de l'Auteur de la Diſcipline Militaire, c'eſt-à-dire ſous Louis XII & ſous François I.

*Maniere ordinaire de ranger aujourd'hui une Armée en Bataille.*

Aujourd'hui ordinairement quand le terrain le permet, l'Armée pour donner Bataille ſe range ſur deux lignes, l'Infanterie au centre & la Cavalerie ſur les deux aîles; en ſorte que ſuivant la maniere des Romains le plein de la ſeconde Ligne, c'eſt-à-dire les Eſcadrons ou les Bataillons, réponde au vuide de la premiere, ou à l'intervalle qui eſt entre deux Eſcadrons ou deux Bataillons de la premiere Ligne; & c'eſt afin qu'un Bataillon ou un Eſcadron de la premiere Ligne venant à être rompu, il ne ſe renverſe pas ſur un Eſcadron ou ſur un Bataillon de la ſeconde, mais qu'il trouve du terrain pour ſe rallier. Il y a ordinairement une eſpace d'environ deux ou trois cens pas entre la premiere & la ſeconde Ligne pour la même raiſon. Les Eſcadrons de la même Ligne ſont éloignez les uns des autres d'environ 50 ou 60 pas. Les intervales des Bataillons ſont environ de la largeur du front du Bataillon qui eſt d'ordinaire de cent hommes. Le poſte du General eſt communément au Corps de Bataille, afin de pouvoir ſe porter de là où il jugera à propos. Les Lieutenans Generaux & les Maréchaux de Camp ſont partagez aux aîles & au centre.

Quand le pays eſt coupé & fourré, on met des Brigades d'Infanterie ou de Dragons aux flancs de la droite & de la gauche pour empêcher par leur feu l'Ennemi d'en approcher. Quand le Champ de Bataille eſt partagé par des Plaines & des Buiſſons, on place quelquefois dans les intervales de l'Infanterie,

des

des Escadrons pour la soutenir. On a quand on le peut un Corps de réserve composé de bonnes Troupes, & que l'on met comme en troisiéme Ligne à 5 ou 600 pas de la seconde Ligne, pour que celui qui le commande soit en état de se porter où il seroit besoin sans rien déplacer de la seconde Ligne. Après tout ces dispositions varient suivant l'habileté & les vûes du General, & suivant la situation & l'arrangement de l'Armée ennemie.

J'ai eu la pensée de faire ici le recit de quelques Batailles qui ont été données par les François dans les tems où l'on a commencé à combattre plus regulierement qu'il ne paroît que l'on faisoit dans les tems plus reculés, comme par exemple le recit de la Bataille de Fournouë sous Charles VIII, de celles d'Aignadel & de Ravennes sous Louis XII, de celles de Marignan & de Pavie sous François I, de celle de Saint-Quentin sous Henri II, &c. Je n'aurois eu qu'à les transcrire ici de mon Histoire de France. Mais quoique j'eusse tâché alors de m'en faire la plus juste idée qu'il m'avoit été possible sur les diverses Relations des Auteurs Contemporains, je n'oserois me flater de m'en être formé des plans parfaitement veritables & assez exacts pour fonder les reflexions que j'aurois pu faire sur les usages de ces tems-là par rapport au sujet que je traite, d'autant plus, comme je viens de le dire, que ces arrangemens dépendant d'une infinité de circonstances qui obligent les Generaux à les diversifier, on ne peut les réduire à une methode fixe & uniforme. Tout ce qu'on peut dire en general, & que j'ai dit d'abord en commençant ce Traité, c'est que ces arrangemens n'étoient pas les mêmes que ceux d'aujourd'hui, principalement à cause de la difference des Armes, tant offensives que défensives, & sur tout à cause des Lances dont on se servoit en ces tems-là, & dont on ne se sert plus maintenant.

Il m'est tombé entre les mains un Ordre de Louis XIV pour la disposition de chaque Bataillon & de chaque Escadron dans un jour de Combat. Je le vas mettre ici. Je n'en sçai point la date : mais on voit par le contenu de ce qui regarde le Bataillon que cet Ordre a été porté avant le retranchement des Piques & des Mousquets. J'y ajouterai ce qui a été changé depuis dans la disposition du Bataillon & de l'Escadron.

# HISTOIRE.

### Ordre du Roi pour la disposition des Bataillons pour un jour de Combat.

## PREMIEREMENT.

Grand silence.

Marcher tres-doucement, droit devant soi, se regler en marchant sur la droite, & conserver les intervales qui doivent toujours être de 50 à 60 pas au moins, afin qu'un Escadron y puisse passer.

Que personne ne parle que le Commandant ou le Major par son ordre.

Lorsque l'on marchera en bataille contre les Ennemis hors de portée, les Capitaines & Officiers marcheront la Pique à la main ; sçavoir les Officiers à un grand pas du Soldat, & les Capitaines à un grand pas des Officiers, & regarderont de moment à autre derriere eux, parce qu'insensiblement les Officiers s'avancent & s'éloignent du Soldat, c'est ce qui donne lieu au Soldat de parler, & fait souvent rompre le Bataillon.

Quand un Bataillon marche un peu de loin aux Ennemis, & que les Officiers sont à pied la pique à la main, il faut que les rangs soient ouverts de deux grands pas, & les files serrées de façon qu'un Soldat puisse marcher aisément, tirer, charger les armes, c'est-à-dire avoir la liberté du coude en marchant ; & dans cet état les Picquiers marcheront en ayant haut la pique, & le Soldat le mousquet sur l'épaule.

Lorsque l'on marchera apprêtez piques basses aux Ennemis ; celui qui commande le Bataillon doit être au centre qui est à la tête des piques avant d'un grand pas, plus que la Ligne des Officiers. Le premier Capitaine d'après lui doit être à la droite, le second à la gauche, & le reste des Capitaines & Officiers se posteront chacun dans leur ordre à la tête du bataillon. Il sera bon que la Compagnie de celui qui ferme l'aîle du bataillon soit à la gauche, si ce n'est au bataillon qui ferme l'aîle gauche de la Ligne ; en ce cas c'est la Colonelle qui ferme l'aîle gauche du bataillon.

Un jour de Combat les Capitaines & Officiers seront tenus

sur une même Ligne ; & pour cet effet lorsque l'on sera apprêté de marcher piques basses, & les Soldats seront apprêtez ; il faudra que tous les Capitaines & Officiers ne fassent qu'un rang, & qu'ils se serrent sur les Soldats de façon qu'ils marchent comme s'ils avoient la moitié du Corps dans l'intervale des files des Soldats ; de sorte qu'ils puissent voir la droite & la gauche du bataillon, & observeront bien en marchant aux Ennemis d'être toujours dans cet état, sans être dehors ni dedans le bataillon, autrement que cela, & dans le tems que l'on voudra marcher piques basses & apprêtez, l'on fera serrer les rangs en avant à un petit pas de distance, afin d'éviter un murmure qui se met toujours dans les Troupes lorsque l'on va trop vite, & que les rangs & les files sont trop pressez.

L'on préparera le Soldat à ne point tirer, & qu'il faut essuyer le feu de l'Ennemi, attendu qu'un Ennemi qui a tiré est assurément battu quand on a encore son feu tout entier.

Il est bon d'enseigner cela dans le feu du Soldat & du Sergent, afin qu'ils s'en entretiennent ; cela fait que dans l'occasion ils y sont preparez sans embarras.

Cet ordre n'est que pour les Batailles, y ayant d'autres actions où il faut tâcher de tirer plus que l'Ennemi.

Les Drapeaux seront au premier rang des Piques.

Le Commandant de chaque Bataillon aura deux Sergens choisis auprès de lui, avec deux bons Officiers qu'il placera à sa droite & à sa gauche.

Il faut sur chaque aîle de rang un Sergent.

Il faut sur chaque aîle trois Officiers, avec le Sergent ; & les Officiers se posteront, l'un à la demi-file, l'autre entre le premier & le second rang, & le troisiéme entre le cinq & dernier rang.

Cela également sur chaque aîle.

A la queuë du Bataillon il y aura trois Capitaines, trois Lieutenans, & trois Souslieutenans.

Le Capitaine sera le troisiéme après le Commandant du Bataillon : les deux autres seront les deux derniers. Le premier Capitaine des trois nommez ci-dessus se portera à la queuë des Piques ; le second à la queuë de la manche droite des mousquets de la droite & de la gauche du Bataillon. Ce qui restera des Sergens les Aîles fournies, se mettront derriere le Bataillon, & feront une Ligne avec les Officiers qui sera éloignée de deux grands pas du dernier rang du Bataillon. Si le Bataillon faisoit demi tour à droite pour faire tête à l'Ennemi, cette Ligne des Officiers & Sergens qui est à la queuë se serrera sur le rang des Soldats. Les Capitaines & Officiers à la tête du Bataillon.

Le Capitaine qui sera à la tête des Piques observera la marche du Bataillon, & fera toujours serrer en avant le Corps des Piques, de façon qu'elles soient égales à la droite & à la gauche des manches des mousquets. Les Bataillons ne se rompans en marchant que par les Piques qui sont prossées dans le milieu & les Aîles avancées, il faut que les Soldats rompent leur Rang, & leurs Files nécessairement.

Les Grenadiers des Bataillons seront en bataille sur la droite des Bataillons sans pourtant y être joints, étant un Corps prêt à aller où l'on jugera à propos.

Un Commandant de Bataillon peut aller à cheval à la tête du Bataillon, quoique les Officiers soient pied à terre dans le tems que l'on fera marcher les Soldats apprêtez, étant nécessaire qu'un Commandant soit à cheval quand on marche sur une Ligne en Bataille, afin de faire conserver les intervales, & pouvoir plus diligemment remedier aux choses qui pourroient arriver.

Il faut à chaque Bataillon un Officier à cheval avec le Major, ou avec celui qui en fait la Charge, lesquels seront à cheval, l'un à la droite du Bataillon & l'autre à la gauche ; cela est fort necessaire pour faire marcher un Bataillon, & aussi pour un ralliement.

Pour les Etrangers de qui les Compagnies sont fortes & peu d'Officiers, ils ne mettront qu'un Capitaine à la queuë avec les Officiers & leurs Sergens sur les Aîles, & un Sergent sur chaque Aîle de rang, avec un Officier s'il se peut à chaque Aîle des Bataillons ; & là où il manquera beaucoup d'Officiers il faudra mettre des Sergens à la tête de chaque manche de mousquets ; & le troisiéme derriere la manche gauche desdits mousquets à proportion de ce que l'on en aura ; car il faut avoir soin de fournir le derriere du Bataillon. Pour tout le reste, ils se regleront à ce qui est ordonné ci-dessus pour l'Infanterie.

### Disposition de la Cavalerie un jour de Combat.

Chaque Escadron est composé de quatre Compagnies ; à chaque Compagnie quatre Officiers qui font seize par Escadron, & qui seront disposez selon l'ordre suivant.

Le Commandant de chaque Escadron sera toujours dans le centre, afin de bien observer sa droite & sa gauche. Il aura la croupe de son cheval jusqu'au flanc dans son premier Rang.

Chaque Capitaine sera dans sa Compagnie plus reculé dans le premier Rang, que ne doit être le Commandant de l'Escadron ; en sorte que l'encoulure de son cheval sera hors du premier Rang, pour qu'il voye la droite & la gauche de sa Compagnie.

Les Lieutenans & Cornettes seront dans le même Rang des Cavaliers à la tête de leur Compagnie à distance égale. Comme il n'y a que deux Etendarts par Escadron, on observera de les placer de maniere qu'ils ayent toujours six Cavaliers à la droite & six à la gauche ; on choisira deux hommes distinguez dans la Compagnie pour mettre à la droite & à la gauche de l'Etendart. Le dernier Lieutenant de l'Escadron sera mis à la queuë avec les Maréchaux des Logis, bien entendu que l'on en mettra un sur chaque Aîle de l'Escadron, qui seront les deux des Compagnies qui ont les Aîles. Les Carabiniers des deux Compagnies de la droite seront plus à la droite des Brigadiers ; & ceux des deux Compagnies de la gauche seront à la gauche des Brigadiers de la gauche, afin d'être prêt à sortir quand on voudra.

Les Officiers étant un jour d'action dans le premier Rang le fortifiant assez, s'il le faut laisser égal aux autres. On ne s'arrêtera point à former les Rangs pour l'égalité des hommes & des chevaux : mais on choisira tous les meilleurs Cavaliers pour les mettre au premier Rang. La Compagnie qui fermera la gauche de l'Escadron aura ses Brigadiers à la gauche, ayant les Carabiniers à leur gauche.

Si le Major commande un Escadron, l'Aide-Major demeurera auprès du Colonel, ou de celui qui commandera le Regiment. Si le Major ne commande point d'Escadron, après avoir donné les derniers ordres, il viendra se ranger dans le Rang des Capitaines à la Compagnie du Commandant de l'Escadron; l'Aide-Major dans le même tems que le Major, ira se placer de même au second Escadron.

Voici maintenant ce que l'on m'a assuré avoir été changé pour disposer un Bataillon au combat depuis qu'on a ôté l'usage des Piques dans les Armées, & qu'on y a fait prendre aux Soldats des fusils au lieu de mousquets. Premierement, on a ajouté un piquet à chaque Bataillon.

Le Piquet en general est un détachement, soit de toute l'Armée, soit d'un Regiment, soit d'un Bataillon, &c. pour veiller jour & nuit à la sureté de l'Armée ou du Corps dont il est le Piquet. Il y a aussi un Piquet à la queuë de la tranchée pour la soutenir en cas d'attaque.

On commande dans les grandes Armées tous les jours pour le Piquet un Lieutenant General, un Maréchal de Camp, un Brigadier, un Colonel, un Lieutenant-Colonel, & un Major de Brigade pour la droite, & autant pour la gauche, que l'on nomme Officiers de Piquet. Dans de moindres Armées on diminuë le nombre des Officiers & des Soldats.

Je ne parle maintenant ici que du Bataillon, quand il marche contre l'Ennemi. Le Bataillon est sur quatre rangs de hauteur. Il est, pour ainsi dire comme fraisé d'Officiers, c'est-à-dire de Capitaines, de Lieutenans, de Sergens à la tête, à la queuë & aux flancs. On met à la droite les Grenadiers du Bataillon, & à la gauche le Piquet. Ces deux Corps étant séparez & un peu éloignez du Corps du Bataillon.

Secondement. Les Officiers au lieu de la Pique ont l'Esponton.

Troisiémement, avant l'abolition des Piques, les Drapeaux étoient à leur tête au premier rang: mais maintenant les Drapeaux sont dans le centre entre le second & le troisiéme Rang; & chaque Officier chargé d'un Drapeau a un Sergent à sa droite & un Caporal à sa gauche pour le soutenir & le défendre.

Quatriémement, pour la Cavalerie chaque Escadron qui marche au Combat a auſſi ſon Piquet à un de ſes côtez. Autrefois quand il y avoit un grand nombre de Carabins dans les Troupes, ce Piquet étoit une Compagnie de Carabins aux Ordres du Commandant de l'Eſcadron; aujourd'hui c'eſt un détachement de l'Eſcadron.

Le ſilence que le Roi recommande à la tête des deux Memoires que je viens de tranſcrire, quand on eſt ſur le point de combattre, me rappelle le ſouvenir d'un uſage tout contraire qui étoit autrefois dans nos Armées, & qui n'y eſt plus. C'eſt ce qu'on appelloit le Cri d'Armes. Ce point eſt aſſez conſiderable, & je dois lui donner ici ſa place.

## CHAPITRE II.

### Du Cry d'Armes.

C'Etoit autrefois la coutume de preſque toutes les Nations d'aborder les Ennemis dans les Combats avec de grands cris, ſoit pour les effrayer, ſoit pour empêcher leurs propres Troupes de s'effrayer par les cris que les Ennemis jettoient eux-mêmes. On le faiſoit encore des deux côtez pour marquer l'ardeur & le courage avec lequel on alloit à la Charge. Cela ſervoit de plus à animer le Soldat & à l'étourdir un peu à l'approche du danger. On avoit cet uſage en France ſous le Regne de Philippes de Valois; car Froiſſart en racontant la Bataille de Creci, dit que quinze mille Arbalêtriers Génois qui étoient dans l'Armée de France, marchant à l'Ennemi, *commencérent à jupper moult épouventablement pour les Anglois ébahir.* Les Turcs & quelques autres Nations ont retenu ce même uſage. Juſte-Lipſe en parlant du Cri d'Armes des Romains, dit que de ſon tems, c'eſt-à-dire du tems de Henri IV, les Eſpagnols dans les Païs-Bas où il vivoit, crioient encore dans les Combats *Eſpagne*: mais ces Cris ont été abolis en France, auſſi-bien que chez les peuples voiſins dans les Batailles; & l'on n'obſerve jamais un plus grand ſilence dans les Armées, que quand elles ſont ſur le point d'en venir aux mains. Chacun alors eſt attentif aux or-

Froiſſart, vol. 1. ch. 130.

In Analectis ad Milit. Rom. pag. 481.

dres des Officiers, les Subalternes à ceux des Generaux, & les Soldats à ceux des Subalternes. On n'entend que le bruit des Tambours, des Tymbales & des Trompettes, ausquels quand l'attaque commence, se joint celui de l'Artillerie, & des autres Armes à feu. Il n'y a que quand on monte à un Assaut, ou qu'un Bataillon marche pour charger celui qui est opposé ; car alors on crie : *Tue*, *Tue*. Il en est de même d'un Escadron qui en attaque un autre. Les Espagnols dans cette occasion crient *à mal*.

Ces Cris que les Armées faisoient autrefois en approchant l'Ennemi, n'étoient pas toujours des voix confuses, & comme des hurlemens ou des huées. C'étoient ordinairement certains mots differens selon les Nations, & même selon les Religions. Dans la première Croisade le Cri de guerre de l'Armée Chrétienne étoit *Dieu le veut*, ou *Dieu nous aide*.

Mais le Cri de guerre propre des Rois de France, principalement quand l'usage eût été introduit de porter l'Oriflamme dans les Armées, étoit *Montjoye Saint-Denis*. On voit par nos Histoires, surtout depuis les premieres guerres de Philippe-Auguste jusqu'au Regne de Charles VII, que c'étoit ou l'unique ou le plus ordinaire. Philippe Mousques en parlant de la Bataille de Bovines :

> Souvent oïssiez à grant joye
> Nos François s'écrier Montjoye.

*Et plus bas :*

> Et huçoient à grant haleine
> Quand on avoit sonné l'Araine\*
> Montjoye Dieux & Saint-Denis.

\* le combat.

Il paroît assez difficile de bien déterminer l'origine de ce mot, *Montjoye*. Robert Cenal Evêque d'Avranches dans une espece d'Histoire de France qu'il dédia à Henri II, donne une étymologie du nom de *Montjoye* après un Auteur Liégeois qu'il cite : il dit que Clovis se trouvant dans un extrême danger à la Bataille de Tolbiac contre les Allemans, invoqua saint Denis, dont la Reine Clotilde lui avoit parlé plusieurs fois, & qu'il cria : *Montjoye saint Denis*, comme voulant dire que si S. Denis
le

se sauvoit de ce péril, & lui faisoit remporter la victoire, il seroit desormais son *Jove*, c'est-à-dire son Jupiter ; & que de *Mont-Jove*, qui fut depuis le Cri de Guerre des François, on fit *Montjoye*.

Je voudrois un meilleur garant de cette étymologie, que l'Auteur cité par l'Evêque d'Avranches, d'autant plus qu'on ne voit point dans nos Histoires que ce Cri ait été en usage parmi les François avant la troisiéme Race de nos Rois.

Pasquier dans ses recherches de la France croit que *Montjoye* a été dit au lieu de *ma joye*, comme si nos Rois eussent voulu dire : *Saint Denis ma joye, mon espoir, ma consolation*. Mais nos anciens Historiens écrivent souvent non pas *Monjoye* sans *t*, mais *Montjoye* avec un *t* ; ce qui ne s'accorderoit pas avec cette étymologie.

L. 1. ch. 21. *Divers sentimens des Sçavans sur ce sujet.*

M. du Cange prétend que *Montjoye* est un vieux mot François qui signifioit une Colline, & que c'est un diminutif de *Mont*; il en apporte diverses preuves, & croit que par *Montjoye Saint-Denis*, il faut entendre Montmartre, où saint Denis souffrit le martyre. Le sieur de Caseneuve, homme qui a fort recherché les étymologies, est du sentiment de M. du Cange dans un petit Traité manuscrit que m'a montré M. Foucault Conseiller d'Etat, &, qui, je crois, n'a pas été imprimé : mais j'ai peine encore à me ranger à cette opinion ; car enfin Montmartre n'est point une colline, c'est une veritable montagne ; & elle est trop haute pour qu'on lui ait donné le nom de *Montjoye*, comme un diminutif du nom de *Mont*. Elle n'est nulle part dans nos Histoires appellée du nom de *Montjoye*. Nos anciens Historiens la nomment, *Mons Martis*, *Mons Mercurii* ; & pour dire cela en passant, je doute fort si le nom de Montmartre ne tire pas plûtôt son origine de *Mons Martis*, que de *Mons Martyrum*, quelque autorisée que soit cette étymologie par la pieté des Parisiens.

Dissertat. xi. sur l'Histoire de saint Louis.

*Origine du nom de Montmartre.*

De plus, il ne s'ensuit pas des preuves rapportées par M. du Cange, que Montjoye dans la Langue Françoise ait été un diminutif de Mont. Ce mot de Montjoye n'a guéres la mine d'un diminutif. Et quelque effort qu'ait fait M. Ménage dans ses étymologies de la Langue Françoise pour montrer la descendance de ce prétendu diminutif, il n'en rend la filiation nullement vrai-semblable. Je crois que ce nom de *Montjoye* que l'on donne à quelques Collines ou Montagnes en France, aussi-bien que celui de *Montjou* & de *Montjeu*, & quelques autres semblables, viennent de *Mons Jovis*, parce que sur ces Collines ou Montagnes il y avoit eu autrefois des Temples consacrez à Jupiter, ou qu'on y faisoit quelques Ceremonies à l'honneur de cette fausse Divinité. Ainsi tous ces noms sont des noms corrompus : & quand les Historiens de la basse Latinité ont appellé en Latin ces Montjoyes *Mons Gaudii* ; ils ont suivi l'usage de leur tems pour se faire entendre, & n'ont eu nul égard à la véritable étymologie qui me paroît être *Mons Jovis*.

Tout bien consideré, j'en reviendrai volontiers à l'étymologie de Pasquier, selon laquelle *Monjoye* fut dit d'abord pour *ma joye*. La concordance Françoise n'étoit pas alors aussi reguliere qu'elle l'est aujourd'hui. Il n'y a qu'à ouvrir nos vieux Auteurs qui ont écrit en François, & sur tout nos vieux Romanciers pour s'en convaincre. Si plusieurs écrivent *Montjoye* avec un *t*, plusieurs aussi écrivent *Monjoye* sans *t*. Secondement, Orderic Vital qui vivoit sous le Regne de Louis le Gros, c'est-à-dire dans le tems que ce Cri commença à être en usage dans les Armées, l'interprete ainsi en Latin sous l'an 1119. *Sed ingressi*, dit-il, MEVM GAVDIVM, *quod Francorum signum est, versâ vice clamaverunt*. Et si Pasquier avoit vû ce passage, il auroit été fort confirmé dans sa pensée. Borel dans ses recherches d'Antiquitez, &c. croit que Montjoye est un mot corrompu, & que l'on cria d'abord : *Moult joye saint Denis*, c'est-à-dire, *Grande joye saint Denis est notre Protecteur*. De plus, il est certain que ces Cris d'Armes où le nom de Dieu & des Saints entroit, étoient des especes d'invocations du secours de Dieu & des Saints. Or en donnant à *Monjoye saint Denis* le sens dont il s'agit, c'est une invocation. Et Guyart fait parler ainsi le fameux Comte de Montfort dans un grand danger où il se trouva en la Guerre contre les Albigeois.

*Orderic. Vitalis, l. 12.*

*Guyart, sous l'an 1202.*

Douteux de mort prent à crier
Pour sa gent vers lui rallier
Qu'il a adonc sousaidiez
Montjoye saint Denis aidiez

DE LA MILICE FRANÇOISE. Liv. V.

Vray Diex en qui nous nous fion
Secourez voftre Champion.

Certainement cette invocation du Comte de Montfort ne fe fit point à une Montagne, mais au Saint qui étoit fa joye & fon efperance, & qu'il fupplioit de l'aider. Enfin les Ducs de Bourgogne depuis Philippe le Hardi crièrent quelquefois *Monjoye faint Andrieu*; cela vouloit-il dire, *Montagne faint André*, ou plûtôt *ma joye & mon efpoir faint André* ?

Quoiqu'il en foit de l'étymologie du mot, il eft certain que c'étoit le Cri de Guerre de nos Armées, comme Saint-Jacques étoit celui des Caftillans, Saint-George celui des Anglois, Saint-Malo ou Saint-Yves celui des Ducs de Bretagne, Saint-Lambert celui des Liegeois, & ainfi des autres felon la dévotion & la confiance que chaque peuple avoit en quelque Saint, qu'il regardoit comme fon Protecteur. Nos Hiftoires font pleines d'exemples qui juftifient ce que je dis.

*Cri d'Armes de diverfes Nations.*
Froiffart, Monftrelet, &c.

Mais outre ce Cri commun à toute une Nation, les Seigneurs & de certaines Familles en avoient qui leur étoient propres. Les Montmorencis : *Dieu aide au premier Chrétien*. Les Baufremonts avoient le même ; & apparemment par la même raifon, ou par la même prétention, fçavoir que comme les Montmorencis prétendent que le premier Seigneur François qui fut baptifé après Clovis, étoit un de leurs Ancêtres ; de même les Baufremonts, felon quelque femblable Tradition, croyent que le premier Seigneur Bourguignon qui embraffa la Religion Chrétienne après le premier Roi Chrétien de cette Nation, étoit la tige de leur Maifon.

*Cri d'Armes des Seigneurs particuliers à l'Armée.*

Quoique dans les Combats le Cri du Prince fut celui de toute la Nation ; cependant chaque Banneret avoit le fien qui devenoit le Cri commun de tout le Corps & de toutes les autres Bannieres qu'il commandoit. J'ai déja cité ailleurs en parlant des Chevaliers Bannerets un exemple tiré de Froiffart au Chapitre où il raconte le Combat de Cocherel en Normandie entre Bertrand du Guefclin & le Captal de Buch. Il dit que quand les Seigneurs qui étoient pour le Roi de France Charles V fçûrent que le Captal de Buch qui étoit pour les Rois de Navarre & d'Angleterre, approchoit, ils mirent en délibération lequel

Froiffart, vol. 1. ch. 222.

Vu ij

340                           HISTOIRE

des Seigneurs ils prendroient pour les commander : *Si furent*, dit l'Historien, *grand temps sur tel état que de crier Nostre-Dame d'Auxerre, & de faire le Comte d'Auxerre leur Souverain pour ce jour.* Mais ce Seigneur s'étant excusé sur sa jeunesse & sur son peu d'experience dans le commandement en un Combat où il y avoit beaucoup de Troupes, les Seigneurs & Chevaliers choisirent Bertrand du Guesclin. *Si fut ordonné d'un commun accord qu'on crieroit Nostre-Dame Guesclin, & qu'on s'ordonneroit cette journée du tout par ledit Messire Bertrand.*

*Froissart, vol. 2. chap. 116, 117.*

Cela n'empêchoit pas que durant le Combat les Soldats ne criassent en certaines occasions le Cri du Capitaine qui les commandoit immediatement. Le même Froissart raconte qu'avant le Combat qui se donna au Pont de Comines l'an 1382, le Maréchal de Sancerre ordonna aux Soldats de crier chacun le Cri de leur Banniere, quoique les Bannerets n'y fussent pas tous; & cela afin de faire croire aux Flamans qu'ils alloient attaquer, que les Troupes Françoises étoient beaucoup plus nombreuses qu'elles n'étoient en effet. « Si dirent entre eux, quand » ils viendront sur nous (ils ne peuvent sçavoir quel nombre de » gens nous sommes) chacun s'écrie quand il viendra à assaillir, » l'Enseigne de son Seigneur de sous qui il est, jaçoit qu'il ne » soit pas ici, & le Cri que nous ferons, & la voix que nous » entre eux espandrons, les esbahira tellement, qu'ils s'en dé- » vront déconfire : avec ce nous les recueillerons aux lances & » aux épées . . . . . Là crioit-on, ajoute l'Auteur, Saint-Py » Laval, Sancerre, Anguien, & autres Cris qu'ils crièrent dont » il avoit Gens d'armes. C'est ainsi que depuis l'abolition des Cris d'Armes en pareilles occasions, un Commandant a fait quelquefois sonner quantité de Trompettes, de Tambours, de Tymballes, battre la marche Françoise, la marche Suisse, la marche des Dragons, pour faire accroire aux Ennemis qu'on avoit beaucoup plus de Troupes qu'ils ne pensoient.

Ces Cris se faisoient non-seulement sur le point de donner, mais encore pour le ralliement, ou quand le Banneret étoit en danger & pressé par l'Ennemi.

*Vol. 2. ch. 32.*

Le même Historien parlant du Comte de Derby, & s'avan- » ça, dit-il, si avant du premier assaut, qu'il fut mis par terre; » & là lui fut Monseigneur de Mauny bon confort; car par

« appertife d'Armes, il le releva & ôta de tous périls en escriant
« Lancastre au Comte d'Erby.

Ces Cris en de telles occasions s'appelloient *Cris à la Recousse*, ainsi qu'on le peut voir dans le même Historien en divers endroits. C'est un vieux mot François qui signifie *délivrance*, comme celui de *recous* signifie *délivré*.

Comme il n'étoit pas permis aux Cadets de porter les Armes de leur Maison sans brisure, il semble de même qu'ils n'en pouvoient pas prendre le Cri sans y ajouter le nom de leur Branche; & c'est pour cette raison apparemment qu'un Heraut blasonnant les Armes de René Roi de Sicile & Duc d'Anjou, ajoute au Cri le nom d'*Anjou*.

Il crie *Monsjoye Anjou*; car tel est son plaisir. Pour devises chauffretes, il porte d'*ardent desir*. *Favin.*

Il paroît que depuis Charles VII les Cris d'Armes particuliers furent abolis dans les Armées, parce qu'ayant institué les Compagnies d'Ordonnance, & dispensé par là les Gentilshommes fieffez d'amener leurs Vassaux au service ordinaire, les Bannieres & la qualité de Banneret ne subsistérent plus à la guerre, ni par consequent le Cri d'Armes, parce que c'étoit au nom du Banneret ou du Seigneur qu'il se faisoit. Plusieurs de ces Cris d'Armes se sont conservez en maniere de devises dans les Ecus d'Armes de quelques nobles & anciennes Maisons. Je reviens à l'arrangement des Armées. *Abolition en France des Cris d'Armes à la Guerre.*

---

## CHAPITRE III.

### De l'arrangement des *Armées* dans les marches.

L'Arrangement d'une Armée au moment qu'elle est d'en venir aux mains, est tout different de celui qu'on lui donne dans les marches. Si elle marchoit toujours dans de vastes plaines, il pourroit être le même : mais cela n'arrive pas ; car il se rencontre dans la route, ou des Bois, ou des Rivieres, ou des Villages, ou des Défilez, qui obligent à séparer l'Armée en differens Corps, afin de la faire arriver en même tems à un nouveau Camp, ou à la vûe de l'Ennemi.

*Marche d'une Armée en Colomnes.*

Alors les divers Corps occupent ordinairement un plus grand terrain en long qu'en large, ou en hauteur qu'en largeur; c'est pourquoi cela s'appelle marcher en colomnes. Ce terme n'est pas ancien, mais la chose a toujours été ainsi pratiquée, parce que les marches ne peuvent pas se faire autrement.

*Précautions pour assurer ces sortes de marches.*

Comme ces Marches sont dangereuses quand l'Ennemi est en Campagne, parce que les Corps peuvent être attaquez séparément, on a pris dans ces derniers tems une infinité de précautions qu'on ne prenoit pas toujours autrefois pour prévenir les inconveniens, ou pour y remedier. Il y a des Officiers en titres: ce sont les Maréchaux des Logis de l'Armée, qui doivent sçavoir parfaitement la Carte des Païs. Ils ont sous eux les Capitaines des Guides, dont un des soins est d'avoir plusieurs guides du païs, desquels on se sert pour empêcher que les Troupes ne s'égarent, sur tout quand les marches se font pendant la nuit. Les Officiers Generaux ont des Cartes topographiques tres-exactes, qui leur apprennent en détail la situation des lieux, & tout ce qui s'y rencontre jusqu'aux moindres buissons, ruisseaux, défilez, &c. Il y a des travailleurs à la tête des colomnes pour réparer les chemins, faire des ouvertures dans les hayes, dans les bois, dans les clos. On a de quoi faire des Ponts avec une extrême promptitude. On pousse en avant des Partis & de gros détachemens pour tenir l'Ennemi en respect & donner avis de ses mouvemens. Le General dispose tellement la marche qu'un Corps puisse bientôt être soutenu d'un autre, s'il est attaqué. Chaque Bataillon a alors ses Grenadiers à sa tête, & son Piquet à la queuë.

*Marches forcées.*

Quand on fait des marches forcées pour prévenir quelque dessein de l'Ennemi, on a soin de faire trouver des vivres dans les lieux où les Troupes arrivent, & tout ce qui est nécessaire pour leur soulagement dans ces fatiguantes marches. Rien en cette matiere n'a été plus beau dans les guerres du Regne de Louis XIV, que la marche que feu Monseigneur & le Maréchal de Luxembourg firent faire aux Troupes au sortir du Camp de Vignamont l'an 1694. L'Armée partit de ce Camp, & vint en six jours au Pont d'Espieres; l'Ennemi pour s'y porter n'avoit de son Camp de Merbaix que vingt lieuës, & marchoit

*Belle marche de l'Armée Françoise en 1694.*

## DE LA MILICE FRANÇOISE. Liv. V. 343

depuis deux jours sans défilez. La marche de nos Troupes de Vignamont au Pont d'Espieres étoit double de la sienne & embarassée de cinq Rivieres ; elles arriverent cependant assez tôt pour l'arrêter.

Cette disposition de marche fut ordonnée avec tant de précaution, & executée avec tant d'ordre, que toutes les choses nécessaires pour la subsistance des Troupes se trouverent à point nommé dans les lieux où elles devoient passer. Les détachemens que Monseigneur avoit fait partir, gagnoient toujours les devants pour presenter une tête de Troupes sur l'Escaut, & donner au reste de l'Armée le tems d'arriver.

Le Prince d'Orange qui ne s'étoit pas attendu à une telle diligence, fut aussi surpris qu'embarassé, quand il apprit que les détachemens qu'il avoit envoyez pour jetter des Ponts sur l'Escaut, étoient attaquez, & que ceux qui y travailloient ne pouvoient les achever. Cette nouvelle suivie de l'arrivée de toutes nos Colomnes, lui fit prendre à l'instant le parti de retirer ses Pontons. C'est là de ces coups qui donnent l'idée de la superiorité du génie d'un General, lequel sçait également prévoir le dessein de l'Ennemi, & s'y opposer avec succès.

De pareilles choses n'étoient pas autrefois praticables ; premierement, parce que cela suppose des magasins abondans de vivres en divers endroits, & une grande multitude de gens entendus & promts à les préparer & à les distribuer, une connoissance parfaite des lieux qu'on n'a que par une tres-grande experience, & par les Cartes topographiques faites avec le détail le plus exact, qu'on n'avoit guéres avant les derniers Regnes. Cela étoit encore plus impossible dans des tems plus éloignez, lorsque nos Rois n'étoient pas tout-à-fait les Maîtres des Seigneurs leurs Vassaux, qui étant dans les Armées, n'auroient pas souffert que pour faciliter la marche des Troupes, on eût abbatu leurs bois, renversé les murailles de leurs parcs, passé au travers de leurs moissons, & autres choses semblables, qui étant nécessaires en ces occasions pour le bien public, ne s'accommodoient pas avec l'interêt des particuliers. *Ces sortes de marches ne pouvoient guéres se faire autrefois.*

Les grandes Armées marchent ordinairement sur trois Colomnes, & suivant l'ordre de Bataille que le General a fait dès le commencement de la Campagne. Les Troupes de la droite *Arrangement ordinaire des Colomnes dans la marche.*

prennent le chemin de la droite; & les Troupes de la gauche forment la Colomne de la gauche. L'Artillerie, les vivres, & les gros bagages sont ordinairement dans le centre.

Quand on marche vers l'Ennemi, l'Artillerie marche toujours dans le centre, excepté qu'il en va une Brigade à la tête de chaque Colomne précedée de quelques Troupes : mais les gros bagages marchent derriere couverts du Corps de réserve.

Cette disposition en trois Colomnes est tres-avantageuse; car par ce moyen les Troupes en arrivant se rangent aisément en bataille, chacun sçachant son poste suivant l'ordre de bataille fait par le General, la Colomne gauche se rangeant à gauche, la droite se rangeant à droite, & celle du milieu au milieu. Il est aussi fort facile à l'Artillerie dans cette disposition d'aller prendre le poste qui lui est assigné à la tête des Brigades.

*Diverses dispositions des Colomnes suivant la disposition de l'Ennemi.*

Dans un Pays coupé de défilez, on observe toujours de faire marcher quelques Dragons à la tête des Colomnes avec un détachement considerable de Grenadiers.

Quand on décampe ayant l'Ennemi derriere soi, on fait marcher pour lors tous les bagages, les vivres & l'Artillerie devant avec quelques Escadrons pour leur sûreté; & l'on garde les meilleures Troupes pour l'Arriere-garde, avec une ou deux Brigades d'Artillerie.

Quand l'Ennemi est à côté, par exemple à la droite de l'Armée, en ce cas l'Artillerie, les vivres & les bagages marchent sur la gauche : & si l'Ennemi est sur la gauche, tout cela marche sur la droite. La raison est que si l'Ennemi venoit attaquer l'Armée dans sa marche, les deux Colomnes composées des Troupes seroient en état de se joindre; & les Escadrons faisant un caracol, & les Bataillons un quart de conversion, les deux Lignes de l'Armée se trouveroient en Bataille, & l'Artillerie marchant à la hauteur des Troupes devant lesquelles elle doit être postée, & passant par les intervalles des deux Lignes, & les intervalles des Bataillons & des Escadrons, elle se trouveroit en peu de tems à la tête de la premiere Ligne. Le Corps de réserve où une partie seroit cependant pour la défense des vivres & des bagages.

Une petite Armée peut marcher sur une seule Colomne, l'Artillerie & les bagages entre l'Avant garde & l'Arriere-garde.

garde. Si elle étoit obligée de se mettre en Bataille, les Dragons & la Cavalerie de l'avant garde feroient une des aîles, & ceux de l'arrieregarde l'autre aîle, l'Infanterie le centre, & l'Artillerie iroit se placer devant l'Infanterie.

Nous ne voyons aucuns de ces détai's dans nos anciens Historiens, ni même jusqu'au Regne de Louis XIII. Il falloit bien pourtant qu'on prît des précautions contre les dangers de ces sortes de marches. A la vérité on n'avoit pas alors ni tant de bagage, ni de si gros équipages d'Artillerie qu'on en a aujourd'hui; & c'est ce qui fait le plus grand embarras dans ces occasions: mais il y avoit d'autres dangers à éviter que celui de la perte du bagage & de l'Artillerie quand l'Ennemi étoit proche. Le General y pourvoyoit sans doute par un grand secret pour le décampement, & pour la route qu'il devoit tenir, par des stratagemes pour cacher l'un & l'autre à l'Armée Ennemie, en s'assurant de bons guides, en envoyant quantité de partis à la découverte, en ne faisant que de tres-petites marches; car on ne voit guéres d'exemples dans les précedens Regnes de ces grandes marches forcées dont on a admiré l'execution durant les Guerres du Regne de Louis le Grand.

Quand Alexandre de Parme entra en France à la tête des Armées Espagnoles pour faire lever le Siege de Paris en 1590, & celui de Rouen en 1592, il alloit toujours tres-lentement, & à tres-petites journées, nonobstant les Lettres pressantes du Duc de Mayenne, & des Ligueurs de Paris & de Rouen; c'est pourquoi il ne put jamais être entamé. Tout grand Capitaine neanmoins qu'il étoit, il se laissa enfermer dans la Peninsule du Pays de Caux entre l'Armée de Henri IV & la Seine. Il ne pouvoit retourner aux Pays-Bas qu'en prenant la route de Picardie: mais le Roi étoit sur le chemin avec une florissante Armée cherchant à donner une Bataille, qu'Alexandre de Parme vouloit éviter, son Armée étant foible & en fort mauvais état: mais les grands Capitaines trouvent des ressources, où les autres seroient à bout, & ne paroissent jamais plus grands hommes que dans ces occasions dangereuses où tout paroît desesperé.

Le Prince de Parme s'étoit rapproché de Caudebec sur le bord de la Seine. Le Roi n'en fut ni surpris ni inquiet; il étoit persuadé qu'il prenoit ce parti pour la commodité de l'eau, &

*Belle retraite du Prince Alexandre de Parme.*

parce que ce Canton étoit moins ruiné que le reste du Païs, & cela étoit vrai : mais ce General en faisant le mouvement que je viens de dire, avoit une autre dessein qu'il tenoit fort secret. C'étoit de passer la Seine pour se tirer du mauvais pas où il se trouvoit engagé. La chose étoit infiniment difficile à cause de la grande largeur de la Seine en cet endroit ; & ce fut cette difficulté qu'on regarda comme une impossibilité, qui le sauva ; car dans cette idée le Roi prit si peu de précautions de ce côté-là, que sans qu'il s'en apperçût, le Prince de Parme fit passer huit Enseignes dans quelques bateaux à l'autre bord de la riviere, où elles élevérent un Fort. Il en fit construire un autre du côté de Caudebec avec des redoutes sur le rivage, pour assurer les deux bouts du Pont qu'il méditoit de faire ; & ayant fait assembler à Roüen quantité de bateaux qui arrivérent à point nommé au retour de la marée avec les ancres, les cables, les poutres, les planches, & tout l'attirail nécessaire prêt à être mis en œuvre, le Pont se trouva fait le vingt-deuxiéme de May, sans que le Roi en eût eu aucun avis.

Le Prince de Parme fit défiler son Armée par une seule Colomne qui devoit être tres-étroite, puisqu'elle n'avoit pas la largeur d'un Pont fait à la hâte, & la fit passer avec un ordre & une promptitude merveilleuse ; de sorte que le Roi n'apprit cette marche qu'après que l'avant-garde, le Corps de Bataille, & la plûpart des bagages & l'artillerie furent passées. Il accourut aussitôt sur les hauteurs voisines de la riviere, d'où il vit avec le plus extrême chagrin sa proye lui échapper. Il donna ordre qu'on amenât au plûtôt du Canon pour tirer sur le Pont, & s'avança avec sa Cavalerie vers le Camp des Ennemis : mais il fut contraint de s'en éloigner par le Canon du Fort & des Redoutes. Ranuce Farneze fils du General étoit resté à l'arriere-garde, & eut le loisir de faire embarquer l'Artillerie du Fort d'en deçà. Tout étant passé, il fit mettre le feu au Pont, & ne quitta point le bord malgré l'Artillerie du Roi qui commençoit à tirer, que la plus grande partie des bateaux ne fut brûlée ou emportée par le courant de la riviere.

Cette retraite fut regardée avec raison comme un prodige, & comme une des plus belles choses qu'Alexandre de Parme eût encore faite à la guerre ; mais il faut avouer qu'elle ne pouvoit réussir que par le plus grand de tous les bonheurs, & qu'il en fut autant redevable à la negligence de son Ennemi qu'à sa propre habileté.

Dès qu'il eût passé la Seine, il fit ses marches tout d'une autre maniere qu'il ne les avoit faites en entrant en France; car n'ayant plus d'Ennemis à craindre au-delà de la Seine, où il n'y avoit que très-peu de Troupes du Roi ; il arriva en quatre Campemens de Caudebec à Saint-Clou, & ne laissa point reprendre haleine à ses Troupes jusqu'à ce qu'il fut arrivé à Château-Thierry en Champagne. C'est en effet un des talens d'un grand General de sçavoir regler à propos ses marches, selon les diverses conjonctures où il se rencontre.

Il en est de la marche des Petits-Corps, tels que sont les Camps volans à proportion comme de celle des grandes Armées, avec cette difference que celle des Camps volans est beaucoup plus aisée, moins embarassante, & communément moins dangereuse ; on y garde à peu près les mêmes regles & les mêmes précautions.

Pour ce qui est de la marche des Troupes particulieres, comme par exemple d'un Regiment d'Infanterie qui passe d'une Garnison à une autre, il y a aussi des Reglemens pour que cette marche se fasse avec ordre & avec sûreté : c'est dequoi je vais parler dans le Chapitre suivant.

## CHAPITRE IV.

*De l'arrangement dans les marches des Troupes particulieres.*

DE tout tems dans les Regnes tranquiles, c'est-à-dire qui n'étoient point troublez par les Guerres civiles, il y a eu des Reglemens pour la marche des Troupes, non-seulement quand elles marchoient toutes en Corps, mais encore lorsqu'elles marchoient séparément pour aller joindre les Armées, ou pour passer d'un lieu à un autre. Ces Reglemens étoient plus ou moins observez suivant le plus ou le moins d'application du Prince, & des Officiers qui agissoient sous ses ordres pour l'obfervation de la Difcipline Militaire. Ces Troupes logeoient & étoient nourries par étapes; on puniffoit les violences; les Commandans en étoient refponfables. On a vû ce que j'ai dit fur ce fujet à l'occafion de l'inftitution des Compagnies d'Ordonnance par Charles VII. Mais fur la maniere dont fe faifoient ces marches, foit de la Gendarmerie, foit des autres Troupes, nous n'avons rien de détaillé dans nos Hiftoires, ni même dans les Ordonnances de nos Rois qui femblent s'en être rapportez pour la plûpart du détail à la prudence des Commandans particuliers, lefquels étoient dans les occafions chargez de la conduite de ces Troupes.

Louis le Grand à qui rien n'a échappé pour la perfection de la Difcipline Militaire, eft le premier qui ait le plus defcendu dans le particulier de cet Article de la Milice, & qui a tenu le plus la main à l'execution. On va voir ce détail dans le Reglement que je vais tranfcrire.

Lorfqu'un Bataillon, par exemple, a reçu les ordres pour partir, on en avertit la veille à l'ordre, & l'on donne l'heure pour faire battre la generale. Il faut toujours obferver de battre de grand matin, & laiffer au moins une intervalle de deux heures depuis la Generale jufqu'à l'Affemblée.

*Préparation pour la Marche d'un Regiment.*

La Generale eft ce qu'on appelle le Premier, ou le fignal pour faire lever les Soldats qui doivent fe préparer pour partir, ramaffer leurs hardes, & prendre leurs armes. Lorfque les Soldats font fortis de leurs Chambres, les Sergens remettent à l'Aide Major du Bataillon les fournitures qu'ils ont dans les Cazernes; & l'Aide-Major remet ces fournitures au Commis prépofé pour cela, & les Cazernes en bon état au Major de la place, & prend fa décharge de l'un & de l'autre.

On bat enfuite l'Affemblée à l'heure ordonnée; les Soldats portent leurs armes devant la porte du logis de leur Capitaine, ou de celui qui commande la Compagnie, le dernier Soldat qui porte fes armes demeurant en fentinelle devant pour les garder, jufqu'à ce qu'il foit relevé par un autre à l'ordinaire.

Pour marcher avec moins d'embarras, il faut faire affembler de bon matin les équipages & les malades à un rendez-vous qu'on donne, & commander un Lieutenant, un Sergent & trente hommes pour les efcorter. Un Sergent de chaque Com-

# DE LA MILICE FRANÇOISE. *Liv. V.*

pagnie doit conduire les Malades au Rendez-vous, & les remettre entre les mains de l'Officier détaché. On fait partir tout cela deux heures avant le Bataillon. L'Officier commandé pour l'Escorte doit prendre garde qu'aucun Soldat ni Valet n'aille devant, ni ne reste derriere. Le Major ou l'Aide-Major du Bataillon part ensuite avec un Capitaine & un Lieutenant pour le logement. Lorsqu'ils sont arrivez, le Major va porter les ordres au Commandant, si c'est une Place de Guerre, ou s'il y a des Troupes, & ensuite il va à l'Hôtel de Ville pour faire faire les logemens, & regler tout ce qui est necessaire aux Troupes qui doivent arriver.

Deux heures après que les Malades & les Equipages sont partis, on fait battre le *dernier*, ou *le Drapeau*. Les Tambours partent ensemble de l'endroit où le Regiment doit se mettre en Bataille, & se séparent pour aller chacun à sa Compagnie, en battant toujours.

Dès que les Soldats entendent battre le Drapeau, ils prennent leurs armes, & se mettent en haye. L'Officier fait l'appel pour voir s'il n'y a pas quelqu'un qui soit parti devant sans congé ; & s'il y en a, il le châtie le soir en arrivant.

Lorsque le Tambour est arrivé, la Compagnie se met en marche par quatre files, les Officiers à leurs postes, & va se mettre en Bataille à l'endroit destiné. Le Major doit y être, pour mettre le Regiment en bataille, observant de laisser la place pour les Compagnies qui ne peuvent pas arriver si-tôt, parce que le logis de leur Capitaine est trop éloigné. *Assemblée des Compagnies au Rendez-vous.*

Lorsque toutes ces Compagnies sont arrivées, le Major fait un détachement de vingt Fusiliers avec les Tambours ; l'Aide-Major se met à la tête avec les Enseignes qui vont querir les Drapeaux au logis du Commandant, & les remet aux Enseignes qui les portent déployez au Bataillon : les Tambours du détachement battent le *Drapeau*.

Lorsqu'ils sont arrivez, le Major fait former le Bataillon, & ensuite le met en marche, faisant défiler la Compagnie des Grenadiers la premiere par quatre, les Officiers à leurs postes ; après cela le Corps du Bataillon par huit ou par dix, la moitié des Capitaines à la tête, la moitié à la queuë, les Lieutenans & Soûlieutenans dans les divisions : tous les Tambours *Marche du Bataillon.*

X x iij

battent aux champs, jufqu'à ce que tout le Bataillon foit en marche. Pour lors il n'y en a qu'un qui bat, les autres marchent à vingt pas devant le Bataillon, & le Tambour-Major a foin de faire relever celui qui bat de lieuë en lieuë. Il faut autant qu'on peut, faire obferver les rangs aux Soldats : il eft certain qu'ils marchent plus à leur aife ; & les Lieutenans qui font dans les divifions, doivent fur tout prendre garde qu'elles ne fe mêlent pas les unes dans les autres, & qu'aucun Soldat ne s'écarte. Si quelqu'un y eft obligé, il faut qu'il laiffe fon fufil à un de fes Camarades, & qu'il refte un Sergent auprès de lui pour le faire joindre. Il faut laiffer un Sergent avec une douzaine de Fufiliers qui marchent cinquante pas derriere le Bataillon, & font joindre les Traîneurs.

*Alte dans la Marche.*

Quand le Bataillon eft arrivé à moitié chemin de l'endroit où il doit aller coucher, tous les Tambours entrent dans les rangs, & le Major met la Troupe en Bataille, fait pofer les armes à terre, & fortir les Soldats du Bataillon. On pofe des Sentinelles à la droite, à la gauche & au centre de chaque rang pour empêcher les Soldats d'y entrer & de prendre leurs armes. On fait alte pendant une ou deux heures, felon la longueur de la journée. Les plus longues altes font les meilleures ; il faut les faire hors des Villages, & choifir un endroit où il y ait de l'eau.

L'alte faite, les Tambours appellent ; les Soldats prennent leurs armes ; les Officiers font encore l'appel de leurs Compagnies ; & le Major met le Bataillon en marche comme le matin.

Lorfqu'on eft prêt d'arriver, le Major prend les devants, & va reconnoître un endroit propre à le mettre en Bataille ; il y conduit le Regiment, & l'y range par Compagnies. Le Commiffaire & les Confuls viennent faire la revûë, & donnent enfuite les Billets au Major, qui va prendre l'ordre du Colonel pour l'heure à laquelle il veut partir le lendemain, & pour les Gardes qu'il faut mettre, foit pour les équipages, ou pour la fûreté du Quartier, fi on eft à portée des Ennemis en quelque endroit. Il faut toujours une Garde fur la place pour aller mettre le hola aux endroits où les Soldats peuvent faire du défordre chez leurs hôtes.

Le Major envoye les Drapeaux chez le Commandant avec un

détachement, appelle les Sergens à l'ordre, leur dit ce qu'il y a à faire, nomme les Officiers qui doivent aller le lendemain au logement, & ceux qui doivent commander l'escorte des équipages & des malades, leur donne le Rendez-vous pour se mettre en Bataille, & l'heure au Tambour-Major pour battre la *Retraite*, & le lendemain la *générale*. Il distribuë ensuite les Billets des Compagnies aux Sergens, il prend le Contrôle de leur logement, & a soin de donner au Tambour-Major les Billets des Tambours qu'il doit avoir fait mettre à part, pour les loger tous ensemble, s'il se peut, ou au moins de proche en proche, afin qu'ils puissent se trouver aisément pour battre le service. Dans une place de Guerre, les Sergens vont à l'ordre au cercle de la Garnison, & les Tambours battent la retraite avec ceux de la place. Il faut remarquer que si l'on passe par une place fermée, & sur tout s'il y a Garnison, les Officiers doivent entrer pied à terre, l'Esponton à la main.

Lorsque les Sergents ont les Billets de leurs Compagnies, chaque Lieutenant ou Soulieutenant conduit la sienne devant le logis de son Capitaine, ou devant le sien s'il la commande, distribuë les Billets aux Soldats, & prend le Contrôle de leur logement.

*Reglement du 25 Juillet 1665.*

Les Sergens qui sont de tour à aller à la distribution de l'étape, se rendent à l'endroit où on la fait, & prennent garde qu'on donne aux Soldats ce qui leur est dû, & que ceux-ci ne fassent point de désordre.

*Arrivée du Bataillon à la Garnison.*

Le lendemain on marche à l'ordinaire; & enfin le jour qu'on doit arriver à la Garnison pour laquelle le Bataillon est destiné, le Major va porter l'ordre au Gouverneur, visite les Cazernes & les fournitures & s'en charge; & lorsque le Bataillon est arrivé & en Bataille, le Major de la place fait battre un Ban, & fait aux Soldats les défenses generales & particulieres de la Garnison, leur indique les limites, passé lesquelles ils sont arrêtez comme Deserteurs: & il conduit le Bataillon au poste, où les Soldats doivent s'assembler en cas d'allarmes. Après quoi on détache les Officiers, Sergens & Soldats qu'il faut pour la Garde; & le Major du Regiment va ensuite distribuer aux Sergens les logemens & les fournitures pour leurs Compagnies.

*Reglement du 4 Novembre 1651. Reglement du 25 Juillet 1665.*

Lorſqu'un Bataillon fait une longue route, il eſt bon de laiſſer derriere un Lieutenant avec deux Sergens des plus entendus du Regiment, qui partent quatre ou cinq jours après, & ramaſſent tous les Traîneurs qui n'ont pas pû joindre, ayant ſoin de s'informer dans les Hôpitaux des lieux par où ils paſſent, s'il n'y eſt point reſté de Soldats

Je ne crois pas que les Romains ayent jamais obſervé un plus bel ordre, ſoit dans les marches generales, ſoit dans les marches particulieres, que celui qu'on obſerve aujourd'hui dans nos Troupes en execution des Ordonnances que Louis le Grand a faites ſur ce ſujet.

Ce ſont là les principales reflexions générales que j'ai pû faire ſur l'arrangement & les marches des Troupes, & ſur les differences en cette matiere entre les tems paſſez & le tems preſent. Il me reſte à parler de l'arrangement des Armées dans les Campemens.

## CHAPITRE V.

*De l'arrangement des Armées dans les Campemens.*

QUand je traiterai des Sieges, je montrerai que Philippe-Auguſte rétablit en France la methode des Romains pour le campement des Armées devant une Place qu'elles aſſiegent. Je ne parle maintenant que de l'arrangement d'une Armée dans les autres Campemens. Je n'ai preſque rien de particulier à dire ſur ce ſujet depuis Hugues-Capet juſqu'aux tems qui approchent du nôtre. Nos anciens Hiſtoriens ne ſe ſont point mis en peine de nous inſtruire de beaucoup de détail là deſſus, au lieu que les Ecrivains de l'Hiſtoire Romaine, comme Polybe, Tite-Live & quelques autres n'ont pas manqué, comme ils le devoient, de nous informer de ces particularitez qui ont fait beaucoup d'honneur aux Romains, en faiſant connoître leur habileté dans la Guerre; les précautions qu'ils prenoient pour ne ſe point laiſſer ſurprendre, & la conſtance des Soldats dans des travaux immenſes, où ils n'épargnoient point leur peine, &
qu'ils

qu'ils regardoient comme une des principales parties du devoir d'un bon Soldat.

Il est certain qu'en ces occasions nos François ont toujours observé certaines regles generales, & indispensables pour la sûreté & pour la subsistance des Troupes, comme de faire quelques retranchemens quand l'Ennemi étoit à craindre, de se camper en un lieu où ils pussent avoir de l'eau & du fourage, où les convois pussent aborder avec facilité, & autres choses semblables. Il est hors de doute qu'il y avoit dans les Troupes des Officiers préposez pour la distribution des Quartiers, pour les logemens de la Cavalerie, de l'Infanterie, des Vivandiers, &c.

J'ai seulement remarqué que quand la coûtume fut introduite de faire combattre à pied la Gendarmerie, il y avoit un endroit du Camp destiné à mettre les chevaux des Gendarmes dans le tems de la Bataille : c'est ce que nous apprenons de Froissart à l'endroit où il parle de l'Armée d'Edoüard III Roi d'Angleterre & de celle de Philippe de Valois, qui furent sur le point d'en venir aux mains à Vironfosse en Tierasche, ainsi que je l'ai déja remarqué. Il dit des Anglois qu'avant que de se mettre en ordre de Bataille, *ils mirent leurs chevaux & tous leurs harnois en un petit bois qui étoit derriere eux, & s'en fortifierent.* Et au sujet de la Bataille de Crecy qui se donna entre ces deux Princes : *Si fit faire le Roi* (d'Angleterre) *dit-il, un grand Parc près d'un bois derriere son Ost, & là mettre tous chars & charettes, & fit entrer dedans ce Parc tous ses chevaux, & demoura chacun homme d'armes & Chevalier à pied.*

Vol. 1. ch. 41

Chap. 13

Ce n'étoit encore guéres la mode de se retrancher en Campagne du tems du Roi Charles V, d'une maniere qui rendît un Camp inaccessible aux Ennemis, & par le moyen duquel une Armée s'y étant logée & fixée, couvrît un grand païs, & les empêchât d'y pénétrer, comme nous l'avons vû pratiquer de notre tems, soit aux Païs-Bas, soit en Allemagne, tant par les François, que par les Allemands & par les autres Nations. On le doit conclure de l'ordre que donna diverses fois ce sage Prince à ses Lieutenans Generaux qu'il mettoit à la tête de plusieurs Camps-volans, dans le tems que de fortes Armées d'Anglois entreprenoient de traverser la France depuis Calais jusqu'à

Harfleur & jusqu'en Bretagne. C'étoit non-seulement de ne point s'engager à aucune action considerable, de se contenter de harceler les Ennemis & de leur couper les vivres, mais encore de se retirer tous les soirs sous quelque Forteresse, à la faveur de laquelle ils ne pussent être attaquez impunément, & cela étoit aisé ; car alors presque tous les Châteaux des Seigneurs particuliers étoient fortifiez, & on en trouvoit par tout dans la Campagne.

Ce fut dans les Guerres d'Italie que nos Generaux prirent la methode de se retrancher en Campagne d'une maniere, qui non seulement rendoit leur Camp inaccessible : mais encore empêchoit les Ennemis d'aller en avant ; on en voit divers exemples dans l'Histoire du Regne de Louis XII, & de celui de François I. Les Ennemis de la France nous servirent de modele pour cet usage.

Le premier campement de cette espece dont il est parlé dans les Histoires de nos Guerres d'Italie, fit perdre à Louis XII le Royaume de Naples. Ce Prince & le Roi Ferdinand le Catholique étant convenus de partager entre eux le Royaume de Naples, le partage se fit d'abord à l'amiable. Mais un Article du Traité n'ayant pas été assez clairement expliqué, la Guerre ne tarda pas à s'allumer entre les deux Rois au sujet du Reglement des limites. Louis XII envoya un Corps d'Armée assez considerable pour soutenir les Troupes qu'il avoit déja dans ce Royaume.

*Campement sur la riviere du Garillan.*

Le Marquis de Mantouë qui commandoit l'Armée Françoise s'avança jusques à la Riviere du Garillan, & se rendit maître des deux bords, y jetta un Pont, le fortifia du côté du Royaume de Naples, & malgré les efforts que Gonsalve de Cordouë, à qui les Espagnols donnoient le glorieux surnom de Grand Capitaine, se maintint dans ce poste en attendant que l'hyver contraignit le General Espagnol à quitter la Campagne, & à lui laisser le passage libre pour entrer plus avant dans le Royaume.

Il étoit naturel que les Espagnols décampassent les premiers; leur Armée étoit beaucoup plus foible que l'Armée de France. Ils étoient dans un pays tout ruiné ; les vivres ne leur venoient qu'avec beaucoup de peine. Les pluyes & les neiges augmentoient beaucoup la difficulté qu'ils avoient à subsister : mais rien de tout cela ne fut capable d'ébranler la constance des Espagnols, & leur General eut toujours en vûë son point capital, qui étoit d'empêcher les François de pénétrer plus avant dans le Royaume.

Il se posta à Cintura lieu éloigné seulement d'un peu plus d'un mille du Garillan sur une petite éminence, au bout d'un défilé fort étroit & plein de Fondrieres par où il étoit impossible aux François de venir l'attaquer. Il demeura là toujours en attendant l'occasion que lui pourroit presenter l'impatience des François.

*Constance des Espagnols & impatience des François.*

Elle se presenta ; car le Marquis de Salusses qui avoit succedé au Marquis de Mantoüe dans le Commandement, ayant sur les instances des Officiers partagé sa Cavalerie en des quartiers éloignez pour la faire subsister plus aisément, Gonsalve fit faire aussi promptement que secrettement un Pont sur le Garillan à quelques lieuës au-dessus de celui des François, le passa, vint fondre sur leurs Quartiers, les enleva les uns après les autres, & défit entierement leur Armée. Après quoi il se rendit maître de toutes les Places qui restoient aux François dans le Royaume, & les obligea de l'abandonner, & cela sans retour, nonobstant les efforts que la France fit depuis pour le reconquérir.

Tout le monde sçait comment le Maréchal Anne de Montmorenci depuis Connêtable de France, retrancha son Camp d'Avignon. Il le fit de telle sorte que l'Empereur Charles V étant descendu en Provence, n'osa jamais l'attaquer, nonobstant la grande envie qu'il avoit d'en venir à une action décisive. Et ce fut cette conduite du Maréchal qui sauva le Royaume. Pour ce qui est de notre tems, on se souvient du Camp d'Hailbron où le Prince Louis de Bade arrêta l'Armée de France, & de celui de la Sarre où le Maréchal de Villars déconcerta le Duc Malboroug, & l'obligea à ramener, sans avoir rien fait, les belles & nombreuses Troupes avec lesquelles il prétendoit l'accabler.

*Camp d'Avignon du tems de François I.*

*Camp du Prince Louis de Bade.*

*Camp du Maréchal de Villars.*

Depuis le Regne de Louis le Grand on a porté l'art & la regularité des campemens & la police des Armées en ces rencontres à la plus haute perfection. L'habileté & l'application des

356　　　　　　　　　　HISTOIRE

*Regularité des Campemens sous le Regne de Louis le Grand.*

Ingenieurs dont plusieurs ont été éminens dans les Mathematiques, leur ont fait dresser des Camps avec autant de justesse & d'Ordonnance, que des Villes dont ils auroient tracé des Plans à loisir pour les bâtir ; & dans ces conjonctures importantes on ne manque à rien pour les assurer contre l'Ennemi. Sçavoir bien choisir son terrain, & prendre toutes ses précautions en matiere de campemens, fut un des principaux talens du grand Vicomte de Turenne ; & c'est un des plus beaux éloges qu'il pût recevoir des Troupes qu'il commandoit, que ce que disoient les Soldats, sçavoir que quand il étoit à leur tête, ils dormoient en assurance jusques dans le cœur du Pays ennemi.

*Habileté du Vicomte de Turenne dans les Campemens.*

*Figure des Camps des Romains.*

Polybe qui écrivoit du tems de Scipion l'Africain, dit que les Camps des Romains étoient presque toujours ou quarrez ou ovales. Vegece qui vivoit plusieurs siecles après, dit qu'ils n'avoient de son tems aucune figure déterminée. Ce pouvoit bien être un relâchement de la Discipline ; car quoiqu'il soit très-vrai semblable que les anciens Romains ne s'astreignoient pas tellement à ces deux figures en matiere de Camp qu'ils ne s'en départissent quelquefois ; il est certain que c'étoit l'usage ordinaire, & que quand il n'en coûtoit que quelque travail aux Soldats pour équarrir le Camp, on n'épargnoit point leur peine. Voici le Plan d'un Camp des anciens Romains, tracé sur le rapport de leurs divers Historiens qui en ont fait quelque détail.

*Ressemblance de nos Camps aux Camps des Romains.*

*Campemens devenus plus reguliers sous Louis le Grand.*

Nos Camps ont de la ressemblance aux Camps des Romains en plusieurs choses. Ce qu'ils appelloient le Prétoire, est ce que nous appellons aujourd'hui le Quartier general, c'est-à-dire l'endroit où campe le Chef de l'Armée. Nos Camps comme ceux des Romains sont divisez avec regularité, & partagez comme par des ruës. Dans un Memoire qui m'a été fourni sur le Regiment du Roi, je trouve que le sieur Martinet qui fut Lieutenant Colonel & puis Colonel de ce Regiment, & dont Louis XIV se servit beaucoup pour discipliner l'Infanterie ; je trouve, dis-je, que cet Officier commença à établir ou à rétablir la maniere reguliere de camper, & à diviser le Camp par des espaces tirez au cordeau ; qu'il fit ainsi camper le Regiment du Roi aux Païs-Bas à la Campagne de 1667, toutes les armes étant mises en faisceaux à la tête des Bataillons & que le Roi ayant trouvé cette disposition fort belle, il la fit pratiquer par les autres

| | |
|---|---|
| ........ | Prétoire. |
| ........ | Pavillons des Tribuns. |
| ........ | Grand espace entre les Pavillons des Tribuns et le Logement des Legions. |
| ........ | Logement de la Cavallerie Romaine. |
| ........ | Logement des Triaires. |
| ........ | Logement des Soldats appellez Principes. |
| ........ | Logement des Hastaires. |
| H ........ | Logement de la Cavallerie des Alliez. |
| I ........ | Logement de l'Infanterie des Alliez. |
| ........ | Espace entre les Logemens et le Retranchem.t |
| ........ | Place du Marché. |
| ........ | Place du Questeur. |
| S ........ | Logement des Volontaires. |
| T ........ | Logement de la Cavallerie que le Consul a tiré des Alliez pour être près de sa personne. |
| V ........ | Logement de l'Infanterie que le Consul a tiré des Alliez pour être près de sa personne. |
| X ........ | Logement de la Cavallerie Extraordinaire qui peut Survenir. |
| Y ........ | Logement de l'Infanterie Extraordinaire qui peut Survenir. |

Troupes. La Cavalerie, l'Infanterie, les vivres, l'Artillerie ont chacun leurs Quartiers. Les Commandans subalternes ont leurs postes à proportion de leur commandement. Chaque Corps est placé selon son rang, ou selon l'usage auquel le General veut l'employer.

Quant à l'assiete, à la figure, à l'étenduë du Camp, à l'arrangement des Troupes, il n'y a rien de tout-à-fait déterminé : on se regle sur les circonstances & sur les conjonctures qui varient toujours, comme par exemple la disposition du terrain, le nombre des Troupes qui est plus ou moins grand, où il y a tantôt plus de Cavalerie & moins d'Infanterie, & tantôt moins d'Infanterie & plus de Cavalerie, la force de l'Armée ennemie, sa proximité ou son éloignement, les vûës du General qui tantôt a dessein de combattre, & tantôt d'éviter le combat, & qui doit prendre ses avantages, soit pour la défensive, soit pour l'offensive.

Je suis persuadé, quoiqu'on en dise, que les Romains suivoient les mêmes regles, & que quand on voit dans les Historiens par exemple la figure du Camp déterminée au quarré ou à l'ovale, c'étoit seulement lorsque le General étoit tout-à-fait maître de choisir son terrain. Ce n'est aussi que dans une pareille supposition qu'on peut donner une idée déterminée des campemens d'aujourd'hui, & de l'arrangement qu'on y donne aux Troupes.

En ce cas ordinairement l'Armée campe sur deux lignes dont on tâche d'appuyer la droite & la gauche à quelque Riviere ou à quelque ruisseau ou à des Marais, à des Villages, à des bois, à des hauteurs dont on se saisit, & où l'on jette de l'Infanterie ou des Dragons. On a soin de faire des levées de terre pour fortifier au moins les endroits foibles par où l'on pourroit être surpris. Mais quand c'est un Camp à demeure pour arrêter une Armée ennemie, on y employe tout l'art de la fortification afin de le rendre de plus en plus de difficile accès.

*Maniere de camper ordinaire.*

Quand les droites & les gauches des deux lignes sont suffisamment appuyées, & certains postes occupez par de l'Infanterie & des Dragons, la Cavalerie se campe sur les ailes des deux lignes, & on choisit quelques Regimens soit de Dragons, soit d'Infanterie pour couvrir le Quartier general.

Y y iij

Il y a souvent un Corps de réserve commandé par un Officier de confiance, qui peut se porter dans les lieux où il convient, soit en cas de combat pour rétablir une affaire, soit pour en déterminer le succès quand le combat est opiniâtré. Ce Corps forme ordinairement une troisiéme ligne.

*Place de l'Artillerie.*

On place communément l'Artillerie devant le centre de la premiere ligne ; & quand c'est un Camp à demeure, on la distribuë ensuite aux aîles & le long des lignes, selon qu'on le juge à propos par rapport au terrain. On fait ensorte que les communications soient libres dans toute l'étenduë du Camp, afin que les Troupes puissent aisément se porter par tout.

*Place des Vivandiers.*

Les Vivandiers sont répandus dans le Quartier general & dans les autres Quartiers des Generaux ; ceux des Regimens campent avec leurs Regimens.

*Quartier general.*

On met le Quartier general au centre de l'Armée autant qu'il est possible. Entre les deux lignes ou derriere les deux lignes, afin que le General puisse plus aisément se transporter ou donner ses ordres à la droite ou à la gauche. Les Romains, comme on l'a vû, le mettoient au haut du Camp.

*Champ de Bataille à la tête du Camp.*

Le Champ de Bataille, c'est-à-dire le lieu où l'on voudroit ranger l'Armée au cas que l'Ennemi survint, est à la tête du Camp. On observe toujours qu'il en soit assez près pour que l'Ennemi ne puisse pas s'en emparer avant qu'on s'y soit mis en Bataille.

On a grande attention dans un Campement à s'éloigner suffisamment des hauteurs d'où l'Ennemi pourroit incommoder le Camp ; & au contraire on s'approche des défilez qui se trouvent entre lui & le Camp, afin qu'il ne puisse que difficilement aborder, & qu'on le combatte avec avantage au débouché En un mot c'est au General à prendre de si justes mesures, qu'il ne puisse être attaqué par les Ennemis que mal aisément & avec desavantage de leur part, & qu'au contraire il soit maître de ses mouvemens, & d'executer les desseins qu'il aura formez.

*Etat Major d'une Armée.*

Comme il y a un Etat Major pour chacun des Corps qui composent l'Armée, il y en a un pour l'Armée même Il est composé du Commandant de la Cavalerie, du Commandant des Dragons, du Commandant de l'Artillerie, du Maréchal General des Logis de l'Armée, du Major General, du Maré-

DE LA MILICE FRANÇOISE. *Liv. V.* 359

chal des Logis de la Cavalerie, du Major General des Dragons, du Major de l'Artillerie, de l'Intendant de l'Armée, du General des Vivres, du Tresorier de l'Armée, du Grand Prevôt de l'Armée, d'un Chirurgien Major, & d'un nombre de Missionnaires pour le Service spirituel de l'Armée. Ce sont depuis longtems les PP. Recollets qui sont chargez de ce soin.

Tout ce qui compose cet Etat Major loge toujours au Quartier General, dit autrement le Quartier du Roi, afin que le General ait toujours tous ses Officiers auprès de lui.

*Distribution du terrain du Camp.*

C'est une des principales fonctions d'un Maréchal de Camp de choisir un terrain commode & avantageux pour le campement, & où l'on puisse arriver avec le moins d'embarras & de danger qu'il est possible. Après qu'il l'a reconnu, & qu'il en a déterminé l'étenduë, le Maréchal des Logis de l'Armée en fait la distribution, & assigne aux Maréchaux des Logis de chaque Regiment l'espace qui lui est destiné; c'est à lui à marquer le Quartier du Roi, le lieu du Parc de l'Artillerie, le Quartier des Vivres, la Place de l'Hôpital, &c.

Chaque Regiment arrivant, le Major les met en Bataille, & donne à chaque Sergent le terrain destiné à sa compagnie. Il détache les Gardes qui lui sont ordonnées, fait poser les armes, & envoye les Soldats à la paille. Cependant le Piquet demeure sous les Armes jusqu'à-tant que les Soldats ayent tendu leurs tentes.

Quand cela est fait, les Soldats prennent leurs armes. Le Major leur fait faire demi tour à droite, presenter les armes, & marcher les Tambours battant le Drapeau; & puis les Soldats vont poser les armes au faisceau. Il en est à proportion de même pour la Cavalerie, pour l'Artillerie, &c. chacun a sa maniere.

*Gardes du Camp.*

Quant aux Gardes du Camp chaque Bataillon a son Piquet, c'est-à-dire cinquante hommes, compris deux Sergens & un Tambour, qui sont ordonnez pour être prêts à marcher au premier ordre, commandez par un Capitaine, un Lieutenant & un Souslieutenant. Ce Détachement met ses armes à un abri qu'on fait à la droite des Grenadiers.

Les Officiers & Soldats de Piquet ne doivent point s'écarter du Camp, sous quelque prétexte que ce soit. Le Piquet fournit les Sentinelles qu'on met pour garder les Armes & les Drapeaux.

Lorsqu'il arrive quelque allarme, l'Officier de Piquet doit se tenir prêt à marcher au premier ordre. On releve cette Troupe toutes les vingt-quatre heures, comme les autres Gardes, au moins pour les Soldats ; car pour les Officiers cela s'observe différemment. Il y a des Regimens où les Officiers de Piquet ne sont pas relevez qu'ils n'ayent marché : il y en a d'autres où on fait un tour de Piquet particulier, & on releve l'Officier toutes les vingt-quatre heures.

Les jours de marche les Officiers de Piquet doivent monter à cheval dès que la Generale est battuë, & prendre garde qu'aucun Soldat ne prenne ses armes pour aller devant, ni ne sorte du Camp. L'Officier de Piquet ne doit point se deshabiller.

Les Gardes de la tête & de la queuë du Camp sont d'un Sergent, & de douze ou quinze hommes avec un Tambour. Les Bataillons de la premiere ligne fournissent les Gardes de la tête, & ceux de la seconde celle de la queuë ; chaque Bataillon a la Garde de la tête ou de la queuë du Camp.

Les Détachemens se font à l'Armée par Brigade, & tous les Bataillons fournissent également des Soldats & des Officiers, chacun à son tour ; de maniere que le plus foible fournit autant que le plus fort.

*Détachemens pour les Gardes autour de l'Armée.*

On fait des Détachemens pour aller garder des postes autour de l'Armée pour couvrir les Fourageurs, pour des Escortes, ou pour des expeditions. Ceux qui se font pour aller garder des postes autour de l'Armée, & qu'on appelle *Garde ordinaire*, s'assemblent le matin, chacun à la tête de son Bataillon. L'Aide-Major visite les Soldats de son Bataillon & leurs armes, ne souffrant pas qu'il en marche un seul qui n'ait ses armes en état, & de la poudre & des balles sur lui. Il conduit son détachement à la tête de la Brigade, où tous ceux de la même Brigade s'assemblent. Le Major de Brigade les met en Bataille, & les conduit au Rendez-vous general, où on les met en bataille par rang de Brigade. L'Officier General de jour s'y trouve avec le Major General de l'Infanterie, & un Officier Major de chaque Bataillon. On fait défiler chaque détachement aux postes

postes où il doit aller; il y est conduit par les Soldats d'Ordonnance de la Garde qui y est déja.

Lorsque le tour de chaque Détachement, pour défiler est venu, le Major General dit à l'Officier de commander sa Troupe; & celui-ci se tourne, & dit aux Soldats, *Marche*. Aussi ôt sa Troupe le suit en défilant par quatre.

Chaque Brigade a son poste fixé où elle monte tous les jours. Lorsque l'Officier y est arrivé, & qu'il a relevé celui qui y étoit, il doit envoyer un Soldat entendu à l'Ordonnance auprès du Major de son Regiment, pour être averti de ce qu'il peut y avoir de nouveau, qu'on lui fait sçavoir par un billet. Ce Soldat se trouve le lendemain matin au Rendez-vous general pour conduire aux postes la Garde qui doit relever celle qui y est. Toutes les Gardes à l'Armée se montent de bon matin.

Lorsqu'on ne trouve pas de maison ou de cimetiere pour se mettre à couvert, il faut faire un petit retranchement avec des fascines & de la terre, pour être hors d'insulte. C'est dans ces postes qu'il faut que l'Officier soit fort alerte, qu'il visite ses Sentinelles tres souvent, & qu'il observe dans la derniere regularité ce qui lui est ordonné. La *Consigne* se donne à ces postes par un billet que le Major General d'Infanterie donne à l'Officier qui y va le premier, & qu'on se remet de l'un à l'autre.

Lorsque la Sentinelle découvre quatre ou cinq hommes qui viennent au poste, elle leur demande, *Qui vive*, & leur crie de ne pas approcher. L'Officier fait prendre les armes, & envoye reconnoître ces gens-là par un Sergent, & quelques Fusilliers.

Les Détachemens extraordinaires qu'on fait pour couvrir les Fourageurs, pour les Escortes, ou autres choses, se font lorsque l'on en a besoin. On assemble toujours à la tête, la Brigade, comme on vient de le dire. La Troupe qui en est détachée est conduite par le Major au Rendez-vous qu'on lui a donné, où les Officiers commandez se trouvent, pour marcher suivant les ordres qu'ils reçoivent.

Si on doit visiter avec soin les armes & la munition des Soldats, c'est principalement à l'Armée : & les Officiers qui veulent faire leur devoir, ne passent guéres de jours sans voir celles de la Compagnie dont ils sont. Les Majors doivent y tenir la main soigneusement. On ne sçauroit recommander assez l'exactitude là dessus. Il faut faire raccommoder incessamment la plus petite chose qui peut manquer à un fusil, le tenir toujours en état de tirer, prendre garde que le Soldat conserve sa munition, & qu'il en ait toujours. Lorsqu'un Officier est détaché à une lieuë de l'Armée avec des Soldats tirez de toute la Brigade, il ne peut pas les renvoyer à leurs Regimens prendre ce qui leur manque ; c'est aux Officiers Majors des Regimens à avoir soin qu'il ne leur manque rien, & à tenir l'œil à ce que les Lieutenans fassent leur devoir là dessus, qu'ils visitent les armes & les Soldats, & fassent raccommoder tout ce qui est en desordre. Tout ceci est extrait d'un Livre intitulé: *Ordonnances Militaires du Roi appliquées au détail du Service.*

*Imprimé à Liege en 1707.*

*La Cavalerie a aussi ses Piquets & ses Gardes.*

Quant à la Cavalerie, elle a aussi ses Piquets dans le Camp toujours prêts à marcher en cas d'allarme. Elle fournit aussi les grandes Gardes avancées, & que l'on poste environ à une demi-lieuë du Camp ; de plus une autre petite Garde de quinze ou vingt Maîtres que l'on pousse encore plus avant, & qu'on appelle aussi Garde folle, outre les Vedettes qui sont des Cavaliers que l'on met en Sentinelle sur les hauteurs, afin de découvrir ce qui se passe dans la Campagne. C'est-là tout ce que j'avois à dire sur ce sujet. Il me reste pour achever ce cinquiéme Livre de parler du Service des Troupes dans les Garnisons, & de l'exactitude avec laquelle il se fait aujourd'hui, en comparaison de la maniere dont on s'en acquittoit autrefois. J'ajouterai en le finissant quelque chose touchant l'exercice que l'on fait faire aux Soldats, tant dans les Garnisons, que dans les Armées : après quoi il me semble que je n'aurai rien omis de ce qu'il y a d'important dans la matiere que j'ai entrepris de traiter, c'est-à-dire dans l'Histoire des Troupes de notre ancienne Milice sous la troisiéme Race.

J'ai suivi en tout ceci à peu près la Methode de Juste-Lipse dans son sçavant Traité de la Milice Romaine, où après avoir fait les extraits de Polybe, de Tite-Live, & de quantité d'autres anciens Auteurs qui en ont écrit, il traite séparément de chacune des parties de la Police Militaire des Romains. J'en ai usé de même jusqu'à present, & je continuerai dans la suite en ce qui concerne notre ancienne Milice. Quant à notre Milice moderne, on voit dans ce que j'en ai déja touché par occasion, que le fond principal de l'Histoire que j'en fais sont les Ordonnances de nos derniers Rois, & principalement celles du feu Roi. Je tâcherai d'orner & d'enrichir ce fond de quantité de Memoires historiques que j'ai eu soin de recueillir, & qui pour la plus grande partie me sont venus de tres-bonne part.

## CHAPITRE V.
### Du Service des Troupes dans les Garnisons.

CE mot de *Garnison* signifioit autrefois non-seulement les Troupes qui gardoient une Ville ou un Château, mais encore les munitions & les vivres pour la nourriture des Soldats & pour la défense de la Ville. *Et fit prendre toutes les Garnisons qui en la Ville étoient*, dit la Chronique de Flandres, *& les fit mener au Chastel.*

<small>Ancienne signification du mot de Garnison.</small>

<small>Chap. 38.</small>

> Jusqu'à la nef ne se sont arresté
> La Garison en ont à mont porté
> Le pain bescuit & char salée assez.

<small>Roman de Garin.</small>

On voit ce terme dans la même signification en divers endroits de l'Histoire de Froissart & de Monstrelet : mais on le donnoit pareillement dès-lors & longtems auparavant aux Troupes destinées à la garde des Villes & Forteresses. On leur donnoit aussi le nom d'*Establies*, en Latin *Stabilitates*, comme je l'ai observé en traitant des prérogatives des Connétables.

<small>Autrefois il n'y avoit point de Garnison dans les Villes, hors le tems de Guerre.</small>

Dans les premiers tems de la Monarchie, on ne mettoit point de Garnison dans les Villes, excepté en tems de Guerre, ou dans le tems qu'on l'apprehendoit de la part de quelque Prince voisin. Hors de ces cas, les Bourgeois des Villes, ou ceux qui en étoient Seigneurs, comme il y en avoit beaucoup dans les commencemens de la troisiéme Race, prétendoient que c'étoit

Z z ij

violer leurs Privileges, que de les charger d'une Garnison.

Les Bourgeois depuis l'établissement des Communes & de la Jurisdiction des Maisons de Ville, qui se fit sous le Regne de Philippe I, furent mis en possession de garder leurs Villes avec les Milices de leurs Communes, & ne recevoient point d'autres Troupes, que quand elles étoient menacées d'un Siege.

*Gendarmes depuis Charles VII distribuez dans les Villes.*

Charles VII après avoir commencé à rétablir son autorité dans le Royaume, & institué les quinze Compagnies d'Ordonnance, engagea les Villes à consentir que ces Troupes y fussent logées & entretenuës aux dépens du Public : mais ce fut à condition qu'elles n'y demeureroient qu'en petites Brigades de quinze, de vingt, de trente Gendarmes, selon la qualité des Villes, en sorte que les Bourgeois ne pussent en être molestez ni gourmandez, & qu'ils fussent toujours les plus forts.

*Garnisons grossies sous Louis XI sur les Frontieres.*

Louis XI par les fréquentes Guerres qu'il eût sur les bras, accoutuma les Villes, sur tout les Villes frontieres à avoir de plus grosses Garnisons. Louis XII, François I, & Henri II par les mêmes raisons y en entretinrent de plus nombreuses encore. Les Guerres Civiles de Religion étant survenues, on mettoit des Garnisons par tout, même dans le cœur du Royaume, où presque toutes les Villes devinrent alors des Places de Guerre.

Les Habitans d'Amiens sous Henri IV ayant refusé sous prétexte de leurs Privileges, une Garnison qu'il vouloit leur envoyer, & s'étant peu de tems après laissé surprendre par Portocarrero Gouverneur Espagnol de Dourlens, cela fit que pour le bien General de l'Etat, quand la Ville eut été reprise, on n'eut plus tant d'égard pour ces sortes de Privileges; & nos Rois se mirent en possession pour la sûreté du Royaume d'envoyer par tout des Garnisons, & aussi nombreuses qu'ils le jugeoient à propos.

*Garnisons dans les Châteaux.*

A la verité autrefois, comme il y avoit des Châteaux en beaucoup de Villes & principalement aux Frontieres, les Rois mettoient des Capitaines ou des Châtelains dans ces Châteaux avec quelques Soldats, que le Prince soudoyoit, même en tems de paix : mais ces Garnisons étoient fort petites; & même pour les soulager, & pour épargner la dépense au Prince, quelques Seigneurs & quelques Villes & Villages des environs avoient l'obligation de fournir pendant un certain tems les uns après les autres des hommes pour faire le guet dans ces Châteaux sous les ordres du Capitaine ou du Châtelain. J'ai remarqué ailleurs que depuis Philippe-Auguste qui institua les Sergens d'Armes, les Châtelains des Frontieres étoient pris de ce Corps composé de Gentilshommes distinguez, dont les appointemens étoient levez sur les Châtellenies. Il y a encore dans quelques anciens Châteaux des Soldats entretenus, couchez sur l'État dans l'Ordinaire des Guerres : mais il y en a peu ; on les appelle *Mortepayés*.

Les grands Vassaux autrefois, & les autres Seigneurs étoient aussi chargez de faire la garde à leurs frais dans leurs propres Châteaux, mais qui devenoient souvent par là des retraites de Brigands, dont le Païs même étoit fort incommodé ; & s'il arrivoit quelque Guerre civile, le Roi se trouvoit souvent abandonné & trahi par ces Seigneurs qui livroient les Châteaux à leurs Ennemis ; & il falloit ensuite les assieger pour les mettre à la raison.

Ce qui rendoit les Villes encore plus difficiles à recevoir des Garnisons, étoit la licence des Gens de Guerre, & les desordres qu'on devoit naturellement en apprehender : mais depuis que nos Rois se sont mis en possession de multiplier les Troupes dans les Villes frontieres, ils y ont pour la plûpart maintenu la Discipline ; & l'on peut dire que la France s'est distinguée par-là de toutes les autres Nations. Rien sur tout n'est plus beau que les Reglemens & les Ordonnances qui ont été faites par Louis le Grand sur ce sujet, & qui ont eu leur execution. C'est-là un des plus beaux endroits de son Regne, soit qu'on le regarde par rapport au soulagement & à l'utilité des Villes, soit par rapport à leur sûreté contre les Ennemis.

*Discipline exacte des Garnisons sous le Regne de Louis le Grand.*

Les Cazernes qu'il fit bâtir dans les Villes de Guerre pour les Soldats, délivrerent les Bourgeois de l'incommodité de les loger, si ce n'étoit dans le passage de quelques Troupes ; ce qui se faisoit par billets avec un grand ordre. On faisoit justice des moindres violences qui pouvoient se commettre. L'argent qui se répandoit dans les Villes par les Garnisons & par le passage des Troupes, faisoit que ces Villes voyoient en quelque façon avec regret que le Roi poussoit ses conquêtes en avant dans les Païs-Bas, parce qu'elles cessoient par-là d'être Frontieres, qu'elles prévoyoient que leurs Garnisons seroient diminuées, & que les Armées pourroient prendre d'autres routes.

Pour ce qui est de la sûreté des Places, quoique Henri IV, sur-tout depuis la Paix de Vervins, & ensuite Louis XIII eussent mis de la regle dans les Garnisons ; que les Sentinelles, les rondes, les Patroüilles se fissent, & qu'on usât pour la garde des Villes des autres précautions qui sont depuis longtems en usage à cet égard ; neanmoins tout ce service a été fort perfectionné par les nouvelles Ordonnances, & se fait avec plus de régularité, d'ordre, & même de dignité que jamais. Je vais entrer dans quelque détail sur cet Article de l'Histoire de la Milice Françoise. Ce détail, non plus que le précedent, n'aura rien de nouveau pour les Gens de Guerre, qui pratiquent tous les jours ce qu'il contient : mais il aura dequoi satisfaire une infinité d'autres personnes qui n'ont que des idées fort confuses de ce bel ordre qui s'observe, & de la maniere dont se font les Gardes, & les autres choses qui peuvent contribuer à la sûreté des Places de Guerre, parce qu'ils n'y ont jamais demeuré.

*Maniere de monter la Garde.*

C'est un spectacle qui fait toujours plaisir, que de voir monter & descendre la Garde. Cette Garde est un détachement tiré de toutes les Troupes de la Garnison, & commandé pour la sûreté de la Place.

*Reglement du 21 Octobre 1661. art. 15. Tom. I. p. 129.*

Chaque Compagnie d'Infanterie doit être divisée en trois Escouades, lesquelles doivent monter la Garde l'une après l'autre chacune à son tour. Chaque Escouade est commandée par un Caporal, ou à son défaut par un Anspessade.

A midi ordinairement tous les Tambours de la Garnison battent l'Assemblée, après laquelle les Soldats qui doivent monter la Garde portent leurs armes au Drapeau, c'est-à dire devant la porte de leurs Cazernes, ou à tel autre endroit qu'on leur a marqué pour cela. Le premier Soldat qui arrive demeurant pour le garder, jusqu'à ce qu'il en vienne un autre à qui il le consigne ; & ainsi de l'un à l'autre : celui qui arrive le dernier demeure en faction, jusqu'à ce qu'il faille marcher.

Les Caporaux avant qu'on monte la Garde doivent visiter les armes des Soldats de leur Escouade, voir si elles sont chargées, amorcées & en état ; & si chaque Soldat a sur lui de la pou-

DE LA MILICE FRANÇOISE. *Liv. V.* 359

dre & du plomb, pour tirer au moins trois coups, sans compter celui qui est dans son fusil.

Lorsque l'heure de marcher approche, le Major ou l'Aide-Major de chaque Bataillon fait prendre les armes au Détachement, visite les Soldats, regarde si leurs armes sont nettes, & si tout leur équipage, habits & linge sont en bon ordre : après quoi il se met à la tête du détachement, & le mène au Rendez-vous où la Garde doit s'assembler. Tous les Tambours du Bataillon accompagnent ce détachement en battant aux champs.

Aucune Escouade ne peut prétendre de poste fixe *a* ; & lorsqu'elles sont toutes arrivées au Rendez-vous, les Sergens & les Caporaux tirent au sort en presence du Major de la Place, les postes où ils doivent aller. Chaque Sergent tire pour soi, & le Caporal pour soi & son Escouade ; & il leur est défendu de changer de poste les uns contre les autres après avoir tiré au sort, sous peine aux Sergens & aux Caporaux commandant les Escouades, d'être mis au Conseil de Guerre, & condamnez aux Galeres *b*.

Le Regiment des Gardes Françoises, & après lui celui des Gardes Suisses, lorsqu'ils se trouvent dans des Places avec d'autre Infanterie, ont le privilege de pouvoir choisir pour les Officiers & les Escouades des postes fixes pour y monter la Garde : mais les Officiers & les Escouades doivent tirer entre eux, auxquels de ces postes fixes les uns & les autres doivent monter ; & ensuite ils doivent se mettre en Bataille avec les autres Troupes de la Garnison pour faire la parade ensemble *c*. Les Capitaines aux Gardes ont eu depuis plusieurs années un autre Privilege, dont je parlerai ailleurs, qui est de ne point monter la Garde dans les Villes frontieres.

Avant ce Privilege, si le Regiment des Gardes Suisses se trouvoit dans une Place, celui des Gardes Françoises n'y étant pas, le plus ancien Regiment d'Infanterie Françoise étant dans la Place, devoit choisir un poste fixe, ainsi qu'auroient fait les Gardes Françoises, & cela autant de tems que les Gardes Suis-

*Privilege des Capitaines aux Gardes.*

---

*a* Ordonnance du premier Décembre 1661. Tome I. p. 139.
*b* Reglement du 25 Juillet 1665. art. 27. Tom. I. p. 281. Ordonnance du 25 Octobre 1680. Tom. 4. p. 225.
*c* Reglement du 25 Juillet 1665. art. 28. & 29. Tome I. p. 282. & 280.

*Préséance des François sur les Suisses pour la Garde.*

ſes étoient dans la Place. L'Officier & les Eſcouades Françoi-ſes dont je parle, prenoient la droite ſur les Gardes Suiſſes, & s'il n'y avoit dans la Place qu'une ſeule Compagnie du plus ancien Regiment, on lui joignoit la premiere du ſecond pour faire Corps avec celle du premier, & précéder les Gardes Suiſ-ſes : mais après que le Regiment des Gardes Suiſſes étoit ſorti de la Place, les Compagnies Françoiſes qui, à cette ſeule occa-ſion, avoient un poſte fixe, n'en devoient plus prétendre, & rou-loient à l'ordinaire avec le reſte de la Garniſon.

*Reglement du 25 Juillet 1665. art. 29. Tom. I. p. 285.*

Lorſque les Sergens & Caporaux ont tiré leurs poſtes, le Major de la Place fait écrire dans un Regiſtre leurs noms ; les poſtes où le ſort les a mis, & le nombre d'hommes dont cha-que Eſcouade eſt compoſée.

*Ordonnance du 25 Octo-bre 1680. T. 4. p. 225.*

Il met enſuite les Eſcouades en Bataille ſuivant le rang des poſtes, plaçant ſur la droite les Gardes qui doivent défiler les premieres, & ainſi de ſuite juſqu'à la fin. Tous les Tambours ſe partagent également à la droite & à la gauche du Bataillon que la Garde forme. S'il y a de la Cavalerie dans la Place, le détachement qui monte la Garde ſe met en Bataille à la gau-che de l'Infanterie au-delà des Tambours ; on marche dans cet ordre pour s'aller mettre en Bataille ſur la Place d'Ar-mes.

*Les Officiers tirent au ſort pour leurs poſtes.*

Ce n'eſt que lorſque la Garde eſt en Bataille, que les Offi-ciers qui doivent la monter, tirent leurs poſtes au ſort. Le Ma-jor écrit ſur le Regiſtre le nom des Officiers & des poſtes où le ſort les a mis. Il n'eſt pas permis aux Officiers de s'accommo-der entre eux pour les poſtes, ni de changer après avoir ti-ré. Chaque Officier va ſe mettre enſuite à la tête de la Garde. On appelle cette aſſemblée de la Garde, *la Pa-rade*.

*Ordonnance du 25 Octo-bre 1680. T. 4. p. 225.*

Le Major fait faire une copie de l'Etat de la Garde & la ſigne : il avertit enſuite le Commandant que tout eſt prêt. Celui-ci va voir défiler la Garde, & le Major lui en remet l'Etat.

*Ibid.*

La Garde commence à marcher à trois heures en Hyver, & à quatre en Eté. Le Major fait défiler celle de chaque poſte l'une après l'autre : tous les Tambours battent aux champs, & ceux qui doivent monter ſe détachent à meſure que la Garde

DE LA MILICE FRANÇOISE. *Liv. V.* 361

du poste où ils doivent aller, marche : la Garde de Cavalerie défile après celle de l'Infanterie.

Les Officiers marchent à la tête de leur Garde, avec l'Esponton & le Hausse-Col ; & lorsque le Lieutenant monte avec le Capitaine, & ne doit pas être détaché, il marche à la queuë, le premier Sergent à la droite du premier rang, & le second à la gauche du dernier, le Tambour entre le second & le troisième.

*Reglement du 25 Juillet 1665. art. 22. Tom. I. p. 379.*

L'Officier qui doit descendre la Garde fait prendre les armes à sa Troupe lorsqu'il entend le Tambour de celle qui vient le relever. Il fait mettre les Soldats en haye, fusil sur l'épaule du côté du Corps-de-Garde qu'il doit quitter : & lorsque celle qui monte est prête d'arriver, il lui cede le terrain qu'il occupoit avec la sienne, par ce commandement : *Prenez garde à vous. Marche. Halte. Demi tour à droite.* Les Soldats de la Garde qui arrivent, défilent un à un, l'Officier à la tête ; ils prennent le poste du côté du Corps-de-Garde que celle qui descend occupoit, & les deux Gardes font face l'une à l'autre, les Tambours restent à la queuë.

*Maniere de descendre la Garde.*

S'il y a d'autres Gardes qui doivent défiler pour aller à des Avancées ou à d'autres postes dans les dehors, les deux Gardes restent sous les armes, & on ne part pour aller relever les Sentinelles, que lorsque tout a passé.

L'Officier qui descend donne la *Consigne* * à celui qui monte, lui dit ce qu'il y a à faire de particulier à ce poste, le nombre des Sentinelles qu'il doit avoir, soit de jour, soit de nuit & tout le reste. Le Sergent qui descend donne de même la *Consigne* à celui qui monte ; & le Caporal de *Consigne* remet à celui qui le releve, le Corps-de-Garde propre & en bon état, avec les ustensiles qui y sont, comme le falot & autres choses ; & c'est à celui qui le reçoit à examiner si tout est dans l'ordre. Après cela il lui dit le nombre des Sentinelles qu'il doit avoir, soit de jour soit de nuit, avec les *Consignes* ; & le Caporal qui a fait la derniere pose, va avec celui qui doit faire la premiere, relever les Sentinelles.

Le Caporal qui doit poser, appelle les Soldats qui sont de

* La *Consigne* est une instruction que l'Officier qui descend la Garde, donne à celui qui la monte, touchant le poste que celui-ci va occuper.

*Tome I.*              A a a

*Ordonnance du 6 Novembre 1684. T. 5. p. 166.*

tour à aller en faction ou en sentinelle, les présente à l'Officier pour qu'il les visite, s'ils sont en état, & les voye partir. Il marche ensuite avec toutes les Sentinelles pour aller relever, commençant par le poste le plus éloigné ; & lorsqu'il est arrivé au poste, il visite bien exactement s'il n'y a point quelque dommage aux Guérites, Palissades, Plateformes, Affuts de Canon & autres choses. S'il y en trouve, il ne doit point relever la Sentinelle, mais avertir le Major de la Place, autrement il en répondroit. Si tout est en état, il releve la Sentinelle & ramene avec lui les Soldats qui étoient en faction : en arrivant au Corps de Garde, il avertit l'Officier que tout est relevé.

Celui qui doit descendre la Garde marche avec sa Troupe qui le suit en défilant ; & au premier terrain il fait former les Rangs par quatre, & la ramene en bon ordre sur la Place d'armes. Le Major met les Gardes en Bataille à mesure qu'elles arrivent ; & lorsqu'elles y sont toutes il les congédie : on appelle cela *Descendre la Parade*.

L'Officier qui a monté la Garde tient son monde sous les armes, jusqu'à ce que celle qui descend soit hors de la vûë de son Corps-de-Garde ; après quoi il fait poser les armes par ce Commandement : *Prenez-garde à vous. Marche.* Il fait marcher quatre pas : *Halte : à droite. Présentez vos armes. Marche.* Les Soldats défilent un à un devant l'Officier en présentant leurs armes ; & les vont poser ensuite par Escouade, prenant garde de ne pas mêler celles de l'une parmi celles de l'autre, afin que chacun puisse prendre son fusil sans désordre & sans confusion pour aller en faction, ou s'il falloit prendre les armes. L'Officier visite lui-même si elles sont chargées, amorcées & si chaque Soldat a de la poudre & des balles pour tirer trois coups, sans compter celui qui est dans son fusil. Il ordonne aux Caporaux de donner congé à deux Soldats par Escouade pour aller souper, observant de n'en point renvoyer d'autres, que lorsque les premiers sont de retour, & de l'avertir s'il y a quelqu'un qui tarde trop longtems à revenir. Le Caporal de *Consigne* va ensuite avec quelques Soldats sans armes quérir du bois, du charbon, de l'huile & autres choses nécessaires pour le Corps-de-Garde.

Une heure avant que le Soleil se couche, le Tambour de

# DE LA MILICE FRANÇOISE. Liv. V.

Garde monte sur le Rempart & bat la Retraite, pour avertir ceux qui sont dehors qu'il est tems de se retirer, & qu'on fermera bientôt la porte. Après cette retraite l'Officier doit faire pousser la Barriere, & ne laisser que les Guichets ouverts : on ne doit plus laisser sortir de Soldats de la Place. Dans les Villes de Guerre, outre la Retraite que le Tambour bat, on sonne la cloche du Béfroy.

Un Sergent de chaque poste, escorté par deux Fusiliers de son Corps-de-Garde, va chez le Gouverneur ou Commandant querir les clefs ; & dès que la Sentinelle qui est devant les armes, apperçoit le Sergent qui arrive avec les clefs, elle avertit. L'Officier fait prendre les armes, range sa Garde en double haye sous la voûte de la porte, & se met à la tête l'Esponton à la main ; les Soldats présentent les armes *. Il fait commander encore quatre Soldats pour escorter les clefs jusqu'à la derniere Barriere, & en fait placer deux les armes présentées sur chaque Pont-levis : enfin il en fait commander un nombre suffisant sans armes pour pousser les Portes & les Barrieres, & lever les Ponts. Lorsque le Major est arrivé avec le Capitaine des Portes, le Sergent de Garde marche avec les clefs & les Soldats commandez pour les escorter, le Caporal de *Consigne* portant le falot, lorsqu'il est tard, le Major & le Capitaine des Portes vont jusqu'à la derniere Barriere, & celui-ci commence de fermer. Le Tambour de Garde bat aux champs jusqu'à ce que toutes les portes soient fermées, à moins qu'il ne soit fort tard, l'usage n'étant pas de battre pendant la nuit, le Major donne l'ordre & le mot aux Sergens qui doivent passer la nuit aux Avancées.

Après que la porte est fermée, le Sergent va reporter les clefs chez le Commandant, escorté toujours par deux Soldats. Dès qu'il est parti, l'Officier fait poser les armes à sa Garde par ce Commandement : *Prenés garde à vous : que la file de la droite ne bouge. Marche.* La file de la gauche va s'entremêler avec celle de la droite ; & les deux n'en font plus qu'une. *A gauche. Présentés vos Armes. Marche.* Les Soldats défilent tous devant l'Officier, les armes présentées ; & vont les poser par Escouade : le Tambour bat le Drapeau.

Les Caporaux vont ensuite faire la grande pose, c'est-à-dire

*Précautions observées dans les Villes de Guerre pour fermer les Portes le soir.*

* *c'est-à-dire, se mettent comme en posture de tirer.*

*Reglement du 25 Juillet 1665. art. 24. Tom. I. p. 280.*

qu'ils vont mettre des Sentinelles aux endroits où on n'en doit placer que pendant la nuit. Dès qu'elle est faite, les Sentinelles ne laissent passer personne sur le Rempart, à la réserve des Rondes qui doivent porter du feu.

Lorsque le Sergent a remis les clefs chez le Gouverneur, il va à l'ordre ; & dès qu'il l'a reçu, il va le porter à son Officier de Garde : il le donne ensuite aux Caporaux, & leur distribuë leurs Rondes.

L'Officier fait commander deux Soldats pour la *Ronde-Major* ; lorsqu'elle passe, il va la recevoir, & donne lui-même le mot au Major. Il fait encore commander des Fusiliers pour la Ronde du Gouverneur & du Lieutenant de Roy, en cas qu'ils la fassent, fait faire des Patrouilles aux heures qu'il est ordonné ; & on continue pendant la nuit à relever les Sentinelles de deux en deux heures.

*Reglement du 25 Juillet 1655. art. 24. Tom. I. p. 280.*

A la pointe du jour le Tambour monte sur le Rempart, & bat la Diane. On sonne la cloche du Béfroy dans les Villes de Guerre. Le Sergent va aux clefs, & lorsqu'il arrive, l'Officier range sa Garde comme à la fermeture de la porte, fait commander des Soldats pour mettre aux Ponts, & pour la découverte. Il en fait commander aussi quelques-uns sans armes pour ouvrir les portes & les Barrieres & abaisser les Ponts. Le Major & le Capitaine des Portes commencent à ouvrir, & le Tambour bat aux champs, jusqu'à ce que tout soit ouvert. Il faut mettre le Tambour sur le Rempart à l'ouverture & à la fermeture des portes.

*Précautions observées pour l'ouverture des Portes.*

Lorsque le Major a passé le premier Pont avec les clefs & les Soldats commandez, on le releve : on en fait autant aux autres qu'il passe, laissant derriere chacun deux Fusiliers, les armes presentées. Enfin, lorsqu'il est arrivé à la derniere Barriere, il fait sortir quelques Fusiliers pour faire la découverte autour de la Place avec des Cavaliers, s'il y en a, qui vont battre l'estrade à une lieuë, & il ferme la Barriere sur eux.

Il arrive souvent, sur tout les jours de Marché, qu'on trouve à la Barriere un grand nombre de Païsans qui attendent pour entrer. Lorsque cela se rencontre, le Major doit faire éloigner tout le monde de cinquante pas de la Barriere avant de l'ouvrir, & ne laisser entrer personne que quand la découverte est faire, même il ne faut point souffrir qu'ils entrent en confusion.

Les Soldats commandez pour la découverte, doivent visiter bien exactement autour de la Place, & sur tout dans les endroits qui sont un peu couverts ; & s'ils y trouvent des gens cachez, ils doivent les amener. Lorsqu'ils sont de retour, on abaisse les Ponts pour faire rentrer le Major avec les clefs & les Soldats : mais on doit tenir les Barrieres fermées, & ne laisser que les Guichets ouverts, jusqu'à ce que le Soleil soit bien haut, & les Cavaliers de retour. Le Sergent va reporter les Clefs chez le Gouverneur ou Commandant ; l'Officier fait poser les armes, comme à la fermeture de la porte ; les Caporaux relevent la grande pose, & celui de *Consigne* ramasse les Numeros des Rondes, les Boëtes & la Feuille, & va tout porter chez le Major.

Il faut que l'Officier de Garde soit fort alerte dans ce tems-là ; c'est l'heure la plus dangereuse pour les surprises. On a vû égorger des Corps-de-Garde, & surprendre des Places quelque tems après la porte ouverte, lorsqu'une Garnison repose tranquilement : ainsi l'Officier ne doit point dormir, mais se promener, visiter les Sentinelles avancées, & ne laisser que les Guichets ouverts.

Lorsqu'il se presente un grand nombre de Chariots, ce qui arrive sur tout dans le tems de la Moisson, il ne doit point les laisser passer tous à la fois, crainte que les Ponts ne se trouvent embarassez, mais faire observer une grande distance des uns aux autres ; & le *Consigne* qui est à la porte doit sonder avec une broche de fer, s'il n'y a pas des gens cachez dans le foin ou dans le bled qui est sur les chariots. Enfin l'Officier doit prendre toutes les précautions possibles pour ne pas recevoir un affront ; car c'est sur lui qu'on se repose de la sûreté de la Place & de la Garnison.

Sur les neuf ou dix heures, il fait donner congé à deux Soldats par Escouade tour à tour pour aller dîner. Enfin lorsque l'heure de descendre la Garde est arrivée, on le releve, & il ramene sa Troupe, comme on a déja dit.

Outre ces précautions pour la sûreté d'une Place, il y en a encore quelques autres qui regardent principalement le tems de la nuit, c'est à sçavoir ce qu'on appelle *l'ordre*, ou le *mot*, les *Rondes* & les *Patrouilles*. Je commence par le *mot*.

Le *mot* a été en usage de tous les tems, & l'on s'en servoit pour reconnoître un Ennemi, un Traître, un Espion dans un Camp ou dans une Ville assiegée. Un ancien Auteur qui a écrit des Stratagêmes de Guerre, en rapporte un d'un General des Arcadiens, qui voulant attaquer la nuit les Lacedemoniens, & ses Officiers lui demandant *le mot* pour le donner à leurs Soldats, afin qu'ils pussent se reconnoître dans la mêlée. *Je ne vous en donnerai point, ni à vos Soldats pour cette action*, leur dit il ; *& vous & eux tuez hardiment tous ceux qui vous le demanderont ; car vous connoîtrés par là que ce sont des Ennemis.* Il supposoit ce qui étoit vrai & ordinaire, que le General des Lacedemoniens en auroit donné un à ses Soldats pour se reconnoître les uns les autres dans les tenebres.

<sub>Poliænus in Stratagematis.</sub>

C'étoit comme aujourd'hui une ou deux courtes paroles, par exemple, dit Vegece, *la Victoire, la Palme, la Vertu, Dieu avec nous, le Triomphe de l'Empereur, & autres semblables*, selon qu'il plaisoit au General. C'est maintenant communément le nom d'un Saint, ou le nom d'une Ville.

<sub>Vegetius, l. 11. cap. V.</sub>

Dans les Armées Romaines le General écrivoit quelquefois *le Mot* sur une petite Tablette quarrée, que les Tribuns Militaires alloient porter ensuite dans les differens Quartiers, & c'est de la figure de cette Tablette que le nom de *Tessera Militaris* fut donné au *Mot* ou à *l'ordre*. On ne trouve point dans nos Histoires l'origine de l'usage du *Mot*, parce que apparemment il a été de tout tems en France comme dans la plûpart des autres Nations. On va voir dans ce que je vais transcrire de l'Ouvrage d'un Officier d'Armée, ceux à qui il appartient de donner *le Mot*, ceux qui le doivent recevoir, les formalitez que l'on observe sur tout dans les Rondes pour le demander & le recevoir, &c.

<sub>Ordonnances Militaires du Roi réduites en pratique.</sub>

Le Major reçoit tous les jours l'ordre de celui qui commande, lequel lui dit ce qu'il y a à faire pour le lendemain, & lui donne *le Mot*.

Il est à remarquer que celui qui commande dans un Château, Fort, Réduit, ou Citadelle, doit tous les jours envoyer prendre l'Ordre de celui qui commande dans la Ville, quand même celui-ci seroit d'un rang inferieur au sien, sans que celui qui commande dans la Ville puisse pour cela prétendre aucun commandement dans la Citadelle, Château, Fort, ou Réduit *a*, à moins qu'il n'en fût Gouverneur.

Après que les Portes sont fermées, le Major se rend sur la Place, où il trouve les Sergens de la Garnison rangez en cercle, avec chacun un Caporal de la Compagnie derriere lui ; les Caporaux des Compagnies dont les Sergens manquent, se placent hors du Cercle, joignant les Sergens dans le rang de leurs Compagnies ; les Tambours-Majors des Bataillons à deux pas derriere les Sergens.

A quatre pas du Cercle, on place les Caporaux qui ont suivi leurs Sergens, presentant leurs armes en dehors, pour empêcher que qui que ce soit n'approche du Cercle, pour écouter l'Ordre. Il ne doit entrer dans le Cercle que le Major, l'Aide-Major de la Place, les Officiers-Majors des Regimens, le Caporal de *Consigne* du Corps de-Garde de la Place portant le falot, & celui qui tient le Registre de la Garde & des Rondes.

Le Major entre dans le Cercle avec les Officiers-Majors des Regimens qui assistent à l'Ordre, & les autres qu'on a déja dit. Il dit aux Sergens, & aux Tambours-Majors s'il y a quelque chose qui les regarde ; ce qu'il y a à faire pour le lendemain, comme Revûës, Conseil de Guerre, ou autre chose : Si quelque Bataillon doit prendre les Armes pour faire l'Exercice, & tout le reste. S'il y a Conseil de Guerre, il demande aux Majors des Regimens le nombre d'Officiers qui est necessaire pour le tenir : il fait ensuite nommer les Officiers qui doivent monter la Garde le lendemain, & ceux qui doivent faire la Ronde cette même nuit : il fait tirer leurs Rondes par leurs Sergens : il donne *le Mot* aux Officiers-Majors des Regimens, & après aux Sergens, en commençant par celui de la premiere Compagnie, à qui il le dit à l'oreille. Ce Sergent le donne à celui qui le suit, & ainsi de l'un à l'autre, jusqu'à ce que *le Mot* revienne au Major par le Sergent de la gauche, ainsi qu'il l'a donné. S'il ne lui revenoit pas, comme il l'a donné, il regarde à quel Sergent il a manqué, le redresse, jusqu'à ce que tous le sachent, après

---

*a* Ordonnance du 3 Novembre 1664. Tom. I. p. 257.
Reglement du 25 Juillet 1665. art. 3. Tom. I. p. 268. & plusieurs autres Ordonnances.

quoi il les congedie. Les Sergens doivent être découverts dès qu'on donne le mot, jusqu'à ce que le dernier l'ait rendu au Major *a*. Lorsqu'il y a de la Cavalerie dans une Place, elle reçoit l'Ordre du Major de la Place, tout ainsi que l'Infanterie *b*.

Dès que l'Ordre est donné, & le Cercle rompu, les Sergens de chaque Bataillon forment un Cercle à part, le Tambour-Major derriere eux. Le Major ou Aide-Major du Bataillon leur dit ce qu'il y a à faire pour le détail du Bataillon, & tout ce que le Commandant lui a dit. Pour cela, il faut que le Major aille tous les jours chez le Commandant du Bataillon, quelque tems avant qu'on donne l'Ordre, lui demander ce qu'il y a de particulier à ordonner. Il est à observer que si le Commandant veut faire prendre les armes, il faut qu'il en fasse demander la permission au Commandant de la Place, lequel le fait dire au Cercle general par le Major. Après que le Major du Bataillon a donné l'Ordre à son Cercle particulier, les Sergens vont le porter à leurs Officiers, à qui ils doivent dire bien fidellement tout ce qui a été dit à l'Ordre. Le Major va le porter au Colonel, & l'Aide-Major au Lieutenant-Colonel, quoique le Colonel soit present : s'ils n'y sont ni l'un ni l'autre, l'Officier-Major qui a été à l'Ordre, va le porter à celui qui commande le Regiment. L'Aide-Major de la Place va le porter à l'Inspecteur General ; un Sergent va le porter à l'Inspecteur particulier *c*. L'usage est le même pour l'Ingenieur General, ou Directeur des Fortifications, & pour l'Ingenieur particulier.... & le dernier Sergent de la Garnison qui se trouve être de garde, va le porter au Lieutenant ou Commissaire d'Artillerie qui est dans la Place *d*.

Les Sergens qui sont de Garde, n'assistent pas à ce Cercle particulier, ni ne doivent pas aller porter l'Ordre à leurs Officiers de Compagnie, mais seulement à ceux avec lesquels ils sont de garde.

Il doit y avoir tous les jours un Sergent par Compagnie avec son

---

*a* Reglement du 21 Octobre 1661. art. 13. Tom. I. p. 124.
*b* Reglement du 24 Juillet 1665. art. 8. Tom. I. p. 272.
*c* Ordonnances du 9 Janvier 1683. Tom. IV. p. 425.
*d* Ordonnances du dernier Février 1679. Tom. IV. p. 45.

## DE LA MILICE FRANÇOISE. Liv. V.

son Caporal à l'ordre; & s'il y en a un de garde, son camarade doit s'y trouver, pour l'aller porter à ses Officiers, & pour le détail de la Compagnie, dont celui qui est de garde, ne doit pas se mêler. Lorsqu'il manque des Sergens à une Compagnie, un Caporal va à l'Ordre avec son fusil. Tous les Sergens doivent avoir leurs halebardes lorsqu'ils vont à l'Ordre, & qu'ils vont le porter à leurs Officiers.

On ordonne encore des Patrouilles pendant toutes les heures de la nuit : c'est un détachement de quelques Soldats des Corps de Gardes, avec un Sergent, qui doivent se promener dans les ruës pour empêcher les Assemblées & les desordres, faire fermer les Cabarets, & éteindre les feux dans les Chambres des Soldats. Dans les Places où il y a de la Cavalerie, on fait faire des Patrouilles par des Cavaliers détachez du Corps de Garde.

Dès que l'Ordre est donné, le Major va faire sa Ronde-Major, qu'il commence à l'endroit qu'il veut; au lieu que les autres commencent à celui qui leur est prescrit. Lorsque la Ronde-Major arrive à un Corps de Garde, la Sentinelle qui est devant les armes, dès qu'elle l'apperçoit, lui demande : *Qui va là ?* On répond, *Ronde-Major*. La Sentinelle lui crie : *Demeure-là, Caporal hors de la Garde : Ronde-Major*. L'Officier qui commande la Garde, se presente accompagné de deux Fusiliers qu'il place derriere lui, l'un à droite, & l'autre à gauche, presentant leurs armes. Il a aussi avec lui le Sergent portant sa halebarde, & le Caporal de *Consigne* qui porte le fallot. L'Officier demande: *Qui va-là ?* On lui répond, *Ronde-Major*. Il dit : *Avance, qui a l'ordre ?* Le Major avance; & l'Officier après avoir reconnu si c'est lui-même, ou l'Aide-Major de la Place, *lui donne le mot à l'oreille.* * Le Major peut compter les Soldats de Garde & visiter leurs armes.

Cette Ronde se fait pour visiter l'état des Corps de Garde & des Sentinelles, sçavoir si tous les Officiers & Soldats sont à leurs Postes, & si *le Mot* est bon partout; c'est pourquoi il faut que le Major visite les armes & compte les Soldats, & que l'Officier lui donne *le Mot* lui-même ; car autrement comment le Major peut-il sçavoir

---

* Reglement du 21 Octobre 1661. art. 14. Tom. I. p. 125. Celui du 25 Juillet 1665. Ibid. p. 266. & plusieurs Ordonnances.

#### HISTOIRE

si l'Officier a *le Mot*, comme il a été donné au Cercle, si l'Officier ne le lui donne ainsi? Non-seulement l'Officier doit donner *le Mot* au Major; mais encore dans la regle, le Major ne doit le recevoir que de lui. L'Officier doit bien reconnoître avant de donner *le Mot*, si c'est le Major ou l'Aide-Major de la Place qui fait la Ronde, & si sous ce prétexte quelqu'un ne vient pas surprendre l'Ordre, & sçavoir l'état de la Garde & des Sentinelles. C'est par cette raison qu'il fait porter le fallot; & les Fusiliers qu'il prend, sont pour sa sûreté & pour celle de son poste : aussi n'est-il obligé de donner l'Ordre au Major qu'à la premiere Ronde qu'il fait, & qu'on appelle Ronde-Major *a* ; & s'il en vouloit faire une seconde, il faudroit qu'il donnât lui-même l'Ordre au Caporal, qui viendroit le recevoir comme une simple Ronde.

Lorsque le Major a fait sa Ronde, il va chez le Gouverneur, & lui rend compte de l'état où il a trouvé les Postes; il doit ensuite aller porter l'Ordre au Lieutenant de Roi s'il est dans la Place, quoique le Gouverneur soit present *b*.

Lorsqu'on a dit que le Major fait sa Ronde dès que l'Ordre est donné, on entend seulement qu'il ne la fait qu'après; car il n'y a point pour lui d'heure prescrite : il est bon même qu'il la fasse à des heures incertaines, afin de tenir toujours le Corps de Garde alerte, mais il faut toujours qu'il fasse la premiere, afin de verifier l'Ordre dans tous les Corps de Garde.

L'Officier doit aussi recevoir de la même maniere la Ronde du Gouverneur, & celle du Lieutenant de Roi, augmentant le nombre des Fusiliers avec lesquels il la reçoit à proportion de la dignité de celui qui la fait; & s'ils la faisoient plusieurs fois dans la même nuit, il doit toujours la recevoir de la même maniere *c*.

L'Inspecteur General qui se trouve dans une Place peut aussi faire sa Ronde, & l'Officier doit lui donner *le Mot*, sans que l'Inspecteur soit obligé de mettre pied à terre, s'il est à cheval. L'Inspecteur particulier peut aussi faire la sienne, mais il est reçu par un Caporal comme une simple Ronde *d*.

---

*a* Reglement du 25 Juillet 1665. art. 6. *Ibid.* p. 270.
*b* Reglement du 25 Juillet 1665 art. 7. *Ibid.* p. 271.
*c* Reglement du 31 Octobre 1661. art. 14. *Ibid.* p. 125. Celui du 25 Juillet 1666. art. 6. & plusieurs Ordonnances. *Ibid.* p. 270.
*d* Ordonnance du 7 Janvier 1683. Tome 4. p. 425.

### DE LA MILICE FRANÇOISE. Liv. V. 371

A l'égard des simples Rondes, dès que la Sentinelle qui est devant le Corps de Garde les voit paroître, elle leur demande: *Qui va là?* On lui répond, *Ronde*. La Sentinelle leur crie: *Demeure-là: Caporal, hors de la Garde. Ronde*. Le Caporal de Pose vient recevoir la Ronde, & demande: *Qui va-là?* On lui répond, *Ronde*. Il dit: *Avance, qui a l'Ordre*. La Ronde avance & donne *le Mot* à l'oreille au Caporal, qui le reçoit l'épée à la main, la pointe à l'estomac de la Ronde. Si *le Mot* est bon, le Caporal reçoit le Numero, le fait mettre dans la boëtte ; il fait signer celui qui fait la Ronde, suivant l'usage particulier de la Garnison, & le laisse passer. Si *le Mot* n'est pas bon, il doit l'arrêter, & en rendre compte à l'Officier qui examine ce que c'est.

Lorsque deux Rondes se rencontrent sur le Rempart, celle qui la premiere a découvert l'autre, a droit d'exiger l'Ordre, à moins que ce ne fût le Gouverneur, le Commandant, le Lieutenant de Roi, ou le Major qui la fissent ; car en ce cas on le leur doit donner.

On fait faire des Rondes dans une Place, tant pour visiter les Sentinelles, & les empêcher de s'endormir, que pour découvrir ce qui se passe dans les dehors ; c'est pourquoi dans les Places où il n'y a pas un chemin au-delà du Parapet, il faut que celui qui fait la Ronde, marche sur la Banquette, & qu'il entre dans toutes les Guerites, pour découvrir plus commodément dans le Fossé, & qu'il interroge les Sentinelles s'il y a quelque chose de nouveau à leurs Postes, & leur fasse redire la Consigne.

Plusieurs Gouverneurs observent une tres-bonne maxime, qui est de faire une Ronde un peu avant qu'on ouvre la porte. Comme il est déja grand jour, cette Ronde est tres-utile, parce qu'on peut découvrir aisément du Rempart qui est élevé ce qui se passe dans la Campagne.

Le tiers des Officiers de la Garnison qui ne sont pas de Garde, doivent faire la Ronde toutes les nuits aux heures qui sont prescrites par le Gouverneur, & doivent tirer tous au sort, sans distinction de Capitaine & de Lieutenant, l'heure à laquelle ils doivent la faire ; & le Major de la Place a soin de faire écrire sur un Registre le nom de tous les Officiers de Ronde, & l'heure à laquelle ils doivent la faire, afin de pouvoir verifier si quelqu'un y a manqué. Les Officiers font obligez de la faire, à peine à ceux qui y manquent, de quinze jours de prison, & de la perte de leurs appointemens pendant ce tems-là, qui sont donnez à l'Hôpital de la Place.

*Ordonnance des 9 Février & 8 Mars 1673. Tom. 2. page 464. & 477.*

Tout ceci s'observe en tems de Paix comme en tems de Guerre, pour ne point laisser perdre aux Soldats & aux Officiers l'habitude & la pratique de la Discipline Militaire. De là vient qu'il est tres-rare qu'on voye maintenant surprendre des Places de Guerre, ce qui étoit autrefois assez ordinaire. J'ai été moi-même témoin quelquefois avec plaisir de ce bel ordre du service des Troupes dans les Garnisons, en quelques Villes de Guerre où je me suis trouvé. On voit par tout cela, en le comparant avec ce qu'on lit dans nos Histoires, & avec ce qu'ont écrit divers Auteurs plus anciens sur la Discipline Militaire, à quel point de perfection & d'exactitude elle a été portée sous le Regne de Louis le Grand.

Je ne m'étendrai point ici sur le soin dont les Officiers sont chargez par les Ordonnances pour la propreté des logemens, des habits & des armes des Soldats, sur les reglemens pour l'Hôpital, sur les visites qu'on en fait, & sur diverses autres choses semblables fort negligées autrefois, & qui contribuent à empêcher que les maladies ne se mettent dans les Garnisons & dans les Villes; sur l'attention que l'on a pour que rien ne manque dans les Magasins, non-seulement en ce qui regarde les munitions de Guerre & les Vivres, mais encore de tout ce qui est necessaire ou utile à la défense d'une Place, pour panser les blessez durant un Siege, & pour tous les soulagemens dont une Garnison a besoin en pareil cas. Il y a sur tout cela des ordres & des Memoires qui descendent dans les plus grands détails, & qui font que rien ne peut échaper à la prévoyance des Commandans & des autres Officiers que ces soins regardent. L'exercice des Troupes duquel on se sert pour les former au combat, est encore un point considerable qui les concerne; & c'est par là que je finirai ce cinquiéme Livre.

## CHAPITRE VII.

### De l'Exercice des Troupes.

ELien dans son Livre de la Discipline Militaire des Grecs qu'il dédia à l'Empereur Hadrien, dit fort sagement qu'il seroit contre le bon sens, de ne vouloir apprendre l'art de combattre, que dans le moment qu'on est prêt d'en venir aux mains : & supposant la necessité de cet exercice, il descend avec beaucoup d'ordre dans le détail des mouvemens & des évolutions ausquels on doit exercer les Troupes avant que de les mener en Campagne. *Ælianus, c. 11.*

Les Romains ne remportérent tant de victoires, & ne firent tant de conquêtes qu'en dressant ainsi leurs Troupes, & en leur faisant faire continuellement l'exercice, même en tems de Paix, & dans les Quartiers d'Hyver.

On peut distinguer deux sortes d'exercices des Troupes en usage parmi les Romains ; l'un qu'on peut appeller un exercice general, & l'autre un exercice particulier. L'exercice general consistoit à accoutumer les Soldats au travail & à la fatigue. L'exercice particulier étoit pour les évolutions & les divers mouvemens des Bataillons & des Escadrons. *Exercice des Soldats Romains.*

L'exercice general étoit de faire faire de tems en tems aux Soldats des marches forcées étant tout armez, & en gardant leurs rangs ; ces marches étoient de vingt mille pas en cinq heures, c'étoit le plus ordinaire, & quelquefois de vingt-quatre mille. On les exerçoit à la course & à sauter : on leur faisoit apprendre à nager, à lancer le Javelot, & on dressoit pour cela un poteau contre lequel ils le lançoient : cet exercice s'appelloit *Palaria* du mot *Palus*, qui signifie un poteau. C'est à quoi Juvenal fait allusion dans ces deux Vers : *Vegetius, l. 1. cap. 27. L. 1. cap. 9. L. 3. cap. 4.*

*Quis nescit aut quis non vidit, vulnera Pali,*
*Quem cavat assiduis sudibus, scutoque lacessit.*

374   HISTOIRE

L'Exercice general des Cavaliers étoit de fauter fur un cheval de bois, & de faire ce faut tantôt à droite, tantôt à gauche, & cela fans avantage & fans étrier; car on n'en avoit pas alors. Ils fautoient ainfi fur le cheval de bois, n'ayant qu'une main libre, & tenant de l'autre l'épée nuë ou le Javelot.

*L. 1. cap. 18.*

Ils avoient pour cet Exercice une efpece de Maître d'Academie, ou plûtôt quelque vieux Officier, qui en ce point particulier faifoit la fonction de celui que nous appellons aujourd'hui *Major*: on lui donnoit le nom de *Campi Doctor*, c'eft à-dire le Docteur ou le Maître des Exercices qui fe faifoient dans la Campagne.

*L. 2. cap. 13.*

*Ælianus, cap. 31. 32.*

Elien dans fon Livre de la Difcipline des Grecs defcend dans un fort grand détail touchant l'exercice particulier. On y voit les termes qui répondent à ceux dont fe fert aujourd'hui le Major en faifant faire l'Exercice aux Soldats. On leur crioit *Ad haftam*: c'eft ce qui exprimoit le terme ufité maintenant *à droite*, parce que les Soldats tenoient le Javelot ou la Pique de la main droite. *Ad clypeum*, c'eft à-dire à gauche, parce qu'ils tenoient le Bouclier de la main gauche. Quand on faifoit reprendre au Soldat ou à la file fa premiere fituation, cela s'appelloit *reftitutio*: & c'eft ce qui eft fignifié par le terme dont le Major fe fert de notre tems, *Remettés-vous*. On voit dans le même Auteur les doublemens, les contre-marches, les converfions, &c.

*Termes de l'exercice de Guerre répondoient aux termes de l'exercice d'aujourd'hui.*

Elien dans le dernier Chapitre de fon Ouvrage a raffemblé les termes dont ufoit celui qui faifoit faire l'Exercice aux Soldats. Je vais le tranfcrire fur la Traduction Françoife qui fut imprimée en 1611 à Paris. On y verra qu'il a beaucoup de rapport à notre Exercice d'aujourd'hui.

Après avoir enjoint le filence faut commander:

Prenez vos Armes.
Armes debout.
Que les Goujats fortent hors des Rangs.
Paffe-parole.
Repaffe-parole.
Prenez vos diftances.

## DE LA MILICE FRANÇOISE. Liv. V. 375

Portez hautes les Piques.* 
Dreſſez vos Files.
Tenez vos Rangs.
Prenez garde à vos chefs de Files.
Serrez les Files, dreſſez chacun vos Files.
Gardez vos premieres Diſtances.
Vers la Pique quart de tour.
Avancez.
Demeurez.
Reprenez votre Plan.
Vers la Rondache quart de tour.
Avancez.
Demeurez.
Vers la Pique demi tour.
Avancez.
Demeurez.
Remettez-vous.
Doublez les Files.
Remettez-vous.
Doublez les Rangs.
Remettez-vous.
Faites la Laconique.
Remettez vous.
Faites la Macedonique.
Remettez-vous.
Faites la Cretoiſe.
Remettez-vous.
A droit faites la converſion.
Remettez vous.
Vers la Pique ( ou le Javelot ) faites le Periſpaſme.
Remettez-vous.

* c'eſt-à-dire, vos Sariſſes qui étoient beaucoup plus longues que les Piques de notre tems.

Elien finit ici ſon Ouvrage, en adreſſant la parole à l'Empereur Hadrien: *Voilà ce que j'avois à vous déduire, ô Empereur, ſur les enſeignemens & préceptes de cet Art, leſquels donneront la Victoire à ceux qui les mettront en pratique, & la déconfiture à leurs Ennemis.*

Dans tous ces termes il n'y en a que trois ou quatre qui ayent beſoin d'explication, ſçavoir ceux-ci : *Faites la Laconique; faites la Macedonique; faites la Cretoiſe; faites le Periſpaſme*. Les trois premiers termes ſignifient trois differentes évolutions imaginées par les Lacedemoniens, les Macedoniens, & les Cretois. Le quatriéme, *Faites le Periſpaſme*, conſiſtoit à faire deux converſions à droite ou à gauche. Beaucoup de gens ne croiroient pas que ces Formules & en pareil ſtile fuſſent ſi anciennes, & qu'elles fuſſent venuës juſqu'à nous par une Tradition de tant de ſiecles.

Il a toujours été impoſſible ſans cela de bien former les Soldats. C'eſt par là que les Grecs & enſuite les Romains gagnérent tant de Batailles, & firent tant de conquêtes. Ils avoient affaire à des Barbares qui n'avoient guéres d'autres regles que leur impétuoſité & leur valeur naturelle, ou à des Nations effeminées chez qui l'Art de la Guerre avoit été negligé ; c'eſt ce qui faiſoit qu'une Armée de vingt, de trente, de quarante mille hommes venoit à bout ſans peine de deux cens mille & de trois cens mille Combattans, parmi leſquels il n'y avoit ni ordre ni Diſcipline.

Il y a lieu de conjecturer que dès l'établiſſement de la Monarchie Françoiſe dans les Gaules, il y avoit de certains exercices pour les Soldats. Il eſt certain qu'on faiſoit des Revûës dans ce qu'on appelloit le Champ de Mars, & qui fut depuis appellé le Champ de May. On y examinoit avec ſoin les armes des Soldats, pour voir ſi elles étoient en état ; & cette attention marque qu'on ne negligeoit pas les autres choſes qui pouvoient contribuer aux ſuccès de la Guerre. Les Conquêtes des François ſur les Bourguignons & ſur les Goths, peuples aguerris, & qui avoient pluſieurs fois vaincu les Romains, ſemblent auſſi ſuppoſer qu'ils ne combattoient pas ſans quelque methode. Le fameux Theoderic Roi des Oſtrogoths du tems de Clovis avoit introduit dans ſon Royaume d'Italie, & parmi ceux de ſa Nation les manieres Romaines. Les Rois des François, des Bourguignons & des Viſigoths dans les Gaules avoient une grande idée de ce Prince, & ſe faiſoient honneur de l'imiter. Parmi les Gaulois ſubjuguez, pluſieurs avoient ſervi dans les Armées Romaines, & pouvoient donner à ces Princes des lumieres & des Memoires ſur ce ſujet. J'ai fait remarquer dans mon Hiſtoire de France, qu'à la Bataille du Caſilin, où le fameux Narſez
tailla

tailla en pieces une Armée des François ; ceux-ci avoient fait leur ordonnance de Bataille d'une maniere qui avoit assez de rapport à celle dont les Romains se servoient quelquefois. Enfin Agathias, Auteur Grec & Contemporain de nos premiers Rois, dit en termes exprès, comme je l'ai remarqué en parlant de la premiere Race de nos Rois, que les François combattant la plûpart à pied, le faisoient avec beaucoup d'adresse & de Discipline : mais nous n'avons nul Auteur qui nous dise rien de particularité là-dessus.

Il est certain que Pepin & Charlemagne faisoient la Guerre avec régularité. Plusieurs regles de Discipline Militaire marquées dans les Capitulaires, quoiqu'elles ne regardent pas les Marches, les Campemens des Armées, & les Exercices des Soldats, ne laissent point lieu de douter qu'il n'y en eût aussi pour tout cela : mais elles ne sont point venues jusqu'à nous.

On commence à voir sous la troisiéme Race dès le tems de Philippe I ce que j'ai appellé l'Exercice general. Ce fut vers ce tems-là que commencérent les Tournois, où les Seigneurs & les Gentilshommes s'exerçoient à bien manier un cheval, à se tenir fermes sur leurs étriers, à bien adresser un coup de lance, à se servir du Bouclier, à porter & à parer les coups d'épée, à s'accoutumer à supporter le faix du harnois, & aux autres choses utiles ou necessaires pour bien combattre dans les Armées : mais pour ce qui est de ce que j'ai appellé l'Exercice particulier, qui consiste dans les divers mouvemens qu'on fait faire aux Troupes dans un Combat, je n'ai rien trouvé d'écrit sur ce sujet jusqu'au tems de Louis XI.

*Exercice des François dans les Tournois.*

Nous avons sur cela quelque détail dans un fort beau Manuscrit de la Bibliotheque du Roi de l'an 1473. Il contient les Ordonnances de Charles le Hardi Duc de Bourgogne. Ce Prince avoit formé ses Compagnies d'Ordonnance sur le modele de celles de France. On y voit *la Lance fournie*, composée comme celle de France, de l'homme d'Armes, des Archers, du Coustillier & du Page. Et il est hors de doute que l'Exercice de la Gendarmerie se faisoit alors en France à peu près comme dans les Etats du Duc de Bourgogne. Voici l'Extrait du Manuscrit qui regarde l'Exercice de la Gendarmerie.

* cotté 9846

« Ordonne en outre mondit Seigneur, que pour mieux habi-

Fol. 24.

*Exercice en particulier de la Gendarmerie.*

» liter & exerciter lesdites Gens de Guerre aux armes, & qu'ils
» y soient mieux duits & instruits, quand aucune affaire sur-
» viendra, lesdits Conductiers, ( c'est-à-dire les Capitaines des
» Compagnies de Gendarmes ) Chefs d'Escadre, ( c'est-à-dire
» d'Escouades ) & de Chambre, eux étant en Garnison ou quant
» ils auront tems & loisir de ce faire, meynent aucunesfois par-
» tie de leurs hommes d'armes jouer aux Champs armez aucune
» fois du haut de la piece seulement ( c'est-à-dire de la cuirasse
» & de l'armet ou Casque ) une autrefois de toutes pieces pour
» eux essayer à courre la Lance ( c'est-à-dire combattre avec la
» Lance entre eux ) eux tenir en la courant, joints & serrez,
» & aussi courre vivement, garder leurs Enseignes, eux dépar-
» tir, s'il leur est ordonné, & eux ralier en secourant l'un l'au-
» tre par commandement, & la maniere de soutenir une Char-
» ge, & pareillement les Archiers a tout leurs chevaux, pour les
» accoustumer à descendre de pié, & tirer de l'arc, en les fai-
» sant apprendre la maniere d'ataichier, & abrider * leurs che-
» vaux ensemble, & les faire marcher après eux de front der-
» riere leur dos, en attachant les chevaux de trois Archiers
» abridez aux cornets de l'Areson de la selle derriere le cheval
» du Paige à l'homme d'armes à qui ils sont ; en outre de mar-
» cher vivement de front, de tirer sans eux rompre, & de
» faire marcher les Piquenaires ( c'est-à-dire les Piquiers ) en
» front serrez devant lesdits Archiers, & à un signe, d'eux met-
» tre à un genoul en tenant leurs Piques baissées de la hauteur
» des Ars * des chevaux, afin que les Archiers puissent tirer
» par dessus lesdits Piquenaires comme par-dessus un mur, &
» que se lesdits Piquenaires voyent leurs Ennemis mettre en des-
» arroy, ils fussent plus prests à leur courre sus ; & aussi d'eux
» mettre dos contre dos à double défense, ou en Ordonnance
» quarrée ou ronde, & toujours les Piquenaires hors des Ar-
» chiers serrez pour soutenir la charge des chevaux des Enne-
» mis, en encloant au milieu d'eux les Paiges & les chevaux des
» Archiers : & pourront lesdits Condutiers de prime face intro-
» duire cette maniere de faire par petites Compagnies ; & tantost
» que l'une desdites Compagnies sera duite & apprise, ils y
» pourront mener les autres, &c.

* c'est-à-dire, en attacher plusieurs ensemble avec les brides.

* c'est-à-dire, des arçons.

On voit par là premierement, que les Archers mettoient sou-

DE LA MILICE FRANÇOISE. *Liv. VI.* 379

vent pied à terre. 2°. Qu'alors les chevaux des Archers s'abridoient trois à trois, c'est-à-dire, qu'on en joignoit trois avec leurs brides les uns aux autres. 3°. Que les chevaux des Archers les suivoient dans le combat, lorsqu'ils se mettoient à pied. 4°. Que l'Office des Pages des Gendarmes étoit de conduire les chevaux ainsi abridez. 5°. Que les Pages & les chevaux des Archers, & les Archers mêmes étoient derriere les Piquiers ou enfermez dans les Bataillons quarrez ou ronds des Piquiers.

C'étoit particulierement à la Gendarmerie qu'on s'appliquoit à faire faire l'exercice en France, parce que c'étoit la principale force de nos armées. Car, comme je l'ai déja remarqué plusieurs fois, l'Infanterie & même la Cavalerie legere furent comptées pour peu de chose pendant longtems dans nos Troupes, excepté les Arbalêtriers & les Archers Génois, dont nos Rois, surtout depuis Philippe le Bel, composérent une Infanterie reglée, & dont il y avoit aussi des Compagnies à cheval.

On ne peut douter neanmoins qu'il n'y eut aussi quelque exercice pour l'Infanterie, car on en formoit des Bataillons, comme on le voit par la Bataille de Bouvines, & en d'autres occasions.

Quand Charles VII eut levé une Infanterie reglée par l'institution des Francs-Archers, on voit par les Ordonnances de ce Prince, que ces Francs-Archers s'assembloient de plusieurs Villages où ils étoient entretenus, tous les jours de Fêtes pour s'exercer à tirer de l'arc.

L'exercice du Papegay ou Papegault, que l'on fait encore aujourd'hui dans quelques Villes de France, où il y a des Prix proposez pour celui qui tirera le mieux, est un reste de l'ancien exercice qu'on faisoit faire aux Bourgeois. Et je crois que cet Exercice en quelques endroits est aussi ancien que l'institution de la Milice des Communes, & de la Jurisdiction des Maisons-de-Ville, qui furent instituées sous le Regne de Philippe I quatriéme Roi de la premiere Race, ainsi que je l'ai dit ailleurs.

*L'exercice du Papegay, reste de l'ancien exercice de la Milice Françoise.*

Quant à l'Exercice particulier de la maniere dont les Majors le font faire aujourd'hui aux Soldats, je le crois aussi assez an-

Ccc ij

cien en France : mais nous n'en pourrions apprendre l'origine que par les Auteurs qui ont écrit en détail fur la Discipline Militaire : or ce n'eft guéres que fous François I, & fous l'Empereur Charles V, que les Italiens, les François, les Espagnols & les Allemans ont commencé à écrire fur ce fujet. J'ai vû à la Bibliotheque du Roi quelques Traitez manufcrits fur la Guerre : mais, ou ils n'ont point été compofez avant le tems des Princes dont je viens de parler, ou ils ne traitent de la Milice que d'une maniere fort vague & fort generale. Machiavel dans fon Art de la Guerre qu'il compofa du tems de Louis XII, fuppofe que dès lors on faifoit faire ces fortes d'exercices particuliers aux Soldats, tant de Cavalerie, que d'Infanterie. Il y en a certainement eu de tout tems, mais ils ont été differens à proportion que l'Art Militaire s'eft perfectionné, ou que la Difcipline Militaire étoit plus ou moins en vigueur. Un Auteur * qui avoit fervi fous Charles IX & Henri III, fe plaint que de fon tems on ne faifoit point faire l'exercice aux Soldats, excepté au Regiment des Gardes. Ce fait quelque incroyable qu'il paroiffe, quoique attefté par un Témoin oculaire, & homme du métier, me femble être en quelque façon confirmé par M. de Mongommeri de Corbofon, qui vivoit dans le même tems : car ce Gentilhomme dans fon Traité de la Milice Françoife, parlant de l'Exercice particulier des Soldats Grecs décrit par Elien, le compare avec celui qui fe faifoit alors en Hollande fous le Comte Maurice, & non point avec celui qui fe faifoit en France ; ce qui eft au moins une marque qu'il ne s'y faifoit pas fi fréquemment & avec tant de juftefle, & que nous l'avons rétabli & perfectionné fur le modele des Hollandois, où en éffet l'Art Militaire étoit alors très-cultivé.

* Montgeon, Alphabet Militaire, p. 24.

*Exercice fort negligé en France durant les Guerres de Religion.*

Pag. 75.

Je ne defcendrai point dans le détail & dans la pratique de l'Exercice qu'on fait faire aujourd'hui aux Troupes ; on le trouve dans une infinité de Livres. Il feroit d'autant plus ennuyeux que la plûpart de ceux qui ne font point Gens de Guerre n'y comprendroient rien. Ce font de ces chofes qu'il faut voir de fes propres yeux pour l'entendre, & que la feule lecture ne peut gueres rendre intelligible.

# DE LA MILICE FRANÇOISE. Liv. V.

Après avoir traité des Armées, des diverses Troupes qui les composoient, de la maniere dont elles se rangeoient, de celles dont elles combattoient, de leur disposition dans les Campemens, & dans les marches, de leur Service dans un Camp & dans les Garnisons, de l'Exercice que l'on fait faire aux Soldats pour les discipliner, & les accoutumer aux divers mouvemens qu'il convient de faire dans les Combats; je vais traiter dans le Livre suivant des differentes armes qui ont été, ou qui sont en usage dans les Troupes Françoises. Je parlerai premierement des armes dont on se servoit avant l'invention de celles qu'on appelle armes à feu, & ensuite je traiterai de celles-ci.

# LIVRE VI.

*Des Armes en usage sous la troisiéme Race, jusqu'à l'Invention des Armes à feu.*

QUOIQUE la plûpart de ces armes ayent été de tout tems en usage chez presque toutes les Nations; cependant on peut faire sur ce sujet quelques observations historiques par rapport à la Nation Françoise, qui ne seront pas inutiles, ni indignes de la curiosité des Lecteurs. Je commencerai pas les Armes défensives.

## CHAPITRE PREMIER.

*Des Armes défensives sous la troisiéme Race.*

EN parlant de la Milice sous la premiere Race, j'ai fait remarquer sur le témoignage des anciens Auteurs, que les Casques & les Cuirasses n'étoient guéres en usage parmi les François du tems de nos premiers Rois, plusieurs années même après qu'ils furent établis dans les Gaules: mais cet usage fut introduit peu à peu, & il en est souvent parlé dans les Capitulaires sous la seconde Race.

Ces Cuirasses dans les premiers tems étoient des cottes de mailles qui couvroient le corps depuis la gorge jusqu'aux cuisses. On y ajouta ensuite des manches de mailles & des chausses de mailles. Gregoire de Tours en parle en divers endroits.

DE LA MILICE FRANÇOISE. *Liv. VI.* 383

Comme une partie de l'adreſſe des Combattans, ſoit dans les Batailles, ſoit dans les Combats particuliers, étoit de trouver le défaut de la Cuiraſſe, c'eſt-à-dire les endroits où elle ſe joignoit aux autres pieces de l'armure, afin de percer par là l'Ennemi, l'application de nos anciens Chevaliers fût à remedier à cet inconvenient.

Les deux Auteurs de l'Hiſtoire de Philippe-Auguſte, que j'ai déja tres-ſouvent citez, parce qu'ils nous donnent beaucoup d'éclairciſſemens ſur ces matieres, remarquent que ce fut de leur tems, ou un peu auparavant que les Chevaliers réuſſirent à ſe rendre preſque invulnerables, par la maniere qu'ils imaginérent de joindre tellement toutes les Pieces de leur armure, que ni la lance, ni l'épée, ni le poignard ne puſſent guéres pénétrer juſqu'à leurs corps, & à les rendre ſi fortes qu'elles ne puſſent être percées. Voici ce que dit Rigord là-deſſus. » Le Chevalier Pierre de Mauvoiſin (à la Bataille de Bouvines) ſaiſit » par la bride le cheval de l'Empereur Othon; & ne pouvant » le tirer du milieu de ſes gens qui l'entraînoient, un autre » Chevalier appellé Girard Truye * porta à ce Prince un coup » de poignard dans la poitrine : mais il ne pût le bleſſer à cauſe » de l'épaiſſeur des Armes dont les Chevaliers de *noſtre temps*, » dit-il, ſont impénétrablement couverts.

*Force des Armes défenſives du tems de Philippe-Auguſte.*
Pag. 220.
Scropha.

Et en parlant de la priſe de Renaud de Dammartin Comte de Bologne qui étoit dans la même Bataille du parti d'Othon. » Ce Comte, dit-il, étant abbatu & pris ſous ſon cheval..... » un fort Garçon appellé Commote.... lui ôta ſon Caſque, & » le bleſſa au viſage.... il voulut lui enfoncer ſon poignard » dans le ventre : mais les bottes du Comte étoient tellement at- » tachées & unies aux pans de ſa cuiraſſe, qu'il lui fut impoſſible » de trouver un endroit pour le percer.

Guillaume le Breton décrivant la même Bataille, dit la même choſe encore plus expreſſément, & qui marque diſtinctement que cette maniere de s'armer avec tant de précaution, étoit nouvelle. Que c'étoit pour cela que dans les Combats on ſongeoit à tuer les chevaux afin de renverſer les Cavaliers, & enſuite les aſſommer ou les prendre, parce qu'on ne pouvoit venir à bout de percer leurs armures.

*Equorum viscera rumpunt,*
*Demissis gladiis, Dominorum corpora quando,*
*Non patitur ferro contingi ferrea vestis*
*Labuntur vecti lapsis vectoribus, & sic*
*Vincibiles magis existunt in pulvere strati*
*Sed nec tunc acies valet illos tangere ferro*
*Ni prius armorum careat munimine corpus*
*Tot ferri sua membra plicis, tot quisque patenis*
*Pectora tot Coriis, tot Gambesonibus armant*
*Sic magis attenti sunt se munire Moderni*
*Quam fuerint olim veteres.*

Et il fait la réflexion que c'étoit pour cela que dans les tems passez, où l'on ne prenoit pas tant de précaution, il périssoit tant de gens dans les Batailles.

*Ubi millia mille*
*Una sæpè die legimus cecidisse virorum*
*Nam mala dum crescunt crescit cautela malorum.*
*Munimenque novum contra nova tela repertum est.*

De sorte que dans le tems dont je parle, pourvû que le cheval ne fut point renversé, que le Cavalier se tint bien ferme sur les étriers, lorsque l'Ennemi venoit fondre sur lui avec la lance, il étoit invulnerable, excepté par la visiere du Casque : il falloit être bien adroit pour y donner ; & c'étoit à acquerir cette adresse que servoient divers exercices en usage dans les Tournois & dans les autres Divertissemens Militaires de ces tems-là. On y acqueroit cette justesse de bien diriger la Lance dans la Course de la Bague, & dans quelques autres exercices.

*Les blessures des Chevaliers n'étoient pour lors que des contusions.*

Les blessures que les Chevaliers remportoient alors des Combats, n'étoient d'ordinaire que des contusions causées, ou par les coups de massuës qu'on leur déchargeoit, ou par de violens coups de sabres qui fauffoient quelquefois l'armure, & rarement étoient-ils blessez jusqu'au sang. Ainsi ceux qui étoient les plus robustes & les plus forts pour supporter le poids de leurs armes tres-pesantes, ou pour assener, ou pour soutenir

mieux

## DE LA MILICE FRANÇOISE. *Liv. VI.* 385

mieux un coup, avoient l'avantage ; de sorte qu'alors la force du corps entroit beaucoup plus dans le caractere du Heros qu'aujourd'hui.

Une autre raison de ces précautions que prenoient les Chevaliers pour leurs armes défensives, & qui donna encore lieu à inventer ces nouvelles manieres de s'armer, furent les Tournois mêmes ; c'étoient dans leur institution de purs exercices de divertissement, d'où vient qu'on les appelloit des *Jeux Militaires*, où il n'y avoit nulle animosité entre les Combattans, & où il ne s'agissoit que de faire paroître sa force & son adresse: *Quæ nullo interveniente odio*, dit Guillaume de Neubourg, *sed pro solo exercitio atque ostentatione virium fiebant.* L. 5. c. 4.

C'est pour cela, dit un Traité Manuscrit des Tournois, que les Chevaliers *tournoyoient d'épées rabbatues, les taillans & pointes rompues*. Ces épées s'appelloient *épées gracieuses, glaives courtois, armes courtoises*. Une des regles de ces Tournois étoit de ne frapper qu'au corps ou à la tête ; & celui qui donnoit au bras ou aux cuisses, étoit exclus du prix du Tournois. Cela s'observoit même dans les Combats singuliers & dans les défis qui se faisoient entre Ennemis, quand on étoit en Guerre. Nous en avons un exemple dans Froissart, qui parle d'un duel entre un Ecuyer François & un Anglois, en presence du Comte de Bouquincam, « & jousta l'Ecuyer François, dit-il, à la plaisance du Comte « moult bien : mais l'Anglois frappa trop bas, tant qu'il bouta sa « lance tout droit en la cuisse du François. Trop en fut le « Comte de Bouquincam courroucé & aussi tous les Seigneurs, « & dirent que c'étoit deshonnêtement jousté. Ce Reglement n'étoit que pour les Duels ; car dans les Combats en Troupes, on donnoit aux bras & aux cuisses, comme au corps & à la tête.

Cité par du Cange dans sa Dissertat. 6. sur Joinville.

Reglemens pour les Tournois, & même pour les Duels entre Ennemis.

Froissart, vol. 2. chap. 55.

Nonobstant toutes ces regles, il arrivoit assez souvent des accidens fâcheux dans les Tournois ; & c'étoit afin de les prévenir, que les Chevaliers prirent tant de précautions pour fortifier leurs armes défensives, aussibien que dans les Combats contre l'Ennemi.

Voici deux descriptions de l'armure des Chevaliers de ce tems-là, l'une tirée du Moine de Mairemoutier, qui vivoit du tems de Louis le Jeune, & l'autre du Président Fauchet, qui Jo. Monac lat. Hist. Gaufri. Duc.

*Tome I.*                         D d d

l'a faite d'après les anciens Historiens; elles serviront de preuves à ce que je dis.

*Description des Armes défensives des Anciens.*

*maculis.*

» Quand on fit Chevalier Geoffroy Duc de Normandie, dit
» le premier de ces Auteurs, on lui amena des chevaux, & on
» lui apporta des armes; on le revêtit d'une cuirasse incompa-
» rable, *Loricâ incomparabili*, tissue de doubles macles * ou mail-
» les de fer, que nulle flèche & nulle lance ne pouvoit percer.
» On lui donna des bottes ou chausses de fer faites pareille-
» ment de mailles doubles; on lui mit aux pieds des éperons
» dorez, & on lui pendit au cou un Bouclier, où des Lions d'or
» étoient representez. On lui mit sur la tête un casque tout
» brillant de pierres précieuses, & si bien forgé qu'il n'y avoit
» point d'épée qui pût le fendre ou le fausser. On lui apporta
» une lance de bois de fresne armée d'un fer de Poictou, &
» puis une épée du Tresor Royal.

*L. 2. de la Milice & Armes.*

*Autre Description.*

La description de Fauchet convient assez avec la précédente.
» Quant aux hommes de cheval, dit-il, ils chaussoient des chaus-
» ses de mailles, des éperons à molettes aussi larges que la pau-
» me de la main; car c'est un vieux mot que le Chevalier com-
» mence à s'armer par les chausses, puis endossoit un Gobis-
» son..... c'étoit un vêtement long, jusques sur les cuisses &
» contrepointé.... Dessus ce Gobisson ils avoient une chemise
» de mailles longue jusqu'au dessous des genoux, appellé *Au-*
» *ber*, ou hauber du mot *Albus*.... pour ce que les mailles de
» fer bien polies, forbies & reluisantes en sembloient plus blan-
» ches. A ces chemises étoient cousuës les chausses, ce disent
» les Annales de France, parlant de Regnault Comte de Dam-
» martin, combattant à la Bataille de Bovines. Un Capuchon ou
» coëffe aussi de mailles y tenoit pour mettre la tête dedans,
» lequel capuchon se rejettoit derriere, après que le Chevalier
» s'étoit ôté le heaulme, & quand ils vouloient se rafraîchir
» sans ôter tout leurs harnois, ainsi que l'on voit en plusieurs
» sépultures. Le Hauber ou Brugne ceint d'une ceinture en large
» courroye..... Et pour la derniere arme défensive un Elme
» ou Heaulme fait de plusieurs pieces de fer élevées en pointe,
» & lequel couvroit la tête, le visage & le chinon du cou avec
» la visiere & ventaille qui ont pris le nom de vûë & de vent,
» lesquelles se pouvoient lever & baisser pour prendre vent &

AA. Hauber. BB. Chaperon du Hauber. CC. Chausses Demailles

» baleine. Ce neanmoins fort poisant, & si mal aisé que quel-
» quefois un coup de lance bien assené au Nazal, ventaille
» ou visiere, tournoit le devant derriere, comme il avint en la-
» dite Bataille de Bovines à un Chevalier François.... depuis
» quand les heaulmes ont mieux representé la tête d'un hom-
» me, ils furent nommez Bourguignotes, possible à cause des
» Bourguignons inventeurs, par les Italiens, Armets, Salades,
» ou Celates.... leur cheval étoit volontiers houssé, c'est-à-
» dire, couvert & caparaçonné de soye aux Armes & Blason
» du Chevalier, & pour la Guerre, de cuir bouilli ou de ban-
» des de fer.

Ce que cet Auteur dit ici du Hauber est fort conforme aux *Le Hauber.*
figures des Chevaliers que l'on voit representez sur leurs Tombeaux, excepté que le Hauber, au moins dans celles que j'ai
vûës, n'est pas si long qu'il le dit, c'est à-dire, qu'il ne descend pas jusqu'au dessous des genoux. Je represente ici la
Tombe de Pierre de Dreux, premier du nom Duc ou Comte de
Bretagne, & surnommé *Mauclerc*, enterré à Saint-Yved de Brai-
ne ; il est vêtu de son hauber, mais dont on ne peut voir la longueur, à cause de sa cotte-d'armes qui le couvre. On voit ses
manches & ses chausses de mailles, & son chaperon de mailles
qui lui tombe sur les épaules en derriere. Ces pieces étoient comme le complément de l'habit du Chevalier.

On comprend aisément par ces deux descriptions que je viens
de rapporter en quoi consistoit l'armure des Chevaliers ; car le
Hauber surtout étoit une armure propre des Chevaliers, comme
l'a remarqué M. du Cange dans ses Observations sur l'Histoire
de S. Louis par Joinville. La Cavalerie legere, *Levis armatura*, *Pag. 49.*
dont il est parlé souvent dans nos Histoires, n'étoit pas si chargée, elle n'avoit que la cuirasse & le pot de fer, ou un casque
moins pesant en tête ; & c'est pour cela qu'on l'appelloit Cavalerie legere.

Ce Gobeson ou Gambeson dont on vient de parler étoit une *Le Gambeson.*
espece de pourpoint fort long, fait de taffetas ou de cuir, &
bourré de laine, ou d'étoupes, ou de crin pour rompre l'effort
de la lance, qui bien qu'elle ne pénétrât pas la cuirasse, auroit
meurtri le corps en enfonçant les mailles de fer dont la cuirasse
étoit composée. Dans un compte des Baillis de France de l'an

Ddd ij

1268, il est dit : *Expensa pro cendatis & Bourra ad Gambesones.* C'est à-dire, tant pour le taffetas & la bourre pour faire des Gambesons.

*Du Cange, Observations sur l'Histoire de S. Louis, p. 74.*

On voit par tout ceci combien nos Chevaliers étoient chargez quand ils avoient toutes leurs armes ; car ils avoient par-dessus leur habit le Gambeson, qui en Eté devoit être par lui-même fort chaud, étant garni de laine ou de bourre. Par-dessus étoit la cotte de mailles de fer doubles, & par consequent d'un poids extraordinaire. Les Princes & certains Grands Seigneurs avoient par-dessus encore la cotte-d'armes, qui tenoit lieu du paludament des anciens Capitaines Romains, & avoit la figure d'une dalmatique sans manches, & descendoit jusqu'aux genoux : elle étoit chargée des écussons ou des pieces des Armoiries du Chevalier, & souvent de drap d'or ou d'argent, ou de fourures ou de pannes tres-précieuses : mais Fauchet a oublié dans sa description encore une espece d'arme défensive, qui étoit sous le Gambeson ; & c'étoit un Plastron de fer ou d'acier battu. C'est ce que nous apprend encore Guillaume le Breton, en racontant l'escarmouche d'auprès de Mante, où le Chevalier Guillaume des Barres fit le coup de lance avec Richard Comte de Poitiers depuis Roi d'Angleterre.

*La Cotte-d'Armes.*

*Le Plastron.*

Il dit qu'ils allérent avec tant de roideur l'un contre l'autre, que leurs Lances percérent Bouclier, Cuirasse & Gambeson : mais que ce qui les empêcha de s'entrepercer fut une plaque de fer battu qu'ils avoient sous leurs autres armes.

*Pag. 263.*

*Utraque per clipeos ad corpora fraxinus ibat*
*Gambesumque audax forat & Thoraca trilicem*
*Disjicit ardenti nimium prorumpere tandem*
*Vix obstat ferro fabricata PATENA recocto.*

Il peut y avoir un peu d'exageration poëtique dans cette Narration : mais on y voit ce Plastron dont je parle ; & c'est ce qu'il a encore marqué dans ces autres Vers que j'ai déja citez.

*Tot ferri sua membra plicis tot quisque PATENIS*
*Pectora tot coriis tot Gambesonibus armant.*

## DE LA MILICE FRANÇOISE. Liv. VI. 389

Pour ce qui est de l'armure de tête, c'étoit le heaume dont les Chevaliers se servoient à la Guerre & dans les Tournois ; on appelloit aussi Armet, le Chapeau de fer qu'ils faisoient porter avec eux dans les Batailles, & qu'ils se mettoient sur la tête, lorsque s'étant retirez de la mêlée pour se reposer & reprendre haleine, ils quittoient leur heaume.  *Le Heaume.*

Guillaume le Breton parle de ce Chapeau de fer dans l'escarmouche de Mante, où Dreux de Mello n'ayant que cette armure, fut attaqué par le Seigneur de Preaux Vassal du Roi d'Angleterre, qui d'un coup de sabre lui abattit son Chapeau de fer & le blessa au front.  *Le Chapeau de fer.*

*Petrus fronte ferit mediâ Pratellicus ipsum
Qua male tectus erat retro labente galero.*  Pag. 285.

Mais ensuite s'étant fait penser de sa blessure, il revint au combat avec son heaume.

*At droco restricto jam vulnere casside rursus,
Induitur, &c.*

Il est souvent parlé dans Froissart de ces Chapeaux de fer : c'étoit un casque leger, sans visiere & sans Gorgerin, comme ce qu'on a depuis appellé Bacinet. Ces Casques legers étoient alors l'armure de tête de la Cavalerie legere & des Pietons, ou bien c'étoit une espece de Bonnet de mailles, tel qu'on en voit un au Garde-meuble du Roi ; car alors on donnoit le nom de Chapeau ou de Chapellet à ces couvertures de tête.  Vol. 1. ch. 111. 134, &c.

Les Chevaliers, comme si leur heaume n'eût pas été assez pesant, y ajoutoient quelquefois un Cimier au dessus, c'est-à-dire quelque figure semblable à celles que l'on voit dans les armoiries au haut des Casques ; & c'est de là en effet que le Cimier dans les armoiries a pris son origine : on l'appelloit ainsi, parce qu'il étoit à la cime, c'est-à-dire au dessus du Casque.  *Le Cimier.*

Guillaume le Breton dit qu'à la Bataille de Bovines le Comte de Boulogne qui étoit fort grand, voulut encore le paroître plus qu'il n'étoit, en ajoutant à son heaume des cornes faites de côtes de baleine.

Ddd iij

*Cornua conus agit superasque eduxit in auras*
*E costis assumpta nigris quas faucis in antro*
*Branchia balena Britici colit incola ponti*
*Ut qui magnus erat magna super addita moli*
*Majorem faceret phantastica pompa videri.*

Ces Cimiers furent en usage de tout tems & dans les siecles les plus reculez.

*Le Cimier des Rois étoit une Couronne sur le Casque.*

Les Rois mettoient une Couronne sur leur casque en cimier. Nous en avons un exemple dans les Relations de la Bataille d'Azincourt sous Charles VI: on y raconte que Jean premier Duc d'Alençon, voyant la Bataille perduë, se mit à la tête d'une Troupe de Gendarmes, se fit jour au travers des Anglois, pénétra jusqu'au lieu où étoit Henri Roi d'Angleterre, abbattit le Duc d'York aux pieds de ce Prince, & lui déchargea à lui-même un si grand coup de sabre sur la tête, qu'il lui fit sauter une partie de la Couronne qu'il avoit sur le haut de son heaume, après quoi le Duc d'Alençon fut tué. Dans un ancien portrait du Connêtable de Cliſſon, on voit son casque aussi orné d'une Couronne fleur-de-lisée, mais non en cimier. Le Casque est surmonté en Cimier de ce qu'on appelle un vol en stile d'armoirie.

    A. Cimier du Connêtable de Cliſſon.
    B. Cimier du Comte de Dammartin à la Bataille de Bovines.
    C. Cimier Royal.
    D. Bonnet de mailles sous le Casque.

Le heaume, comme l'a remarqué le Président Fauchet, avoit une visiere, faites de petites grilles. Elle se baissoit durant le Combat, & se relevoit pour prendre l'air, en rentrant sous le front du Casque. Cette armure étoit pesante, & devoit être forte pour être à l'épreuve de la hache d'armes & de la massue. Ce Casque étoit assez profond, & s'étrecissoit en s'arrondissant par en haut, ayant presque la figure d'un cône. Il avoit une mentonniere dans laquelle entroit la visiere quand elle étoit baissée, & au-dessous un hausse-col, comme un collet de fer qui descendoit jusqu'au défaut des épaules. Il étoit séparé du Casque, &

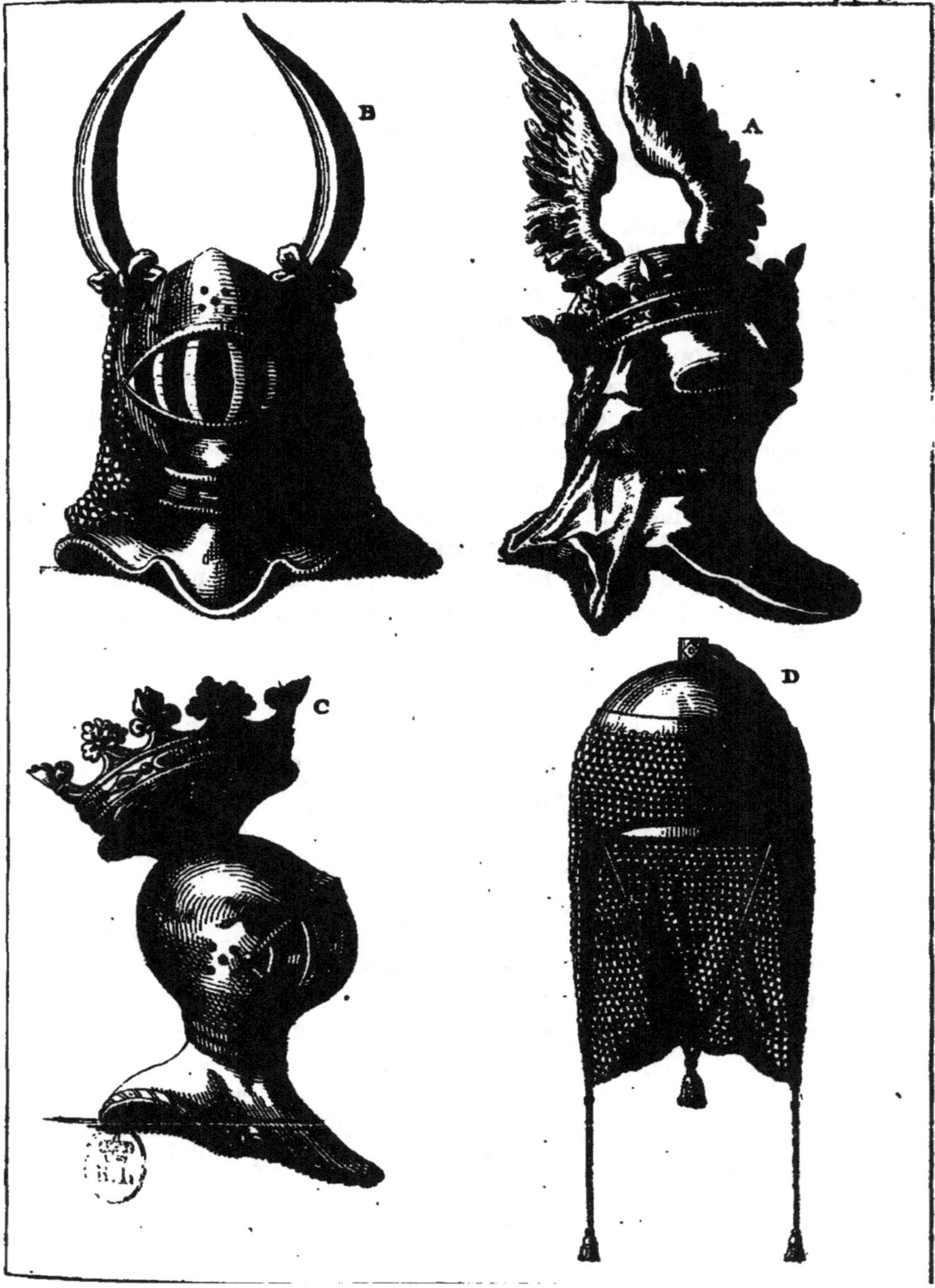

Pl. 17.                                       Tom. I. pag. 3.

s'y joignoit par le moyen d'un collier de métal, comme on le voit dans le heaume du Connêtable de Cliffon. Ce fut par ce Collier qu'à la Bataille de Bovines un Soldat Alleman tira à force, & renversa Philippe-Auguste de son cheval, ayant engagé le crampon de son Javelot entre le Collier & le Casque.

Le Bouclier étoit encore une autre arme défensive en usage chez toutes les Nations, chez qui la figure de cette arme varia beaucoup, aussibien qu'en France; il y en avoit de ronds ou ovales, qu'on appelloit pour cette raison des Rondelles. Il y en avoit d'autres presque quarrez, mais qui vers le bas s'arrondissoient ou s'allongeoient en pointe; & on en voit de cette sorte dans des Sceaux de nos Rois, & de divers Princes & Seigneurs, & dans d'anciennes Tapisseries. Ceux des Pietons étoient beaucoup plus longs que ceux de la Cavalerie, & quelques-uns couvroient presque tout le corps.

*Le Bouclier.*

Ces Boucliers s'appelloient *Targes* *, nom qui se donnoit encore à d'autres Boucliers, dont on ne se servoit pas pour combattre, mais pour se couvrir, par exemple, sur le bord d'un Fossé d'une Ville contre les flèches des Assiegez: ceux qui les portoient n'avoient point alors d'autre fonction que de les soutenir & de couvrir les Archers qui étoient derriere, tandis qu'ils tiroient leurs flèches contre les Ennemis. On appelloit aussi ces Boucliers *Tallevas*. J'en parlerai ailleurs.

* *Targes*

Du Cange, in Glossar. Voy. Talavacius.

*Tallevas.*

A. Rondelle toute ronde, ou Rondache.
B. Rondelle ovale.
C. Targe, Bouclier de Pieton.
D. Autre Bouclier de Pieton.
E. Bouclier de Cavalier.

Les Boucliers dont on se servoit dans le Combat & dans les Tournois, étoient de bois couverts de cuir bouilli, & d'autres matieres dures & capables de résister à la lance. Les Chevaliers y mettoient leurs Armoiries sur les bords, ou sur l'Umbon *, c'est-à-dire, sur le milieu, qui étoit le centre exterieur & la partie la plus convexe du Bouclier. C'est ce que nous apprend Guillaume le Breton en parlant de Richard d'Angleterre, & du Seigneur d'Arondel qui étoit dans l'Armée de ce Prince auprès de Mante.

* Ce mot vient d'*Umbilicus*.

*Pag. 263.*

*Ecce comes pictavus agro nos provocat; ecce
Nos ad bella vocat rictus agnosco Leonum
In clypeo.*

Ces Lions étoient les Armes de Richard.

*Et plus bas :*

*Ut comes erecta Guillelmus comminus hasta
Vidit hirundela velocior alite qua dat
Hoc agnomen ei, fert cujus in ægide signum.*

C'est-à-dire, que le Seigneur d'Arondel avoit sur son Bouclier ses Armoiries, qui étoient une Hirondelle, c'étoient des Armes parlantes. Ils portoient aussi leurs Armoiries dans leurs Bannieres, comme on le voit dans toute l'Histoire de Froissart, qui les blasonne à ces occasions en divers endroits, aussibien que Joinville dans la vie de S. Louis.

Je ne vois point dans nos Histoires que les François se soient jamais servis de Boucliers d'airain, dont on voit quelques exemples chez d'autres Nations dans les siecles les plus éloignez, ni de certains Boucliers quadrangulaires & extrémement concaves, à peu près comme des couvercles de certains coffres, quoique Cluvier en attribue de cette sorte aux peuples de l'ancienne Germanie, d'où les François étoient originaires. Tous ceux que l'on voit sur les anciens Tombeaux, & sur quelques autres Monumens, peuvent se réduire pour la figure à celles que j'ai marquées.

Depuis que les Armes à feu eurent été inventées, il semble que l'usage des Boucliers devoit finir ; car il n'y avoit point de Bouclier qui fût à l'épreuve, non seulement du Canon, mais encore des Arquebuses & du Mousquet ; cependant cet usage dura fort longtems depuis : on en voit dans les Bas-reliefs des Tombeaux de Louis XII & de François I, où leurs Batailles sont représentées à Saint-Denis. Le Maréchal de Montluc dit de lui-même, qu'à la Camisade de la Basse ville de Bologne en Picardie, il avoit une Rondelle. « Cinq ou six Anglois, dit-il, » vindrent à moi ... ils me tirérent quelques coups de flé- » ches, & m'en donnérent trois dans la Rondelle, & une au

*Commentaire de Montluc, Tom. I.*

*Durée des Boucliers.*

» travers

Tom. I. pag. 391.

« travers de la manche de mailles que j'avois au bras droit,
« lesquelles pour mon butin je portai au logis.

Je me souviens encore d'avoir lû en quelque endroit dans Strada, que plusieurs années après, les Espagnols avoient des boucliers dans un combat contre les Gueux de Flandre : & au siege de Rouen l'an 1562, il est marqué que le Capitaine Monnins fit une sortie du Fort de Sainte-Catherine, ayant une Rondelle couverte de velours verd. On se servit encore de ces Rondelles ou Rondaches au siege de Saint-Jean d'Angeli l'an 1621. Le Roi Louis XIII dit à cette occasion au Marquis de Rosni Grand Maître de l'Artillerie, qu'il vouloit rétablir l'usage de cette Arme défensive, qu'il trouvoit tres utile dans les attaques & dans les assauts, & qu'il falloit que chaque Compagnie d'Infanterie en eût un certain nombre ; mais apparemment cela ne fut point exécuté. Cette idée ne fut point particuliere à ce Prince ; le Prince Maurice prétendoit que non-seulement la Rondelle, mais encore la Targe qui étoit un bouclier beaucoup plus grand auroit été tres utile contre les Piques ; & s'il avoit été le Maître, dit le Duc de Rohan dans son Traité de la Guerre, il les auroit remis en usage. Ce Duc même un des plus grands Capitaines de son tems étoit fort de cet avis : mais cette arme défensive ne pouvant plus guéres servir que contre l'épée, la pique, la halebarde, & nullement contre les armes à feu, si ce n'étoit au plus contre le Pistolet, on l'abandonna entierement comme une arme plus incommode qu'utile.

Parmi ces armes défensives, il y en avoit dont tout le monde n'avoit pas droit de se servir. Le Hauber qui étoit la principale arme défensive & la plus capable de résister à la lance, étoit propre des seuls Chevaliers, & de ceux qui avoient Fief de Hauber. Il est certain que la Cavalerie legere n'avoit point le Hauber ; aussi ne tenoit-elle guéres devant les Chevaliers dans un combat : mais les Ecuyers, c'est-à-dire, ceux qui par leur naissance pouvoient prétendre à la Chevalerie, & à qui il ne manquoit que l'âge ou un certain tems de service pour arriver à ce rang, combattoient souvent en compagnie des Chevaliers, & soutenoient avec eux le choc des Chevaliers du Parti ennemi ; ils étoient reçus dans les Tournois & aux pas d'armes, où cette armure étoit fort avantageuse & necessaire contre les terribles

*Tome I.*        E e e

---

*Brantôme. T. 4. p. 180.*

*Boucliers encore en usage sous Louis XIII.*

*Mercure François sous l'an 1621, p. 537.*

*Difference des armes du Chevalier & de l'Ecuyer.*

coups qu'on s'y portoit les uns aux autres. Quelles étoient donc leurs armes ? Je répons que sans doute les Ecuyers avoient au moins le corcelet, ou cotte de mailles, qui faisoit la principale & la plus necessaire partie du Hauber, & de plus le Plastron ; & cela paroît assez bien prouvé par un Article de l'ancienne Coûtume de Normandie manuscrite, où il est dit : » Se aucun est at-
» teint de querelles contre Chevalier, il leur doit amender par
» pleines armes, & ce est par le Cheval * & par le Hauber, par
» l'Escu, par l'Espée & par le Heaume : se cil à qui le messet fut
» set, n'est pas Chevalier, ne il n'a point de Fieu de Hauber,
» més il deffend son Fieu par pleines armes. L'amende lui doit
» être faite par un Roncin a, par un Gambiex b, par un Cha-
» pel c, & par une Lame d, & par ces choses dont il fera satis-
» faction de l'amende. De sorte qu'il paroît par ce Texte que le Chevalier qui avoit fait injure à un Ecuyer, par exemple, devoit se battre avec lui avec les armes d'Ecuyer.

On voit ici la différence des armes & de la monture du Chevalier, ou de celui qui avoit un Fief de Hauber, qui lui donnoit droit de porter le Hauber, & des autres qui n'étoient ni Chevaliers, ni n'avoient Fief de Hauber ; car dans les Duels particuliers & autorisez, ils s'armoient comme ils avoient droit de le faire à la Guerre.

Et de-là il s'ensuit que le simple Ecuyer, s'il n'avoit point Fief de Hauber n'étoit armé à la Guerre que d'un Gambiex ou Gambisson, d'un Chapeau de fer, & d'un Plastron d'acier. Ce qui n'exclut point cependant le corcelet ou la cotte de mailles ; & cela se peut conclure de l'Extrait d'un vieux Ceremonial pour les Tournois, rapporté par M. du Cange dans sa septiéme Dissertation sur l'Histoire de saint Louis. Ce Ceremonial après avoir fait la description des armes du Chevalier, décrit ainsi celles de l'Ecuyer. » Item, le harnois de l'Ecuyer sera tout
» pareil ( à celui du Chevalier ) excepté qu'il ne doit avoir nul-
» les chausses de mailles, ne coiffettes de mailles sur le bacinet,
» mais doit avoir un Chapeau de Montauban, & si ne doit avoir
» nul es bracheres ( je crois qu'il entend par là les Brassarts ou
» manches de mailles ). & des autres choses se peut armer com-
» me un Chevalier.

Ainsi l'Ecuyer, excepté la coëffe de mailles, les brassarts &

*Vide du Cange, in glossario verbo arma plena.*

*\* de Bataille.*

*a ou Roncin, cheval plus petit qu'un cheval de Bataille.*
*b Gambisson.*
*c Casque leger.*
*d Plastron.*

DE LA MILICE FRANÇOISE. *Liv. VI.* 395

les chauſſes de mailles, avoit le reſte, c'eſt-à-dire, le corcelet de mailles, &c.

L'uſage des Haubers dura longtems : le Preſident Fauchet en met la fin vers l'an 1330, ſous le Regne de Philippe de Valois. Il me ſemble que c'eſt fixer un peu trop préciſément l'époque d'un uſage qui n'a pas été changé tout d'un coup, ni par aucune Ordonnance du Souverain. Monſieur Foucault Conſeiller d'Etat, qui durant ſes diverſes Intendances a eu ſoin de ramaſſer beaucoup de Monumens antiques dans les Provinces de ſon Département, dont il a enrichi ſa Bibliotheque & ſon Cabinet, a fait graver les figures de trois Chevaliers qu'on voit ſur des Tombeaux dans l'Abbaye d'Ardennes proche de Caën. Il y en a un de ces trois Chevaliers nommé Tieſſe le Metar, mort en 1331, qui eſt encore repréſenté avec le Hauber. On voit encore à Ploërmel en Bretagne le Tombeau de Jean III Duc de Bretagne avec le Hauber. Il mourut en 1341 ; & Jean IV qui mourut en 1399, & fut enterré à Nantes, eſt repréſenté ſur ſon Tombeau, pareillement avec le Hauber. Tout cela eſt du tems, ou poſterieur au tems de Philippe de Valois.

D'ailleurs, je trouve que dès l'an 1294 ſous Philippe le Bel, les armures toutes de fer étoient en uſage ; car du Tillet dans ſon Recueil de Traitez entre la France & l'Angleterre, en rapporte un de ce Prince avec Jacques de Chaſtillon Seigneur de Leuſe & de Condé, par lequel ce Seigneur s'oblige à lui fournir pour une certaine ſomme d'argent, *de Bannerets & Chevaliers pris en Hainault, cent armures de fer.* Et dans un Rôle de 1317, ſous Philippe le Long, il eſt marqué que le Dauphin de Vienne lui amena *trois cens hommes armez de fer.* Sous le même Regne au ſujet d'un gage de Bataille, qui devoit être entre Monſieur Jean de Varennes, & Meſſire Serry de Pequigny, Monſieur d'Evreux devoit ſe trouver avec *ſoixante armures de fer*, le Connétable avec *cinquante armures de fer*, &c. Or ce terme *d'armure de fer* ne ſignifioit point les Haubers, mais l'armure faite de pur fer. Froiſſart dans ſon Hiſtoire ſe ſert en cent endroits de ce terme pour ſignifier les Cuiraſſes de pur fer.

Tous ces faits prouvent que ce changement d'armure & du Hauber, à quoi ſuccéda l'armure faite de pur fer, commença au plûtard ſous Philippe le Bel ; & il eſt vrai auſſi que ſous Philippe

*L. 2. de la Milice & des Armes, fol. 524.*

*Changement des Haubers en Cuiraſſes ou Lames de fer.*

*Lobineau, Hiſt. de Bretagne, T. I. p. 311.*
*Lobineau, Hiſt. de Bretagne, p. 311, & 498.*

*Du Tillet, p. 197.*

E ee ij

de Valois l'armure de fer fut presque seule en usage. Froissart que je viens de citer, qui vivoit sous le Regne de ce Prince, & qui a écrit l'Histoire de ce tems là, ne fait guéres mention de Haubers, & ne parle par tout que des armures de fer.

*Vol. 1. ch. 47.*

« Messire Jean de Roye, dit-il, Messire de Trie Maréchal de » France, avec Messire Godemar du Fay, & plusieurs autres » Seigneurs meirent sus une chevauchée de mille hommes ar-» mez de fer.

*Chap. 222.*

« Monseigneur Godefroy (d'Harcourt) se partit comme Ma-» réchal de la route du Roi (d'Angleterre) avec cinq cens ar-» mures de fer, dit-il, en un autre endroit.

* *c'est-à-dire, de sa lance.*

« Et au Chapitre 49, l'Ecuyer l'atteignit tellement de son » glaive* roide & fort, qu'oncques ne brisa, mais perça la Tar-» ge, les Plates, & le Hoqueton, & lui entra dedans le corps, & » le joignit droit au cœur.

Or ce mot de *Plates* en vieux langage signifioit des lames ou plaques de fer dont étoient faites les armures desquelles je parle.

*Chronique en Vers de Bertrand du Guesclin.*

Ils ont dedans leurs Chefs les bacinets fermez
Les Ecus à leurs cols, dont il i ot * assez
Bonnes PLATES d'acier & de glaives assez.

Je crois que la raison qui fit changer les Haubers & intro-duire les armures de fer, fut la pesanteur du Hauber avec le reste du harnois, & qui étoit telle que quelquefois les Cheva-liers étoient étouffez dans leurs armes, quand la chaleur étoit extraordinaire: car quoique l'armure de fer fut aussi fort pe-sante, elle l'étoit moins que celle du Hauber fait de doubles mailles joint avec le Gambesson, le Plastron & la cotte d'ar-mes, parce qu'il n'étoit point besoin de Gambesson ni de Plas-tron sous la cuirasse de fer, d'autant que si elle étoit de bonne trempe, elle n'étoit ni percée ni faussée par la lance, ni enfon-cée dans le corps du Chevalier, comme les mailles l'eussent été, s'il n'y avoit point eu de Gambesson dessous.

Ce que je dis de la force de ces armures de fer pour resister aux coups les plus violens, est confirmé par Philippe de Comines au sujet de la Bataille de Fornouë sous Charles VIII. » Nous » avions, dit-il, grande sequelle de Valets & de Serviteurs, qui

*L. 8. chap. 6.*

» tous eſtoient à l'environ de ces hommes d'armes Italiens, & en
» tuérent la plûpart : presque tous (ces Valets) avoient haches
» à couper bois.... dont ils rompirent les viſieres des armets,
» & leur en donnoient de grands coups ſur les têtes ; car bien
» mal aiſez eſtoient à tuer, tant eſtoient fort armez, & ne vis
» tuer nul, où il n'y eut trois ou quatre hommes à l'environ.

Et dans le Combat auprès de Calais dont j'ai déja parlé, Froiſ- *Froiſſart, vol.*
ſart dit qu'Euſtache de Ribaumont qui ſe battoit *corps à corps* *1. ch. 51.*
contre Edouard Roi d'Angleterre ſans le connoître, lui déchargea
de ſi terribles coups ſans fauſſer ſes armes, *qu'il l'abbattit deux*
*fois à genoux.*

Cette maniere de s'armer tout de fer a duré longtems en
France, & elle étoit encore en uſage ſous le Regne du feu Roi
Louis XIII, parce qu'il y avoit peu de tems qu'on avoit ceſſé de
ſe ſervir de la lance dans les Armées : or c'étoit une neceſſité de
s'armer de la ſorte contre cette eſpece d'arme, dont on ne pouvoit
ſe parer, que par la réſiſtance d'une forte armure.

Sur la fin du Regne de Louis XIII notre Cavalerie étoit en- *Le ſieur de*
core armée de même pour la plûpart ; car voici comme en parle *Bellon,*
un Officier de ce tems-là, qui imprima un Livre *des principes de* *I. Part. pag.*
*l'Art Militaire* en 1641. *324.*

» Ils ſont ſi bien armez maintenant, dit-il, ( nos gens de
» cheval ) qu'il n'eſt pas beſoin de parler d'autres armes ; car ils
» ont la cuiraſſe à l'épreuve de l'Arquebuſe, & les Taſſettes, Ge-
» nouillieres, Hauſſecol, Braſſarts, Gantelets, avec la Salade,
» dont la viſiere ſe leve en haut, & fait une belle monſtre....
» Il les faut armer à cru & ſans caſaques ; car cela a bien plus
» belle monſtre ; & pourvu que la cuiraſſe ſoit bonne & forte,
» il n'importe du reſte : il ſeroit bon que ſeulement la premiere
» Brigade qui ſeroit toujours au premier rang, eût des lances
» avec des piſtolets ; car cela feroit un grand effort, ſoit aux hom-
» mes, ſoit aux chevaux des Ennemis : mais il faudroit que ces
» Lanciers-là fuſſent bien adroits ; autrement ils nuiſent plus
» qu'ils ne ſervent. Or il n'y en avoit plus guéres alors qui fuſſent fort adroits dans l'exercice de la Lance.

Guillaume du Bellay, ou plûtôt le Livre qu'on lui attribue de *L. 1. fol. 29.*
la Diſcipline Militaire, marque fort diſtinctement la différence
des armures des hommes d'armes, des Arquebuſiers à cheval, &

de la Cavalerie legere, telle qu'elle étoit, ou du moins, ajoûte-t'il, qu'elle devoit être, selon les Ordonnances du tems de François I.

*Differences des Armes. Des differentes especes de Cavalerie du tems de François I.*

*Gendarmes.*

« Les armes de ces gens à cheval, dit il, seront selon la « charge de chacun; car autrement sera armé l'homme d'ar-« mès, que le Cheval leger, & le Cheval leger autrement que « les Estradiots & que les Arquebusiers. Premierement, l'hom-« me d'armes sera armé de Soullerets, Greves entieres, Cuis-« sots, Cuirasses avec les Tassettes, Gorgerin, Armet avec ses « Bavieres, Gantelets, Avantbras, Gossets, & grandes pieces: « ce que j'ai ainsi specifié par le menu pour raison des hommes « d'armes du tems present, qui veulent être dits hommes d'ar-« mes, & neanmoins estre armez & équipez, tout ainsi que les « Chevaux legers sont; & vous sçavez bien qu'un homme armé « legerement ne fera jamais l'effort que l'homme armé seure-« ment peult faire, lequel ne peut estre endommagé de coups « de main, là où le Cheval leger est exposé aux coups en plu-« sieurs endroits de sa personne. Et ce à cause de son harnois, « qui n'est ni si pesant ni si seur que celui de l'homme d'armes « doit estre, & non sans cause; car à la peine que les Chevaux « legers & les autres armez legerement doivent prendre, n'y au-« roit corps qui peult souffrir la pesanteur du harnois complet, « ne cheval qui le pût porter: mais les hommes d'armes qui « sont ordonnez pour demeurer ferme, & non point pour courir « çà & là, pourront estre chargez d'un harnois pesant; & pour « bien porter un tel faix, ils doivent avoir de forts & grands « chevaulx; car outre ce il faut qu'ils les ayent bardez. Ces « hommes d'armes doivent avoir l'espée d'armes au costé, l'estoc « à l'arçon de la selle d'une part, & la masse de l'autre: leur « lance sera grosse & bien longue.

*Chevaux legers.*

« Les Chevaux legers seront bien à cheval & armez de haus-« secou, de hallecret avec les tassettes jusques au dessous du « genoul, de gantelets, d'avantbras & grandes espaulettes, & « d'une Salade forte & bien coupée à veuë coupée.... ils doi-« vent porter l'espée large au costé, la masse à l'arçon, & la « lance bien longue au poing.....

*Arquebusiers à cheval.*

« Les Arquebusiers aussi seront bien montez, & leur harnois « sera pareil à celui des Estradiots, reservé la salade: car ceux-ci

DE LA MILICE FRANÇOISE. *Liv. VI.* 399

» auront seulement un cabasset, à celle fin de viser mieux, &
» avoir la teste plus délivre, l'espée au costé, la massuë à l'ar-
» çon d'une part, & la harquebuse de l'autre dedans un four-
» reau de cuir bouilli, lequel tienne ferme sans branler. Ladite
» harquebuse pourra être de deux pieds & demi de long ou de
» trois ou plus, & qu'elle soit legere. L'Auteur arme les Arquebusiers comme les Estradiots dont il avoit parlé auparavant,
c'est-à-dire, de manches & de gands de mailles; & donne à ces
Arquebusiers, aussibien qu'aux Chevaux legers des armes défensives moins complettes, & beaucoup moins pesantes.

Les armures des Gendarmes sous Henri II devinrent plus legeres qu'elles n'étoient auparavant: mais du tems de Charles IX
& de Henri III, on reprit l'ancienne maniere. C'est ce que nous
apprend M. de la Nouë dans son quinziéme Discours Militaire.
» Or, dit-il, comme ils ont eu bonne raison à cause de la vio-
» lence des Arquebuses & Piques, de rendre les harnois plus mas-
» sifs, & à meilleure épreuve qu'auparavant. Ils ont toutefois si
» fort passé mesure, que la plûpart se sont chargez d'enclumes,
» au lieu de se couvrir d'armures.... Nos Gendarmes & Che-
» vaux-legers du tems du Roi Henri II étoient bien plus beaux à
» voir portant la Salade, Brassals, Tassettes, le Casque, la
» Lance & la Banderole, & n'avoient toutes leurs armes pesan-
» teur qui les empêchât de les porter vingt-quatre heures: mais
» celles d'aujourd'hui sont si griéves, qu'un jeune Gentilhomme
» à trente-cinq ans est tout estropié des épaules d'un tel far-
» deau.

Depuis qu'on a commencé à s'armer tout de fer, il me paroît
qu'il y a eu plus de changement dans ces sortes d'armes pour la
pesanteur & pour la force, qu'il n'y en a eu pour les pieces de
ces armes & pour les figures. C'est pourquoi afin de les faire
comprendre, je me contenterai de mettre ici celles d'un Gendarme, dont la figure est tirée d'un Monument du commencement du quinziéme siecle.

Voici les noms des parties de ces Armes:
1. Casque.
2. Hausecol.
3. Cuirasse.
4. Espaulieres.
5. Brassals.
6. Gantelets.
7. Tassetes.
8. Cuissarts.
9. Greves, ou armures de Jambes.
10. Genouilleres.
11. Cheval de Bataille du Gendarme.

On y voit aussi des Gossets ou Goussets ; c'étoit le nom d'une piece sous l'aisselle, qui la couvroit quand le Gendarme levoit le bras.

Il est aussi fait mention de Souletets dans quelques anciens Livres. Je ne sçai ce que c'est, ou plûtôt je croi que c'étoit le nom de quelqu'une des pieces que j'ai nommées, laquelle avoit plusieurs noms. On parle aussi de Bavieres à l'armet, ou au casque ; il me paroît que c'étoit une espece de cornette de taffetas dont on ornoit l'armet, & de laquelle je parlerai ailleurs.

Le Halecret étoit une espece de corcelet de deux pieces, une devant & une derriere ; il étoit plus leger que la cuirasse. Le bacinet, le cabasset, le pot de fer, le chapeau de fer, la salade, le morion étoient des especes de casques assez semblables, excepté que la salade avoit quelquefois une visiere, & que le morion étoit propre de l'Infanterie. Ces Casques se lioient ordinairement sous le menton avec des courroyes & des boucles. La Bourguignote paroît avoir été plus massive & à visiere, puisque le Président Fauchet, comme on l'a vû ci-dessus, en parle comme d'une espece de heaume.

J'ai vû dans le Cabinet d'Armes de Chantilli plus de quarante corps de cuirasse, dont plusieurs sont differentes les unes des autres. Il y en a une ouverte par devant qui se fermoit avec trois crochets, & une autre qui se fermoit aussi par devant avec deux boutons ; une autre qui se plioit en deux par devant, & qui n'empêchoit point l'homme armé de se pancher : une autre qui

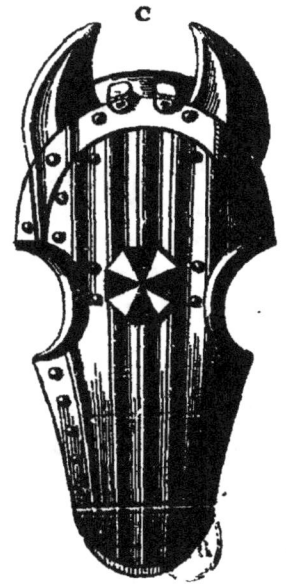

## DE LA MILICE FRANÇOISE. Liv. VI. 401

qui se plioit par en haut & par en bas, c'est-à-dire que celle-ci étoit de trois pieces qui rentroient les unes dans les autres, & l'autre de deux pieces jointes de même; elles étoient plus commodes pour les mouvemens du corps: mais peut-être n'étoient-elles pas si sûres contre la lance.

L'artifice des Brassarts, des Cuissarts, des Gantelets, &c. consistoit en ce que les parties de chaque piece étoient tellement jointes & clouées ensemble, qu'elles s'éloignoient & s'approchoient les unes des autres dans les mouvemens qui se faisoient ainsi avec liberté & facilité.

On voit au Garde-meuble du Roi l'armure complette de Louis le Grand, & en particulier son casque ou pot de fer qu'il mettoit lorsqu'il alloit à la tranchée. Il est d'une grande pesanteur, mais d'une si bonne trempe, qu'ayant été mis à l'épreuve d'une carabine rayée, la balle ne fit que l'effleurer, & n'y fit qu'une legere marque qu'on y a laissée.

Depuis longtems notre Cavalerie ne s'arme plus pesamment comme autrefois. On oblige seulement les Princes dans les Batailles & en d'autres occasions dangereuses à prendre la cuirasse & le pot en tête. Il seroit à souhaiter que plusieurs de nos jeunes Seigneurs fussent plus dociles qu'ils ne le sont là-dessus, & qu'une fausse bravoure, ou qu'un peu de gêne que leur causent ces sortes d'armes ne les empêchassent pas de s'en servir; elles leur sauveroient souvent la vie: & faute de cette raisonnable précaution, nous perdons quantité de braves Officiers.

Le Roi Louis XIII ordonna en 1638 à tous les Cavaliers, & à ceux qui seroient Gentilshommes sous peine de dégradation de s'armer d'armes défensives. Cet ordre est marqué dans une Lettre de Monsieur des Noyers Secretaire d'Etat au Maréchal de Chastillon en ces termes: » Le Roi desire aussi que pour
» profiter du séjour de l'Armée, vous fassiez que Messieurs les
» Intendans distribuent à la Cavalerie Françoise les Armes qui
» sont à Montreuil, obligeant les Cavaliers à les porter, à peine
» d'être dégradez de Noblesse. C'est à vous, Monsieur, & à
» Monsieur le Maréchal de la Force à leur faire connoître com-
» bien il importe à l'Etat & à leur propre conservation de n'al-
» ler tous les jours combattre en pourpoint des Ennemis armez
» depuis les pieds jusques à la tête. Et cet ordre fut réiteré au

*Dans les Memoires pour l'Histoire du Cardinal de Richelieu, t. 2. p. 222. & 256.*

Tome I. Fff

# HISTOIRE

*Tom. 3. & 13. des Ordonnances de Louis XIV pour la Guerre. Memoires de Bussy Rabutin, t.1.p.148.*

Maréchal de Chastillon l'an 1639. Il y a eu aussi là-dessus des Ordonnances du Roi Louis le Grand pour tous les Officiers de Gendarmerie & de Cavalerie, mais qui n'ont pas toujours été fort observées. Les Cavaliers en avoient encore au commencement de son Regne. M<sup>r</sup> le Maréchal de Villars dans les dernieres Guerres fit prendre à la Cavalerie des demi-cuirasses, c'est-à-dire, le devant d'une cuirasse qui étoit à l'épreuve. La Maison du Roi s'est aussi servie de cuirasses dans les Batailles en ces derniers tems.

Il me reste encore à parler d'une chose qui regarde le sujet dont je traite, ce sont les armes défensives des chevaux ; car ils en avoient aussibien que les Cavaliers.

---

## CHAPITRE II.

### *Des Armes défensives des Chevaux.*

*P. 216.*

RIgord dans la Relation de la Bataille de Bovines, dit qu'un signe certain de la Bataille prochaine, fut que l'on vit l'Empereur Othon s'approcher de l'Armée Françoise, les chevaux des Gendarmes ayant leur couverture. *Dixit quod* 

*Vol. 3. ch.13.*

*videras equos militum coopertos . . . . quod erat evidentissimum pugnæ signum.* Et Froissart parlant de la Bataille de Juberot entre les Rois Jean de Castille & Denis de Portugal, où les François qui y étoient dans l'Armée de Castille, périrent presque tous, dit que le Roi de Castille voyant cette défaite marcha en Bataille *en tres-puissant arroy & Bannieres déployées, & montez toutes gens sur chevaux couverts.*

*Du Cange, in Glossario, v. Equi cooperti.*

*Chevaux couverts & armez.*

Les Gens d'Armes, & même les Ecuyers n'avoient pas tous droit ou obligation d'avoir des *chevaux couverts*. Cela se voit par un rouleau de la Chambre des Comptes de Paris, dont le titre est : *Compte du Voyage qui fu l'an 1294 & 1295, pour les gages de Monsieur Bertran Massole, retenu aux gages accoutumez pour lui & deux Ecuyers*, où il est dit, » & estoit luy & autre » à chevaux couverts, & un autre sans cheval couvert, & plus » bas pour onze Ecuyers à chevaux couverts à chacun sept sols six

"deniers par jour, & pour deux qui n'ont point chevaux cou-
"verts, chacun cinq sols.

Cette couverture, dit le Président Fauchet, étoit de cuir ou de fer : mais la Chronique de Colmar sous l'an 1298, parlant des chevaux de Bataille, dit que ces couvertures étoient comme les Haubers faites de mailles de fer. *Hi equi cooperti fuerunt coopertoriis ferreis, id est veste ex ferreis circulis contexta* : mais cela n'étoit pas general.

<small>Liv. 2. de la Milice & Armes.</small>

Par une Lettre de Philippe le Bel dattée du 20 Janvier 1303, au Bailli d'Orleans, il est ordonné que ceux qui avoient cinq cens livres de revenu en terres dans ce Royaume, aideroient d'un Gentilhomme bien armé, & monté d'un cheval de cinquante livres tournois, & *couvert de couverture de fer, ou de couverture pourpointe*. Et le Roi Jean dans ses Lettres dattées du premier d'Avril 1353, écrit aux Bourgeois & Habitans de Nevers, de Chaumont en Bassigny & autres Villes, qu'ils eussent à envoyer à Compiégne à la quinzaine de Pasques le plus grand nombre d'hommes & de chevaux *couverts de mailles* qu'ils pourroient, pour marcher contre le Roi d'Angleterre.

Depuis on se contenta de leur couvrir la tête & le poitrail de lames de fer, & les flancs de cuir bouilli. Ces armes défensives du cheval s'appelloient des Bardes, & un cheval ainsi armé s'appelloit un cheval bardé. On voit des figures de ces chevaux armez & bardez dans les anciennes Tapisseries, & en plusieurs autres monumens, comme par exemple dans les bas-reliefs du Tombeau de François I. à Saint-Denis.

<small>Chevaux bardez.</small>

Il est fait encore mention de ces bardes dans une Ordonnance de Henri II. « Ledit homme d'armes sera tenu porter Ar-
« met petit & grand, garde-bras, cuirasse, cuissots, devant de
« gréves avec une grosse & forte lance, & entretiendra quatre
« chevaux, les deux de service pour la guerre, dont l'un aura
« le devant de bardes avec le chamfrain & les flançois, & si
« bon lui semble, aura un pistolet à l'arçon de la selle.

<small>Ordonnance de l'an 1549.</small>

C'étoient ces flançois, c'est-à-dire ce qui couvroit les flancs du cheval, qui étoient de cuir bouilli. Les Seigneurs ornoient souvent ces flançois de leurs écussons. Nos Rois les semoient de Fleurs de lis, & quelquefois de quelques pieces des Armoiries d'un pays conquis, témoin ce curieux Médaillon de Charles VII. que j'ai tiré du Cabinet de M. l'Abbé Fauvel, au revers duquel on voit les Fleurs-de-lis mêlées avec des figures de Léopard sur les flancs de son Cheval de bataille, parce que la Guyenne qu'il venoit de conquerir sur les Anglois portoit un Léopard pour Armes.

Je mets d'autant plus volontiers cette Médaille en preuve, qu'elle est plus singuliere, & qu'il y a dans ses deux Inscriptions des allusions dignes de remarque.

D'un côté est ce Prince assis dans son Trône tenant l'Epée à la main, les Armes de France & de Guyenne écartelées au pied du Trône. La légende du Médaillon sont ces premieres paroles d'un Pseaume en lettres Gothiques, *Deus judicium tuum Regi da, & justitiam tuam filio Regis*. Elles faisoient allusion à ce que depuis Edouard III qui entreprit de disputer la Couronne de France à Philippe de Valois, les Rois d'Angleterre ne donnoient point à nos Rois le titre de Roi : mais en parlant d'eux dans leurs Manifestes & dans d'autres pareils Actes ne les appelloient que *Charles de France, notre Adversaire de France*, &c. Charles VII s'appliquant donc à soi-même ces paroles du Psalmiste affecte de déclarer que nonobstant les prétentions des Anglois, il étoit Roi, fils de Roi, & que son pere avoit toujours été Roi.

L'Inscription du Revers est encore plus remarquable. Ce Prince y est représenté armé, l'Epée à la main, ayant en tête un Casque couronné surmonté d'une fleur-de-lys, & sur son Cheval de bataille bardé avec cette Inscription : *Deus*, qui est une espece d'invocation, *Carolus maximus, Aquitaniorum Dux & Francorum filius*. On y donne à Charles VII le titre de *maximus* à cause de la rapidité avec laquelle il venoit d'enlever aux Anglois toute la Normandie & toute la Guyenne : mais la qualité qu'il s'y donne de fils des François, *Francorum filius*, est fort particuliere & digne de réflexion.

Il y fait allusion à l'état où il se trouva en 1420 à l'âge de dix-huit ans, quand il fut desherité par son pere Charles VI, dont l'esprit étoit tout à fait affoibli, & par sa mere Isabeau de Baviere, & qu'Henri V Roi d'Angleterre fut déclaré Regent & heritier du Royaume de France. Alors il n'eut point d'autre ressource que quelques Seigneurs bons François,

& quelques Provinces au-delà de la Loire, qui nonobstant la puissance des Anglois, oserent se déclarer pour lui. Ils furent comme les tuteurs de sa jeunesse, & ce fut par leur moyen qu'avec le tems il reconquit tout son Royaume. Il se regarda comme leur pupile ; & c'est, dis-je, à quoi il fait allusion par le titre qu'il se donne dans son Médaillon de *Francorum filius*.

Après cette courte digression sur ce beau Monument historique qui ne se trouve que dans quelques Cabinets de Curieux, je reviens à mon sujet.

Le chamfrain qui étoit ou de métail ou de cuir bouilli servoit encore d'arme défensive au cheval. Il lui couvroit la tête par devant, & c'étoit comme une espece de masque qu'on y ajustoit. J'en ai vû un de cuivre & ciselé au Cabinet d'Armes de Chantilli, & deux autres d'acier ou de fer poli au même endroit : il y en a un de cuir bouilli au Magasin d'Armes de l'Arsenal de Paris qu'on represente ici. Il y a dans le milieu un fer large & rond qui se termine à une assez longue pointe. C'étoit pour percer tout ce qui se présenteroit & ce que la tête du Cheval choqueroit. L'usage de cette armure du Cheval étoit contre la Lance & depuis contre le Pistolet.

A Médaille de Charles VII.
B Cheval bardé dans le Revers de la Médaille.
C Chamfrain qui est à la Bastille.

Les Seigneurs François se piquoient fort de magnificence en cette matiere. Il est rapporté dans l'Histoire de Charles VII que le Comte de Saint Pol au siege de Harfleur l'an 1449 avoit un Chamfrain à son Cheval d'armes, c'est à dire à son Cheval de bataille ; prisé trente mille écus. Il falloit qu'il fût non seulement d'or, mais encore merveilleusement ouvragé. Il est encore marqué dans l'Histoire du même Roi, qu'après la prise de Bayonne par l'Armée de ce Prince, le Comte de Foix en entrant dans la Place, avoit la tête de son Cheval couverte d'un Chamfrain d'acier garni d'or & de pierreries, que l'on prisoit quinze mille écus d'or. Mais communément ces Chamfrains n'étoient pour la plûpart que de cuivre & quelquefois de cuivre doré ou de cuir boüilli ; ainsi qu'on le voit par un Compte de l'an 1316 à la Chambre des Comptes de Paris, où parmi diverses

*P. 188. sous l'an 1449.*

*Chamfrain à la tête du cheval.*

*P. 188. sous l'an 1449.*

autres armes, il est dit : *Item deux Chamfrains dorez & un de cuir.* Je trouve dans le Traité de la Cavalerie Françoise de Monsieur de Montgommeri, qu'on donnoit encore de son tems des chamfrains aux chevaux, c'est-à-dire du tems de Henri IV.

La principale raison de toutes ces armures des chevaux n'étoit pas seulement de les conserver & d'épargner la dépense pour en acheter d'autres, mais c'étoit qu'il y alloit ordinairement de la vie ou de la liberté du Gendarme même ; car comme les Gendarmes étoient tres-pesamment armez, s'ils tomboient sous leur cheval tué ou blessé, ils étoient eux-mêmes tuez ou pris, parce qu'il leur étoit presque impossible de se tirer de dessous le cheval.

Ces armes défensives étoient, comme je l'ai dit, necessaires pour les chevaux, comme pour les hommes contre les coups de lances : ainsi depuis qu'on ne s'est plus servi de cette arme offensive, & peu de tems après, on a abandonné non seulement le chamfrain, mais encore tous ces harnois dont j'ai parlé, à cause de leur pesanteur, de l'embarras qu'ils causoient, & de la dépense.

Jusqu'à present j'ai traité principalement des armes défensives pour la Cavalerie, je vais dire quelque chose de celles de l'Infanterie.

## CHAPITRE III.

### *Des Armes défensives de l'Infanterie.*

Quoique l'Infanterie ait été longtems peu estimée en France, & regardée comme la partie la moins considerable de l'Armée ; cependant les Soldats qui la composoient, n'étoient point exposez, soit dans les Batailles, soit dans les sieges sans avoir dequoi soutenir les coups de l'Ennemi ; & ils avoient des armes défensives telles qu'il leur convenoit, c'est-à-dire beaucoup moins pesantes & en même tems beaucoup moins fortes que celles de la Cavalerie, parce qu'ils n'auroient pû supporter un si grand poids en marchant à pied.

J'ai vû une Estampe tirée d'après un ancien monument du douziéme ou du treiziéme siecle où étoit representé un Piéton Arbalêtrier avec son armure. Il paroît revêtu d'un de ces Jacques de cuir de cerf dont j'ai parlé, que Louis XI fit prendre aux Francs-Archers : le chaperon qui n'étoit pas en pointe, mais rond, & le gorgerin étoient d'une piece. Il est couvert d'une robe sans manches assez semblable à une cotte-d'armes qui va jusqu'au dessous des genoux. Il tient de la main droite une fléche empannée, & de l'autre un Arbalête. *Piéton armé de mailles.*

Dans une Ordonnance de Jean V Duc de Bretagne publiée en l'an 1425, on trouve la description des armes du Fantassin de ce tems-là, & de ce païs-là. *Lobineau, Hist. de Bretagne, tom. 2. p. 999.*

» Jean par la Grace de Dieu.... Voulons & ordonnons que
» des gens de commun * de nostre pays & Duché, en outre les
» Nobles, se mettent en appareil promptement & sans délay.
» Sçavoir est de chaque Paroisse trois ou quatre, cinq ou six ou
» plus, selon le grand & qualité de la Paroisse, lesquels ainsin
» choisis & esluz soient garnis d'armes & habillemens qui en-
» suivent.... Sçavoir est ceux qui sçauront tirer de l'arc,
» qu'ils ayent arc, trousse, *Cappelline*, coustille, hache, ou
» mail de plon, & soient armez de forts *Jacques* garnies de lais-
» ches, chaisnes ou mailles pour couvrir les bras; qu'ils soient
» armez de *Jacques*, Capelines, haches ou bouges, & avec ce
» ayent *paniers* de tremble ou autre bois plus convenable, qu'ils
» pourront trouver, & soient les paniers longs à couvrir haut &
» bas, &c. *C'est à dire, de la Milice des Communes.*

*Autre armure du Piéton.*

Les armes défensives qu'on donne ici aux Piétons sont la Capelline, le Jacque & le panier. La Capelline étoit une espece de casque de fer. Le Jacque étoit une espece de just'au-corps, comme je l'ai expliqué en traitant des Francs-Archers. *Explication de cette armure.*

Les Piétons portoient cet habillement garni de laisches, c'est-à-dire de minces lames ou plaques de fer, entre la doublure & l'étoffe, ou bien de mailles. Ces Paniers de tremble dont il est parlé dans l'Ordonnance, étoient les Boucliers des Piétons ; on les appelle Paniers, parce qu'en dedans ils étoient creux & faits d'osier : l'osier étoit couvert de bois de tremble, ou de peuplier noir, qui est un bois blanc & fort leger. Ils étoient assez longs pour couvrir presque tout le corps du Piéton ; c'étoit des especes de Targes.

Du tems de François I, les Piétons avoient les uns des corcelets de lames de fer, qu'on appelloit hallecrets, les autres une veste de mailles, comme nous l'apprenons du Livre attribué à Guillaume du Bellay Seigneur de Langei. » La façon du tems » present, dit-il, est d'armer l'homme de pied d'un hallecret » complet, ou d'une chemise ou gollette de mailles, & cabasset: » ce qui me semble, ajoute t'il, assez suffisant pour la défense » de la personne, & le treuve meilleur que la cuirasse des an- » ciens n'estoit.

*Liv. 1. de la Discipline Militaire.*

*Armure des Piétons du tems de François I.*

Je ne repete point ici ce que j'ai dit de l'armure des Francs-Archers du tems de Louis XI, en parlant de cette Milice sur un Memoire de ce tems-là, & qui doit avoir été à peu près la même que celle du reste de l'Infanterie Françoise; elle étoit assez differente de toutes celles dont je viens de parler; mais c'est que ces usages changeoient, & qu'il n'y a jamais eu rien de tout-à-fait fixe, & de tout-à-fait uniforme en cette matiere.

Nous avons vû de notre tems donner encore aux Piquiers des cuirasses de fer contre les coups de pistolet des Cavaliers qui les attaquoient en caracollant pour faire bréche au Bataillon, & ensuite l'enfoncer. Monsieur de Puisegur dans ses Memoires, dit qu'en 1637 les Piquiers des Regimens des Gardes & de tous les vieux Corps avoient des corcelets, & qu'ils en portérent jusqu'après la Bataille de Sedan qui fut donnée en 1641. Les Piquiers du Regiment des Gardes Suisses en ont porté jusqu'au retranchement des Piques sous le précedent Regne.

*T. 1. p. 176.*

*Corcelets encore en usage sous Louis XIII; & pour les Suisses sous Louis XIV.*

---

# CHAPITRE IV.

*Des Armes offensives sous la troisiéme Race de nos Rois, jusqu'à l'invention des Armes à feu.*

DE quelque valeur dont on se pique dans les combats, on ne méprise pas tellement la mort, qu'on ne prenne des précautions pour l'éviter; & c'est ce qui a donné lieu à l'invention des Armes défensives: mais il faut vaincre l'ennemi que l'on a en tête. Il faut l'attaquer; & c'est ce qui a fait imaginer mille manieres d'armes, que l'on appelle offensives.

DE LA MILICE FRANÇOISE. *Liv. VI.* 409

Ces armes peuvent se réduire à l'arc, à l'arbalête, à la flêche, au poignard, à l'épée, à la lance, à l'espieu ou bâton ferré, à la hache d'armes, à la massuë, au maillet, à la fronde: car on ne se servoit plus de javelot en France, comme sous la premiere Race; du moins pour le lancer, ce qui étoit son premier usage, & d'où il a pris son nom *.

Je remarque premierement que dans les premiers tems de notre troisiéme Race, il n'étoit pas permis à toutes sortes de personnes de se servir indifferemment de toutes sortes d'armes, & particulierement à ceux qui n'étoient pas de condition libre, dont il y avoit alors un tres-grand nombre en France.

C'est ce que nous apprenons des Loix de Guillaume le Bâtard, autrement dit le Conquerant Roi d'Angleterre. Il y est dit au sujet de l'affranchissement d'un Serf: *Tradidit illi arma libera, scilicet lanceam & gladium.* Il lui donna les armes libres, c'est-à-dire, les armes dont se servoient les personnes de condition libre, sçavoir une épée & une lance. Or il est certain que les Loix de ce Prince pour la plûpart étoient fort conformes aux usages de France, & sur tout de Normandie, dont il étoit Duc, lorsqu'il fit la conquête de l'Angleterre.

Cet usage est assez clairement marqué dans les Capitulaires faits sous la seconde Race, où il est défendu aux Serfs de se servir de la lance.

Cependant dans l'Opuscule en Vers que j'ai déja cité ailleurs, intitulé: *L'Outillement du Villain*, on y voit l'épée & la lance.

<blockquote>
Si le convient armer<br>
Por la Terre garder<br>
Coterel & haunet<br>
Massuë & Guibet<br>
Arc & LANCE enfumée<br>
Qu'il n'ait soin de meslée<br>
Avec luy ayt couchiée<br>
L'espée enrouilliée<br>
Puis ayt son vieil escu<br>
A la paroy pendu<br>
A son col doit pendre<br>
Por la Terre deffendre<br>
Quand il vient ost bannie *.
</blockquote>

*Diverses Armes offensives autrefois en usage.*

* *Jaculum à jaciendo.*

*Difference des Armes offensives des hommes libres & des Serfs.*

*Cap. 85. de Manumissione Servorum.*

*L. 6. cap. 13; cap. 371.*

* c'est-à-dire, quand il se faisoit un Ban pour assembler & armer les Paysans.

Tome I.        Ggg

Or ces Villains ou Païsans du tems de saint Louis, sous lequel au plus tard ce Poëte a écrit, étoient Serfs ; *& gens de corps & de poeste*, comme on parloit alors ; & toutefois on leur permettoit d'avoir l'épée & la lance.

*Comment les Villains ou Serfs pouvoient se servir de la lance & de l'épée.*

Il faut donc dire de deux choses l'une, ou bien que la police avec le tems se relâcha sur cet article, ou bien, ce qui est plus vrai-semblable, que la défense de se servir de l'épée & de la lance à l'égard des Serfs, ne leur en interdisoit que l'usage ordinaire, c'est à-dire, qu'il ne leur étoit pas permis de porter communément l'épée ou la lance, comme nous avons vû il y a plus de cinquante ans publier des Ordonnances, par lesquelles il étoit défendu de porter l'épée à ceux qui n'étoient point Gentilshommes, ou qui n'étoient point actuellement dans le Service, ou qui n'avoient point de certains emplois, quoiqu'il leur fût permis d'avoir chez eux une épée & d'autres armes, & de les porter quand ils alloient en voyage. Enfin on peut dire encore que cette défense regloit seulement les armures que les Païsans & les gens du peuple pouvoient avoir à l'Armée ; qu'il leur étoit défendu de s'y servir de l'épée & de la lance ; qu'ils n'étoient en droit de s'armer alors que d'arcs, de fléches, de maillets, de massuës, &c.

Un Vers de Guillaume le Breton dans l'Histoire de Philippe-Auguste semble faire allusion à cet usage ; car en parlant des Ecuyers ou Valets, il les caracterise en disant que c'étoient ceux à qui il appartenoit de combattre dans les Armées avec l'épée & la lance.

*At famuli, quorum est gladio pugnare vel hastis Officium.*

Les Epithetes que le Poëte Auteur de *l'Outillement du Villain* donne à l'épée & à la lance du Païsan, marquent encore ce que je dis.

Arc & lance enfumée . . . .
L'espée enrouillée . . .

Ces Epithetes montrent que les Païsans avoient droit d'avoir chez eux une lance & une épée ; mais qu'ils ne s'en servoient

DE LA MILICE FRANÇOISE. *Liv. VI.* 411

que quand il étoit question de défendre la Terre de leur Seigneur. Hors de ce cas ils n'en pouvoient faire d'usage ; c'est pourquoi la lance s'enfumoit sur la cheminée, & l'épée s'enrouilloit dans le foureau.

On se servoit dans les Armées de toutes sortes d'armes. Celles dont j'ai fait d'abord l'énumeration sont nommées en divers endroits de l'Histoire en Vers de Guillaume le Breton. On en voit la plûpart dans les Vers suivans.

*Nunc contus, nunc clava caput, nunc vero bipennis*
*Excerebrat : sed nec bisacuta, sudisve vel hasta*
*Otia vel gladius ducit*
*Quadrellos hic multiplicat, pluit illa sagittas*
*Funda breves fundit lapides, glandesque rotundas.*

*Pag. 213.*

Contus, Sudis, un espieu ou bâton ferré ; Clava, la Massuë ; Bipennis, Securis, la hache : Bisacuta, besaguë ou espece de hache tranchante des deux côtez : Quadrelli, quarreaux ou garrots especes de fléches : Funda, la Fronde. Je vais faire des observations sur quelques-unes de ces armes.

### Des Epées, & des Poignards ou Dagues.

LEs Epées dans ces premiers tems de la troisiéme Race devoient être larges, fortes, & d'une bonne trempe pour ne point se casser sur les casques & sur les cuirasses qui faisoient tant de résistance ; & telle sans doute fut celle de Godefroy de Bouillon, dont quelques Histoires des Croisades disent qu'il fendoit un homme en deux. La même chose est racontée de l'Empereur Conrad au siege de Damas. Monsieur du Cange dit que ces faits tout incroyables qu'ils paroissent, ne lui semblérent plus tout-à-fait hors de vrai-semblance, depuis qu'il eût vû à Saint-Pharon de Meaux une épée antique, que l'on dit avoir été celle d'Ogier le Danois si fameux du tems de Charlemagne, au moins dans les Romans, tant cette épée est pesante, & tant par consequent elle supposoit de force dans celui qui la manioit. Le Pere Mabillon qui la fit peser, dit qu'elle pese cinq livres & un quarteron.

*Anciennes Epées.*

*In glossar. V. Spatha.*

*Mabillon, actis Sanctor. Benedictin. sæculo 4.*

Ggg ij

Je crois que les épées d'alors, même les ordinaires, n'étoient tranchantes que d'un côté ; car outre que faites de cette maniere, elles étoient beaucoup plus fortes & plus propres pour fracasser les armes défensives, c'est qu'un passage de Rigord me le fait conjecturer.

*Rigord, p. 219.*

Il dit qu'à la Bataille de Bovines quelques-uns des Ennemis avoient au lieu de glaives ou d'épées ou de lances *pro gladiis*, de petits coûteaux, *cultellos*, qu'il n'appelle pas ainsi, parce qu'ils étoient courts ; il dit au contraire qu'ils étoient longs, *longos*, mais parce qu'ils étoient fort menus *graciles*, tranchans, dit-il, des deux côtez, & depuis la pointe jusqu'à la poignée. Il dit qu'on n'en avoit jamais vû de cette sorte : *Genere armorum admirabili & hactenus inaudito*. Ce qui semble supposer ce que je dis, que les épées dont on se servoit à la Guerre, n'étoient tranchantes que d'un côté. Les Allemans se servirent de ces épées étroites & tranchantes des deux côtez dans cette Bataille pour prendre plus aisément le défaut de la cuirasse, & pour donner dans le visage des Gendarmes François par la visiere. Et l'Historien remarque qu'Etienne de Long-champ brave Chevalier François fut tué d'une de ces épées dont il reçut un coup dans le visage.

Guillaume Guyart parle comme Rigord de ces sortes d'épées dans la description de la même Bataille de Bovines, & fait entendre que quelques menuës qu'elles fussent, elles étoient tres-fortes.

> Alemans uns coutiaux avoient
> Dont aux François se combattoient
> Grailles & Agus à trois quierres
> L'en en peut férir sur pierres.

Ce même Auteur confirme en divers endroits que les épées des François étoient courtes.

> Là François épées reportent
> Courtes & roides dont ils taillent.

Et en l'an 1301.

> Epées viennent aux servises
> Et sont de diverses semblances

DE LA MILICE FRANÇOISE. *Liv. VI.*

Més François qui d'accoutumance
Les ont courtes, affez legieres
Gietent aux Flamans vers les chieres *.  " visages.

Ce Poëte dit que les François avoient *d'accoutumance* les épées courtes, c'est-à-dire, qu'alors ils gardoient encore la coûtume des anciens tems de la seconde Race, où l'on les portoit ainsi.

L'Auteur de la nouvelle Histoire de Bretagne en apporte une preuve tirée d'une peinture à Fresque de l'Eglise de Saint-Aubin d'Angers où est representée la Bataille de Ballon en Bretagne, qui fut donnée sous Charles le Chauve en l'an 845. On y voit, dit-il, les François armez d'ançons, qui étoient des especes de demies piques fortes & longues de six pieds, & d'espées larges, courtes & sans pointe : mais il falloit que celles de Godefroy de Bouillon, de l'Empereur Conrad, & d'Ogier le Danois, fussent plus longues que les épées ordinaires, pour avoir plus de coup, & faire ces executions qu'on leur attribuë. En effet, celle d'Ogier le Danois a trois pieds & un poulce de lame; trois poulces de largeur vers la garde, & un poulce & demi vers la pointe, & la garde est de sept poulces de longueur.

La mode des épées courtes étoit encore en France du tems de saint Louis : c'est ce que nous apprenons par la relation de la Bataille de Benevent, où Charles d'Anjou frere de ce saint Prince défit Mainfroy son competiteur pour le Royaume de Sicile. Voici comme en parle Hugues de Bauçoi * un des  *De Bauçoio.
Chevaliers qui suivit Charles en cette expedition.

» Les Allemans, dit-il, & leurs Troupes Auxiliaires ( c'é-   Descriptio
» toient des Sarrasins ) instruits par eux, combattoient avec de   Victoriæ ob-
» longues épées, des haches & des massues, n'approchant leurs   tentæ, &c.
» Adversaires que de la longueur de l'épée : mais nos François   apud Duches-
» les enfonçant avec agilité, & se joignant à eux d'aussi près   ne, T. 5.
» que l'ongle est proche de la chair, leur perçoient les flancs
» avec leurs COURTES EPE'ES, *ex brevibus Spathis suis eo-*
» *rum latera perfodiebant.* .... Le Roy Charles .... crioit
» de sa bouche Royale à ses Chevaliers, de serrer les Ennemis,
» leur disant : *Frappez de la pointe ; frappez de la pointe, Soldats*

Gggiij

» *de Jesus-Christ*. Et il ne faut pas s'en étonner, ajoûte l'Auteur
» de la Relation ; car ce Prince habile avoit lû dans le Livre
» de l'Art Militaire, que les nobles Romains n'avoient point
» imaginé de meilleure maniere de combattre, que de percer les
» Ennemis avec la pointe de l'épée.

<small>Gesta Ludov. IX Franc. Regis apud Duchesne, T. 5. P. 377.</small>

Guillaume de Nangis en parlant de la même Bataille ;
» comme, dit-il, l'épaisseur des armes des Ennemis, rendoit
» inutiles les coups des François ; ceux-ci prenoient le tems qu'ils
» levoient les bras ; & avec leurs petites épées aiguës ils les per-
» çoient au défaut de la cuirasse, c'est-à-dire par dessous l'aisselle, à quoi l'on remedia depuis par le gosset, ou gousset, qui
étoit une piece de l'armure, laquelle étoit tellement disposée,
que lorsque le Gendarme levoit le bras pour frapper, elle remplissoit le vuide de l'aisselle.

<small>Pag. 381.</small>

Et dans la Bataille qui suivit contre Henri d'Espagne & Conradin, les François se crioient les uns aux autres : *Aux bras,
aux bras* ; cela vouloit dire deux choses ; la premiere, qu'il falloit que chacun saisît son Adversaire pour le renverser de dessus
son cheval, ce qui réussit à plusieurs ; & la seconde qu'il falloit le percer au-dessous des bras quand il les levoit, comme
on avoit fait à la Bataille de Benevent : mais on voit en même
tems qu'alors ces épées courtes avoient de la pointe, & étoient
tranchantes des deux côtez ; cela montre que dans tous ces usages il y a eu beaucoup de variation.

<small>*Epée de la Pucelle d'Or-leans.*</small>

L'épée de la Pucelle d'Orleans que l'on voit au Tresor de
Saint-Denis est tres-longue & large à proportion. Les plus longues, les plus fortes & les plus pesantes de ce tems-ci sont petites & legeres en comparaison de celle-là. Du tems de François
I, elles étoient aussi plus longues que celles des anciens François, selon le témoignage du Livre attribué au Seigneur de
Langey ; & Monluc marque en effet que nos Gendarmes por-

<small>Commentai-res de Mont-luc, L. 4.
L. 1. de la Discipline Militaire, fol. 11.
*Epée de Hen-ri IV.*</small>

toient en ce tems-là de grands coutelas tranchans pour couper
les bras maillez & trancher les morions. L'épée de Henri IV qui
est au Tresor des Medailles du Roi est aussi fort longue : mais
c'étoit son espadon, & non son épée. Je pense de même de l'épée
de la Pucelle d'Orleans. Il étoit difficile dans un combat de se
servir de l'espadon qu'on n'y employât les deux mains.

Je crois que le Cabinet d'Armes de Chantilli est celui qui est

# DE LA MILICE FRANÇOISE. Liv. VI.

le mieux fourni de toutes fortes d'épées anciennes & de diverses Nations. J'y ai vû des Braquemars, des Eſtocades, des Eſpadons, des Epées fourrées, des Epées à la Suiſſe, à l'Eſpagnole, à la Portugaiſe, des Poignards, des Bayonnettes, des Sabres, des Cimeterres. Le ſieur Mallet dans ſes Travaux de Mars a repreſenté toutes ces Epées du Cabinet de Chantilli en Eſtampe.

*Diverſes ſortes d'épées que l'on voit au Cabinet des Armes de Chantilli.*
Tom. 3. P. 31.

- A. Eſt un braquemar, ou une épée courte.
- B. Eſt une épée de rencontre.
- C. Eſt une eſtocade, ou épée de longueur.
- D. Eſpadon dont on ſe ſert à deux mains.
- E. Epée fourrée ou en bâton.
- F. Epée à la Suiſſe.
- G. Epée à l'Eſpagnole.
- H. Poignard.
- I. Bayonnette.
- K. Sabre.
- L. Cimeterre.

Les épées étoient ſuſpendues ou à un baudrier ou à un ceinturon. L'Empereur Leon ſurnommé le Sage ou le Philoſophe, qui vivoit au tems de la décadence de la ſeconde Race de nos Rois, dans ſon Livre de l'Art de ranger les Armées, en décrivant les Armes des François, dit que parmi eux, les uns ſe ſervoient de baudriers & les autres de ceinturons pour ſuſpendre leur épée. Il me paroît que dans la ſuite l'uſage des ceinturons fut plus frequent, au moins dans les Armées. Aux bas reliefs des Tombeaux de Louis XII & de François I, on ne voit que des ceinturons & point de baudriers. Ceux-ci depuis ont été fort à la mode, juſques bien avant dans le Regne de Louis le Grand : mais il les ôta en 1684 aux Soldats des Regimens des Gardes Françoiſes & Suiſſes, & enſuite à toutes les Troupes ; & ils ont enfin été bannis des Armées & de la Cour, & quittez de tous ceux qui portent l'épée. Il n'y a plus gueres que les Suiſſes qui gardent les Portes des Hôtels & des Maiſons que l'on voye maintenant en baudrier, & les Cent-Suiſſes à la Cour, quand ils ſont de Garde, ou en ceremonie.

*Cap. 18. Baudriers & Ceinturons.*

*Baudriers ôtez aux Soldats par Louis XIV, pour leur donner des Ceinturons.*
Mallet, Travaux de Mars, Tom. 3. P. 4.

Outre l'épée, les Chevaliers, les Gendarmes & plusieurs autres avoient un Poignard ou Dague qu'ils portoient à la ceinture ou au côté, comme nos Fusiliers, & nos autres Fantassins d'aujourd'hui portent leurs Bayonnettes. Cette arme étoit en usage parmi les Romains, comme on le voit dans plusieurs Médailles ; & c'est ce qu'ils appelloient *Parazonium*, parce qu'il étoit suspendu *ad Zonam*, c'est-à-dire, à leur ceinture. Nos Historiens qui ont écrit en Latin, l'expriment par le mot qui signifie couteau, *cultrum*. Voici le principal usage de cette Dague.

Lorsque, par exemple, un Gendarme en avoit renversé un autre de son cheval, il quittoit son épée, & prenoit sa Dague comme plus aisée à manier, & cherchoit le défaut des armes pour la lui enfoncer dans le corps. C'est ce qu'on a déja pû remarquer dans l'exemple du Comte de Boulogne à la Bataille de Bovines que j'ai cité en une autre occasion. « Un fort garçon, dit Rigord, nommé Commote lui avoit ôté son casque « & l'avoit fort blessé au visage, & voulut lui percer le ventre « avec sa Dague ; mais ses bottes de mailles étoient si-bien atta- « chées aux pans de sa cuirasse, qu'il ne pût le blesser.

Cet usage de la Dague lui fit donner le nom de *Misericorde*, parce que dès qu'un Chevalier étoit ainsi terrassé par son Adversaire, & que celui-ci tiroit sa Dague pour le tuer, il falloit qu'il demandât quartier & misericorde, ou bien il étoit tué. Cette remarque est du President Fauchet, & après lui de M. du Cange qui en apporte ces preuves.

*Le Roman de la Rose de Jean de Meung.*

Pitiez qui à tous bien s'accorde
Tenoit une Misericorde
Decourant de plors & de lermes
Au lieu d'épées entre tous termes
Certes, se li Acteurs ne ment
Perceroit pierres, diamens.

*Guillaume Guiart, an. 1302.*

Plusieurs Piétons François ala
Qui pour prisonniers n'ont pas cordes

*Mais*

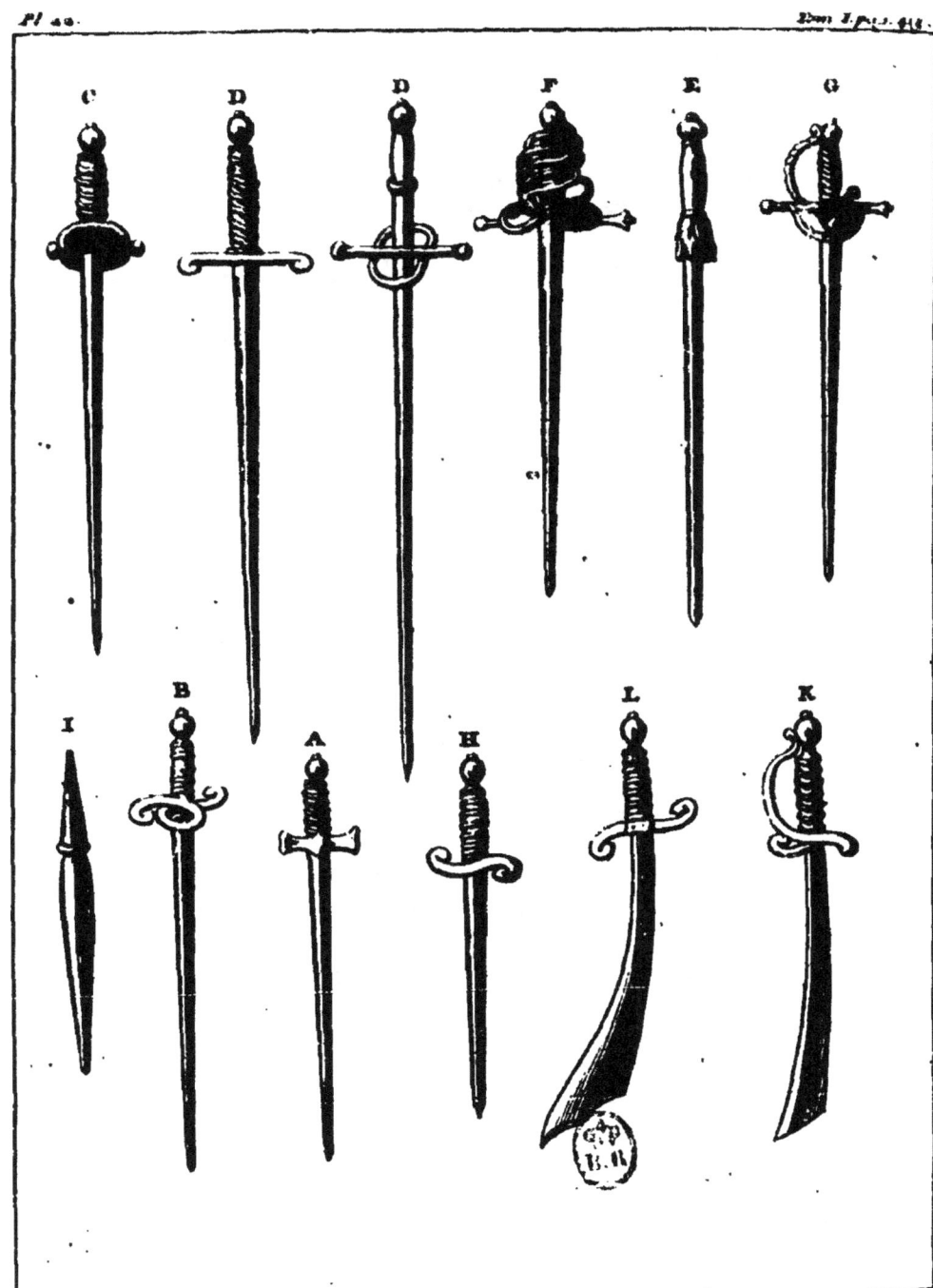

# DE LA MILICE FRANÇOISE. Liv. VI.

Mais coutiaux & misericordes
Dont on doit servir en tiex fêtes.

Et en 1303.

Fauchons, trenchans, épées cleres
Godendas, lances émouluës
Coutiaux, misericordes nuës.

Et la Charte de la Commune d'Arras de l'an 1221. *Quicumque cultellum cum cuspide, vel curtam Sphatulam, vel Misericordiam, vel aliqua arma multritoria portaverit,* &c. c'est-à-dire, quiconque portera un couteau pointu ou une courte épée, ou une MISERICORDE, ou quelques autres armes meurtrieres, &c. Ces Misericordes étoient encore en usage en France en 1316, comme il paroît par un Inventaire d'armes qui est à la Chambre des Comptes de Paris fait par un nommé Doublet. *Item huit épées de Toulouse, & deux Misericordes. Item, deux épées & une Misericorde.* J'ai vû divers poignards antiques; il y en a plusieurs à Chantilli: mais comme ni nos Historiens ni nos Romanciers ne nous disent point précisément quelle étoit la figure de la Misericorde, je ne puis pas la représenter ici; elles n'étoient pas apparemment toutes faites de la même maniere. Toutes les armes dont j'ai parlé jusqu'à present étoient pour combattre de près; on se servoit des autres pour combattre de loin.

Paragr. 10.

## Des Fléches, de l'Arc & de l'Arbalête.

LA fléche est une arme fort connuë, composée d'une verge & d'un fer pointu au bout, qui se jette avec l'arc ou avec l'arbalête.

Il y en avoit de diverses sortes parmi nos François comme chez les Romains & chez les autres Nations. Je n'en ferai remarquer ici principalement que de deux especes qui ont un nom particulier dans nos Histoires. La premiere est celle qu'on y appelle *Quarreau* ou *Garro*, en Latin *Quadrellus, Quarellus, Quadrilus, Quadrum.*

*Diverses especes de fléches.*
*Ce que c'étoit que le Quarreau ou Garro.*

*Qui non cessabant jaculis simul atque quadrellis
Eminùs & missis in eum savire sagittis.*

Guillelm. Brito, p. 264.

Tome I.

HISTOIRE

Ces fléches s'appelloient *Quarreaux*, parce que le fer en étoit quarré.

Pag. 191.
*Quadrata cuspidis una*
*Pendet arundo.*

dit Guillaume le Breton, en parlant du quarreau qui blessa à mort Richard Roi d'Angleterre du tems de Philippe-Auguste.

Les quarreaux étoient empennez, & quelquefois empennez d'airain.

*Le Roman de Garin.*

Volent piles plusque pluïe par prés
Et les Saïettes & Carriax empennés.

*Et Guiart l'an 1304.*

Et font getter leurs espringales
Çà & là sonnent li clairain
Li garrot empené d'airain.

Les autres fléches étoient jettées avec l'arc, & les Quarreaux avec la Balliste ou l'Arbalête. Nos anciens Auteurs semblent les distinguer ainsi.

Philippid.
p. 053.
*Nec tamen interea cessat Ballista vel Arcus*
*Quadrellos HÆC multiplicat, pluit ILLE sagittas.*

Et ces mêmes Auteurs font presque toujours mention d'Arbalêtes ou de Ballistes quand ils parlent de ces Quarreaux.

*Guillaume Guiart, ann. 1214.*

A tant tendent de tous costés
Aux Arbalestes dévaler
Et puis laissent quarriaux aler.

*Le même.*

Messire Alphonse un jour ataignans

DE LA MILICE FRANÇOISE. Liv. VI. 419
Qui armez iere * de fon atour　　　　　　　　　　　　* eftoit.
D'un Quarrel d'Arbalête atour.

Cependant un de nos anciens Romanciers fait auſſi tirer le quarreau avec l'arc.

*Roman de Garin, Mſſ. cité par du Cange, in gloſſario.*

Il prend ſon arc d'aubor, & ſi le tendié,
Met en la corde un grand carrel d'Acier
Le Comte aviſe de près, & ſi le fiert *　　　　　　* le frappe.
De ſa ſayete li met el corps plein pié.

Il y avoit de ces quarreaux fort grands, & ceux-là étoient lancez par les Balliſtes ; il y en avoit de plus petits, & ceux-là étoient tirez par l'Arbalête.

J'obſerverai en paſſant que cette façon de parler Françoiſe : *Le quarreau de la foudre*, fort vrai-ſemblablement ne vient pas de ces prétenduës pierres de Tonnerre, qui ne ſont nullement quarrées, mais de ces quarreaux ou dards de nos François de ces tems-là, parce qu'en effet le Tonnerre en tombant paroît avoir la figure d'un dard en zigzac, & qu'on a coutume de le peindre ainſi. D'Aubigné donne le nom de Quarreau du tems de Henri IV à des balles de Piſtolet ; c'eſt qu'apparemment on ſe ſervoit quelquefois de balles quarrées.　　　　D'où vient cette expreſſion : Le Quarreau de la Foudre.

D'Aubigné, T. 3. L. 1. c. 16.

L'autre eſpece de flêches s'appelloit *Vireton* : il en eſt ſouvent fait mention ; & entr'autres l'Auteur de l'Hiſtoire de Charles VI ſous l'an 1420 en parle au ſujet d'un aſſaut donné à Melun par les Allemans de l'Armée d'Angleterre, où ils furent repouſſez : "mais en remontant (les Foſſez), dit-il, les Arba-
« leſtriers de la Ville les ſervoient de viretons par le dos qui
« entroient juſques aux pennons, c'eſt-à-dire juſqu'à l'endroit
« où ils eſtoient empennez " : on les appelloit Viretons, parce qu'ils viroient, c'eſt-à-dire, qu'ils tournoient en l'air par le moyen des aſlerons, ou pennes, ou pennons, ainſi que l'Auteur les appelle ici, & qui devoient être bien ajuſtez pour l'équilibre, comme dans un volant. Et c'eſt pour cela même qu'en quelques Provinces un Volant s'appelle un *Villeron*, mot qui

Hiſtoire de Charles VI.

Vireton autre eſpece de flêche.

Hhh ij

vient de *Vireton*; soit que ce nom ait été transporté du volant à la fléche, ou de la fléche au volant. Je crois qu'on ne donnoit ces deux noms de quarreau & de vireton qu'aux fléches des Arbalêtes. Le nom de Vireton par son étymologie pouvoit convenir à toutes sortes de fléches empennées, parce qu'elles viroient ou tournoient toutes en l'air : mais on l'avoit specialement attaché aux plus grandes.

On trouve encore dans quelques Cabinets de Curieux, ou dans des Greniers des fléches dont on se servoit autrefois en France. La plûpart sont toutes unies, & n'ont qu'un simple fer pointu, lequel dans les unes est quarré, dans les autres arrondi, dans d'autres plat & triangulaire : mais il y en avoit d'autres où l'on avoit plus raffiné pour la figure du fer, afin de rendre les blessures plus dangereuses. J'en ai trouvé les figures dans un Livre où naturellement je ne devois pas les chercher ; c'est dans les Oeuvres du fameux Chirurgien Ambroise Paré, qui dès le tems de François I suivoit les Armées. Cet Auteur traitant de la cure des blessures des Gens de Guerre, causées soit par les coups de feu, soit par les coups de fléches, a suivi une méthode fort sage pour celle-ci ; car pour faire mieux comprendre aux gens de son métier qui liroient son Ouvrage, la maniere de panser les playes faites par les fléches, les précautions qu'il falloit prendre, les incisions qu'il falloit faire, & l'usage des instrumens dont il falloit se servir, il fit dessiner les diverses especes de fléches en usage de son tems, & particulierement les diverses figures de leurs fers, connoissance d'où la cure des blessures dépendoit beaucoup. Ainsi travaillant pour perfectionner la Chirurgie, il a aussi en ce point, sans y penser, travaillé pour l'Histoire. J'ai fait graver l'Estampe qu'il nous a laissée de ces differens fers de fléches ; & la seule inspection les fera connoître sans autres Commentaires.

L. 11. ch. 18.

A A. Diverses fléches.
B. Quarreau ou Garro.
C. Vireton.
D. Matras.

Je remarquerai seulement après l'Auteur que parmi ces flé-

H. 27.                                                                 Tom. I. pag. 420.

ches, il y en avoit dont le fuſt ou le manche étoit inſeré dans le fer, & d'autres dont le fer étoit inſeré dans le fuſt, que le fer de quelques-unes tenoit fortement au fuſt, y étant cloué ou inſeré à force, & qu'en quelques autres le fer tenoit peu au fuſt, & cela exprès afin que le fer demeurât dans le corps de celui qui en étoit bleſſé; ce qui rendoit la playe tres-dangereuſe: que le fer de quelques-unes étoit de la longueur de trois doigts, & moins grand dans les autres.

Au reſte, quoique cet Auteur ne prétende nous repreſenter ici que les fléches dont on ſe ſervoit de ſon tems, on peut dire qu'il nous repreſente auſſi celles des ſiecles plus reculez; car cet arme a peu varié, & n'a pas même pû varier beaucoup; car il a toujours fallu qu'elle fût de figure droite, pointuë, empennée pour l'ordinaire: il n'y a guéres que le fer dont la figure a été differente. Quant à la longueur, on ſe regloit ſur la longueur de l'Arbaléte, qui étoit tantôt plus longue, tantôt plus courte.

On compte auſſi parmi les fléches & les dards un autre eſpece de trait, quoiqu'il n'eût point de pointe, & on l'appelloit un Matras. Il étoit beaucoup plus long que les fléches, beaucoup plus gros, & armé au bout au lieu de pointe, d'un gros fer arrondi pour fracaſſer le bouclier, la cuiraſſe, & les os de celui contre lequel on le tiroit: mais on ne le tiroit qu'avec de tres-groſſes Arbalétes, que l'on bandoit avec des reſſorts.

Après avoir parlé des fléches & des dards, je dois dire quelque choſe de l'Arc & de l'Arbaléte dont on ſe ſervoit pour les décocher. Il n'y a rien à dire de fort particulier de l'Arc, qui a été l'arme de preſque toutes les Nations, même les plus ſauvages, parce qu'étant la plus ſimple de toutes les armes qui portent loin, l'invention en a été tres facile. Pour l'Arbaléte, elle avoit quelque choſe de plus compoſé, & elle n'a pas toujours été en uſage chez les François.

L'Arbaléte en Latin *Arcus Baliſtarius*, ou *Baliſta Manualis*, ainſi appellée pour la diſtinguer de certaines machines beaucoup plus grandes & plus compoſées appellées *Balliſtes* & *Catapultes*, deſquelles les anciens ſe ſervoient pour fracaſſer avec des pierres les murailles des Villes, & lancer des dards d'une grandeur extraordinaire: l'Arbaléte, dis-je, étoit une arme offenſive qui consistoit en un Arc attaché au haut d'une espèce de bâton ou chevalet de bois, que la corde de l'Arc quand il n'étoit point bandé, coupoit à angles droits. Je vais en faire la description d'après une que j'ai vûë.

Ce bâton, ou manche ou chevalet, qu'on appelloit aussi l'Arbrier de l'Arbalête, avoit vers le milieu une petite ouverture ou fente de la longueur de deux doigts: dans cette ouverture étoit une petite rouë solide d'acier & mobile, au travers du centre de laquelle passoit une vis qui lui servoit d'essieu. Cette rouë sortoit en partie en-dehors au-dessus du chevalet, & avoit une coche ou échancrure où s'arrêtoit la corde de l'Arbalête, quand elle étoit bandée, & une autre coche bien plus petite dans la partie opposée de sa circonference, par le moyen de laquelle le ressort de la détente tenoit la rouë ferme & en consistence. Cette rouë s'appelloit la noix de l'Arbalête. Sous le chevalet en approchant vers la poignée étoit la clef de la détente, assez semblable à celle de la clef du serpentin d'un mousquet. Par le moyen de cette clef que l'on pressoit avec la main contre le manche de l'Arbalête, le ressort laissoit le mouvement libre à la rouë qui arrêtoit la corde ; & la corde se débendant faisoit partir le dard.

Sur le chevalet au dessous de la petite rouë étoit une petite lame de cuivre qui se levoit & se couchoit, & étoit attachée par ses deux jambes avec deux vis aux deux côtez du chevalet. C'étoit le fronteau de mire ; elle étoit percée tout en haut de deux petits trous l'un sur l'autre ; & quand la lame étoit levée, ces deux trous répondoient à un globule, qui n'étoit pas plus gros qu'un petit grain de chapelet, lequel tout au bout de l'Arbalête étoit suspendu par un fil de fer très-menu, & attaché à deux petites colonnes de fer perpendiculaires, une à droite, & l'autre à gauche. Ce petit globule répondant aux trous de la lame, servoit à regler la mire, soit pour tirer horisontalement, soit pour tirer en haut, soit pour tirer en bas.

La corde de l'Arc étoit double. Les deux cordons étoient tenus séparez l'un de l'autre à droite & à gauche par deux petits cylindres de fer à égale distance des deux extrémitez de l'arc & du centre. Aux deux cordons dans le milieu étoit un anneau de corde qui servoit à l'arrêter à la coche dont j'ai parlé, quand l'arc étoit bandé. Entre les deux cordons au centre de

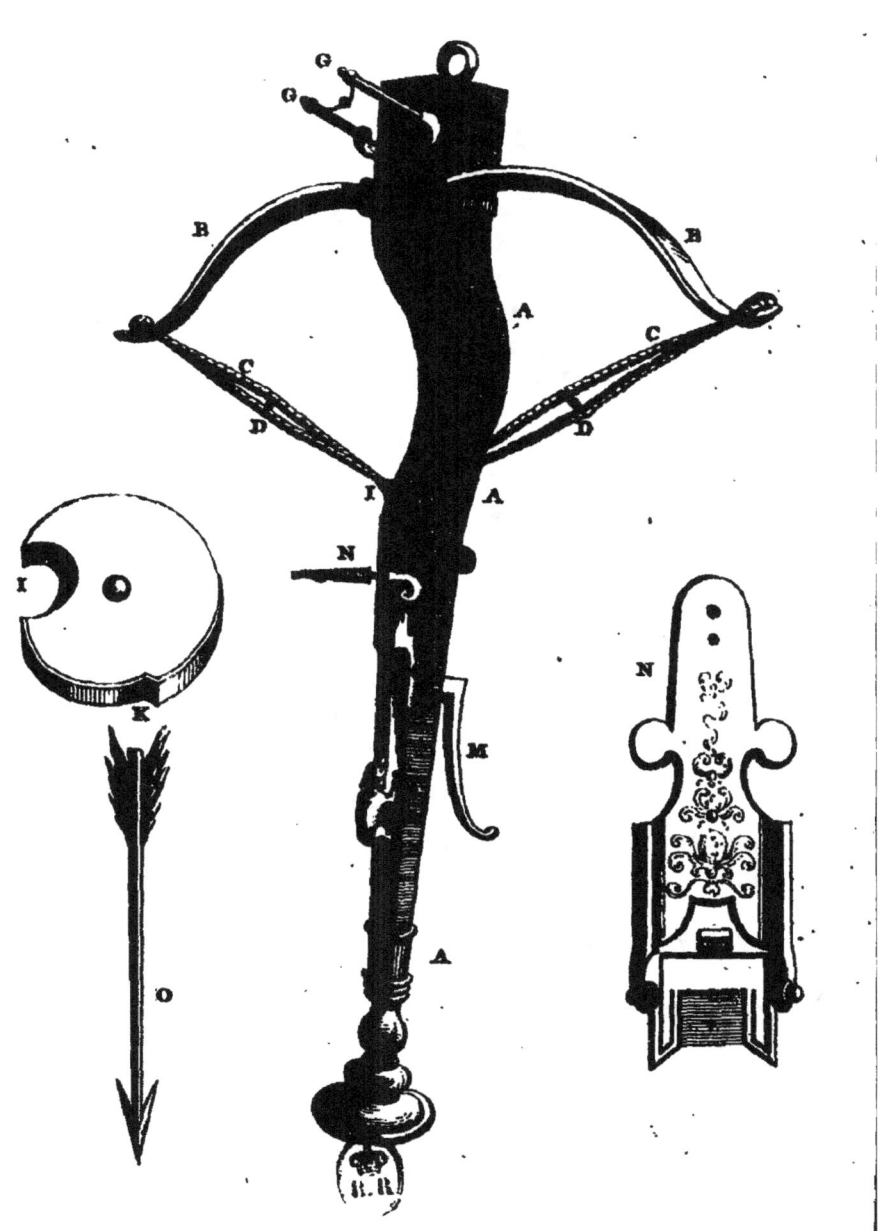

la corde, & immediatement devant l'anneau étoit un petit quarré de corde où se plaçoit l'extrémité de la fléche pour être poussée par la corde. Je tâcherai de faire comprendre tout ceci par les Figures.

    A A A. Le bois de l'Arbalête.
    B B. L'arc de l'Arbalête.
    C C. La corde tenduë.
    D D. Les deux Cylindres qui tenoient les cordons de la corde, séparez l'un de l'autre.
    G G. Les deux petites Colomnes de fer, ausquelles étoit attaché le petit fil de fer, au centre duquel étoit le petit globule pour regler la mire.
    I. La noix ou rouë mobile d'acier, où s'arrêtoit la corde bandée.
    K. Coche interieure de la noix.
    M. Clef de la détente.
    N N. Fronteau de mire.
    O. La fléche.

Telle étoit l'ancienne Arbalête sur laquelle j'ai fait cette description. Je croi qu'elles se ressembloient toutes pour les parties essentielles ; c'étoit avec la main que l'on bandoit la corde dans les petites Arbalêtes, & cela par le moyen d'un bâton ou d'un fer en façon de levier, appellé *pied-de-chévre*, parce qu'il étoit fourchu du côté qu'il appuyoit sur l'Arbalête & sur la corde. Pour les plus grandes, on les bandoit avec le pied, & quelquefois avec les deux pieds, en les mettant dans une espece d'étrier, selon ce Vers de Guillaume le Breton.

*Ballista duplici tensa pede, missa sagitta.*     Philipp. L. 7. pag. 312.

On les bandoit aussi avec un moulinet & avec une poulie.
Ces Arbalêtes étoient ou de bois, ou de corne, ou d'acier; ce qui se doit entendre de l'arc seul: car il n'est pas vrai-semblable que tout le corps de l'Arbalête fût d'acier. Les affaires de Charles VII dans les premieres années de son Regne étant en tres mauvais état, la Noblesse de Guyenne & celle de Langue-

*Histoire de la Pucelle d'Orléans.*

doc lui députèrent le Seigneur d'Arpajou pour le prier de ne se point décourager, & l'assurer qu'au premier ordre qu'il envoyeroit, on feroit marcher à son secours dix à douze mille Arbalêtriers armez d'*Arbalêtes d'acier*.

Les Arbalêtes étoient de différentes grandeurs. Il y en a à Chantilli d'un pied & demi, de deux pieds & demi, & de trois pieds, & d'autres plus longues, fournies de leur pied-de-chévre, de leur moulinet, & de leur poulie.

*Arbalête inconnue en France avant Philippe-Auguste.*

Il est certain par les Vers que j'ai citez de Guillaume le Breton en parlant de la Charge de Grand-Maître des Arbalêtriers, que l'Arbalête étoit un instrument inconnu en France dans les premieres années de Philippe-Auguste, & tellement inconnu, qu'il n'y avoit pas dans toute l'Armée de ce Prince un seul Ingenieur qui sçût les mettre en œuvre.

*Philipp. L. 2.*

*Francigenis nostris illis ignota diebus*
*Res erat omnino quid Ballistarius arcus*
*Quid Ballista foret, nec habebat in agmine toto*
*Rex, quemquam sciret armis qui talibus usi.*

Quand il dit que non-seulement l'Arbalête, mais encore la Balliste étoit alors inconnue en France, il ne parle pas de toutes sortes de Ballistes & de Catapultes, avec quelques-unes desquelles on jettoit de tres-grosses pierres, que l'on appelloit pour cela du nom de Pierriers, *Petraria*: car selon cet Auteur même on s'en servit au Siege du Château de Boves auprès d'Amiens, duquel il parle dans ces quatre Vers ; mais il l'entend seulement de la Balliste avec laquelle on jettoit de gros dards, & de l'Arbalête ou Balliste portative avec laquelle on jettoit des fléches.

Selon le même Auteur, ce fut Richard Cœur-de-Lion Roi d'Angleterre, Contemporain de Philippe-Auguste, qui rétablit l'usage de l'Arbalête ; car en racontant la mort de ce Prince qui fut tué de cette arme, il fait ainsi parler la Parque Atropos.

*L. 5. Philippid.*

*Hac volo, non alia Richardum morte perire.*
*Ut qui Francigenis Ballista primitus usum*

*Tradidit,*

*Tradidit, ipse sui rem primitus experiatur,*
*Quamque alios docuit, in se vim sentiat artis.*

C'est-à-dire, qu'Atropos condamnoit Richard à mourir par l'Arme même dont il avoit appris l'usage aux François.

Ce n'est pas qu'avant ce tems-là, on ne se fût jamais servi de la Balliste & de l'Arbalête en France; le contraire est certain: on s'en servoit sous Louis le Gros ayeul de Philippe-Auguste; car l'Abbé Suger dans la vie de Louis le Gros, dit que ce Prince attaqua Drogon de Monciac, *Drogonem de Montiaco*, avec une grosse troupe d'Archers & d'Arbalêtriers : *cum magna Militari manu & Ballistaria* ; & plus bas, que Raoul de Vermandois eût l'œil crevé d'un quarreau d'Arbalête, *Ballistarii quadro.*

Le sieur de Caseneuve qui a fait cette remarque dans ses étymologies, ajoûte que le Pape Innocent III avoit fait défense aux Chrétiens de se servir de cette arme dans les Guerres qu'ils avoient entre eux ; que quand Guillaume le Breton dit qu'au commencement du Regne de Philippe Auguste on ne se servoit point d'Arbalête, c'est qu'on obéïssoit alors en France à la défense du Pape, & qu'on regarda la mort de Richard qui l'avoit violée, comme une punition de Dieu.

Mais cette critique n'est pas juste ; car dans le tems que Guillaume le Breton dit que l'usage de l'Arbalête n'étoit point en France, Innocent III n'étoit point encore Pape, & il ne le fut que plusieurs années après. Ce n'étoit donc pas pour obéïr au Decret de ce Pape, qu'on s'abstenoit de se servir alors de l'Arbalête dans ce Royaume ; & de plus à peine Innocent III étoit-il sur le Trône Pontifical quand Richard fut tué d'un trait d'Arbalête.

Voici ce qui est de vrai sur cet article, c'est qu'il y avoit un Canon du second Concile de Latran, qui défendoit cette arme *, & qui fut renouvellé longtems après sous Innocent III. Ce Concile fut tenu en 1139 sous le Regne de Louis le Jeune pere de Philippe-Auguste. On observa ce Canon sous le Regne de Louis le Jeune, & au commencement du Regne du même Philippe-Auguste : mais depuis on n'y eût nul égard, ni en Fran-

*Concil. Lateran. secundum.*

* Artem illam mortiferam & Deo odibilem Ballistariorum & Sagittariorum adversus Christianos & Catholicos exerceri de cetero sub anathemate prohibemus. *Can. 29.*

ce ni en Angleterre, nonobstant qu'Innocent III l'eût renouvellé, & en eût de nouveau recommandé l'observation.

Ainsi l'usage de la Balliste & de l'Arbalète avoit été long-tems en France & en Angleterre avant Philippe-Auguste & Richard. Il avoit été aboli dans les deux Royaumes pendant plusieurs années qu'on observa le Canon du second Concile de Latran; & cet usage fut rétabli d'abord en Angleterre par Richard qui fut imité en France par Philippe-Auguste. Ce point qui appartient à l'Histoire des Armes, méritoit cet éclaircissement.

L'usage de l'Arbalète depuis ce tems-là redevint commun: on se servit même dans la suite beaucoup plus des Arbalètes que des Arcs, parce que les fléches étoient lancées avec plus de force par l'Arbalète; que l'on miroit beaucoup plus juste avec cette arme qu'avec l'Arc; & que le mouvement de la détente qui faisoit partir la fléche, étoit bien plus sûr que celui de la main qui débandoit l'Arc. J'en ai vû au Cabinet des Armes de Chantilli qui ont une crosse comme un fusil, laquelle servoit à les coucher en jouë: mais cette crosse est certainement beaucoup plus recente que l'Arbalète même, & elle a eu pour modèle la crosse des Arquebuses, ou du moins celle qu'on ajustoit aux Canons à main, dont je parlerai dans la suite.

On confond quelquefois dans l'Histoire le nom d'Archers & d'Arbalêtriers; & l'on donna à celui qui commandoit ces Troupes, soit d'Archers, soit d'Arbalêtriers, & qui avoit Intendance sur toute cette espece d'Artillerie, le nom de Grand-Maître des Arbalêtriers.

*Histoire de l'Origine des cent Gentils-hommes.*

*Tom. 4.*
*Fléches encore en usage sous François I.*
*L. 1.*

L'Arc, l'Arbalète, & les Fléches étoient encore en usage sous le Regne de François I. Il avoit à la Bataille de Marignan pour une partie de sa Garde une Compagnie de deux cens Arbalêtriers à cheval qui y firent des merveilles: mais dans la suite cet usage fut presque entièrement aboli, excepté parmi les Gascons. Brantôme parle encore des Arbalêtriers Gascons de son tems; & Montluc sous l'an 1523, dit que les Gascons dans nos Armées ne se servoient point encore d'Arquebuses. *Il faut noter*, dit il, *que la Troupe que j'avois, n'étoit qu'Arbalêtriers; car encore en ce tems-là il n'y avoit point d'Arquebuses parmi notre Nation*; mais cela changea quelques années après. Le retranchement des Arbalêtriers sous François I me paroît certain

DE LA MILICE FRANÇOISE. *Liv. VI.* 417

par le Livre de la Discipline Militaire attribué à Guillaume du Bellai, qui non-seulement ne met plus d'Archers ni d'Arbalêtriers au nombre des Troupes Françoises ( il faut en excepter les Gascons pour quelques années, suivant ce que je viens de dire ) mais encore il raconte comme deux faits singuliers & extraordinaires ce qui arriva au Siege de Turin dont le Maréchal d'Annebault étoit Gouverneur, & à la fameuse Journée de la Bicoque. Il dit qu'à la Bicoque ( c'étoit en 1522 ) il n'y avoit dans notre Armée qu'un seul Arbalêtrier, mais si adroit, qu'un Capitaine Espagnol nommé Jean de Cardonne, ayant ouvert la visiere de son armet pour respirer, l'Archer tira sa Fléche avec tant de justesse, qu'il lui donna dans le visage & le tua.

Ce que l'Auteur dit ici, ne doit être entendu que des Troupes qui étoient en Italie cette année-là ; car Montluc parlant de l'expedition de Naples qui fut assiegée par Lautrec en 1528, dit qu'en ce tems-là il n'y avoit pas encore beaucoup d'Arquebusiers en France ; » & lui menai ( à M. de Lautrec ) dit-il, » sept à huit cens hommes dont il y en avoit quatre ou cinq » cens Arquebusiers ; *combien qu'en ce tems-là n'en y avoit encore* » *gueres en France*. C'est ainsi qu'il convient de concilier ces Auteurs qui paroissent se contredire.

Pour ce qui est du Siege de Turin ( c'étoit en 1536 ) l'Auteur de la Discipline Militaire dit que le seul Arbalêtrier qui étoit dans la Place occit ou blessa plus de nos Ennemis en cinq ou six escarmouches où il se trouva, que les meilleurs Arquebusiers qui fussent en la Ville, ne firent durant tout le tems du Siege. Ce qui marque, & ce qui est vrai, qu'on ne se servoit plus gueres d'Arbalêtriers en France vers le milieu du Regne de François I : je dis en France ; car on s'en servoit encore en Angleterre sur la fin du Regne de Charles IX, comme il paroît par le Traité fait en 1572 entre ce Prince & la Reine Elizabeth qui s'obligea à fournir au Roi six mille hommes armez partie d'Arcs, partie d'Arquebuses. Et même en 1627, les Anglois jetterent encore des Fléches dans le Fort de l'Isle de Ré. Il ne faut pas s'étonner après cela si le Bouclier qu'on appelloit *Rondelle* étoit encore en usage en France sous le Regne de Charles IX, comme je l'ai remarqué ci-dessus, parce que

*Fléches encore en usage parmi les Anglois sous Charles IX, & même sous Louis XIII.*
*Mercure François, p. 853.*

I i i ij

cette arme défensive étoit utile au moins contre les Anglois qui se servoient encore en ce tems-là, & même depuis, de l'Arc & des Flêches.

## De la Lance.

LA Lance fut longtems l'arme propre des Chevaliers & des Gendarmes ; & ainsi que je l'ai déja remarqué, il n'étoit permis autrefois qu'aux personnes de condition libre de la porter dans les Armées ; elle est appellée en Latin *Lancea*, mais elle est aussi tres-souvent signifiée par le mot de *Hasta* ; c'est dans cette signification que Guillaume le Breton la prend, en parlant des armes propres des Gentilshommes.

P. 317.  *Ut famuli quorum est gladio pugnare vel Hastis.*

On les faisoit d'ordinaire de bois de fresne, parce qu'il est roide & moins cassant. Les piques de notre tems étoient de même bois par la même raison. Dans l'énumeration des Armes que l'on donna à Geoffroy Duc de Normandie dont j'ai parlé auparavant, & que j'ai tiré de Jean Moine de Marmoutier, il est dit, qu'entr'autres armes on lui mit en main *une Lance de bois de fresne armée d'un fer de Poitou*.

Et Guillaume le Breton parlant du combat de Guillaume des Barres contre Richard d'Angleterre auprès de Mante, dit en stile poëtique que leurs Boucliers furent percez par le fresne, c'est à-dire, par leurs Lances de bois de fresne.

P. 263.  *Utraque per clypeos ad corpora fraxinus ibat.*

Albertus Aq. l. 4. c. 6.
Le passage d'un autre Auteur nous apprend la même chose, & en même tems que ces Lances étoient fort longues. « Les » Lances des François, dit-il, étoient de bois de fresne, avoient » un fer fort aigu, & étoient comme de longues perches : *Hasta Fraxinea in manibus eorum ferro acutissimo præfixa sunt, quasi grandes pertica.*

Mais depuis on les fit plus courtes & plus grosses, & je croi que ce changement arriva, lorsqu'un peu avant Philippe de Valois la mode vint que les Chevaliers & la Gendarmerie com-

## DE LA MILICE FRANÇOISE. Liv. VI.

batiſſent à pied même dans les Batailles & dans les combats reglez, ainſi que je l'ai déja remarqué.

Dans ces occaſions-là meſmes, lorſqu'ils ſe mettoient à pied, ils accourciſſoient encore leurs Lances, en les coupant par le bas du manche; cela s'appelloit retailler les Lances, c'eſt ce que témoigne Froiſſart en divers endroits dans ſon Hiſtoire. Voici ce que dit ſur cela en peu de mots le Preſident Fauchet. *Froiſſart, vol. 1. ch. 51. &c.*

» La Lance qui auſſi s'appelloit bois, je croi par excellence,
» & encore *glaive*; & puis quand elles furent plus groſſes, *bour-*
» *dons* & *bourdonnaſſes*, quand elles furent creuſes, ce dit Phi-
» lippe de Comines parlant de la Bataille de Fournoüe : mais
» le même Comines témoigne qu'elles étoient creuſes. Quant à
» la Lance elle a toujours été arme de Chevalier, plus longue
» toutesfois que celle du jourd'huy, & comme celles des Polon-
» nois, laquelle encore que les Chevaliers n'euſſent point d'ar-
» rêts ferme à cauſe que leurs Hauberts étoient de mailles l'on
» n'eut ſceu où le clouer ( cet arreſt ) ſur les mailles, les Che-
» valiers ne laiſſoient de clouer ſur la ſelle, ou appuyer le gros
» bout contre l'arſon de la ſelle de leurs chevaux, je croi ban-
» dée de fer à l'Angloiſe : mais il ne me ſouvient point d'avoir
» veu peintes des Lances qui euſſent des poignées comme au-
» jourd'hui, avant l'an 1300, ains toutes unies depuis le fer
» juſqu'à l'autre bout, comme javelines, leſquelles meſme du
» tems de Froiſſart, les Chevaliers étant deſcendus à pied, ron-
» gnoient pour mieux s'en aider au pouſſis. En ce tems-là les
» Guerriers penſoient que les meilleurs fers de Lances venoient
» de Bourdeaux... Après l'envahie, eſlais, ou courſe du tems de
» Froiſſart, il falloit mettre pied à terre, rongner, comme j'ai
» dit, ſon glaive ( c'eſt-à-dire ſa Lance ) & d'icelui pouſſer, tant
» qu'on eût renverſé ſon Ennemi : cependant choiſiſſant la faute
» de ſon harnois pour le blecer & tuer; & lors ceux qui étoient
» plus adroits & avoient meilleure haleine pour durer à ce pouſ-
» ſis de lance, étoient eſtimez les plus aperts hommes d'armes,
» c'eſt-à-dire dextres & ruſez & experts.

On ornoit les Lances d'une banderole auprès du fer; & cet ornement avoit bonne grace. C'étoit une coutume tres-ancienne, & dès le tems des Croiſades. *La Nouë, Diſcours 18. Albert. Aquenſis, l. 4. c. 6.*

I i i iij

D'ordinaire dans ces rudes chocs les Lances se fracassoient & sautoient en éclats ; & c'est pourquoi dans les Tournois, pour dire, faire un assaut de Lances, on disoit rompre une Lance : ainsi le combat de la Lance quand il se faisoit à cheval ne duroit qu'un moment, on la jettoit après le premier choc, & on en venoit à l'épée.

Guillaume Guiart en racontant la descente de saint Louis auprès de Damiete.

> Après le froisseis des Lances
> Qui ja sont par terre semées
> Giettent mains a blanches espées
> Desque'ls ils s'entrenvaïssent
> Hyaumes & bacinets tentissent
> Et plusieurs autres ferreures
> Coutiaux tres-percent armeures.

Quand dans le combat de deux Troupes de Gendarmerie l'une contre l'autre, on voyoit dans l'une les Lances levées, c'étoit un signe d'une prochaine déroute. C'est ce qu'observe d'Aubigné dans la Relation de la Bataille de Coutras. En effet, cela marquoit que les Gendarmes ne pouvoient plus faire usage de leurs Lances, parce qu'ils étoient serrez de trop près par les Ennemis.

*Vol. 3. L. 2. ch. 17.*

L'usage de la Lance dans les Armées cessa en France beaucoup avant le tems même que les Compagnies d'Ordonnance fussent réduites à la Gendarmerie d'aujourd'hui ; & le Prince Maurice l'abolit entierement dans les Armées de Hollande. Il en eut une raison particuliere ; c'est que les Païs où il soutenoit la Guerre contre les Espagnols, sont marécageux, coupez de Canaux & de Rivieres, fourrez & inégaux, & qu'il falloit pour les Lanciers des Païs-Plats & unis, où ils pussent faire un assez grand front, & courir à bride abbatue sur la même Ligne, dès qu'ils avoient pris carriere, c'est-à dire dès qu'ils commençoient à piquer, ce qu'ils faisoient d'ordinaire à soixante pas de l'Ennemi.

*Lances abolies en Hollande par le Prince Maurice, & pourquoi.*

*Vvalhausen, L. 2.*

Mais il eût encore d'autres raisons qui lui furent communes avec la France. Les Lanciers jusqu'à ces tems-là étoient pres-

DE LA MILICE FRANÇOISE. *Liv. VI.* 431

que tous Gentilshommes. Et même Henri III par son Ordonnance de 1575 avoit déclaré, que non-seulement les Lanciers, mais même les Archers des Ordonnances devoient être *de Noble race*. Or les Guerres Civiles avoient fait périr une infinité de Noblesse en France aussi bien qu'aux Païs-Bas; ce qui faisoit qu'on avoit peine à fournir de Gentilshommes les Compagnies d'Ordonnance.

Secondement, il falloit que les Lanciers eussent de grands chevaux de Bataille tres-forts, de même taille, dressez avec grand soin, & tres-maniables pour tous les mouvemens que demandoit le combat avec la Lance. Il étoit difficile d'en trouver un grand nombre de cette sorte : ils coutoient beaucoup d'argent, & bien des Gentilshommes n'étoient pas en état de faire cette dépense; les Guerres Civiles ayant ruiné & desolé la France & les Païs-Bas.

Troisiémement, le Combat de la Lance supposoit une grande habitude pour s'en bien servir, & un exercice tres-frequent où l'on élevoit auparavant les jeunes Gentilshommes. L'habileté à manier cette Arme s'acqueroit dans les Tournois & dans les Académies. Les Guerres Civiles ne permettoient plus guéres depuis longtems l'usage des Tournois; & la jeune Noblesse pour la plûpart s'engageoit dans les Troupes sans avoir fait d'Académie, & par consequent n'étoit guéres habile à se servir de la Lance.

Toutes ces raisons firent que peu à peu on abandonna la Lance, & qu'on ne s'en servoit plus guéres sous le Regne de Henri IV. Il ne paroît point par notre Histoire qu'il y ait eu d'Ordonnance de ce Prince pour abolir cet usage : mais George Basta fameux Capitaine dans les Armées de Philippe II Roi d'Espagne, & dans celles de l'Empire, marque expressément l'époque du retranchement des Lances dans les Armées Françoises sous Henri IV ; car il écrivoit du tems de ce Prince : c'est dans l'Ouvrage qu'il publia *sur le gouvernement de la Cavalerie legere*, où voici comme il parle ; *L'Introduction des Cuirasses* ( c'est-à-dire des Escadrons de Cuirassiers ) *en France, avec un total bannissement des Lances, a donné occasion de discourir quelle armeure seroit la meilleure*, &c. C'est donc en ce tems-là que les Lances furent abolies en France. Les Espagnols s'en

*Fontanon, Tom. 3. p. 124.*

*Lances abolies en France sous Henri IV.*

*Basta. l. 4. c. 7.*

*Les Espagnols en faisoient encore quelque usage du tems de Louis XIII.*

servirent encore depuis ; mais ils en avoient peu dans leurs Troupes. » Les Espagnols seuls, dit le Duc de Rohan dans
» son Traité de la Guerre dédié au Roi Louis XIII, ont encore
» retenu quelques Compagnies de Lances, qu'ils conservent plû-
» tôt par gravité que par raison : car la Lance ne fait effet
» que par la roideur de la course du cheval, & encore il n'y a
» qu'un rang qui s'en puisse servir, tellement que leur ordre
» doit être de combattre en haye ; ce qui ne peut résister aux
» Escadrons ; & si elles combattoient en Escadrons, elles se-
» roient plus d'embarras que de service.

Cette Reflexion du Duc de Rohan est la même que j'ai rapportée ci dessus en parlant du commencement de l'usage des Escadrons dans les Armées de France, & elle est tirée des gens du métier qui ont écrit sur ce sujet.

On voit par ce que je viens de dire l'Epoque remarquable de l'abolition des Lances en France, arme que les François avoient de tout tems sçû manier mieux qu'aucune autre Nation. On ne s'en sert plus aujourd'hui que dans les courses de bagues, & dans quelques semblables exercices utiles autrefois par rapport à la Guerre, & qui ne sont plus maintenant que de purs divertissemens.

## *Des Haches & de leurs differentes especes, de la Massue, & des Masses-d'Armes.*

J'Ai déja cité Guillaume le Breton dans la description de la Bataille de Bovines, où il fait en deux Vers mention de ces sortes d'armes.

Pag. 253.

*Nunc clava caput, nunc vero bipennis*
*Excerebrat, &c.*

Diverses especes de haches.

Premierement, on se servoit de haches ordinaires. Secondement de celles à qui l'on a donné le nom de haches d'armes, dont le manche étoit beaucoup plus menu ; elles étoient par en haut ferrées des deux côtez : d'un côté d'un fer qui avoit quelque ressemblance pour la figure avec celui des haches communes, mais plus court & quelquefois plus large. De l'autre côté

étoit

# DE LA MILICE FRANÇOISE. Liv. VI.

étoit une assez longue pointe de fer, ou un croissant fort pointu par les deux bouts, ou de quelque autre figure. On en voit encore dans nos Arsenaux, on en a armé de notre tems quelques Soldats, sur tout dans les sorties, ou pour repousser l'assaut que les Ennemis donnoient à quelque dehors. J'en ai vûs plusieurs au Cabinet d'Armes de Chantilli de fort differentes figures. Les haches Danoises étoient autrefois en réputation plus que les autres.

*Dacisque securibus excerebrant se.* Guillelm. Brito, p. 368.

Et portent glaives & espies Poitevines
Haches Danoises pour lancier & férir. Roman de Garin.

*Là saillit le Roy ayant une hache Danoise en son poing, & cria Guyenne au Roy d'Angleterre.* Chronique de Flandre, ch. 9.

La plus dangereuse de toutes ces especes de haches étoit la Besaguë, *Bisacuta*, parce qu'elle étoit tranchante des deux côtez, *Bisacuta, ferramentum utrinque incidens.* Glossarium Cambronense.

Hache nommée Besague.

Trop bien faisoit la besaguë
Qui est par les deux becs aguë.

Dit un vieux Poëte François qui vivoit en 1376, & le Comte Gui, d'où sont descendus les Comti Guidi d'Italie, fut surnommé *Besague*, pour les maux que lui & les siens faisoient à leurs voisins. *Fu Sopranominato Besangue per so maleficio & de suoi.* Je doute que cette hache fut fort differente des autres haches d'armes, qui étoient communément aussi armées des deux côtez. Joan. Villani, L. 5. c. 36.

La Massue ou Masse, *Clava Massa*, étoit aussi en usage. La Massue.

J'ai déja remarqué que Philippe de Dreux Evêque de Beauvais proche parent de Philippe-Auguste, se servoit de cette arme dans les combats pour assommer les Ennemis & les tuer sans effusion de sang, afin de ne point encourir l'irregularité, ainsi qu'il le prétendoit.

On voit encore aujourd'hui dans l'Abbaye de Roncevaux les massuës de Roland & d'Olivier, deux de ces preux si fameux dans nos Romanciers du tems de Charlemagne. Cette espece de Massue est un bâton gros comme le bras d'un homme ordinaire ; il est long de deux pieds & demi. Il a un gros anneau à un bout pour y attacher un chaînon, ou un cordon fort, afin que cette arme n'échappât pas de la main ; & à l'autre bout du bâton sont trois chaînons ausquels est attachée une boule. La boule d'une des Massues est de fer & ronde. L'autre est d'un autre métal, un peu oblongue & canelée, c'est à dire, qu'elle a la figure d'un melon. Chacune est du poids d'un boulet de huit livres, avec quoi on pouvoit certainement assommer un homme armé, quelques bonnes que fussent ses armes, quand le bras qui portoit le coup étoit puissant. Il n'y a point d'homme de ce tems assez fort pour manier une telle arme ; c'est qu'alors on exerçoit dès la plus tendre jeunesse les enfans à porter à la main des poids fort pesans. Ce qui leur fortifioit le bras ; & par l'habitude ils y acqueroient une force extraordinaire ; ce qu'on ne fait plus depuis plusieurs siecles.

Il est fait mention de la Massue dans tous nos Historiens ; & j'ajouterai seulement une reflexion, que bien que les armes des Chevaliers & des Gendarmes fussent la Lance & l'Epée, ils se servoient selon les rencontres de toutes sortes d'armes, c'est-à-dire, de la Massue, de la Hache, de l'Espieu, &c. J'en rapporterai des preuves dans la suite.

J'ai vû à Chantilli deux de ces anciennes Massues, dont le bout formoit comme une espece de grille en rond, faite de verges de fer, environ de la longueur & de la grosseur d'un doigt. Il y avoit à une six, & à l'autre sept de ces verges de fer toutes terminées par un bouton. Voici les figures de diverses Haches & Masses d'armes, que j'ai vûes ou tirées d'anciens monumens.

  A. Masse d'armes de Bertrand du Guesclin.
  B B. Masse d'Armes de Roland & d'Olivier à Roncevaux.
  C C. Masses d'Armes au Cabinet d'Armes de Chantilli.
  D D D. Autres Masses d'Armes tirez sur d'autres Monumens.

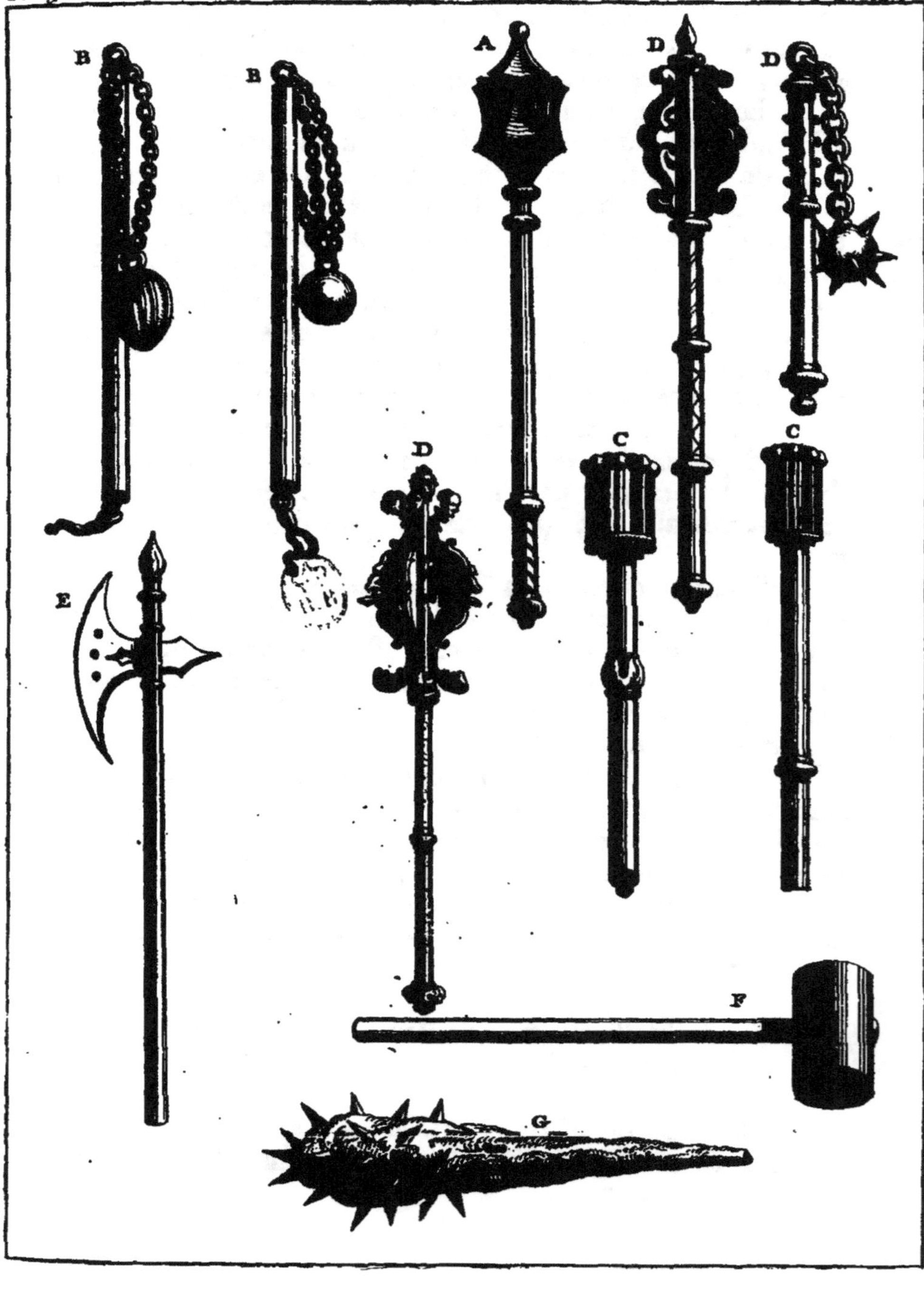

Pl. 25.                                                Tom. I p.99. 494

DE LA MILICE FRANÇOISE. *Liv. VI.* 435
E. Hache d'Armes du Connétable de Cliſſon.
F. Maillet.
G. Maſſue.

### *De la Pique & de la Hallebarde.*

LE nom de Pique n'eſt pas fort ancien ; je ne crois pas qu'on le trouve dans nos Hiſtoires avant le Regne de Louis XI ; il ſignifioit alors comme aujourd'hui l'arme dont on ſe ſervoit chez les Suiſſes, d'où elle eſt venuë en France.

Mais quoique ce nom ſoit moderne, l'arme même eſt fort ancienne ; & c'eſt la Sariſſe des Macedoniens, excepté que cette Sariſſe étoit encore plus longue ; car, ſelon Elien, elle avoit quatorze coudées de longueur. Les Sariſſes ſortoient de douze coudées en avant hors du Bataillon ; & leur uſage étoit tel que celui des Piques de notre tems, pour éloigner la Cavalerie & l'empêcher de paſſer ſur le ventre à l'Infanterie.

Ce qui paroît avoir déterminé les Suiſſes à ſe ſervir de cette arme, eſt qu'après avoir ſecoué le joug de la Maiſon d'Auſtriche, ils ſe virent attaquez par la Cavalerie qu'on envoyoit contre eux ; & comme ils n'en avoient point, ou qu'ils n'avoient pas le moyen d'en entretenir, ils eurent recours à cette arme, qui en effet a été depuis employée au même uſage parmi les autres Nations.

Les Flamands ſe ſervoient de Piques dès le tems de Philippe le Bel. Ce fut principalement avec cette arme qu'ils repouſſérent les François à la ſanglante journée de Courtrai l'an 1302. Et c'eſt cette arme que Guillaume Gujart décrit à cette occaſion ſous le nom Flamand de *Godendac*.

> A grands batons peſans ferrés
> Avec leur fer agu devant
> Vont ceux de France recevant
> Tiex baton qu'il portent en guerre
> Ont nom Godendac en la Terre
> Godendac, c'eſt bon jour à dire
> Qui en François le veut décrire
> Cil baton ſont long & traitis

*Le nom de Pique plus récent que l'Armée même.*

*Elle nous eſt venuë de Suiſſe.*

*Elle étoit autrefois appellée Godendac par les Flamans.*

K k k ij

Pour férir à deux mains faitis *
Et quand l'on en faut au defcendre.
( c'eſt-à-dire, quand l'on manque fon coup en voulant en aſſommer l'Ennemi. )
Si cil qui fiert * y veut entendre   * frappe.
Et il en fçache bien ouvrer
Tantot peut fon cop recouvrer
Et férir fans s'aller moquant
Du bout devant en eſtoquant
Son Ennemi parmi le ventre
Et li fers eſt agu qui entre.

Nos François ont eu toujours de la peine à s'accommoder de la Pique ; & M. de la Nouë dans fon treiziéme Difcours, dit que de fon tems, c'eſt-à-dire, du tems de Charles IX, & de Henri III, on avoit peine à trouver des Soldats qui vouluſſent être Piquiers ; » & d'autant, dit-il, que les Soldats ne veu- » lent plus aujourd'hui porter de corcelets ( c'étoit l'armure dé- » fenfive du Piquier ). Cet ordre aideroit à les mettre en ufage » & en honneur, ce qui n'eſt fi mal-aifé à faire qu'on penfe : » mais il feroit bon de commencer par les Capitaines qui ont les » premiers rejetté l'ufage de la Pique. C'eſt pour cela que dès- lors on donnoit plus de folde aux Piquiers qu'aux Arquebufiers, ou aux Moufquetaires.

J'ai vû au Cabinet d'Armes de Chantilli une Pique dont le fer rond, ondé & pointu avoit quatre pieds de long. Celui qui s'en fervoit devoit avoir une grande force aux bras.

Depuis peu d'années on a ôté les Piques de nos Armées : mais on y fupplée par la Bayonnette au bout du fufil, dont on a trouvé l'ufage plus avantageux que celui de la Pique, & qui peut en effet y fuppléer au moins en partie ; & de plus parce que l'on peut beaucoup plus facilement remuer un Fufil avec la Bayonnette au bout, qu'on ne peut s'aider de la Pique. Je par- lerai de ce changement ailleurs.

*Pag. 267. Les François ont toujours en peine à s'ac- commoder de cette arme.*

*L'ufage en a été aboli par Louis le Grand.*

* Ni trop gros, ni trop menus
Les yeux riants, le nez treitis
Qui n'eſt trop grand ne trop petits,

*Roman de la Rofe.*

Pour ce qui est de la Hallebarde & de la Pertuisanne, je crois avec l'Auteur du Livre de la Discipline Militaire qu'elles viennent aussi des Suisses: on ne s'en servoit point non-plus en France avant le Regne de Louis XI. Je me fonde pour cela sur un Journal d'un Curé d'Angers cité par Fauchet, « où il » est dit qu'environ 1475 ce Prince fit faire à Angers, & au- » tres bonnes Villes de NOUVEAUX ferremens de guerre » appellez Hallebardes, des Piques, Dagues, & autres ferremens » qui furent portez à Orleans. Mais il s'ensuit aussi de là que ce que dit l'Auteur de la Discipline Militaire que je viens de citer, n'est pas vrai, sçavoir que la Hallebarde fut une invention de son tems ; car il vivoit au plûtôt sous Louis XII.

*L. 2. de la Discipline Militaire.*

*La hallebarde nous est aussi venuë de Suisse.*

### *Des Frondes & des Maillets.*

LA Fronde est une des plus anciennes Armes offensives dont les hommes se soient servis pour combattre leurs Ennemis. Son ancienneté aussi-bien que celle de l'Arc & de la Fléche vient de sa simplicité, de la facilité de l'imaginer, de la faire & de la mettre en usage, elle a été chez tous les Peuples ; les Romains s'en servoient dans leurs Armées ; elle fut aussi mise en usage par les François ; & nous la trouvons encore sous Philippe-Auguste, selon ce Vers de Guillaume le Breton son Historiographe.

*Funda breves fundit lapides glandesque rotundas.*

*Pag. 213.*

Les Romains employoient la Fronde en trois occasions. Premierement, aux Escarmouches qui précedoient les Batailles : cela s'appelloit *Velitare*, & les Escarmoucheurs s'appelloient *Velites* : c'étoient, comme je l'ai dit plus haut, des Soldats armez à la legere, & qui venoient devant toute l'Armée faire leurs décharges de pierres & de fléches, après quoi ils se retiroient à la queuë en repassant entre les Bataillons.

Secondement, ils se servoient des Frondeurs, aussi-bien que des Archers, pour écarter les Ennemis de dessus les murailles, tandis qu'on avançoit les travaux, ou qu'on se disposoit à don-

*Usage de la Fronde chez les Romains.*

ner l'assaut, comme nous nous servons aujourd'hui du feu de la Mousqueterie, ou des Fusils.

Enfin ils usoient de la Fronde sur les murailles, & en même tems des Flèches & des autres machines, soit pour répondre aux Frondeurs & aux Archers des Assiegeants, soit pour incommoder les Travailleurs.

*On s'en est servi rarement en France depuis Philippe-Auguste.*

Je ne me souviens point d'avoir trouvé dans nos Histoires depuis Philippe-Auguste, qu'on employât les Frondes dans les Combats de Campagne, excepté dans celui qui se donna sous le Regne de Philippe de Valois en Bretagne entre les Troupes de Gautier de Mauni Chevalier Anglois, & Louis d'Espagne qui commandoit six mille hommes en cette occasion pour le parti de Charles de Blois contre le Comte de Montfort son Competiteur pour le Duché de Bretagne. Froissart dit que ce qui fit perdre la Bataille à Louis d'Espagne, fut que durant le Combat survinrent *les gens du pays, qui les suivoient à boulettes & à fondes*: on s'en servoit pareillement dans les Combats de mer, selon le même Auteur.

*Froissart, vol. 1. ch. 85, 304.*

Quant aux Sieges, on en fit encore usage en 1572, à celui de Sancerre, où les Paysans Huguenots réfugiez userent de cette arme pour épargner la poudre. C'est d'Aubigné qui rapporte ce fait, & dit qu'on appelloit alors les Frondes, des Arquebuses de Sancerre.

*On les appella du tems de la Ligue les Arquebuses de Sancerre, & pourquoi.*

Quand je dis qu'on ne se servoit guéres de Frondes en France depuis Philippe-Auguste, je parle des Frondes dont on jettoit des pierres avec la main; car on usoit encore d'une autre sorte de Fronde attachée au bout d'une espece de lévier que faisoit jouer une machine dont j'ai fait la description après Juste Lipse en parlant des Sieges sous notre seconde Race, & avec laquelle on jettoit une grande quantité de pierres, soit du Camp sur les murailles, soit des murailles sur le Camp. On employoit encore cette machine même depuis l'invention du Canon. Monstrelet en parle en quelques endroits: il appelle ces machines des Fondefles; *& aussi en autres lieux furent faits plusieurs Fondefles, Bricolles & Eschelles.*

*Monstrelet, vol. 1. ch. 29, 143.*

*Nouvelle hist. de Bretagne, p. 565.*

Pour ce qui est des Mails ou Maillets, il est certain qu'on s'en servoit dans les Combats. Jean V Duc de Bretagne dans un Mandement pour convoquer les Communes de son Duché, leur marque entre autres armes dont les Soldats pouvoient être armez, un mail de plomb.

En 1351 dans la Bataille des Trente, si fameuse dans les Histoires de Bretagne, & qui fut ainsi nommée du nombre des Combattans qui étoient trente de chaque côté, les uns du parti de Charles de Blois & du Roi de France, & les autres du parti du Comte de Montfort & du Roi d'Angleterre ; dans cette Bataille, dis-je, il est marqué que Billefort du parti des Anglois frappoit d'un Maillet pesant vingt-cinq livres ; que Jean Rousselet Chevalier, & Tristan de Pestivien Ecuyer, tous deux du parti François furent abbatus d'un coup de *Mail*, & Tristan de Pestivien autre Ecuyer du même parti, blessé d'un coup de Marteau.

*Maillets en usage dans les Combats.*

Et dans la Chronique manuscrite de Bertrand du Guesclin.

> Olivier de Cliçon dans la bataille va
> Et tenoit un Martel qu'à ses deux mains porta
> Tout ainsi qu'un Boucher abbatit & versa.

*Et plus bas :*

> Bertran de Glaiequin fu ou champ plenier
> Où il assaut Anglois au martel d'acier
> Tout ainsi les abbat comme fait le Boucher.

La différence qu'il y avoit entre le Mail ou Maillet, & le Marteau d'Arme, est que le revers du Maillet étoit quarré ou un peu arrondi par les deux bouts, & que le Marteau d'Armes avoit un côté quarré & arrondi, & l'autre en pointe ou tranchant.

C'est de là que vient l'ancien mot de *Marteleis*, pour dire un Combat.

*Guillaume Guiart sous l'an 1200.*

> Mult fu fier le Marteleis
> La noise & le Cliquetejs.

440 HISTOIRE

Il y a au Cabinet de Chantilli plusieurs de ces Marteaux d'Armes de differentes façons.

*Maillotins faction de Parisiens séditieux.*

Une autre preuve de l'usage des Maillets pour les Soldats, est ce qu'on rapporte de la sédition des Parisiens au commencement du Regne de Charles VI, où la populace au sujet des nouveaux impôts, força l'Arsenal, & en tira quantité de Maillets pour s'armer & assommer les Commis des Douanes ; ce qui fit donner à ces séditieux le nom de *Maillotins*.

*Fol. 139.*
*Les Anglois se servoient encore de Maillets du tems de Louis XII.*

Enfin, nous voyons dans les Memoires manuscrits du Maréchal de Fleurange, qui sont à la Bibliotheque du Roi, que les Archers Anglois du tems de Louis XII avoient encore des Maillets pour armes.

De tout cela on peut conclure, qu'outre l'Epée & la Lance, les Chevaliers & les Ecuyers se servoient à leur fantaisie de toutes sortes d'instrumens pour armes, dès qu'ils étoient propres à tuer ou à assommer les Ennemis ; car il est encore remarqué dans le Combat des Trente, que Huchton de Clamaban qui étoit dans la Troupe Angloise, combattoit avec un *Fauchard* crochu, & tranchant des deux côtez. Je vais maintenant traiter des Armes offensives depuis l'invention des Armes à feu.

    A. Pique.
    B. Hallebarde.
    C. Pertuisnane.
    D. Maillet.
    E. Marteau d'Armes.
    F. Fauchon.

CHAP. V.

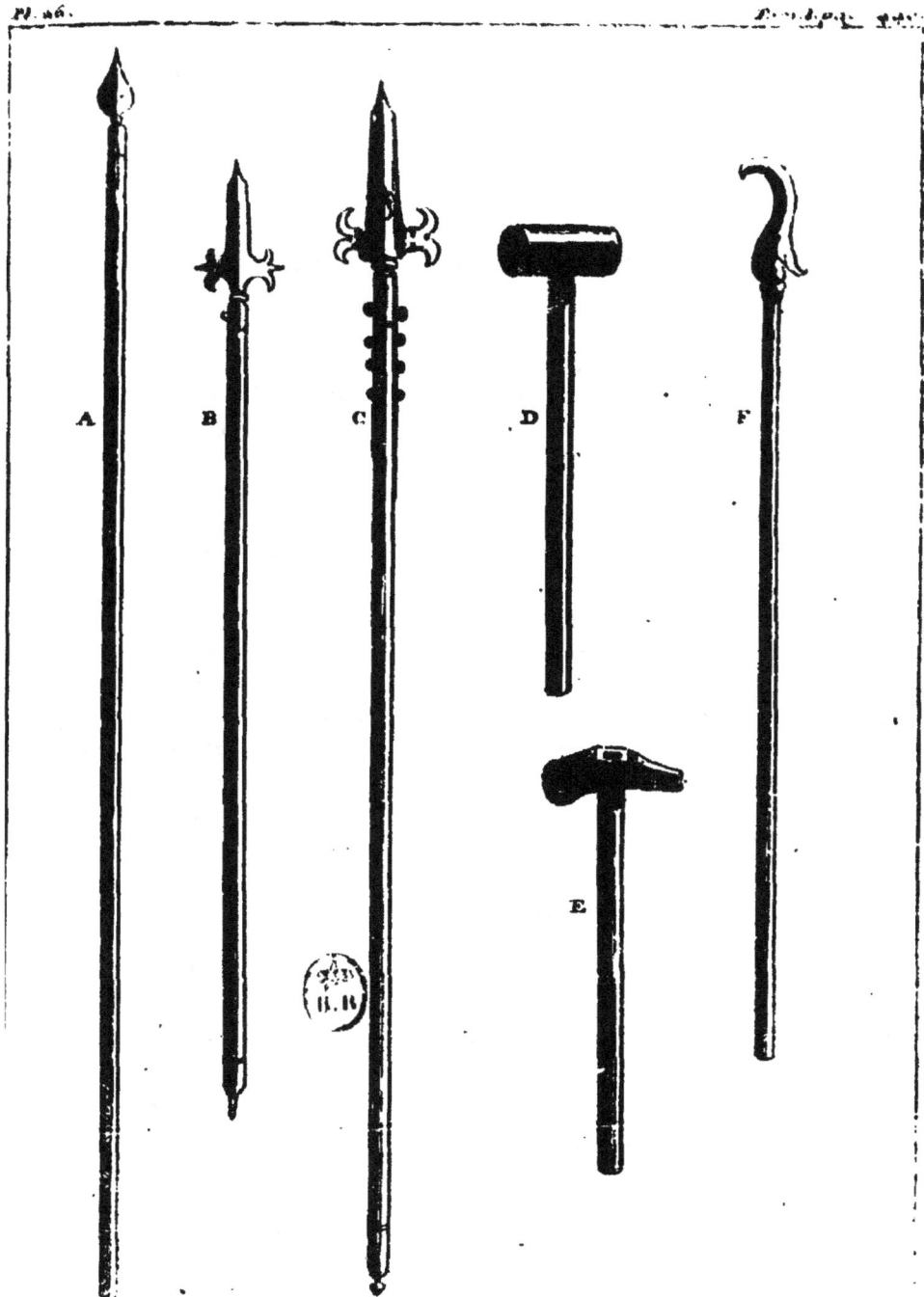

## CHAPITRE V.

*Des Armes offensives depuis l'invention des Armes à feu.*

Quoique les Armes à feu ayent avec le tems fait disparoître les autres, on peut voir toutefois par tout ce que je viens de dire de celles-ci, que pendant plus de deux siecles on s'est servi en même tems des unes & des autres, puisqu'il y avoit encore des Fléches dans les dernieres années du Regne de François I, & même depuis ; & que du tems de Philippe de Valois, sous le Regne duquel on commença à se servir du Canon, & sous quelques-uns de ses Successeurs, les Catapultes & les Ballistes étoient encore en usage.

Je n'examinerai point ici une question, que tant d'autres ont traitée ; sçavoir, quand précisément ont été inventées les armes à feu, & dans quel Païs & à quelle occasion on s'en est d'abord servi. Le sujet que je traite demande seulement que j'examine en quel tems on a commencé à s'en servir en France.

Ce fut certainement sous le Regne de Philippe de Valois, & non auparavant. Villani Auteur Italien, dit que les Anglois en avoient à la Bataille de Cressi, qui se donna l'an 1346. *Con bombardé che saettavano palottole di ferro con fuoco per impaurire & disertare i Cavalli de Francesi.* Froissart cependant, & nos autres Historiens ne le disent point, quoique plusieurs ayent fait un grand détail de cette Bataille.

Il est vrai que le même Froissart sous l'an 1340, en parlant d'une course que les François firent jusqu'aux portes du Quesnoy, écrit que ceux de la Ville *décliquérent contre eux Canons & Bombardes qui jettoient grans quarreaux.* Je croi que c'est-là la plus ancienne date que l'on trouve dans nos Historiens pour l'usage du Canon en France : il est toutefois certain qu'avant cette année-là on s'y servoit de cette Artillerie. Ce fait est prouvé par un compte de Barthelemy du Drach Trésorier des Guerres l'an 1338, où il est dit dans un Article *à Henri de Faumechon pour avoir poudres, & autres choses necessaires aux Ca-*

*On se seroit des anciennes armes offensives, même après l'invention des armes à feu.*

Commentaires de Monluc, T. I.

Brantôme, T. 4. p. 48.

Villani, l. 12. cap. 66.

Vol. 1. p. 55.

*Epoque des armes à feu, beaucoup plus anciennes qu'on ne la croit communément.*

*nons qui étoient devant Puy-Guillaume* ; c'étoit un Château en Auvergne.

<small>On en avoit l'usage en France avant 1338.</small>

Je n'ai point vû de plus ancien Monument où il soit fait mention du Canon, & celui-ci marque qu'au moins quelques années avant 1338, on sçavoit ce que c'étoit que les Armes à feu dans ce Royaume.

<small>Polydor, Virgil Pancirol, Mayol, &c.</small>

Les Auteurs qui ont traité de l'invention du Canon, n'avoient pas vû ce Monument, puisque la plûpart disent que ce furent les Venitiens qui s'en servirent pour la premiere fois en l'an 1378 contre les Génois. Luigi Collado fixe l'époque de l'invention de l'Artillerie en 1366 : mais ce que je viens de dire montre la fausseté de toutes ces diverses époques ; & c'est par là que cet extrait du compte de Barthelemi du Drach* tiré de la Chambre des Comptes de Paris, est remarquable.

<small>* Il est cité par du Cange, in Glossar. V. *Bombards*.</small>

<small>*Armes à feu* appellées *Bombardes*. Etymologie de ce nom.</small>

On donna d'abord aux Armes à feu le nom de *Bombardes*, comme on le voit par le passage de Villani que j'ai transcrit ; & ce nom vient du mot Grec Βόμβος, qui signifie le bruit que ces Armes font en tirant. Froissart parle d'une Bombarde fort extraordinaire au sujet du siege d'Oudenarde fait par les Gantois sous la conduite d'Artevelle.

<small>*Bombarde des Flamans au Siege d'Oudenarde.*</small>

<small>Froissart, vol. 2. c. 103.</small>

» Encore derechef, dit-il, pour plus esbahir ceux de la Gar-
» nison d'Oudenarde, ils firent œuvrer une Bombarde merveil-
» leusement grande, laquelle avoit cinquante pieds de long &
» gettoit pierres grandes, grosses & pesant merveilleusement.
» Quand celle Bombarde decliquoit, on l'oyoit bien de cinq
» lieuës par jour, & de dix par nuit ; & menoit si grande noise
» au décliquer, qu'il sembloit que tous les Diables d'Enfer fus-
» sent au chemin.

<small>Ce n'étoit ni un Canon ni un Mortier, mais une Ballliste.</small>

Je ne sçaurois cependant me persuader que cette Bombarde fût un Canon ou un Mortier ; car un Canon ou un Mortier de cinquante pieds de long est une chimere ; c'étoit plûtôt sans doute une Balliste ou une Catapulte de l'ancienne invention avec laquelle on lançoit de tres-grosses pierres. Le bruit qu'elle faisoit en lançant ces grosses pierres, qu'on entendoit de cinq & de dix lieuës, me paroît difficile à croire.

<small>Etymologie du nom de Canon.</small>

Le nom du Canon qui vient apparemment de *Canna*, fut non-seulement donné d'abord aux grandes Pieces d'Artilleries ausquelles nous le donnons aujourd'hui, mais encore aux Armes

DE LA MILICE FRANÇOISE. *Liv. VI.* 443

à feu d'un tres-petit calibre, & que l'on pouvoit porter & remuer avec la main. Juvenal des Urſins, Auteur Contemporain de Charles VI les appelle à cauſe de cela *Canons à main*: & l'on parloit ainſi du tems de Louis XI ; car Philippe de Comines faiſant le dénombrement de l'Armée des Suiſſes & de leurs Alliez qui défirent Charles le Hardi Duc de Bourgogne devant Morat aſſez près de Berne en Suiſſe, dit » qu'ils pouvoient bien » être trente-un mille hommes de pied bien choiſis & bien ar-» mez, c'eſt à ſçavoir onze mille piques, dix mille halebardes, » *& dix mille couleuvrines.* « Or il eſt manifeſte que par ce mot de *couleuvrines* il n'entendoit pas ces longs & gros Canons auſquels on donne aujourd'hui le nom de Coulevrines ; mais des armes aſſez legeres pour être portées à la main, ou être miſes ſur de tres-petits affûts que l'on manioit, & que l'on tournoit avec la main.

Ainſi à plus forte raiſon, quand on voit ſous le Regne des Prédeceſſeurs de Louis XI, qu'à un tel Siege, ou dans une telle Armée, il y avoit trois cens Canons ; que dans l'Armée du Duc d'Orleans ſous Charles VI il y avoit *quatre mille que Canons, que Couleuvrinnes,* comme parle Jean Juvenal des Urſins ; cela ſe doit entendre non pas de la groſſe, ni même de la moyenne Artillerie, mais ſeulement de fort petits Canons beaucoup moindres que nos Fauconneaux d'aujourd'hui, & dont la plûpart n'étoient pas d'un plus gros calibre que ces eſpeces de Mouſquets dont on ſe ſervit depuis en les appuyant ſur des fourchettes pour les coucher en joue. On fit d'abord beaucoup de cette petite Artillerie. Je croi qu'aux plus legeres qui étoient à peu près du poids de nos Mouſquets ordinaires, on ajuſta dans la ſuite une croſſe pour les coucher en joue, & une eſpece de ſerpentin pour porter la méche à l'amorce, & que les plus peſantes étoient ſur de petits affûts, que l'on pouvoit aiſément remuer avec la main : mais je ſuis perſuadé que ces petits Canons étant bien plus ſimples que les Armes que l'on a monté depuis ſur des fûts, & que l'on faiſoit tirer avec des reſſorts & le rouet ; l'invention de celles-ci eſt poſterieure.

Rien n'eſt plus propre à faire comprendre ce que je dis de la petiteſſe des armes, auſquelles on donnoit autrefois les noms de Canons, de Couleuvrinnes, de Serpentines, qu'on a depuis

*Nom de Canon donné aux armes du plus petit calibre.*

*Juv. des Urſins ſous l'an 1414.*
*Comines, l. 5. c. 3.*

*Nom de Couleuvrine donné à de tres-petites armes à feu.*

*Sous l'an 1411.*

*Armes à feu montées, plus recentes que celles qui ne le ſont pas.*

Lll ij

donnez à de plus grosses pieces ; rien, dis-je, n'est plus propre à faire comprendre la petitesse de ces Armes, que l'Extrait d'un compte rendu en 1461 par un Trésorier des Guerres du Duc de Bretagne.

*Nouvelle Histoire de Bretagne, T. 2. p. 1363.*

» A Phelippe de Malestroit Capitaine de Champtocé pour » la tuicyon dudit Chasteau, deux volées de Canon pesant 95 » livres de cuivre ; deux boëttes de serpentine pesant cent trente-» trois livres de cuivre, une grosse Couleuvrine de cuivre pesant » cent quinze livres de cuivre ; quatre boëttes de Canon pesant » cent soixante livres de cuivre ; trois cens livres de poudre à » Canon, quatre cens livres de plomb, six petites Couleuvrines » pesant cent-quarante livres de cuivre, deux Arbalestes, un » millier de trait ferré.... cent livres d'osil pour cordages d'Ar-» baleste ; deux grandes molles de cuivre à faire plombets pour » les grandes Couleuvrines, & quatre petits pour les peti-» tes, &c.

On voit premierement par ce Compte, que deux Pieces aus-quelles l'on donne le nom de Canon ne pesoient ensemble que quatre-vingt-quinze livres, & quatre autres cent soixante livres ; que six Pieces ausquelles on donne le nom de petites Couleuvri-nes ne pesoient que cent quarante livres ; qu'une autre à laquelle on donne le nom de grande Couleuvrine ne pesoit que cent quinze livres. Or nos plus petits Canons, & nos plus pe-tites Couleuvrines d'aujourd'hui pesent infiniment plus.

Secondement, la petitesse de ces armes se confirme encore par le peu de poudre à Canon dont il est fait mention dans ce Compte, sçavoir de trois cens livres de poudre. Or trois cens livres de poudre ne seroient pas pour trente coups d'un Ca-non de vingt-quatre livres de bales d'aujourd'hui.

En troisiéme lieu, on voit par ce même Compte ce que j'ai dit d'abord, que depuis l'invention du Canon, on se servoit en-core d'Arbalêtes & d'autres armes offensives : mais ceci n'a pas besoin d'autres preuves, que d'une infinité de faits qui se ren-contrent par-tout dans nos Histoires.

*Noms terri-bles donnez aux Canons.*

Comme les anciens donnoient à leurs machines de Guerres des noms terribles, par exemple à certaines especes de Ballistes, celui de Scorpions ; de même a-t'on donné de pareils noms à nos Canons, comme ceux de Couleuvrine, qui vient du nom

# DE LA MILICE FRANÇOISE. Liv. VI. 445

de Couleuvre, de Serpentine, de Basilic, & d'autres semblables. Ces noms leur furent donnez à cause de la figure de ces animaux que l'on représentoit sur ces sortes de Pieces. Les Espagnols par dévotion leur donnoient quelquefois des noms de Saints, témoins les douze Apôtres, que l'Empereur Charles-Quint fit faire à Malaga pour son expedition de Tunis.

*Les douze Apôtres de Charles V.*

En matiere d'inventions nouvelles, les premiers essais n'ont jamais toute la perfection de l'art. Ufano Capitaine de l'Artillerie au Château d'Anvers, faisant la description d'un des premiers gros Canons qui eussent été fondus, dit que le diametre de la chambre étoit notablement plus petit que celui de la bouche : il ajoute qu'on abandonna bientôt cette forme, premierement parce que la Culasse qui doit être la plus forte à cause qu'elle soutient le plus grand effort de la poudre, étant beaucoup plus foible que le reste du corps de ce Canon, il étoit fort à craindre qu'il ne crevât. Secondement, parce que le diametre du boulet n'étant pas proportionné à celui du reste du Canon, c'étoit une nécessité que ce boulet flotât en coulant dans le Canon, & qu'une partie de l'effort de la poudre devint inutile, d'autant qu'une partie du feu s'échappoit entre le boulet & la circonference interieure du Canon : ainsi ce Canon devoit être d'une tres-courte portée.

*Diverses especes de Canons.*
*Ufano, Tr. 1. d'Artillerie, c. 3.*

Le même Auteur parle encore de quelques autres Pieces aussi mal imaginées qui étoient d'une grande dépense, infiniment difficiles à remuer & de peu d'effet.

Depuis que l'on commença à grossir les Canons, on n'en fit pas d'abord d'un aussi gros calibre qu'on en a vû depuis. Le plus gros dont il soit fait mention dans notre Histoire, & qui, je crois, n'eut jamais son pareil en France ni ailleurs pour la grosseur, fût fondu à Tours sous Louis XI ; il étoit de cinq cens livres de bales, & fut transporté à Paris : il portoit depuis la Bastille jusqu'à Charenton. Le Fondeur en fut tué à la seconde épreuve, le feu ayant pris à la poudre au moment qu'il mettoit le boulet dans le Canon. Ce Canon trop difficile à transporter pour sa pesanteur, fut apparemment refondu, car je n'en trouve depuis nulle mention dans l'Histoire. Mais de la maniere dont Monstrelet décrit cette Piece, c'étoit plûtôt un Mortier qu'un Canon. Il dit qu'il y avoit une chambre où l'on mettoit

*Canon de Louis XI de cinq cens livres de bale.*
*Chronique scandaleuse.*
*Gaguin in Ludov. XI.*
*C'étoit un Mortier, & non pas un Canon.*

L ll iij

la poudre, & un tampon avec lequel on bouchoit la chambre. C'est à peu près de cette sorte qu'on charge nos Mortiers à bombes : ainsi son usage n'étoit pas pour tirer de but en blanc contre une muraille, mais pour crever les maisons sur lesquelles le boulet tomberoit.

*Pag. 15. Serpentine de Malaga.*

Le même Ingenieur Ufano que j'ai cité, parle d'une Serpentine de Malaga, dont le grand bruit faisoit avorter les femmes enceintes, & qui étoit de quatre-vingt livres de bales ; d'un autre de soixante & dix livres de bales ; de la *Pimentelle Couleuvrine* qui étoit de son tems à Milan, & qui en sa plus haute élevation avoit la portée de neuf mille pas communs, en mire commune de 1745, & au niveau de trois cens trente-neuf pas : de la *Diablesse* Couleuvrine de Bolduc, qui portoit de là jusqu'à la Ville de Bommel, & de quelques autres dont la portée étoit si prodigieuse qu'il la traite de Fable.

*La Pimentelle de Milan.*

*La Diablesse de Bolduc.*

*P. 97.*

*L. 9. Gros Canons de Marseille.*

Dans l'Histoire de Charles VII il est fait mention d'un Canon d'une si grande pesanteur, qu'il falloit cinquante chevaux pour le traîner sur son affût. Rusi dans son Histoire de Marseille dit qu'il y avoit dans cette Ville l'an 1524, lorsque le Connétable de Bourbon General de l'Armée de l'Empereur Charles V l'assiegea, un Canon de cent livres de bales, & qu'il falloit soixante hommes pour remuer son affût quand il avoit tiré.

*T. 3. p. 252.*

*Canon de Saint-Giao en Portugal.*

Le sieur Mallet Sergent-Major d'Artillerie en Portugal sous M. le Maréchal de Schomberg, dit dans ses Travaux de Mars, que la plus grande Piece qu'il eût jamais vûë, étoit au Château de Saint-Giao de la Barre de Lisbonne. Elle avoit en longueur vingt-deux pieds Géometriques, tiroit des boulets de quatre-vingt-dix ou cent livres de fer ; sa charge étoit de soixante livres de poudre ; & par l'essai qu'en fit le Roi Dom Sebastien à Alcantre, il se trouva qu'elle portoit en mire commune seize cens pas. On m'a dit qu'il y avoit encore à Strasbourg une Piece de 96 livres de bales.

*Canon pris à Belgrade en 1717.*

Enfin, dans les Nouvelles publiques du 20 de Novembre 1717, il est dit dans l'Article de Bude, qu'il y étoit arrivé une Barque portant un Canon pris sur les Turcs dans Belgrade, ou dans leur Camp après la victoire remportée par le Prince Eugene, lequel Canon a près de vingt-cinq pieds de long, tire des boulets de cent dix livres, & dont la charge est de cinquante-deux livres de poudre : ainsi il passe tous ceux dont je viens de parler.

La plus longue Piece que nous ayons en France est la Coulevrine de Nancy que j'ai vû autrefois à la Citadelle de Dunkerque; elle est de vingt & un pieds onze pouces & six lignes, depuis sa bouche jusqu'au bouton de sa culasse : elle fut fonduë en 1598 par Jean de Chaligny sous Charles III Duc de Lorraine. On a remarqué par l'experience qu'elle ne porte pas plus loin qu'une Piece de même calibre, & de longueur ordinaire, & que même elle ne portoit pas juste son boulet. Plusieurs personnes habiles ont raisonné sur la cause de ces défauts. Il paroît qu'on conserve cette Piece plus pour la rareté que pour son utilité.

*Coulevrine de Nancy à Dunkerque.*

Feu Monsieur de Saint-Remi Lieutenant d'Artillerie, qui a donné depuis peu d'années un tres-bel Ouvrage au Public sur ces matieres, m'a dit qu'il avoit vû autrefois à l'Arsenal de Paris des Pieces d'un tres-gros calibre, & qui étant fort courtes ne pouvoient pas porter bien loin de but en blanc : mais on s'en servoit apparemment comme de la Piece de Louis XI dont je viens de parler, pour tirer de fort gros boulets, de la maniere dont on tire les bombes; & ces boulets par leur pesanteur crevoient les toits des maisons. On s'en servoit encore pour jetter des pierres comme on fait aujourd'hui avec des Mortiers : & cela est fondé dans notre Histoire; car il est dit dans l'Histoire de Charles VI sous l'an 1385, *que les Pierres des Canons* du Fort de Dam en Flandre qu'il assiegeoit, venoient jusqu'à ses tentes, c'est-à-dire que ces gros & courts Canons n'étoient proprement que des Mortiers ausquels on donnoit le nom de Canon, comme on le donnoit en ce tems-là à toute sorte d'Artillerie grosse & menuë, & comme on le donna depuis aux Arquebuses mêmes. Il se peut faire aussi que ce fussent des boulets de grais que l'on tiroit avec ces courts Canons, comme on le pourroit conjecturer par ce que je vais ajouter.

J'ai crû longtems que les pierres qu'on jettoit avec ces sortes de Canons, n'étoient pas des boulets, mais seulement plusieurs morceaux de pierre renfermez dans des especes de manequins ou de paniers, qui poussez par la force de la poudre,

*Boulets de pierre & de grais.*

les répandoient soit sur les murailles, soit dans les tranchées; ayant peine à me persuader qu'on se fût donné la peine, ou qu'on eût voulu faire la dépense de tailler & d'arondir des boulets pour les proportionner au calibre de ces especes de Canons : mais j'ai été détrompé là-dessus par une découverte qui s'est faite depuis peu à Paris.

*Découverte de plusieurs de ces sortes de boulets à Paris en 1712.*

Monsieur Foucault Conseiller d'Etat faisant travailler à son jardin dans la ruë neuve Saint-Paul le 10 de Decembre 1712, & les jours suivans, les Manœuvres trouvérent environ trois pieds avant dans la terre une grande quantité de ces boulets de grais de divers diametres, & quelques-uns de fer ; on ne doute point que si on avoit voulu fouir plus avant & aux côtez, on n'en eût trouvé bien davantage. Parmi ces cent deux boulets il n'y en avoit que trois de fer.

*Leur poids & leur diametre.*

De ces boulets de grais, il y en avoit vingt-cinq de seize pouces ou environ de diametre, quinze de douze pouces, vingt de onze pouces, & trente-neuf de dix pouces.

Ceux de seize pouces pesoient cent quatre-vingt deux livres; ceux de douze pouces pesoient cent douze livres ; ceux de onze pouces quatre-vingt-dix livres ; ceux de dix pouces soixante livres.

Les trois boulets de fer avoient de diametre un peu plus de douze pouces, & pesoient cent quatre-vingt-douze livres.

Il faut observer : 1°. Que cette maison n'est pas loin de l'Arsenal, & que dans le même jardin on avoit trouvé en 1711 deux grenades de fer de trois pouces de diametre.

2°. Que le terrain de cette maison étoit renfermé dans le Parc de l'Hôtel de Saint-Paul, où le Roi Charles VI. & ses Successeurs demeuroient souvent. On avoit fait sans doute en quelque endroit de ce Parc des piles de ces boulets, comme on en voit souvent dans les Villes de Guerre ; & avec le tems ces piles s'étoient enfoncées dans la terre à l'endroit où on les a trouvez.

C'étoit donc de ces sortes de boulets dont on se servoit dans les Sieges, & que l'on tiroit, ainsi que je l'ai dit, non pas de but en blanc, mais comme l'on tire aujourd'hui les bombes, & leur unique usage étoit d'écraser les toits & d'incommoder les habitans. C'est à quoi servoient ces gros & courts Canons dont j'ai

# Nombres, Diametres et Poids des

Grenades Boulets de Fer et de Grais trouvez dans le jardin de la Maison de Monsieur Foucault Conseiller d'État Rüe Neuve S.t Paul a Paris en 1711. Les Grenades et les Boulets en Decembre 1712.

Deux Grenades de fer de trois pouces de Diametre.

**25 Boulets de grais**

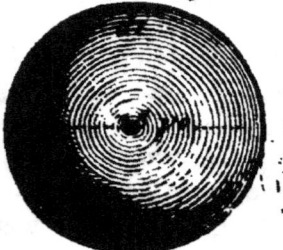

182.#

**3 Boulets de fer**

Au poids de 2.92.# chacun

**15 Boulets de grais**

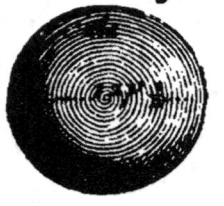

112.#

| | |
|---|---|
| 3 | Boulets de Fer |
| 25 | Boulets de Grais |
| 15 | Boulets de grais |
| 20 | Boulets de grais |
| 39 | Boulets de grais |

Total 102 ....... Cent deux Boulets en tout

**20 Boulets de grais**

90.#

**39 Boulets de grais**

60.#

Echelle de deux pieds

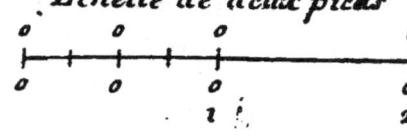

2 pieds

DE LA MILICE FRANÇOISE. *Liv. VI.* 449

j'ai parlé, dans quelques-uns desquels il est marqué qu'il y avoit une chambre comme dans nos Mortiers d'aujourd'hui, ainsi qu'il est dit de celui de Louis XI, qui portoit cinq cens livres de bale : mais le boulet de ce Canon étoit de fer, & non pas de grais ; car il auroit fallu pour un boulet de grais de ce poids un calibre d'une grandeur prodigieuse.

*Le boulet de cinq cens livres du Canon de Louis XI étoit de fer.*

Pour confirmer ce que j'ai dit de ces boulets de grais dont on se servoit pour les Canons ou Mortiers de ce tems-là, j'ajouterai ce que j'ai trouvé dans un Compte de l'Artillerie de l'an 1487, où dans la dépense pour les munitions de Guerre, il est dit, tant pour la façon de boulets de fer, *& pierres de grais.*

*Preuves de l'usage des boulets de pierre.*

Les Turcs se sont servis autrefois de ces gros Canons, & de ces boulets de pierres. Mahomet II à la prise de Constantinople avoit des Canons qui jettoient des boulets de pierre du poids de deux cens livres. On m'a assuré que les boulets de leurs Canons qui gardent le passage des Dardanelles sont de même espece. Et dans une nouvelle Relation de la Krimée, il est rapporté que les Turcs depuis quelques années avoient bâti la Forteresse d'Yégni-kalé sur le Bosphore Cimmerien, & qu'il y a une grande plate-forme bordée d'une longue rangée de Canons de fonte d'un tres-gros calibre, quelques-uns de deux cens livres de bales, & que ces boulets énormes dont les Turcs se servent dans leurs Forteresses maritimes sont d'une grosse pierre grise, tres-dure & tres-pesante.

Dès le tems de Charles VIII, ou de Louis XII, ou du moins de François I, on faisoit assez communément des Canons de cinquante livres de bales. C'est ce que nous apprend Machiavel dans ses Dialogues sur l'Art Militaire, où Fabrice Colomne qui vécut sous ces trois Princes est un des Interlocuteurs, & où il parle de la sorte :

» Quant à l'Artillerie de l'Armée, je me contenterois de dix
» Canons qui ne passassent cinquante livres de portée ; & ce
» seroit pour canoner & battre les Villes ou Forteresses : desquels je me servirois à la Campagne, plus pour défendre le
» Camp, que pour donner une Bataille. Je voudrois aussi que
» l'Artillerie moyenne fût plûtôt de dix, que de quinze livres
» de portée, &c.

C'est de France que l'usage de cette grosse Artillerie passa

*Tome I.* Mmm

en Italie; car Comines en parlant de la victoire que le Duc d'Orleans depuis Roi Louis XII du nom, remporta à Rapallo sur les Troupes d'Alphonse Roi de Naples, & qui fut la premiere action considerable de l'expedition de Charles VIII en Italie, parle ainsi:

» Or ladite Galeace avoit grande Artillerie & grosses Pie-
» ces; car elle étoit puissante, & s'approcha si près de terre
» que l'Artillerie déconfit presque les Ennemis, *qui jamais n'en*
» *avoient vû de semblable, & estoit chose nouvelle en Italie.*

Les Canons furent d'abord de fer; car ce métail fut de tout tems la matiere ordinaire des Armes, tant offensives que défensives: mais étant trop cassant, on choisit une autre matiere plus capable de résister à l'effort de la poudre; & on a fait depuis les Canons pour la plûpart, & sur tout les plus gros d'un alliage de métaux auquel on a donné le nom de Fonte & de Bronze. Louis XI en fit faire de cette sorte une douzaine ausquels il donna le nom des douze Pairs, un desquels fut pris à la Bataille de Montleri. Et il est dit encore dans la même Histoire en un autre endroit qu'il fit faire *autres douze grosses Bombardes de fonte & métail de moult grant longueur & grosseur.* C'est le premier de nos Rois qui ait eu une Artillerie tresconsiderable.

Plus on a été en avant, plus les équipages d'Artillerie ont été forts & mieux fournis. Charles VIII en eut une nombreuse aussibien que Louis XII, François I, & Henri II. Mais les Guerres Civiles des Huguenots ayant embrasé le Royaume sous François II, Charles IX, & Henri III, ces Princes n'eurent pas le moyen de faire la dépense necessaire pour cela; & excepté le Siege de la Rochelle qui se fit sous Charles IX, & celui de la Fere, sous Henri III, l'Artillerie étoit peu considerable & assez mal servie dans les Armées.

Le Duc de Sulli ayant été fait Grand-Maître de l'Artillerie sous Henri IV, la mit sur un fort bon pied.

Après tout ce n'étoit rien en comparaison de l'état où nous la voyons de notre tems, tant sur la mer que sur la terre; tant pour la défense que pour l'attaque des Villes. On regarda comme une des choses des plus extraordinaires qu'on eût encore vû en ce genre, l'Artillerie du Comte de Fuentes l'an 1595 devant Cambray, parce qu'elle étoit de 70 Canons, tant grands, que moyens, que petits, & avec laquelle il déposséda le Maréchal de Balagni de cette Principauté: mais de notre tems les 80, & les 100 gros Canons en batterie devant une Place assiegée avec les 50 & les 60 Mortiers, sont des choses qui ne paroissent plus surprenantes, sans parler du prodigieux nombre d'Artillerie employé aux Flottes & à la Garde des Ports.

*Prodigieux nombre d'Artillerie en France sous le Regne de Louis le Grand.*

Ce fut sous l'Empereur Charles V que l'Artillerie commença à se beaucoup perfectionner, & qu'on s'appliqua à étudier pour la fonte des Canons, les proportions du calibre & de la longueur, la qualité & la quantité de la poudre pour les charger, &c.

*L'Artillerie perfectionnée du tems de Charles V.*

Ufano, c. 8. & 9.

Les Canons nommez les douze Apôtres dont j'ai parlé, qui étoient de quarante-cinq livres de bales, furent regardez comme des modéles sur quoi on se régloit pour la pratique de la fonte des Canons en Espagne, aux Païs Bas, & dans les autres Etats de la Domination de la Maison d'Austriche: mais on a encore beaucoup plus rafiné depuis en cette matiere sous le Regne de Louis le Grand, où cet Art aussi-bien que plusieurs autres a été porté à sa derniere perfection.

Il y a plusieurs années qu'un Fondeur de Lion nommé Emeri, inventa une Piece qu'on appella *Jumelle*, parce qu'elle étoit composée de deux Canons, qui séparez l'un de l'autre par en haut, se réunissoient dans le milieu, vers la ceinture, ou ornement de volée. Ces deux Canons étoient fondus ensemble avec une seule lumiere: ils étoient de quatre livres de bales & de la longueur de cinq pieds quatre pouces. On les chargeoit tous deux en même tems avec deux barres de fer attachées ensemble, & éloignées l'une de l'autre, selon la distance des deux bouches. L'usage de ce Canon-*Jumelle* ne dura guéres.

*Diverses inventions en cette matiere.*

Un Religieux Italien inventa il n'y a pas longtems sur une pareille idée un triple Canon, c'est-à-dire, trois Canons fondus ensemble, & que l'on pouvoit tirer tous trois en même tems. Les trois Canons étoient unis tout du long, & ne se séparoient point vers le milieu comme dans la *Jumelle*. Le premier Triple-Canon fut fondu à l'Arsenal de Paris, & ensuite on en fondit plusieurs à Douay. La longueur est de plus de quatre pieds; chacun des trois Canons ainsi unis portoit deux livres de bale.

Mmm ij

La plûpart vinrent en la puissance des Ennemis, lorsqu'ils forcérent nos Lignes aux Pays-Bas, où ces Canons devoient servir pour la premiere fois. Ce fut en 1705 vers Tillemont entre Heyleshem, & le Bas-Haspen.

    A. Coulevrine de Nancy.
    B. Canon Jumelle.
    C. Triple-Canon.
    D. Coupe de la culasse du Triple-Canon.
    E. Ancien Canon dont on a parlé après Ufano.

Ces deux dernieres inventions n'eurent pas un grand succès: mais il y en a une toute récente qui a eu l'approbation de plusieurs Connoisseurs, & en particulier celle de S. A. R. Mr le Duc d'Orleans; elle est de M. le Chevalier de Folard, & mérite d'avoir place dans cette Histoire.

Pour bien entendre ce que je vas dire, il faut sçavoir que le sieur Mallet dans ses Travaux de Mars représente un Canon qui fut fondu à Lisbonne, lorsqu'il étoit en Portugal. Ce Canon n'étoit que d'un pied & demi en longueur, & tiroit un boulet de 24. L'Auteur n'en dit point la portée: mais elle ne devoit pas être fort longue, suivant les reflexions que l'on fera dans la suite.

L'avantage de ce Canon étoit qu'il pouvoit être aisément transporté, deux Mulets pouvant en porter un en brancart; & son affût fait comme celui des Vaisseaux pouvant être porté comme le Canon même. De plus il pouvoit être chargé avec la main, sans qu'on eût besoin d'écouvillon & de fouloir, & d'autres instrumens.

Ses desavantages étoient que son recul étoit deux fois plus grand que celui des Pieces ordinaires; que la Piece tournoit & le tourmentoit fort sur son affût, & le rompoit si elle n'y étoit tres-fortement attachée par de tres-gros bandages de fer.

La chambre où l'on mettoit la poudre étoit spherique, & d'un demi-pied de diamétre: la coupe de ce Canon fait voir la figure de cette chambre. La lumiere étoit au bout de la culasse.

Un homme fameux par ses inventions fit faire il y a quelque tems un Canon de vingt-quatre, n'ayant que vingt-huit pouces

C
B
D
E
A
Echelle
6. pieds
12 pieds
12 pieds 11 pouces 6 lignes
8 pieds 7 pouces

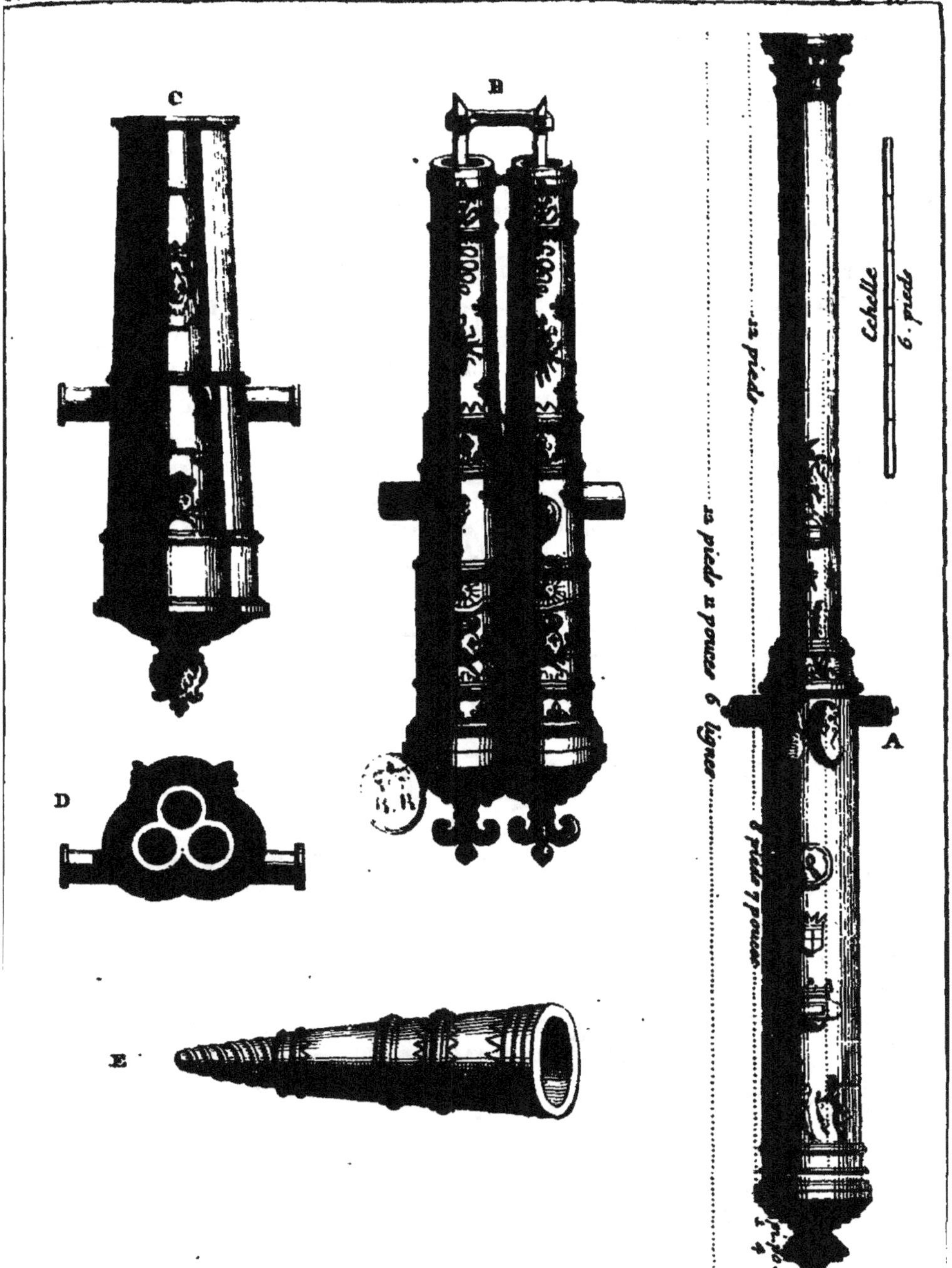

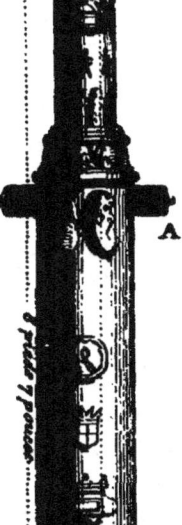

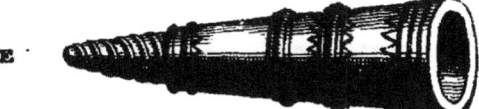

de longueur de la même figure à peu près que celui de Portugal, & avec la chambre sphérique. Il esperoit que la portée de ce Canon seroit aussi grande que celle des Pieces de vingt-quatre ordinaires : mais à l'épreuve la chose ne réussit pas pour ce point-là, & il se trouva le même inconvenient que dans celle de Portugal pour l'affût qui se briseroit, s'il n'étoit chargé de tres-forts bandages de fer qui le rendent fort pesant, outre que dans l'épreuve il ne tiroit point juste, & s'écartoit du but.

Le Chevalier de Folard Officier de beaucoup d'esprit & de capacité, & qui a toujours servi avec une grande application au Métier, où il a reçu plusieurs blessures ; réfléchissant sur tout cela, & l'examinant par les principes de Physique & de Mathematique, a entrepris de trouver le secret qu'on cherche depuis longtems, de diminuer tres-notablement la longueur des Canons, & par consequent leur poids immense, aussibien que celui de leurs affûts, sans préjudice de leur portée & de leur effet. Il ne dissimule point qu'il a profité des lumieres d'un écrit de M. de Valiere, quoique son idée ne s'accorde pas sur ce sujet avec celle de cet homme celebre dans l'Artillerie.

Il regarde avec raison tous les grains de la poudre, quand le feu les allume, comme autant de petits ressorts qui se débondent avec violence, s'agitent, se choquent les uns les autres, & se meuvent de toutes parts avec une rapidité infinie. Ils forment par leur mêlange & leur mouvement un corps fluide qui est la flâme, & auquel par consequent on doit attribuer toutes les proprietez du corps fluide.

Cela supposé, le Chevalier de Folard pose un principe, sçavoir, que le grand effet de l'explosion dépend principalement de deux choses. La premiere, de la grande inflammation de la poudre, & que plus il s'en enflamme dans la chambre ou dans l'ame du Canon, plus le boulet est poussé avec violence. La seconde, que plus les Lignes ou les colomnes du fluide s'appliquent plus directement, plus fortement & en plus grand nombre au diametre du boulet, plus l'effet en doit être violent, & plus le boulet doit être poussé loin.

De la premiere partie du principe, c'est-à-dire, de la plus grande inflammation de la poudre, il semble qu'il s'ensuit qu'en faisant spherique la chambre du Canon, l'explosion doit être tres-forte; car le diamétre de cette chambre étant fort grand, il s'y enflamme beaucoup plus de poudre, que dans la figure cylindrique, qui est celle des Canons ordinaires dont le diamétre est beaucoup plus petit : mais on verra dans la suite que la force que devroit avoir cette grande inflammation est notablement diminuée par une autre circonstance.

Quant à la figure cylindrique, la force de la poudre en doit être beaucoup moindre suivant la seconde partie du principe; sçavoir qu'il s'y enflamme beaucoup moins de poudre. Et la raison pourquoi cette inflammation est beaucoup moindre, c'est que la Colonne cylindrique de la poudre dans les Canons ordinaires a sa base beaucoup moindre que dans la chambre spherique ou dans la conique, & que d'ailleurs on sçait par experience que toute la poudre ne s'enflamme pas dans le canon à cause de la grande & subite compression qui se fait de la poudre, & qui empêche que dans l'instant infiniment petit de l'explosion le feu ne se communique à tous les grains.

L'expérience qui montre que toute la poudre ne s'enflamme pas dans le canon, est celle du pistolet. Si l'on tire de fort près un pistolet contre une planche, où l'on a appliqué une feuille de papier, on verra une grande quantité de grains de poudre qui demeurent attachés contre la feuille, & si l'on étendoit un drap devant la planche, on verroit encore beaucoup de grains de la poudre qui y seroient tombez, & ce défaut d'inflammation vient de la raison que l'on a apportée; c'est-à-dire de la subite & violente compression de la poudre dans l'explosion, qui ne s'enflammant que successivement, ne peut être enflammée toute entiere dans un instant infiniment petit.

Comme, soit dans la chambre spherique, soit dans la cylindrique, soit dans toute autre figure, la poudre pousse le boulet par tout son diamétre; ce n'est point de là que doit dépendre le plus grand ou le moindre effet du Canon, mais seulement de la plus grande inflammation de la poudre, laquelle dépend de la base de la chambre dont le diamétre peut être plus ou moins grand : mais la chambre spherique a cet avantage, le diamétre de sa base étant beaucoup plus grand que celui de la cylindrique, & même de la conique, qui est celle dont le Chevalier de

Folard se sert. Pourquoi donc la grande inflammation de la poudre dans la sphérique, n'a-t'elle pas l'effet dans l'experience qu'elle a dans la conique où l'inflammation est beaucoup moindre ? C'est à quoi cet Officier a crû devoir répondre avant que d'établir sa nouvelle invention.

Je suppose, dit-il, qu'une chambre sphérique, & quelque sphere que ce soit, quelque polie qu'elle puisse être dans sa concavité, n'est réellement & physiquement qu'un polygone composé d'angles & de recoins infiniment petits ; ce qui est incontestable.

Je suppose en second lieu, ce qui n'est pas moins constant, que les petits ressorts des grains de poudre se débandant avec la plus extrême violence par l'inflammation, agissent de tous côtez les uns contre les autres, se poussent & se repoussent reciproquement par une violente réaction, qu'ils y sont dans un mouvement fort troublé, & qu'il s'en faut beaucoup qu'ils ne concourent tous à pousser la colomne qui répond au diamétre du boulet.

( Pour moi je croirois pouvoir confirmer la reflexion du Chevalier de Folard, par une autre que je tire de la maniere dont le Canon à chambre sphérique se tourmente sur son affût ; car cela prouve que l'effort de la poudre s'épuise en grande partie contre tous les points de la chambre ; c'est ce qui fait tourner le Canon sur l'affût, & que par consequent il n'y a qu'une mediocre partie de l'effort employée à pousser la colomne de la poudre qui répond au diamétre du boulet.)

Le Chevalier de Folard apporte encore d'autres raisons pour montrer le défaut de la chambre sphérique : je n'en rapporterai qu'une. Il considere, comme j'ai déja dit, la flamme de la poudre comme un corps fluide que l'on peut imaginer, ainsi que font tous les Physiciens, comme partagé en colomnes, dont il y en a une directe qui va au diamétre du boulet. Il y en a d'autres laterales qui font effort pour sortir par le même canal que la directe. Il prouve fort bien que ces colomnes laterales rompent en partie la force de la colomne directe qui va droit au boulet ; & il le prouve par des experiences qu'il a faites dans des vases d'eau de diverses figures, où il represente l'effort de la colomne directe ou perpendiculaire, & celui des colomnes laterales contre cette perpendiculaire, lesquelles en diminuent la force.

Voici donc le milieu qu'il a trouvé entre la chambre spherique dont on voit les inconveniens par la raison & par la pratique, & la chambre cylindrique qui est celle des Canons ordinaires, qui ne peut avoir son effet sans donner une grande longueur aux Canons, & par consequent un tres-grand poids qui en rend le transport & le maniment tres-difficile, & d'une fort grande dépense.

Ce milieu est la chambre conique : cette chambre ayant une base notablement plus grande que la cylindrique donne lieu à une plus grande inflammation de la poudre, laquelle inflammation selon la plus ou moins grande quantité de la poudre enflammée est le principe du plus ou moins grand effet du Canon, quand d'ailleurs cet effet n'est point diminué par quelque autre circonstance, comme il arrive dans la chambre spherique. Or c'est ce point particulier de la plus grande inflammation qui a été démontré par le Chevalier de Folard, dans la chambre conique.

Il me reste donc à mettre ici sous les yeux du Lecteur ce Canon & son affût, la coupe du Canon qui fera voir la figure de la chambre conique, & la maniere de son recul.

    A. Canon du Chevalier de Folard.
    B. Plaque ou arriere de la piece qui est fondue avec le Canon.
  C C. Coupe du Canon, où l'on voit la chambre conique, & la coupe de l'arriere.
    D. Chambre conique.
  E E. Affût du Canon.
   I I. Coulisse sur laquelle se fait le recul.
  L L. Embrasure du Canon.
    M. Lumiere du Canon.
    N. Canon de Portugal dont on a parlé ci-dessus.
    O. Chambre spherique de ce Canon.

J'ai déja dit quelques-uns des avantages du Canon du Chevalier de Folard ; je vais les rassembler tous ici.

1°. Cet

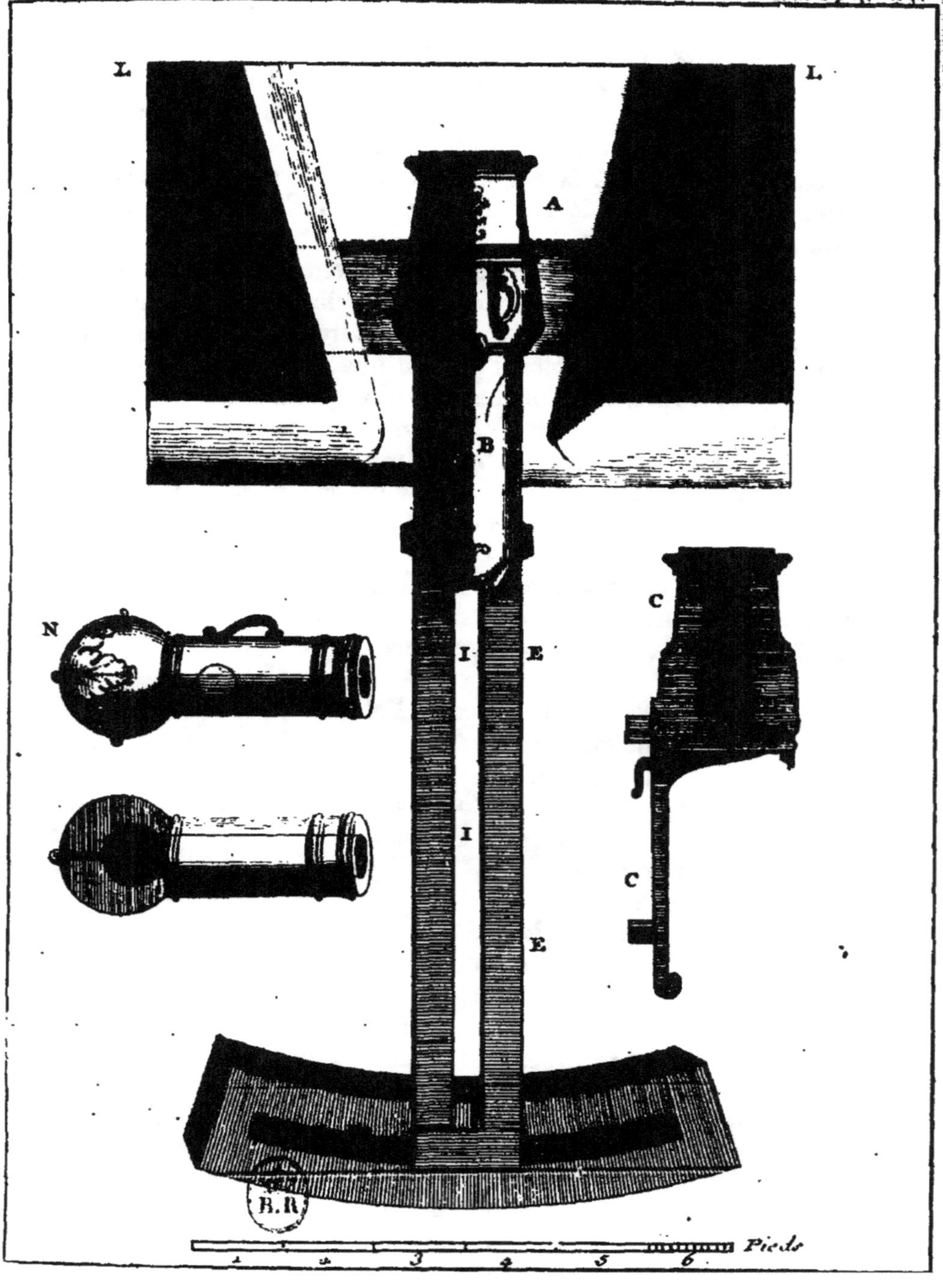

Pl. 29. Tom. I. p. 40. 236

DE LA MILICE FRANÇOISE. *Liv. VI.* 457

1°. Cet Officier m'a assuré que son Canon dans l'épreuve eut autant d'effet que les Canons de 24 ordinaires.

2°. Il est d'une dépense infiniment moins grande. Premierement, pour le métail, n'étant que de deux pieds quatre pouces, & environ d'autant pour la plaque ou son arriere ; au lieu que les Canons de 24 ordinaires ont près d'onze pieds dans toute leur longueur; qu'ils pesent 5100, & que celui dont il s'agit ne pese au plus avec sa plaque que 1700. Secondement, pour la poudre; car on ne charge celui-ci qu'avec six livres de poudre, & les ordinaires se chargent avec le double, ou presque le double de poudre.

3°. Pour le transport. Il faut un grand nombre de chevaux pour transporter une Piece d'Artillerie de 24 & son affût, & le Canon du Chevalier de Folard, & son affût peuvent être transportez dans des haquets ou chariots d'Artillerie.

4°. Pour la justesse. Elle a été démontrée par l'épreuve, le Canon ayant toujours donné au but; & la maniere dont il recule par le moyen de sa plaque sur la coulisse de l'affût, avoit déja persuadé de sa justesse avant l'épreuve. L'invention & l'épreuve furent suivies de la récompense; car S. A. R. donna au Chevalier de Folard un Brevet de Colonel avec une gratification.

Je finis cet Article par une reflexion que je croi pouvoir faire, sçavoir que si l'on donnoit aux Canons ordinaires de 24 une chambre conique, il paroît par les principes établis ci-dessus, que leur portée seroit beaucoup plus grande qu'elle n'est; car il est certain que les proportions étant gardées, la longueur de la Piece contribue beaucoup à la longueur de la portée : mais l'épreuve en tout cela est ce qui décide.

J'ai vû au Magasin de l'Arsenal de Paris encore un Canon qui a quelque chose de particulier. Il fut de l'invention du sieur de la Chaumette : il étoit de douze livres de bales, & se chargeoit par la culasse, où il y avoit trois ouvertures rondes. La premiere étoit tout au fond du Canon [A]. La seconde [B] étoit à côté de la culasse ; & la troisiéme vis-à-vis à l'autre côté [C]. L'ouverture d'en-bas étoit pour faire passer le boulet & la gargousse contenant la charge de poudre, que l'on faisoit entrer avec un cylindre ou boulon de bois couvert de cuivre;

& du diamétre de l'ouverture: on pouſſoit avec ce boulon le boulet & la gargouſſe juſqu'à l'endroit de la culaſſe, où ils devoient demeurer, qui étoit plus haut que les deux ouvertures des côtez; enſuite on paſſoit dans les deux ouvertures des côtez un boulon de fer [D] du diamétre des deux ouvertures laterales qui les rempliſſoit bien juſte, ſoutenoit la gargouſſe & le boulet, qui étoit deſſus comme auroit fait le fond de la culaſſe du Canon.

Cette maniere de charger par la culaſſe étoit fort commode pour pluſieurs raiſons: mais quand ſe vint à l'épreuve, l'effort de la poudre fut ſi grand, que le boulon traverſant en fut coudé, & qu'on ne le pût retirer qu'avec bien de la peine & du tems: de ſorte que ce Canon eſt demeuré inutile. J'apprens qu'on vient de le fondre pour faire l'épreuve du Canon de M. le Chevalier de Folard.

Il convient de conſerver à la poſterité l'idée de ces inventions, quand même elles n'auroient pas eu de ſuccès; car on peut ou les perfectionner, ou en corriger les défauts, comme il arriva à l'invention des mines avec de la poudre, qui n'ayant point réüſſi d'abord, & ayant été abandonnée, Pierre Navarre qui en avoit été témoin ne l'oublia pas, médita ſur tout ce qui pouvoit en avoir empêché l'effet, & pluſieurs années après la mit heureuſement en pratique, d'une maniere qui aſſura la poſſeſſion du Royaume de Naples au Roi d'Eſpagne, paſſa pour être l'Auteur de cette invention que les autres Nations apprirent de lui, comme je le dirai en un autre endroit.

Cette idée de charger un Canon par la culaſſe, ou du moins vers la culaſſe, n'étoit pas tout-à-fait nouvelle: on l'avoit déja miſe en pratique il y a très-longtems dans une eſpece de petits Canons qu'on appelle *des Pierriers*, parce que dans leur charge il y avoit quelquefois des pierres avec des chaînes & de la mitraille. Ils ſont encore en uſage dans les Châteaux & dans les petites Places, où l'on ne peut ſe ſervir d'autre Artillerie, ſoit parce que les terres pleins y ſont trop étroits pour le récul des affûts communs, ou que faute de munitions on ne peut tirer un aſſez grand nombre de coups pour la défenſe de la Place, ou enfin parce que le lieu attaqué étant fort élevé, & les Ennemis fort proches, on ne peut aſſez faire plonger l'Ar-

DE LA MILICE FRANÇOISE. *Liv. VI.* 459

tillerie de la Place pour tirer où ils sont logez.

Ces Pierriers ont donc une longue & large ouverture [A] un peu au dessus de la culasse. Quand on veut charger un de ces Canons, on met dans sa volée par cette ouverture la balle, les pierres ou les ferrailles dont on veut le charger ; on remplit l'ouverture d'une boëte [B] pleine de grosse poudre, & on la serre par derriere avec une cheville de fer : cette boëte tient lieu de l'ame du Canon, & ainsi le Pierrier est en état de tirer.

Quand on le tire, il est posé sur un pivot [DD] où sont enchaslez ses deux Tourillons [EE] ; & par le moyen du pivot on l'éleve, on l'abaisse, on le tourne comme l'on veut pour le mettre à la ligne de mire, & puis on met le feu à la lumiere de la boëte pour le tirer ; de sorte qu'ayant beaucoup de boëtes chargées, on tirera cinq fois plus de coups qu'avec d'autres Pieces, sans qu'il s'échauffe si facilement, à cause qu'il a de l'air par les deux bouts.

Les petits Vaisseaux Marchands ont beaucoup de ces Pierriers de fer pour suppléer au Canon, & s'en servent pour tirer sur les Barques des Ennemis qui voudroient venir les prendre à l'abordage [G H].

Tout le monde sçait que les Canons ordinaires sont montez sur des affûts, sans quoi on ne pourroit s'en servir ni dans l'attaque, ni dans la défense des Places, ni dans une Armée. Il y en a de plusieurs sortes par rapport à la grandeur, à la grosseur, à la pesanteur des Pieces d'Artillerie. C'est encore un point sur lequel les Ingenieurs & les Officiers d'Artillerie de ces derniers tems ont exercé leur génie, ayant toujours en vûe la facilité de manier & de transporter les Canons. Il n'est pas de mon sujet d'entrer dans ce détail. Je me contenterai, comme j'ai fait en parlant des Canons, de remarquer sur ce point ce que j'ai trouvé de plus extraordinaire.

Outre celui de M. le Chevalier de Folard dont je viens de faire mention, voici une autre espece d'affût encore plus singulier. Il en est parlé dans le Livre de l'Artillerie de Malthus Gentilhomme Anglois. Il dit que Pompée Targon fameux Ingénieur servant au Siege de la Rochelle sous le Regne de Louis XIII, éleva sur un ponton un pivot sur lequel tournoit une

Nnn ij

poutre. Il fit attacher deux Canons aux deux extrémitez de la poutre, la bouche de l'un tournée d'un côté, & la bouche de l'autre à l'opposite; de sorte que l'un tirant contre le Port de la Rochelle, & contre la chaîne qui le fermoit, l'autre par le recul se trouvoit à peu près braqué contre le même endroit. Son dessein étoit de tirer ces deux Canons fort prestement, & presque coup sur coup; ce qui lui réussit.

A cette occasion on fit une question qui avoit déja été proposée plusieurs fois, sçavoir si le Canon recule avant que le boulet en soit sorti, ou si le boulet en est sorti avant le recul. La difficulté de ce problême consiste en ce que la raison semble ici opposée à l'experience; car par l'experience le boulet du Canon attaché à la poutre donnoit au but; & par la raison il semble qu'il ne devoit pas y donner si le boulet n'est pas sorti du Canon avant le recul. En voici la preuve.

Il paroît évident que la bouche du Canon dans la machine de Pompée Targon, décrivoit au premier instant de son recul une portion de cercle, puisqu'il ne reculoit qu'en tournant. Il est encore évident que c'est la bouche du Canon qui donne la détermination au mouvement du boulet: de maniere que le Canon ayant été braqué droit vers le but, pour peu qu'il tourne, tandis que le boulet est encore dedans, il paroît que c'est une necessité que ce boulet soit poussé par une autre ligne que celle de la mire, & que par consequent vû la grande distance qui est entre le Canon & le but, le boulet doit être porté fort loin du but.

D'autre part on ne peut douter que le boulet ne soit encore dans le Canon au moment du recul; car la poudre agit dans le même tems contre le boulet & contre la culasse du Canon, & imprime dans ce même instant deux mouvemens opposez, l'un au boulet qui le pousse en avant, l'autre à la culasse qui pousse le Canon en arriere. Il est vrai que l'instant où le boulet parcourt la longueur du Canon est infiniment court: mais tout court qu'il est, le boulet n'arrive à la bouche du Canon que dans le moment que le Canon tourne; par consequent il reçoit la détermination de la ligne de son mouvement du Canon tournant: or cette ligne l'écarte de la ligne de mire, & doit l'éloigner beaucoup du but.

Le sieur Malthus ne donne point la solution de ce problême après l'avoir proposé. Je dirai en passant ce que je pense sur ce sujet : il est uniquement question de montrer que dans la machine de Pompée Targon, le Canon qui tire peut commencer son recul par une ligne droite ; car quelque courte qu'on puisse l'imaginer, elle suffit pour l'instant qui est necessaire, afin que le boulet suive la ligne droite de mire.

Cela peut se comprendre premierement, en supposant que l'entaille de la poutre n'étoit pas tout-à-fait juste au pivot, qu'elle avoit un tant soit peu plus de diamétre que le pivot, & qu'elle ne le touchoit pas du côté qui regardoit le Port de la Rochelle ; car en ce cas le Canon qui tiroit, trouvant de la résistance à l'autre bout de la poutre par le grand poids de l'autre Canon qui y étoit attaché, c'étoit une necessité que la poutre qui avoit plus de diamétre que le pivot, s'approchât du pivot, & en ne la supposant éloignée de ce pivot que d'un demi quart de ligne, & bien moins encore, il s'ensuit que le recul du Canon qui tiroit, commençoit par une ligne droite, quelque courte qu'on l'admette ; ce qui suffit pour résoudre le problême, à cause de l'infinie brieveté de l'instant que le boulet employoit à parcourir la longueur du Canon ; & qu'ainsi il alloit aussi droit au but que s'il avoit été sur un affût à deux roues.

Je croi que l'on peut appliquer la même solution pour une autre espece d'affût dont parle Evrard dans son Ouvrage sur les Fortifications. Cet affût n'avoit qu'une roue : mais son essieu prolongé étoit attaché par son entaille à un pivot. Il vouloit qu'on s'en servît dans les bastions qui avoient des Places basses : car par le moyen du pivot auquel le bout de l'essieu étoit attaché, ce Canon reculoit en demi-cercle, & se trouvoit par ce mouvement à couvert par l'orillon, à la faveur duquel il pouvoit être rechargé sans danger ; si cette solution ne suffit pas, il faut en chercher une autre.

A. Ponton de Pompée Targon.
B. Poutre servant d'affût aux deux Canons.
C D. Port de la Rochelle.
E. Affût d'Evrard.

# HISTOIRE

On ne se sert plus en France que de six sortes de calibres pour les Canons ; sçavoir de 32, de 24, de 16, de 12, de 8, & de 4.

Ce sont-là les principaux faits historiques que j'ai recueillis sur l'article du Canon. Je vais maintenant toucher ce qui regarde les autres Armes à feu.

### Des autres Armes à feu.

LE Président Fauchet dit que le premier de nos Historiens qui ait parlé de ces Canons & *Coulevrines à main*, dont j'ai traité ci-dessus, est Monstrelet, dont l'Histoire commence en 1400, & finit en 1467, c'est-à dire un peu au-delà du tems que commence celle de Philippe de Comines. Fauchet dit vrai : mais il y a des Historiens aussi anciens que Monstrelet, comme par exemple Juvenal des Ursins, qui en font pareillement mention.

Il me paroît que ces Coulevrines ou ces Canons à main que l'on tiroit sur de petits affûts, étoient ce que nous appellons aujourd'hui des Arquebuses à croc, ou quelque chose de fort semblable. On les a nommez depuis Arquebuses à croc, à cause d'une espece de croc qu'elles ont, & qui est fondu avec 'a Piece. On le braque sur une espece de Trépied, comme on le verra dans la figure. Il y en a de differentes longueurs; elles sont pour le calibre entre les plus petits Canons & le Mousquet. On s'en sert dans les Flancs-bas & dans les Tours-séches, où il y a ce qu'on appelle des Meurtrieres ; on fond des balles de plomb exprès pour les executer.

    D. Arquebuse à croc.
    E. Le croc.
    F. Affût de l'Arquebuse.

*L'Arquebuse est la plus ancienne Arme montée sur un Fût.*

On donna longtems après le nom d'Arquebuse à une espece d'arme à feu, dont le Canon étoit monté sur un Fût qui avoit une crosse pour coucher en joué : ce fut au plûtôt sur la fin de Louis XII : elle devint avec le tems l'Arme à feu ordinaire des Soldats dans les Troupes. C'est la plus ancienne des Armes montées sur un fût.

Nous avons l'époque de cette invention dans les Auteurs du tems où je la place ; car Fabrice Colonne dans les Dialogues de Machiavel sur l'Art de la Guerre, parle de cette Arme comme d'une invention nouvelle, & de son tems. » L'Arquebuse, » dit-il, qui est un baston inventé de nouveau, comme vous » sçavez, & bien nécessaire pour le tems qui court. « L'Auteur de la Discipline Militaire attribué au Seigneur de Langei en parle de même ; » la harquebuse, dit-il, a été trouvée de » peu d'ans en çà & est tres-bonne. Il écrivoit sous le Regne de François I ; cette arme avoit beaucoup de rapport à nos Mousquetons d'aujourd'hui, pour le Fût & le Canon, mais elle étoit à rouet.  *L. 2. c. 6.*  *L. 1. de la Discipl. Milit. fol. 11. En quel tems inventée.*

Si nous en croyons Luigi-Collado dans son Traité de l'Artillerie imprimé à Venise l'an 1586, on ne commença que de son tems à se servir des Arquebuses à rouet en Allemagne. *Nell' Alemagna etiandio fu ritrovata l'Inventione di gl' Archibugi da Ruota.* Les meilleures Arquebuses se faisoient à Milan, comme le dit Brantôme dans l'Eloge de M. de Strozzi.

Monsieur du Bellay dit qu'une des premieres occasions où l'on s'en servit, fut l'an 1521, lorsque le Pape Leon X & l'Empereur Charles V se liguérent contre la France, & que leurs Troupes firent le Siege de Parme que le Maréchal de Foix défendoit. *De cette heure-là*, dit-il, *furent inventées les Arquebuses que l'on tiroit sur une Fourchette.* Celles que les Arquebusiers, soit à pied, soit à cheval portoient, étoient beaucoup moins pesantes que celles-ci.

Des Arquebuses vinrent les Pistoles ou Pistolets à rouet dont le Canon n'avoit qu'un pied de long ; & c'étoient les Arquebuses en petit. On croit que ces Armes furent appellées Pistoles ou Pistolets, parce que les premiers furent faits à Pistoye en Toscane. Je crois avoir remarqué dans nos Histoires que les Allemans s'en servirent en France avant les François ; & les Reitres qui les portoient du tems de Henri II, étoient appellez *Pistoliers*.  *Pistoles. Allemans s'en servent en France avant les François.*

Monsieur de la Nouë dans son dix-huitiéme Discours Militaire confirme ce que je dis : » Cependant, dit-il, il leur faut » donner l'honneur (aux Reîtres) d'avoir mis les premiers en » usage les Pistoles, que je pense être tres-dangereuses quand  *Pag. 308.*

*Mémoires du Bellay, L. 2.*

« on s'en sçait bien aider. » Il en est fait mention dès l'an 1544 sous le Regne de François I. J'en ai vû un à Chantilli qui est tout de fer, excepté la baguette.

*Pétrinaux.*

Il se fit dans la suite une autre Arme moyenne entre l'Arquebuse & le Pistolet, & on l'appelloit un Pétrinal ou Poitrinal. C'est ce que nous apprenons du Président Fauchet qui vécut sous François I, & mourut sous Henri IV. « Depuis vingt » ou trente ans, dit-il, l'on appelle Pétrinals de pareils instru-» mens moyens entre les Arquebuses & Pistoles, ayant aussi un » Rouet plus fort & soudain ; & l'on croit que cette Arme soit » invention de Bandoulier des Monts-Pyrenées.

*L. 2, de la Milice & Armes.*

Nicot qui étoit du même tems décrit ainsi le Poitrinal dans son Dictionnaire. « C'est, dit-il, une espece d'Arquebuse plus » courte que le Mousquet, mais de plus gros calibre, qui pour » sa pesanteur est porté à un large Baudrier pendant en escharpe » de l'épaule, & couché sur la poitrine de celui qui le porte » quand il le veut tirer, pour ce a-t'il tel nom. Poitrinalier est » l'homme de Guerre qui porte le poitrinal & en combat. Il est fait mention de cette Arme dans une Relation du Siege de Rouen par Henri IV en 1592.

*Mousquets.*

Après les Arquebuses sont venus les Mousquets ; on en sçavoit faire dès le tems de François I. Car au même Cabinet d'Armes de Chantilli, on en voit un marqué des Armes de France avec la Salamandre, qui étoit la Dévise de ce Prince. Cependant si nous en croyons Brantôme, ce fut le Duc d'Albe qui les mit le premier en usage dans les Armées, lorsque sous le Regne de Philippe II il alla prendre le Gouvernement des Païs-Bas l'an 1567 : mais cela veut dire seulement qu'il les mit plus à la mode qu'ils n'avoient été jusqu'alors, & qu'avant lui on s'en servoit plus rarement au moins en Campagne.

*Brantôme, dans l'Eloge du Duc d'Albe.*

Il dit donc dans l'éloge de Monsieur de Strozzi Colonel Général de l'Infanterie Françoise sous Charles IX, que ce fut ce Seigneur qui introduisit en France l'usage du Mousquet, c'est-à-dire le frequent usage.

Les Pistolets à simple ressort au lieu de rouet, duquel on se servoit auparavant, les Fusils, les Mousquetons, tout cela est moderne & fort connu ; mais je n'en sçai pas les Inventeurs : ce seront les Ouvriers eux-mêmes qui auront rafiné là-dessus,

&

& rendu ces Armes plus simples. On m'a assuré qu'en 1658 l'usage des Pistolets à rouet n'étoit pas encore aboli.

Je remarquerai aussi sur l'Article des Mousquets que les Espagnols du tems de Philippe II en firent faire d'un tres-gros calibre, & tels qu'un Fantassin fort & vigoureux pouvoit porter : mais qui étoient si pesans qu'on ne pouvoit les coucher en joüe, & que pour s'en aider ils avoient des bâtons ferrez & pointus par le bout d'en-bas, qu'ils fichoient en terre, & se servoient de la fourchette qui étoit au bout d'en-haut, comme d'un affût pour soutenir le bout du Mousquet. Ils en firent usage non-seulement dans les Sieges pour tirer soit de dessus les murailles, soit des tranchées, mais encore dans les Batailles. Ces gros Mousquets portoient tres-loin, & par la grosseur de la bale faisoient de terribles blessures : mais depuis à cause de leur pesanteur on a cessé de s'en servir en Campagne, & on les met seulement en usage dans les Sieges.

Les Arquebuses & les Pistolets à rouet sont aujourd'hui des Armes fort inconnues, & l'on n'en trouve guéres que dans les Arsenaux & dans les Cabinets d'Armes, où l'on en a conservé quelques-uns par curiosité : ainsi je dois expliquer ce que c'étoit que ce Rouet qui donnoit le mouvement à tous les ressorts.

C'étoit une petite Roue solide d'acier qu'on appliquoit contre la platine de l'Arquebuse ou du Pistolet : elle avoit un essieu qui la perçoit dans son centre. Au bout interieur de l'essieu qui entroit dans la platine étoit attachée une chaînette qui s'entortilloit autour de cet essieu, quand on le faisoit tourner, & bandoit le ressort auquel elle tenoit. Pour bander le ressort, on se servoit d'une clef où l'on inseroit le bout exterieur de l'essieu. En tournant cette clef de gauche à droite, on faisoit tourner le Rouet ; & par ce mouvement une petite coulisse de cuivre qui couvroit le bassinet de l'amorce, se retiroit de dessus le bassinet. Par le même mouvement, le chien armé d'une pierre de mine, comme le chien du fusil l'est d'une pierre à fusil, étoit en état d'être lâché dès que l'on tireroit avec le doigt la détente comme dans les Pistolets ordinaires ; alors le chien tombant sur le rouet d'acier faisoit feu, & le donnoit à l'amorce. Cela se comprendra mieux par les Figures : mais on voit par cet exposé comment nos Pistolets d'aujourd'hui sont beaucoup plus simples, & d'un usage beaucoup plus aisé que ces Pistolets à Rouet.

    A. Arquebuse à Rouet bandée.
    B. Le Rouet.
    C. Clef pour tourner le Rouet.

Feu Monsieur de Vauban imagina encore une espece de Fusil-Mousquet, ou Mousquet-Fusil, qui a un chien & une batterie comme les Fusils, laquelle batterie se découvre pour recevoir le feu de la méche qui peut être compassée & mise au chien ou serpentin, placé à l'autre extrémité de la platine pour s'en servir en cas que le chien portant la pierre, vint à manquer.

Il y a déja longtems qu'on a aussi inventé les Carabines rayées : elles sont de trois pieds de long ; plusieurs sont rayées depuis le fond du Canon jusqu'à l'autre bout d'une maniere circulaire, en sorte que quand la balle qu'on y pousse à force avec une baguette de fer, sort par l'impétuosité du feu, elle s'allonge d'un travers de doigt empreinte des rayes du Canon : cette arme porte tres-loin ; & j'en ai vû faire l'épreuve avant que les Carabiniers fussent mis en Regiment.

Quelque terribles que soient toutes ces sortes d'Armes, on a trouvé le moyen de rendre en particulier le Fusil encore plus redoutable, en y joignant la bayonnette. Je dirai l'origine de cette invention en traitant du changement des Armes sous le Regne de Louis le Grand. Je representerai seulement ici le Fusil ainsi armé, & la maniere dont la bayonnette y est ajustée. Cette Bayonnette a un manche rond & creux de fer, qu'on appelle une *Douille*. Le bout du Canon du Fusil est passé dans ce manche creux, & y est fortement arrêté par un bouton qui entre dans une petite échancrure du manche de la bayonnette. Cette bayonnette est tellement tournée, qu'elle se trouve au-dessous du Canon : elle avance au-delà du Canon de toute sa longueur, & n'empêche point qu'on ne tire le Fusil.

## DE LA MILICE FRANÇOISE. Liv. VI.

G. Fufil armé de fa bayonnette.
H. Douille ou manche de la bayonnette.

Ce n'eft pas d'aujourd'hui qu'on a fait des Armes doubles. J'en ai vû de trois efpeces au Cabinet d'Armes de Chantilli, fçavoir un Piftolet ajufté avec une épée, un autre avec un fabre, & un troifiéme avec une Hache-d'Armes; de forte que l'une de ces Armes étoit en même tems Epée & Piftolet, l'autre Sabre & Piftolet, & l'autre Hache-d'Arme & Piftolet. Voici deux de ces Armes compofées que j'ai fait deffiner fur les originaux qui font au Garde-Meuble du Roi; ce font cette Hache-d'Armes dont le manche creux faifoit le canon du Piftolet, & une Epée, où au plat de la lame étoit appliqué le canon du Piftolet vers la garde.

A. Hache-d'Arme & Piftolet.
B. Manche creux de la Hache fervant de Canon.
C. Platine du Piftolet.
D. Epée.
E. Canon du Piftolet.
F. Platine du Piftolet.

Ce font-là, ce me femble, les principales Armes dont on s'eft fervi depuis l'invention de la poudre à Canon. Il y en a quelques autres, comme les Bombes, le Petard, les Grenades, &c. dont je parlerai en traitant des Sieges & de l'attaque des Places, & du changement des Armes qui s'eft fait fous le Regne de Louis le Grand.

Je vais ajouter diverfes obfervations fur les ornemens des Armes.

## CHAPITRE VI.

### Des Ornemens des Armes, tant offensives que défensives.

J'Appelle ornement des Armes ce qui n'y sert point pour les rendre plus fortes, ou plus perçantes, mais seulement pour leur donner de la beauté, du relief, ou de l'agrément. Je commence par le Heaume ou le Casque.

J'ai déja remarqué en parlant des Heaumes de nos anciens Chevaliers François, que, suivant une maniere des tems les plus reculez & de plusieurs Nations, ils ajoutoient à leur Heaume ce qu'on appelloit un Cimier, parce qu'il étoit au haut ou à la cime du Heaume.

On retrancha peu de tems après ces fardeaux inutiles qui assommoient ceux qui les portoient. On continua de porter des Cimiers sur les Casques ; mais ce n'étoient que de petites figures qui n'en augmentoient guéres la pesanteur.

*Lambrequins ornemens du Casque.*

Du tems des Hauberts les Lambrequins étoient encore un ornement du Casque. On prétend qu'ils étoient attachez au Chaperon de mailles qui étoit au haut du Haubert par derriere ; que ce Chaperon servoit à couvrir le Casque, & que les Lambrequins qui étoient des especes de rubans, servoient à arrêter le Chaperon sur le Casque en les entortillant autour du pied du Cimier. Cet ornement a passé dans les Armoiries aussi-bien que le Casque. Quand le Chevalier vouloit reprendre haleine, il ôtoit le Casque, & se couvroit du Chaperon ; & alors les Lambrequins voltigeoient sur les épaules. D'où vient qu'on leur donne aussi le nom de Volets.

Quelques-uns ont dit encore qu'ils étoient de la couleur de la Cotte-d'Armes, & qu'ils étoient chargez des Ecussons du Chevalier : mais je ne sçai si cela se dit avec beaucoup de fondement. On ornoit quelquefois le Casque de pierres précieuses ; & quand on fit Chevalier Geoffroy Duc de Normandie, dit

*Jean Monach. l. 1. Hist.*

Jean Moine de Marmoustier, on lui mit sur la tête un Casque tout brillant de pierreries, & si bien forgé, qu'il n'y avoit point d'épée capable de le fendre ou de le fausser : mais apparemment ces pierres précieuses s'ôtoient du Casque quand on alloit au combat; la sûreté de celui qui le portoit le demandoit ainsi. Tous les Soldats Ennemis se seroient attachez à lui pour le tuer, dans l'esperance de conquerir un tel tresor.

Aux Cimiers succederent les Pennaches ou bouquets de plumes en touffe au haut du Casque, c'étoit un ornement de l'armure de tête des Soldats Romains, comme on le voit par la Colomne d'Antonin, où ils en ont presque tous. Pennaches sur les Casques.

Sur la fin du quatorziéme siecle dans une Charte faite du tems de Richard II Roi d'Angleterre, & de Charles V du nom Roi de France, un Chevalier Anglois s'exprime ainsi dans une espece de Testament « que Jeo Gervais de Clifton Chevalier aye » donnée, grantée *, & par cette ma presente Chartre confir- » mée à mon bien aimé Richard de Bevercotes, un Heaume, » c'est à sçavoir une tuffe de plumes, la moitié, c'est à-dire, » par amont, de plumes noires, & l'autre moitié, c'est-à-dire, » par aval de plumes blanches à avoir & tenir ladite Heaume. * garantie.<br>Du Cange in Glossario Verbo Tufa.

Cela montre que l'usage des Pennaches sur les Casques étoit dès-lors introduit.

A l'entrée du Roi Charles VII dans Rouen, il est dit : » Le Roi de France étoit armé de toutes Pieces monté sur ung » Coursier couvert jusqu'aux pieds de veloux azuré, semé de » Fleurs-de-Lys d'or de brodure. En sa teste ung Chapel de » veloux vermeil, & avoit une houpe de fil d'or; & après lui » ses Paiges vestus de vermeil, leurs manches toutes couvertes » d'Orfœvrerie blanche, *portant ses harnois de teste couverts de* » *fin or de diverses façons d'Orfavrerie & de plumes d'Austruches* » *de plusieurs couleurs.* Hist. d'Alain Chartier.

Dans un Manuscrit * de l'an 1473 de la Bibliotheque du Roi, où Charles le Hardi Duc de Bourgogne fait le détail de l'armure de ses Compagnies de Gendarmes, il est dit que *les hommes d'Armes.... auront plumas sur leur habillement de teste :* on en voit quelques-uns dans les bas-reliefs des Tombeaux de Louis XII & de François I à Saint-Denis : *Le Capitaine d'une Compagnie*, dit Monsieur de Mongommeri-Corboson dans son Traité de la Milice Françoise du tems de Henri IV, *entrant en garde faisant monstre, passant devant le Roy ou devant le Gé-* * cotté 9845.

*Pag. 25.* néral doit porter une *Arquebuse & un fourniment ; sur sa teste, un morion avec un grand Pennache.* Ce mot de Pennache vient de *Penna*, qui signifie une plume, parce que ces Pennaches étoient de plumes.

La mode de ces Pennaches a toujours duré dans les Armées pour les Princes & pour les Officiers, jusqu'à l'abolition des armures de fer. Henri IV à la Bataille d'Yvry parla de la sorte à ses Soldats en parcourant les Rangs, immédiatement avant qu'on en vint aux mains : » *Enfans*, leur dit-il, en montrant son Pennache, » *si les Cornettes vous manquent, voici* » *le signe du ralliement ; vous le trouverez toujours au chemin de* » *la victoire & de l'honneur : Dieu est pour nous.* Les Plumets furent depuis portez sur le chapeau par les Officiers au lieu de Pennaches.

*Pennaches sur la tête des chevaux.*
Les Pennaches furent aussi mis souvent sur la tête des chevaux au-dessus du Chamfrain : c'est ce qui est encore marqué dans le Manuscrit que je viens de citer, *les hommes d'armes.... seront montés de trois chevaux, dont l'un sera souffisant de courre & rompre lance* ( c'est-à-dire un Cheval de Bataille ) *qui ait Champfrain & Plumas.*

*La Cotte-d'Armes.*
Un autre ornement des Armes fut ce qu'on appelloit la cotte-d'Armes : c'étoit une espece de Tunique sans manches à fort peu près semblable à celle de nos Diacres quand ils officient. Monsieur du Cange dans sa premiere Dissertation sur l'Histoire de Joinville, croit fort vrai-semblablement que les François s'étant établis dans les Gaules, prirent ce vêtement sur leurs Armes, à l'imitation des Gaulois qui portoient un Sayon * ou Saye, avec lequel cette Cotte-d'Armes avoit de la ressemblance, sinon qu'elle étoit plus longue ; car communément elle descendoit jusqu'aux genoux, & quelquefois plus bas pour couvrir le Haubert, qui étoit lui même tantôt plus long, tantôt plus court. On l'appella du nom de *Cotte*, parce que ce nom étoit commun à divers vêtemens extérieurs qui se mettoient au dessus des autres, comme divers Glossaires en font foi : ainsi le disoit-on de la Cotte de Mailles.

* *Sagum.*

*Propres des Princes & des Chevaliers.*
Ce qu'on appelloit proprement Cotte-d'Armes, n'étoit guéres autrefois porté que par les Princes & par les Chevaliers : mais dans la suite ce Privilege fut accordé à plusieurs Ecuyers, c'est-

à-dire, à de jeunes Seigneurs qui n'avoient pas encore la qualité de Chevalier. De-là vient que nos Historiens marquent quelquefois les Seigneurs d'une Armée par le seul nom de Cotte-d'Armes. Froissart, par exemple, parlant du Sire de Merode, dit que dans la Bataille contre les Frisons, où Guillaume Comte de Haynault fut tué, *il perdit trente-trois Cottes-d'Armes de son lignage*. Et Monstrelet dit qu'à la Journée de Formigni où les François défirent les Anglois l'an 1450, *furent prins prisonniers Messire Antoine Kyriel, & plusieurs autres Capitaines Anglois portans Cottes-d'armes*.

<small>Froissart, vol. 4. ch. 77.</small>

<small>Monstrelet, vol. 3. p. 27.</small>

Les Cottes-d'Armes pour l'ordinaire étoient d'étoffe précieuse, comme de toile d'or ou d'argent, ou d'écarlate, de menu vair, de petit-gris, de Martes zibellines, ou d'autres pannes ou fourrures rares. C'étoit un des endroits par où les Chevaliers affectoient le plus de faire paroître leur magnificence, soit dans les Tournois, soit dans les Armées. Les Princes furent quelquefois obligez à faire des Ordonnances pour moderer la dépense qui se faisoit par la Noblesse sur ce point.

<small>Grande dépense des Seigneurs en Cottes-d'Armes.</small>

Parmi les Statuts * que Philippe-Auguste, & Richard Roi d'Angleterre firent de concert pour leur expedition d'Outremer, il y en avoit un qui défendoit de se servir de Gris, de Vair, de Zibelline & d'Ecarlate pour les Cottes-d'Armes. Saint Louis imita leur exemple; & dès qu'il se fut Croisé, il ne porta plus ni écarlate, ni vair, ni hermines. Joinville écrit du même Prince: *Qu'oncques puis en ses habits ne voulut porter ne menu vair, ne Gris, ne escarlate, ne estriefs, ne esperons dorez*. Il dit en un autre endroit, que tant qu'il fut Outremer avec le Roi, il ne vit pas *une seule Cotte brodée* : mais, comme il ajoûte, le Roi saint Louis *avoit fait ses atours d'un bon Sendal renforcé battu à ses Armes*, c'est-à dire d'un fort taffetas.

<small>Guillelm. de Nangis, Gaufrid. de Bello loco.</small>

<small>Reglemens pour moderer cette dépense.</small>

<small>Pag. 5.</small>

Ce que vient de dire Joinville du Sendal renforcé battu aux Armes du Roi, exprime ce qu'on voit dans toutes les Histoires, que les Cottes-d'Armes des Princes & des Chevaliers étoient ornées de leurs Armes, ou des pieces principales de leurs Armes, depuis l'institution des Armoiries : soit que les pieces des

---

* Statutum est etiam quod nullus vario, grifo, vel sabellinis, vel escarletis utatur.

Armoiries foient paffées des Cottes-d'Armes dans l'Efcu, foit qu'elles ayent paffé de l'Efcu dans les Cottes-d'Armes; car je crois l'un ou l'autre certain.

*Les Rois de France avoient leurs Cottes-d'Armes fleurdelifées.*

Depuis cette inftitution des Armoiries, nos Rois portoient toujours leurs Cottes-d'Armes fleurdelifées: c'eft par-là qu'on les reconnoiffoit; & le Roi Philippe le Bel évita d'être pris ou tué par les Flamans à la Journée de Mons-en-Puéle l'an 1304, par la feule raifon qu'ayant été furpris dans fon Quartier, il n'eût pas le tems de vêtir fa Cotte-d'Armes: il fe défendit accompagné de quelques Seigneurs auprès de fa tente; & les Flamans ne voyant point la Cotte-d'Armes du Roi dans cette troupe, crûrent qu'il n'y étoit point, & tournérent d'un autre côté, parce que c'étoit lui principalement qu'ils cherchoient.

*Princes ou Seigneurs du Sang les portoient de même.*

Les Princes ou Seigneurs du Sang, comme on parloit autrefois, avoient auffi le privilege de fleurdelifer leur Cotte-d'Armes, par la même raifon qu'ils avoient droit de porter les Fleurs-de-lys dans leur Ecuffon; & dans la premiere Croifade de faint Louis, Robert d'Artois fon frere ayant été tué à la Journée de Maffoure, Bondocdar Général de l'Armée Mahometane fit mettre au bout d'une lance la Cotte-d'Armes fleurdelifée de ce Prince, pour faire accroire à fes Soldats que c'étoit celle du Roi même qui avoit été tué à Maffoure.

Je crois que la mode des Cottes-d'Armes ceffa plûtôt en France dans les Armées, que dans les Tournois, où les Seigneurs faifoient toujours parade de leur Nobleffe, & des diftinctions attachées à leur titre de Chevalier, plus qu'en toute autre occafion. Outre qu'ils étoient aftreints à de certains ufages prefcrits & déterminez pour ces exercices Militaires, dont il ne leur étoit pas permis de fe départir, & les Armes, les équipages dans lefquels ils devoient y paroître, étoient marquez; & la Cotte-d'Armes étoit en ces occafions un habit de cérémonie.

*Il paroît que l'ufage des Cottes-d'Armes ceffa fous Charles VII.*

Cet ufage des Cotte-d'Armes ne s'abolît point tout d'un coup, ni par Ordonnance, mais peu à peu. Il me paroît que l'inftitution des quinze Compagnies d'Ordonnance faite par Charles VII donna lieu à ce changement. Depuis cette Inftitution, les Chevaliers Bannerets ne venoient plus à l'Armée en

cette

cette qualité, mais seulement quand on assembloit l'Arriereban. Or c'étoit, outre les Princes & les Barons, ces Chevaliers & les Chevaliers Bacheliers, qui avoient proprement le droit de porter la Cotte-d'Armes comme tels.

Il y a beaucoup d'apparence que les Capitaines des Compagnies d'Ordonnance ne la portoient point, ou du moins qu'ils cesserent de la porter sous les Successeurs de Charles VII: ma raison est que suivant les Ordonnances de ces Princes, comme je l'ai remarqué en parlant de la Gendarmerie de ce temps-là, les Archers des Hommes d'Armes devoient tous avoir *des Robes*, c'est à-dire des especes des Casaques de la livrée de leurs Capitaines ; & cette livrée devoit être de la couleur de l'Enseigne. Or si les Capitaines avoient encore eu des Cottes d'Armes, la livrée des Archers auroit été plûtôt reglée sur la couleur de la Cotte-d'Armes, laquelle étoit la principale distinction, & avoit d'ordinaire pour fond la couleur ou l'émail des Armoiries de ceux qui avoient droit de la porter.

On voit en effet depuis Loüis XI les Historiens faire rarement mention de la Cotte d'Armes dans la Guerre. Une marque que les Souverains mêmes en avoient quitté l'usage, c'est ce qui arriva à la Bataille de Nancy où Charles le Hardy Duc de Bourgogne fut défait par les Suisses, & où il périt. Comines dit qu'il fut tué & dépoüillé sans être connu : or s'il avoit eu une Cotte-d'Armes, comme les Princes la portoient à leurs Armes & Devises avant lui, on l'auroit certainement reconnu à la sienne : & cette circonstance est une conviction qu'il n'en avoit pas.

L. 5. c. 8.

Dans les bas-reliefs des Tombeaux de Loüis XII & de François I à Saint Denis, où sont representées les Batailles qu'ils avoient gagnées, on les represente dans le combat sans Cotte-d'Armes. C'est encore une grande marque que cette mode étoit passée.

On quitta volontiers cet habillement, d'autant qu'il ne contribuoit nullement à la défense de celui qui le portoit ; & que d'ailleurs il étoit d'une grande dépense & embarassant dans la mêlée. Il étoit long, assez ample & souvent fort pesant à cause de l'Orfevrerie, comme on parloit alors, dont il étoit chargé, c'est-à-dire d'une grosse broderie dont ils relevoient leurs

*Tome I.* Ppp

Ecuſſons qui y étoient attachez, & ſouvent engrêlez de perles. La Cotte-d'Armes eſt demeurée aux Herauts d'Armes qui s'en ſont encore ſervi depuis, lorſqu'ils ont fait la fonction de déclarer la guerre dans les formes de la part des Princes, & en quelques autres ceremonies.

*Les Cottes d'Armes reſtées aux Hérauts d'Armes.*

On ſe contenta dans la ſuite d'orner la Cuiraſſe d'une écharpe dont je vais dire auſſi quelque choſe. On portoit l'écharpe même avec la Cotte-d'Armes. C'eſt ce que nous apprenons du Sire de Joinville qui ſe préparant à l'expedition d'Outre-mer où il accompagna Saint Loüis, parle ainſi : » Et quand je vou- » lois partir & me mettre en voye, je envoyé querir l'Abbé de » Cheminon qui pour lors étoit tenu le plus preud'homme qui » fuſt en toute l'Ordre blanche, * pour me reconcilier à lui : » & me bailla & ceignit mon Eſcharpe.

*Pag. 23.*

*Eſcharpes.*

* C'eſt-à-dire l'Ordre de S. Bernard.

*Guillaume Guiart ſous Philippe le Bel*
  Eut entr'eux tous ſur leurs atours
  Et les grant gens & les menuës
  Eſcharpettes blanches couſuës.

*Et dans un autre endroit.*

  Pour le Bannier qui en l'oſt crie
  Que tout homme de ſa Patrie
  Facent tant, comment qu'il la tranche
  Qu'il ſoit ſeigniez d'écherpe blanche
  Pour eſtre au férir conus.

Dans la Chronique ou Hiſtoire de Charles VII attribuée à Alain Chartier, & qui eſt plus vrai-ſemblablement de Jacques le Bouvier, appellé communément le Heraut de Berri, où l'entrée de ce Prince à Roüen eſt décrite ; il eſt dit : » Après » ledit Havart le Sire de Culant grand Maître d'Hoſtel armé » de toutes pieces, en ſon col une grant eſcharpe de fin or, » pendant juſque ſur la croupe de ſon cheval, lequel étoit ri- » chement couvert.

On voit encore trois choſes dans les Vers de Guillaume Guiart que je viens de citer. 1°. Que l'Echarpe des François

## DE LA MILICE FRANÇOISE. Liv. VI. 475

soit blanche. 2°. Qu'elle étoit portée par les Soldats, aussibien que par les Officiers. 3°. Qu'on la mettoit en ceinture.

Pour le premier article, il est certain que de tems immemorial la couleur blanche a toujours été celle des Echarpes Françoises. Le texte même de cet ancien Auteur en fait la preuve; & je ne trouve dans notre Histoire que deux ou trois exemples où cela fût autrement.

Le plus recent fut du tems de la Ligue où l'on trouve que Henri III porta & fit porter à ses Troupes l'Echarpe d'une autre couleur. Mais dans le même tems Henri Roi de Navarre, qui fut depuis son Successeur, porta toujours & fit porter à ses Troupes l'Echarpe blanche.

Ce fait remarquable est rapporté par d'Aubigné sous l'an 1589 : Le Duc de Mayenne ayant pris ses mesures pour enlever Henri III, vint attaquer un Fauxbourg de Tours où ce Prince s'étoit retiré, après avoir traité avec le Roi de Navarre. Le Fauxbourg fut très-bien défendu par M. de Crillon qui y fut dangereusement blessé : mais il alloit être forcé, si Messieurs de la Trimoüille, Châtillon, & la Rochefoucault, & quelques Domestiques du Roi de Navarre qui n'étoient pas loin, ne fussent venus au secours, après avoir donné ordre à quelques Regimens de les suivre. « Là, dit d'Aubigné, les » Echarpes blanches desespererent par leur vûë seulement l'en- » treprise des Liguez.... Le Duc de Mayenne tint Conseil & » resolut sa retraite, pour laquelle il fit les mêmes onze lieuës » qu'il avoit faites en s'avançant : & le Roi ( Henri III ) spe- » ctateur de ces nouveaux Soldats, pour honorer leur valeur, » prit l'Echarpe blanche ; ce qui fâcha à plusieurs des siens, ne » pouvant de bon cœur honorer la marque, contre laquelle » ils avoient eu & avoient encore tant de passion. De ce rang » furent d'O, Clermont, d'Antragues, Châteauvieux & au- » tres : mais le Maréchal d'Aumont, Montigni, Crillon & gens » de cette sorte, tenoient bien autre propos.

Henri III ne fut pas l'Auteur de ce changement, ce fut Charles IX. qui prit l'Echarpe rouge au commencement des Guerres civiles. Je ne puis en deviner la raison, si ce n'est que les Chefs des Huguenots s'étans saisis de la couleur blanche, ce Prince pour distinguer ses Troupes de celles des Rebelles,

*Echarpes des François de couleur blanche.*

*Du tems de la Ligue, Charles IX & Henri III la portoient rouge, & les Huguenots la portoient blanche.*

L. 2. c. 18.

Ppp ij

leur fit prendre l'Echarpe rouge. Popeliniere le marque expreſſément dans le recit de la Bataille de Dreux. *Le combat*, dit-il, *avoit déja duré plus de cinq heures ; & à peine pouvoit-on plus diſcerner les Echarpes blanches que portoit l'Amiral, d'avec l'Echarpe rouge de ſes Ennemis.* Peut-être encore que Charles IX en uſa ainſi pour faire plaiſir & honneur aux Eſpagnols dont il reçût un ſecours conſiderable, & qui le ſervirent bien en cette Bataille.

Bien plus, la livrée de ce Roi étoit toute entiere de cette couleur. C'eſt ce que témoigne encore d'Aubigné dans ſon Hiſtoire au ſujet de la Conference que la Reine eut avec le Prince de Condé auprès de Touri. Cette Conference n'ayant point eu d'effet, l'Hiſtorien ajoûte : » Et puis *les Caſaques cramoiſies & blanches* ſe ſéparerent la plûpart les larmes aux yeux, ce parlement étant inutile par la grande force des Catholiques, & par la reſolution des Réformez avec un bon mot pour dire adieu. C'eſt que la Reine ayant dit au Prince ; *Vos gens ſont Meuniers, mon Couſin* : elle eut cette réponſe ; *C'eſt pour toucher vos Aſnes*, Madame.

L. 5. chap. 5. ſous l'an 1561.

On trouve un autre exemple de ce changement, & ce fut encore dans une Guerre civile du tems de Charles VI. Ce fait eſt rapporté par Monſtrelet. » En laquelle Armée, dit-il, » on fit porter aux perſonnes du Roi & du Duc d'Aquitaine *la* » *Bande* & Enſeigne du Comte d'Armignac, en délaiſſant ſa no- » ble & gentille Enſeigne que lui & ſes Prédeceſſeurs Roys de » France avoient toujours portée en Armes : c'eſt-à ſçavoir la » droite Croix blanche, dont moult de notables Barons & Che- » valiers, & autres loyaux anciens ſerviteurs d'icelui, & auſſi » du Duc d'Aquitaine, furent aſſez mal contens, diſant que » n'appartenoit à la tres-excellente & haute Majeſté Royale de » porter l'Enſeigne de ſi poure Seigneur, comme eſtoit le Com- » te d'Armignac, veu encore que c'eſtoit en ſon Royaume & » pour ſa querelle.

*Charles VI quitte pour un tems l'Echarpe blanche & la Croix blanche.*
Vol. 1. c. 219.

Par ce mot de *Bande* l'Hiſtorien ſignifie l'Echarpe miſe en baudrier, lui donnant ce nom apparemment, parce que ſelon quelques-uns l'Echarpe miſe en Baudrier repreſentoit la bande des Armoiries qui deſcend dans l'écu de l'angle dextre à l'angle ſeneſtre. Et c'eſt en uſant de ce même terme que cet Auteur décrit en un autre endroit les Echarpes de la faction du Duc d'Orleans. « Si portoient tous les Princes des alliances, & aussi « toutes leurs gens de quelque estat qu'ils fussent, pour l'Enseigne, bandes estroites qui estoient de linge, sur leurs espaules, pendant au senestre bras de travers, ainsi que le porte « un Diacre en faisant le service de l'Eglise.

Vol. I. c. 64.

On ne peut prendre ce mot dans le premier texte en un autre sens : car les Comtes d'Armagnac n'avoient point de bande dans leurs Armoiries, ni par consequent dans leur Etendart.

Enfin on voit encore un autre fait pareil à celui-là sous le Regne du même Roi Charles VI. Le Duc de Berri s'étant revolté & rangé au parti du Duc d'Orleans, le Roi vint avec le Duc de Bourgogne l'assieger dans Bourges. Ce siege se termina par un accommodement, après lequel le Duc de Berri vint saluer le Roi ayant l'Echarpe blanche, qui étoit la marque de la faction du Duc d'Orleans : de quoi le Roi fut fort choqué. Cela suppose que le Roi & son Armée avoient pris l'Echarpe du Duc de Bourgogne qui commandoit sous lui, c'est-à-dire l'Echarpe rouge. C'est ainsi que ce foible Prince, sans avoir nul égard à sa dignité, s'accommodoit à la fantaisie de ceux qui s'étoient emparés de sa personne & de son esprit. Mais de tout ce que je viens de dire il s'ensuit que hors ces cas particuliers, l'Echarpe blanche, depuis qu'on a porté des Echarpes, a toujours été celle des François.

La manière de la porter, soit en baudrier, soit en ceinture, me paroît avoir fort varié. Le Vers de Guillaume Guiart que j'ai cité, me fait croire que de son tems on la portoit en ceinture.

L'Echarpe tantôt portée en baudrier, tantôt en ceinture.

Qu'ils soient seigniez d'Echerpe blanche.

Le passage de Joinville que j'ai rapporté au même endroit, marque que du tems de Saint Louis on la portoit de la même maniere. *L'Abbé de Cheminon*, dit-il, *me bailla & seignit mon Echerpe*.

Du tems de Charles VI on la portoit en baudrier, comme nous l'apprenons des endroits que je viens de rapporter de Monstrelet. Il se pourroit faire que chacun la portât comme il le jugeoit à propos.

P pp iij

# HISTOIRE

Il ne paroît point d'Echarpe dans les bas-reliefs des Tombeaux de Louis XII & de François I, ni en baudrier ni en ceinture. Je suis néanmoins persuadé qu'au moins les Officiers en avoient dans les Armées de ces deux Princes. Du tems de Henri IV, de Louis XIII, & au commencement du Regne de Louis le Grand, on la portoit en baudrier : c'est ce que nous apprennent les Portraits de quelques-uns de ces Princes, & de divers Seigneurs ou Officiers d'Armée de ces tems-là, où ils la portent ainsi ; on l'a portée depuis en ceinture.

Nos anciens Chevaliers quand ils paroissoient en Armes soit à la Guerre soit dans les Tournois, avoient une distinction & un ornement qui leur étoit propre ; sçavoir des Eperons dorez. C'étoit une des premieres pieces dont on équipoit le Chevalier, quand on le revêtoit de l'habit de Chevalerie, suivant un Proverbe qui se disoit encore du tems du Président Faucher, c'est dit-il, *un vieux mot, que le Chevalier commence à s'armer par les chausses.* Il est fait mention de ces éperons dorez dans la Ceremonie de la Chevalerie de Louis II Roi de Sicile, & de Charles son frere du tems du Roi Charles VI, dont j'ai ailleurs rapporté quelque détail. C'est par cet ornement que Jean Villani les désigne, *Cavalieri a sproni d'oro* : & Montanier dans son Histoire d'Arragon 100 *Cavalleros Francescos toti ab esperoni d'or*.

Il n'étoit permis qu'aux Chevaliers d'en porter de cette sorte : les Ecuyers les portoient argentez. Dans les Registres d'hommage des Gentils-hommes de Guyenne, il est dit : « S'il n'est pas Chevalier, il doit venir au service avec des éperons argentez, *cum calcaribus argentatis*. Et dans une ancienne Chronique Françoise, *Nous avons trouvé la Bataille contre le plus vaillant Ecuyer qui oncques en son temps chaussa Eperons blancs.* Il y a au Cabinet d'Armes de Chantilli de ces Eperons dorez & argentez. Les Molletes en étoient fort larges, & tenoient ordinairement à une espece de poinçon assez long que l'on fichoit entre le cuir & le talon de la botte. Je dis ordinairement ; car j'en ai vû dans d'anciens Monumens, où ils étoient attachez à des courroies au pied de la botte, à peu près comme ceux d'aujourd'hui.

Cette partie de l'équipage du Chevalier étoit si essentielle, que quand on dégradoit un Chevalier pour quelque mauvaise

*Eperons dorez des Chevaliers.*

L. 2. fol. 522. verso.

L. 8. c. 13.
L. 10. c. 1.

*Eperons argentez des Ecuyers.*

Vide Du Cange, *calcar. in glossario.*

action, on commençoit par lui couper ses éperons qu'on lui avoit chaussés. Thomas Valsingham parlant d'André de Harcley Comte de Carlile, qui fut dégradé & ensuite pendu pour crime de leze-Majesté, dit qu'on commença par lui couper ses éperons sur les talons avec une hache. *Primo degradatus est amputatis securi ad talos suos calcaribus.* Et dans les Statuts de Saint Louis il est ordonné qu'un Roturier qui s'étoit laissé instituer Chevalier, *le porroit prendre li Roys ou li bers en qui Chastellerie ce seroit, & trencher ses Esperons sur un fumier.* Enfin cet ornement étoit si particulier à la parure des Chevaliers, que pour signifier qu'on aspiroit à la Chevalerie, on disoit qu'on aspiroit aux éperons (dorez.) C'est ainsi que s'exprima Edouard III Roi d'Angleterre, à la Bataille de Crecy, lorsqu'on lui vint annoncer que le Prince de Galles son fils, qui étoit tout jeune, étoit fort pressé par les François à l'endroit où il combatoit. Ce Prince répondit en demandant si son fils étoit mort ou renversé de son cheval, ou dangereusement blessé? Et comme on lui dit qu'il ne l'étoit pas. » Or retournez devers lui, ré-
» pliqua-t-il, & envers ceux qui cy vous ont envoyé, & leur
» dites de par moi, qu'ils ne m'envoyent meshuy querir, ni requer-
» re pour adventure qui leur advienne, tant que mon fils soit
» en vie, & leur dites que je leur mande, *qu'ils laissent gagner*
» *à l'enfant ses Esperons.* « C'étoit-à-dire meriter le titre de Chevalier.

Cet usage & divers autres cesserent, quand la Chevalerie ne fit plus une espece de corps dans les Armées, & que les Chevaliers en vertu de la Chevalerie n'y eurent plus un certain rang; c'est-à-dire sous le Regne de Charles VII, depuis qu'il eut institué les Compagnies d'Ordonnance, qui firent désormais comme le fond des Armées. Car quoique depuis on fit encore les jeunes Seigneurs, les Princes, & les Rois mêmes Chevaliers, ainsi que je l'ai dit; on negligea à cet égard une infinité de ceremonies bizarres que l'usage avoit introduites, & qui sous les Regnes précedens s'observoient avec exactitude.

Enfin le Bouclier étoit encore une arme défensive dont l'ornement furent pour l'ordinaire les Armoiries du Chevalier, ou de l'Ecuyer qui le portoit. J'ai fait cette remarque en parlant

*L. 1. chap. 118.*

*Le Bouclier.*

des Boucliers, & j'en ai rapporté divers exemples. On voit dans plusieurs Sceaux & dans plusieurs contre-Scels le Prince ou le Chevalier monté sur un cheval de bataille avec le bouclier empreint de ses Armes, & cet ornement étoit fort naturel & fort propre pour faire connoître le Chevalier ou l'Ecuyer dans les Combats & dans les Tournois.

Pour ce qui est des Armes offensives, on y cherchoit plus la force & la bonté, que l'ornement, excepté les enjolivemens que l'industrie de l'Ouvrier y ajoutoit quelquefois ; il n'y avoit que les Lances qu'on ornoit souvent de Banderolles.

Selon le Cavalier Melzo, le Capitaine d'une Compagnie de Lances devoit avoir à sa lance une Banderolle. *L'Arme del Capitano di Lancie sono queste : Deve anche la Lancia del Capitano aver la Banderola*, &c.

Cet usage n'étoit pas seulement dans les Troupes d'Espagne, où le Cavalier Melzo servoit, mais encore dans celle de France. C'est ce que nous apprenons de d'Aubigné dans la relation de la Bataille de Coutras. » Ce fut alors, dit-il, que » le Duc ( de Joyeuse ) paré d'armes couvertes d'argent & » d'émail ; se jette devant sa troupe, & la envie de l'épée, & » la meine comme à la victoire & non au combat, à toute bride » de quatre cens pas jusqu'à l'élévation de sable que nous avons » marquée ; & là cette grosse Troupe avec les *Lances si plei-* » *nes de taffetas qu'elles portoient ombre*, se vit avoir affaire à » trois gros & non à un, *&c*. »

Monsieur de la Noüe dans son quinziéme Discours Militaire, dit que du tems de Henri II les Gendarmes portoient la Lance avec la Banderolle ; mais l'usage de ces Banderolles au bout des Lances, étoit encore plus ancien. L'Histoire de Charles VII, attribuée à Alain Chartier, racontant l'entrée de ce Prince dans Rouen, après que cette Ville lui eut été renduë, dit, que » le Sire de Culant grand Maître d'Hostel... avoit » sept Pages devant lui, & estoit Gouverneur des hommes d'Ar- » mes...., & après lui lesdits hommes d'Armes qui estoient en » bataille six cens lances, où pendoit à chacune desdites lances » ung Pennoncel de satin vermeil à ung Soleil d'or. » Ces Pennoncels étoient des Banderolles. Pennoncel est un diminutif de Pennon, comme Banderolle est un diminutif de Banniere, parce ce que la Banderole étoit beaucoup plus étroite que le Pennon & la Banniere, mais plus longue. On voit encore de ces Banderoles au bout des lances dans d'anciennes Tapisseries, qui représentent les combats de ces tems-là.

Les Etendarts sont une espece d'Arme ornée : car c'est une lance où le Drapeau est attaché, & qui en fait un bel ornement : c'est pourquoi je vais placer ici ce que j'en dois dire ; & je crois que ce ne sera pas l'endroit le moins curieux de cet Ouvrage.

## CHAPITRE VII.

### Des Etendarts des Armées.

DE tout tems il y a eu des Etendarts dans les Armées. C'étoit ce qui servoit à distinguer les divers Corps & les Troupes des différentes Nations ou Provinces qui les composoient. C'étoit un moyen pour les rallier dans une déroute, & pour se reconnoître les uns les autres en certaines occasions. Corneille Tacite en donne aux Bataves, qui faisoient partie des anciens François. C'étoit des figures de bêtes communes dans leurs Forêts.

Les Capitulaires sous la seconde race de nos Rois nous apprennent que les Comtes qui conduisoient à l'Armée les Troupes de leurs Gouvernemens, avoient chacun leur Gonfanon, » c'est-à-dire leur Etendart. » Que nos Intendans, * dit Char- » les le Chauve dans un de ses Capitulaires, donnent ordre & » fassent ensorte que chaque Evêque, chaque Abbé & chaque » Abbesse fassent marcher leurs Vassaux avec tout leur équi- » page de guerre, & avec leur Gonfannonier, *cum Gunifan-* » *nonario.* « Le nom de Gonfalonier est encore en usage en Italie, & on le donne à celui qui porte l'Etendart du Saint Siege dans la Milice.

Outre ces Gonfanons des Comtes qui commandoient chacun les Troupes de leur Canton, il y avoit un Etendart Royal, qui dans les Armées étoit celui du corps où le Roi étoit en

* Missi nostri.

Gonfanons sous la seconde Race.

Capitula Caroli Calvi apud Tusiacum.

Etendart Royal.

personne. Car il est marqué dans l'Histoire qu'à la Bataille de Soissons, où Charles le Simple vainquit Robert qui s'étoit saisi de la Couronne : il est, dis-je, marqué que Robert portoit lui-même son Etendart, & qu'un Seigneur nommé Fulbert portoit celui de Charles.

*Chronicon Ademari. Chronicon Magdeburgense. Chronicon SanctiMedardi. Flodoard in Hist. Remensi.*

Les Etendarts sous la troisiéme race furent nommés Bannieres & Pennons. Il y avoit deux sortes de Bannieres, sçavoir celles des Paroisses sous lesquelles les Habitans des Villes & de la Banlieuë, & tous ceux qui étoient de la Commune marchoient à l'Armée ; & cela commença à se faire de la sorte après l'institution de la Milice appellée les *Communes*, & des Maisons de Ville sous le Regne de Philippe I quatriéme Roi de la troisiéme race, ainsi que je l'ai exposé ailleurs.

*Bannieres des Chevaliers. Bannieres des Communes.*

Les autres étoient les Bannieres des Chevaliers qu'on appella Banneres. Ces Bannieres étoient attachées au bout & à côté d'une lance, comme les Guidons ou Drapeaux de notre tems ; elles étoient quarrées, & cette figure les distinguoit des Pennons qui étoient fourchus ou plus étroits à l'extrémité que vers la lance.

*Pennons des Chevaliers Bacheliers.*

Les Pennons étoient pour les Chevaliers non Bannerets, appellez Bacheliers ; & c'étoit sous ces Etendarts qu'ils conduisoient ceux de leurs Vassaux qu'ils amenoient aux Armées quand ils en avoient. Les Bannerets avoient quelquefois un Pennon outre leur Banniere ; les Bannieres & les Pennons étoient aux Armes des Chevaliers. Nos anciens Historiens & sur-tout Froissart, les blasonnent souvent dans leurs Histoires, quand ils en parlent. Les Pennons se rangeoient d'ordinaire sous les Bannieres des Bannerets. On exprimoit le nombre des Troupes par celui des Bannieres & des Pennons. C'est ainsi que Froissart nous fait le dénombrement des Troupes d'Edouard III, & de celles de Philippe de Valois. Lorsque leurs deux Armées furent sur le point d'en venir à la bataille à Vironfosse en Tierasche : » La premiere bataille du Duc de Güerles *, dit, avoit vint-deux Bannieres & soixante Pennons...
» La seconde bataille avoit le Duc de Brabant.... Si avoit
» le Duc de Brabant jusqu'à vint quatre Bannieres & quatre-
» vints Pennons. La tierce bataille & la plus grosse avoit le Roi
» d'Angleterre avec lui ... Si avoit le Roi vint & huit Ban-

* de Gueldre.

Froissart Vol. 1. c. 42.

« nieres & quatre vingts Pennons... & puis parlant de l'Ar-
» mée de France, » il y eut, dit-il six vints Bannieres, &c.
Il paroît par cette supputation que sous chaque Banniere il y
avoit tantôt trois, tantôt quatre, tantôt cinq Pennons ou environ. J'ai déja cité ailleurs cet endroit de Froissart, & donné les preuves de toutes les particularitez que je rapporte ici.
Voici encore quelques autres preuves que M. du Cange a ra-
massées dans son Glossaire.

<small>V. Penno-
nes & v. Pen-
noncelli.</small>

L'Epié est poing a un Panon porprin
Pris ont és point les Rois espiés forbis,
Desuere * sont li Panon de samit,
A tant és les Anglois à Penon de sandal.

<small>Roman de
Garin ms.

* Dessus,
Vide du Can-
ge v. Capa.
Roman de
Bertrand du
Guesclin.</small>

« Après les Pages viennent les Trompettes, après les Trom-
» pettes viennent les Pennons des Bacheliers : après les Pennons
» viennent les Bannieres des derrains Bannerets deux à deux.

<small>Ceremonial
ms.</small>

« Là estoit Messire Huë le Despensier à Pennon ; & là étoit
» à Banniere & à Pennon Messire Huë de Caurelée ; & à Pen-
» non sans Banniere Messire Guillaume Dracton.

<small>Froissart
Vol. 2. c. 135.</small>

« Les François avoient Bannieres desployées & armoyées
» de leurs Armes...... Grande beauté estoit a voir les Ban-
» nieres & les Pennons de soye, de cendal, armoyées des Ar-
» mes des Seigneurs, ventelans au vent & restamboyer au So-
» leil. »

<small>Froissart
Vol. 4. c. 18.</small>

On voit par tout cela ce que j'ai dit, premierement que le
Pennon étoit l'Etendart propre des Chevaliers non Bannerets,
qu'on appelloit Bacheliers, c'est-à dire bis Chevaliers ou Chevaliers du second Ordre. Je ferai toutefois en passant une remarque sur cet article au sujet d'un endroit de Froissart par où
il paroît qu'au moins quelques Ecuyers avoient le Pennon aussi-
bien que les Chevaliers. C'est au volume 4. chap. 18. où l'Auteur raconte l'expedition du Duc de Bourbon en Afrique, &
comment un Sarrasin vint offrir un Cartel de dix de sa Nation contre autant de Gentils-hommes Chrétiens. Ce Sarrasin
& son Truchement *cheurent d'avanture*, dit Froissart, *sur le
Pennon d'un gentil Ecuier, & pour lors bon Homme-d'Armes*.
Il est donc vrai que quelques Ecuyers avoient aussi le Pen-

<small>Quelques E-
cuyers avoient
aussi leur Pen-
non.</small>

non : mais peut-être que c'étoit un Privilege particulier & quelque prérogative du Fief de cet Ecuyer : de même, comme je l'ai remarqué ailleurs, que bien que le Hauber fût une Arme propre des Chevaliers ; cependant quelques Ecuyers avoient le droit de le porter en vertu de certains Fiefs qu'on appelloit Fiefs de Hauber.

On voit en second lieu par tous ces extraits de nos anciens Romans, & de Froissart que j'ai citez, la seconde chose que j'ai dite, sçavoir que les Bannieres & les Pennons étoient aux Armes des Chevaliers. De plus que les Chevaliers Bannerets outre leurs Bannieres, avoient quelquefois aussi un Pennon dans les Armées.

*Bannieres & Pennons étoient d'étoffe précieuse.*

Troisiémement que les Bannieres étoient d'étoffes précieuses, comme de samit & de cendal ; c'est-à-dire tout de soye. C'est ce que signifie *Samitum* ou *Examitum* dans la basse latinité : & ces mots viennent du mot grec ἑξάμιτος qui dans les Auteurs Grecs des derniers siécles de l'Empire, signifie une étoffe de soye. Sandal ou cendal signifie à peu près la même chose & proprement du simple taffetas, en Italien *Sendado*.

*Usage des Etendarts.*

Outre les usages de l'Etendart que j'ai marquez, on s'en servoit dans les Armées de ces premiers tems, pour faire le signal du danger où étoit le Prince à qui il appartenoit : comme il arriva à la Bataille de Bovines, lorsque Philippe Auguste fut renversé de son cheval. « Alors, dit l'Historien, Gallon de

*Rigord de gestis Philippi Augusti.*

» Montigni appella du secours en baissant plusieurs fois l'Etendart » Royal qu'il portoit. »

Pour les Empereurs, ils faisoient en ce tems-là porter l'Etendart Imperial sur un chariot, comme il est marqué dans la relation de la même Bataille. Il me paroît par le texte de l'Historien, que quoiqu'il l'appelle un Etendart, ce n'étoit point un simple taffetas, mais la figure massive d'une Aigle au bout d'une perche ; & c'étoit une maniere usitée du temps des an-

*Etendart des Empereurs.*

ciens Empereurs Romains. » Othon, dit Guillaume le Breton, » fit paroître son Etendart ; c'étoit une perche plantée sur un » char au haut de laquelle étoit enfilé un Dragon, & sur ce Dra- » gon, étoit une Aigle dorée. «

En effet la Bataille étant gagnée, il est dit que le char fut rompu, le Dragon mis en pièces ; que l'on arracha, & qu'on

DE LA MILICE FRANÇOISE. *Liv. VI.* 485

rompit les aîles de l'Aigle, & qu'on la porta au Roi qui y ayant fait rejoindre les aîles, l'envoya à Frideric Competiteur d'Othon pour l'Empire. Apparemment l'Etendart de l'Empereur étoit au haut de la perche dont il est parlé. Quelques Villes d'Italie étant associées pour faire la Guerre à leurs Voisins, imiterent en cela les Empereurs : & c'est ce qui s'appelle dans les Histoires de ce Pais-là *il carroccio*.

Quand une Ville étoit prise d'assaut ou même par composition, l'Etendart de celui qui s'en saisissoit étoit arboré sur les Tours.

On a vû quand j'ai parlé des Privileges du Connétable de France, que dès qu'une Ville ou Château avoient été ou forcez ou rendus, la Banniere du Connétable étoit aussi-tôt plantée sur les murailles : si le Roi étoit present, on y plantoit d'abord sa Banniere, & ensuite celle du Connétable. Le Roi de France avoit le même droit à l'égard de tous ses Vassaux, fussent-ils Princes ou Rois.

Lorsque Philippe Auguste & Richard Roi d'Angleterre étoient en Sicile pour passer au Levant contre les Mahometans, il y eut entr'eux un grand differend sur ce sujet. Le Roi d'Angleterre ayant été insulté par les Messinois, se mit à la tête de ses Troupes, força Messine, & planta son Etendart sur les murailles. Philippe Auguste qui étoit aussi-tôt accouru à la Ville pour empêcher le désordre, ayant sçû ce qu'avoit fait Richard, s'en tint fort offensé. *Quoi*, dit-il, *le Roi d'Angleterre ose arborer son Etendart sur le rempart d'une Ville où il sçait que je suis ?* Et en même tems il donna ordre à ses gens de marcher vers le lieu où étoit l'Etendart pour l'en arracher, & y mettre celui de France. On étoit au moment de voir un tresgrand carnage, lorsque le Roi d'Angleterre ayant appris la resolution de Philippe Auguste, l'envoya prier de ne rien precipiter, & lui fit dire qu'*il étoit prét d'ôter son Etendart ; mais que si on se mettoit en devoir de l'arracher, il y auroit bien du sang répandu*. Cette demie satisfaction du Roi d'Angleterre arrêta le Roi, on parlementa, & on prit le parti de s'en contenter.

Lorsque durant la Guerre une Ville jusqu'à lors neutre prenoit parti, c'étoit en élevant sur les remparts l'Etendart du

*Le vassal fut-il Roy, ne pouvoit arborer son Etendart au lieu où étoit son Prince Suzerain.*

Qqq iij

Prince pour qui elle se déclaroit. On voit dans l'Histoire une infinité d'exemples de cet usage.

Je reviens aux Bannieres & aux Pennons des Chevaliers. La Banniere du Banneret se plantoit sur un lieu un peu élevé, proche de l'endroit où sa Troupe combattoit ; & il y avoit toujours un détachement pour la garder. Si la Troupe étoit défaite, les vainqueurs marchoient à la Banniere pour l'abbatre & ensuite pour l'enlever. La Banniere abbatuë étoit une marque certaine de déroute.

La figure des Etendarts a fort varié. Tous ceux que l'on voit sur les bas reliefs du Tombeau de Louis XII à Saint Denis, sont longs & étroits, & fendus par le bout & en façon de Banderoles. Au contraire dans les bas reliefs du Tombeau de François I son successeur, les Drapeaux de la Cavalerie sont plus larges, fort courts & arondis par l'extrêmité.

*T. 1.* La Cavalerie legere qui, selon Brantôme, ne commença à se bien former en France que sous Louis XII, eut aussi ses Etendarts : mais on ne peut pas douter que même avant ce tems-là elle n'en eût.

Quoique dans l'Ordonnance de Charles VII pour l'institution de l'Infanterie des Francs-Archers, & dans le Mémoire du tems de Louis XI que j'ai transcrit, il ne soit point parlé d'Enseignes, il n'est pas à présumer qu'il n'y en eût point dans un Corps si nombreux ; & si on avoit fait mention de tous les Officiers de ces Troupes dans les Ordonnances, nous y trouverions assurément des Enseignes.

Dans les sept Legions établies par François I, lesquelles étoient chacune de six mille hommes, il n'y avoit que quatorze Enseignes pour chaque Legion. La multiplication des Regimens d'Infanterie qui furent institués plusieurs années après les Legions de François I, donnerent lieu à la multiplication des Drapeaux. Il y a eu de notre tems divers changemens à cet égard. J'en parlerai, quand je traiterai des diverses especes de Troupes qui composent maintenant les Armées de France.

*Etendart de la Livrée du Capitaine.* Il n'y avoit rien de reglé pour la couleur & pour les ornemens de ces Etendarts ; & tout cela dépendoit des Capitaines : mais communément ils étoient de la couleur de ce qu'on

DE LA MILICE FRANÇOISE. *Liv. VI.* 487

appelloit les Robes ou les Livrées du Capitaine ; c'est-à-dire du Hoqueton que portoient les Archers d'une Compagnie de Chevaux-Legers. C'est ce qui est marqué dans plusieurs Ordonnances de nos Rois. Depuis Louis XII les Bandes ou Compagnies d'Infanterie ont toujours eu leurs Drapeaux ou Enseignes beaucoup plus grandes que les Etendarts de la Gendarmerie & de la Cavalerie legere. Pendant long-tems on a compté en France les Compagnies d'Infanterie par Enseignes ; par exemple on disoit que dans telle Place il y avoit dix Enseignes en garnison : cela vouloit dire qu'il y avoit dix Compagnies d'Infanterie. Les Allemands & les Suisses comptoient de même. Depuis l'institution de la Charge de Colonel General de l'Infanterie, il n'y avoit que les Compagnies Colonelles qui eussent droit de porter leur Enseigne de taffetas purement blanc, ainsi qu'on l'a pû remarquer dans tout ce que j'ai rapporté des Mémoires de Brantôme en parlant de cette dignité militaire. Il falloit que les Enseignes des autres Compagnies ajoutassent quelque autre couleur ou quelques figures à leurs Enseignes. Mais outre ces Etendarts particuliers des Compagnies soit de Cavalerie, soit d'Infanterie, il y a eu autrefois dans les Troupes Françoises des Etendarts fameux dont il est souvent fait mention dans nos Histoires. Le plus ancien de ces Etendarts étoit celui qu'on appelloit la Chape de Saint Martin : mais j'examinerai si c'étoit en effet un Etendart ; il y avoit encore l'Etendart Royal & puis celui qu'on appelloit Oriflamme, à laquelle on prétend que succeda la Cornette blanche. Je vais dire ce que j'ai trouvé de plus certain là-dessus.

*Enseignes de l'Infanterie.*

*Privilege des Compagnies Colonelles de porter le Drapeau blanc.*

## CHAPITRE VIII.

### De la Chape de Saint Martin.

IL est constant que nos Rois de la premiere & de la seconde race à commencer dès Clovis, ont eu une veneration toute particuliere pour Saint Martin Evêque de Tours. Nous en avons une infinité de preuves dans notre Histoire.

Il est encore certain que nos anciens Rois faisoient porter à l'Armée ce qu'on appelloit la Chape de Saint Martin, comme ils y faisoient porter les Reliques de quelques Saints. C'est ce que nous apprenons de Walfrid Strabon, du Moine de Saint Gal dans la vie de Charlemagne, & de plusieurs autres, & qu'ils regardoient ces Reliques comme un gage de la Victoire qu'ils s'assuroient de remporter sur les Ennemis : mais on demande ce que c'étoit que cette Chape de Saint Martin ?

*Strabo de rebus Ecclesiast. c. 31. Monach. S. Gal. c. 1.*

*Divers sentimens sur la Chape de S. Martin.*

Les uns ont dit que c'étoit le Manteau de Saint Martin, d'autres que c'étoit le Voile qui couvroit son Tombeau ; d'autres que c'étoit une espece de Rochet sans manches qu'il avoit coutume de porter de son vivant : & ceux qui veulent qu'on avoit fait ou de ce Manteau, ou de ce Rochet, ou de ce Voile un Etendart, prétendent qu'on le portoit au bout d'une lance dans les Armées Françoises.

Ce qui les a determinez à croire que ce mot de Chape signifioit ou le Manteau ou le Rochet de Saint Martin ; c'est qu'en effet le mot de *Capa* ou de *Cappa* dans la basse latinité signifie un vêtement, & qu'en François dans nos vieux Romans il signifie la même chose.

*Le Roman de Garin.*

*\* Dessus.*

Cil del chastel s'adoubbent à droiture
Vestent Hauberts, ceignent Espées nuës
Et par desuere * ont les Chapes vestuës.

C'est pour cela que le Président Fauchet dans son Livre de l'Origine des Dignitez & Magistrats de France, croit que cette Chape de Saint Martin étoit la Chape dont il se servoit en officiant à l'Autel, & que nos premiers Rois allant à la Guerre se revêtoient de cette Chape aux jours de Bataille.

*Fol. 179. verso.*

Mais ceux qui prétendent que cette Chape étoit un Etendart, ne se sont point accommodez de ce sentiment de Fauchet, qui ne paroît en effet nullement fondé, & ont soutenu que c'étoit ou le Manteau ou le Rochet de Saint Martin.

Le sieur Auguste Galand qui imprima en 1637 un petit Ouvrage sur les Enseignes & Etendarts de France, est aussi de l'opinion

# DE LA MILICE FRANÇOISE. LIV. IV. 489

l'opinion de ceux qui difent que la Chape de Saint Martin étoit un Etendart, & croit que c'étoit l'Etendart de l'Abbaye de Saint Martin de Tours, comme l'Oriflamme étoit l'Etendart de l'Abbaye de Saint Denis en France. Il eft certain que l'Oriflamme étoit l'Etendart de l'Abbaye de Saint Denis; mais je montrerai dans la fuite que la Chape de Saint Martin n'étoit nullement l'Etendart de Saint Martin de Tours.

Pour moi je fuis perfuadé que la Chape de Saint Martin ne fut jamais un Etendart dans les Armées de France : & voici les raifons qui m'empêchent de le croire. *Ce n'étoit point un Etendart.*

1°. Je ne vois point que dans nos Hiftoires de la premiere & de la feconde Race, il foit parlé de cette Chape comme d'un Etendart.

2°. On ne trouve rien dans nos anciens Romanciers qui en donne cette idée, au lieu que ceux-ci & nos Hiftoriens parlent à toute occafion de l'Oriflamme comme d'une Banniere & comme de la Banniere de Saint Denis, que nos Rois faifoient porter dans leurs Expeditions Militaires ; parce qu'en effet depuis le Regne de Louis le Gros, c'étoit le principal Etendart des Armées Françoifes : d'où vient que les Romanciers qui ne fe mettoient pas fort en peine de la Chronologie, le transportent jufqu'au tems de Dagobert.

3°. Parce que c'étoit des Clercs qui portoient dans les Armées la Chape de Saint Martin ; & c'eft de là, difent plufieurs anciens Ecrivains, qu'ils furent appellés Chapelains. Or de porter un Etendart dans les Armées ne convient pas à des Clercs. L'Oriflamme au contraire fut toujours porté par un Chevalier des plus vaillans & des plus diftingués du Royaume. *Vvalf.idus Strabo de rebus Ecclefiaft. c. 31. Honorius Auguftod. in Gemma animæ. Guillelm. Durantius l. 2, de divin Offic. c. 10.*

4°. Il eft tres-faux que la Chape de Saint Martin, foit qu'on entende par-là ou le Manteau ou le Rochet de ce Saint, ou bien le Voile qui couvroit fon Tombeau, ait été l'Etendart de l'Eglife de Saint Martin que portoient les Comtes d'Anjou & les Seigneurs de Preuilli dans les Guerres particulieres que l'Abbaye avoit quelquefois contre fes Voifins, & en d'autres rencontres ; comme l'Oriflamme étoit l'Etendart de l'Abbaye de Saint Denis, qui étoit porté d'abord par les Comtes du Vexin en pareilles occafions, & depuis par un Officier *Ce n'étoit point l'Etendart de l'Eglife de Saint Martin de Tours.*

Tome I. R r r

de nos Rois dans leurs Expeditions Militaires.

Je tire la preuve de ce que j'avance ici, de l'Histoire de Touraine manuscrite de feu Monsieur Carreau, qui avoit fort recherché les Antiquitez de son Pays. Voici l'extrait d'une longue Note qu'il a faite sur la Chape & sur l'Etendart de Saint Martin. » À l'égard, dit-il, des representations de l'Etendart de
» Saint Martin, on ne peut en voir de plus fidelles & de plus au-
» thentiques que celles qu'on trouve dans les Sceaux & dans les
» Ecussons des Barons de Preuilli en Touraine, qui avoient
» droit de porter l'Etendart de Saint Martin avec le Comte d'An-
» jou, suivant les Statuts de cette Eglise. *Ipse debet portare Ve-*
» *xillum beati Martini cum Comite Andegavensi.*

La premiere representation est dans un Sceau de cire jaune
» qui est attaché en placard à un titre de l'an 1205, avec deux
» petites bandes de parchemin au milieu du Sceau. Il y a deux
» massuës, autrement nommées masses d'Armes, accompagnées
» de cinq alerions, & dans la legende ces mots autour du Sceau:
» *Ekinardus de Prulliaco*: c'étoit Eschinard II. du nom, fils aî-
» né de Pierre de Monrabat Baron de Preuilli & de la Roche-
» posai.... Au Contre-Sceau est la representation de l'Eten-
» dart de Saint Martin à trois queuës, de même qu'est décrit
» l'Oriflamme dans la Philippide de Guillaume le Breton & dans
» la vieille Chronique de Flandre.

*Quel étoit l'Etendart de l'Eglise de S. Martin.*

» Autour du Contre-Sceau il y a ces mots: *Saint Martin Pe-*
» *noser*, au lieu de *Penonser*, pour montrer que le Baron de
» Preuilli étoit le Porte-Penon de Saint Martin ».... L'Auteur cite encore d'autres Monumens où est representé l'Etendart
de Saint Martin.

De-là il s'ensuit deux choses, la premiere que la Chape de Saint Martin, soit qu'on la prenne pour le Manteau de Saint Martin, soit qu'on la prenne pour son Rochet, soit qu'on la prenne pour le Voile qui couvroit son Tombeau, n'étoit point l'Etendart de l'Eglise de Saint Martin: car l'Etendart de cette Eglise étoit de la figure de quelques autres Etendarts, & en particulier de l'Oriflamme de Saint Denis, & n'avoit ni la figure d'un Manteau ni la figure d'un Rochet, ni du Voile d'un Tombeau. La seconde que l'Etendart de Saint Martin n'étoit point porté à l'Armée par des Clercs., mais par un Seigneur, comme l'Oriflamme & les autres Etendarts ; & que dès qu'on suppose que la Chape de Saint Martin étoit portée par des Clercs, dès-là on ne doit point la regarder comme un Etendart. Ce raisonnement me paroît tres-concluant

On peut cependant faire une objection tirée d'un passage d'un Auteur du douziéme siécle : c'est Honoré d'Autun qui parle en ces termes de la Chape de Saint Martin : *hujus Papa Francorum Regibus ad bella euntibus pro Signo anteferebatur ;* qui paroissent dire que la Chape de Saint Martin étoit un Etendart.

*Objection.*

Je répons à cette objection, 1°. Que c'est l'unique Auteur ancien où la Chape de Saint Martin paroisse être appellée du mot de *Signum* : Je dis qu'elle paroisse ; car en effet l'Auteur ne dit pas que ce fût un Etendart : mais qu'elle étoit portée devant l'Armée, *pro Signo*. Ce qui peut signifier que cette Chape tenoit la place de l'Etendart, & qu'elle précedoit l'Armée à la place de l'Etendart Royal, qu'on lui donnoit la place que l'Etendart Royal auroit dû avoir dans la marche de l'Armée, & qu'elle en regloit les mouvemens marchant à la tête. Cette expression est certainement équivoque, & l'on en doit déterminer le sens par les circonstances qui ne conviennent nullement à un Etendart, comme d'être porté par des Chapelains.

*Réponse à l'objection.*

Je répons en second lieu que ce passage est tiré d'un Sermon de cet Auteur à l'honneur de Saint Martin. Or dans ces sortes de Discours, on ne s'exprime pas toujours avec la derniere exactitude, comme dans une Histoire ou un Ouvrage de Critique ; on parle suivant les Préjugez populaires : & apparemment dès lors on s'étoit imaginé que la Chape de Saint Martin étoit un Etendart, parce qu'autrefois on la portoit dans les Armées, & on la regardoit sur le même pied que l'Oriflamme étoit regardé alors.

3°. Honoré d'Autun étoit un Particulier Philosophe & Théologien qui a fait une infinité d'Ouvrages sur toutes sortes de matieres, dont la plûpart sont traitées fort superficiellement. Il étoit dans un coin de Province : il écrivoit près de cent cinquante ans après la fin de la seconde Race, où l'on portoit cette Chape. Enfin il dit lui-même que ceux qui portoient la Chape de Saint Martin, étoient des Chapelains ; *& eam deferen-*

R rr ij

*les Capellanos dicebant.* Or on ne perſuadera jamais que le principal Étendart de l'Armée, ait été porté à la tête des Troupes par des Chapelains, c'eſt à-dire par des Clercs, étant conſtant par nos Hiſtoires, que les autres Etendarts, ſoit l'Oriflamme, ſoit l'Etendart Royal, étoient portés par des Seigneurs d'une valeur reconnuë, de peur que ces Etendarts ne fuſſent pris par les Ennemis, & que ceux qui les portoient, n'entraînaſſent en fuyant le reſte de l'Armée.

Il paroît donc que la Chape de Saint Martin n'étoit point un Etendart : mais qu'eſt-ce que c'étoit donc ? Voici ſur cela ma penſée qui eſt auſſi celle de l'Auteur de l'Hiſtoire manuſcrite de Touraine. C'étoit une eſpece de Pavillon portatif, ſous lequel étoient les Reliques des Saints que nos Rois de la premiere & de la ſeconde Race, faiſoient porter à l'Armée pour s'attirer par leur interceſſion la protection de Dieu dans leurs expeditions. Parmi ces Reliques, il y en avoit de Saint Martin : & comme ce Saint Evêque étoit un des Patrons de la France, on avoit donné à cette tente le nom de Chape de Saint Martin, à cauſe de ſes Reliques, quoiqu'il y eût des Reliques de divers autres Saints.

C'étoit ſelon l'uſage de ce tems-là qu'on avoit donné à ce Pavillon le nom de Chape, car ce nom ſe donnoit primitivement aux habits qui couvroient le Corps, & venoit du mot latin *capere*, parce que la Cape ou Chape couvroit & contenoit le Corps de l'homme : mais on le tranſportoit encore aux choſes qui en contenoient & en renfermoient d'autres, & juſqu'au Ciel même par rapport à la terre.

*Roman de Rou & des Ducs de Normandie.*

N'agueres meillor terre ſous la Chape du Ciel.

Dit un de nos Romanciers. Ainſi parce que ce Pavillon renfermoit & couvroit les Reliques de Saint Martin, on l'appelloit la Chape de Saint Martin ; & de cette Chape eſt venu le nom de Chapellains, comme je l'ai déja remarqué ſur le témoignage des anciens Auteurs, pour ceux qui étoient chargés du ſoin de garder cette eſpece de Pavillon.

C'eſt par la même raiſon que la Chaſſe qui contenoit & renfermoit immediatement les Reliques de Saint Martin, étoit appellée du nom de Chapelle, c'est-à-dire petite Chape par comparaison avec une plus grande Chape ou Pavillon sous lequel la petite Chape étoit placée. C'est ainsi que s'explique le Moine Marculfe dans une de ses Formules, où marquant que deux hommes qui étoient en procès l'un contre l'autre, devoient faute d'autres preuves, faire serment sur la Chasse de Saint Martin, il dit : *Tunc in Palatio nostro, super Capellam Domni Martini, ubi reliqua sacramenta percurrunt, debeant conjurare.* Capella est certainement ici la Chasse.

L. 1. Formule 38.

Par cette Formule on voit encore que comme nos anciens Rois faisoient porter à l'Armée la Chape de Saint Martin, cette Chape au retour de leurs Expeditions étoit remise & gardée dans leur Palais pour une semblable fin, c'est à-dire pour attirer sur leur Maison les bénédictions du Ciel.

M. du Cange dans son Glossaire parlant de la Chape de Saint Martin, dit que les Empereurs Grecs faisoient aussi porter des Reliques des Saints à la tête de leurs Armées, & ils donnoient pareillement à ces Reliques le nom de Chape κάπα. Celui qui portoit cette Chape marchoit après celui qui portoit l'Etendart *post Bandophorum*. Il en étoit sans doute de même dans les Armées Françoises, & c'est apparemment tout ce qu'a voulu dire Honoré d'Autun par son expression, qui a induit en erreur nos Ecrivains modernes.

Je crois que par tout ce que je viens de dire, j'ai assez éclairci ce qui regarde la Chape de Saint Martin, & bien prouvé que ce n'étoit point un Etendart, comme plusieurs de nos Ecrivains modernes se le sont persuadé ; mais que c'étoit un Pavillon sous lequel on portoit la Chasse des Reliques de Saint Martin. Je vais maintenant traiter de l'Etendart le plus fameux dans nos anciennes Histoires, appellé l'Oriflamme.

## CHAPITRE IX.

### De l'Oriflamme.

EN parlant des grandes Charges qui étoient autrefois dans les Armées Françoises, j'ai traité de celle de Porte Oriflamme. Elle étoit si considerable, qu'on vit sous Charles VI le Seigneur d'Andrehen quitter pour l'avoir, la Dignité de Maréchal de France, d'autant que ces deux Charges étoient censées incompatibles. Je vais maintenant traiter de l'Oriflamme même.

Parmi les Etendarts que l'on portoit autrefois dans les Armées de France, l'Oriflamme, ou comme d'autres l'écrivent, l'Auriflamme a été le plus celebre.

C'étoit une Banniere comme celle des Eglises qu'on a coutume de porter aux Processions * dit Guillaume le Breton ; le bâton auquel elle étoit attachée, étoit une lance, dit un autre ancien Auteur ; *& tenoit en sa main une lance à quoi l'Oriflamme étoit attaché.* Il étoit, ajoute la même Chronique, *à guise de Gonfanon à trois queues* ; c'est-à-dire qu'il étoit fendu en trois par le bas, & attaché à la lance, non pas à côté, mais en travers.

*Chronique de Flandres c. 67.*

Il étoit d'un taffetas rouge & simple sans figure.

*Guillaume Guiart Hist. de France.*

*Couleur de l'Oriflamme.*

Oriflamme est une Banniere
Aucun poi plus fort que guimple
De Cendal roujoyant & simple
Sans pourtraiture d'autre affaire.

*Et dans un autre endroit.*

L'Oriflambe est au vent mise
Aval, lequel va ondoyant.

*Letania qualiter uti.
Ecclesiana solet certis ex more diebus.*   Guillel. Brito Philippid. l. 2.

## DE LA MILICE FRANÇOISE. Liv. VI. 495

    De Cendal simple roujoyant
    Sans ce qu'autre œuvre y soit portraite
    Entour c'est l'Ost de France traite.

Cet Auteur au reste ne parloit point par oüi-dire ; mais après l'avoir vû, comme il le marque dans ces autres Vers.

    Et comment que l'on l'ait portée
    Par Nations blanches & Mores
    Elle est à Saint Denis encores
    Là l'ai-je n'a gueres veue.

C'est ainsi qu'en parle encore la Chronique de Flandre où il est dit que l'Oriflamme étoit de vermeil samit : & elle ajoute qu'elle *avoit entour houppes de soye verte*.

La Lance étoit dorée, comme le dit l'Avocat du Roi Raoul de Presle dans un Traité sur cette matiere, adressé au Roi Charles V. *Et si portés seul d'entre les Rois, ô Roi, l'Oriflambe en Bataille ; c'est à sçavoir un glaive* \* *tout doré où est attaché une Banniere vermeille*.    \* C'est-à-dire une lance.

De ce bâton doré, & de la couleur rouge ou de couleur de feu de la Banniere, est venu apparemment son nom d'Oriflamme. Monsieur du Cange dans la Dissertation qu'il a faite sur ce sujet, croit qu'il est plus vraisemblable qu'elle fut appellée *Flamme* du mot *Flammulum*, qui dans les Auteurs de la moyenne latinité, signifioit un Etendart.    D'où vient le nom de l'Oriflamme.   Du Cange 8. Dissert. sur l'Hist. de S. Louis.

Pour ce qui est de l'antiquité & de l'origine de cette Banniere ; il y a des Auteurs qui en ont parlé comme d'un present venu du Ciel à nos Rois. Guillaume Guyart dit qu'elle fut faite par le Roi Dagobert.

    Li Rois Dagobert la fit faire.    Guiart an. 1190.

D'autres l'ont appellé l'Etendart de Charlemagne ; mais tout cela n'est fondé que sur des Traditions fabuleuses, & nullement sur aucun Monument digne de foi.

Quelques Auteurs l'ont confondue avec l'Etendart Royal. Comme Philippe Mouskes en ces Vers sur la Bataille de Bovines.

## HISTOIRE

*L'Oriflamme n'étoit point l'Etendart Royal.*

Et par le conseil de sa Gent
Il a fait bailler esrament
L'Oriflamme de Saint Denise.
A un Chevalier par devise
Walo de Montigni ot nom
Qui moult estoit de grand renom.

\* Galo de Montiniaco.

Rigord Hist. Philip. Aug.

Or il est certain que l'Etendart porté par Gallon de Montigni * n'étoit point l'Oriflamme ; c'étoit l'Etendart Royal parsemé de Fleurs de-lys *Floribus lilii distincto* dit Rigord. Et cet Historiographe de Philippe Auguste distingue expressément aussi bien que Guillaume le Breton, cet Etendart de l'Oriflamme ou Banniere de Saint Denis, *a* ainsi que je l'ai dit en parlant de la Charge de Porte Oriflamme.

*L'Oriflamme étoit la Banniere de l'Abbaye de S. Denis.*

L'Oriflamme étoit originairement la Banniere de l'Abbaye de Saint Denis ; non pas pour être portée en Procession, mais dans le combat & dans les Guerres particulieres que l'Abbé étoit quelquefois obligé de soutenir contre les Seigneurs qui envahissoient le bien de l'Abbaye. Il étoit porté par l'Avoué * de l'Abbaye, c'est-à-dire par un Seigneur constitué en titre d'Office pour proteger les biens du Monastere contre les violences des autres Seigneurs, lesquelles étoient fort ordinaires en ce tems-là. Ces Avoués par cette raison étoient appellés *Signiferi Ecclesiarum* les Port-Enseignes des Eglises.

\* Advocatus.

M. du Cange dans sa 18. Dissert. apporte les preuves de cette réunion.

Les Avoués de l'Abbaye de Saint Denis jusqu'au temps de Philippe I. avoient été les Comtes de Vexin & de Pontoise, & ce Comté ayant été réuni à la Couronne sous le Regne de ce Prince, nos Rois entrerent dans les droits & dans les fonctions des Comtes du Vexin.

*Elle étoit portée d'abord par les Comtes du Vexin, comme Avoués Advocati de l'Abbaye de S. Denis.*

Cela est fort conforme à une Patente *b* de Louis le Gros de l'an 1124, où ce Prince parle ainsi. » En presence de » ger Venerable Abbé de ladite Eglise notre fidelle & qui est » de nos Conseils, & en presence des Seigneurs de notre Royau- » me, Nous avons pris l'Etendart de dessus l'Autel des Bien- » heureux Martyrs, ausquels appartient le Comté du Vexin

*a* J'ai prouvé clairement cette distinction en parlant de la Charge de Port-Oriflamme.
*b* Citée par Galland dans son Traité des Enseignes & Etendarts de France.

« que Nous tenons d'eux en Fief, observant & suivant l'an-
« cienne coutume de nos Predecesseurs, & Nous l'avons fait par
« le droit de Porte-Enseigne *Signiferi jure*, comme avoient cou-
« tume de le faire les Comtes du Vexin. »

Quoiqu'il soit dit dans cette Patente que nos Rois tenoient de Saint Denis le Comté du Vexin en Fief, ils n'en faisoient point l'hommage. C'est ce qui est marqué dans un Ouvrage intitulé *Gesta Suggerii Abbatis* * où il est dit que le Roi Louis le Gros reconnut devoir l'hommage pour le Comté du Vexin, s'il n'étoit point Roi. * Cité par le même Auteur.

Dans aucune de nos Histoires non suspectes de fausseté, il n'est fait nulle mention de l'Oriflamme ou Banniere de Saint Denis dans nos Armées avant Louis le Gros ; & c'est sous ce Regne, ou plûtôt sous celui de Philippe I son pere, que l'on doit fixer l'origine de la coutume de porter cette Banniere à la Guerre contre les Ennemis de l'Etat. L'Oriflamme portée pour la premiere fois dans les Armées sous le Regne de Louis le Gros.

Comme nos Rois avoient une veneration extrême pour Saint Denis, ils firent l'honneur à l'Abbaye, non seulement de faire porter son Etendart dans leurs Armées, mais encore de lui donner le premier rang, & de le faire preceder tous les autres dans le Combat. Cet Etendart precedoit tous les autres dans la marche de l'Armée.

*Omnibus in Bellis habet omnia Signa praire.* Guil. Brito Philippid. l. II.

C'étoit toujours un homme de qualité & des plus vaillans de l'Armée qui le portoit : le dernier nommé dans nos anciens Historiens qui ait eu cet honneur, est Guillaume Martel Seigneur de Baqueville sous Charles VI ; & parce qu'il étoit vieux, on lui donna comme adjoints & pour l'aider son fils aîné & Jean de Betas Chevalier. Il étoit porté par un des plus braves Chevaliers de l'Armée. Juvenal des Ursins sous l'an 1414.

Quand le Roi alloit prendre l'Oriflamme à Saint Denis, cela se faisoit avec beaucoup de cérémonies. Voici ce qu'en dit Raoul de Presle en parlant au Roi Charles V. « Premierement
« la Procession vous vient à l'encontre jusqu'à l'issue du Cloi-
« tre, & après la Procession, atteints les benoists corps Saints
« de Monsieur Saint Denis & ses Compagnons, & mis sur
« l'Autel en grande reverence, & aussi le Corps de Monsieur
« S. Louis ; & puis est mise cette Banniere ployée sur les corpo- Cérémonie pour prendre l'Oriflamme à S. Denis.

» raux où est consacré le Corps de Notre-Seigneur Jesus-Christ,
» lequel vous recevez dignement après la célébration de la
» Messe : si fait celui lequel vous avez eslu à bailler comme
» au plus preud'homme & vaillant Chevalier. Et ce fait, le bai-
» sez en la bouche & la tient à ses mains par grande révéren-
» ce, afin que les Barons assistans puissent le baiser comme Re-
» liques & choses dignes, & en lui baillant pour le porter,
» lui faites faire serment solemnel de le porter & garder en
» grande révérence, & à l'honneur de vous & de votre Royau-
» me. *a*

*Juvenal des Ursins sous l'an 1482.*

Un autre Historien du Regne de Charles VI, ajoute que le Roi dans cette cérémonie se prosternoit devant le Corps de Saint Denis sans chaperon & sans ceinture. C'étoit la maniere des Feudataires, quand ils faisoient hommage de leur Fief; mais, comme je l'ai remarqué un peu auparavant, on avoit ôté le nom d'hommage à cette cérémonie, parce que celui qui la faisoit étoit Roi.

On voit par ce que je viens de dire que dans cette solemnité la Banniere étoit détachée de sa lance ; & on ne l'y remettroit pas immediatement après : mais on l'attachoit au col du Chevalier qui la repliant par devant sur l'estomach, la portoit ainsi jusqu'à son départ pour l'Armée. C'est ce que nous apprenons de l'Histoire latine *b* de Charles VI, où il est dit du Seigneur de Baqueville qu'après qu'il eut reçu l'Oriflamme à Saint Denis, il la mit à son col comme un précieux colier, & la laissoit pendre devant lui, & qu'il la porta ainsi plusieurs jours marchant devant le Roi, & jusqu'à ce qu'il fut arrivé a Senlis.

Depuis Louis le Gros jusqu'à Charles VI inclusivement, il n'y a presque point de Regne sous lequel l'Histoire ne marque quelque occasion où l'on ait porté l'Oriflamme. Les Flamans à la Bataille de Mons en Puele où Philippe le Bel les défit, se firent honneur d'avoir pris l'Oriflamme & de l'avoir déchiré. Et Meyer leur Historien l'a écrit ainsi : mais Guil-

---

*a* J'ai rapporté ce serment en parlant de la Charge de Porte-Oriflamme.
*b* Ad annum 1414. Et illud quasi pretiosissimum monile à collo usque ad pectus dependens detulit multis feriis successivis ante Regem, donec Sylvanectum pervenisset.

laume Guiart qui étoit préſent dit que l'Oriflamme que les
François perdirent en cette Bataille, n'étoit pas la veritable;
mais un autre que l'on avoit fait ſur le modéle de celui de
Saint Denis.

   Auſſi li Sire de Chevreuſe
   Porta l'Oriflamme vermeille
   Par droite ſemblance pareille
   A cele s'élevoit eſgarde
   Que l'Abbé de Saint Denis garde.

*Et plus bas.*

   Anſſiau le Sire de Chevreuſe
   Fut, ſi comme nous appriſmes
   Eteint en ſes Armes meiſmes
   De trop grande haleine & retraite
   Et l'Oriflamme contrefaite
   Chaï à terre & la ſaiſirent
   Flamans qui après s'enfuirent.

Soit que le fait fût tel que notre Hiſtorien le raconte, ſoit
que Philippe le Bel pour ôter aux Flamans la gloire d'avoir
pris l'Oriflamme, & ne pas laiſſer croire qu'elle eût été perdue ſous ſon Regne, en eût fait ſubſtituer une autre à Saint
Denis, il eſt certain que ſous les Regnes ſuivans on portoit
encore une Oriflamme dans les Armées Françoiſes. Mais depuis
la fin du Regne de Charles VI, que les Anglois ſe rendirent maîtres de Paris, il n'en eſt plus fait mention dans nos
Hiſtoires de ces tems-là qui ont été imprimées.

Monſieur l'Abbé Fauvel m'a communiqué un Inventaire du
Tréſor de Saint Denis, fait en 1504 ſous le Regne & par
l'ordre de Louis XII, où il y a un article exprimé en ces termes: *Contre le pillier du coing du coſté ſeneſtre, un Eſtendart
de Sandal fort caduque, enveloppé autour d'un baſton couvert de
cuivre doré, ung fer longuet, agu au bout d'en haut, que les Rel-
ligieux diſoient eſtre l'Oriflambe.* C'eſt celui dont parle encore Doublet dans l'Hiſtoire de l'Abbaye de Saint Denis, où il dit

qu'en l'Inventaire du Trésor de cette Eglise, fait par les Commissaires de la Chambre des Comptes en l'an 1534, il est encore parlé de l'Oriflamme en ces termes : *Etendart d'un Cendal fort épais, fendu par le millieu en façon d'un Gonfanon fort caduque, enveloppé autour d'un bâton couvert d'un cuivre doré & un fer longuet aigu au bout.* Et le même Auteur ajoute qu'il a vû cet Etendart encore après la réduction de Paris sous Henri IV.

Il ne faut pas cependant s'imaginer que cette Oriflamme dont il est parlé dans ces inventaires du Trésor de Saint Denis, fût la même lance & le même Drapeau qui se portoit à l'Armée du tems de Louis le Gros. Outre qu'il paroît hors de doute que Saint Louis ne la rapporta pas de son expédition d'Egypte, quand il fut pris par les Mahometans avec tous ses bagages ; & que, quoiqu'en dise Guillaume Guiart, l'Oriflamme fut prise à la Bataille de Mons en Puele, cet Etendart n'étoit pas fait d'une matiere incorruptible, & il s'usoit comme les autres ; on en substituoit un nouveau quand il étoit usé.

La sçavante Dissertation de Monsieur du Cange sur l'Oriflamme, & le Traité du sieur Galland sur le même sujet qui a servi de fond à celui de Monsieur du Cange, m'ont épargné la peine de la plûpart des recherches que j'aurois été obligé de faire sur cette matiere : & j'ai tiré de ces deux Traitez une bonne partie de ce que je viens de dire.

*Il est faux qu'on ait cessé de porter l'Oriflamme à la Guerre dès le tems de Charles VI.*

*On la porta encore sous Louis XI.*

Monsieur du Cange pense qu'on ne porta plus l'Oriflamme dans nos Armées, depuis que les Anglois furent maîtres absolus de Paris après la mort de Charles VI. Mais en parlant de la Charge de Porte-Oriflamme j'ai montré par des Mémoires authentiques, qui n'étoient point encore déterrez du tems de ce sçavant Auteur, qu'on avoit porté l'Oriflamme sous le Regne de Charles VII, & même sous celui de Louis XI : il ajoute que Charles VII mit la Cornette blanche à la place de l'Oriflamme. Je ne suis pas encore de son avis là-dessus : mais avant que je traite de cet autre Etendart, je vais examiner ici ce que c'est qu'une Oriflamme qu'une des plus illustres Maisons du Royaume conserve encore aujourd'hui, comme un précieux Monument qui lui vient de ses Ancêtres : c'est la Maison d'Harcourt.

## De l'Oriflamme de la Maison d'Harcourt.

IL est fait mention de cette Oriflamme en divers endroits des quatre Volumes *in folio* qui contiennent la Généalogie de la Maison d'Harcourt. En voici la description faite sur la copie que Monsieur Foucault Conseiller d'Etat, fort curieux de ces anciens Monumens, en a fait tirer d'après l'original.

C'est un Etendart quarré. Au milieu est représentée une Couronne de couleur rouge à huit fleurons terminez de pommettes d'or au haut & aux côtez de chaque fleuron. Il y en a aussi une dans le centre de chaque fleuron. Cette Couronne est accompagnée de flammes. L'Etendart est frangé de trois côtez de franges vertes & rouges ; il y a un côté qui ne l'est pas.

Les titres qu'on a dans la Maison d'Harcourt par rapport à cette Oriflamme, sont 1°. Les Provisions données par le Roi Charles V à Pierre de Villiers pour la garde de l'Oriflamme, c'est-à-dire pour la Charge de Porte-Oriflamme, expediées au Château du Bois de Vincennes le quinziéme d'Octobre de l'an 1372. On y assigne à ce Seigneur mille livres tournois par an, qui devoient lui être payées jusqu'à sa mort. Une fille de la Maison de Villiers étant entrée par mariage dans la Maison d'Harcourt, y porta cet Etendart qui s'y est conservé depuis.

2°. Du tems de Henri III, Pierre d'Harcourt Sieur & Baron de Beuvron, Chevalier de l'Ordre & Capitaine de cinquante hommes d'Armes, présenta une Requête ou Placet à ce Prince, où il énonce le fait dont je viens de parler, & dit que le Sieur de Villiers auroit fait bonne & sûre garde de ladite Oriflamme jusqu'à son trépas, à la succession duquel elle étoit tombée dans sa Maison d'Harcourt heritiére dudit de Villiers dont elle n'a depuis parti... & de laquelle est encore saisi ledit Sieur de Beuvron, à présent prêt à le représenter au Roi.

Il ajoute que Charles IX en presence de la Reine Mere & de Monsieur le Cardinal de Bourbon l'an 1564, continua la garde de l'Oriflamme à Pierre de Beuvron son pere & à ses enfans aux mêmes honneurs & profits susdits. Sur quoi ce Sei-

I. vol. p. 22.
II. vol. p. 1131. 1189.
III. vol. p. 919.
IV. vol. p. 3027.

*Figure de l'Oriflamme de la Maison d'Harcourt.*

L. I. chap. *Fondement de la Tradition de la Maison d'Harcourt à l'égard de cet Etendart.*

gneur demande au Roi Henri III, de vouloir continuer à la garde & confervation dudit Oriflamme, dont il, & fes Prédéceffeurs font en poffeffion de tout tems immémorial, & de lui donner une penfion de douze cens écus d'or par an.

Tout cela étant fuppofé, je dirai d'abord ce qui me paroît être certain touchant cet Oriflamme ; & enfuite j'ajouterai ma conjecture touchant l'origine de cet Etendart.

*Ce drapeau conferv é dans la Maifon d'Harcourt n'eft point l'Oriflamme.*

Il me paroît certain que cet Etendart n'eft point l'Oriflamme ou la Banniere de Saint Denis qui marchoit à la tête des Armées Françoifes depuis Louis le Gros jufqu'au tems de Louis XI. Voici mes raifons.

1°. On m'a affuré que cet Etendart qui fe conferve dans la Maifon d'Harcourt, eft de toile de coton, & l'Oriflamme que nos Rois faifoient porter dans les Armées, étoit de cendal ou de famit, c'eft-à-dire de foye.

De cendal roujoyant & fimple.

Dit Guillaume Guiart qui l'avoit vû : *d'un vermeil famit*, dit la Chronique de Flandre.

2°. Cet Etendart eft quarré & non fendu, & l'ancienne Oriflamme étoit fendu par en bas : *il étoit à guife de Gonfanon à trois queuës*, dit auffi la Chronique de Flandre : il étoit fendu par le milieu en façon de Gonfanon. C'eft ainfi qu'il en eft encore parlé dans l'Inventaire du Tréfor de Saint Denis, fait par des Commiffaires de la Chambre des Comptes en l'an 1534.

3°. L'Etendart de la Maifon d'Harcourt eft fait de maniere qu'il devoit être attaché à côté d'une lance comme nos Guidons d'aujourd'hui, parce qu'au côté droit il n'y a point de frange comme il y en a aux trois autres côtez : au lieu que l'ancienne Oriflamme étoit comme nos Bannieres de Paroiffe, attachée au haut d'une lance par le milieu, ainfi que le labarum des Romains. C'eft ce qui paroît conftant par le témoignage de Guillaume le Breton dans fon Hiftoire en Vers de Philippe Augufte. *

---

* Vexillum fimplex cendato fimplice textum.
Splendoris rubei lethania qualiter uti
Ecclefiana folet certis ex more diebus.

4°. L'Etendart d'Harcourt est rempli de diverses figures, d'une Couronne & de flammes, au lieu que l'ancienne Oriflamme étoit toute rouge & sans figures.

> Oriflamme est une Banniere
> Aucun poi * plus forte que Guimple
> De cendal roujoyant & simple
> *Sans pourtraiture d'autre affaire.*

\* Un peu.

*Et dans un autre endroit le même Historien dit:*

Guillaume Guiart.

> L'Oriflamme est au vent mise
> Aval, lequel va ondoyant
> Le cendal simple roujoyant
> *Sans ce qu'autre œuvre y soit portraite.*

Cela paroît démonstratif en cette matiere.

5°. L'ancienne Oriflamme ne demeuroit pas dans la Famille du Porte-Oriflamme. Elle étoit rapportée à Saint Denis en cérémonie; & il falloit bien qu'on l'y rapportât, puisque les Rois à chaque Expedition Militaire l'alloient prendre dans cette Abbaye. Elle ne demeuroit donc pas dans la Famille de celui que le Roi avoit fait Porte-Oriflamme.

Il s'ensuit de tout ceci que l'Etendart de Harcourt n'est point l'ancienne Oriflamme. Voici maintenant ma conjecture sur cet Etendart.

Le Seigneur de Villiers quand il fut fait Porte-Oriflamme, avoit, comme plusieurs Seigneurs, une Compagnie de Gendarmes: car dès le tems du Roi Charles V, quoiqu'alors les Armées fussent pour la plus grande partie composées des Troupes amenées par les Vassaux, il y avoit plusieurs Compagnies de Gendarmerie distinguées de ces autres Troupes, & elles étoient levées par des Commissions particulieres de ce Prince, comme on le voit par son Ordonnance de l'an 1373, rapportée par Rebuffe, & dans quelques autres Compilations des Ordonnances de nos Rois. Je pense donc que le Seigneur de Villiers fit faire pour sa Compagnie de Gendarmes, une nouvelle Banniere à la place de celle sous laquel-

Ce que c'est que cet Etendart.

le il conduifoit fes Vaffaux à l'Armée, & qu'il y mit les Devifes ou marques d'honneur que l'on voit dans l'Etendart d'Harcourt, fuivant la coutume de ce tems-là. Celles qui font dans cet Etendart paroiffent faire allufion à fa Charge de Port-Oriflamme par les flammes qui y font reprefentées, & par la couleur rouge de la Couronne ; & il prétendit faire connoître que depuis que le Prince l'avoit honoré de la Dignité de Porte-Oriflamme, il avoit toujours foutenu les interêts de la Couronne avec zéle & avec valeur.

Comme du tems de Henri III & de Charles IX, la Critique fur les anciens Monumens n'étoit pas fi fort à la mode que de notre tems, les Seigneurs de Beuvron fçachant que cet Etendart avoit été dans la Maifon de Villiers Porte-Oriflamme, & qu'il avoit paffé dans la leur, jugerent fur les convenances, que c'étoit l'ancienne Oriflamme, & fur ce fondement ils préfenterent aux Rois Charles IX & Henri III les Requêtes dont j'ai fait mention. C'eft là, ce me femble, ce qui fe peut dire de plus vrai-femblable touchant l'origine de l'Etendart de la Maifon d'Harcourt, qui d'ailleurs eft un tres-beau & tres-noble Monument.

[ A ] L'Oriflamme.
[ B ] Oriflamme de la Maifon d'Harcourt.
[ C ] Cornette blanche Royale.
[ D ] Cornette blanche de la Cavalerie-Legere.

## CHAPITRE X.

### De l'Etendart Royal & de la Cornette blanche.

IL y a eu de tout tems un Etendart Royal dans les Armées de France, au moins lorfque le Roi y étoit en perfonne. J'ai déja fait mention de celui de Charles le Simple fous la feconde Race, de celui de Philippe Augufte à la Bataille de Bouvines, parfemé de Fleurs-de-lys. Les Hiftoires du Regne
de

DE LA MILICE FRANÇOISE. *Liv. VI.* 505

de Charles VI & de Charles VII parlent *a* en divers endroits de l'Enseigne Royale, de l'Etendart Royal. Enfin sous les Regnes de Henri III & de Henri IV, il est fait plusieurs fois mention de la Cornette blanche, comme de l'Etendart Royal, ou du moins qui étoit le premier Etendart de l'Armée.

*D'Aubigné T. 3. l. 1. c. 16. &c.*

On voit par nos Histoires que l'Etendart Royal ne fut pas toujours de même couleur. L'Etendart Royal de Philippe Auguste que Galon de Montigni porta à la Bataille de Bouvines, étoit de couleur bleuë semé de Fleurs-de-lys d'or. C'est ainsi qu'en parle Guillaume Guiart.

*La couleur de l'Etendart Royal n'a pas toujours été la même.*

> Galon de Montigni porta
> Ou la Chronique faux m'enseigne
> De fin azur luisant Enseigne
> A Fleurs-de-lys d'or aornée
> Près du Roi fut cette Journée
> A l'endroit du riche Estendart.

Dès le tems de Charles VI & longtems auparavant, l'Etendart Royal avoit la Croix blanche; mais on ne marque point quelle étoit la couleur du fond. « Est à avertir, dit Juvenal des Ursins dans l'Histoire de ce Prince, que toutes » les choses se faisoient au nom du Roi : mais ils laisserent la » Croix droite blanche, *qui est la vraie Enseigne du Roi*, & » prirent la Croix de Saint André & la Devise du Duc de Bour-» gogne. »

*Sous l'an 1411.*

Monstrelet dans l'endroit que j'ai déja cité en parlant des Echarpes, ajoute que la Croix blanche étoit non seulement l'Enseigne de Charles VI, mais encore celle de ses Prédécesseurs.

C'étoit encore la même maniere du tems de Charles VII pour la Croix blanche : car le Heraut de Berri dans l'Histoire Chronologique de ce Prince, parlant du Siége de Bayonne, raconte un fait assez singulier qui est la preuve de ce que je dis. « Un jour, dit-il, peu après le Soleil levant, que le jour » estoit beau & clair & faisoit fort beau tems, se démonstra &

*Sous l'an 1451.*

*La Croix blanche dans les Etendarts de France trèsancienne.*

---

*a* Juvenal des Ursins sous l'an 1411. Monstrelet Vol. 1. chap. 119. Le Heraut de Berri sous l'an 1451. & 1449.

Tome I.              Ttt

» fut veuë au Ciel par ceux qui tenoient ledit Siége ( c'est-à-
» dire par les François qui assiégeoient la Place ) par les Ha-
» bitans de ladite Cité, & par tous ceux generalement qui la
» voulurent voir, une Croix blanche paroissant être droitement
» posée sur ladite Cité, & ce durant l'espace de demie heure :
» & lors les Habitans d'icelle osterent leurs Bannieres & Pen-
» nons à Croix rouges, disant qu'il plaisoit à Dieu *qu'ils suf-
» sent François & portassent la Croix blanche* ; & ils se rendi-
» rent. »

1449.

Cependant le même Prince, selon le même Auteur, faisant son entrée à Rouen, avoit son Etendart Royal *de satin
cramoisi* : & selon un autre Exemplaire *de satin noir semé de Soleils d'or*. Il n'est point là mention de Croix blanche. Mais il
se pourroit faire que l'Historien se fût contenté de marquer la
couleur du fond de l'Etendart sans exclure pour cela la Croix
blanche. Et je crois que la chose est ainsi : tant il est constant
par nos anciens Historiens, que de tout tems la Nation a toujours affecté la couleur blanche dans ses Etendarts, comme
une couleur distinctive, & qu'elle regardoit comme lui étant
propre & particuliere.

Catalog.
Glor. Mundi
Part. 1. consi-
derat. 38.
conclus. 17.

Encore du tems de Louis XII & de François I l'Enseigne
de nos Armées étoit la Croix blanche, ainsi que l'assure le
Président Chassanée qui vivoit sous les Regnes de ces Princes.
Quoiqu'il en soit, il paroît par tout ce que je viens de dire,
que l'Etendart Royal n'a pas toujours eu ni la même couleur
pour le fond, ni les mêmes ornemens ou devises ; mais il faut
dire ici quelque chose en particulier sur la Cornette blanche
dont il est fort parlé dans les Histoires de Henri III & de
Henri IV, & qu'on ne porte plus aujourd'hui dans nos Armées. A la verité il y en a encore une à laquelle on donne ce
nom dans le corps de la Cavalerie-Legere : mais comme je le
dirai, ce n'est point celle dont il s'agit.

## De la Cornette blanche.

Durant les Guerres Civiles de Religion sous les Regnes de Charles IX, de Henri III & de Henri IV, il ne se donna guéres de Bataille où il ne soit parlé de la Cornette blanche. Il en est fait mention à la Bataille de Jarnac dans la Vie de Louis de Bourbon premier Duc de Montpensier sous le Regne de Charles IX. Le Marquis de Brezé la portoit à la Bataille de Coutras l'an 1587 dans l'Armée de la Ligue commandée par le Duc de Joyeuse. M. de l'Epinai la portoit un peu avant la Journée d'Arques en 1589 dans l'Armée de Henri IV. M. de Rodes à la Bataille d'Yvri portoit la Cornette blanche dans l'Armée du même Prince en 1590. Et M. de Cicogne dans celle des Ligueurs, commandée par le Duc de Mayenne. On voit encore la Cornette blanche la même année dans l'Armée de Henri IV à la levée du Siége de Paris, & à la Journée de Craon en 1592 dans l'Armée des Princes de Conti & de Montpensier, qui furent défaits par le Duc de Mercœur Chef de la Ligue en Bretagne. Enfin on la trouve encore sous Louis XIII, ainsi que je le dirai dans la suite.

*Mention fréquente de la Cornette blanche sous les Regnes de Henri III & de Henri IV. Mémoires de la Ligue T. 2. Mémoires du Duc d'Angoulême p. 51. Mémoires de Sulli. D'Aubigné T. 3. p. 331.*

Il est donc question de sçavoir ce que c'étoit que cette Cornette blanche qui n'est plus dans nos Armées ; quelles étoient les fonctions de celui qui la portoit, & qui étoient ceux qui se rangeoient sous cette Cornette.

Avant que de dire ce que c'étoit, je dirai ce que ce n'étoit pas. Bien des gens, & sur tout des gens d'Armée, s'imaginent que cette Cornette blanche n'étoit point autre que la Cornette de la premiere Compagnie du Régiment Colonel Général, à laquelle on donne encore en effet aujourd'hui le nom de Cornette blanche. Ils sont confirmez dans cette pensée par ce qui est rapporté dans le premier Tome des Mémoires de Bussi-Rabutin, d'une contestation qu'il y eut du tems de Henri IV pour le commandement & la préséance entre M. du Terrail Lieutenant Colonel de la Cavalerie-Legere, & M. de la Curée Lieutenant de la Compagnie des Chevaux-Legers du Roi. M. du Terrail pour appuyer sa prétention disoit que la veri-

*Cette Cornette n'est pas la Cornette blanche de la Cavalerie Legere. Page 463.*

table Compagnie du Roi *étoit celle du Colonel Général de la Cavalerie-Legere : qu'une marque de cela étoit la Cornette blanche qu'elle avoit, laquelle donnoit le rang à toutes les autres Cornettes.*

Il est vrai que cette Cornette est la premiere de toutes les Cornettes de la Cavalerie Legere. L'Officier qui la porte, précede tous les autres Cornettes, & a rang de dernier Capitaine de Cavalerie. Sa Charge est regardée comme une Charge considerable, & est toujours exercée par un homme de condition. Il y avoit autrefois parmi les Jeunes gens de qualité beaucoup d'empressement pour l'avoir : mais depuis que la derniere Guerre du Regne de Louis le Grand & celles qui l'avoient précedée, eurent donné lieu à la création de plusieurs Régimens, beaucoup ont préferé le titre de Colonel ou de Mestre de Camp à celui de Cornette blanche. Je dois donc montrer que cette Cornette blanche de la Cavalerie-Legere n'est nullement celle dont nous cherchons ici l'origine, & je le prouve ainsi.

*Difference de ces deux Cornettes blanches.*

Premierement Auguste Galand qui a écrit sous le Regne de Louis XIII son Livre des anciennes Enseignes & Etendarts de France qui avoit vû la Cornette blanche de la Cavalerie-Legere, & celle dont il est question, laquelle étoit encore en usage de son tems, les distingue parfaitement en ce que *la Cornette blanche* dont je traite ici, *étoit*, dit-il, *simple, non parsemée, sans ornement, sans mélange de couleur, ou Fleurs-de-lys*. Au lieu que la Cornette blanche de la Cavalerie-Legere est parsemée de Fleurs-de-Lys. Mais il y a encore d'autres argumens pour prouver la difference de ces deux Cornettes blanches.

Car secondement sous la Cornette blanche de la Cavalerie-Legere, il n'y a jamais eu que des Chevaux-Legers ; & sous la Cornette blanche dont il est parlé dans les Histoires de Henri III & de Henri IV, il n'y avoit que des Gendarmes. La raison est, comme je le prouveral plus au long dans la suite, que sous cet Etendart il ne se trouvoit que des Gentilshommes Volontaires & des Commensaux du Roi qui s'y rangeoient tous en équipage de Gendarmes & non de Chevaux-Legers. Ce fait est certain par la seule lecture des Historiens dont je ne rapporterai maintenant qu'un court extrait tiré de l'Histoire de d'Aubigné, où il raconte l'Ordonnance de la Bataille de Coutras.

# DE LA MILICE FRANÇOISE. Liv. VI.

« Puis en approchant la riviere ( étoit ) dit-il, la Cornette
» blanche du Duc ( de Joyeuse ) & dix des plus belles Com-
» pagnies. Il y avoit en ce gros plus de six-vingt Seigneurs ou
» Gentilshommes suivis d'autres à leurs dépens. Si bien que
» ce Corps n'avoit pas moins que *quatorze cens Lances*: & tout
» son premier rang étoit de Comtes, Marquis, Barons ou Sei-
» gneurs. Il est évident que ces quatorze cens Lances & tous
ces Seigneurs & Gentilshommes formoient un Corps de Gendarmerie, & non de Cavalerie Legere ; & que cette Cornette blanche n'étoit point celle du Colonel Général de la Cavalerie.

Troisiémement les deux Charges de Cornette blanche, subsistent encore aujourd'hui ensemble. Elles ont chacune leurs
Prérogatives & leurs appointemens propres, avec cette difference que le Porte-Cornette blanche qui avoit ses fonctions à la
Guerre du tems de Henri IV, ne les a plus aujourd'hui. Celui
qui possede la Charge de Cornette blanche dans la Colonelle
Générale de la Cavalerie-Legere, est le Marquis de d'Inteville, & celui qui possede l'autre Charge de Cornette blanche, est
le Marquis de la Chesnaye Gouverneur de Meulan, ci-devant
Gentilhomme de la Chambre de feu Monseigneur. Cette raison est sans replique : mais en voici encore une autre où il n'y
en a point non plus.

C'est quatriémement que le Porte-Cornette blanche dont il
s'agit, est une Charge de la Maison du Roi dépendante du
Grand-Maître d'Hôtel à qui les Provisions sont adressées, &
qui reçoit le serment du Pourvû. Tout cela est exprimé dans
les Provisions de M. de la Chesnaye & de M. de Vandeuvre
son Prédecesseur, qui m'ont été communiquées, & où il est
marqué qu'ils feront serment entre les mains du Grand-Maître
d'Hôtel. Au contraire la Cornette blanche de la Cavalerie-Legere prend son Visa du Colonel Général de la Cavalerie-Legere, & n'a pour sa Charge aucun rapport au Grand-Maître
d'Hôtel. Par tout cela il est évident que la Cornette blanche
dont il s'agit, n'est point celle de la Cavalerie-Legere, & il
la faut chercher ailleurs.

Le sçavant M. du Cange dans sa Dissertation sur l'Oriflamme, prétend que la Cornette blanche prit la place de cet Eten-

dart après le Regne de Charles VI. J'ai déja montré que la coutume de porter l'Oriflamme ne cessa entierement que sous Louis XI. Mais quand elle auroit cessé dès le tems de Charles VI, il ne s'ensuit pas que la Cornette blanche eût pris sa place.

*L'Oriflamme n'étoit point l'Etendart du Roi, mais l'Etendart de l'Armée.*

L'Oriflamme n'étoit pas l'Etendart du Roi, c'est-à-dire qu'il n'étoit pas toujours ni ordinairement dans la Troupe que le Roi commandoit en personne. Elle étoit l'Etendart de toute l'Armée; elle marchoit à la tête & devant tous les autres Etendarts. C'est ce qu'on a vû clairement dans les passages que j'ai citez de nos anciens Auteurs en traitant de cet Etendart. Or par les Histoires de Henri III & de Henri IV, il est manifeste que la Cornette blanche étoit l'Etendart du Roi ou du Général qui representoit le Roi. Le Duc de Joyeuse Général de l'Armée à la Bataille de Coutras contre Henri Roi de Navarre depuis Roi de France IV du nom, avoit cet Etendart dans sa Troupe. Henri Pot de Rodes à la Bataille d'Yvri portoit la Cornette blanche de ce Prince : ce Seigneur y ayant reçû dans les yeux une blessure qui l'aveugla, & la bride de son cheval ayant été rompuë, il en fut emporté : cet accident fit croire que le Roi se retiroit de la mêlée : & ce qui rendit la chose plus vrai-semblable, fut qu'un jeune Seigneur qui avoit un Panache tout semblable à celui du Roi, suivit la Cornette. Plusieurs dans la même pensée marcherent de ce côté-là. Le Roi averti de ce desordre, courut pour y remedier de rang en rang avec un tres-grand risque de sa personne. Dès qu'on le vit, le courage de sa Noblesse se ranima ; & tous firent de si grands efforts qu'ils rompirent entierement les Ennemis. On voit par-là que la Cornette blanche étoit dans la Troupe du Roi, qu'elle étoit son Etendart particulier ; & que c'étoit sur les mouvemens que faisoit cette Cornette pour avancer ou pour faire retraite, qu'on jugeoit de l'avantage ou du desavantage du combat à l'endroit où le Roi se trouvoit. Elle n'a donc pas pris la place de l'Oriflamme, & n'y a pas été substituée, puisqu'elle n'étoit pas l'Etendart de l'Armée comme l'Oriflamme, mais l'Etendart du Roi.

*La Cornette blanche étoit l'Etendart du Roi.*

De là il s'ensuit que si la Cornette blanche a succedé à quelque Etendart, ce n'est point à l'Oriflamme, mais à l'Etendart

Royal. Cependant avant que de rien conclure encore, il y a quelques autres reflexions à faire qui nous ferviront à débrouiller cette matiere.

Comme c'est du tems de Henri III & du tems de Henri IV qu'il est fait une mention plus frequente de la Cornette blanche sous ce nom, il faut voir quelles sortes de Troupes combattoient alors sous cette Cornette. Et pour cela je vais rapporter quelques extraits des Historiens de ce tems-là. Je remets ici celui que j'ai déja fait de d'Aubigné. Voici comme il parle en racontant l'Ordonnance de l'Armée Catholique pour la Bataille de Coutras : » puis en approchant la riviere (étoit) » la Cornette blanche du Duc (de Joyeuse) & dix des plus » belles Compagnies. Il y avoit en ce gros plus de six vingt » Seigneurs ou Gentilshommes suivis d'autres à leurs dépens, » (c'est-à-dire d'autres Gentilshommes soudoyés ou entretenus » par ces Seigneurs) si bien que ce Corps n'avoit pas moins de » quatorze cens Lances, & tout son premier rang étoit de Com-» tes, Marquis, Barons ou Seigneurs. *Part. 3. sous l'an 1587.*

Le même d'Aubigné parlant encore de ce qui préceda la Bataille de Coutras, dit de lui-même ce qui suit : » Quelques » autres Chevaux-Legers des autres, dit-il, se trouverent à » Taillebourg avec Aubigné qui menoit aussi *quelques douze* » *Gentilshommes de la Cornette blanche.*

Et sous l'an 1598, » Roulet ayant fort peu demeuré là qu'il » n'eût sur les bras 250 Salades; celui qui les menoit, n'avoit » point d'habillement de tête, & vint passer entre Roulet & » *quelques douze Gentilshommes de la Cornette blanche.* *L. 3. chap. 8.*

Le même parlant du Siege d'Amiens. » Ce Capitaine (Jean) » ayant donc deliberé de s'en venger le lendemain, & bien re-» connu comment, & jusqu'où les Assiegés s'avançoient, il vint » passer la nuit sur le pont de batteaux fait à Lompré, suivi » de trois cens Chevaux, *la plûpart de la Cornette blanche,* par-» mi ceux-là plusieurs Seigneurs, *comme le Duc de Rohan, le Com-» te Schomberg, & le Baron de Termes, &c.* Avec cela il s'em-» busca dans un Hameau, &c. *Sous l'an 1597. c. 17.*

Monsieur de Montgommeri-Corboson qui écrivoit sous Henri IV, dans son Traité de l'Ordre de Cavalerie : » Quand il » se parle d'une Bataille, dit-il, ou de quelque beau voyage, *Page penultiéme.*

« il n'y a que trop de Volontaires bien montez & bien armez
» qui enflent notre Cavalerie, & *notamment la Cornette blan-*
» *che.*

*Recueil des Rois de France, &c. p. 315.*

Du Tillet après avoir dit que les plus grands Seigneurs du tems de François I se tenoient honorez des titres de Valets-tranchans & d'autres semblables, ajoute: *Sa Cour en étoit magnifique en temps de paix, & en Guerre sa Cornette mieux remplie & plus forte.* Il parloit ainsi sous Charles IX, à qui son Livre est dédié; & il vecut sous François I.

*Qui étoient ceux qui combattoient sous la Cornette blanche.*

De tous ces passages rassemblez, il s'ensuit que le Corps qu'on appelloit la Cornette blanche, à cause de l'Etendart sous lequel il combattoit, étoit composé de Noblesse; que cette Noblesse étoit en grande partie une troupe de Gentilshommes Volontaires que Henri III & Henri IV rassembloient, principalement dans le tems qu'il y avoit quelque apparence de donner une Bataille. On voit sur tout dans l'Histoire de Henri IV. plusieurs occasions, où pour épargner la fatigue & la dépense à ces Gentilshommes Volontaires, il les renvoyoit chez eux, tandis que lui avec ses autres Troupes faisoit, par exemple, un Siége: mais si-tôt que l'Ennemi approchoit, alors toute cette Noblesse montoit à cheval & venoit se rassembler sous la Cornette blanche.

*Les Officiers de la Couronne & de la Cour combattoient sous la Cornette blanche.*

Outre ces Volontaires, les Officiers de la Couronne & de la Cour étoient obligez en vertu de leur Charge de s'y rendre aussi; & c'est sur cette obligation que du Tillet, que j'ai cité, dit que François I ayant pour Officiers quantité de gens de qualité, *sa Cour étoit si magnifique en tems de Paix, & sa Cornette si remplie & si forte en temps de Guerre.* C'est par la même raison que Monsieur de Montgommeri dit que quand il s'agissoit d'une Bataille ou de quelque voyage, la Cavalerie de Henri IV étoit toujours remplie de Volontaires, *& notamment sa Cornette.*

*Popliniere l. 5. fol. 165.*
*Item les Commensaux de la Maison du Roi.*

En effet sous François II au sujet de la Conjuration d'Amboise, François Duc de Guise ayant été fait Lieutenant Général du Royaume, » envoya faire commandement par tous les
» Bailliages circonvoisins à tous Gentilshommes de la Maison du
» Roi & autres ses Domestiques, de se rendre incontinent en
» équipage de Guerre bien montez & armez la part qu'il seroit.

# DE LA MILICE FRANÇOISE. Liv. VI.

,, roit. ,, Depuis ce Regne jusqu'à la Paix de Vervins sous Henri IV, les Guerres Civiles empêchoient qu'on ne convoquât l'Arriereban dans la plûpart des Provinces. C'est pourquoi les Rois se contentoient d'assembler sous leur Cornette les Gentilshommes Volontaires & leurs Officiers Commensaux.

Remontons plus haut. Louis XII passant en Italie pour aller soumettre Génes qui s'étoit revoltée, avoit dans ses Troupes, comme le témoigne le Maréchal de Fleuranges, un Corps de Gentilshommes qu'on appelloit les Pensionnaires, & qui avoient pour Chef Monsieur de Bourbon.

Ces Pensionnaires étoient une invention de la politique de Louis XI. C'étoit des gens couchés sur l'Etat, & qui, en vertu de leurs pensions, étoient obligez de se rendre auprès de lui, quand il les mandoit au service. Il en est parlé dans les Mémoires de Bethune qui sont à la Bibliotheque du Roi ; & ils étoient divisez par Nations, comme on le voit par ce titre : *Estat des Gentilshommes de l'Hostel du Roi de la Nation de Picardie, estant presentement sous la charge de M. des Guerdes* * *& que paye Lancelot de Baconel pour l'année commençant au mois d'Octobre* 1481, *& finissant au dernier jour de Septembre* 1482. On y voit encore un rôle tres-nombreux *de Pensionnaires mandez pour aller à Bourdeaux sous la conduite de M. de Bressuire*, & qui devoient être accompagnez *chacun de trois Combattans pour le moins*.

Vol. cotté 8446.
Vol. cotté 8447.

Philippe de Comines nous apprend que Louis XI leur donna un Chef pour les commander, & il paroît dire que lui-même fut le premier honoré de cet Emploi. ,, Et estois lors présent, ,, dit-il, ( en Bourgogne ) & m'y avoit envoyé le Roi avec les ,, Pensionnaires de sa Maison : & fut la premiere fois qu'il bailla ,, Chef ausdits Pensionnaires, & depuis a accoutumé cette façon jusqu'à cette heure. ,, Cet usage fut continué ou rétabli par Louis XII, qui fit Monsieur de Bourbon Chef des Pensionnaires pour l'Expédition de Génes, comme vient de le dire le Maréchal de Fleuranges dans ses Mémoires.

L. 6 sous l'an 1478.

C'étoient sans doute ces Pensionnaires & les autres de la Maison du Roi, comme par exemple la Compagnie des Cent Gentilshommes qui se rangeoient sous l'Etendart Royal.

* Il fut Maréchal de France : je le trouve appellé tantôt des Guerdes tantôt des Querdes, tantôt des Cordes : mais c'est des Cordes.

Tome I.  Vuu

# HISTOIRE

En rapprochant tous ces faits depuis Louis XII jusqu'à Henri IV inclusivement, nous voyons des Gentilshommes Volontaires, d'autres couchez sur l'Etat pour des Pensions, les Officiers Commensaux du Roi faire un Corps dans les Troupes, qui certainement depuis François I étoient sous la Cornette Royale, & qui par la même raison sous Louis XI devoient se rassembler sous un Etendart Royal.

Outre cela en remontant jusqu'à Philippe Auguste, nous voyons un Etendart Royal sous lequel se rassembloit beaucoup de Noblesse. Il en est fait mention dans la relation de la Bataille de Bouvines où Galon de Montigni portoit cet Etendart dans la Troupe de ce Prince. Enfin dans un rôle de 1317, sous Philippe le Long, où sont marquez les Seigneurs & Gentilshommes fieffez de chaque Province qui devoient se rendre à l'Armée contre les Flamans avec un certain nombre de Gendarmes, il y a un article particulier pour les Seigneurs de la Maison du Roi que voici.

### De l'Hôtel du Roi.

Mignot de Vieilpont 10 Gendarmes.
M. Jean de Gaillon 10.
Le Comte de Boulogne 40.
M. Robert de Boulogne 20.
Le Comte de Blois 60.
Le Seigneur de Bauçai 16.
Gouyon de Bauçai 15.
M. Pierre de Garancieres 15.
Sançai de Bauçai 15.
Le Sire de Beaufremont 10.
Le Sire de Lor 10.
Le Sire de S. Palais...
M. Hugue d'Angeron 5.
Le Seigneur de la Tour....

Or il est hors de doute suivant les reflexions que j'ai déja faites, que ces Seigneurs & Gentilshommes de l'Hôtel du Roi s'assembloient sous un Etendart Royal. De tout cela il s'ensuit

DE LA MILICE FRANÇOISE. *Liv. VI.* 515

que la Cornette dont il eſt ici queſtion, étoit un Etendart Royal, ſuivant l'ancien uſage de la Monarchie, lequel a duré juſqu'aſſez près de notre tems.

Mais il y a encore quelques remarques à faire ſur l'eſpece de cet Etendart Royal, ſur le nom de Cornette qu'on lui a donné, & ſur ſa couleur.

Nos Rois avoient pluſieurs Bannieres Royales, quoiqu'il y en eût une qui portoit plus ſpecialement le nom de Banniere du Roi. Outre cela ils avoient l'Etendart Royal, & puis le Pennon Royal. C'eſt ce que je vais prouver par divers endroits de nos Hiſtoires.

Je dis d'abord que nos Rois avoient pluſieurs Bannieres Royales: car il en eſt parlé en nombre plurier. En 1451 ſous Charles VII, au ſujet de la priſe de Bayonne ſur les Anglois, il eſt dit : *& puis furent portées les Bannieres du Roi par ſes Herauts au haut de la Tour de ce Chaſteau, dont chacun eut grande joie.*

*Il y avoit pluſieurs Bannieres Royales.*

Hiſt. Chronologique de Charles VII.

Le même Auteur parlant un peu auparavant de l'entrée du Comte de Dunois dans Bourdeaux, après la reddition de cette Place, dit encore : » Puis entra le Sire de Saintrailles ou Xain- » trailles Bailli de Berri & Grand Ecuyer de l'Ecurie du Roi, » armé d'un harnois tout à blanc, monté ſur un courſier, le- » quel portoit *une des Bannieres du Roi* devant mondit Seigneur » de Dunois, & à ſa ſeneſtre portoit *l'autre Banniere* le Sire de » Montagu ſon neveu monté ſur un courſier, & armé pareil- » lement, & laiſſerent iceux Seigneurs en entrant dedans le » Chœur de ladite Egliſe au Lectrin une des Bannieres du » Roi. «

Il eſt évident par ces témoignages qu'il y avoit alors au moins deux Bannieres du Roi.

Voici ce qui regarde l'Etendart Royal. » Au plus près de » lui, dit un des Hiſtoriens de Charles VII, en décrivant ſon » entrée dans Rouen, au plus près de lui étoit un Ecuyer, » qui portoit l'Etendart du Roi de France, lequel étoit de ſa- » tin cramoiſi ſemé de Soleils d'or. Il y avoit un autre Eten- dart qu'on n'appelloit pas ſimplement Etendart Royal, mais le Pennon Royal, Froiſſard parle expreſſément de ce Pennon Royal au ſujet de la deſcente que le Duc de Bourbon fit en Afrique.

*L'Etendart Royal.*

Hiſt. Chronologique de Charles VII. p. 445.

Vol. 4. c. 18.

V u u ij

Car dans l'énumeration des Princes & des Seigneurs qui accompagnoient le Duc de Bourbon. « Là étoient, dit-il, ....  « Messire Philippe d'Artois Comte d'Eu à Banniere ..... le « frere du Maréchal de Sancerre à Pennon : *& puis le Pennon « du Roi de France & sa devise*, &c.

*Le Pennon Royal.*

« Pareillement dans la relation de l'entrée de Charles VII « dans Rouen, il est fait mention du Pennon Royal. Derrie- « re les Pages du Roi, dit l'Historien, étoit Havart Ecuyer « Tranchant, monté sur un grand destrier * qui portoit un Pan- « non * de velours azuré à trois Fleurs-de-lys d'or *a* de brodeure * « bordé de grosses perles. »

* Cheval de Bataille.
* Pennon.
* En broderie.

Ce n'est pas sans raison que je remarque cette différence d'Etendarts des Rois de France, parce que je prétens que c'est de l'un d'eux que la Cornette blanche a pris la place, ou plûtôt qu'elle est l'un de ces Etendarts sous un autre nom & sous une autre figure. Je tâcherai de prouver dans la suite que c'est le Pennon Royal.

Ce seroit, à mon avis, de ce Pennon que devroit s'entendre ce que je trouve rapporté dans l'Etat de la France de 1661 si le fait étoit vrai. « Monsieur de Rodes, dit l'Auteur, étoit « aussi autrefois Ecuyer Tranchant & Cornette blanche de Fran- « ce ; laquelle derniere Dignité a été héréditaire dans sa Mai- « son depuis qu'Eudes de Rodes vers l'an 1496 *b* sous Char- « les VIII dans une bataille se jetta au travers des Ennemis qui « avoient déja gagné la Cornette blanche, & tuant de sa propre « main celui qui la tenoit, il la rapporta au Roi qui lui don- « na cette Charge héréditaire en sa Famille de porter la Cor- « nette blanche quand les Rois marchent à l'Armée. » Il y a dans cet extrait bien des faussetez, mais qui supposent cependant une verité que je vais débroüiller.

*Faussetez de cette remarque de l'Etat de la France de 1661.*

Premierement il est faux qu'un Eudes de Rodes ait été Porte-Cornette blanche à la bataille de Fornouë : car dans la Généalogie & dans les titres de la Maison de Rodes citez dans la Généalogie, il ne paroît aucun Seigneur de cette Maison qui ait porté le nom d'Eudes. 2°. Bien que cette Maison fût déja illustrée dès le tems de Charles VIII par l'Ordre de la Toi-

---

*a* Un autre Exemplaire met quatre Fleurs-de-lyt en broderie.
*b* Il parle de la Bataille de Fornouë qui se donna au mois de Juillet de 1495.

DE LA MILICE FRANÇOISE. *Liv. VI.* 517

son d'or, & par des Emplois considerables ; on ne voit point par la Généalogie qu'aucun de ces Seigneurs ait porté le titre de Cornette blanche en ce tems-là. Le premier à qui on le donne, est Guillaume de Rodes sous Charles IX. Mais voici ce qui est vrai ; c'est qu'un Seigneur dont les Terres sont tombées par alliance dans la Maison de Rodes, étoit Porte-Cornette à la Bataille de Fornouë. C'étoit le Seigneur du Mesnil-Simon. Cela se voit par son Epitaphe qui est dans l'Eglise de Neuilli proche de Sancerre. La voici copiée mot à mot sur l'original. *Ce qu'il y a de vrai dans cette remarque de l'Etat de la France.*

 « Ci gist noble & puissant Seigneur Messire Charles du
» Mesnil-Simon en son vivant Chevalier Seigneur de Beaujeu,
» & des Cartiers-Rogier, Valet Tranchant des Rois Loys &
» Charles, portant la *Cornette à la Journée* de Fournauve, qui
» estoit fils de haut & puissant Seigneur Messire Jehan du Mes-
» nil-Simon Seigneur dudit lieu & de Bethemont, Besancourt,
» Pousy, Montagu, le Buc, Anthoillet, Moiraistres, Launai en
» l'Isle de France, de Beaujeu, Maupas, Morogues & des
» Cartiers-Rogier, Conseiller & Chambellan du Roi, Bailli
» & Gouverneur de Berri & de Limosin, qui mourut à Burgues * *C'est-à-dire à Burgos.*
» revenant d'Ambassade devers le Roi de Castille, & déceda
» icelui Charles son fils le vingt-sixiéme Septembre mil cinq
» cens huit. Priez Dieu pour eux. «

Il faut de plus remarquer ici que l'Auteur de l'Etat de la France a ajouté de lui-même à la Cornette l'Epithete de *blanche* qui n'est point dans l'Epitaphe : car vrai-semblablement ce n'étoit point encore la couleur de cette Cornette ou du Pennon Royal. Mais avant que de prononcer absolument que la Cornette blanche fût le Pennon Royal & le même Etendart sous divers noms en divers tems ; il faut examiner encore quand & d'où est venu le nom de Cornette à cet Etendart.

Sans m'arrêter aux diverses origines que nos Etymologistes donnent de ce nom de Cornette en qualité d'Etendart, je dirai ce qui me paroît de plus vrai-semblable là-dessus.

La Cornette en matiere de Guerre fut d'abord une espece d'ornement qui se mettoit quelquefois sur le Casque, principalement dans les cérémonies publiques, où l'on paroissoit en habillement de Guerre. Je pourrois en apporter divers exem- *Origine du nom de Cornette en qualité d'Etendart.*

V uu iij

ples. Je me contenterai d'en transcrire un où il est fait plusieurs fois mention de cette Cornette. C'est dans l'Histoire de Mathieu de Coussi, où il fait la description de l'entrée de Charles VII à Rouen, lorsque les Anglois en furent chassez. « Après, dit-il, suivoient les Archers de Messire Charles d'An-
» jou qui étoient au nombre de cinquante, & qui avoient sur
» leurs salades *des Cornettes pendans jusques sur leurs chevaux...*
» Ensuivant iceux alloient cinquante Archers ou environ, fort
» bien habillez, qui appartenoient au Roi de Sicile, & avoient
» sur leurs salades *des Cornettes* des couleurs du Roi... Trois
» cens Lances qui avoient sur leurs salades *chacun une Cornette*
» *de taffetas vermeil a un Soleil d'or*, &c.

Je crois qu'on appella ainsi cet habillement de tête, parce qu'il étoit mis par dessus le Casque ou par dessus la salade, comme les cornettes des femmes étoient mises alors par dessus leur bonnet, & comme en divers endroits nos Paysannes le mettent encore aujourd'hui. En effet ce taffetas se mettoit sur le Casque en derriere comme ces cornettes de Paysannes. Il en avoit assez la figure, ainsi qu'on le voit dans l'Estampe du casque du Connêtable de Clisson que je represente ici.

De plus, comme le mot de Pennon étoit suranné depuis qu'il n'y avoit plus de Chevalerie Bannerette dans les Armées, & que cette Cornette Militaire des Casques étant étenduë paroît avoir eu une figure approchante d'un Etendart, on changea le nom de Pennon Royal en celui de Cornette Royale.

Cornette, terme peu ancien pour signifier un Etendart.

Comme je trouve la Cornette Royale appellée de ce nom de Cornette pour la premiere fois sous Charles VIII, il me paroît que ce fut le même Prince qui donna ce nom de Cornette à l'Etendart ou Pennon Royal. Ce nom de Cornette fut donné depuis aux autres Etendarts de la Cavalerie Legere sous le Successeur de Charles VIII Louis XII, qui, comme je le dirai après Brantôme, fut celui de nos Rois qui donna le premier quelque forme à la Cavalerie Legere.

J'ai dit qu'on voit pour la premiere fois sous Charles VIII ce mot de Cornette pour signifier un Etendart; & en effet je ne me souviens point d'avoir jamais vû avant ce tems là le nom de Cornette en ce sens dans les Troupes Françoises. J'ai été confirmé dans la pensée que ma memoire ne me trompoit point

## DE LA MILICE FRANÇOISE. Liv. VI.

par l'autorité d'un homme sçavant dans les Antiquitez de France. C'est le Sieur de Caseneuve, qui dans ses Origines Françoises s'exprime ainsi sur le mot de Cornette. « C'est ainsi, » dit-il, « que nous appellons une Compagnie de gens de che-» val, & le Drapeau qui lui sert d'Enseigne. Je puis assurer » que ce mot en ce sens-là, n'est pas fort ancien en France, » ne l'ayant encore pû rencontrer en aucun de nos anciens Au-» teurs.

Quoiqu'il en soit de cette conjecture touchant l'origine de ce nouveau nom; c'étoit toujours l'Etendart Royal ou le Pennon Royal. Il me semble, suivant ce que je vais ajouter, que ce ne fut pas le grand Etendart, mais le Pennon. Je crois qu'on en conviendra quand on aura lû les reflexions suivantes.

Monsieur du Cange dans sa neuviéme Dissertation sur l'Histoire de Saint Louis par Joinville où il traite des Chevaliers Bannerets, s'exprime ainsi. « Il est constant, dit-il, que les » Souverains avoient la Banniere & le Pennon ; & à l'égard du » Roi de France, sa Banniere étoit à la garde du Grand Cham-» bellan, & son Pennon en celle du premier Valet Tranchant. Il faut remarquer ces dernieres paroles, que le Pennon Royal étoit à la garde du premier Valet Tranchant.

Lorsque dans ces derniers tems le Roi réunit la Charge de Porte-Cornette blanche avec celle de Premier Tranchant dans la personne de M. de la Chesnaye en 1685, on mit ce qui suit dans ses Provisions. « La Charge de notre Porte-Cornet-» te blanche dont étoit pourvû le Sieur Marquis de Vandeu-» vre, ayant vaqué par sa mort, nous avons pris resolution de » réunir à ladite Charge celle de notre Premier Tranchant, » *lesquelles Charges avoient été toujours possedées par une même per-» sonne*, & d'en pourvoir notre cher & bien amé Jean-Baptiste-» Nicolas Desmé Ecuyer Sieur de la Chesnaye, Gentilhomme » de la Chambre de notre tres-cher & tres-amé fils le Dau-» phin .... A ces causes nous avons audit Sieur de la Ches-» naye donné & octroié, donnons & octroions par ces Présen-» tes signées de notre main ladite Charge de notre Porte-Cor-» nette blanche & Premier Tranchant, vacante tant par le dé-» ceds dudit sieur Marquis de Vandeuvre, que par la démission » du sieur de Bontenai Comte de Hombourg, &c.

*La Charge de Porte-Cornette blanche jointe autrefois avec celle de Premier Tranchant.*

*Ces deux Charges réunies sous le Regne de Louis le Grand.*

## HISTOIRE

Ce qui est énoncé dans ces Provisions, que les deux Charges avoient été toujours possédées par le même Officier, se verifie dans plusieurs personnes de la Maison de Rodes sous les Regnes de Louis XIII, de Henri IV & de Henri III, sous le Regne desquels Messieurs de Rodes possederent en même tems ces deux Charges ; le Seigneur du Mesnil-Simon les possedoit aussi sous Charles VIII, comme on l'a vû dans son Epitaphe, & il étoit un de leurs Ancêtres par les femmes.

Joignons à cela ce que dit Monsieur du Cange que le Pennon Royal étoit autrefois *à la garde du premier Valet Tranchant*; & ajoutons pour confirmer cette remarque ce qui est dit dans la relation de l'entrée de Charles VII dans Rouen, que j'ai déja citée, sçavoir qu'en cette occasion *derriere les Pages du Roy étoit Havart Escuyer Tranchant monté sur un grand destrier qui portoit un Pennon de velours azuré à trois Fleurs-de-lys d'or*, qui étoit le Pennon Royal.

Selon tous ces differens textes, le Pennon Royal étoit à la garde du premier Valet Tranchant, & les deux Charges de Valet Tranchant & de Porte-Pennon Royal étoient, du tems de Charles VII, unies dans la même personne. Elles l'étoient aussi sous Charles VIII, & l'ont presque toujours été depuis. De-là il est, ce me semble, tres-naturel de conclure que l'Etendart auquel a succédé la Cornette blanche, est le Pennon Royal, ou plûtôt que la Cornette blanche est le Pennon Royal même qui a changé de nom & de couleur, & pris le nom de Cornette blanche.

*La Cornette blanche est l'ancien Pennon Royal.*

Voici encore une preuve de ce que j'avance ; c'est que le Pennon Royal porté par le Valet Tranchant, servoit au même usage à l'Armée auquel la Cornette blanche a servi depuis, étant pareillement portée par le Valet Tranchant. Je trouve ceci expressément marqué dans un tres-ancien Manuscrit, qui commence par une Ordonnance de Philippe le Bel dattée de l'an 1306 touchant les Gages de bataille ; & où il y a plusieurs divers reglemens compilez. Il y en a un intitulé : *l'Ordonnance du Roy quant il va en Armez*. Il est dit sous ce titre premierement que le premier Ecuyer Tranchant a la garde de l'Etendart Royal. Secondement que le premier Chambellan porte la Banniere du Roi, & qu'enfin ⁎ le premier Varlet Tranchant

*Autre preuve de ce fait.*

# DE LA MILICE FRANÇOISE. Liv. VI.

"chant doit être le plus prochain derrière le Roi, portant son
"Panon, qui doit aller çà & là par tout où le Roi va, afin
"que chacun connoisse où le Roi est." Or il est manifeste par
nos Histoires que tel étoit l'usage de la Cornette blanche,
lorsque le Porte-Cornette exerçoit ses fonctions Militaires, comme il les exerçoit encore du tems de Henri III, de Henri
IV & de Louis XIII. On peut relire ce que j'ai dit ci-dessus
sur ce qui se passa à cet égard à la Bataille d'Yvri. On doit
donc, ce me semble, convenir que la Cornette blanche de ces
derniers tems, étoit le Pennon Royal. Il reste à examiner quand
la couleur du Pennon Royal a été changée, & qu'il a été fait
purement blanc : car il est certain que l'Etendart Royal & le
Pennon Royal ont changé pour la couleur.

Cela se prouve par divers faits historiques que j'ai rapportez ci-dessus. L'Etendart Royal du tems de Philippe Auguste
étoit de couleur bleuë parsemé de Fleurs-de-lys.

De fin azur luisante Enseigne
A Fleurs-de-lys d'or aornée.

Dit Guillaume Guiart. L'Etendart Royal de Charles VII à
son entrée à Rouen, étoit de satin cramoisi, &, selon d'autres, de satin noir semé de Soleils d'or. Et dans la même cérémonie le Pennon Royal étoit de velours azuré à trois ou à
quatre Fleurs-de-lys d'or. Je suis persuadé, comme je l'ai déja dit, que ces Historiens ne nous ont marqué que le fond
de cet Etendart sans exclure la Croix blanche ; tant il est constant par les Ecrivains de notre ancienne Histoire, que les Etendarts Royaux ont toujours eu cette Croix. C'est ainsi que parlant des Drapeaux du Régiment des Gardes, on pourroit dire simplement qu'ils sont de couleur bleuë semés de Fleurs-de-lys. Ce qui n'excluroit pas la Croix blanche qu'ils ont en effet
sur ce fond bleu. Mais quand est-ce que la Cornette blanche
a commencé d'être toute blanche ? Je ne puis rien assûrer là-dessus, sinon que je n'ai vû nulle part avant Charles IX la
couleur blanche attribuée à cette Cornette Royale : mais ce
n'est là qu'un argument négatif qui n'est pas assez concluant
pour faire ce Prince l'Auteur de ce changement. En voici un

*Simple conjecture du changement de couleur du Pennon Royal pour devenir la Cornette blanche.*

Tome I.     Xxx

autre qui paroît avoir quelque vrai-semblance : c'est que François I en créant le Colonel Général de l'Infanterie, lui donna deux Compagnies Colonelles, auxquelles seules il accorda le privilege de porter le Drapeau blanc. Il pourroit bien dans le même tems avoir changé la couleur de sa Cornette Royale & lui avoir donné la couleur blanche. Je n'en sçai pas davantage sur cette circonstance.

*Il y avoit un Pennon Royal & depuis une Cornette blanche dans les Armées, lors même que le Roi n'y étoit pas.*

Le Pennon Royal auquel la Cornette blanche a succedé, se portoit même dans les Armées où le Roi n'étoit pas en personne, comme on l'a vû dans l'Expedition d'Afrique du Duc de Bourbon du tems de Charles VI dont j'ai parlé ; où Froissard dit en termes exprès « qu'on y vit le Pennon du Roi de » France. « Il en fut de même de la Cornette blanche. L'exemple de l'Armée du Duc de Joyeuse à la Bataille de Coutras que j'ai aussi rapporté, où le Roi Henri III n'étoit point, en fait foi : mais bien plus, Il y avoit dans chaque Armée Royale une Cornette blanche : car dans le même tems que Henri IV serroit de fort près en personne avec sa principale Armée celle du Duc de Mayenne & du Duc de Parme dans le Pays de Caux en 1592, les Princes de Conti & de Montpensier avoient dans la leur sur les Frontieres du Maine une Cornette blanche portée par Monsieur d'Achon qui fut fait prisonnier à la Journée de Craon par le Duc de Mercœur. Pareillement sous Charles IX à une défaite de M. de Sommerive qui étoit dans la Provence Chef du parti Catholique, tandis que le Comte de Tende son pere étoit à la tête des Huguenots.

*D'Aubigné l. 3. c. 8. sous l'an 1562.*

D'Aubigné dit que Monsieur de Sommerive perdit deux mille hommes sur la place ..... *abandonnant l'Enseigne blanche*, & vingt-deux autres, &c.

Mais ces Cornettes blanches, comme je le dirai dans la suite, n'étoient point la Cornette Royale ; c'étoient seulement celles du Général. Il faut maintenant examiner, quand ont cessé les fonctions Militaires du Porte-Cornette-blanche.

Il y a déja longtems que cette Charge est sans exercice. Dans un Etat de la France imprimé il y a soixante ans, c'est-à-dire en 1661 il est dit : » Vous remarquerez qu'autrefois, lorsque nos Rois marchoient au combat, c'étoit sous » la Cornette blanche, sous laquelle marchoient avec le Roi

*P. 314.*

# DE LA MILICE FRANÇOISE. Liv. VI.

« plusieurs Seigneurs Volontaires : mais maintenant elle n'est « plus en usage. » De la maniere dont cet Auteur s'exprime, il paroît qu'il y avoit dès-lors bien des années qu'on ne portoit plus la Cornette blanche à l'Armée. Je crois pouvoir assurer qu'on ne l'y a jamais portée sous le Regne de Louis le Grand, mais je la trouve encore sous celui de Louis XIII.

*Quand les fonctions Militaires du Cornette blanche ont cessé.*

Voici ce que dit le Mercure François sous l'an 1620 après avoir parlé de la prise du Pont de Cé durant la Guerre Civile qui s'alluma au sujet de la Reine Mere, après qu'elle eut quitté la Cour. « Le Roi, dit-il, en se retirant à son Logis, « après avoir été dix sept heures à cheval auparavant que de « descendre, il le poussa & lui fit faire quelques passades à « *la tête de sa Cornette blanche.* » Cette Cornette étoit donc portée encore à l'Armée en 1620.

*Fol. 336. v.*

En 1636 après la prise de Corbie qui effraya beaucoup les Parisiens ; comme l'on pensoit à reprendre cette Place, le Roi Louis XIII fit une Ordonnance où entr'autres choses : « Il « est enjoint à tous Maîtres d'Hostel & Gentilshommes ser- « vants de Sa Majesté hors de quartier, de se rendre dans huit « jours dans son Armée, & montez en état de lui faire ser- « vice, à peine d'être déchûs des qualitez & des Privileges y « attribuez. »

*Hist. de Dupleix sous l'an 1636.*

Et l'Historien ajoute dans la même page, que « le Roi ar- « riva à l'Armée peu de jours après avec le Cardinal ( de Ri- « chelieu ) & bon nombre de Seigneurs & de Gentilshommes « tant de sa Maison que de Volontaires. » Ces Officiers Commensaux du Roi, dont il est parlé dans l'Ordonnance, aussibien que ces Seigneurs & Gentilshommes de la Maison du Roi, & les autres Gentilshommes Volontaires dont parle l'Historien, qui accompagnerent Sa Majesté à l'Armée, étoient ceux qui jusqu'alors avoient coutume de combattre sous la Cornette blanche. Ainsi quoiqu'il ne soit point ici fait mention de cet Etendart ; je crois qu'il étoit encore dans cette Armée ; d'autant plus que dans un Etat de la France, où par occasion il est parlé de cette Expédition, il est dit, que « le Roi convo- « qua l'Arriereban de Sa Maison qu'il sépara d'avec ses au- « tres Troupes. » Ce qui marque qu'il devoit combattre

*Etat de la France de 1708. t. I. p. 408.*

Xxx ij

sous un Etendart particulier qui ne pouvoit être que la Cornette blanche, suivant la coutume que nous avons vû avoir encore été observée sous ce Regne. Je trouve qu'il est fait encore mention de la Cornette blanche en 1642, au sujet de la Bataille de Honnecourt que le Maréchal de Guiche perdit contre les Espagnols : car Vittorio Siri dit dans son Mercure que « la Cornette blanche du Colonel Général de la Cavalerie ayant été trouvée parmi les Etendarts qui avoient été pris, les Espagnols s'en firent grand honneur, croyant & publiant que c'étoit la Cornette des Gentilshommes du Roi de France » ; ce qui suppose que cette Cornette étoit encore portée dans les Armées Françoises.

<small>Mercurio di Vittorio Siri T. 2. l. 1. P. 479.</small>

Depuis ce tems-là je n'ai point d'idée de l'avoir trouvée dans les Armées ; & je crois que peu de tems après le Porte-Cornette blanche, quoique la Charge subsistât, cessa de faire les fonctions militaires attachées auparavant à cette Charge.

Je dois faire ici en passant une remarque sur une maniere de s'exprimer en usage dans la Maison du Roi. Elle s'y est introduite sans doute du tems que la Cornette blanche étoit dans les Armées, & s'y est conservée, quoique cette Cornette n'y soit plus. En tems de Guerre on dit par exemple des Gardes du Corps ; on le dit aussi des Gendarmes & des autres Corps Militaires de la Maison du Roi, que les uns sont de quartier & les autres à la Cornette. Ceux qui sont de quartier sont ceux qui comme Gardes font leurs trois mois de service. Ceux qui sont à la Cornette sont les autres qui n'étant point de quartier servent dans l'Armée. On parle ainsi, quoique les Gardes du Corps & les Gendarmes de la Garde n'ayent point de Cornette : c'est qu'autrefois ceux des Gardes qui étoient à l'Armée, se rassembloient avec tous les Officiers de la Maison du Roi & les autres Commensaux sous la Cornette blanche soit du Roi, soit du Général ; & qu'ainsi l'on disoit que les uns étoient de quartier & les autres à la Cornette. Je suis persuadé que c'est là l'origine de cette maniere de parler.

<small>Remarque sur une façon de parler qui est encore dans la Maison du Roi touchant la Cornette.</small>

Quant aux Prérogatives & aux fonctions Militaires du Porte-Cornette-blanche dans les tems qu'il en jouissoit, nous n'en apprenons guéres autre chose par l'Histoire, sinon qu'il portoit cette Cornette dans l'Escadron du Roi à un jour de Bataille. Mais j'ai recouvert un papier qu'on a trouvé parmi ceux de feu M. de Vandeuvre prédécesseur de M. de la Chesnaye dans cette Charge, où il y a quelque détail touchant la Cornette blanche. C'est un Mémoire présenté au Conseil du Roi par Monsieur de Rodes contre Monsieur de Palezzeau, qui en vertu de quelque Charge qu'il avoit, soit dans la Gendarmerie, soit dans la Cavalerie, prétendoit être obéi par la Cornette blanche & lui donner ses ordres. Celui qui présenta le Mémoire étoit Claude Pot de Rodes petit-fils de Guillaume de Rodes. Je vais mettre ici ce Mémoire en entier, parce qu'il n'est pas long, & qu'il me donnera lieu de faire des réflexions importantes à ce sujet.

*Les raisons que Monsieur de Rodes allegue contre la prétention de Monsieur de Palezzeau sont*

Qu'ayant l'honneur de porter la Cornette blanche du Roi, il ne peut recevoir commandement d'autre que de Sa Majesté.

Que pour preuve de cela, quand le Roi a une Armée sur pied & qu'il n'y est pas en personne, si ledit sieur de Rodes s'y trouve, il n'arbore pas la Cornette, mais il y combat comme Particulier, ainsi que fit son grand pere à la Bataille de Dreux, au retour de laquelle il fut fait Chevalier de Saint Michel : & lors le Général de l'Armée a une Cornette qu'il donne à commander à qui bon lui semble ; & en cette qualité ledit sieur de Rodes fit le voyage de Juliers avec Monsieur le Maréchal de la Chastre son oncle, son frere étant encore vivant & en possession de la Cornette blanche ; & dit qu'il y avoit plus d'apparence qu'il dût être commandé d'un Général d'Armée, que d'un Particulier qui pourroit être aujourd'hui commis par Sa Majesté & demain un autre, qui seroit rendre la Cornette moins honorable que celle du plus petit cheval-Leger qui soit en France.

Et sur ce que ledit sieur de Palezzeau allegue que le Marquis de Pizani lui a commandé autrefois ayant été destiné par le feu Roi Henri le Grand pour porter la Cornette blanche, si quelque occasion de Bataille se fût offerte : à cela je réponds que s'il l'a souffert, ç'a été pour le bas âge auquel étoient

*La Cornette blanche Royale ne se developpoit que quand le Roi étoit à l'Armée.*

*Le Général d'Armée avoit une Cornette blanche qui n'étoit pas la Cornette blanche Royale.*

les freres dudit sieur de Rodes, & pour ne sçavoir pas le dû de sa Charge, qui l'obligeoit à ne recevoir commandement que du Roi ou de celui qui porte le commandement de sa part, lequel ledit Seigneur Roi, quand il part du gros de sa Cornette, commande à celui qui a cette Charge, de croire ce que celui qu'il nomme lui dira de sa part, n'y pouvant être, qui est ordinairement son Ecuyer; & ainsi fut-il observé à Amiens. Et un Ecuyer nommé Boissi vint plusieurs fois faire des commandemens à feu mon frere d'avancer pour aller au combat, comme on en fut sur le point.

*Ceux qui étoient sous la Cornette blanche ne recevoient le commandement que du Roi.*

Et sur ce que plusieurs alleguent que tel pourroit être pourvû de ma Charge qui auroit encore si peu d'expérience, comme étoient mes freres dont l'aîné fut tué la portant à la Bataille d'Yvri à dix neuf ans, & le dernier mort à Amiens à vingt-un, qu'il ne seroit digne de commander à ceux qui sont sous la Cornette blanche. A cela je dis que nul n'y peut commander que le Roi, la Cornette étant composée de Princes, Maréchaux de France, Officiers de la Couronne & vieux Capitaines de gens d'Armes qui n'ont leurs Compagnies dans l'Armée, & qui ne sçauroient obéir à d'autre qu'à Sa Majesté; mais qu'ayant eu le commandement de charger, c'est mon Drapeau qui comande à ceux qui l'accompagnent, & non ma personne, auquel tout ce qui est dessous, tant ceux qui ont été portez par terre, que ceux qui ont été rompus des autres Compagnies qui ont combattu, se viennent rallier pour faire ferme ou combattre selon qu'il est jugé nécessaire.

*Qui étoient ceux qui combattoient sous la Cornette blanche.*

*Ralliement à la Cornette blanche.*

D'autres disent qu'il est nécessaire qu'il y ait quelqu'un dedans le quartier de la Cornette pour commander, autrement qu'il y arriveroit plusieurs inconveniens, tant aux allarmes que pour les logemens, querelles & autres désordres qui surviennent dans le quartier.

*Le quartier de la Cornette blanche toujours proche de celui du Roi.*

A cela je répons que le quartier de la Cornette blanche est toujours le plus proche Bourg du quartier du Roi, que dans ledit quartier sont tous Volontaires tels que je les ai nommez ci-dessus qui pourront aller à la Guerre, à la priere ou par l'estime qu'ils feront d'un homme qu'il plaira au Roi y commettre, pour en mener cent ou deux cens selon l'occasion, mais non par commandement; & que du jour que le Roi érigera cette Charge & l'affectera à une personne particuliere, il ruinera le corps de sa Cornette, & tous Volontaires qui arriveront à l'Armée, prendront parti dans des Compagnies de Gens d'Armes, Chevaux-Legers & Régimens selon l'âge & l'opinion des hommes, & les amis qu'ils auront dedans l'Armée.

Et de plus après plusieurs charges faites, je suis obligé de demeurer avec ma Cornette dans le champ de Bataille mort ou vif, soit qu'elle soit gagnée pour le Roi ou perduë; parce que c'est à cette marque que l'on a recours pour venir apprendre des nouvelles du Roi, & où Sa Majesté envoye commander ce qu'elle veut qu'on fasse: & en cas que je sois pris prisonnier, c'est au Roi à payer ma rançon; & s'il y avoit quelqu'un qui me commandât, il m'obligeroit peut-être à me retirer qui est contre mon devoir & mon honneur.

*Le Porte-Cornette blanche obligé de demeurer dans le Champ de bataille, mort ou vif.*

*Le Roi payeris la rançon du Cornette blanche s'il étoit fait prisonnier.*

Et bien qu'en ceci je represente l'inconvenient qui en arrivera, c'est pour le respect de l'interêt du Roi & non pour le mien: car je ne loge jamais dans le quartier de la Cornette blanche, si ce n'est une partie de mon équipage; mais proche du logis du Roi, afin qu'à la moindre allarme qui arrivera, je puisse aller au logis de Sa Majesté prendre ma Cornette qui a coutume d'être mise dans la ruelle de son lit.

*Le Porte-Cornette blanche logeoit proche du Logis du Roi.*

*La Cornette blanche mise à la ruelle du lit du Roi.*

Et le jour que le Roi licentie son Armée, qu'il la met en Garnison, qu'il est sur son retour & n'a plus que faire de mon service, je le supplie qu'il ait agréable que je l'emporte chez moi, & qu'il me soit donné un cheval de sa grande Ecurie qui sera choisi après son premier & second cheval de Bataille, ainsi qu'il eût fait si j'eusse combattu: cet honneur & bienfait étant dûs & payés de tout tems à mes Predécesseurs qui ont eu ma Charge, du jour que Sa Majesté a Ennemis en campagne & qu'il fait la revuë de son Armée à laquelle je me dois trouver, après avoir reçû le commandement de Sa Majesté.

Et quand l'Arriereban est publié & que ceux des Provinces qui les conduisent arrivent à la Cornette blanche, les Maréchaux des Logis ne leur doivent point donner de logis qu'ils ne leur portent attestation de moi du jour de leur arrivée, afin qu'ayant servi leurs trois mois, ils puissent se retirer chez eux avec des certificats que je leur donne de leurs services rendus, sur lesquels ils en obtiennent de Monsieur le Sécrétaire d'Etat

*Les Commandans de l'Arriereban n'étoient logez par les Maréchaux des Logis, que sur un billet du Porte-Cornette blanche.*

*Il donnoit des certificats du service rendu par les Capitaines de l'Arrierreban.*

qui a la Charge de la Guerre, pour leur servir en ce qu'ils en auront besoin, pour n'être point inquiétez par les Juges des Provinces.

Cela doit faire juger au Roi & à Messieurs de son Conseil, que s'il y avoit quelqu'un qui eût commandement sur moi, ce seroit à lui à donner ces certificats & non à moi dont mes Prédécesseurs sont en possession de tems immémorial.

Qui me fait tres-humblement supplier Sa Majesté d'appuyer mes raisons & me permettre que cette Charge qui a jusqu'ici tant apporté de lustre & d'honneur à ceux de mon nom, n'y puisse être alterée ni amoindrie, mais demeurant dans les Prérogatives & fonctions ordinaires, je les puisse imiter en l'affection & fidelité qu'ils ont de tout tems renduë aux Rois ses Prédécesseurs. Et afin que les choses ne soient point mises en contestation, il lui plaise commander à Monsieur de la Ville-aux-Clercs m'en expédier un Réglement. Jusqu'ici est le Mémoire de M. Rodes.

Voici ce qu'on en peut recueillir touchant les Prérogatives & les fonctions Militaires du Cornette blanche, quand cette Charge étoit en exercice dans les Armées.

*Récapitulation des Prérogatives du Porte-Cornette blanche.*

1°. Que la Cornette blanche étoit dans le corps où le Roi combattoit ; que ce Corps étoit composé de Princes, de Maréchaux de France, d'Officiers de la Couronne, de vieux Capitaines de Gendarmes qui n'avoient point leurs Compagnies dans l'Armée : & cela s'accorde parfaitement avec les extraits que j'ai faits ci-dessus de d'Aubigné, de du Tillet, de Montgommeri-Corboson, de Popeliniere & de Comines.

2°. Que la Cornette blanche du Roi ne se déployoit point dans une Armée, quand il n'y étoit pas en personne ; qu'alors le Cornette blanche y servoit comme Particulier & sans faire les fonctions de sa Charge ; que le Général de l'Armée en ce cas donnoit sa propre Cornette blanche, & qui n'étoit pas celle du Roi, à qui il jugeoit à propos : ce qui n'empêchoit pas que quantité de Seigneurs & Gentilshommes Volontaires ne se rangeassent sous la Cornette blanche du Général, comme ils faisoient sous celle du Roi. Et ce fait est prouvé par l'extrait que j'ai fait de l'Histoire de d'Aubigné, où il est parlé de la Bataille de Coutras, en laquelle le Duc de Joyeuse commandoit l'Armée

mée Royale, & avoit sa Cornette blanche sous laquelle étoit une infinité de Noblesse.

3º. Que nul autre que le Roi ne commandoit le Corps de la Cornette blanche, & que quand il s'en détachoit pour aller en quelqu'autre endroit de l'Armée, il commettoit dans cet intervalle un Officier pour donner les ordres de sa part, & que cet Officier étoit ordinairement son Ecuyer.

4º. Que durant un campement, si le Roi vouloit faire quelque détachement du Corps de la Cornette blanche, il commettoit un Officier considérable & estimé qui venoit au Corps de la Cornette blanche, non pas porter commandement de faire le détachement sous ses ordres, mais prier de la part du Roi qu'on l'agréât lui Officier pour le commander.

5º. Que le quartier de la troupe qui composoit la Cornette blanche, étoit toujours le plus proche de celui du Roi.

6º. Que le Porte-Cornette blanche ne logeoit pas dans ce quartier, mais dans celui du Roi & proche du Logis du Roi, & que la Cornette blanche étoit toujours placée dans la ruelle du lit du Roi à l'Armée : mais que quand l'Armée étoit licentiée, le Porte-Cornette blanche avoit le droit & la permission de l'emporter chez lui. Cela s'entend du tems que la Guerre duroit : car par un autre Mémoire que j'ai tiré du même endroit que celui-ci m'est venu, il est dit que la Cornette blanche doit être serrée dans les coffres de la Garderobe.

7º. Que c'étoit principalement à la Cornette blanche que se devoit faire le ralliement soit durant la Bataille, soit après une déroute, soit après la victoire, soit pour la retraite, soit pour recommencer le combat.

8º. Que le Porte-Cornette blanche devoit demeurer dans le champ de Bataille mort ou vif, soit que la Bataille fût perduë, soit qu'elle fût gagnée ; parce que c'étoit à cette Cornette que l'on avoit recours pour avoir des nouvelles du Roi, & que c'étoit là que Sa Majesté envoyoit ses ordres sur ce qu'il y avoit à faire.

9º. Que si le Porte Cornette blanche étoit fait prisonnier à la Bataille, c'étoit au Roi à payer sa rançon.

10º. Que le Cornette blanche avoit droit d'avoir un che-

HISTOIRE

val de la Grande écurie du Roi, qui seroit choisi après le premier & le second cheval de Bataille de Sa Majesté, du jour que le Roi avoit Ennemis en campagne, & qu'il faisoit la revûë de son Armée, à laquelle le Cornette devoit assister ensuite du commandement du Roi, & qu'il avoit le même droit au retour de l'Armée.

11°. Que quand l'Arriereban étoit publié, & que ceux des Provinces qui le commandoient, arrivoient à l'Armée, les Maréchaux des Logis ne leur devoient point donner de logis, qu'ils ne leur portassent attestation du Porte-Cornette blanche du jour de leur arrivée.

12°. Qu'après les trois mois de service de l'Arriereban, il donnoit à ceux qui en étoient, des certificats de leur service rendu, sur lesquels ils en obtenoient du Secretaire d'Etat de la Guerre qui leur servoient en cas de besoin, pour n'être point inquietez par les Juges des Provinces.

Un autre Mémoire qui vient aussi du Marquis de Vandeuvre, dit ce que j'ai déja marqué, que la Cornette blanche devoit être gardée dans les coffres de la Garderobe. Il ajoute que quand on l'y reportoit, c'étoit le premier Page de la Grande écurie par qui le bâton de la Cornette devoit être porté. Et qu'enfin celui qui étoit pourvû de la Charge de Porte-Cornette blanche, avoit son entrée à la Chambre du Roi dans le même tems que les Officiers de la Garderobe portoient les habits de Sa Majesté. Qu'il avoit d'appointemens 600 livres par mois qui faisoient 7200 livres par an, dont un quartier a été retranché. Qu'outre cela il y avoit eu une pension de 3000 livres attachée à la Charge dont les Lettres Patentes sont en bonne forme, & bien verifiées. Celui qui possede aujourd'hui cette Charge n'est payé que de 5400 livres par an. C'est là tout ce que j'ai pû tirer de notre Histoire & des Mémoires que j'ai rapportez touchant la Charge de Porte-Cornette blanche dont j'ai montré l'origine dans celle de Porte-Pennon Royal qui étoit, à la couleur près, le même Etendart que la Cornette blanche. J'ai encore prouvé clairement par l'Histoire que la Charge de Premier Tranchant étoit avant plusieurs Siécles unie à celle de Porte-Pennon Royal, comme elle l'a presque toujours été depuis à celle de Porte-Cornette blanche : & c'est avec verité que le

*Le Porte-Cornette blanche avoit son entrée dans la Chambre du Roi avec les Officiers de la Garderobe.*

*Ses appointemens.*

*Sa Pension.*

# DE LA MILICE FRANÇOISE. Liv. VI.

feu Roi en la réunissant dans la personne de Monsieur de la Chesnaye, a dit dans ses Provisions, que ces deux Charges avoient toujours été possedées par la même personne.

Il ne reste plus qu'à mettre ici la Liste de ceux qui ont possedé cette Charge depuis que cet Etendart porte le nom de Cornette. Je ne la commencerai qu'au Regne de Charles VIII, parce que je n'ai pû trouver les noms de ceux qui portoient par Office le Pennon Royal avant ce tems-là, excepté celui d'un Seigneur nommé Havard qui le portoit sous le Regne de Charles VII, & qui étoit aussi Premier Tranchant. Je ne mettrai point non plus dans cette Liste le nom de ceux qui ont porté la Cornette blanche dans les Armées des Rebelles pendant les Guerres civiles, ni de ceux qui l'ont portée quand les Rois n'étoient point à l'Armée ; d'autant que ni les uns ni les autres n'avoient point veritablement la Charge, les premiers parce qu'ils ne l'avoient point par l'autorité du Roi contre lequel ils portoient les Armes ; les seconds, parce que, comme je l'ai fait observer sur le Mémoire de Monsieur de Rodes, la Cornette blanche qui étoit portée dans l'Armée en l'absence du Roi, n'étoit point la Cornette blanche Royale dont il s'agit : mais la Cornette blanche du Général de l'Armée qui donnoit à qui il jugeoit à propos la commission de la porter.

Ainsi n'entreront point dans cette Liste le Marquis de Brezé qui portoit la Cornette blanche du Duc de Joyeuse à la Bataille de Coutras ; ni Monsieur de Sicogne qui la portoit dans l'Armée du Duc de Mayenne à la Bataille d'Yvri gagnée par Henri IV, ni quelques autres pour de pareilles raisons.

*Ceux qui ne doivent point être mis dans la Liste des Porte-Cornettes blanches.*

## Liste des Porte-Cornettes blanches.

Charles du Mesnil-Simon en 1495 sous Charles VIII. J'ignore ses successeurs jusqu'au Regne de Charles IX.

Guillaume Por de Rodes sous Charles IX & Henri III. *Mémoire de M. de Rodes rapporté ci-dessus. Hist. des Grands Officiers de la Couronne t. 2. p. 1760.*

M. de l'Epinai l'étoit quelques jours avant la Jour-

# HISTOIRE

née d'Arques en 1589, ou du moins il en faisoit les fonctions.

*Mémoires du Duc d'Angoulême page* 51.

Henri Pot de Rodes l'étoit en 1590 à la Bataille d'Yvri où il fut tué.

*Histoire des Grands Officiers de la Couronne t. 2. p. 1760. Généalogie de Rodes.*

Je trouve dans la Généalogie de la Maison de Teffé que René Sire de Froulai Comte de Teffé porta la Cornette blanche en 1598 dans l'expédition que fit Henri IV pour la réduction de la Bretagne.

Guillaume Pot de Rodes frere du précédent, le fut fous Henri IV & fous Louis XIII.

*Il mourut en* 1616. *Ibidem.*

M. de Palezzeau en fit auffi les fonctions fous Henri IV. felon le Mémoire de M. de Rodes.

François Pot de Rodes frere du précédent le fut fous Louis XIII.

*Il mourut au Siége de Montpellier en* 1622.

Claude Pot de Rodes fils du précédent l'étoit au plus tard en 1619.

*Ibidem.*

Louis le Normant Sieur de Beaumont prédécesseur de M. de Vandeuvre.

*Provifions de M. de Vandeuvre.*

Le Marquis de Vandeuvre le fut en 1657.

*Etat de la France de* 1661.

Le Marquis de la Chefnaye en 1685. Il l'eft encore en 1720.

Les appointemens font préfentement de 5400 livres par an employez fur l'Etat de la Cavalerie-Legere, & payez par le Tréforier Général de l'Extraordinaire des Guerres en année.

Le Chapitre que je vais ajouter, pourroit trouver place dans le Livre fuivant où je traiterai des Sieges fous la troifiéme Race, auffi-bien qu'il peut l'être dans celui ci, n'étant point déterminé par la matiere à l'un plûtôt qu'à l'autre. Ainfi la chofe étant indifferente, je lui donnerai ici fa place.

## CHAPITRE XI.

*Des Trompettes, des Tambours, des Tymbales, des Fiffres, des Haut-bois.*

CEs Instrumens qui servent à animer les Soldats dans les batailles, dans les combats & dans les assauts, à regler leurs marches, leurs évolutions, leurs retraites & quelquefois à faire des especes de concerts militaires ; ces Instrumens, dis-je, sont si connus, qu'il n'est pas nécessaire de s'y arrêter long-tems.

Les Trompettes, en comprenant sous ce nom les Cors & les autres Instrumens qu'on embouche de quelque figure ou matiere qu'elles ayent été, sont aussi anciennes que la Guerre. Elles étoient fort communes dans la Milice des Israëlites, comme on le voit dans les Livres historiques de l'ancien Testament. Les Romains en avoient de droites & de recourbées, comme nos Cors, ainsi qu'il paroît dans les anciens Monumens & en particulier dans la Colonne d'Antonin. Ils s'en servoient dans l'Infanterie aussi-bien que dans la Cavalerie. La figure qu'elles ont maintenant n'est pas fort ancienne. Celles dont on se servoit du tems de Louis XII, comme on le voit par les bas reliefs de son Tombeau, étoient sans potences, & il y en a d'une figure particuliere.

Aujourd'hui à la Guerre dans les Troupes de France, il y a diverses manieres de sonner la Trompette. Les principales sont premierement le boutefelle pour avertir les Cavaliers de se tenir prêts : le second à cheval, pour monter à cheval : les autres sont la marche : l'appel pour redresser les Troupes, quand elles se perdent la nuit dans une marche, ou pour se faire reconnoître ; la charge quand il est question de combattre ; la retraite, quand il faut se retirer ; le Guet, aussitôt que l'ordre est distribué ; la sourdine, quand il faut marcher à petit bruit. Si l'on est curieux de voir ces diverses manieres de sonner la Trompette exprimées par des notes de Musique, on les

*Trompette aussi ancienne que la Guerre.*

*Figure de celles des Romains.*

*Figure de celles du tems de Louis XII.*

*Diverses manieres de sonner aujourd'hui la Trompette à la Guerre.*

Y y y iij

trouvera à la fin du Livre du Service de la Cavalerie de Monsieur le Coq Madeleine Lieutenant Colonel de Cavalerie.

Il y a des Trompettes dans toutes les Compagnies de Cavalerie. Le Trompette porte la livrée du Prince ou du Colonel dont les Armes sont ordinairement brodées sur la Banderole de la Trompette. Il est marqué dans la relation de la Bataille de Marignan où les Suisses voulurent surprendre François I, qu'ils marcherent sans Tambours, & qu'ils avoient seulement des especes de Cors au son desquels ils devoient se rallier. Les Trompettes dans les marches & les revûës, marchent à la tête de l'Escadron trois ou quatre pas devant le Commandant : mais dans un combat ils sont sur les aîles dans les intervalles des Escadrons pour recevoir les ordres du Major ou de l'Aide-Major du Régiment.

*Les Romains n'avoient point de Tambours pour la Guerre.*

Le Tambour est moins ancien que la Trompette : on ne voit pas que les Romains s'en soient servis à la Guerre.

La partie sur laquelle frappent les baguettes a toujours été une peau tenduë ; on se sert depuis longtems de peaux de mouton : ce qu'on appelle maintenant la Quaisse, parce qu'elle est de bois, a été souvent autrefois de cuivre ou de léton, comme le corps des Tymbales d'aujourd'hui.

Dans nos anciens Auteurs il est appellé Tabur, Thabur, Tabor, Tabour.

*Roman d'Aubri Mf.*

Sonnent cil Cors, & maint Tabour noisa.

*Chap. 147.*

Et Froissart parlant de l'entrée d'Edouard Roi d'Angleterre dans Calais lorsqu'il eut pris cette Place : " Quand ce fut fait, » le Roi monta à cheval & fit monter la Royne, les Barons & » Chevaliers. Si chevaucherent devers Calais & entrerent de» dans la Ville à foison de Trompettes, *de Tabours*, de Nacai» res & de Buccines.

Le Tambour est pour l'Infanterie comme la Trompette pour la Cavalerie. Les Dragons & les Mousquetaires du Roi l'ont aussi : mais leur Tambour est plus petit que celui de l'Infanterie.

*Diverses manieres de battre le Tambour.*

Les batteries du Tambour sont differentes suivant les diverses rencontres. On dit battre la Diane : c'est la batterie que

DE LA MILICE FRANÇOISE. *Liv. VI.* 395

font les Assiégeans & quelquefois les Assiégez à la pointe du jour.

Battre aux Champs est pour avertir qu'on doit marcher ce jour là pour quelque occasion : c'est ce qu'on nomme pour l'ordinaire *le premier* ; quand c'est pour toute l'Armée, cela s'appelle la Générale.

Battre *le dernier* ou l'Assemblée, c'est pour avertir le Soldat de se ranger promptement sous le Drapeau.

Battre la marche, c'est pour marquer qu'on a pris ses rangs, & que l'on part. Nous imitons en cela les anciens Romains, dont Polybe décrit la maniere de décamper. « Ils levent, dit-il, « leur camp de cette sorte ; au premier signal ils plient leurs « tentes & tout leur bagage ...... au second signal ils chargent « leurs chevaux ; au troisiéme signal ils marchent. »

Battre la fricassée, c'est une maniere de battre précipitée : où s'en sert pour avertir que l'on leve ou que l'on pose le Drapeau, ou pour faire avancer un Bataillon dans une Bataille, où l'en retirer. Je ne sçai si ce terme est encore fort en usage.

Battre la charge ou la Guerre, c'est pour avertir le Bataillon de faire feu.

Battre la retraite, c'est pour avertir de cesser de faire feu & de se ranger au Drapeau, au Bataillon, ou à son logement, ou aux Casernes dans une Garnison.

Battre la chamade, c'est quand on veut appeller par exemple dans une Ville assiégée pour y faire venir quelqu'un de la tranchée, afin de capituler.

Battre au ban, c'est quand on veut publier quelque ordre nouveau, recevoir un Officier, ou châtier quelque Soldat.

On dit aussi *appeller*, & c'est pour avertir le Soldat de venir au plus vîte prendre les Armes pour faire parade devant quelque Officier considerable qui va passer. Les diverses Nations ont différentes manieres de battre. Le feu Roi par une Ordonnance de 1663 commanda que l'on battît la Caisse à la Françoise à toutes les gardes qui se font dans les Places où il y a des Troupes Françoises en garnison, & non la marche étrangere.

Quand un Bataillon est sous les Armes, les Tambours sont sur les aîles, & quand il défile, les uns sont postez à la tête, les autres dans les divisions & à la queuë. Chaque Régiment a un Tambour Major, chaque Compagnie un Tambour particulier & quelques-uns deux.

*Le Fiffre.*

Le Fiffre est une espece de Flute qui rend un son fort aigu, & qui est percée par les deux bouts ; elle s'embouche par le premier trou qui est percé sur la longueur. Les Suisses s'en servent pour accompagner le Tambour. Du tems de Henri IV il y en avoit dans toutes les Compagnies d'Infanterie ; aujourd'hui il n'y en a presque plus. Ce sont les Suisses qui ont apporté cet Instrument en France. Il y étoit en usage dès le tems de François I. Dans un compte de Florimond le Charron qui est à la Bibliotheque du Roi cotté 9844 en Janvier 1537, on voit *trois Fiffres ordinaires du Roi*. Il y en a de representez à la Bataille de Marignan dans les bas-reliefs du Tombeau de ce Prince.

Montgommeri Milice Françoise pag. 17.

Tout le monde sçait ce que c'est que le Haut-bois. Il y en a dans quelques Compagnies de Dragons & dans les deux Compagnies des Mousquetaires du Roi. Cet usage n'est pas ancien.

La Tymbale, en entendant par ce mot une espece de Tambour dont le cuir est tendu sur une caisse d'airain, est un instrument qui étoit autrefois en usage à la Guerre chez les Sarrasins. Ils lui donnoient le nom de Nacaire ; il passa chez les François & chez les Anglois. Froissart en parle en quelques endroits de son Histoire dont j'en ai cité un un peu plus haut.

Nos Sçavans sont fort éloignez les uns des autres sur la signification de cet ancien mot de Nacaire. Monsieur Menage & Monsieur de Caseneuve dans leurs étymologies Françoises & le docte Monsieur Huet Evêque d'Avranches dans ses Additions aux étymologies de Monsieur Menage, l'ont pris pour un Instrument que l'on embouchoit comme une Trompette. Le dernier le fait venir du mot de Nacre, « parce, dit-il, que » les Trompettes étoient faites de Nacres, c'est-à-dire de ces » especes de grandes coquilles torses avec lesquelles les Peintres » & les Poëtes feignent que les Tritons ont coutume de son- » ner. «

Mais Monsieur du Cange est d'un autre avis, & avec raison : il dit & prouve fort bien tant dans son Glossaire que dans ses Notes sur Joinville, que c'étoit ce que nous appellons aujourd'hui du nom de Tymbales. Cela paroit par la maniere nière dont les Auteurs qu'il cite, parlent de cet Instrument. L'Auteur Anonyme d'un Livre manuscrit de la Bibliothéque du Roi s'exprime ainsi. *Quidam Sambuco jocabant gravates dulciter recreantes : Quidam* NACARIA BACULABANT, c'est-à-dire frappoient sur les Nacaires avec des bâtons. Sanudo parle de même : *sint quatuor Tubatores, Tibicines, Tibiatores, & qui sciant* PULSARE NACARIAS, *Tympana seu Tamburla*, c'est-à-dire qu'ils sçachent battre la Nacaire & le Tambour. Du Cange apporte encore quelques autres preuves semblables, & les confirme par la définition que le Dictionnaire de la Crusca donne du mot Nachera. *Nacchera strumento simile al Tamburro que si suono a Cavallo*. Et selon un ancien Glossaire Latin & François *tinctitare* c'est *jouer des Nacaires*. Tous ces termes *baculare, pulsare, tinctitare*, marquent clairement que la Nacaire étoit une espece de Tambour.

Il paroît par l'Histoire de Lorraine du P. Benoît Capucin que cet Instrument étoit en usage en Hongrie l'an 1457, mais tout-à-fait inconnu en Lorraine. Car parlant d'une magnifique Ambassade que Ladislas Roi de Hongrie envoya en France pour demander en mariage Madame Madeleine fille de Charles VII, il cite une ancienne Chronique touchant l'entrée de l'Archevêque de Colossa Chef de l'Ambassade à Nancy où il est dit : *on n'avoit ni mi oncques veu des Tabourins comme de gros chaudrons qu'ils faisoient porter sur des chevaux*.

Il n'y a pas fort longtems que cet Instrument Militaire est mis ou a été remis en usage dans nos Armées. Je ne me souviens point de l'avoir vû dans nos Histoires sous le Regne de Henri IV ni sous celui de Louis XIII. Il a été rétabli sous le Regne de Louis le Grand. Ceux qui ont écrit avant ce tems-là sur la Milice Françoise, ne donnent que la Trompette à la Cavalerie & ne parlent point de Tymbales.

Elles nous sont venuës d'Allemagne. Juste Lipse qui est mort en 1606, dit dans son Traité de la Milice Romaine que de son tems les Allemans s'en servoient. On en prit dans le combat aux Allemans en quelques occasions ; & il ne fut permis d'abord à aucun Régiment François de Cavalerie d'en avoir qu'à ceux qui en avoient pris sur l'Ennemi. Depuis on en a mis dans les Compagnies de la Maison du Roi ; il n'y a que

*Dial. 10.*

les Mousquetaires qui n'en ayent point. La Gendarmerie & les Régimens de Cavalerie-Legere en ont aussi dans la Compagnie du Mestre-de-Camp, & dans les autres Compagnies qui en ont enlevé aux Ennemis.

Les Régimens de Dragons regulierement n'en ont point. J'en connois un qui a ce Privilege. Il est redevable de cette distinction à Monsieur de la Breteche son Colonel qui dans une occasion ayant surpris un quartier des Ennemis, y enleva deux paires de Tymbales. Le Roi trouva bon qu'il en fit marcher une paire à la tête du Regiment. Messieurs de Chevilli, de Caylus & de Lautrec qui ont succedé à Monsieur de la Breteche, ont toujours conservé cette marque d'honneur dans le Régiment.

Les Tymbales sont deux especes de grands bassins de cuivre rouge ou d'airain, ronds par le fond & couverts par-dessus d'une peau de bouc qu'on y fait tenir par le moyen d'un cercle de fer & de plusieurs écroux attachez au corps des Tymbales & d'un pareil nombre de vis que l'on monte ou démonte avec une clef. Les Tymbales se tiennent ensemble par le moyen d'une courroye que l'on fait passer par deux anneaux qui sont attachez l'un devant & l'autre derriere le pommeau de la selle du Tymbalier.

Les Tymbales sont garnies de deux tabliers qui sont de damas ou de satin, aux Armes du Prince ou du Colonel ou Mestre-de-Camp à qui elles appartiennent. Quand il fait mauvais tems, on les couvre d'ordinaire d'un cuir de vache noir.

Le Tymbalier bat avec des baguettes de bois de cormier ou de buis, longue chacune de huit à neuf pouces : elles ont chacune au bout une petite rosette de la grandeur d'un écu. C'est de l'extrêmité de ces petites rosettes que l'on frappe la Tymbale : ce qui lui fait rendre un son plus agréable, que si elle étoit frappée d'une baguette de Tambour.

Le Tymbalier aussi-bien que le Trompette, dans les marches & dans les revûës, est à la tête de l'Escadron, trois ou quatre pas devant le Commandant : mais dans les combats ils sont sur les aîles dans les intervalles des Escadrons pour recevoir les ordres du Major ou de l'Aide-Major. Le Tymbalier doit être un homme de cœur, qui doit défendre ses Tymbales au péril de sa vie, comme la Cornette & le Guidon doivent faire pour leur Drapeau.

A   Trompette à Cheval.
B   Tymbalier à Cheval.
C C Trompettes Romaines.
D   Trompette du tems de Louis XII.
E   Fiffre.

Ce que j'ai dit dans ce sixiéme Livre, des Armes tant offensives que défensives, des Etendarts & des Instrumens Militaires, regarde également pour la plûpart les Armées & les Troupes, soit qu'elles soient en campagne pour chercher ou pour attendre l'Ennemi, soit qu'elles soient attachées à un Siége ou à la défense d'une Place. J'ai déja traité dans le cinquiéme Livre des Armées en campagne, soit lorsqu'elles se disposent à une Bataille, soit lorsqu'elles se retranchent dans un Camp pour couvrir le Pays, soit dans les différentes marches qu'elles peuvent faire. Je vais maintenant en traiter par rapport aux Siéges qu'elles entreprennent pour faire des Conquêtes sur les Ennemis. Je continuerai d'en écrire seulement en Historien suivant mon dessein.

# HISTOIRE

# LIVRE VII.

## De la maniere dont se font faits les Siéges sous la troisiéme Race.

DANS ce que j'ai dit des Siéges sous la seconde Race, j'ai fait remarquer que les François suivoient en ce tems-là dans plusieurs choses soit pour l'attaque, soit pour la défense des Places, l'ancienne maniere des Romains. Les Gaulois subjuguez par les Armées Romaines l'avoient apprise d'eux ; & les François s'étant rendus maîtres des Gaules, avoient dû profiter des connoissances des Gaulois, au moins sur certains points : car, comme je l'ai dit au *L. 4. Hist.* même endroit sur le témoignage de Corneille Tacite, les Bataves qui faisoient partie des François, avoient déja été instruits en cette matiere par les Soldats déserteurs des Armées Romaines, & mettoient en pratique ce qu'ils en sçavoient. Mais il s'en falloit beaucoup qu'ils le fissent avec la même adresse & la même habileté que les Romains jusqu'au tems de Charlemagne, qui perfectionna beaucoup l'Art Militaire en France.

On continua de suivre la même méthode sous les premiers Rois de la troisiéme Race, quoique-tres-imparfaitement, l'Art Militaire étant tombé en décadence depuis Louis le Débonnaire ; & ce fut Philippe Auguste qui en fut le Restaurateur en *Philippe Au-* France. Il profita beaucoup de ce qui avoit été pratiqué dans *guste Restau-* les Guerres d'Outre-Mer pendant les premieres Croisades, où *rateur de l'Art* tant de Nations différentes & belliqueuses, assemblées pour la *Militaire en* conquête de la Terre-sainte, se communiquerent leurs lumie- *France.* res les unes aux autres : car on voit dans ces Guerres en particulier beaucoup de Machines pour les Siéges, qui avoient été

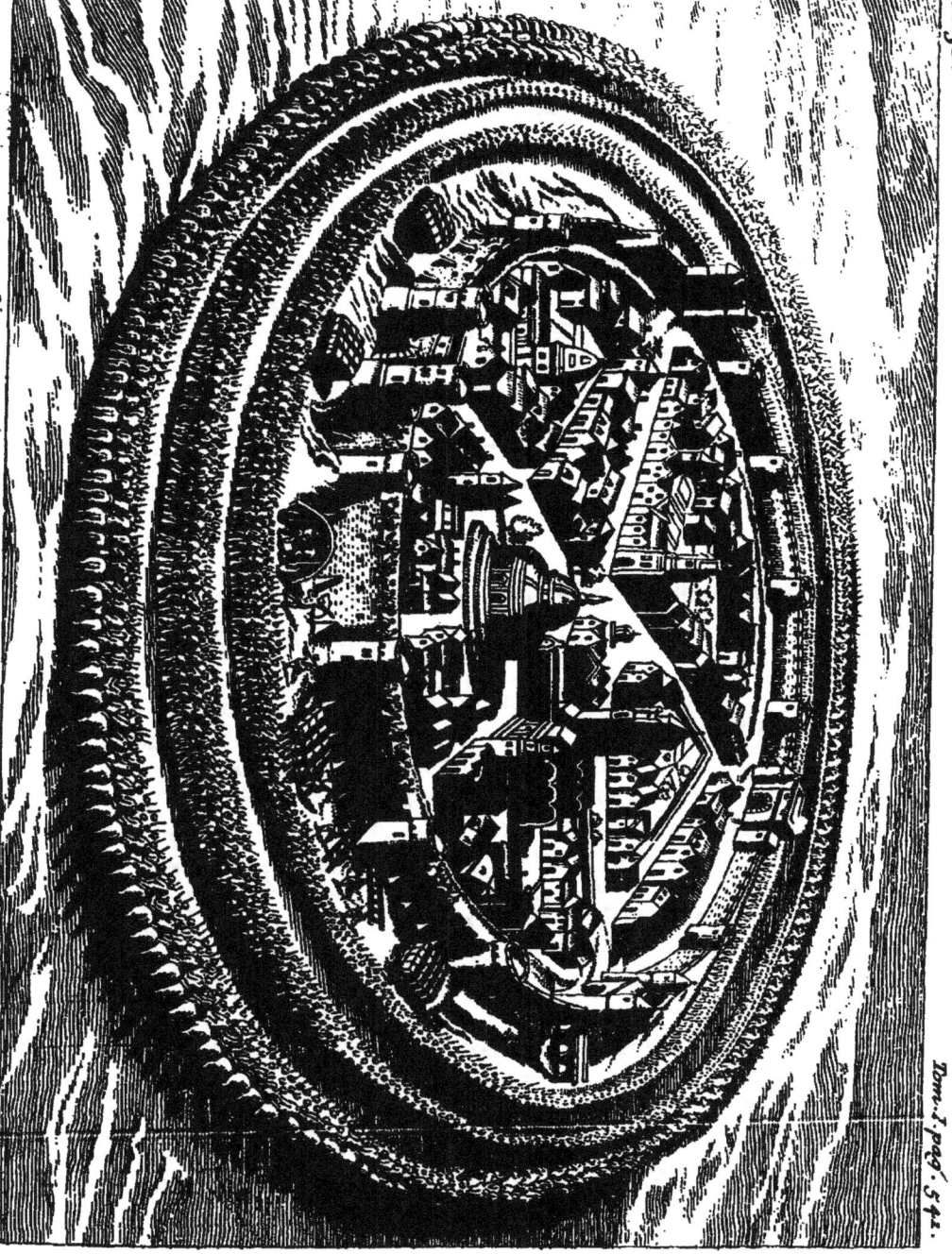

Siege que les Romains appelloient per Coronam.

mises en usage par les Romains, desquelles on ne se servoit plus guéres en France, & que Philippe Auguste & ses Successeurs employerent depuis avec succès.

Comme il est donc certain, ainsi que je le viens de dire, que la plûpart de ce qui se pratiquoit en France en cette matiere, n'étoit qu'un rétablissement des usages de l'ancienne Milice Romaine ; je commencerai sur chaque article par exposer en peu de mots la méthode dont usoient les Romains. Ils avoient diverses manieres d'attaquer les Places. Tantôt c'étoit une attaque subite pour les emporter d'emblée, tantôt c'étoit un Siége dans les formes. Je vais traiter de l'une & de l'autre.

## CHAPITRE PREMIER.

*De l'Attaque subite des Places & de la maniere dont on se campoit à un Siége sous la troisiéme Race.*

Quand les Romains vouloient emporter brusquement une Place qui n'étoit pas extrêmement forte, & dont les murailles n'étoient pas trop hautes, ils ne faisoient point de circonvallation : mais d'abord que l'Armée étoit arrivée proche de la Ville, on la partageoit en trois corps qui formoient chacun un cercle tout à l'entour ; les deux premiers cercles étoient d'Infanterie, & le troisiéme du côté de la campagne étoit de Cavalerie. C'est ainsi que Josephe décrit l'attaque que les Romains firent de la petite Ville de Jotapata en Palestine. *duplici Peditum coronâ Urbem cingunt, & tertiam seriem Equitum exteriùs ponunt.*

*Comment les Romains emportoient les Places d'emblée.*

L'Armée ainsi rangée s'approchoit fort près de la Ville ; & plus elle s'avançoit, plus les rangs se serroient, parce qu'elle occupoit moins de terrain.

Le dessein de cette ordonnance étoit de partager l'attention & les forces des Assiégez qui ne sçavoient de quel côté on les attaqueroit. La Cavalerie étoit au cercle extérieur, pour empêcher qu'il ne se jettât quelques Troupes dans la Place.

# HISTOIRE

Cette forme d'attaque s'appelloit *Corona* Couronne : *Urbem coronâ cingere, coronâ capere*, &c.

*Mænia flexa sinu, spissâ vallata Coronâ
Alligat, & telis in morem indaginis ambit.*

Dit Silius Italicus.

L'attaque commençoit par les frondes & par les fléches contre ceux qui défendoient la Ville ; & à la faveur de ces décharges divers Bataillons se détachoient pour gagner le pied des murailles faisant la tortuë ; c'est-à-dire étant fort serrez, ayant leurs boucliers sur leurs têtes contre les fléches des Assiégez, excepté ceux des flancs & du front qui se servoient de leurs boucliers pour se couvrir le corps contre les fléches qu'on auroit pû leur tirer de côté, ou de front, & qui avoient la tête à l'abri des boucliers de leurs voisins.

Ceux du front des Bataillons qui marchoient à la muraille, portoient ou faisoient porter devant eux par d'autres Soldats de grosses clayes à l'épreuve de la fléche. *Pluteos igitur præferentes Oppugnatores, Cratesque densiùs textas*, dit Ammien Marcellin.

D'autres Soldats portoient des fascines pour combler le fossé ou en faciliter la descente : d'autres des échelles de diverses façons décrites dans les anciens Auteurs, dont on se servoit pour monter à l'escalade. On faisoit là aussi une autre espece de tortuë dont j'ai parlé ailleurs, par le moyen de laquelle les Soldats s'élevoient les uns sur les autres. Ceux qui se servoient des échelles, avoient leur bouclier sur leur tête, & le javelot ou l'épée à la main. C'est de cette maniere qu'alors on emportoit les Villes d'emblée.

Cette maniere d'attaquer fut pratiquée par les Gaulois mêmes, comme nous l'apprenons des Commentaires de César : » La maniere des Gaulois pour attaquer, dit-il, est la mê- » me. Ils investissent la Ville tout à l'entour ; & après avoir » dissipé à coups de pierres ceux qui défendent la muraille, ils » font la tortuë & s'avancent jusqu'aux Portes. « Et au Livre septiéme parlant de l'assaut que les Gaulois donnerent au camp des Romains. » Après, dit-il, qu'ils se furent pourvûs d'un grand » nombre de clayes, d'échelles, de crocs, ils s'approcherent

*Titus Livius l. 44.*

*Ammian l. 21.*

*Les Gaulois observoient à peu près la même méthode.*

DE LA MILICE FRANÇOISE. *Liv. VII.*   543

« du retranchement ils firent un grand cri, jetterent leurs
« clayes, & à force de frondes, de flèches & de pierres, écar-
« terent nos Soldats. »

C'eſt-à-dire qu'ils faiſoient alors avec les frondes & les flèches, ce que l'on fait aujourd'hui en pareilles occaſions avec
le feu de la Mouſqueterie.

Quand les François furent établis dans les Gaules, ils ſe
ſervirent de la même méthode. A la verité il n'eſt point fait
mention en propres termes de cette couronne compoſée de
trois cercles de Troupes; mais il eſt certain que les François
en ces ſortes de rencontres, quand ils avoient une Armée aſſez
nombreuſe, inveſtiſſoient la Ville de tous côtez; qu'en ſe
préparant à un aſſaut, ou ſe préſentant à une eſcalade, ils
étoient ſoutenus par leurs Archers & leurs Frondeurs qui tiroient ſans ceſſe contre les Soldats des remparts, que montant à
l'eſcalade ils ſe couvroient de leurs boucliers. Ces manieres d'aſſaillir étoient ſi naturelles, que depuis qu'on fait ces attaques avec
quelque régularité, elles ont toujours été les mêmes pour l'eſ-
ſentiel, & n'ont varié en certaines circonſtances que ſelon les
différentes conjonctures & les idées des Généraux.

*Les François imiterent en quelque façon les Romains & les Gaulois à cet égard.*

## CHAPITRE II.

### Des Siéges dans les formes.

POur ce qui eſt des Siéges réguliers, les Romains faiſoient
pour le campement, comme l'on fait aujourd'hui, des lignes de circonvallation & des lignes de contrevallation : on en
voit pluſieurs exemples dans leurs Hiſtoires, comme dans Ap-
pien pour les Siéges de Carthage & de Numance, faits par
le jeune Scipion. Dans Céſar pour le Siége d'Aliſe Ville des
Gaules, & dans pluſieurs autres Hiſtoriens.

Les Romains prenoient ces précautions pour les mêmes raiſons pour leſquelles on les prend de notre tems. La circonvallation étoit contre les Ennemis du dehors & pour empêcher
que rien n'entrât dans la Place. La contrevallation étoit con-

*Les Romains avoient dans les Siéges l'uſage de la circonvallation & de la contrevallation.*
In Libico.
In Ibericis.
In Commentariis.

tre ceux du dedans pour empêcher que personne ne sortît de la Place ; c'étoit encore pour repousser les sorties avec avantage, & pour d'autres raisons semblables. Le Camp étoit entre ces deux lignes ; & s'il y avoit quelques rivieres qui séparassent les quartiers, on avoit soin de faire des Ponts de communication.

Ces lignes consistoient en des retranchemens élevez avec un fossé devant, au moins de dix à douze pieds de largeur & autant de profondeur ; un parapet frézé quelquefois avec de grosses branches d'arbres essartées qu'ils appelloient du nom de *Cervi*, parce qu'elles représentoient les cornes d'un Cerf.

On les faisoit en rond autant que le terrain le comportoit, & elles étoient flanquées de tours de bois où l'on postoit des Corps de Gardes. Il y avoit des signaux établis tant pour le jour que pour la nuit, pour communiquer l'allarme à tous les quartiers, en cas d'attaque.

*Leurs précautions dans les Siéges.*

Le Sçavant Juste Lipse a fait graver dans le second Livre de son *Poliorceticon*, c'est-à-dire de l'art des Siéges faits par les Anciens, le Camp de César devant Alise, celui de Scipion devant Numance, & quelques autres, sur les connoissances qu'il a tirées des Auteurs de l'Histoire Romaine qu'il cite en cette matiere. On voit à l'œil dans ces Estampes fort distinctement la plûpart des choses que je viens de dire.

On ne trouve rien de tout cela dans nos Histoires de la premiere & de la seconde & même de la troisiéme Race, jusqu'à Philippe Auguste, soit parce que la plûpart de ceux qui les ont écrites, étoient des Moines ou des Evêques, ou des Prêtres, qui n'entendant rien dans l'Art Militaire, ne se sont point engagez à parler en détail de choses dont ils n'avoient que des connoissances fort confuses, soit parce que presque toutes ces Histoires ne sont que des Annales fort courtes, ou des Mémoires peu étendus, dans lesquels les Auteurs ne se proposoient que de marquer les faits principaux en général, comme la prise d'une Ville, d'un Fort, d'une Province, sans entrer dans les particularitez de la conquête, soit enfin parce que, comme je le crois, dans la décadence de la seconde Race & au commencement de la troisiéme, on avoit cessé de prendre ces précautions dans les Siéges faute de discipline & de soumission dans les Troupes

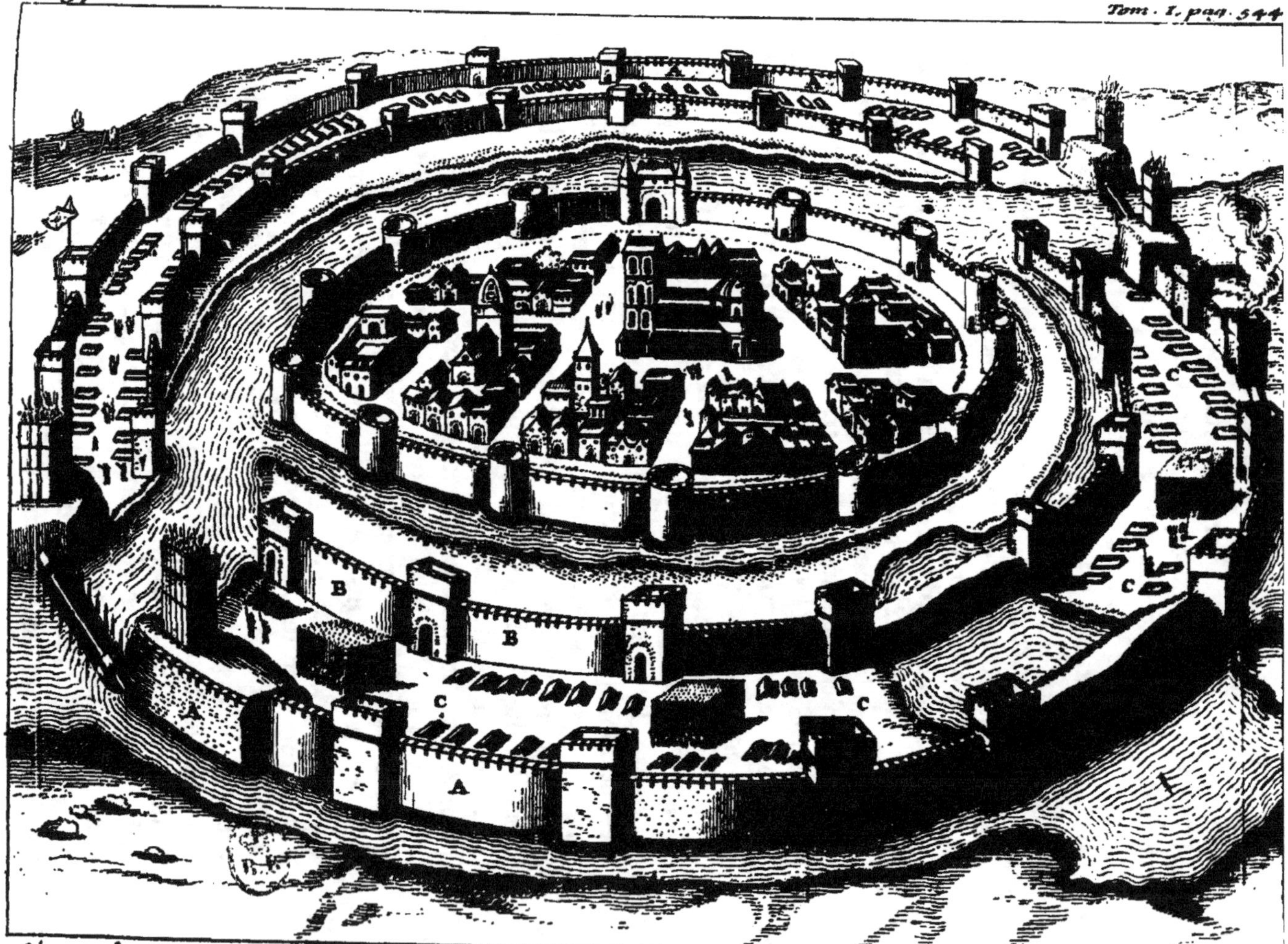

Pl. 37.  Tom. I. pag. 544.

Siege de Numance; AAAA circonvallation, BBBB Contrevallation, CCCC camp des Romains.

DE LA MILICE FRANÇOISE. *Liv. VII.* 549

pes qu'on n'ofoit ou qu'on en pouvoit contraindre à ces pénibles travaux.

Guillaume de Tyr le plus ancien Auteur qui ait écrit en Latin des premieres Croifades, ne fait nulle mention de circonvallation dans les Siéges de Nicée, d'Antioche, de Jerufalem, qui furent les plus confidérables de ceux que firent les Croifés. Il fe fert fouvent de ces mots *Urbs vallata obfidione*, en parlant d'une Ville affiégée ; mais c'eft une expreffion générale qui ne fignifie que l'établiffement des quartiers d'une Armée autour de la Place affiégée. Il parle bien de quelques travaux faits, du côté d'une porte, ou à la tête d'un Pont pour arrêter les forties des Ennemis : mais jamais dans la premiere Croifade il ne fait mention de retranchemens faits autour du Camp. Toutes les fois que les Ennemis paroiffoient au dehors, on partageoit les Troupes dont une partie alloit au devant d'eux, & le refte demeuroit à la garde du Camp ; mais jamais il ne marque qu'on les attendît dans les retranchemens. Il parle de même du Siége de Damas qui fut l'unique que le Roi Louis le Jeune fit dans la feconde Croifade. Ainfi ce n'eft que depuis Philippe Augufte que l'on trouve marqué que nos François fuivoient dans les Siéges la méthode des anciens Romains, & que la feule néceffité de s'oppofer au fecours des Places, auroit dû leur faire imaginer, quand ils n'en auroient pas eu d'ailleurs de modéle.

C'eft dans la troifiéme Croifade où je trouve qu'il eft fait mention de ces fortes de travaux au fameux Siége d'Acre qui fut prife par Philippe Augufte & par Richard Roi d'Angleterre, après que Guy de Lufignan Roi de Jerufalem eût été plus de trois ans devant cette Place fans pouvoir en venir à bout, parce qu'elle recevoit des rafraîchiffemens par Mer.

Le Continuateur de Guillaume de Tyr marque affez diftinctement la circonvallation & la contrevallation qui furent faites en ce Siége ; car à l'occafion d'une grande fortie que firent les Affiégez, il dit « qu'ayant forcé les Lignes en quel-
» ques endroits, ils commençoient déja à piller le Camp &
» les tentes, lorfque la Cavalerie Chrétienne les chargea & les
» mit en déroute. *Jamque aliquot vallum tranfierant, afcende-*
» *rantque aggerem pulfis primis Stationariis.... ad direptionem Ten-*

*Lib. 2. c. 9.*

*Ufage de la circonvallation & de la contrevallation à la troifiéme Croifade.*

» *toriorum tanquam omninò devicto hoste se convertunt.* « Voilà la contrevallation.

Il ajoute que le Soudan Saladin qui étoit là proche avec une Armée, donna la nuit un assaut aux Lignes, & qu'ayant été repoussé, on trouva trente Mahometans morts dans le fossé, sans parler de leurs Capitaines ou Officiers dont ils avoient enlevé les corps. *a* Voilà la circonvallation.

Cap. 10.

Et dans le Chapitre suivant il dit que » si-tôt que le Roi » Philippe Auguste fut arrivé, on fortifia la circonvallation » beaucoup mieux qu'elle n'étoit. *Castra munimento firmiore cir-* » *cumvallata.* «

Guillaume le Breton racontant la même chose plus en détail, ajoute que » dans la circonvallation on ajouta des tours *b* » de bois de distance en distance : c'étoit, comme je l'ai dit, ce que faisoient aussi les Romains.

Ces *Bristega* ou plûtôt *Tristega* dont parle ce Poëte, étoient des tours de bois ainsi appellées, parce qu'elles avoient trois toits, ou trois étages.

Philippe Auguste suivit cet usage au fameux Siége de Château-Gaillard.

Mais le même Auteur racontant le Siége que Philippe Auguste mit devant Château-Gaillard sur la Seine, à quelques lieuës au-dessus de Rouen, & par la prise duquel il commença la conquête de la Normandie sur les Anglois, montre que ce Prince dans les Siéges importans suivit toujours cette méthode de camper devant une Place. » Il dit que Philippe Au- » guste fit creuser deux Lignes sur le bord de la Seine au-des- » sus du Château, qu'il les fit conduire jusqu'à la même Ri- » viere au-dessous du Château, qu'il plaça son Camp entre » deux, & qu'il fortifia ces Lignes avec des Tours à égale » distance les unes des autres. « Ces deux Lignes entre lesquelles étoit placé le Camp, sont manifestement la circonvallation & la contrevallation selon la méthode des Romains.

Cet Auteur aussi-bien que Rigord autre Historien contemporain de Philippe Auguste, ajoute qu'on se servit à ce Siége de Galeries couvertes, pour que les Soldats pussent conduire

*a* Tandem Miles noster hostem pepulit in fugam, & à munimentis avertit... So-
le otto Sarracenorum triginta in fossâ reperti exanimes.

*b* Dein vallo munire student, fossâque profundâ
Omnem circuitum Castrorum, nec minus altè
Per loca Bristega Castellaque lignea surgunt,
Ne subitò Saladinus eos invadere possit. *Lib.* 4. *pag.* 272.

en sûreté ce qui étoit néceſſaire pour les travaux. Ils y parlent de Catapultes, de Balliſtes, de Mangonneaux, de Pierriers, de Tours de bois pour fortifier la circonvallation & la contrevallation, d'autres Tours de bois ambulatoires, qui ſurpaſſoient la hauteur des murailles de la Place. En un mot de toute la pratique des Romains dans les Siéges, dont certainement Philippe Auguſte fut le Reſtaurateur en France: non pas qu'avant lui l'Art Militaire y fût abſolument négligé; mais on ne l'y cultivoit pas aſſez, & ce Prince le porta de ſon tems à une grande perfection.

Voici une autre maniere d'aſſiéger une Place, dont nous avons quelques exemples. Elle fut plus longue, & d'une plus grande dépenſe, mais elle réuſſit: le premier exemple fut ſous le Regne de Philippe de Valois.

Edouard III Roi d'Angleterre après la Bataille de Creci, ayant formé le deſſein de prendre Calais, ne ſe contenta pas de bloquer le Port par Mer, de faire des Lignes ſur les Dunes, & au Pont de Nieulay; mais encore il bâtit une eſpece de Ville à l'entour de la Place aſſiégée. Froiſſart en fait la deſcription de cette ſorte » Quand le Roi d'Angleterre fut ve-» nu devant la Ville de Calais, il l'aſſiégea, & fit bâtir & » ordonner entre la Ville, la Riviere & le Pont de Calais, » Hoſtels, Maiſons, & icelles charpenter de gros meſriens: » Si étoient aſſiſes par rues, & les fit couvrir de chaume & » de geneſt, & avoit en cette Ville du Roi d'Angleterre tou-» tes choſes néceſſaires à un Oſt, & plus encore Place pour » tenir Marché le Mercredi & le Samedi, & là étoient mer-» ceries, boucheries, Halles de drap, de pain & de toutes choſes » néceſſaires, & venoient d'Angleterre & de Flandre, & re-» couvroit-on pour ſon argent ſon aiſément de tout. «

*Siége de Calais par Edouard III Roy d'Angleterre.*

Vol. 1. c. 133.

Le Roi Philippe de Valois vint pour ſecourir la Place: mais ayant fait reconnoître les Lignes, tous les Généraux jugerent que la choſe étoit impoſſible. Et Jean de Vienne Gentilhomme Bourguignon, après s'être défendu juſqu'à la derniere extrêmité, fut obligé par la famine de rendre la Place.

Ce fut ſur cette idée que l'an 1386 le Roi Charles VI voulant porter la Guerre en Angleterre, & ayant aſſemblé une Flotte de douze à treize cens Vaiſſeaux, en chargea une partie d'une infinité de bois de charpente tout prêt à être mis en œuvre, & qu'il n'y avoit plus qu'à assembler pour en faire des Maisons ; cela fut appellé *la Ville de bois*. Le dessein étoit de s'en servir après la descente, ou pour loger les Soldats jusqu'à ce qu'on se fût saisi de quelque Ville considérable, ou d'en faire le même usage qu'Edouard III en avoit fait de celle qu'il fit bâtir autour de Calais. Mais la jalousie du Duc de Berri oncle du Roi contre le Duc Philippe de Bourgogne son frere, fit échouer cette Expédition, ayant exprès retardé la marche des Troupes pour laisser passer la belle saison. De sorte qu'il n'y eût rien alors de plus fameux dans l'Europe que la Ville de bois, & rien qui y eût plus apprêté à rire aux dépens de la France après que ce projet eût avorté.

La Cité de Sainte Foi fut aussi très-fameuse en Espagne sous le Regne de Ferdinand le Catholique. On donna ce nom au Camp de ce Prince lorsqu'il assiégea & prit Grenade sur les Maures Non content des retranchemens ordinaires, il fit enfermer son Camp d'une muraille comme une Ville, & vint à bout par ce moyen en sept mois d'obliger les deux Rois Maures à rendre la Place par capitulation.

Depuis le temps de Philippe Auguste dans la plûpart des Siéges de longue durée, quand il y avoit une Armée ennemie en campagne, & que celle qui assiégeoit étoit assez nombreuse, on ne manquoit point de faire la Circonvallation ; mais quand le Canon fut en usage, on ne fit plus guéres de Tours de bois ; on faisoit de simples Redoutes plus basses, tantôt de terre, tantôt de bois, quelquefois lorsqu'on n'avoit pas assez de Troupes pour investir toute la Place, on faisoit des Forts de distance en distance sans Lignes, & ces Redoutes s'appellerent du nom de Bastilles ou Bastides. C'est ainsi qu'en userent les Anglois au commencement du Siége d'Orleans que la Pucelle fit lever.

Sous le Regne de Charles VII cela s'appelloit assiéger par Bastides ; c'est l'expression dont se sert Froissart en parlant du Siége de Ventadour par le Duc de Berri sous Charles VI ; & il est encore dit dans l'Histoire du même Roi écrite par Jean Juvenal des Ursins, que le Duc de Bretagne assiégea Brest dont les Anglois s'étoient emparez, & qu'il fit faire à l'entour de grosses Bastilles de bois. Mais cela, comme j'ai dit, ne se faisoit ainsi, que lorsqu'on n'avoit pas assez de Troupes pour une circonvallation entiere. Car le même Auteur parlant du Siége de Melun sous l'an 1420 marque *que les Anglois & Bourguignons fortifioient leurs Siéges de palis, pieux & fossez par dehors*: de sorte qu'il fût impossible à Charles VII alors Dauphin, de faire entrer un seul Espion dans la Place ; & je dirai à l'occasion de ces pieux ce que j'ai observé plusieurs fois dans la suite de notre Histoire, que les Anglois, lors même qu'ils alloient en parti dans la campagne, ne manquoient guéres de porter des pieux fort pointus ; & que dès qu'un parti François paroissoit plus fort que le leur, ils enfonçoient ces pieux & s'en faisoient un retranchement derriere lequel ils attendoient l'Ennemi, dont ils empêchoient l'approche avec l'Arbaleste. C'étoit encore une ancienne maniere des Romains dont Polybe & Ciceron font mention.

*Usage des Pieux chez les Anglois même dans les Combats de Campagne.*
Histoire de Charles VII. liv. 6. Polyb. l 17. Cicer. Tusculan. 2.

La coutume a été fort longtems d'attendre l'Ennemi dans la circonvallation quand il entreprenoit de secourir la Place. On voit cet usage pratiqué dans presque tous les Siéges sous les Regnes de Charles V, de Charles VI, de Charles VII, de Louis XI, de François I, dans nos Guerres d'Italie, & sous Henri II, soit par les François, soit par les Anglois, soit par les Espagnols : & ceux-ci ont presque toujours suivi cette méthode. Alexandre de Parme un des plus grands Capitaines de ces derniers Siécles, le faisoit ainsi pour l'ordinaire. Henri IV le fit encore au Siége d'Amiens contre l'Archiduc Albert : le Général Espagnol au dernier Siége d'Arras prit ce parti même contre l'avis du Prince de Condé qui étoit alors dans les Troupes d'Espagne, & eut lieu de se repentir de n'avoir pas déféré aux lumieres de ce grand Capitaine. Les François depuis ce tems-là ont ordinairement pratiqué le contraire, & ont mieux aimé aller au devant de l'Ennemi pour le combattre, que de l'attendre dans un Camp d'une tres-grande étenduë, parce qu'il y a presque toujours quelque endroit foible, & qu'on ne peut pas également compter sur la valeur de toutes les Troupes ; qu'il le fait en même tems plusieurs vraies ou fausses attaques, & que pourvû qu'une seule réussisse, la Ville est secouruë, & ensuite l'Armée du Camp occupée contre les Ennemis qu'elle

*Coutume d'attendre l'Ennemi dans les Lignes.*

a de tous côtez en tête, est prise par le flanc, & en danger d'une entiere défaite.

*Vautier pag. 835.*

*Sentiment du Vicomte de Turenne sur ce sujet.*

Un Officier d'Artillerie qui a publié depuis quelques années un Ouvrage sur *l'Art de faire la Guerre*, rapporte à ce sujet une parole de feu Monsieur de Turenne : « Monsieur le Ma- » réchal de Turenne, dit il, a dit plus d'une fois en de sem- » blables occasions, que de cent Batailles qu'il donneroit pour » forcer l'Ennemi dans ses retranchemens, il les gagneroit tou- » tes, & n'en perdroit aucune que par sa faute : faisant con- » noître par ce discours que des Troupes qui combattent en- » semble avec ordre, & se soutiennent les unes les autres sur » plusieurs Lignes, ont un grand avantage sur celles qui sont » dispersées, & fondent leur espoir sur la force des retranche- » mens, dont le terrain trop étendu les oblige à s'affoiblir par « tout en soutenant également le front, & les met hors d'état de » secourir le poste le plus attaqué. »

*Armée d'observation dans ces derniers tems.*

Mais dans ces derniers tems où les Armées ont été beaucoup plus nombreuses qu'elles n'étoient autrefois, on a suivi communément une autre méthode, qui étoit que l'Armée qui assiégeoit, se tenoit dans son Camp, tandis qu'une autre Armée qu'on appelloit l'Armée d'observation, occupoit un Camp avantageux du côté que l'Ennemi pouvoit venir : de sorte que pour secourir la Place assiégée, il étoit obligé de donner Bataille à l'Armée d'observation avec beaucoup de désavantage à cause du terrain que le Général avoit choisi.

*Manieres des Romains dans les Sièges pour faire les approches.*

Dès que les quartiers étoient distribués autour de la Ville, la circonvallation & la contrevallation faite, le terrain reconnu, & l'endroit choisi pour l'attaque, les Romains faisoient leurs approches non pas par tranchées comme aujourd'hui, en creusant la terre pour se couvrir ; mais par des élevations de terres liées avec des fascines soutenuës par les côtez de clayes, de troncs d'arbres, & quelquefois même de maçonnerie par intervalles. Ils donnoient à ce travail le nom d'*Agger* à cause qu'il étoit fait de terres assemblées & battuës. Il étoit en façon de plate-forme d'une tres grande étenduë ; ils le poussoient jusques sur le bord du fossé, & le plus près de la muraille qu'il étoit possible, en l'étendant à droite & à gauche. La hauteur dépendoit de celle du terrain & des murailles de la Ville ;

ces travaux étoient immenses, quand l'attaque se faisoit par des lieux bas. César dit que pour l'attaque de Bourges ou de la Capitale du Berri appellée *Avaricum*, l'élevation de terre qu'il fit, étoit *a* de quatre-vingt pieds de haut, & large de trois cens trente, & qu'il la poussa si avant, qu'elle touchoit presque la muraille.

Le but d'un si grand travail étoit de foudroyer avec les machines, avec les frondes & les fléches tout ce qui paroîtroit sur le rampart, & par le même moyen de faciliter l'approche des Galeries & du Belier jusqu'au pied de la muraille. C'est ce que nous marque Zozime en parlant du Siége de Byfance: » Con- » stantin, dit-il, n'oubliant rien pour venir à bout de la Pla- » ce, fit une élevation de terre de la hauteur de la murail- » le, y bâtit des Tours de bois plus hautes que la muraille, » d'où l'on tiroit des dards & des fléches contre ceux qui la dé- » fendoient, afin de pouvoir en faire approcher en sûreté les » machines & les Beliers. «

Lib. 2.

Il est marqué dans notre Histoire que Philippe Auguste au Siége de Château-Gaillard, fit faire un épaulement de maçonnerie assez près du fossé pour couvrir ceux qui conduisoient les machines destinées à battre la Place ; mais cette maçonnerie n'étoit que d'une médiocre hauteur, le reste de l'*Agger* étoit de terre & de fascines. Il y ajouta des Beufrois ou Tours de bois plus hautes que les murs de la Place.

*Cette méthode imitée par Philippe Auguste.*

Ces élevations de terres se commençoient par les côtez que l'on soutenoit avec des poutres bien liées, & quelquefois, comme j'ai dit, avec de la maçonnerie. Le milieu d'abord étoit vuide, mais on le remplissoit peu à peu en avançant toujours vers la Ville. Cependant les Tours s'élevoient & on les poussoit en avant à mesure que le terrain du milieu se remplissoit.

Il est parlé encore de ces élevations de terre au Siége de la Rochelle que Louis VIII fils de Philippe Auguste conquit sur les Anglois.

*Hac Circumvallo Rex mandat & Aggere cingi.*

Gesta Ludovici VIII.

---

*a Latus pedes trecentos triginta, altus pedes octoginta qui muros hostium pene attingeret.* César. lib. 7. de Bello Gallico.

# HISTOIRE

Je ne voudrois pas cependant aſſûrer que ce mot *Agger* ſignifiât ici quelque choſe de pareil à ces grands travaux des Romains : mais cela nous marque au moins l'uſage de la circonvallation.

Les Turcs dans leurs dernieres Guerres contre les Chrétiens faiſoient encore de ces grands & vaſtes cavaliers de terre, pour ſe couvrir contre le feu des Villes qu'ils aſſiégeoient, & pour placer les batteries dont ils les foudroyoient : & cela indépendemment des tranchées qu'ils pouſſoient en même tems vers la Place.

Nous n'avons que peu de choſe ſous le Regne de S. Louis fils de Louis VIII, qui puiſſe nous inſtruire ſur l'article de ces *Aggeres* dont il s'agit : car quoique le Regne de ce Saint Prince ſoit mémorable par quantité de hauts faits d'Armes, cependant il fit peu de Siéges conſidérables, où il pût mettre en pratique cette ancienne méthode des Romains pour la circonvallation & la contrevallation. On voit néanmoins que dans quelques Siéges qu'il fit, il employa les Tours de bois & les machines en uſage, comme je le dirai en un autre endroit.

Nous avons ſi peu de détail dans nos Hiſtoires de ceux que fit Philippe le Hardi fils de Saint Louis, qu'on ne peut en tirer aucunes lumieres ſur le point dont il s'agit. Je ne vois non plus dans les Regnes ſuivans nulle mention de ces grands travaux. La vivacité de nos François paroît ne s'être pas accommodée de la longueur du tems & de la fatigue qu'il falloit eſſuyer pendant ces prodigieux remuëmens de terre ; ils aimoient mieux s'expoſer d'avantage, pour s'épargner tant de précautions

*Maniere d'attaquer les Places depuis le Regne de Philippe de Valois.*

On voit que tant les François que les Anglois durant les longues & violentes Guerres que ces deux Nations eurent enſemble depuis le Regne de Philippe de Valois, commençoient d'ordinaire après s'être campés devant une Place, à aſſaillir les Bailles, qui étoient une eſpece de fortification ou de retranchement fait à la tête des Fauxbourgs de la Ville, duquel je parlerai bientôt ; qu'enſuite ils penſoient à combler les foſſez avec des clayes & des faſcines dont ils ſe couvroient auſſibien que de leurs boucliers en les portant ; que cela s'executoit à la faveur d'une décharge continuelle de flèches que les Archers faiſoient

contre

contre ceux qui défendoient les murailles ; que devant ces Archers ils faisoient une espece de retranchement portatif composé de grandes targes ou pavois qui furent appellés tallevas qu'ils fichoient en terre par la pointe, & qui étoient à l'épreuve des fléches ; que pendant ces décharges & durant la nuit ils faisoient avancer leurs machines, & leurs tours de bois qui avoient des roües, construisoient leurs galeries dans le fossé pour attacher le mineur à la muraille, ou pour la rompre avec le Belier : tout cela est marqué ou supposé dans les relations des Siéges jusqu'au tems & même au-de-là du tems de l'invention du Canon. Car, comme je l'ai déja remarqué, cette nouvelle invention n'exclut pas d'abord ni si-tôt l'usage des autres machines. C'est ce que je prouverai encore en parlant de ces machines. Je dois maintenant apporter ici quelques faits historiques tirez de nos anciens Auteurs touchant cette espece d'approche & d'attaque dont je viens de parler.

Froissart sous l'an 1345 du tems de Philippe de Valois, parle ainsi de l'attaque de la Roche-Milon, faite par le Comte d'Erbi Général des Anglois.

*Froissart vol. 1. c. 109.*

« Lors passa le Comte d'Erbi outre, & prit le chemin devers Aguillon : mais ainsoit qu'il y parvint, trouva le Chastel de la Roche-Milon qui estoit bien pourvû de Soudoyers & d'Artillerie ; ce nonobstant ledit Comte d'Erbi commanda qu'il fût aspremant assailli : lors s'avançoient Anglois, & commencerent à assaillir : ceux de dedans jettoient bancs & grands barreaux de fer, & pots pleins de chaux dont ils occirent & blesserent plusieurs Anglois qui montoient contremont & s'avançoient trop follement pour leur corps avanturer. Quand le Comte d'Erbi vit que ses gens se travailloient & se faisoient tuer pour néant, si les fit retraire. Le lendemain fit acharier par les Villains du Pays, grand foison de busches & falourdes & feurre & getter és fossez avec grand' planté de terre. Quand une partie des fossez furent emplis tant qu'on pouvoit bien aller jusqu'au pied du mur du Chastel, il fit arrouter & bien armer & mettre en bonne ordonnance trois cens Archers, & puis fit passer pardevant eux pour les émouvoir, deux cens Brigands Pavesché,qui tenoient grands pics & havets de fer, & en tandis que ceux heurtoient &

» piquotoient au mur, les Archers tiroient si fort, qu'à peine
» s'osoient ceux de dedans montrer à leur défense ; & en cet
» estat furent la plus grande partie du jour, tant que les Pi-
» coteurs firent un trou au mur si grand, que dix hommes y
» pouvoient entrer de front. Lors s'ébahirent ceux du Cha-
» stel & de la Ville, & se jetterent par devers l'Eglise : &
» aucuns vindrent par derriere. Ainsi fut prise la Forteresse de
» la Roche-Milon. «

*Targes ou pavois employez dans les Sièges.*

On voit par cet exemple comment se faisoit l'approche des Villes à la faveur des décharges de flèches, & l'usage de ces grands boucliers ou targes ou pavois qui étoient pour couvrir les Archers ; car bien que Froissart fasse servir ces deux cens Brigands Paveschez à saper la muraille, cela ne se doit entendre que de quelques-uns d'eux ; dautant que deux cens hommes ne furent pas occupez à faire un trou pour en passer dix. Les autres étoient occupez avec leurs pavois à servir de rempart aux Archers contre les flèches de la muraille, ou bien même cela signifie que l'on portoit devant ces deux cens Brigands ou Pionniers ces targes ou pavois pour les couvrir, tandis qu'ils travailloient à saper la muraille.

Car ceux qui portoient ces targes n'étoient que pour targer, ainsi que l'on parloit alors, c'est-à-dire pour couvrir les autres qui travailloient ou qui tiroient des flèches, tant ces targes étoient pesantes.

*Froissart vol. 3. c. 70.*

C'est ce que dit plus nettement le même Historien en racontant l'attaque d'une Ville d'Espagne défenduë par des François & assaillie par des Anglois. » Il y eut, dit-il, grand
» foison de morts & de blessez ; mais les Gendarmes qui ès
» fossez entroient, avoient gros Varlets qui les paveschoient &
» aussi eux. «

D'où vient que Guillaume Guiart parlant d'une semblable expédition, partage les fonctions des Soldats & dit :

Li uns targent, les autres traient.

C'est-à-dire les uns couvrent, les autres tirent des flèches.

*L. 10. pag. 354.*

Et Guillaume le Breton décrivant le Siége que Jean Roi

d'Angleterre mit devant la Roche-au-Moine en Anjou, raconte qu'un Soldat de l'Armée de ce Prince nommé Engeoran, homme d'une taille & d'une force extraordinaire, alloit tous les jours fur le bord du foffé, tirer quantité de fléches contre ceux du rempart, que pour cela il faifoit porter devant lui par un Goujat *a* une de ces grandes targes à l'épreuve.

Il ajoute le ftratagême qu'un des Archers du dedans de la Place imagina pour fe défaire de cet homme qui tuoit tant de monde. Ce fut d'attacher une longue & forte ficelle à une fléche qu'il vouloit tirer contre la targe, & de lier l'autre bout à un pieu fur le rempart. La fléche ayant été tirée, & étant entrée fort avant dans la targe, il tira la corde, & avec la corde la fléche & avec la fléche la targe qu'il fit tomber dans le foffé. De cette maniere le Soldat ennemi étant demeuré à découvert, ne put fe garantir d'une autre fléche que l'Archer lui tira, & dont il le tua.

L'autre Hiftorien de Philippe Augufte parlant de ce même fait *b*, dit expreffément qu'on fe fervoit de ces fortes de grands boucliers dans les Siéges pour les attaques.

Ceux qui portoient ces grands boucliers, s'appelloient Pavefieux du tems de Charles VII, du nom des boucliers mêmes qu'on nommoit auffi payois. Monftrelet parlant du Siége de Bayonne fous l'an 1451, dit que le Comte de Foix y avoit avec lui deux mille Arbalêtriers & leurs Pavefieux. Et la note fur ce mot eft celle-ci. » Pavefieux c'étoient porteurs de pa- » vois grands efcuz, à couvert de quoi les Arbalêtriers reban- » doient. » On fe fert aujourd'hui d'inftrumens équivalens pour couvrir les Travailleurs & les Soldats, fur tout lorfque la tranchée a été pouffée jufqu'aux glacis, comme de mantelets, de gabions, de facs à terre, de blindes.

Monftrelet vol. 3.

---

*a* Tunc præcedebat cum Parmâ Garcio, fub quâ
Nil fibi formidans Obfeffos damnificabat.
Affiduè poterat nec ab illis damnificari
Afferibus latis dum Parma protegit ipfum.

*b* Quidam de Obfidione confueverat venire ad foffas Parmâ præcentâ quam quidam Famulus ante ipfum portabat, non manuali quidem Parmâ fed immenfâ, quales in Obfidionibus deferri folent. *Rigord* p. 215.

A. Ville assiégée.
BBB. Pavesieux.
CCC. Archers.
DDD. Pavois, ou Targes, ou Tallevas.

Or c'étoit pendant qu'on écartoit ainsi des creneaux du rempart les Ennemis à coups de flèches, que l'on faisoit avancer les machines destinées à lancer des pierres contre la muraille, & celles dont on se servoit pour mettre à couvert le Belier dans le fossé pour la fracasser, ou les Mineurs pour la saper : car c'étoit de ces deux manieres dont on se servoit pour faire bréche à la muraille, & ensuite y donner l'assaut ; & c'est dont je dois maintenant parler.

## CHAPITRE III.

*Des Machines dont on se servoit dans les Siéges sous la troisiéme Race.*

CEs Machines étoient pour la plûpart les mêmes que celles dont on se servoit sous la seconde Race, & dont j'ai donné la description ci-dessus dans l'espece de Commentaire que j'ai fait sur la relation du Siége de Paris que firent les Normans en l'an 886 & 887. Ainsi je n'ai que faire de repeter ici ce que j'ai dit touchant le Muscule, la Tariere, la Galerie, la Catapulte, la Baliste, &c.

Comme Philippe Auguste eut soin d'entretenir beaucoup d'Ingenieurs habiles qui étudierent l'Art Militaire dans les Auteurs de l'Histoire Romaine, on vit reparoître en France sous son Regne une des plus utiles machines dont se servissent les Romains dans les Siéges : c'étoit ces Tours ambulatoires qu'ils conduisoient avec des roües fort près de la muraille, d'où ils tiroient contre les assiégez. Il y avoit pour l'ordinaire un pont attaché à ces Tours ; ils le faisoient tomber sur la muraille, & y entroient ainsi de plein pied, tandis que ceux qui étoient aux

*Tours ambulatoires.*

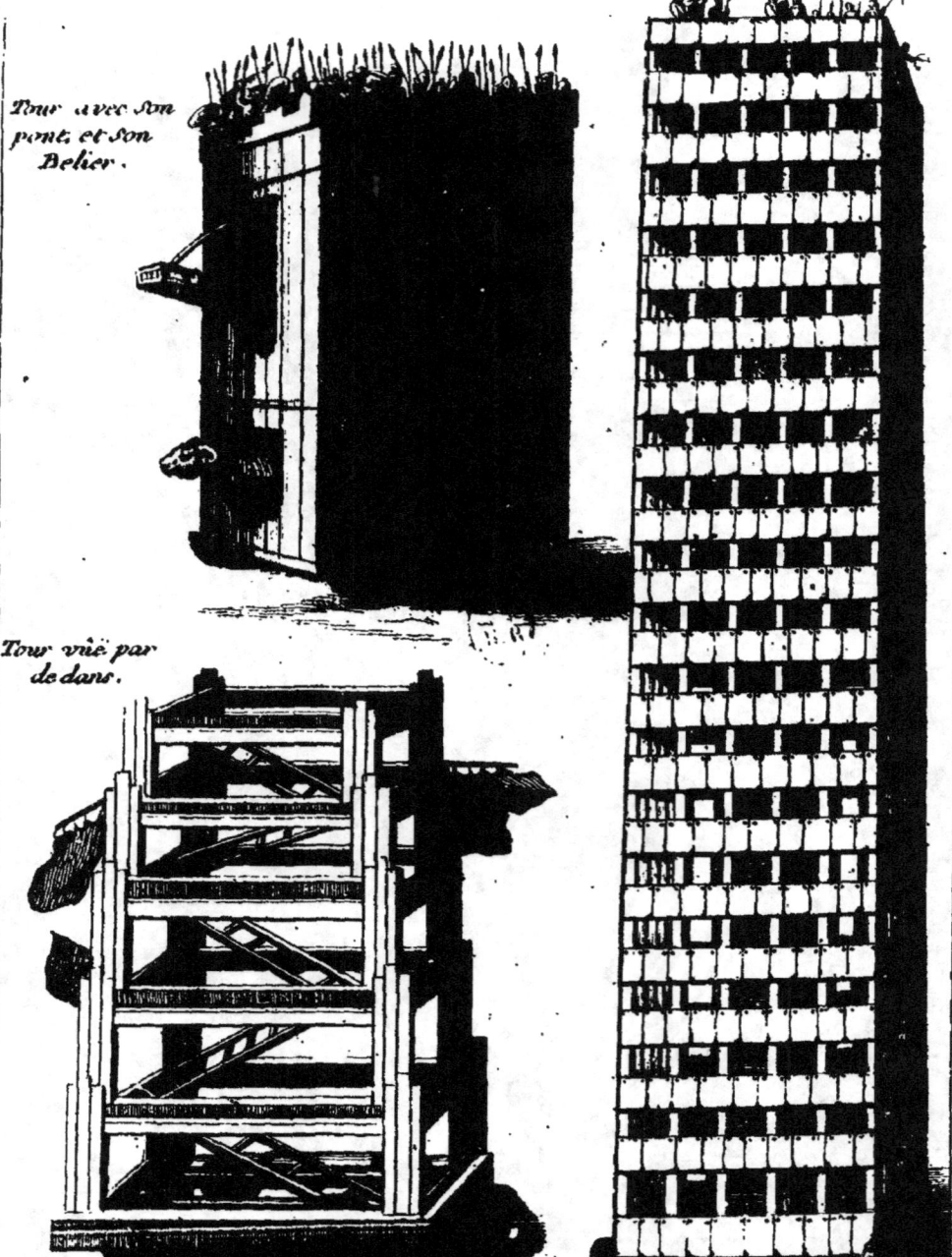

DE LA MILICE FRANÇOISE. *Liv. VII.* 557

étages les plus hauts de la Tour, tiroient sans cesse contre les Ennemis.

Nous avons dans plusieurs anciens Auteurs les descriptions de ces Tours : je me contenterai de rapporter celle que Vegece en fait, & qui comprend presque tout ce que les autres en ont dit.

« Ces Tours, dit-il, ont quelquefois trente pieds en quar- *Vegetius. v.*
» ré, & quelquefois elles ont en largeur quarante ou cinquan- *4. c. 17.*
» te pieds. Elles sont si hautes, qu'elles surpassent les murail- *Description*
» les & même les Tours de pierres : on y ajuste des rouës selon *des Tours am-*
» les regles de la Méchanique, par le moyen desquelles cette *bulatoires.*
» machine se remuë. La Ville est en extrême danger si on peut
» approcher la Tour jusqu'à la muraille ; car elle a plusieurs
» escaliers ( c'étoit pour monter à divers étages ) & elle attaque
» la muraille de différentes manieres : car dans l'étage d'en bas,
» il y a un Belier pour rompre le mur, à l'étage du milieu elle
» a un pont fait de deux poutres, & entouré de clayes, qu'on
» abbat tout d'un coup entre la Tour & la muraille, & sur
» lequel les Assaillans passent dans la Ville, & se saisissent du
» rempart. Sur les plus hauts étages sont des Soldats qui ont
» de longs bâtons ferrez, & des Archers pour tirer sans cesse
» sur les Assiégez des fléches & des pierres, & les atteindre de
» loin. Quand les choses en sont là, la Ville est bien-tôt
» prise : car quelle esperance reste-t'il, lorsque ceux qui avoient
» mis toute leur confiance dans la hauteur de leurs murailles,
» en voient tout à coup une plus haute au dessus d'eux ?

On voit par d'autres Auteurs, que l'on mettoit sur ces Tours des Ballistes & des Catapultes, & qu'avant que de les faire marcher, elles étoient non seulement chargées de ces ma- *L. 32.* chines, mais même des Soldats qui y devoient combattre : car voici comme Tite-Live parle d'une de ces Tours. » Comme
» l'on conduisoit la Tour par un terrain qui n'avoit pas été as-
» sez battu, une des rouës enfonça dans une orniere profon-
» de. La Tour pancha tellement que les Ennemis crurent qu'el-
» le alloit se rompre, & les Soldats qui étoient dedans en eu-
» rent une extrême peur.

Ces Tours étoient en usage dès le commencement de la troi- *Apud Lab-*
siéme Race. Eudes Comte de Chartres sous le Regne du Roi *bæum in*
*Chronolog.*
*t. 2. ad annum*
*1015.*

Robert assiégeant le Château de Montbrol proche de Tours, éleva, dit un ancien Historien, une Tour de bois d'une si prodigieuse hauteur, qu'elle étoit plus haute que le Donjon du Château : mais ces Tours furent mises principalement en usage dans la premiere Croisade du tems de Philippe I. Voici ce que dit là-dessus Guillaume de Tyr Auteur Contemporain, dans son Histoire de la Guerre Sainte, en parlant du Siége de Jerusalem. » Il y avoit trois machines de même » artifice & qui devoient avoir le même effet. Elles étoient » quarrées ; le devant qui étoit opposé à la muraille, étoit » double, c'est-à-dire de deux rangs de planches & de poutres. » Le premier pouvoit s'abbattre afin de servir de pont pour en- » trer sur la muraille, dès que la machine en seroit approchée. «

<small>L. 8. c. 12.</small>

Ce fut en effet avec ces trois machines que la Ville de Jerusalem fut prise d'assaut. Il est fort vrai-semblable que ce furent les Ingenieurs Allemans qui les firent : Car, comme le remarque le Continuateur d'Othon de Frisingue dans l'Histoire de l'Empereur Frideric I, on observoit encore alors dans l'Empire les regles de l'Art Militaire des anciens Romains, soit pour le campement, soit pour l'attaque des Villes. Et le même Auteur racontant le Siége que Frideric mit devant Crême en Lombardie, fait mention de ces Tours dont quelques-unes, dit-il, avoient cent pieds de hauteur, divers étages, & des ponts pour jetter sur les murailles : mais ce fut Philippe Auguste, comme j'ai dit, qui introduisit ou retablit en France l'usage de ces Tours mobiles & ambulatoires dans les Guerres qu'il eut contre les Anglois, & dans les grandes conquêtes qu'il fit sur eux. Il en est fait mention dans la relation du Siége qu'il mit devant Château-Roux en Berri.

<small>Radevic liv. 2. cap. 2.</small>

<small>Cap. 57.</small>

<small>Philipp. liv. 2.</small>

*Cratibus & lignis rudibus Belfragia surgunt*
*Turribus alta magis & mœnibus . . . .*

Rigord autre Historiographe de ce Prince, en parlant du Siége de Radepont à trois ou quatre lieuës de Rouen, où il y avoit alors un Château tres-fort défendu par une Garnison Angloise, compte parmi les machines dont on se servit pour l'attaque, ces Tours ambulatoires. *Erectis in circuitu Turribus*

DE LA MILICE FRANÇOISE. *Liv. VII.* 559
*ligneis ambulatoriis, aliisque tormentis quàm plurimis viriliter impugnavit & capit.* Il en dit autant immédiatement après au sujet du Siége que le même Roi mit devant Château-Gaillard éloigné de quelques lieuës de Radepont, & infiniment plus fort.

Saint Louis se servit de Tours de bois pour prendre Fontenai en Poitou, comme le témoigne Guillaume Guiart dans son Histoire en Vers.

>Et met le Siége à Fontenai.
>Là Ot deux paires de closures
>Peuplées par droites mesures
>A l'environ de Tours espesses
>François se logent à grant presse
>N'ont soin de Chastel eschever
>Li Roys fait Tours de fust lever.
>Là met Sergeans qui toujours traient,
>Ceux du Chastel de quarriaux paient.

Ces Tours de fust, c'est-à-dire de gros & longs bois de haute fûtaie que le Roi fit élever, étoient pour tirer sur les Assiégez, & en les faisant avancer avec des rouës, sauter sur la muraille.

Sous Philippe de Valois, lorsque Jean son fils Duc de Normandie assiégea Aiguillon à quatre lieuës d'Agen, il fit élever des Tours ou Châteaux de bois sur des barques, mais elles ne réussirent point, & furent fracassées par les machines du Château. On fait encore mention d'un Château de bois à quatre étages & traîné sur des rouës, d'où les Arbalêtriers Génois, qui étoient au service de France, tiroient sur les murailles de quelques Forteresses des environs de Toulouse contre les Anglois. C'étoit sous Charles VI. Le Heraut de Berri sous l'an 1406 parle encore d'une semblable machine faite par le Sire de Mongauguier, de laquelle le Duc de Bourgogne avoit dessein de se servir pour attaquer Calais : mais elle ne fut point mise en œuvre.

*Froissart 3, vol. c. 18. & 19.*

Froissart racontant le Siége que le Comte d'Erbi Général des Anglois mit devant la Reole, » dit que les Anglois qui

» qui féoient devant cette Place, & qui y furent plus de neuf
» femaines, avoient fait charpenter deux Beffrois de gros mef-
» riens à trois étages, & féant chacun Beffroi fur quatre roel-
» les, & étoient ces Beffrois au lez devers la Ville tout cou-
» verts de cuir bouilli, pour défendre du feu & du trait, &
» avoit en chacun eftage cent Archers ; Si menerent les Anglois
» à force d'hommes ces deux Beffrois jufques aux murs de la
» Ville : car en tandis qu'on les avoit ouvrez & faits, ils avoient
» empli les foffez fi avant, que pour conduire ces Beffrois à
» leur aife, fi commencerent ceux qui étoient en ces eftages à
» traire à ceux qui fe tenoient en défenfe, fi rudement que
» nul ne s'ofoit montrer aux défenfes, s'ils n'étoient tres-bien
» armez & pavefchez.

On voit par tout ce que j'ai cité jufques à préfent des anciens Auteurs, que l'*Agger* & les autres chemins par où l'on conduifoit ces Tours ambulatoires, devoient être bien applanis & la terre bien battuë, pour qu'elles demeuraffent toujours dans une fituation bien droite : qu'on les couvroit de cuirs contre le feu, & contre les pierres tirées des machines des Affiégez pour en amortir les coups. On voit par d'autres Auteurs, qu'on les armoit auffi de fer contre le feu.

Comme on ne commençoit pas ces élevations de terre d'auffi loin de la Ville, que nous commençons d'ordinaire nos tranchées, ils faifoient des galeries couvertes qu'ils appelloient du nom de *Vinea* pour approcher à couvert du lieu où ils vouloient faire l'*Agger*, fous lefquelles les Soldats apportoient la terre, les fafcines, les bois pour la conftruction des Tours, & tous les autres materiaux néceffaires. Ils fe couvroient d'abord du mieux qu'ils pouvoient comme font à proportion nos Soldats à l'ouverture de la tranchée, & pouffoient ainfi leurs travaux en avant.

Il eft hors de doute qu'ils profitoient de tous les avantages du terrain, des chemins creux, des rideaux, &c. pour conduire des deux côtez de l'*Agger* le mufcule & d'autres machines femblables jufqu'au foffé, afin de le combler & approcher le Belier jufqu'à la muraille ; qu'ils prenoient toutes les précautions poffibles pour fe garantir de l'effet des machines des Affiégez, & que durant ces travaux, les Affiégeans tiroient

fans

A. L'Agger des Romains.
B. Tour Ambulatoire.

sans cesse des fléches & faisoient servir leurs machines contre ceux qui défendoient les remparts.

Après tout il ne paroît pas que cet usage des Tours ambulatoires ait été fort commun en France, au de-là du Regne de Saint Louis, soit à cause des grandes dépenses qu'il falloit faire pour ces sortes d'ouvrages, soit faute de former des Ingenieurs qui fussent capables de les construire ; car c'étoit le chef-d'œuvre de l'Art : & il falloit mille précautions pour les rendre solides, pour les conduire, pour les empêcher d'être brûlées ou démontées par les machines des Ennemis, & pour s'en servir avec succès.

*Usage des Tours ambulatoires moins frequent dans la suite.*

Je crois donc à en juger par nos Histoires, qu'on ne s'en servit plus guéres dans la suite, & que toute l'application des Ingenieurs pour venir à bout des Places, se réduisit principalement à deux points ; le premier à renforcer les Ballistes & autres semblables machines pour lancer des pierres de la plus énorme grosseur, avec quoi ils crevoient tous les toits des maisons, & fracassoient les murailles. Le second étoit la Mine.

Les Ingenieurs avoient si bien réussi pour le premier, qu'ils jettoient avec leurs machines des pierres capables par leur pésanteur d'enfoncer les voutes & les planchers des maisons les plus solidement bâties. Ils lançoient encore quelquefois des cadavres entiers de chevaux, comme le rapporte Froissart, du Siége de Thyn-l'Evêque aux Pays-Bas, que Jean Duc de Normandie fils du Roi Philippe de Valois assiégeoit sur le Comte de Hainaut, & qu'il contraignit de capituler par l'infection que cela causoit dans la Ville.

*Froissart vol. 1. chap. 50.*

Le même Froissart raconte que le Comte de Laille Lieutenant Général de Philippe de Valois en Gascogne, assiégeant Auberoche, les Anglois qui défendoient cette place se trouvant fort pressez, firent sortir un Valet, c'est-à-dire un jeune Gentilhomme qui avoit la qualité de Valet ou d'Ecuyer qu'ils chargerent d'une Lettre, pour en aller donner avis au Comte d'Erbi leur Général. Ce Valet fut surpris, & la Lettre qu'il portoit fut lûë. » Lors prindrent le Valet, dit Froissart, & » lui pendirent les Lettres au col, & le mirent tout en un mon- » ceau au fond d'un engin, puis le renvoyerent & jetterent en » Auberoche. Le Valet cheut tout mort devant les autres Va-

*Chap. 107.*

« lets du Chastel qui furent de ce moult troublez. »

Nonobstant l'invention du Canon, on battoit toujours les Places avec ces sortes de machines. En 1339 Jean Duc de Normandie fils de Philippe de Valois, assiégeant Aiguillon avec près de cent mille hommes, ne se servit que de ces machines.

« Lors eurent les Seigneurs François, dit Froissart, autre
» conseil ; car ils envoyerent querre à Thoulouse huit des plus
» grands engins qui y étoient, & encore en firent faire & char-
» penter quatre plus grands, & firent getter ces douze engins sans
» cesser jour & nuit par devant le Chastel : mais ceux de la
» Forteresse étoient si bien gueritez, qu'onques pierre d'engins
» ne les greva fors aux tects des manoirs, & avoient ceux du
» Chastel grands engins qui débrisoient tous les engins de de-
» hors & en peu d'heures, ils en briserent plus de six. »

Peu de tems après le Roi d'Angleterre assiégeant Calais, *y avoit Espringales* ( c'étoit une espece de Ballistes ) *Bombardes, Avés & autres Instrumens.*

On voit encore les Mangonneaux mis en usage dans les Siéges sur la fin du Regne de Charles V, cinquante ans après qu'on eût commencé à se servir du Canon en France. On le voit encore bien avant dans le Regne de Charles VI, où avec les Bombardes ou Canons il est fait mention de ces autres machines sous le nom d'Engins. *Les Engins & Bombardes*, dit Jean-Juvenal des Ursins en parlant du Siége de Ham que le Sire Bernard d'Albret défendoit contre Jean Duc de Bourgogne, *furent assises & tiroient bien chaudement ; on jettoit*, dit il plus bas, *dans la Ville de Bourges par le moyen des Engins grosses pierres qui faisoient du mal beaucoup aux Habitans.*

Pour ce qui est du Belier, je crois que même longtems avant le Canon, on ne s'en servoit plus guéres en France. J'en trouve cependant encore un exemple dans Froissart sous Philippe de Valois, lorsque le Comte de Hainaut attaqua la petite Place de Saint Amand en Flandres : A donc fut là un, dit
» cet Historien, qui dit, Sire, en celui endroit ne les aurions
» jamais ; car la porte est forte & la voye étroite. Si couste-
» roit trop des vostres à conquerre : mais faites apporter de gros
» mesriens ouvrés en manieres de Pilots, & heurtez aux murs

« de l'Abbaye. Nous vous certifions que de force on les per-
« tuisera en plusieurs lieux, & se nous sommes en l'Abbaye,
« la Ville est nôtre... Dont commanda le Comte qu'on fit
« ainsi ; car pour le mieux on li conseilloit pour le tost pren-
« dre. Si quist grans merriens de chesne, qui furent tantost
« ouvrez & aguisez devant, & s'accompagnerent à un Pilot
« vingt ou trente, & s'évertuoient ; & puis boutoient de grand
« Randon contre le mur, & tant vertueusement, qu'ils per-
« tuiserent & rompirent le mur de l'Abbaye en plusieurs lieux.

Il est certain que cette machine étoit un vray Belier, & qu'on s'en servit de la même maniere ou pour le même usage qu'on se servoit des anciens Beliers : mais ce fut une idée qui vint à quelque Ingenieur, & qui ne prouve pas qu'on eût encore alors communément cette pratique. Cependant les Vénitiens firent encore usage de cette machine en 1345, c'est-à-dire vers le tems même dont je parle, au Siége de Zara.

<small>Hist. obsid. Jadrensis l. 2. c. 6.</small>

Il me paroît que l'usage de ces machines, c'est-à-dire des Ballistes, des Catapultes, des Mangonneaux, des Beliers, des Chats, des Truyes & d'autres semblables, cesserent en France sous Charles VII : on n'y parle plus dans les Siéges que de Canons sous divers noms qu'on leur donnoit, excepté qu'il y est fait encore mention d'un Engin qu'ils appelloient *Engin à verge* : mais je ne sçai ce que c'étoit : *lesquels Engins à verge & Bombardes*, dit l'Historien, *jettoient & tiroient nuit & jour sans cesse contre ce Chasteau*. Les Anglois, dit-il encore, y laisserent deux grosses Bombardes, plusieurs Canons & *deux Engins à verge*.

<small>Fin de l'usage des anciennes machines de Guerre.

Histoire de Charles VII p. 51. 62.</small>

Mais ce qui paroît surprenant dans nos Histoires, c'est que bien qu'il soit souvent fait mention de breches faites aux murailles d'un Ville par les Canons avant Charles VII, on n'y parle point de ce que nous appellons aujourd'hui des Tranchées. Cependant pour battre en breche, il falloit que les Canons fussent fort près de la muraille. Or sans des Tranchées il n'y auroit point eu de communication de ces batteries avancées avec le camp : car on ne faisoit plus de ces *Aggeres* ou levées immenses de terres plus hautes que les murailles, dont se servoient les Romains, pour approcher en sûreté leurs machines de la Place assiégée.

<small>Voyez l'Histoire de Charles VI p. 276. 277.
Quand on a commencé à assiéger par Tranchées.</small>

C c c c ij

Enfin il se faisoit des sorties, & dès lors dans ces sorties on alloit au Canon pour l'enclouer. Juvenal des Ursins dit qu'au Siége de Compiegne les Assiégez sortirent sur le Camp du Roi Charles VI, *qu'ils passerent outre, jusqu'au lieu où on avoit assis les Canons, & au plus gros Canon nommé Bourgeoise, mirent au trou par où on boutoit le feu, un cloud, tellement que devant ladite Ville oncques ne put jetter; & si firent tant qu'ils entraisnerent trois Vulgaires (especes de Canons) & les mirent dans la Ville & tuerent aucun des Canoniers.*

Je remarquerai ici en passant que dès ce tems-là on avoit trouvé moyen de remedier à l'encloûure: car il est dit à la page suivante qu'on avoit défencloué *la Bourgeoise*, & qu'on y avoit mis tel remede, qu'on en ouvroit & travailloit tres-bien.

Voici ma pensée sur la difficulté proposée: je crois que d'abord on en usa pour les Canons comme pour les autres machines; qu'on les conduisoit la nuit le plus près de la muraille qu'il étoit possible: car alors il n'y avoit point ou presque point de dehors, & qu'on les mettoit en batterie après avoir fait un grand retranchement pour loger un Corps de Troupes destiné à les garder & à les défendre contre les sorties Il semble que cela se pouvoit faire ainsi, parce qu'en ce tems-là il y avoit tres-peu de gros Canons, soit pour l'attaque, soit pour la défense des Villes, & peu d'Armes à feu. La grande défense des Places pour écarter les Ennemis étoit encore l'Arbalête.

Quand il n'y avoit point de Canon dans la Place attaquée, on se servoit encore de galeries couvertes pour conduire le Canon, comme on faisoit anciennement pour conduire le Felier jusqu'à la muraille. C'est ainsi qu'en usa la Pucelle d'Orleans pour prendre la Ville de Troye. » Ensuite de quoi, dit l'Historien, ladite Jeanne la Pucelle prit un courlier & un baston à la main, puis mit en besogne Chevaliers, Ecuyers & autres gens de tous estats pour apporter fagots, huis, tables, & autres choses nécessaires à faire *taudis*, & approches contre ladite Ville, afin d'asseoir aucunes Bombardes & Canons estant en l'Ost. « Ces taudis étoient ce qu'on appelloit des galeries pour mener le Canon à couvert jusqu'au bord du fossé.

Mais je crois que l'on s'avisa bien-tôt de faire des Tran-

## DE LA MILICE FRANÇOISE. *Liv. VII.* 565

chées, quoiqu'il n'en soit point parlé en ces premiers tems-là sous ce nom, & je suis persuadé que quand il est dit qu'une telle Ville fut prise par les mines, cela ne doit pas seulement s'entendre des mines qui se faisoient sous la muraille, mais encore de ce que nous appellons des Tranchées, ausquelles on donna le nom de mines, parce qu'on les faisoit en creusant la terre, & qu'on les avançoit par la sape.

*Tranchées exprimées par le nom de Mines.*

J'appuye ce que je dis sur deux endroits de l'Histoire de Charles VII, où cela me paroît assez distinctement exprimé. Le premier est à la page 59 de l'édition Royale, où l'Historien parlant du Siége du Château de Pouancei à cinq lieuës d'Ingrande, dit que les Brétons & les Anglois *faisoient mines & autres approches* : & le Heraut de Berri dans son Histoire Chronologique de Charles VII parlant du Siége de Honfleur : « lesquels ( Anglois ) dit-il, voyant *lesdits approchemens tant de mines* comme de Bombardes & Engins volans, composerent à rendre la Place aux François. Les mines étoient donc des approches & par consequent des especes de Tranchées. Il s'agit dans l'autre endroit, du Siége de Harfleur : voici ce qu'en dit l'Historien du Regne du même Prince.

*Sous l'an 1449.*

« Or devant la Ville furent assorties seize grosses Bombardes, lesquelles le Roi qui estoit logé à Moustiers-Villiers vint lui-même faire tirer & jetter contre la Ville : il y avoit de grandes & profondes Tranchées pour aller plus sûrement ; & s'abandonna & hazarda fort le Roi à venir voir battre les murs d'icelle Ville, allant en personne aux fossez & aux mines armé, la salade en sa teste & son pavois en sa main : on pouvoit aller par le moyen d'icelles MINES jusqu'auprés des murs dudit Harfleur. »

*Histoire de Charles VII p. 188. sous l'an 1449.*

Or il paroît que par ces fossez & par ces mines qui n'étoient point sous la muraille, mais par le moyen desquelles on en approchoit, on entend les Tranchées mêmes dont l'Auteur vient de parler. Car en ce tems là on ne faisoit point comme aujourd'hui des mines sous le chemin couvert pour le faire sauter. On ne sçavoit alors ce que c'étoit que le chemin couvert, tel qu'il y en a dans ces tems-ci autour des Places de Guerre : & puis les mines ne se chargeoient point encore alors avec la poudre pour faire sauter ce qui étoit dessus. Et si l'on creusoit sous la

Cccc iij

Contrefcarpe pour entrer dans le foffé en étançonnant les terres avec des bois de bout & des planches pour les foutenir ; cela même étoit une efpece de Tranchée dont on fe fervoit pour aller attacher le Mineur à la muraille, & y faire la mine de la maniere dont on la faifoit encore alors, qui, comme j'ai dit, étoit bien différente de celle d'aujourd'hui.

Mais fous le Regne du même Charles VII on commence à voir plus diftinctement l'ufage des Tranchées, non feulement par l'endroit que je viens de citer, mais encore par d'autres que je vais rapporter.

Dans l'Hiftoire de ce Prince attribuée à Alain Chartier, voici ce que dit l'Hiftorien. « Quant au fait de la provifion « que le Roi avoit mife à fon Artillerie pour le fait de la Guer- « re, il y a eu de plus grant nombre de groffes Bombardes, de « gros Canons, de Veuglaires, de Serpentines, de Crapaudi- « nes, de Ribauldequins & de Couleuvrines qui n'eft de me- « moire d'homme, qui jamais vift à Roy Chreftien fi grant Ar- « tillerie, ne fi bien garnie de poudre, manteaulx, & de tou- « te autre chofe pour approcher & prendre Chafteaux & Villes, « & grant foifon de charrois à les mener, & les Manouvriers « lefquels étoient payez de jour en jour. D'icelle Artillerie fu- « rent Gouverneurs & Conducteurs Maiftre Jean Bureau Tré- « forier de France & Jafpart Bureau fon frere Maiftre de la- « dite Artillerie, lefquels durant ladite Guerre y eurent de « grans peines & travaulx : car c'étoit merveilleufes chofes à « voir les boulevers, les approchemens, foffez, TRANCHE'ES « & mines que les fufdits faifoient, & trouvoient la maniere « de faire devant tous les Chafteaux durant icelle conquefte.

Fol. 68, verfo, Edit. de 1528.

Le même Auteur fous l'an 1452 en parlant du Siége de Blaie : « Et là furent faits devant ladite Ville de grans approchemens « de foffez, de mines, de Tranchées. Ces termes *d'approchemens, de mines* qu'il repete encore en rapportant la reddition du Château de la même Ville de Blaie, confirment ce que j'ai dit que fous le Regne de Charles VII & fous les précedens, on doit entendre quelquefois les Tranchées par ce mot de *mines*. Comme on donnoit le nom de mines aux Tranchées, on donnoit auffi le nom de Tranchées aux mines & aux contremines, même longtems après. Il eft marqué dans l'Hiftoire de Marfeille par Ruffi

que la contremine qui se fit pour éventer la mine des Imperiaux, & où les Dames de Marseille travailloient elles-mêmes
pour donner exemple au Peuple, fut appellée *la Tranchée aux
Dames*.

Il est encore fait mention dans la même Histoire de Charles VII, de ce qu'on appelle aujourd'hui le Parc d'Artillerie; c'est en parlant du Siége de Castillon en Perigord sous l'an
1454 : « Et en cette Compaignie estoient huit cens Manou-
» vriers, lesquels par l'ordonnance dudit Maistre Jean Bureau
» & de son frere Jaspart Maistre de ladite Artillerie, firent
» hastivement clore un champ de fossez où estoit toute ladite
» Artillerie grosse & menuë. »

*Parc d'Artillerie.*

Cette maniere d'approches par Tranchée fut toujours pratiquée dans les Siéges depuis qu'on y fit un plus frequent usage du Canon.

On ne peut douter que dès qu'on commença à faire des
Tranchées, on n'y observât la regle essentielle, qui est qu'elles ne soient point enfilées de la Place assiégée, & qu'ainsi on
ne les conduisît par détours comme on fait aujourd'hui. La
chose étoit alors fort aisée : car les murailles des Villes n'é-
toient point alors fortifiées d'une maniere à se précautionner
contre ces sortes d'approches. Elles n'estoient point flanquées de
Bastions, & il n'y avoit point, ou il y avoit tres peu de dehors propres à faire l'enfilade. Mais il se passa bien du tems
avant que les Ingenieurs fussent fort habiles dans la construction des Tranchées, sur tout pour les défendre contre les sorties. Les Assiégez étoient toujours les maîtres de prendre leur
tems & leurs mesures pour surprendre les Assiégeans, & attaquer la tête des Tranchées avec succès. Ils y réussissoient
souvent, les nettoyoient & les combloient. C'est ce qui détermina les Ingenieurs à les faire plus larges qu'on ne les fit
d'abord, afin d'y avoir plus de Soldats pour les défendre.

*Les sorties
dans les Tran-
chées réussis-
soient souvent
autrefois aux
Assiégez.*

Monluc dans ses Commentaires dit que ce fut lui, qui faisant les fonctions de Colonel Général de l'Infanterie au Siége de Thionville l'an 1558 sous les ordres de François Duc
de Guise, s'avisa d'un moyen propre à bien soutenir les sorties des Assiégez sur les Tranchées. » Monsieur le Maréchal ( de
» Strozzi ) dit-il .... me laissa faire les Tranchées à ma fan-

*Monluc au
Siége de Thion-
ville imagine
un moyen
d'empêcher la
ruine de la
Tranchée*

« taisie : car nous les avions au commencement un peu trop
» étroites à l'appetit d'un Ingenieur. Je faisois de vingt pas en
» vingt pas un arriere-coing, tantost à main gauche, tantost
» à main droite, & le faisois si large, que douze ou quin-
» ze Soldats y pouvoient demeurer à chacun avecques Arque-
» buses & Hallebardes. Et ceci faisois-je, afin que si les En-
» nemis me gagnoient la teste de la Tranchée, & qu'ils fus-
» sent sautez dedans, que ceux qui estoient au ricre-coin,
» les combattissent : car ceux des arrieres-coings estoient plus
» maistres de la Tranchée que ceux qui estoient au long d'i-
» celle, & trouverent Monsieur de Guise & Monsieur le Ma-
» réchal fort bonne cette invention. «

On a fort perfectionné depuis l'Art de défendre les Tranchées, & Monsieur de Vauban plus qu'aucun autre y a réussi ; de sorte qu'il est plus rare depuis longtems que les Assiégez
nettoyent & comblent les Tranchées.

*L'habileté des Ingenieurs a beaucoup facilité la défense des Tranchées.*

Au lieu de ces recoins dont Monsieur de Montluc s'avisa
au Siége de Thionville, on a fait dans les Tranchées des
Places d'Armes & des Redoutes d'espace en espace, où l'on met
beaucoup de Soldats qui sont toujours prêts à soutenir les Travailleurs & ceux qui gardent la Tranchée ; outre les Piquets
prêts à marcher pour renforcer les Troupes qui sont de garde.

*Largeur ordinaire des Tranchées de notre tems.*

Les Tranchées aujourd'hui sont ordinairement larges de six à
sept pieds par le fond en y comprenant l'espace des Banquettes
qui sont chacunes d'un pied de largeur : on donne aux Tranchées sept à huit pieds de hauteur, ou environ.

*Places d'Armes.*

Les Places d'Armes sont aux angles des détours de la Tranchée ; ces Places d'Armes ont vingt & trente toises & quelquefois plus de grandeur ; on y met cinquante & quelquefois cent
Soldats selon la force de la Garnison de la Place : les Redoutes sont ordinairement quarrées, & leurs faces sont de dix à
douze toises.

*Redoutes.*

*Défense des Tranchées.*

Quand les Assiégez font des sorties, les Soldats de la Tranchée se jettent sur les revers pour attendre l'ordre, & se mettent ventre à terre pour faire feu sur les Ennemis. Alors les
Piquets qui sont à portée, viennent au secours de ceux qui
la gardent, s'il en est besoin. Et si les Ennemis s'avancent trop,
la Cavalerie accourt pour les repousser jusques sur le glacis,

mais

# DE LA MILICE FRANÇOISE. Liv. VII.

mais avec précaution pour ne point trop s'exposer au feu de la Place.

Depuis que les Villes de Guerre ont été flanquées de Bastions & couvertes de Dehors, on fait ordinairement deux attaques qui embrassent deux ou trois Bastions, & l'on fait aussi par conséquent deux Tranchées. Ces deux Tranchées ont communication par une ligne parallele au front de l'attaque. De-là on pousse encore les Tranchées en avant, que l'on joint après une certaine distance par une seconde parallele, & l'on les continuë ainsi jusqu'au glacis. *Comment on les pousse en avant jusqu'au glacis.*

La difficulté des Tranchées croît à mesure qu'on avance, & le plus grand péril est lorsqu'on approche du glacis. On pousse alors la Tranchée en ligne plus droite, & avec moins d'obliquité, évitant l'enfilade autant qu'il est possible. Quand on est arrivé à une certaine distance de la Palissade, on tire une nouvelle parallele pour joindre les Tranchées. De-là on débouche pour aller à la sape sous un ou deux des angles saillans du chemin couvert. On fait un fourneau pour les faire sauter & s'y établir par un logement. Ensuite on marche à la sape le long du chemin couvert pour le faire abandonner peu à peu aux Assiégez. Cette maniere est plus longue & épargne bien du monde : ou bien on sort de la parallele & des Tranchées pour attaquer à vive force le chemin couvert. C'est une des plus dangereuses actions de la Guerre, & qui ne s'execute guéres qu'aux dépens de la vie de plusieurs Officiers & des plus braves Soldats. Si l'on y réussit, les Travailleurs qui ont tout prêts leurs mantelets, leurs sacs à terre, leurs balots de laine, &c. y font un logement, s'épaulant le mieux qu'ils peuvent du côté du Bastion qui est le côté le plus à craindre. *Et depuis le glacis jusqu'au chemin couvert.* *Deux manieres d'attaquer le chemin couvert.*

Il est question après cela de faire la descente du fossé, d'attacher le Mineur ou à la Piece à corne, ou à la Demie-lune, ou à la Contregarde ; & quand la mine aura joué, de donner l'assaut, de se loger sur la breche, s'il y a des retranchemens derriere : Mais ce détail m'engageroit trop à parler en Ingénieur, ce que je ne prétends pas. Il y a une infinité de Livres qui traitent de ces matieres, lesquelles d'ailleurs sont infinies & fourniroient seules des Volumes entiers à quiconque *Descente du fossé.*

*Tome I.*         Dddd

entreprendroit de les épuiser. Il me suffit en qualité d'Historien d'avoir fait voir par tout ce que j'ai dit, la différence de la maniere dont on attaque aujourd'hui les Places, de celle dont on usoit, avant que l'Art des Siéges fût porté à la perfection où il est aujourd'hui, en comparaison de ce qu'il étoit autrefois. C'est en France & sous le Regne de Louis le Grand & par l'application que ce Prince donnoit au métier de la Guerre, que des Places qui avoient jusqu'à lui passé pour imprenables, ont été des conquêtes de peu de jours.

J'ajouterai encore un petit fait historique sur ce qui regarde les Tranchées. Les lignes de Circonvallation & de Contrevallation, quand on en fait, se font par des Pionniers, c'est-à-dire par quantité de Paysans que l'on fait venir des lieux circonvoisins ; mais les travaux des Tranchées se font par les Soldats. Ce n'étoit pas de même autrefois, & c'étoient les Pionniers qui faisoient aussi les Tranchées.

*Autrefois les Soldats ne faisoient point les Tranchées, c'étoient des Pionniers.*

L. a. p. 251.

Les Soldats regardoient comme une chose au dessous d'eux de remuer la terre ; & Monsieur de Montluc ayant employé ceux qu'il commandoit, à travailler à un Fort auprès de Bologne pour bloquer cette Place, dit que les autres les voyant revenir du travail, les appelloient par mocquerie Pionniers & Gastadours. Ils ne se regloient pas en cela sur la conduite des Soldats Romains, qui dans les Siéges faisoient seuls tous les travaux.

*Bellon Instructions Militaires liv. 4. p. 513.*

*Henri IV commença à y faire travailler les Soldats.*

*Mercure François sous l'an 1621 pag. 535.*

Selon un Ingénieur du tems de Henri IV, ce Prince est le premier qui, sur ce que les Pionniers s'allarmoient trop aisément au sujet des sorties, paya les Soldats à la toise l'an 1597 au Siége d'Amiens, pour leur faire faire les Tranchées. Il donnoit à ceux qui n'avoient pas été tués en travaillant, toute la somme qui avoit été promise à toute la troupe pour le travail. Le Roi Louis XIII au Siége de Saint Jean d'Angeli de l'an 1621, renouvella le même Reglement.

On a depuis gardé cette méthode : On fait un détachement de Soldats par Bataillon pour faire les Tranchées. Ces Soldats qui sont différens de ceux de la garde de la Tranchée, n'ont point d'Armes, mais seulement la pêle & la pioche, & les Officiers qui président au travail, n'y portent que leurs épées.

L'Histoire de l'invention des Tranchées, depuis qu'on se

DE LA MILICE FRANÇOISE. *Liv. VII.* 571

sert de Canon dans les Siéges, m'ayant engagé insensiblement à en décrire en général la construction & la conduire jusques sur le bord du fossé : je vais dire un mot de la maniere dont l'ouverture s'en fait aujourd'hui, & de la garde qu'on y met pour les défendre contre les Assiégez.

Il est sans doute que de tout tems comme aujourd'hui, on a tâché de faire cette ouverture avec le moins de danger pour les Soldats qu'il étoit possible : je crois qu'autrefois on la faisoit plus près de la Place, parce qu'il n'y avoit point ou il n'y avoit guéres de Dehors, qu'on ne pensoit pas toujours en fortifiant une Place à remplir les chemins creux, & à abbattre les rideaux voisins comme on a fait depuis, & que par consequent les Assiégeans se servoient de ces commoditez pour abreger leur travail. L'usage d'aujourd'hui communément est de l'ouvrir au-de-là de la portée du Mousquet & même de celle du Canon, si l'on prévoit que l'on en doive être beaucoup incommodé.

*Ouverture de la Tranchée.*

On se sert de divers petits stratagêmes pour ôter aux Assiégez la connoissance de l'endroit où l'on ouvre la Tranchée pendant la nuit, les Travailleurs sont soutenus de quelques détachemens de Grenadiers qui sont postez devant eux dans quelque endroit couvert, ou ventre à terre. Ils le sont aussi par des Bataillons qui sont placez dans quelque fond derriere eux, & encore par quelques Troupes de Cavalerie. Les Ingénieurs qui tracent la Tranchée, marchent le long du terrain qu'on veut ouvrir, & le marquent avec des fascines : les Travailleurs sont à trois pieds l'un de l'autre. Le premier couche sa fascine par terre, & les autres de suite : ils ouvrent la terre, la jettent devant eux sur leurs fascines. Ils se couvrent le plus promptement qu'il leur est possible, & continuent à travailler jusqu'à ce qu'ils soient relevez.

La garde de la Tranchée est ordinairement de quatre ou de six Bataillons. Il y a pour l'ordinaire trois Officiers Généraux qui la commandent, un Lieutenant Général à la droite, un Maréchal de Camp à la gauche & un Brigadier au centre. Cet ordre est nouveau, c'est-à-dire depuis qu'il y a des Lieutenans Généraux, des Maréchaux de Camp & des Brigadiers de l'espece dont il y en a aujourd'hui. Car avant Louis XIII il n'y avoit

*La garde de la Tranchée.*

Dddd ij

point de Lieutenans Généraux qui portassent ce titre comme seconds Officiers de l'Armée ; il n'étoit donné qu'à celui qui avoit le commandement de l'Armée en chef ; les Maréchaux de Camp étoient les seconds Officiers de l'Armée, & étoient en très-petit nombre en comparaison d'aujourd'hui. Pour les Brigadiers ils sont de l'institution de Louis XIV. Mais ce qui revenoit au même, c'étoit toujours quelques-uns des principaux Officiers de l'Armée qui commandoient à la droite & à la gauche de la Tranchée selon leur rang.

T. I. P. 21. Le Comte de Bussi-Rabutin dans ses Mémoires parlant du Siége de Landreci sous l'an 1637, jette en passant un petit trait de satyre contre les Maréchaux de Camp de ce tems là, en disant qu'alors *les Maréchaux de Camp venoient la nuit faire un tour à la Tranchée pour ordonner des travaux, & s'en retournoient coucher dans leur lit.* Aujourd'hui les Officiers Généraux qui sont de jour pour la Tranchée, y passent la nuit, & n'en sortent qu'à l'heure qu'ils sont relevez par d'autres Officiers qui prennent leur place.

Lorsque les Troupes arrivent à la queuë de la Tranchée, les Soldats défilent un à un, & chacun va à son poste ; on pose les Sentinelles, on fait les détachemens ordonnez, & les Enseignes plantent leurs Drapeaux sur le parapet de la Tranchée.

Sur le soir les Majors vont à l'Ordre auprès de l'Officier Général qui commande l'attaque ; le Major du premier Régiment le leur distribuë, & ils vont le porter à leur Colonel ; ils le donnent ensuite aux Sergens de leurs Régimens.

Lorsqu'il y a une attaque à faire, ce sont les Grenadiers qui sont chargez de l'execution ; les Piquets des Régimens les soutiennent, & le corps du Régiment commandé marche ensuite avec les Drapeaux.

Lorsque les Assiégez battent la chamade pour capituler, les Bataillons qui se trouvent à la Tranchée, peuvent refuser de se laisser relever, & rester à la Tranchée jusqu'à ce que la Garnison sorte. Lorsque la Capitulation est signée, c'est au premier Régiment de l'Armée à aller prendre possession de la Porte que les Ennemis livrent ; & il reste dans la Place jusqu'à ce qu'il y ait un Commandant & une Garnison établie.

Il y a une infinité d'autres bons Réglemens pour les Siéges, qui ont été faits pour la plûpart par le Roi Louis XIV, & qui font admirer l'ordre établi dans ce point de la Police Militaire.

## CHAPITRE IV.

*Des Mines dans les Siéges sous la troisiéme Race.*

AFin de se rendre maître d'une Ville qu'on assiégeoit, c'étoit une nécessité quand elle étoit bien fournie de tout & bien défenduë, de faire une breche à la muraille pour y donner l'assaut. Cette breche se faisoit ou par les Pierriers ou par les Catapultes, ou par le moyen du Bellier, ou par la Mine.

Le travail de la Mine consistoit en ces tems-là à sapper la muraille ou une tour, à l'étançonner avec des bois de bout; & quand l'ouvrage étoit achevé, on enduisoit les étançons de poix-resine & d'autres matieres combustibles : le Mineur y mettoit le feu ; & si-tôt que les bois étoient consumez, la muraille ou la tour tomboient avec un grand fracas, combloient le fossé ; & alors au travers de la poussiere qui s'élevoit, les Troupes qui se tenoient toutes prêtes pour l'assaut, y montoient & gagnoient la muraille.

*Comment se faisoient autrefois les Mines.*

Ce que je viens de dire n'est que la description qu'en fait l'Auteur de la Philippide en racontant le Siége du Château de Boves auprès d'Amiens, qui fut le premier où Philippe Auguste se trouva en personne.

Ce Prince eut toujours soin d'avoir grand nombre de Mineurs habiles ; & ce fut un des moyens dont il se servit le plus utilement pour faire ses conquêtes sur les Anglois. Les Mines étoient beaucoup plus hautes & plus larges que celles d'aujourd'hui. Il s'y donnoit quelquefois des combats d'homme à homme, comme je le dirai en parlant de la défense des Places.

*Rigord page 185. Philippe Auguste avoit soin d'entretenir d'habiles Mineurs.*

Cette maniere de Mine dura encore après l'invention de la poudre à Canon, non seulement jusqu'au tems de Charles VII, mais même jusqu'au Regne de Louis XII : car ce fut aux Châteaux de Naples, lorsque l'an 1503 les François perdirent cette Ville pour la seconde fois, que des Mines chargées de poudre, réussirent & firent de ces prodigieux effets qu'on a cessé d'admirer depuis, parce qu'ils sont devenus ordinaires.

Pierre Navarre un des plus fameux Généraux d'Espagne de ce tems-là, fut le premier qui mit en œuvre avec succès cette invention. Il fit sommer Chavagnac Gentilhomme d'Auvergne qui commandoit dans le Château de l'Oeuf, de se rendre ; sur son refus ayant fait mettre le feu à la Mine, il fit sauter en l'air la muraille, avec quantité de François qui la défendoient, & les emporta d'assaut.

Je dis que Pierre Navarre fut le premier qui fit l'épreuve de cette invention avec succès : car dès l'an 1487, les Génois assiégeans Serezanella, Ville qui appartenoit aux Florentins, un Ingénieur avoit fait l'essai de ce secret sous la muraille du Château, mais la chose n'ayant pas réussi, on n'en avoit point usé depuis. Pierre Navarre qui servoit alors dans l'Infanterie Génoise, jugea que l'idée de l'Ingénieur, quoique l'execution n'en eût pas été heureuse, pouvoit n'être pas inutile : il rêva beaucoup là-dessus, & après avoir examiné ce qui pouvoit en faciliter & en assûrer la pratique, & pris toutes les précautions qu'il put imaginer contre ce qui en pourroit empêcher l'effet, il vint enfin à bout de l'executer dans l'occasion importante que je viens de dire ; & c'est pourquoi on lui attribua toute la gloire de l'invention. Paul Jove dans la vie de Consalve surnommé le Grand Capitaine, dit que Navarre avoit déja fait des essais de ces Mines à l'attaque de Cephalonie quelques années auparavant, lorsque les Vénitiens aidés des Espagnols reprirent cette Isle sur les Turcs.

Depuis ce tems-là on s'est servi de cette espece de Mine, & on a abandonné l'ancienne : les Ingénieurs ont rafiné en cette maniere comme en toute autre de cette nature. De-là sont venus ce qu'on appelle les Fourneaux & les Fougades : car non seulement les Assiégeans s'en servent contre les Assiégez ; mais aussi les Assiégez contre les Assiégeans. C'est un des meilleurs moyens que puisse employer le Gouverneur d'une Place assiégée pour chicaner, pour disputer son terrain, pour prolonger un Siége. Cela oblige

*Guicciardino l. sesto.*

*Quand est-ce que l'on commença à charger les Mines avec de la poudre à Canon.*

*La premiere épreuve avec succès en fut faite par Pierre Navarre.*

*Jovius in vita Consalvi.*

*Fourneaux, fougades, &c.*

*Les Assiégez s'en servent contre les Assiégeans.*

DE LA MILICE FRANÇOISE. *Liv. VII.* 575

les Assiégeans à prendre des précautions, à faire de grands travaux, avant que d'entreprendre l'attaque d'un chemin couvert, ou d'une demie-lune, dans la crainte de sauter en l'air après qu'ils s'y seront logez. Ce fut par ce moyen que les Vénitiens se défendirent si longtems dans Candie : car il n'y a jamais eu de Siége où les Mineurs ayent été autant employez qu'en ce-celui-là de part & d'autre. On a porté l'Art des Mines jusqu'à la derniere perfection, aussi bien que tout ce qui regarde toutes les parties de l'Art Militaire sous le Regne de Louis le Grand. Les Mathématiques où nos Ingénieurs se sont rendus consommez, l'expérience d'une infinité de Siéges, les épreuves pour lesquelles le Roi n'épargnoit rien, soit durant la paix, soit durant la Guerre, l'invention des instrumens propres à ces sortes de travaux, l'intrepidité de ceux qui les conduisoient & de ceux qui les executoient ; tout cela en a rendu le succès comme infaillible. Tant il est vrai que les choses les plus difficiles & les plus dangereuses, deviennent aisées étant réduites en Art & en méthode.

*Perfection de l'Art des Mines sous le Regne de Louis le Grand.*

Il me reste à traiter des feux d'artifices dont on s'est servi dans les attaques des Villes sous la troisiéme Race.

## CHAPITRE V.

*Des Feux d'artifice pour l'attaque des Villes.*

JE ne trouve pas que jusqu'aux deux derniers Siécles on ait fait en France sous la troisiéme Race, grand usage des Feux d'artifice dans l'attaque des Villes. Je n'ai point observé qu'on y parlât de ces *Malleoli* ou Dards enflammés des Anciens, non plus que de la Falarique dont j'ai fait mention à l'occasion du Siége de Paris fait par les Normands l'an 886 & l'an 887. On se servoit pourtant de Feux d'artifice sur la fin de la seconde Race : car il est marqué dans la Chronique de Flodoard que Hugues le Grand pere de Hugues Capet, s'étant revolté contre le Roi Louis d'Outre-mer, assiégea Soissons, & qu'il brûla avec des Feux d'artifice une partie de la Ville.

*Roger de Hoveden.*

*Feu Gregeois employé par Philippe Auguste.*

Dans les Histoires des Croisades il est souvent fait mention de Feux d'artifice dont les Mahométans usoient contre les Chrétiens, non seulement dans les Siéges, mais dans les Batailles mêmes : c'étoit ce qu'on appelloit le Feu Gregeois. Philippe Auguste s'en servit au Siége de Dieppe pour brûler les Vaisseaux Anglois qui se trouverent dans le Port. Si ce Prince en apprit l'artifice dans le tems de la Croisade, il ne paroît pas qu'il s'en fût servi en d'autres occasions depuis son retour en France. Mais il est plus vrai-semblable qu'il trouva du Feu Gregeois tout préparé dans Acre après la prise de cette Place, & qu'il employa ce qu'il en avoit apporté, à brûler les Vaisseaux Anglois. Quoiqu'il en soit, on usa en France sous le Regne de ce Prince d'une autre espece de Feux d'artifice.

*Autre espece de Feu d'artifice employé par Philippe Auguste.*

Un Ingénieur nommé Gaubert natif de Mante, trouva le secret de conserver même sous l'eau une sorte de Feu d'artifice, enfermé dans des pots de terre sans nulle ouverture ; & comme il avoit en même tems le talent de certains Plongeurs, de passer une riviere assez large entre deux eaux, il se servit utilement de ce secret pour mettre le feu à de grosses palissades qui empêchoient l'entrée de l'Isle d'Andeli que l'Armée de Philippe Auguste attaquoit, & qu'il prit avant que d'attaquer Château-Gaillard. Car tandis que les Ennemis donnoient un assaut au Pont que ce Prince avoit fait sur la Seine, & que toute l'attention des Assiégez étoit de ce côté là, Gaubert alla entre deux eaux avec ses pots de terre pleins de Feux d'artifice ; & étant arrivé à la palissade, il la mit en un moment toute en feu. Comme on tenoit des barques toutes prêtes pour faire passer des Soldats à l'Isle, elle fut surprise de ce côté là, & la Garnison du Château obligée de se rendre.

L'Historien décrit ensuite avec quelle promptitude toute cette grosse & double palissade fut enflammée par ces Feux artificiels, & ajoute comment les François passerent dans des Batteaux pour donner l'assaut à la breche que le feu avoit fait à l'Isle.

*Froissart c. 157.*

Je trouve depuis ce tems-là que sous le Regne du Roi Jean, le Prince de Galles prit le Château de Remorantin à force de feux d'artifice ; sous celui de Charles VII en 1447, que le Comte de de Dunois assiégeant Pont-Audemer en Normandie qui fut défendu par les Anglois avec beaucoup de valeur, mit le feu dans la Ville par le moyen de certaines Fusées : « Et entrerent dedans » icelle, dit l'Historien, par assaut, presque aussitôt d'un côté » que d'autre, mêmement à l'aide du feu qui y fut mis par le » moyen des Fusées jettées en icelle Ville. » L'Auteur n'en dit pas davantage, & ne nous explique point ce que c'étoit que ces Fusées.

*Histoire de Charles VII sous l'an 1449.*

Guichardin dit aussi que les Vénitiens sur la fin du Regne de Louis XII, reprirent Lignago dans le Veronois par le moyen des Feux d'artifice qui mirent le feu aux Magasins de la Place; & ne dit rien plus en détail.

*Guicciard. l. 11.*

Le Seigneur Martin du Bellay dans ses Mémoires parle de Pots à feu & de Lances à feu, en racontant l'accident qui arriva à Milan en 1521 sous le Regne de François I. La foudre tomba sur la Tour de la porte du Château le jour de S. Pierre. Elle y fit un fracas horrible, parce que dans cette Tour étoit le principal Magasin des munitions de Guerre. » Il y avoit, dit-il, » deux cens cinquante milliers de poudre, *douze cens Pots à feu,* » *six cens Lances à feu,* & une provision de Sel pour cinq ans. » On voit dans les mêmes Mémoires des Lances & des Pots à feu dans le dénombrement des Provisions que François I fit entrer dans Arles, lorsque l'Empereur Charles V vint en Provence, & dans le même tems le Comte de Roeux assiégeant Peronne, y brûla plusieurs maisons par le moyen des Feux d'artifice.

*L. 1. sous l'an 1521.*

*Sous l'an 1537.*

Le Maréchal de Fleuranges dans ses Mémoires manuscrits, parle d'un Feu d'artifice consistant dans de la poudre enfermée dans des manches de chemises, pour mettre le feu dans une Ville assiégée.

*Fol. 1741*

Mais après tout je ne vois pas que dans la suite jusqu'au Regne de Philippe II Roi d'Espagne, les Ingénieurs tant François qu'Anglois, qu'Espagnols ou Impériaux, se soient si fort occupez à imaginer ces instrumens devenus depuis si ordinaires pour mettre le feu de tous côtez dans une Place assiégée : quoique la poudre à Canon qui fait le fond de ces sortes d'artifices, dût naturellement les porter à en inventer quantité, comme on a fait dans les derniers siécles.

*Usage plus frequent des Feux d'artifice dans les Guerres Civiles des Pays-Bas sous le Regne de Philippe II.*

Nous avons une relation fort exacte du fameux Siége de Metz de l'an 1552 sous le Regne de Henri II, & qui fut soutenu par François Duc de Guise contre l'Empereur Charles V, où ce Prince employa la plus forte Armée qu'il eût jamais mise sur pied, une nombreuse Artillerie, & tout ce qui pouvoit contribuer à forcer une Place qu'il étoit resolu de prendre, quoiqu'il lui en dût coûter. L'Auteur de cette relation étoit Monsieur de Salignac homme du métier, & qui étoit dans la Place. Il descend dans le plus grand détail de tout ce qui se passa à ce Siége, & on n'y voit nulle mention ni de Pots à feu, ni de Boulets rouges jettés dans la Ville, ni d'aucune chose semblable. Ce qui prouve évidemment que ces sortes de choses n'étoient point encore alors si fort en usage.

*Il n'en est point fait mention au fameux Siége de Metz par Charles V.*

Il me paroît que ce fut dans les Guerres des Pays-Bas sous les Successeurs de Charles V, que l'on commença à s'en servir plus frequemment.

Ufano dans son Livre de l'Artillerie, dit qu'au Siége d'Ostende, qui dura plus de trois ans & ne finit qu'en 1604, il y fut témoin de l'utilité d'une espece de fléche qui avoit beaucoup de ressemblance avec les dards enflammés des Anciens appellez *Malleoli*. On enfiloit dans cette fléche une Grenade ovale, & on la faisoit monter jusqu'auprès du fer de la fléche; elle avoit en haut deux lumieres une de chaque côté où l'on mettoit une petite meche pour donner le feu à la poudre & aux autres matieres combustibles renfermées dans la Grenade. On mettoit la fléche sur un arc ou sur une arbalète, on allumoit les deux meches, & on la décochoit. On s'en servit au Siége de cette Place, & à celui d'Ypres, principalement pour brûler des Barques qui passoient; soit pour porter du secours ou des vivres, soit pour aller donner quelques avis. Ces fléches tombant dans la Barque s'attachoient par le moyen de leur fer pointu à l'endroit où elles donnoient; les Grenades crevoient & répandoient le feu de tous côtez.

*Ufano de l'Artillerie 3. Traité.*

*Fléches enflammées.*

Les Espagnols se servirent encore de ces fléches à la défense d'Orbitelle, que le Prince Thomas qui commandoit alors l'Armée de France, assiégeoit. Voici ce qu'en dit le Duc de Navailles dans ses Mémoires: « Les Ennemis, dit-il, s'aviserent » d'un stratagême que je n'ai jamais vû que là. Ce fut de met-

*Le feu mis aux Tranchées des François par les Espagnols au Siége d'Orbitelle.*

» tre le feu dans nos Tranchées par le moyen de certains dards
» enflammés qu'ils tiroient avec des Arbalêtes sur nos fasci-
» nes. Il est vrai qu'elles n'étoient que de bois d'olivier & d'o-
» ranger ; & que lorsque ce bois est sec, le feu s'y prend fa-
» cilement. Quoique nous eussions de l'eau dans la Tranchée
» pour éteindre ces dards ardens, & que nous prissions le soin
» d'enterrer le plus que nous pouvions les fascines, elles ne lais-
» soient pas de s'embraser. Il n'y avoit point d'autre remede
» que d'aller éteindre le feu ; & on ne le pouvoit faire qu'à
» découvert. Les Assiégez nous tuerent de la sorte plus de dou-
» ze cens hommes. «

Le même Ufano parle de Boulets rouges, de Grenades &
autres choses semblables, comme inventées de son tems ; & quoique cela ne soit pas vrai des Grenades dont l'invention est plus
ancienne, ce que j'ai dit est confirmé par là, sçavoir qu'avant
les Guerres des Pays-Bas, sous le Regne de Philippe II l'usage
de ces sortes de machines n'étoit pas si ordinaire.

Les Feux d'artifice les plus fameux de notre tems dont on se
sert dans l'attaque des Places, sont les Bombes. Ce que j'ai à
en dire va faire le sujet du Chapitre suivant.

## CHAPITRE VI.

*Des Bombes, & de l'époque de leur invention.*

LA Bombe est un gros Boulet creux fait d'un fer aigre &
cassant. On la remplit de poudre à Canon par un trou
qu'elle a en haut entre les deux anses, & par lequel aussi on
insere la mêche qui doit porter le feu à la poudre. Cette mêche est de quelque durée : car on l'allume avant que la Bombe parte, & on la mesure, pour que son feu arrive à la poudre
dans le tems qu'elle tombe par exemple sur une Maison, sur un
Magasin, sur une Batterie, &c.

Il y a des Bombes de toutes sortes de grandeurs. Les moyennes sont de dix à douze pouces de diametre. Il y en a au dessus & au dessous d'un moindre & d'un plus grand diametre.

On les tire avec un Mortier porté sur son affût. Ce Mortier a une chambre au fond où l'on met la poudre pour pousser la Bombe, & une lumiere à l'extrêmité de la culasse pour allumer la poudre de la chambre. Cette chambre est fermée par un tampon sur lequel la Bombe porte. On donne au Mortier sur son affût l'élevation qui convient pour faire tomber la Bombe où on la veut jetter.

L'affût est d'une figure différente de celui du Canon. Il est monté sur quatre petites rouës faites chacune d'une seule piece. L'effet de la Bombe est de fracasser les toits & les voutes des édifices par son poids, & d'y mettre le feu en crevant. Non seulement les Assiégeans, mais aussi les Assiégez s'en servent pour jetter dans les Tranchées, pour ruiner des batteries, &c. Voici l'Histoire de cette dangereuse invention.

Strada dans son dixiéme Livre de la seconde Décade des Guerres des Pays Bas, parlant du Siége de Vaktendonc Ville de Gueldre, nous instruit parfaitement là-dessus. Le Siége fut mis devant cette Place l'an 1588, non pas par Charles Comte de Mansfeld, comme plusieurs l'ont écrit, mais par Ernest pere de Charles, ainsi qu'on le voit par une Lettre d'Alexandre de Parme au Roi Philippe II. Les amis de ce Comte tâcherent de le détourner de cette entreprise à cause de la situation de la Place au milieu des marécages & de la saison trop avancée. Il ne laissa pas de s'y engager, comptant apparemment beaucoup sur l'effet que produiroit le nouvel instrument de Guerre qui n'avoit point encore été mis en usage dans les Siéges. Et ce fut effectivement par-là qu'il réussit. C'est au sujet de ce Siége que Strada nous apprend le tems que la Bombe fut inventée.

» Rien, dit il, n'épouventa plus les Bourgeois que certaines
» grosses Boules de fonte creuses, remplies de poudre & autres ma-
» tieres qu'on ne pouvoit éteindre. Ces Boules étoient tirées en
» haut par des Mortiers, & elles avoient une méche d'une certaine
» longueur qui devoit mettre le feu à la poudre. En tombant sur
» les toits des Maisons, elles les enfonçoient ; & si-tôt qu'elles
» avoient pris feu, elles crevoient, & répandoient de tous cô-
» tez la flamme qu'il étoit difficile d'éteindre avec l'eau. Cet in-
» strument qui a donné origine aux Grenades, aux Pots à feu,
» & à d'autres semblables machines imaginées pour la ruine du

DE LA MILICE FRANÇOISE. Liv. VII.

» genre humain, fut inventé, dit-on, peu de jours avant le Siége
» de Vaktendonc par un homme de Venlo qui fe mêloit de fai-
» re des feux d'artifice. Les Habitans de cette Ville fe propoferent
» de régaler de cette invention le Duc de Cleves qui étoit venu
» chez eux, & à qui ils avoient donné un grand repas. Ils vou-
» lurent donc en faire la premiere expérience devant lui, & elle
» réuffit beaucoup mieux qu'ils n'avoient prétendu ; car la Bom-
» be étant tombée fur une maifon, elle en enfonça le toit & les
» planchers, & y mit le feu, qui s'étant communiqué aux mai-
» fons voifines, brûla les deux tiers de la Ville, le feu étant de-
» venu fi violent, qu'il ne fut pas poffible d'arrêter l'incendie.

» Je fçai, ajoute Strada, que quelques-uns ont écrit, qu'un
» mois ou deux auparavant une pareille expérience avoit été faite
» à Bergopfom par un Italien déferteur des Troupes d'Efpagne
» qui s'étoit donné aux Hollandois, & leur avoit promis de fai-
» re des Boules creufes de pierre ou de fer, qui étant jettées dans
» une Ville affiégée, & fe crevant après leur chûte, mettroient
» le feu par tout : mais comme il préparoit fon artifice, une
» étincelle étant tombée fur la poudre, il en fut tué, & laiffa
» en mourant ceux pour qui il travailloit, dans l'incertitude
» fi fon fecret auroit réuffi. «

Monfieur Blondel dans fon Livre de *l'Art de jetter les Bombes*, convient de cette époque de l'invention de la Bombe : mais
il remarque en même tems que celle des Mortiers eft plus ancienne. Il dit qu'il en a vû de fer & de fonte d'une ftructure qui
paroît être du tems des plus vieux Canons, & que l'on s'en fervoit pour jetter des pierres & des Boulets rouges. Il confirme ce
qu'il avance par une Eftampe qui eft au Frontifpice du Livre
de Nicolo Tartaglia Mathématicien de Breffe en Italie, imprimé dès l'an 1538, où parmi diverfes autres pieces d'Artillerie,
eft répréfenté un Mortier qui jette un Boulet enflammé.

Le même Auteur fur la fin de fon Livre, fait l'expofition
d'une maniere extraordinaire de jetter des Pierres dans une
Ville affiégée, fans fe fervir de Mortier, qui mérite d'ê-
tre mife ici. » Les Polonois, dit-il, affiftez des Troupes au-
» xiliaires de l'Empereur fous la conduite du Comte de Souches,
» affiégeoient en l'an 1659 la Ville de Thorn en Pruffe, tenuë par
» les Suedois ; dans laquelle ils jettoient tres-fouvent des pier-

*Bombes in-
ventées par un
Habitant de
Venlo.*

*Employées
pour la premie-
re fois au Sié-
ge de Vakten-
donc.*

Page 155.

*Maniere de
bombarder
fans Mortier.*

E e e iij

» res d'une grosseur monstrueuse, de gros quartiers de meules de
» moulin, & des carreaux de plus de 800 pesans, sans se servir
» de Mortiers, en cette maniere.

» Dans le terrain rassis près de la Contrescarpe, ils creusoient
» des trous justement de la grandeur & de la figure de la pier-
» re qu'ils vouloient jetter, dont le fond plat & uni étoit tour-
» né vers la Ville avec tel angle d'inclination qu'ils jugeoient
» par l'estime, qu'il falloit donner pour la direction de leur jet ;
» & dans le milieu du même fond, ils creusoient un autre trou
» plus profond en forme de chambre, & de telle sorte que l'axe
» de ce dernier trou passant par le centre de gravité de la pier-
» re, se trouvât perpendiculaire à son lit, & fût le même que
» la ligne de sa direction. Ils emplissoient le trou avec de la
» poudre, si la terre étoit assez ferme : ou bien ils y faisoient
» entrer un petard d'une grandeur proportionnée au poids de
» la pierre, qui pesant sur le plan du madrier du petard ou du
» tampon de la chambre, recevoit l'impression entiere du feu
» de la poudre que l'on allumoit par le moyen d'un filet trem-
» pé dans de l'eau-de-vie & de la composition d'artifice, & s'é-
» levant en l'air à une tres-grande hauteur, elle alloit retomber
» dans la Ville aux endroits où elle étoit destinée, & où elle
» écrasoit tout ce qui se rencontroit sous sa chûte. « Ce seroit
là en cas de besoin, dequoi suppléer aux Mortiers, si on en
manquoit.

Pour revenir aux Bombes, le même Auteur a remarqué le
tems où l'on a commencé à s'en servir en France. Voici ce qu'il
dit sur ce sujet.

1. p. ch. 2.
» Les Espagnols, dit-il, & les Hollandois se sont servis de
» Bombes & de Grenades dans les longues Guerres qu'il ont
» eües ensemble : mais c'est seulement en l'an 1634 au premier
» Siége de la Mothe, que nous en avons vû dans nos Ar-
» mées. «

Il continuë ainsi : » Il n'est pas vrai que l'on en ait jetté au
» Siége de la Rochelle, comme Casimir Siemienouski Polonois
l'a dit dans son Livre *du grand Art de l'Artillerie*. » Le feu Roi
» ( Louis XIII ) avoit fait venir de Hollande le sieur Mal-
» tus Ingénieur Anglois pour cet effet, & nous l'avons vû en
» plusieurs Siéges servir principalement aux Batteries des Bom-

# DE LA MILICE FRANÇOISE. Liv. VII.

» bes avec beaucoup de succès. A Colioure en 1642 il en jet-
» ta une qui creva la cîterne, & obligea les Assiégez à se ren-
» dre plûtôt qu'ils n'auroient fait sans cet accident. Ce Maltus
dont parle ici Monsieur Blondel, a lui même écrit en François
sur l'Artillerie, & fut tué au Siége de Gravelines.

Je ne dois pas omettre de parler ici de la fameuse Bombe d'une construction extraordinaire qui fut faite en France vers l'an 1688, & destinée contre Alger ; on l'a vû longtems dans le Port de Toulon. Voici comme elle étoit faite, suivant ce qu'en écrivit en ce tems-là un Officier * de Marine.

*Description de la grosse Bombe destinée pour ruiner le Port & la Ville d'Alger.*

» La Bombe qui est embarquée sur la Flûte le Chameau, est
» de la figure d'un œuf ; elle est remplie de sept à huit milliers
» de poudre ; on peut de-là juger de sa grosseur ; on l'a placée
» au fond de ce Bâtiment dans cette situation.

» Outre plusieurs grosses poutres qui la maintiennent de tous
» côtez, elle est encore appuyée de neuf gros Canons de fer
» de dix-huit livres de balle, quatre de chaque côté & un sur
» le derriere qui ne sont point chargez, ayant la bouche en bas.
» Par dessus on a mis encore dix pieces de moindre grosseur avec
» plusieurs petites Bombes & plusieurs éclats de Canon ; & l'on
» a fait une maçonnerie à chaux & à ciment qui couvre & en-
» vironne le tout, où il est entré trente milliers de brique ; ce
» qui compose comme une espece de rocher au milieu de ce Vais-
» seau, qui est d'ailleurs armé de plusieurs pieces de Canons
» chargez à crever, de Bombes, Carcasses, & Pots à feu pour
» en défendre l'approche. Les Officiers devant s'en retirer après
» que l'Ingenieur aura mis le feu à l'amorce qui durera une
» heure. Cette Flûte doit éclater avec sa Bombe, pour porter
» de toutes parts les éclats des Bombes & des Carcasses, & cau-
» ser par ce moyen l'embrasement de tout le Port de la Ville qui
» sera attaqué. : Voilà l'effet qu'on s'en promet : on dit que ce-
» la coûtera au Roi 80000 livres. "

Cette Bombe ne fut point mise en œuvre, sans doute sur les réflexions que les plus habiles firent touchant l'incertitude du succès. Voici ce qu'en écrivit à l'Auteur que je viens de citer, Monsieur des Chiens fameux dans l'Art des Bombes.

*Page 373.*

---

* Cette Description est rapportée dans les Mémoires d'Artillerie de Monsieur de Saint Remi t. 1. p. 372. de la seconde Edition.

» Cette Bombe fut faite dans la vûë d'une machine infernâ-
» le pour Alger; & celles que les Ennemis ont executées à Saint
» Malo & à Dunkerque, ont été faites à l'inſtar de celles-
» ci. Mais toutes ces machines ne valent rien, parce qu'un Bâ-
» timent étant à flot, la poudre ne fait pas la centiéme par-
» tie de l'effort qu'elle feroit ſur un terrain ferme. La raiſon
» de cela eſt, que la plus foible partie du Bâtiment cédant lors
» de l'effet, cette Bombe ſe trouvant ſurchargée de vieux Ca-
» nons, Bombes, Carcaſſes & autres, tout l'effet ſe fait par-
» deſſous dans l'eau, ou dans la vaſe, ou dans le ſable; de
» ſorte qu'il n'en peut provenir d'autre incommodité que quel-
» ques débris qui ne vont pas loin, & une fraction de vitres,
» tuiles, portes & autres bagatelles, par la grande compreſſion
» de l'air cauſé par l'agitation extraordinaire: c'eſt pourquoi
» on l'a refonduë la regardant comme inutile.
» Celle-ci contenoit huit milliers de poudre; elle avoit neuf
» pieds de longueur & cinq de diamétre en dehors, ſix pouces
» d'épaiſſeur; mais quand je la fis rompre, j'ai trouvé que
» le noyau avoit tourné dans le moule, & que toute l'épaiſſeur
» étoit preſque d'un côté & peu de choſe de l'autre: ce qui
» ne ſe peut guéres éviter, parce que la fonte coulant dans
» le moule, rougit le chapelet de fer qui ſoutient le noyau,
» dont le grand poids fait plier le chapelet.
» Il ſe rapportoit deſſus un chapiteau dans lequel étoit aju-
» ſtée la fuſée, qui s'arrêtoit avec deux barres de fer qui paſ-
» ſoient dans les anſes.
» La fuſée étoit un Canon de Mouſquet rempli de compoſi-
» tion bien battuë; ce qui ne valoit rien, par la raiſon que la
» craſſe du ſalpêtre bouchoit le Canon, lorſque la fuſée étoit
» brûlée à demi, ce qui faiſoit éteindre la fuſée.

Je parlerai dans la ſuite des autres machines infernales, après
avoir marqué l'époque de l'invention de diverſes eſpeces d'artifices les plus conſiderables entre ceux qui ſont ou qui ont été
en uſage de notre tems.

## CHAPITRE VII.

*Epoque de l'invention des Grenades, des Pots à feu, des Carcasses & des Perdreaux.*

STrada dans l'extrait que je viens de faire de son Histoire au sujet de l'invention des Bombes, dit que *cet instrument a donné origine aux Grenades, aux Pots à feu & à d'autres semblables machines*. C'est une conjecture hazardée, & qui marque que cet Auteur n'avoit pas lû exactement nos Historiens qui ont écrit avant la revolte des Pays-Bas contre Philippe II Roi d'Espagne. S'il avoit vû les Mémoires de Martin du Bellai & quelques autres, il ne seroit pas tombé dans cette erreur; & au lieu de dire que l'invention de la Bombe avoit donné lieu aux Pots à feu & aux Grenades, il auroit plûtôt dit que l'invention des Pots à feu & des Grenades pouvoit avoir donné lieu à l'invention de la Bombe.

*Fausse conjecture de Strada sur les Grenades.*

En effet on se servit de Grenades au Siége de Rouen sous Charles IX l'an 1562; & il est marqué dans notre Histoire que Charles de la Rochefoucault Comte de Rendan, y mourut d'une blessure que lui avoit faite une Grenade qui lui creva entre les jambes. C'étoit vingt-six ans avant l'invention des Bombes.

*Mémoires de Castelnau-Mauvissieres l. 3. c. 13.*

Mais dès lors même l'usage des Grenades n'étoit plus nouveau, il y avoit plus de cinquante ans qu'on s'en servoit, lorsque les Bombes furent inventées. C'est ce qui se prouve par les Mémoires de Monsieur du Bellai Seigneur de Langey, qui en parlant sous l'an 1537 des préparatifs que l'on faisoit en Provence pour résister à l'Empereur Charles V, dit qu'on envoya à Arles dont on apprehendoit que ce Prince ne fit le Siége, *Lances, Pots & Grenades dont ils firent faire grande quantité.*

Il faut donc fixer au plus tard l'invention des Grenades sous le Regne de François I. Et pour ce qui est des Pots à feu, on

*Epoque de l'invention des Grenades & des Pots à feu.*

en doit fixer l'invention au plus tard sous ce même Regne, puisque dans les Mémoires du même Monsieur de Langey à l'endroit que j'ai cité plus haut, il est dit que l'an 1521, la foudre étant tombée sur la Tour du Château de Milan, elle la fit sauter avec un fracas horrible, parce qu'il y avoit dans cette Tour *deux cens cinquante milliers de poudre, douze cens Pots à feu, six cens Lances à feu, &c.*

> L. 1. sous l'an 1521.

Quant aux Carcasses l'invention en est beaucoup plus recente que celle des Bombes & des Grenades. Elles furent inventées par un Ingenieur de l'Evêque de Munster vers l'an 1672. Les François s'en servirent contre les Hollandois durant la Guerre qui commença alors entre la France & la Hollande.

> Epoque de l'invention des Carcasses.

Cette Machine est composée de deux cercles ou plûtôt de deux ovales de fer passées l'une sur l'autre en croix & serrées vers le bas par un autre cercle de fer. Elle a un fond ou bassin de fer appellé Culot. Tout ce fer dans les Carcasses ordinaires pese environ vingt livres. Elles ont douze pouces de hauteur & dix pouces de diametre par le milieu. Le tout presque de la figure que sont certaines Lanternes d'écurie en France. On dispose en dedans selon la capacité de la Carcasse de petits bouts de Canon à mousquets chargez de balles de plomb, de petites Grenades du calibre de deux livres chargées, de la poix noire & de la poudre grenée.

> Description de la Carcasse.
>
> M. de Saint Remi Mémoires d'Artillerie t. 1. page 343. 2. Edit.

On couvre le tout d'étoupes bien gaudronnées & d'une toile forte & neuve par-dessus pareillement bien gaudronnée. On fait un trou pour placer la fusée qui répond au fond de l'ame de la Carcasse; & on la tire avec un Mortier comme les Bombes.

Son usage est de mettre le feu où elle tombe, la poix qu'on y met rend ce feu tenace & adherent aux choses où il s'attache. Les petits bouts de Canon de Mousquet chargez de balles de plomb, font qu'on n'approche pas si-tôt sûrement pour éteindre le feu, car ils ne tirent pas tous ensemble.

Quelque redoutable que cette machine eût paru d'abord, on l'a abandonnée pour les raisons suivantes, sçavoir qu'elle revenoit à plus d'argent que la Bombe, & que son effet étoit plus incertain par sa figure qui la faisoit pirouetter en l'air, & l'empêchoit de tomber dans les endroits où on la vouloit jetter; ou-

> Cette machine a été abandonnée.

A. Grand mortier. B. Petits Mortiers au bord du grand, desquels partent les grenades.

tre que la plûpart crevoient avant qu'elles fussent arrivées au terme; & qu'enfin elles n'avoient pas assez de poids pour crever les toits & encore moins les voutes. Monsieur de Vigni qui est mort Capitaine Général des Bombardiers, & un des plus habiles hommes qu'on ait vû en France pour l'usage de ces Feux d'artifice, ne faisoit pas grand cas de cette machine; & après deux ou trois ans on ne s'en servit plus guéres.

Les Perdreaux sont plusieurs Grenades qui partent ensemble d'un même Mortier avec une Bombe, comme une compagnie de perdreaux dont la Bombe represente la mere perdrix.

*Les Perdreaux pourquoi ainsi nommez.*

Le Mortier qui jette la Bombe, est un Mortier ordinaire, mais dont le bord dans son contour & dans son épaisseur contient treize autres petits Mortiers dans chacun desquels est une Grenade. On met le feu à la lumiere du gros Mortier qui a communication avec celle des petits. La Bombe & les Grenades partent dans le même moment. A la premiere épreuve qui se fit dans la Plaine d'Yvri, la Bombe fut portée à deux cens quarante toises, & les Grenades depuis 240 jusqu'à 300. Six ou sept creverent, mais la Bombe ne creva point. A la seconde épreuve la Bombe creva, & dix ou onze Grenades aussi. La figure de ce Mortier est gravée dans le premier Volume des Mémoires d'Artillerie de Monsieur de Saint-Remi, & j'en ai vû chez lui un modéle en bronze. Les Alliez se servirent encore de ces Perdreaux au dernier Siége de Bouchain, lorsque les François firent l'attaque du chemin couvert de cette Place. C'est un Italien nommé Petri qui fit fondre d'abord ces sortes de Mortiers.

- A Carcasse non chargée.
- B Carcasse chargée & non coeffée.
- C Carcasse chargée & couverte de sa toile.
- D Petits Canons.
- E Petites Grenades.
- F Mortier à Perdreaux.

Le Petard est encore un instrument inventé peu de tems après la Bombe. Je vais dire ce que j'ai trouvé sur ce sujet.

Ffff ij

## CHAPITRE VIII.

### Du Petard.

LE Petard est une machine dont le nom exprime le bruit qu'il fait en produisant son effet ; & le mot Grec latinisé de *Pyloclastrum*, en marque le plus ordinaire usage, qui est de rompre la porte d'une Place que l'on veut surprendre ; car ce fut principalement dans ces entreprises que l'on s'en servit d'abord.

*Description du Petard.*

C'est une espece de petit Mortier que l'on charge de poudre à Canon, & de la plus fine. On couvre d'un feutre cette poudre, & le feutre d'un tranchoir de bois. On enfonce cette espece de refouloir en donnant sept ou huit coups de maillet pour presser la poudre, sans toutefois l'égrener que le moins qu'il est possible. On remplit le reste du Petard de cire jaune ou de poix Grecque, & l'on couvre le tout d'une toile cirée. On enchasse le Petard du côté de la bouche dans l'entaille d'un fort Madrier. Ce Madrier est appliqué & accroché à la porte que l'on veut rompre. Alors on met le feu à une petite méche, laquelle passe par la lumiere qui est à la culasse du Petard. La méche ayant donné le feu à la poudre, le Petard fait son effet contre la porte de toute la largeur du Madrier, & la brise.

- A Madrier du côté qu'il est appliqué à la porte qu'on veut rompre.
- B Petard attaché à son Madrier.
- C Lumiere du Petard.
- D Crochet du Madrier pour l'accrocher à la porte.

Plusieurs Villes ont été autrefois surprises de cette maniere. On s'en sert aussi dans les Contremines pour crever les rameaux ou galeries de l'Ennemi, & éventer la Mine.

Quant à l'époque de l'invention du Petard, Strada dans son Histoire des Guerres des Pays-Bas en parlant de la surprise de

Bonn par Martin Skenk qui a donné son nom au Fort de Skenk dans la Gueldre, dit que ce fut en cette Expédition en 1588 qu'on se servit pour la premiere fois du Petard : mais cela n'est pas vrai : car je trouve dans nos Histoires qu'il avoit été inventé & mis en usage en France plusieurs années auparavant.

*Epoque de l'invention du Petard.*

Henri IV l'an 1579. n'étant encore que Roi de Navarre, surprit Cahors avec cet instrument, avec lequel il rompit deux portes & se fit une entrée dans la Ville qu'il ne força cependant qu'après cinq jours d'un combat continuel contre un Gouverneur nommé Verin, homme vaillant & experimenté, qui lui disputa le terrain pied à pied jusqu'à la derniere extrêmité. D'Aubigné dit qu'on avoit déja fait l'essai du Petard un peu avant ce tems là en un petit Château de Rouergue qu'il ne nomme point. Cela montre que c'est en France qu'il a été inventé, & que de-là il passa aux Pays-Bas. Ainsi depuis l'invention de la poudre, on a non seulement imaginé une infinité de sortes d'Armes à feu, mais encore selon la reflexion que fait Strada à cette occasion, on a trouvé moyen en inventant le Petard, d'avoir des Mines portatives pour faire breche aux Villes & aux Châteaux, & les emporter sans essuyer les fatigues & les longueurs d'un Siége.

*L. 4. c. 7.*

*T. 2. l. 6.*

Je serois infini si j'entreprenois de parler en détail de toutes les especes de Feux d'artifices dont on se sert, ou dont on s'est servi dans l'attaque ou dans la défense des Places. Ils sont sans nombre ; & on peut sur cela consulter ceux qui ont écrit de l'Artillerie ou de l'Art Militaire. J'en representerai seulement ici quelques-uns.

A Herisson foudroyant.
B Serpenteau.
C Baril flamboyant.
D Baril foudroyant.
E Baril de composition.

Aussi bien ne pourrois-je marquer ni les commencemens ni les Auteurs de ces inventions ; ce qui est mon principal dessein. Il me suffit d'avoir tâché de satisfaire ceux qui liront cette Histoire sur les principales machines ; mais je ne dois pas manquer de parler du tems de l'invention des Machines Infernales si fameuses dans nos dernieres Guerres; & dont le premier Inventeur vivoit il y a cent cinquante ans.

## CHAPITRE IX.

### Des Machines Infernales.

LE Vaisseau & la grosse Bombe préparés pour ruiner le Port d'Alger, desquels j'ai déja parlé, est la premiere de ces Machines qui ait été construite de notre tems, & qui paroît avoir donné l'idée aux Ennemis de la France de s'en servir contre nos Villes Maritimes dans les dernieres Guerres. Si ces sortes d'inventions font honneur à ceux qui en sont les Auteurs ou les Restaurateurs, les Anglois semblent nous avoir cedé la gloire de celle-ci dans un grand & beau Médaillon d'argent que j'ai, qu'ils frapperent à l'honneur du feu Prince d'Orange après le Bombardement du Havre. D'un côté est le Buste de ce Prince; on ne peut rien voir de mieux travaillé. La Legende est GUILLELMUS MAGNUS INVICTISSIMUS. Au revers est le fameux Taureau d'airain creux du Tyran Phalaris qui faisoit allumer dessous un grand feu pour l'embraser, & ensuite faisoit enfermer dans le Taureau un Criminel, dont les cris que la douleur lui faisoit jetter, imitoient par la disposition de cette Machine les mugissemens d'un Taureau. Perille fameux Artisan & Auteur de cet instrument de la cruauté du Tyran y fut jetté le premier, & on en fit l'épreuve sur sa personne.

*Médaillon du Prince d'Orange où l'on attribuë l'invention des Machines infernales aux François.*

Dans l'exergue de ce Médaillon font ces mots. *Portus Gratiæ exustus & eversus Bombardis Anglo-batavis.* M. DCXCIIII.

L'Inscription est: *Suis perit Ignibus Auctor.*

On vouloit dire par là que le François ayant imaginé le premier le moyen de brûler les Villes Maritimes avec les Feux d'artifice, portoit lui-même la peine de son invention.

*Deux faits faux exprimez dans ce Médaillon.*

Au reste il est bon d'avertir la posterité de ne pas faire fond sur les faits énoncez dans ce Médaillon; non seulement à l'égard

DE LA MILICE FRANÇOISE. *Liv. VII.* 591

du titre d'*Invictissimus* donné au Prince d'Orange qui fut toujours battu par les François ; mais encore & principalement sur l'incendie & le bouleversement du Havre : car il n'y eut pas vingt maisons endommagées par ce bombardement.

Quoiqu'il en soit, on voit par les allusions que fait cette Médaille, que de l'aveu des Anglois & des Hollandois, l'idée de ces funestes inventions est attribuée à la France : mais en effet ces Machines infernales ne sont pas des productions nouvelles. Il y a un Siécle & demi que nous avons des exemples de ces Machines.

Celui qui les mit le premier en usage dès l'an 1585, fut un Ingenieur Italien nommé Federic Jambelli durant le Siége qu'Alexandre de Parme avoit mis devant Anvers, où les Hollandois se défendirent longtems avec beaucoup de constance & de bravoure. L'Escaut est extraordinairement large & profond devant & au-dessous d'Anvers, parce qu'il approche là de son embouchûre. Alexandre de Parme nonobstant cela entreprit de faire construire un Pont de deux mille quatre cens pieds de long au-dessous de cette Place pour empêcher les secours qui pouvoient venir de Zélande. Il en vint à bout, & il ne s'étoit point fait jusqu'alors d'ouvrage en ce genre comparable à celui là. Ce fut contre ce Pont que Jambelli destina ses Machines infernales. Strada dans cet endroit de son Histoire, une des mieux écrites de ces derniers tems, fait une belle description de ces Machines, & de la maniere dont on s'en servit. Je vais le traduire ici.

*Epoque des Machines infernales.*

» Ceux qui défendoient Anvers, dit cet Auteur, ayant ache-
» vé l'Ouvrage qu'ils préparoient depuis longtems pour la ruine
» du Pont, donnerent avis à ceux de la Flotte qui étoient au-delà
» du Pont du côté de la Zélande, que le quatriéme d'Avril
» leurs Batteaux sortiroient du Port d'Anvers sur le soir ; qu'ain-
» si ils se tinssent prêts pour passer avec le Convoi de munitions
» par la breche que l'on feroit infailliblement au Pont. Je vais,
» continuë l'Historien, décrire la structure des Batteaux d'An-
» vers & leur effet, parce qu'on n'a rien vû dans les Siécles pas-
» sés de plus prodigieux en cette matiere, & je tirerai ce que
» j'en vais dire des Lettres d'Alexandre de Parme au Roi d'Es-
» pagne ( Philippe II ) & de la Relation du Capitaine Tuc.

*Strada Decade 2. l. 6.*

» Federic Jambelli tres habile Ingenieur ayant passé d'Italie

« en Espagne pour aller offrir son service au Roi sans pouvoir en
« obtenir audience, se retira, & chagrin du mépris que l'on
« faisoit de sa personne, dit en partant, que les Espagnols enten-
« droient un jour parler de lui d'une maniere à les faire repen-
« tir d'avoir méprisé ses offres ; il se jetta dans Anvers & y
« trouva l'occasion qu'il cherchoit de mettre ses menaces en exe-
« cution.

*Description de la premiere Machine infernale.*

« Il construisit quatre Batteaux plats, mais tres-hauts de
« bord & d'un bois tres-fort & tres-épais, & imagina le moyen
« de faire des mines sur l'eau de la maniere suivante. Il fit dans
« le fond des Batteaux dans toute leur longueur un maçonna-
« ge de brique & de chaux de la hauteur d'un pied & de la lar-
« geur de cinq. Il éleva tout à l'entour sur les côtez deux pe-
« tites murailles, & fit la chambre de sa Mine haute & large de
« trois pieds. Il la remplit d'une poudre tres-fine qu'il avoit fai-
« te lui-même, & la couvrit avec des tombes, des meules de mou-
« lin, & d'autres pierres d'une grosseur extraordinaire. Il mit
« par-dessus des Boulets, des morceaux de marbres, des crocs,
« des cloux & d'autres ferrailles, & bâtit sur tout cela comme
« un toit de grosses pierres. Ce toit n'étoit pas plat, mais en dos
« d'âne, afin que la Mine venant à crever, l'effet ne s'en fit
« pas seulement droit en haut, mais de tous côtez. L'espace qui
« étoit entre les murailles de la mine & les côtez des Batteaux,
« fut rempli de pierres de taille maçonnées & de poutres liées
« avec les pierres par des crampons de fer. Il fit sur toute la
« largeur des Batteaux un plancher de grosses planches qu'il
« couvrit encore d'une couche de briques ; & sur le milieu il
« éleva un bucher de bois poissé pour l'allumer, quand les Bat-
« teaux démareroient, afin que les Ennemis les voyant aller vers
« le Pont, crussent que ce n'étoient que des Batteaux ordinaires
« qu'on envoyoit pour mettre le feu au Pont.

« Pour que le feu ne manquât pas de prendre à la Mine, il
« se servit de deux moyens. Le premier fut une méche ensouf-
« frée d'une certaine longueur proportionnée au tems qu'il fal-
« loit aux Batteaux pour arriver au Pont, quand ceux qui les
« conduiroient, les auroient abandonnés & mis dans le courant.
« L'autre moyen dont il se servit pour donner le feu à la pou-
« dre, étoit un de ces petits horloges ou reveils-matin qui en

» se détendant après un certain tems, battent le fusil. Celui-ci
» faisant feu devoit donner sur une traînée de poudre laquelle
» aboutissoit à la mine.
» Ces quatre Batteaux ainsi préparés devoient être accompa-
» gnez de treize autres plus petits où il n'y avoit point de mines,
» mais qui étoient de simples Brulots.
» On avoit sçû dans le Camp des Espagnols que l'on prépa-
» roit des Brulots dans le Port d'Anvers ; mais on n'y avoit nul
» soupçon de l'artifice des quatre Batteaux : & Alexandre de
» Parme crut que le dessein des Ennemis étoit seulement d'atta-
» quer le Pont en même tems au-dessus du côté d'Anvers, &
» au-dessous du côté de la Zélande ; c'est pourquoi il renforça
» les Troupes qu'il avoit dans les Forts des Digues voisines, &
» surtout le Pont, & y distribua ses meilleurs Officiers qu'il ex-
» posoit d'autant plus au malheur qui les menaçoit, qu'il sem-
» bloit prendre de meilleures mesures pour l'éviter.
» On vit sortir d'abord trois Brulots du Port d'Anvers, &
» puis trois autres, & le reste dans le même ordre. On sonna
» l'allarme & tous les Soldats coururent à leur poste sur le Pont.
» Ces Vaisseaux voguoient en belle ordonnance, parce qu'ils
» étoient conduits chacun par leurs Pilotes. Le feu y étoit si
» vivement allumé, qu'il sembloit que les Vaisseaux mêmes
» brûloient, & donnoit un spectacle qui eut fait plaisir à des
» Spectateurs qui n'en eussent eu rien à craindre ; car les Espa-
» gnols de leur côté avoient allumé un grand nombre de feux
» sur leurs Digues & dans leurs Forts. Les Soldats étoient ran-
» gez en Bataille sur les deux bords de la riviere & sur le Pont,
» Enseignes déployées avec les Officiers à leur tête ; & les Ar-
» mes brilloient encore plus à la lueur de la flamme, qu'elles
» n'auroient fait au plus beau soleil.
» Les Matelots ayant conduit leurs Vaisseaux jusqu'à deux
» mille pas du Pont, firent prendre surtout aux quatre où étoient
» les mines, le courant de l'eau, & se retirerent dans leurs es-
» quifs : car pour ce qui est des autres, ils ne se mirent pas si
» fort en peine de si bien diriger leur route. Ceux-ci pour la
» plûpart échouerent contre l'estaccade & aux deux bords de
» la riviere.
» Un des quatre destinez à rompre le Pont, fit eau & coula

Tome I.                     Gggg

» bas au milieu de la riviere; on en vit sortir une épaisse fu-
» mée sans autre effet; deux autres furent poussés par un vent
» qui s'éleva & portés par le courant vers Calloo au rivage du
» côté de la Flandre. Il y eut pendant quelque tems sujet de
» croire que la même chose arriveroit au quatriéme, parce qu'il
» paroissoit aussi tourner du côté de la rive de Flandre. Les Sol-
» dats Espagnols voyant tout cela, & que le feu paroissoit s'é-
» teindre sur la plûpart des Batteaux, commençoient à se moc-
» quer de ce grand appareil qui n'aboutissoit à rien. Il y en eut
» même d'assez hardis pour entrer dans un des deux qui avoient
» échoué au bord, & ils y enfonçoient leurs piques au travers
» du plancher pour découvrir ce qu'il y avoit dessous : mais dans
» ce moment ce quatriéme Vaisseau dont j'ai parlé, & qui
» étoit beaucoup plus grand & beaucoup plus fort que les au-
» tres, ayant brisé l'estaccade, continua sa route vers le Pont.
» Alors les Soldats Espagnols que l'inquiétude réprit, jetterent
» un grand cri; le Prince de Parme aussi attentif à la Flotte
» Hollandoise qui étoit au dessous du Pont du côté de Lillo,
» qu'aux Brulots qui venoient d'Anvers, accourut à ce cri. Il
» commanda aussitôt des Soldats & des Matelots, les uns pour
» détourner le Vaisseau avec des crocs, les autres pour sauter
» dedans & y éteindre le feu, & se mit dans une espece de Châ-
» teau de bois bâti sur des pilotis à la rive de Flandre, & au-
» quel étoient attachez les premiers Batteaux du Pont. Il avoit
» avec lui les Seigneurs de Roubais, Caëtan, Billi, du Guast,
» & les Officiers du Corps de Garde de ce Château.
»   Il y avoit parmi eux un vieux Enseigne Domestique du
» Prince de Parme, à qui ce Prince fut en cette occasion rede-
» vable de la vie. Cet homme qui sçavoit quelque chose du
» métier d'Ingenieur, soit qu'il fût instruit de l'habileté de
» Jambelli, & du chagrin qu'on lui avoit fait en Espagne,
» soit par une inspiration de Dieu qui avoit resolu qu'Anvers
» fût pris par Alexandre de Parme, s'approcha de ce Prince,
» & le conjura de se retirer, puisqu'il avoit donné tous les or-
» dres nécessaires. Il le fit jusqu'à trois fois sans que ce Prince
» voulût suivre son conseil. Mais l'Enseigne sans se rebuter se
» jetta à ses pieds, & au nom de Dieu, lui dit-il, mon Prin-
» ce, croiez seulement pour cette fois le plus affectionné de vos

DE LA MILICE FRANÇOISE. Liv. VII. 595

» Serviteurs ; je vous assure que votre vie est ici en danger ;
» & puis se relevant il le tira après lui. Alexandre aussi surpris
» de la liberté de cet homme, que du ton en quelque façon
» inspiré dont il lui parloit, le suivit accompagné de Caëtan
» & de du Guast.

» A peine étoient-ils arrivés au Fort de Sainte Marie sur le
» bord de la riviere du côté de Flandre, que le Vaisseau creva
» avec un fracas épouventable. On vit en l'air une nuée de
» pierres, de poutres, de chaînes, de boulets ; le Château de
» bois auprès duquel la mine avoit joué, une partie des Bat-
» teaux du Pont, les Canons qui étoient dessus, les Soldats
» furent enlevés & jettés de tous côtez. On vit l'Escaut s'en-
» foncer en abîme, & l'eau poussée d'une telle violence qu'el-
» le passa sur toutes les Digues, & un pied au-dessus du Fort
» de Sainte Marie, on sentit la terre trembler à près de
» quatre lieuës de là ; on trouva de ces grosses tombes dont la
» mine avoit été couverte, transportées à mille pas de l'Es-
» caut. »

*Effet prodigieux de cette Machine.*

Un des autres Batteaux qui avoit échoué contre le rivage de Flandre, fit encore un grand effet. Il périt huit cens hommes de différens genres de mort ; une infinité furent estropiés, & quelques-uns échaperent par des hasards surprenans.

Le Vicomte de Bruxelles, dit l'Historien, fut transporté fort loin & tomba dans un Navire sans se faire aucun mal. Le Capitaine Tuc, Auteur d'une relation de cette avanture, après avoir été quelque tems suspendu en l'air tomba dans la riviere. Et comme il sçavoit nager & que dans le mouvement du tourbillon qui l'emporta, sa Cuirasse s'étoit détachée de son corps, il regagna le bord en nageant. Enfin un des Gardes du Prince de Parme fut porté de l'endroit du Pont qui touchoit à la Flandre à l'autre rivage du côté du Brabant, & ne se blessa qu'un peu à l'épaule en tombant.

Pour ce qui est du Prince de Parme on le crut mort ; car comme il étoit prêt d'entrer dans le Fort de Sainte Marie, il fut terrassé par le mouvement de l'air & frappé en même tems entre le Casque & les épaules d'une poutre ; on le trouva évanoui & sans connoissance : mais il revint à lui un peu après ; & la premiere chose qu'il fit, fut de faire amener promptement

Gggg ij

quelques Vaisseaux, non pas pour réparer la breche du Pont, car il falloit beaucoup de tems pour cela ; mais seulement pour boucher l'espace que la mine avoit ruiné, afin que le matin il ne parût point à la Flotte Hollandoise qu'il y eût de passage ouvert. Cela lui réussit ; les Hollandois voyant des Soldats dans toute la longueur du Pont qui n'avoit point été ruinée & dans les Batteaux dont on avoit bouché la breche, & entendant sonner de tous côtez, les Tambours & les Trompettes n'oserent tenter de forcer le passage. Cela donna le loisir aux Espagnols de réparer leur Pont : & quelque tems après Anvers fut contraint de capituler.

Voilà donc l'époque de ces Machines infernales & des mines sur l'eau dont on a tant parlé dans nos dernieres Guerres, & qui ont fait bien plus de bruit que de mal. Car nulle n'a eu un si grand succès à beaucoup près que celle de Jambelli en eut au Pont d'Anvers, quoiqu'à ces dernieres on eût ajouté des Bombes & des Carcasses dont on n'avoit point encore l'usage dans le tems du Siége de cette Ville.

J'ajouterai encore ici une autre idée qui vint à un Allemand éleve de Jambelli durant le même Siége d'Anvers. L'effet de la Machine infernale avoit été si grand, que ceux qui défendoient la Place resolurent de s'en servir une seconde fois : mais comme on avoit remarqué dans l'execution que le vent détournoit les Vaisseaux du milieu de la riviere, dès que les Pilotes en étoient sortis, & les poussoient au rivage, l'Allemand s'avisa d'un moyen pour remedier à cet inconvenient. Ce fut de mettre une grande voile avec sa vergue dans l'eau, & attachée au devant du Batteau. Elle alloit en sétrecissant sous le Batteau, jusques vers le milieu où les deux bouts étoient fortement liez. Il prétendoit que ce Vaisseau étant au milieu du courant de la riviere & bien dirigé vers le Pont, l'eau en descendant enfleroit la voile, & auroit plus de force pour retenir le Vaisseau dans la ligne droite, que le vent n'en auroit pour l'en détourner.

*Strada Decade 2 l. 6. Seconde Machine infernale, & moyen de la conduire en ligne droite.*

Il y avoit grand sujet de douter si la pratique en cette rencontre répondroit à la speculation ; cependant la chose réussit, & le Pont auroit sauté une seconde fois sans une précaution que le Prince de Parme avoit prise, qui fut en raccommodant son Pont de disposer tellement les Batteaux, qu'on pût aisément les ôter pour laisser passer les Brulots. La Machine arriva jusqu'au Pont, après avoir rompu l'estaccade : mais le passage étant ouvert, elle passa outre & creva seulement en passant un des Batteaux qui étoit à côté de l'ouverture, après quoi la Mine joua au-de-là sans endommager le Pont.

On voit par tout cela que l'Art Militaire se perfectionna beaucoup dans ces Guerres des Pays-Bas pour les Siéges, & pour tout ce qui regarde la Milice ; c'est pour cela que la Hollande se rendit si fameuse, & qu'elle fut regardée comme la meilleure Ecole qu'il y eût alors pour la Guerre. Aussi nos François y couroient à l'envi pour s'y instruire ; plusieurs en profiterent beaucoup, & le fameux Vicomte de Turenne y fit ses premieres Armes sous le Prince Maurice son parent.

Après avoir parlé de ce premier modéle des Machines infernales, je vais mettre ici la figure & la composition de celle dont les Anglois & les Hollandois se servirent dans le dessein de ruiner Saint Malo où ils ne firent pas grand mal. Cette figure & la description qui y est ajoutée, se trouvent dans les Mémoires d'Artillerie de Monsieur de Saint Remi. Il paroît que celui qui la construisit, prit pour modele celle de Jambelli dont j'ai fait mention ci-dessus.

T. I. p. 171. seconde Edit.

A    Coupe ou profil de la Machine.
B    Fond de cale rempli de sable.
C    Premier Pont rempli de vingt milliers de poudre avec un pied de maçonnerie au-dessus.
D    Second Pont garni de six cens Bombes à feu & Carcassieres, & de deux pieds de maçonnerie au-dessus.
E    Troisiéme Pont au-dessus du Gaillard, garni de cinquante Barils à cercles de fer, remplis de toutes sortes d'artifices.
F    Canal pour conduire le feu aux poudres & aux amorces.
G    Instrumens de fer au nombre de cinquante qui ayant des pointes, & en tombant sur du bois, s'y plantoient, & étoient remplis d'artifices.

Cette Machine avoit trente-quatre pieds de longueur : dix-huit de hauteur, & prenoit neuf pieds d'eau. Le Tillac étoit couvert de vieux Canons de fer & de mitraille. Elle caſſa beaucoup de vitres & découvrit beaucoup de maiſons ſans autre effet. Une partie de la Machine ne ſauta point, & ce qui en reſta en fit connoître la conſtruction.

Je vais maintenant traiter de la défenſe des Places, & de leurs diverſes eſpeces de Fortifications ſous la troiſiéme Race.

DE LA MILICE FRANÇOISE. *Liv. VIII.*

# LIVRE VIII.

*De la défense des Places & de leurs diverses especes de Fortifications sous la troisiéme Race.*

LA défense des Places dépend de leur situation, de leur figure, de leur structure, de leurs Fortifications, de la valeur & de l'adresse de ceux qui les gardent, de l'abondance des vivres, des Machines de Guerre, du nombre des Ingenieurs qui sçachent les bien manier & les mettre en œuvre : & de tout ce qui est necessaire pour soûtenir un Siége.

Les Ingenieurs Romains avoient pour principe général en bâtissant les Villes de Guerre, ou en faisant de nouvelles enceintes à celles qu'ils avoient prises, de ne construire jamais les murailles en ligne droite & en angle, mais toujours en tournant, autant que le terrain le pouvoit permettre ; & quand les angles étoient inévitables, ils y élevoient des Tours. La raison qu'en apporte Vegece, c'est que le Belier avoit trop de prise contre les angles, & en avoit moins contre les murailles arrondies. *Ne ad ictus Arietum esset dispositus ( murus. )*

*Les Romains construisoient les Villes de Guerre en rond.*

L. 4. c. 3.

Ils n'élevoient pas seulement des Tours aux angles, mais encore en divers endroits de la muraille pour la flanquer. Ils observoient exactement la longueur de la ligne de défense dans les Places régulières ; & les Tours selon les principes de leur Architecture Militaire, ne devoient pas être plus éloignées les unes des autres que de la portée de l'arc.

*Comment ils les flanquoient.*

" Les Tours, dit Vitruve, doivent avoir leur saillie au de-

*Vitruv. lib. 1. de Architect. c. 5.*

600 HISTOIRE

" hors, afin que quand l'Ennemi veut attaquer la muraille, " il soit battu des Tours à droite & à gauche ... Or les in- " tervalles des Tours, doivent être tellement mesurés, que " l'une ne soit éloignée de l'autre que de la portée de l'arc, " afin que l'on puisse atteindre l'Ennemi & à droite & à gau- " che " &c. Nous observons aujourd'hui les mêmes regles pour la ligne de défense dans la construction des Bastions par rapport aux Armes à feu.

*Ligne de défense d'une Tour à une autre.*

Ces mêmes Auteurs déterminent l'épaisseur & la largeur du rempart. Mais plus les murailles avoient de hauteur, & plus étoient elles reputées fortes. Celles de Jerusalem pour cette raison, celles de Carthage & de quelques autres Villes sont particulierement célébrées par Tacite, par Josephe & par les autres Historiens ; parceque plus elles étoient hautes, & les fossez profonds, plus elles étoient non seulement hors de danger d'être subitement insultées ; mais encore plus il falloit de travail aux Ennemis qui les auroient assiégées dans les formes, pour faire leurs *Aggeres* ou levées de terre, & leurs Tours ambulatoires, dont ils se servoient pour entrer de plein pied sur la muraille.

*Muraille élevée sur un Terre-plain.*

On élevoit sur le bord du Terre-plein du rempart une muraille appellée en Latin *Lorica*, bien plus haute que cette espece de parapet ou de gardefou qu'on éleve aujourd'hui au-dessus du cordon. Elle étoit percée d'espace en espace par des ouvertures quadrangulaires, mais plus hautes que larges. On a depuis appellé ces ouvertures du nom de Carneaux ou Creneaux, sur tout lorsqu'elles n'avoient point de linteau. C'étoit par-là que tiroient les Archers & les Arbalêtriers. *

*Creneaux.*

* Subtus fulciri facit aptarique Fenestris
Strictis & longis ut strenuus arte latenti ;
Immittat lethi prænuntia tela Satelles. *Guillelm. Brito l. 1. p. 238.*

CHAPITRE

# CHAPITRE PREMIER.

*Des manieres de fortifier les Places sous la troisiéme Race.*

LEs François en bâtiſſant les murailles des Villes ſuivirent cette maniere des Romains dont je viens de parler; & l'on voit encore pluſieurs anciennes Villes en France dont les murailles ſont de cette ſtructure. On en voit quelques-unes où au pied du Parapet qui avance en ſaillie il y a des ouvertures comme les Soupiraux d'une cave appellées *Machicoulis* par où l'on pouvoit regarder dans le foſſé, & en cas d'eſcalade jetter des pierres, des bois, des feux d'artifices, ou avec des crocs abbattre les échelles, ſans être expoſé aux Traits des Aſſaillans.

*Les François imiterent les Romains pour la Fortification des Places.*

*Machicoulis.*

Je crois qu'on s'en ſervoit auſſi pour deſcendre des gens dans le foſſé durant la nuit, afin de ſçavoir ce qui s'y paſſoit, ou envoyer des Eſpions dans le Camp, & pour d'autres ſemblables uſages.

La maniere de fortifier & de flanquer les murailles avec des Tours, a duré tres-longtems; & même depuis l'invention du Canon. Témoin la Baſtille de Paris qui fut commencée par le Roi Charles V. C'étoit par la même raiſon; ſçavoir que la figure ronde telle que l'eſt d'ordinaire celle des Tours, réſiſtoit plus que la figure angulaire au Canon auſſi-bien qu'au Belier : Mais comme en matiere de Fortification on balance les avantages & les déſavantages, on a jugé que l'avantage de la plus grande réſiſtance de la figure ronde au Canon, devoit ceder à pluſieurs autres qui ſe trouvent dans la figure angulaire, parce que celle-ci flanque mieux, que l'on peut faire un plus grand feu des faces & des flancs des Baſtions qui ont ſuccédé aux Tours, qu'on peut ſe retrancher deſſus, &c. De ſorte que dès que cette idée fut venuë aux Ingenieurs; on ne fortifia plus les Places d'une autre maniere. Celles qui furent bâties de nouveau, le furent de cette ſorte : on fit à d'autres de nouvelles enceintes ſans Tours & avec des Baſtions. En d'au-

*La Fortification ronde a duré longtems même depuis l'invention du Canon.*

*On a dans la ſuite préferé la figure angulaire, & pourquoi.*

tres on ajouta seulement aux murailles quelques petits Bastions durant les Guerres Civiles des Huguenots, & les Ingenieurs s'appliquerent à inventer diverses méthodes & manieres de Bastions.

On peut voir les Méthodes du Comte de Pagan, du Sieur de Ville & de quelques autres. La derniere que je sçache, est celle de Monsieur le Maréchal de Vauban qui a été sans contredit le premier homme du monde pour la Fortification & pour l'attaque des Places; & si on a donné autrefois en France le Bâton de Maréchal à un Général d'Armée pour la prise de trois ou quatre Places, on peut dire que ce Seigneur a mérité cent fois celui dont enfin le Roi l'honora.

C'est principalement sous les Regnes de François I & de Charles V, ou tout au plûtôt sous Louis XII que cette maniere de fortifier commença. C'est dequoi nous assure l'Auteur du Livre de la Discipline Militaire attribué à Monsieur du Bellai. „ Touchant les autres Villes, dit-il, qui sont du rang des
„ tres-fortes en quelque part qu'elles soient assises, soit ce en
„ pendant ou en plain, il faut croire qu'elles ont été fortifiées
„ depuis trente ans; car celles qui l'ont été paravant, ne peu-
„ vent être dites fortes: veu que l'Art de remparer, est ve-
„ nu en lumiere depuis peu de tems. "

Une des premieres Villes d'en deça les Alpes fortifiée régulierement avec des Bastions, fut Landreci par François I: & le nouveau Hesdin sur les Frontieres d'Artois, qui fut l'ouvrage de Charles V du tems de Henri II.

Je reviens à l'ancienne maniere de fortifier les Places. Communément on n'y faisoit aucun Dehors, excepté une espece de Boulevart devant chaque porte, afin d'en éloigner les Ennemis, & d'empêcher qu'ils ne les vinssent rompre, ou y mettre le feu. Voici comme parle Vegece sur ce point.

„ Outre cela, dit-il, il faut prendre ses précautions, pour
„ empêcher qu'on ne vienne brûler les Portes; & c'est pour
„ cette raison qu'il les faut couvrir de cuirs ou de fer. Mais
„ ce que l'antiquité a imaginé, est plus utile, sçavoir que
„ devant la Porte on éleve un Boulevart, & qu'à l'entrée de
„ ce Boulevart on suspende une Herse avec des chaînes de fer
„ & des cordes, afin que si les Ennemis s'engagent entre le

*Eloge du Maréchal de Vauban.*

*L. 3. fol. 85.*

*Quand commencerent les Fortifications à angles.*

*Premieres Villes fortifiées de cette maniere.*

*Précautions des Anciens contre l'attaque des Portes.*
*Vegetius L. 4. c. 4.*

" Boulevart & la Porte, on fasse tomber cette Herse, & qu'ils
" demeurent enfermés. "

On voit par là l'antiquité de la Herse dont l'usage a toujours été conservé depuis ; mais on la met sur la Porte de la Ville, & non sur l'entrée du Boulevart. Il falloit que du tems des Romains ce Boulevart fût une muraille élevée dont l'entrée fût couverte au moins d'une loge où la Herse étoit suspenduë pour la faire tomber en cas de surprise. Il étoit à la place de nos Barrieres des Villes de Guerre, qui sont aussi pratiquées dans le flanc d'une espece de Fortification ; & c'est pour l'ordinaire un Ravelin. Vegece ajoute, ce que nos anciens François observoient aussi, que la muraille devoit être tellement construite au-dessus de la Ville, qu'il y eût des ouvertures par lesquelles, au cas que l'on mît le feu à la Porte, on pût jetter de l'eau pour l'éteindre. Ces ouvertures étoient, comme j'ai dit, ce qu'on a appellé depuis des Machicoulis.

*Antiquité de la Herse.*

Dans la suite on fit une espece de Fortification à quelque distance de la Ville à la tête des Faux-Bourgs, de laquelle Froissart fait très-souvent mention, & qu'il appelle du nom de Bailles. Ce mot vient de *Battaglia* mot Latin de la basse latinité qui signifie une Fortification, un Retranchement où l'on batailloit. C'étoit là en effet que les Partis ennemis qui couroient la campagne, venoient quelquefois faire le coup de lance avec ceux de la Garnison. C'étoit par là que l'on commençoit l'attaque d'une Ville.

*Bailles, espece de Fortification sous la troisiéme Race.*

" Si se retrahit l'Ost, dit Froissart en parlant de l'attaque que le Comte de Hainaut fit à la Ville de S. Amand en Flan-
" dre, si tôt qu'il fut venu & sa Compagnie à l'assaut, qui fut
" moult grand & dur, & conquirent de premiere venuë les Bail-
" les & vindrent jusqu'à la Porte qui œuvre devers Morta-
" gne. "

*Froissart vol. I. c. 60.*

Ce retranchement étoit quelquefois de bois ou de Palissades, quelquefois il étoit de maçonnerie. C'étoit un Poste avancé où l'on faisoit la Garde, pour empêcher la surprise de la Place par les Portes.

*Vide du Cange in glossar. V. Ballium & V. Battagliæ.*

Hors des fossez a une lices
De trop forts murs à Creneaux bas

Hhhh ij

Si que chevaux ne puſſent pas
Juſqu'au foſſé venir d'allée
Qu'il n'y eût avant meſlée.

Dit le Roman de la Roſe : Je ne ſçai ſi ces Bailles étoient différentes d'une eſpece de Fortification que nos anciens Auteurs appelloient du nom de Barbacane. « Les murailles auſſi hautes » que ſolides, dit le Moine d'Auxerre ſous l'an 1201, outre » les avant-murs qu'ils appellent Barbacannes, furent renverſées. » Or les Bailles quand elles étoient faites de maçonnerie, étoient des eſpeces d'avant-murs. Ainſi il y a de l'apparence que c'étoit la même choſe.

*La Barbacane.*

Cependant je trouve ce nom de Barbacane donné à un Château par Guillaume le Breton dans ſon Hiſtoire en Proſe. C'eſt en parlant de la conquête de Normandie dont Philippe Auguſte vint à bout après la priſe de Château-Gaillard. « Ce » Prince, dit l'Hiſtorien, ( après quelques expéditions qu'il » venoit de faire en Baſſe Normandie, ) revint aux environs » de Rouen, & prit d'aſſaut une Fortereſſe appellée Barbaca» ne, *quam vulgus Barbancanam vocant*, qui étoit à la tête du pont de la Ville de Rouen. » Cela ſe doit entendre de l'ancien pont de pierres dont on voit encore les ruines & quelques arcades.

Il y a un Château qui eſt encore aujourd'hui ſur pied dans une petite Iſle plus proche du pont de bois que du pont de pierres : elle eſt entourée de l'eau de la riviere de Seine dans les grandes marées, & n'eſt guéres tout-à-fait à ſec que dans les baſſes. On l'appelle encore le Château de la Barbacane : mais il pourroit bien avoir eu ce nom par le ſeul voiſinage de la Barbacane ou avant-mur qui étoit à la tête du pont ſelon l'uſage de fortifier les Places en ces tems-là. Ce Château fut bâti par Henri V Roi d'Angleterre en 1419 après que ce Prince ſe fut rendu maître de cette Ville.

*Hiſt. de la Ville de Rouen.*

Les Braies paroiſſent avoir été encore une Fortification comme les Bailles & la Barbacane. Quelques Auteurs l'appellent en Latin *Brachiale*. Il en eſt fait mention dans une Inſcription qui eſt à l'entrée du pont de bois de Vincennes ſur un marbre noir enchaſſé dans la muraille, où ſont marqués les noms des

Rois qui ont bâti une des Tours.

Qui bien considere cet œuvre
Si comme se montre & découvre
Il peut dire que oncques à Tour
Ne vit avoir plus noble atour
La Tour du Bois de Vinciennes
Sur tout neufves & anciennes
A le prix or sçaurez en ça
Qui la parfit ou commença
Premierement Philippe * ( Loüis )
Fit Charles Comte de Valois
Qui de grand prouesse habonda
Jusques sur terre la fonda
Pour s'en soulacier & esbattre
L'an mil trois cens trente-trois quatre.
Après vingt & quatre ans passés
Et qu'il étoit ja trepassés,
Le Roy Jean son fils cet Ouvrage
Fist lever jusqu'au tiers estage
Dedans trois ans par mort cessa.
Mais Charles * Roy son fils lessa     * Charles V.
Qui parfist en brieves saisons
Tours, Ponts, BRAYES, fortes maisons
Nez fut en ce lieu delectable,
Pour ce l'avoit plus agréable
De la fille au Roy de Bahagne *     * de Boheme.
Et ot à épouse & compagne
Jeanne fille au Duc de Bourbon
Pierre en toute valeur bon
De lui il a noble lignie
Charles * le Delphin & Marie     * Charles VI.
Maistre Phelippe Ogier tesmoigne
Tout le fait de cette besoigne
A hesverons * chacun supplie     * A la poste-
Qu'en ce mond leur bien multiplie,     rité.

\* Philippe VI dit de Valois fils de Charles, &c. On pourroit conjecturer par ce Vers que Philippe de Valois avoit aussi le nom de Louis.

Et que les nobles Fleurs-de-lys
Ez saints Cieux ayent leurs deliz.

Les Braies étoient donc, ce me semble, une espece d'avant-mur élevé devant la porte, ou peut-être une saillie de la Tour, & apparemment de-là est venu le nom de fausse-Braie dans les Fortifications modernes, qui est comme l'avant-mur du Bastion qu'elle entoure.

Depuis l'invention du Canon jusqu'à la fin du Regne de Henri II, il n'est gueres fait mention d'autres Dehors aux environs des Places Frontieres que de celui qui couvroit la Porte de la Ville ou du Faux-bourg. L'Auteur du Livre de la Discipline Militaire qui vivoit sous Louis XII & sous François I parlant de la maniere dont se faisoient les Siéges, ne parle que de l'attaque des murailles, & nullement de celles des Dehors ou du chemin couvert ; marque évidente qu'on n'en faisoit point alors.

*Il n'y avoit point ou il y avoit peu de Dehors sous le Regne de Henry II. L. 3.*

Quand le Gouverneur étoit menacé de Siége, il faisoit quelquefois sous le feu de la Place quelques Plattes-formes ou Cavaliers, & y plaçoit de l'Artillerie pour empêcher les Ennemis d'ouvrir leurs Tranchées de si près. Il faisoit faire des retranchemens derriere les murailles, & faisoit de frequentes sorties, quand il avoit une forte Garnison. Et c'est ainsi que fit encore François Duc de Guise au Siége de Metz en 1552 contre l'Armée formidable de l'Empereur Charles V. Les Demies-Lunes, les Pieces à cornes & autres Ouvrages de cette nature furent imaginées pour la plûpart durant les Guerres Civiles des Pays-Bas. « Avant ce tems-là, dit Monsieur de la Nouë, nos » Peres se mocquoient de tant d'inventions dont on se sert pour » la Fortification des Places, & disoient que c'étoient inven- » tions Italiques, & qu'un bon gros rempart suffisoit pour ga- » rentir les hommes de l'impetuosité du Canon, sur lequel il » se falloit défendre pique à pique. « Depuis on s'avisa de met- » tre à quelques Places une Demie-lune devant la Courtine, » & puis quelques Redoutes, ou quelques Fortins en des en- » droits d'où la muraille étoit commandée.

*Plattes-formes ou Cavaliers pour placer l'Artillerie.*

*Salignac retion du Siége de Metz.*

*2. Paradoxe p. 323.*

*Epoque de la multiplication des Dehors.*

Mais nous avons une époque tres-marquée de la multiplication de ces sortes d'Ouvrages devant les Places dans les Annales des Guerres des Pays-Bas composées par Hugues Grotius. Ce fut à l'occasion de l'entrée des Espagnols dans l'Isle de Bommel, lorsqu'ils projetterent d'assiéger la Ville qui porte le même nom, & que le Prince Maurice de Nassau se jetta dans cette Place pour rassûrer les Bourgeois que l'approche de l'Ennemi avoit extrêmement consternez. Voici ce que dit Grotius sur ce sujet.

„ Ce fut en ce tems-là, dit-il, que l'on trouva une „ excellente maniere de défendre les Villes de laquelle le Prin- „ ce ( Maurice ) se servit souvent depuis, & les Ennemis aussi ; „ & qui s'est établie à la fin pour être mise éternellement en „ usage. Elle se pratique en cette sorte, lorsqu'une Ville où „ l'on craint le Siege, a suffisamment des Soldats, on pousse bien „ loin en Dehors des Fortifications pour arrêter les Ennemis „ & par le moyen desquelles non seulement ceux qui doivent „ demeurer enfermez, ont un plus long espace pour se défen- „ dre ; mais encore les Dedans de la Place sont plus long-tems „ en sûreté. Ainsi donc le Prince Maurice donna ordre qu'au „ devant des Boulevarts, des murailles de la Ville de Bom- „ mel, on en fit d'autres nouveaux, & puis encore d'autres „ que l'on enferma d'un fossé d'eau aussi-bien que des précé- „ dens ; en telle sorte que sur la fin tout ce qui se trouvoit ca- „ pable de défense, fut encore environné d'un Parapet.

*Annales de Grotius l. 8*

Voilà donc l'origine de la multiplication des Dehors aux environs des Places de Guerre, & du Chemin couvert qui les doit renfermer toutes, & auquel on a donné ici le nom de Parapet. Breda & quelques autres Villes de la République de Hollande, furent fortifiées de cette maniere, c'est à-dire par une prodigieuse quantité de Dehors, comme on le voit même dans les anciens plans qui en ont été gravez. Les Ingenieurs s'étudierent à faire ensorte que toutes ces Fortifications se soutinssent bien les unes les autres, & fussent en même tems soutenuës du corps de la Place. On les frésa, on les palissada ; elles n'étoient d'abord que de terre ; mais on les a souvent revêtuës depuis.

*Epoque du chemin couvert.*

De nos tems les Ingenieurs en ont diminué le nombre, quand le corps de la Place de lui-même étoit bon & bien flanqué de Bastions à la moderne, qu'il n'étoit point commandé, ou que quelque autre raison ne les contraignoit point à embrasser plus de terrain : & cela afin qu'on ne fût point obligé à tenir dans la Ville une trop nombreuse Garnison, sans quoi ce grand nombre de Fortifications seroit non seulement inutile, parce qu'on ne pourroit pas les défendre; mais encore dommageable. Ils se sont contentés hors des cas que je viens de marquer, de mettre une demie-lune vis-à-vis de la Courtine, des Ravelins ou des Contre-gardes vis-à-vis de la pointe des Bastions, & toujours un chemin couvert avec un glacis.

Comme une infinité de gens n'ont jamais été à la Guerre ni vû de Places fortifiées à la moderne, les termes de la Fortification sont pour eux une espece de jargon sur lequel ils se forment des idées fort bisarres, par exemple d'un Ouvrage à cornes, d'une Demie-lune, &c. C'est pourquoi j'ai fait representer ici une Place de Guerre avec ses Dehors. La Figure avec quelques Explications que j'y ajouterai, en donneront une idée assez nette.

AA Bastions. Les deux lignes qui forment l'Angle saillant du Bastion, representent les deux faces du Bastion. Les deux autres lignes qui tombent sur la Courtine, representent les flancs du Bastion. La Courtine est representée par la ligne qui joint les deux Bastions. Le Parapet du Bastion & de la Courtine est une petite muraille à hauteur d'appui, élevé sur le cordon du Bastion. Derriere ce Parapet est une élevation de terre assez épaisse pour que le Canon ne puisse pas la percer. Cette élevation de terre s'appelle le Terre-plein ou le rempart. Elle est en talus du côté de la campagne : & c'est de derriere ce Terre-plein que les Soldats tirent contre les Ennemis, étant montez sur une petite Banquette, de sorte qu'ils ne montrent que la tête en tirant. Pour l'ordinaire entre ce Terre-plein & le Parapet il y a une espace de quelques pieds, qu'on appelle le chemin des Rondes, parce que c'est par ce chemin que les Rondes marchent.

BB Fossé de la Place.
D Demie-lune.

g Ra-

E Ravelin. On confond souvent ces deux Ouvrages. Ils sont cependant différens soit par leur figure soit par leur situation ordinaire. La Demie-lune du côté de la Place est arrondie comme en Demi-cercle, & c'est de là que lui vient son nom de Demie-lune. Le Ravelin n'a point ce Demi-cercle. De plus, la Demie-lune se met ordinairement vis-à-vis de la pointe du Bastion, & le Ravelin vis à-vis de la Courtine.

FF Piece à cornes. Elle est composée de deux demi-Bastions & d'une Courtine. Elle a deux longs côtez qui se terminent à la Contrescarpe. On rompt quelquefois ces deux longs côtez pour en faire deux flancs: & on l'appelle alors une corne à double flanc.

GG Contregardes. On en flanque souvent une Demie-lune, ou un Ravelin.

H Bonnet de Prêtre. C'est un Ouvrage dont la tête est formée par quatre faces qui forment deux Angles rentrans & trois saillans, & dont les aîles prolongées feroient un Angle au milieu de la Courtine.

I Piece à cornes couronnée.

K Couronnement ou Ouvrage couronné.

Tout cela est renfermé dans ce qu'on appelle le chemin couvert representé par le dernier gros trait, & qui est une espece de Parapet de terre palissadé.

Suit le Glacis o o o o.

Il y a encore quelques autres especes de Fortifications qui n'ont pû entrer dans ce plan : mais ce sont là les principales.

J'ajoute ici encore pour les mêmes raisons le Plan de l'attaque d'une Ville assiégée, avec quelques instrumens dont les Assiégeans se servent soit pour se couvrir soit pour quelques autres usages.

A Ville assiégée.
BB Tranchées.
C Ligne de communication pour joindre les deux Tranchées.
D Ligne de Contrevallation.

*Tome I.*    Iiii

E E Queuë de la Tranchée.
F  Attaque d'un Poste.
G  Mine qui jouë.
L L Redoute.
M  Batterie foudroyante. On appelle ainsi une Batterie élevée.
N  Batterie enterrée. On appelle ainsi celle qui est creusée dans la terre.
O  Batterie simple. On appelle ainsi celle qui n'est couverte que de Gabions.
P P Ligne de Circonvallation.
Q  Cheval de frise. C'est une grosse piece de bois à plusieurs faces. Elle est lardée de gros piquets ferrez ordinairement par leurs bouts. Ce Cheval se met dans les guez des Rivieres, sur les breches des Villes attaquées, & dans les passages étroits pour arrêter l'Ennemi, & l'on tire de derriere comme de derriere un Retranchement.
R  Chandelier. Il sert de Parapet quand on le remplit de fascines.
S  Chandelier rempli de fascines. Les Fascines sont des fagots de menus branchages.
T  Blindes sont des especes de fascines qu'on renferme entre deux rangs de pieux ou de clayes, pour se mettre à couvert de la Mousqueterie.
V  Gabions sont de grands paniers d'osier. Pour l'ordinaire on les remplit de terre, pour faire les Parapets des simples Batteries, & même pour les Tranchées quand les fascines & la terre manque.
X  Corbeilles ou paniers plus larges par en haut que par le pied, que l'on remplit de terre. Les Soldats s'en servent pour tirer à couvert par l'intervalle qui reste entre les pieds de ces Corbeilles.
Y  Mantelets. Ils sont de planches doublées pour se couvrir contre la Mousqueterie. On y met quelquefois des roües pour les transporter d'un lieu à un autre.

Dès que les Bastions furent à la mode, on ne fit plus de ces

DE LA MILICE FRANÇOISE. *Liv. VIII.* 611

hauts Parapets, à Creneaux bâtis sur le bord du Terre-plein du Rempart, mais on fit seulement des Gardefous ou Parapets à hauteur d'appui, & qui portent plus justement ce nom qui vient du mot Italien *Parapetto*, parce qu'ils ne passent pas la hauteur de la poitrine.

Comme la maniere de se défendre s'est perfectionnée ; celle d'attaquer l'a été aussi : & nonobstant toutes ces belles Fortifications faites avec tant d'art & tant de justesse, selon les regles de la plus exacte Mathématique, les Places les plus fortes sont aujourd'hui emportées en moins de temps qu'on n'en employoit autrefois à assiéger celles qui n'avoient aucun Dehors. Et ce qui est surprenant, c'est que dans les derniers Siécles, c'est-à-dire encore du tems de François I, de Henri II & des Rois suivans, quand il n'y avoit point ou qu'il y avoit peu de Dehors, on ne voyoit guéres rendre de Villes qu'après un ou plusieurs assauts donnés au Corps de la Place, dans laquelle les Gouverneurs ne manquoient guéres de se retrancher ; au lieu qu'aujourdhui, dès que les Dehors ont été emportez, c'est une coutume presque universellement établie de demander à capituler. Ce n'est pas qu'on ait de notre tems moins de bravoure & d'honneur qu'autrefois : mais c'est que la maniere de faire les Siéges a été portée jusqu'à une telle perfection, que les retranchemens dans la Place ne sont plus des ressources pour les Assiégez sur tout depuis qu'on employe aux Siéges ce nombre extraordinaire de Canons & de Mortiers, dont il est impossible de soutenir longtems le feu. Et nous avons vû plusieurs fois sous le Regne de Louis le Grand qu'un habile Ingenieur après la prise d'un chemin couvert, marquoit au Général le jour préfix auquel le Gouverneur seroit obligé de battre la chamade.

*Pourquoi on ne soutient plus guéres d'assaut au corps de la Place.*

Il s'en falloit bien que du tems de François I l'habileté des Généraux & des Ingenieurs allât jusques-là. Il n'y a qu'à lire ce que dit sur ce sujet l'Auteur de la Discipline Militaire attribuée à Monsieur de Langey. » Où est, dit-il, ce Général qui se
» voudroit arrêter au-devant d'une Padouë, d'une Terouanne,
» d'un Turin & de plusieurs autres Villes assises en plaine ? Ne
» semblablement d'une Veronne, d'une Bresse & de maintes au-
» tres qui sont assises en pendant, sinon qu'il veuille partir d'il-
» lec à sa grande honte. Je cuide endroit moi qu'il n'y a hom-

*Fol. 85.*

I iii ij

« me qui s'y voulût amuſer. » Or certainement aujourd'hui ces Places pour la plûpart & d'autres beaucoup mieux fortifiées que celles que je viens de nommer, ne l'étoient alors, ne feroient peur ni à nos Généraux ni à nos Ingenieurs, tant depuis ce tems-là on a pouſſé loin l'art des Siéges.

*Utilité des Donjons d'autrefois.* Autrefois dans les Foreteresses, il y avoit un Donjon flanqué de deux, de trois ou de quatre Tours. C'étoit une retraite pour les Aſſiégez, s'il arrivoit qu'ils fuſſent emportez d'aſſaut. Ils continuoient de s'y défendre en attendant le ſecours, ou pour faire leur capitulation.

J'ai vû de ces Tours où l'on ne montoit que par un eſcalier fort étroit, & où il n'y avoit paſſage que pour un homme de front. Il y avoit pluſieurs étages fort élevez les uns ſur les autres. Les planchers n'étoient compoſez que de poutrillons dont on en levoit quelques-uns pour tirer ſur les Ennemis qui ſe ſeroient emparez du premier étage, & les accabler de pierres & de flé- ches. La difficulté qu'il y avoit à forcer ces eſpeces de retran- chemens, faiſoit qu'on accordoit une capitulation honorable. Au pied de ces Donjons ou de ces Tours il y avoit quelquefois des Soûterrains qui alloient bien avant dans la campagne; c'é- toit ſans doute pour faire entrer du ſecours par des endroits qu'on ouvroit bien au-delà du Camp des Aſſiégeans. Il y a de ces Tours & de ces Soûterrains en Brie, comme à la Queuë & en quel- ques autres Bourgs de cette Province, à Montgeai au-delà de la Marne. On les appelle les Tours de Gal; & ſur ce nom quel- ques-uns prétendent que ces Tours étoient dès le tems des Gau- lois *Turres Gallorum*, ce que j'aurois bien de la peine à croire. Je penſerois plûtôt que ces Tours & ces Soûterrains auroient été faits avant le Regne de Saint Louis, quand les anciens Com- tes de Champagne étoient quelquefois en Guerre avec nos Rois & que les Seigneurs de Montgeay & d'autres ſemblables Vaſſaux puiſſans & indociles, ſe revoltoient contre leur Souverain. Les Citadelles à Baſtions ont ſuccedé aux Châteaux, aux Tours & aux Donjons.

Les Foreteresses ſe bâtiſſoient ordinairement ſur des Montagnes ou ſur des rochers de difficile accès, d'où viennent ces noms ſi communs en France de Rochefort, de Montfort, de Clermont, de Beaumont & d'autres ſemblables. Cette ſituation faiſoit leur

## DE LA MILICE FRANÇOISE. Liv. VIII.

principale force : parce qu'il étoit difficile aux Ennemis d'y transporter leurs Machines, d'y élever leurs Tours de bois ambulatoires, jusqu'à la hauteur des murailles, de les escalader & de les miner, quand ils étoient bâtis sur le roc. On ne prenoit guéres ces Places que par famine, sur tout quand il y avoit de bons puits ou communication avec quelque riviere qui passât au pied.

On pratiquoit aussi dans le fossé au bout de la muraille des fausses portes murées appellées Poternes, mais qui pouvoient être aisément rompuës pour faire des sorties pendant les assauts afin de prendre les Ennemis en flanc. C'est ce que firent les Anglois assiégez par le Connêtable de Richemont dans Saint James de Beuvron petite Ville de Normandie sur les Frontieres de Bretagne. » Les dits Anglois, dit l'Auteur de l'Histoire de Char- » les VII, saillirent dehors par une Poterne par devers un étang » où les dits Assaillans ne se pouvoient bien aider ne secourir ; » & tant que lesdits Anglois rebouterent & firent noyer en ice- » lui étang plusieurs Assaillans, tant que l'on disoit qu'il y en » estoit bien morts quatre cens & plus, & rompirent & debou- » terent icelui assaut par le moyen d'icelle saillie.

*Page II.*

Le Seigneur de Barbasan en avoit usé de même quelques années auparavant sous le Regne de Charles VI en défendant Melun contre les Anglois & les Bourguignons.

Pour ce ( le Seigneur de Barbasan ) ordonna quarante ou cin- » quante Arbalestriers avec fortes arbalestres & des meilleures » de la Ville, d'estre sur les murs du costé des Bourguignons » & des gens de Guerre tels que bon lui sembla, dont il avoit » ordonné avec les gens de la Ville une partie à jetter grosses » pierres & eaues & gresses bouillantes : & l'autre partie des » mieux armez & des plus vaillans, à sortir par une fausse Po- » terne qui entroit de la Ville devers les fossez. De plus il dé- » fendit qu'on ne tirast ou entrast dedans les fossez jusqu'à ce » qu'on ouit sonner les Trompettes estant dans la Ville. Enfin il » advint un jour que du côté desdits Ducs de Bourgogne & » Rouge * on commença à crier à l'Assaut, & Trompettes à » merveilles de sonner. Puis ils vindrent tout baudement & ale- » grement sur le bord des fossez, jetterent leurs échelles dedans, » & diligemment y descendirent plusieurs. Lors, quand il sem-

*Histoire de Charles VI sous l'an 1420*

*\* Ce Duc Rouge étoit un Prince Allemand de la Maison de Baviere.*

Iiii iij

» bla audit Seigneur de Barbafan que affez y en avoit, il or-
» donna aux Trompettes de la Ville qu'ils fonnaffent bien fort,
» ce qu'ils firent, & déja y en avoit qui montoient jufqu'aux
» murs: mais ceux de dedans vaillamment fe défendoient, & jet-
» toient groffes pierres, & plufieurs de leurs Ennemis cheoient de-
» dans les foffez. Les autres defcendoient toujours éfdits foffez qui
» eftoient moult foigneufement fervis de groffes arbaleftres de
» trait. Puis foudainement les François faillirent par ladite Po-
» terne bien armez & habillez pour combattre ceux qui eftoient
» au fond des foffez. Alors quand lefdits Bourguignons & Al-
» lemands virent la façon de faire de ceux de dedans, ils con-
» nurent bien leur folle entreprife, & firent fonner la retraite.
» Sur quoi ils commencerent à fe retirer & à monter contre le
» mont defdits foffez: mais en remontant les Arbaleftriers de
» la Ville les fervoient de Viretons * par le dos qui entroient
» jufques aux pennons, tellement qu'ils fe retirerent à leur gran-
» de honte; ce qui ne fe fit fans qu'il en demeurât dedans les
» foffez plufieurs morts ou navrez.

* Viretons efpeces de flé- ches empa- nées.

Galeries couvertes dans le foffé.

On voit encore dans les foffez de quelques anciennes Villes des Galeries qui traverfoient depuis le bas du rempart jufqu'à
la Contrefcarpe; elles étoient bâties en dos d'âne, & couvertes
de pierres de taille de l'épaiffeur de celles qui forment le Parapet de l'Arfenal de Paris du côté du Faux-bourg Saint Antoine. En quelques-unes de ces Galeries il y a des ouvertures ou Cafemates; c'étoit pour tirer dans les foffez, & voir
ce qui s'y paffoit: elles aboutiffoient à des Souterrains qui alloient quelquefois fort avant deffous la campagne. Il eft fait fouvent mention de ces Souterrains dans l'Hiftoire des Albigeois;
foit que ces Souterrains fuffent naturels, foit qu'ils euffent été
faits autrefois par les gens du Pays pour échaper à la fureur des
Vifigots qui s'en emparerent; ou à celle des Sarrafins d'Efpagne,
qui après en avoir chaffez les Vifigots, firent dans ces quartiers
là de grands ravages.

C'étoit dans ces fortes de Fortifications foit de l'art foit de la
nature, que confiftoit autrefois la force des Villes: mais outre
cela quand elles étoient actuellement attaquées, & que le Siége
en étoit formé; il falloit repouffer les Ennemis des murailles &
leur difputer le terrain.

## DE LA MILICE FRANÇOISE. Liv. VIII. 615

On s'y servoit premierement de plusieurs Armes & Machines qui étoient communes aux Assiégez & aux Assiégeans. On garnissoit les murailles de Ballistes, de Catapultes, de Mangonneaux, & puis de Canons dans la suite, pour ruiner & mettre en pieces les Machines dressées contre la Ville. Les Dards enflammés, les Falariques & d'autres semblables instrumens étoient employés pour y mettre le feu. Et c'est pour cela que les Châteaux ambulans & les autres Machines dont on se servoit pour s'approcher des murailles, étoient souvent garnies de plaques de fer & toujours de cuirs contre le feu.

Secondement du côté des attaques on suspendoit devant la muraille à un ou deux pieds de distance des matelats & des sacs remplis de laine, pour rompre l'effort des pierres lancées par les Catapultes; on élevoit des cavaliers sur le rempart, & quelquefois même des Tours de bois pour se conserver l'avantage de la hauteur du lieu sur les Châteaux ambulans, & sur les énormes élevations de terre que les Assiégeans faisoient.

*Tours de bois élevées sur le rempart.*

On voit dans les Histoires Grecques & Romaines plusieurs exemples de cette maniere de défendre une Ville assiégée: on en voit dans les Histoires des Croisades, mais on en trouve peu au moins avec ce grand détail dans les nôtres de la troisiéme Race. Et comme il étoit rare depuis Philippe Auguste ou du moins depuis Saint Louis, ainsi, que je l'ai remarqué, qu'on se servît de ces Tours ambulantes pour l'attaque des Villes; il l'étoit encore plus qu'on en usât sur les murailles pour les défendre.

On n'avoit point dans ces premiers tems, ou l'on n'avoit guéres de feux d'artifices pour s'en servir contre les Assaillans.

Dans les assauts on y jettoit sur eux force poix resine, de l'eau & de la graisse bouillante; on les assommoit avec de grosses pierres *a* des poutres, des barres de fer. C'est ainsi qu'en parle Guillaume le Breton en racontant l'assaut donné par les Troupes Angloises au Pont que Philippe Auguste avoit fait sur la Seine pour attaquer le Château d'Andeli.

---

*a* Sed tolerare diu nequivere pluentia tela
Grandinis in morem lapides truncosque trabales
Ferventesque picis ollas & pondera ferri
Quæ descendebant in eos ex Turribus altis. *Philippid. l. 7. p. 309.*

616            HISTOIRE

*Contremines.*    Quoique les Mines ne se fissent pas alors avec de la poudre, néanmoins on s'en défendoit comme aujourd'hui par les Contremines. C'est ce que nous apprend le même Historien. « Il » dit que les François travaillant à une Mine sous une des mu-» railles de Château Gaillard, les Anglois s'en apperçurent ; » & ayant miné de leur côté, surprirent les François & les chasserent de la Mine. *

Mais ces Contremines étoient tres dangereuses pour les Assiégez : car comme la Mine des Assiégeans ne se faisoit que pour sapper tellement les fondemens de la muraille, qu'après la Mine faite, il n'y avoit plus qu'à mettre le feu aux étançons pour la faire tomber, la Contremine l'affoiblissoit encore. Et en effet dans l'occasion dont on vient de parler, les Mineurs & les Contremineurs s'étans retirés, une partie de la muraille après quelques coups de pierres lancées contre par une Balliste, s'écroula sans qu'on mît le feu aux étançons. Les François y donnerent l'assaut, & quelques-uns entrerent par le trou même qu'avoient fait les Contremineurs. Les Assiégez faisoient de grands & hauts retranchemens vis-à-vis des Mines au dedans de la Ville, & quand en contreminant on les rencontroit, on s'y battoit.

Il y avoit même quelquefois des défis, & l'on convenoit de la maniere du combat. Nous en avons un exemple dans l'Histoire de Charles VI au Siége de Melun dont je viens de parler, que le Sieur de Barbasan défendoit contre les Anglois & les Bourguignons.

*Histoire de Charles VI sous l'an 1420.*

*Combats donnez dans les Mines.*

« Et pour ce qu'on disoit, dit l'Historien, qu'en Mines se » faisoient de vaillantes armes ; on fit sçavoir que s'il y avoit » personne qui voulût faire armes, qu'il y vint. Dont ledit » Louis (des Ursins) requit audit Seigneur de Barbasan qu'il » lui donnât congé d'en faire : ce qui lui fut octroyé, mais » qu'il trouvât partie, laquelle il trouva aisément : c'étoit d'un » bien Gentilhomme Anglois d'Angleterre. Heure fut assignée » à laquelle ils comparurent. Il y avoit torches & lumieres, & » combattirent l'un contre l'autre une grosse demie heure. Il n'y » eut celui des deux qui ne perdit de son sang. Puis par ceux

    * Suffodiunt murum, Sed non minus hostis ab illâ
       Parte minare studet factoque foramine nostros
       Retrò minatores telis compellit abire-    . *l. 7. p. 318.*

                                                      » qui

„ qui avoient les gardes, ils furent séparés, & se retirerent.
„ Depuis ce tems il n'y avoit guéres d'heures au jour qu'il
„ n'y eût en la Mine des faits d'armes ; entr'autres Remond
„ de Loro qui étoit un vaillant Ecuyer, entreprit armes de
„ deux contre deux, & prit pour deuxième ledit Louis. Ils
„ combattirent contre deux Anglois bien & vaillamment, &
„ en eurent l'honneur. Là ne se pouvoit-on prendre l'un l'au-
„ tre ; car il y avoit un gros chevron au travers de la Mine
„ de hauteur jusqu'à la poitrine ; & il étoit défendu que nul
„ ne passât par dessus ne par dessous. „

Ces combats souterrains se faisoient avec des armes cour- *On s'y bat-*
tes. Car le même Historien, avant que de raconter ce que je *toit avec des*
viens de transcrire, dit que le Seigneur de Barbasan ayant ren- *Armes cour-*
contré Louis des Ursins, lui demanda, „ Louis, où vas-tu ? *tes.*
„ qui lui répondit pour la cause dessus dite ; & lors ledit Sei-
„ gneur lui dit : Frere, tu ne sçais pas bien encore ce que c'est
„ que Mines, & d'y combattre ; baille-moi ta hache, & lui
„ fit là-dessus couper le manche assez court. Car, ajoute l'Au-
„ teur, les Mines se tournent souvent en biaisant, & sont
„ étroites. Voilà pourquoi les courts bâtons y sont nécessaires. „
On voit encore par là que les Mines que l'on faisoit alors,
avoient beaucoup de hauteur, puisqu'on s'y battoit debout ; au
lieu que celles d'aujourd'hui sont fort basses.

Quand on faisoit un Chevalier à l'Armée, & que l'on tra- *L. I. de Mi-*
vailloit actuellement à miner la muraille de la Ville assiégée ; *litari Officio*
le nouveau Chevalier, dit Upton qui vivoit du tems de Char- *c. 3.*
les VII, devoit passer & veiller la nuit dans la Mine avec un *La veille*
vieux Chevalier. C'étoit là où il faisoit sa veille d'armes, qu'il *d'armes se fai-*
auroit dû faire dans une Chapelle, s'il avoit été hors du Camp. *soit dans la*
*Mine par ceux*
On se défendoit encore par les Sorties ; & quand il ne s'a- *qu'on faisoit*
gissoit que d'escarmoucher, chacun alloit armé à sa maniere or- *Chevaliers*
dinaire ; mais s'il étoit question de forcer quelque Poste, on *dans le Camp.*
pavescoit, comme j'ai dit qu'on avoit coutume de faire, quand
on alloit insulter une Ville qu'on pouvoit escalader ; & l'on
faisoit porter jusqu'auprès du retranchement qu'on vouloit attaquer ces grands pavois ou targes derriere lesquelles les Arbalê- *Les Sorties.*
triers tiroient. Ainsi le Comte de Dunois au Siége d'Orleans voulant faire une fausse attaque à une Bastille du Camp des An-

Tome I. Kkkk

glois, pour attirer de ce côté là une partie des Troupes qu'ils avoient au-de-là de la Loire du côté de la Sologne, « il fut conclu & délibéré, dit l'Historien de Charles VII, qu'on feroit certains appareils comme Mantelets & taudis de bois pour assaillir la grande Bastille. »

Sous l'an 1429.

Quand on faisoit ces Sorties, on les soutenoit comme aujourd'hui, & on ne les poussoit pas trop loin, de peur qu'elles ne fussent coupées. Il n'y a rien sur cet article qui mérite d'être plus particulierement observé.

Depuis l'usage du Canon & des autres Armes à feu, & sur tout depuis que sous Charles VII on ne se servit plus, ou presque plus des autres Machines de Guerre ; la maniere de la défense aussi-bien que de l'attaque des Places a changé. Il ne fut plus question de brûler les Machines des Assiégeans dans les Sorties ; mais d'enclouer leur Canon. On imagina ce moyen de le rendre inutile dès le tems de Charles VI, ainsi que je l'ai déja remarqué plus haut.

Mais longtems depuis on se servit encore de fléches pour tirer des Tranchées contre ceux qui défendoient les murailles, & des murailles pour tirer dans le fossé & dans les Tranchées, jusqu'à ce que les Arquebuses devinrent tres-communes. Car alors la principale défense consistoit dans le grand feu des Arquebuses, lorsque la Place attaquée s'en trouvoit bien fournie, sans exclure néanmoins l'Arbalète, qui, comme j'ai dit ailleurs, étoit encore d'usage sous le Regne de François I.

Quant à ce qui regarde la défense dans les assauts aux derniers tems, depuis la multiplication des especes de Feux d'artifice, on s'en est servi en ces occasions, c'est-à-dire de Bombes, quand l'usage en est devenu ordinaire dans les Guerres, de Grenades, de Pots à feu, de Cartouches, de Herissons, de Serpenteaux, de Barils foudroyans, de Bales à feu, &c. sans parler des Fourneaux & des Fougades.

Pour les autres Armes qui ne sont point à feu, on y employe outre les Armes ordinaires les Faux emmanchées à une hampe à revers, les Fleaux de fer, les Pertuisanes, les Fourches à crochet, les Haches d'Armes plus longues que celles du tems passé, &c.

A Hallebarde.
B Pertuisane.
C Hache d'Armes.
D Faulx.
E Fourches à crochet.
F Fleaux de fer.

Pour la défense d'une Place, il ne faut pas seulement de la valeur dans le Commandant & dans la Garnison, il faut de l'habileté & de l'experience. Il y a un art infini à disputer le terrain. Il faut une extrême prévoyance pour ne manquer de rien dans la Place; & le détail des choses nécessaires ou utiles pour cet effet, a une tres-grande étenduë. Il faut beaucoup de présence d'esprit, de vigilance, d'arrangement, d'ordre, avoir le talent de gagner les Officiers, les Soldats, les Habitans, s'acquerir sur eux tous une grande autorité, s'attirer leur confiance, sçavoir les contenir & les rassûrer dans de certains accidens imprevûs. Tout cela se voit dans des exemples que notre Histoire nous fournit. Montluc dans le Siége de Sienne, François Duc de Guise dans celui de Metz contre la nombreuse Armée de Charles V: & de notre tems, celui de Grave soutenu pendant plus de trois mois par le Maréchal de Chamilli, sont de beaux modéles pour les Commandans des Places assiégées.

*Qualitez du Commandant d'une Place assiégée.*

## CHAPITRE II.

*Des Capitulations pour la reddition des Places.*

QUelque valeur & quelque habileté qu'ait le Commandant d'une Place assiégée; quelque déterminée que soit une Garnison à bien faire son devoir, c'est quelquefois une nécessité de se rendre. Le défaut de vivres, de munitions, l'impuissance de défendre une grande breche faite à la muraille, sont des raisons ausquelles la bravoure & le zéle pour son Prince

& pour fa Patrie, font obligez de ceder.

La maniere dont la Capitulation fe fait aujourd'hui, eft que par l'ordre du Commandant de la Place, on arbore fur la muraille un pavillon blanc ; ou, ce qui eft plus ordinaire, un Tambour vient fur le rempart, bat la chamade, & crie à haute voix que ceux de la Place demandent à traiter. Dès ce moment le Commandant fait ceffer la réparation des breches & les autres travaux, & défend de tirer fous peine de la vie.

*Comment fe font aujourd'hui les Capitulations.*

Dès que la chamade a été battuë, le Général des Affiégeans fait auffi-tôt fortir de la Tranchée l'Officier qui y commande. Cet Officier va feul, & ne porte point d'autres armes que fon épée ; il ne paffe point le lieu que le Tambour lui marque.

Le Général de l'Armée affemble dans le moment fon Confeil de Guerre pour déliberer fi on entrera en traité ; & pour l'ordinaire on conclut à entendre les propofitions du Commandant. Le Général pour ne point laiffer le tems aux Affiégez de reprendre haleine ou de recevoir du fecours, lui envoye au plûtôt des Deputez.

Le Commandant de la Place n'eft jamais du nombre de ceux qui viennent traiter. C'eft une chofe établie qu'il ne fort jamais de fa Place, quand elle eft affiégée ; non feulement pour capituler, mais même pour fe mettre à la tête des Sorties. Cette régle eft fort fage ; mais elle n'eft pas fort ancienne. Nous trouvons plufieurs exemples du contraire dans nos Hiftoires ; & pour ne pas remonter fi haut, l'Amiral de Villars qui commandoit à Rouen, lorfque Henri IV l'affiégea, conduifit plufieurs Sorties en perfonne où il fit des merveilles.

Quant à la Capitulation, les Deputez de la part du Commandant fortent par le guichet d'une des Portes ou quelquefois par la breche, quand le foffé eft fec. On les a même en certaines occafions defcendus par le rempart avec des cordes. Le Général envoye en même tems un ou plufieurs Officiers en otage dans la Ville pour la fûreté des Deputez.

Ceux ci font leurs propofitions & les mettent par écrit : le Général les examine dans fon Confeil, accorde les unes, refufe les autres, felon qu'il le juge à propos. On difpute de part & d'autre chacun pour fon avantage, & enfin on conclut, ou bien les Députez étant renvoyez, & les otages rendus, on recommence à attaquer & à se défendre.

On est fort exact à peser tous les termes pour n'y laisser aucune équivoque qui puisse donner lieu au Général ou au Commandant de chicaner dans l'execution. Dans l'article où l'on marque le lieu auquel la Garnison doit être conduite après la reddition de la Place, on ne manque point de marquer qu'elle y sera menée par le plus court chemin, ou par un autre que l'on specifie.

*Exactitude à mesurer tous les termes de la Capitulation.*

Ce qui arriva en 1638 sous le Regne de Louis XIII durant le Siége de Saint Omer que faisoient les Maréchaux de la Force & de Châtillon, a fait qu'on a toujours été depuis tres-attentif sur ce point. Monsieur de Manicamp Maréchal de Camp & Monsieur de Bellefond Mestre de Camp furent attaquez dans le Fort du Bac proche de Saint Omer par le Général Picolomini : ils soutinrent plusieurs assauts où ils tuerent neuf cens hommes aux Assaillans. Enfin ne pouvant plus tenir, ils capitulerent. Un des articles de la Capitulation étoit qu'ils seroient conduits en France. Il fut observé; mais on les conduisit au travers des Pays-Bas par le Luxembourg : ils s'en plaignirent, & on ne leur donna point d'autre réponse, sinon que ceux qui donnent la loi, ont droit d'interpreter les articles indéterminés, & qui ne sont point assez éclaircis.

*Ce qui arriva au Siége de Saint Omer sous Louis XIII à cet égard.*

*Histoire de Dupleix sous l'an 1638.*

Quand le Général est assûré que la Place ne peut lui échaper, il prescrit les conditions telles qu'il lui plaît. Pour l'ordinaire il accorde par generosité des marques d'honneur à un Gouverneur qui s'est bien défendu : mais si les Ennemis en ont mal usé en pareilles rencontres, il s'en souvient & les traite de même. Ainsi avons-nous vû dans la derniere Guerre que le Maréchal de Villars ne voulut recevoir à composition les Garnisons des Places qu'il prit aux Pays-Bas, qu'à condition d'être prisonnieres de Guerre, parce que les Généraux Ennemis avoient tenu cette rigueur aux Garnisons Françoises des Places qu'ils avoient prises.

Autrefois on capituloit plus simplement & plus rondement. le Gouverneur ne faisoit point de difficulté de sortir de sa Place pour traiter lui-même avec les Assiégeans ; ou bien il envoyoit un Heraut d'Armes avec son équipage de Heraut qui lui ser-

# HISTOIRE

voit de Sauf-conduit pour avertir que le Commandant vouloit parlementer, ou bien lui-même venoit aux creneaux de la Place, & appelloit quelqu'un des Assiégeans. On voit dans Froissart qui a raconté quantité de Siéges depuis le Regne de Philippe de Valois, plusieurs exemples de ce que je dis, & un en particulier d'un Commandant Anglois qui fit lui-même le signal. C'est un fait dont les circonstances sont assez singulieres.

*Fait singulier d'un Commandant Anglois.*

Jean Duc de Normandie fils de Philippe de Valois & son Successeur à la Couronne, assiégeoit l'an 1346 la Ville d'Angoulême qui étoit défendue par un Chevalier Anglois nommé Jean Normech. Celui-ci fort pressé voulant sauver sa Garnison & ses bagages, s'avisa d'un artifice que l'Historien raconte ainsi.

*Froissart vol. 1. p. 125.*

*\* C'est-à-dire de le faire lever.*

» Quand Jean de Normech Capitaine d'Angoulesme veit
» que le Duc de Normandie ne se partiroit point du Siége,
» qu'il n'eust la Cité à sa volonté, & sentit que les pourvéan-
» ces de léans se m'endroissoient, & que le Comte d'Erbi * ne
» faisoit nul compte de lever le Siége, & aussi s'apperçut que
» ceux de la Ville s'enclinoient moult aux François, & pieça
» se fussent tournez François, s'ils eussent ozé, si se douta de
» trahison, & pensa qu'il se sauveroit lui & ses Compagnons.
» La vigile de la Purification de Nostre-Dame il vint aux cre-
» neaux de la Cité tout seul, sans dire à nul homme quelle
» chose il vouloit faire. *Si fist signe de son Chaperon à ceux de
» l'ost* qu'il vouloit parler à aucun d'eux. Ceux qui apperçu-
» rent ce signe vindrent celle part, & lui demanderent qu'il
» vouloit. Et il dit, je parleroye volontiers à Monseigneur le
» Duc de Normandie, ou à l'un de ses Maréchaux ; & adonc
» ceux l'allerent noncer au Duc de Normandie qui tantost y
» vint, & avec lui amena aucuns Chevaliers. Aussi-tost que
» Jean de Normech Capitaine de la Ville veit ledit Duc, il
» ôta son chaperon & le salua ; & le Duc lui rendit son sa-
» lut & lui dit : Jehan comment vous va ? Vous voulez vous
» rendre ? Je ne suis mie conseillé de ce faire, dit-il, mais
» je vous voudroye bien prier que pour la révérance du jour
» Nostre Dame qui sera demain, vous nous accordissiez un res-
» pit qui durast demain seulement : parquoi les vostres ne les
» nostres ne pussent grever les uns les autres, mais demou-

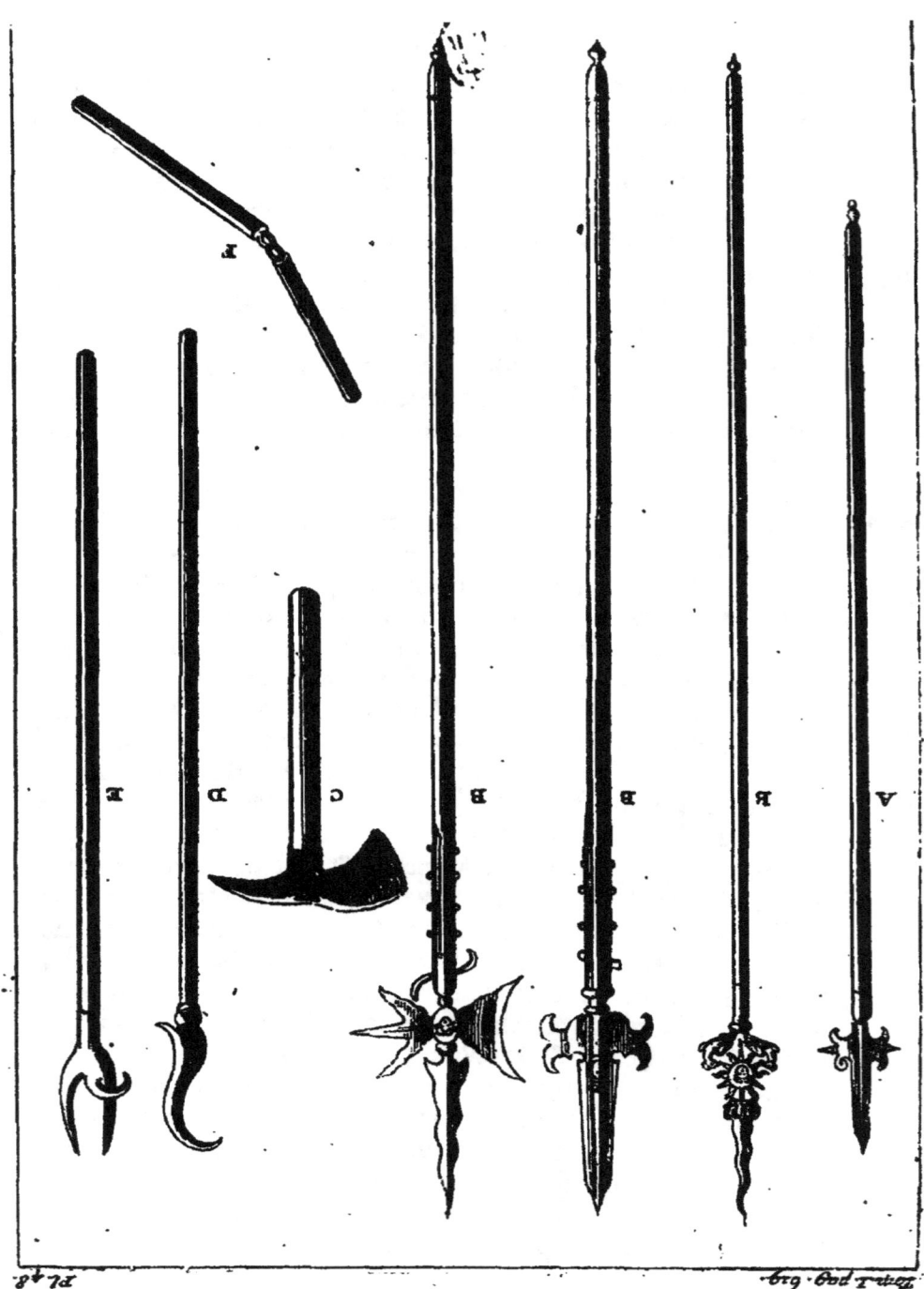

DE LA MILICE FRANÇOISE. *Liv. VIII.* 613

» raſſent en paix : & le Duc lui dit, je le veuil. Le jour de
» la Chandeleur au matin Jehan de Normech s'arma & tous ſes
» Compagnons, uns & autres, & fit trouſſer tout ce qu'ils avoient
» Puis fit ouvrir la Porte ; & iſſit hors de la Cité. Lors ceux
» de l'Oſt ſe commencerent à eſmouvoir. Adonc chevaucha
» Jehan de Normech qui alla tout devant, & dit, Seigneurs,
» Seigneurs, ſouffrez-vous, ne faites nul mal aux noſtres ; car
» nous avons treve aujourd'hui tout entier, ainſi que ſçavez,
» accordées de Monſeigneur le Duc de Normandie. Si vous
» ne le ſçavez pas, allez le ſçavoir : car nous pouvons bien
» ſur ces treves aller & chevaucher quelque part que nous vou-
» lons. Ces nouvelles vindrent au Duc pour ſçavoir qu'il en
» voudroit faire ; lequel leur dit qu'on les laiſſaſt aller de par
» Dieu leur chemin, quelque part qu'ils voudroient ; car nous
» ne les pouvons de rien contraindre à demourer : je leur tien-
» drai ce que je leur ai promis. Ainſi s'en alla Jehan de Nor-
» mech & ſa route, & paſſerent parmi l'Oſt de France ſans avoir
» dommage, & s'en vindrent vers Aguillon ; & quand les Che-
» valiers de léans ſceurent comment il eſtoit parti, & avoit
» ſauvé le ſien ; ils dirent qu'il s'eſtoit aviſé d'une grand ſub-
» tilité. «

On voit encore par là une autre choſe, ſçavoir avec quel ſcrupule on obſervoit alors les Capitulations. Les Princes & les Chevaliers de ce tems-là n'avoient rien plus à cœur que d'être religieux obſervateurs de leur parole. C'étoit le plus outrageant de tous les reproches que celui d'y avoir manqué ; & il n'y avoit rien à quoi ils fuſſent plus ſenſibles. Les Duels beaucoup moins fréquens en France dans ce tems-là qu'ils ne le furent depuis, n'avoient ordinairement pour ſujet que ce reproche. Cette droiture & ce point d'honneur dura longtems, & juſqu'aux Guerres Civiles qui s'allumerent dans le Royaume au ſujet du Calviniſme. Car alors il n'y avoit preſque nulle fidelité dans les Capitulations ; tantôt parce que les Commandans n'étoient pas maîtres de leurs troupes ; tantôt pour faire repreſailles d'une pareille infidelité : & ces repreſailles ne finiſſoient jamais, les dernieres étant regardées comme une nouvelle injure qu'on prétendoit avoir droit de venger. De là venoit que communément les Commandans & les Soldats des Vil-

*Avec quelle exactitude les Princes obſervoient alors les paroles données.*

*Deſordre contraire cauſé par les Guerres Civiles.*

les attaquées se défendoient jusqu'à l'extrêmité, & aimoient mieux être emportés d'assaut, que de s'exposer à perir sans combattre après la prise de la Place qu'ils défendoient.

*On envoyoit beaucoup d'Otages pour les Capitulations.*

Dans ces anciens tems les Villes qui capituloient, outre ceux qu'elles députoient pour capituler, envoyoient pour l'ordinaire plusieurs Otages au Camp Ennemi, tant pour la sûreté de ceux qu'on envoyoit reciproquement dans la Place, que pour répondre sur leur tête des hostilitez qui pourroient se faire durant la Capitulation. L'usage étoit que ces Otages fussent gardez non pas tous ensemble dans une tente ou dans une maison renfermée dans le Camp, mais qu'on les partageât entre les principaux Officiers de l'Armée, qui devoient aussi après la Capitulation partager entr'eux les prisonniers & le butin qui se trouveroit dans la Place. C'est ce que je trouve marqué dans un ancien Procès verbal manuscrit de l'an 1453 après la prise de Castillon en Perigord, au sujet d'un différend qu'il y eut entre les Officiers Généraux, dont voici l'extrait.

» Le 23 jour de Juillet 1453 Monsieur le Chancelier & Monsieur de Torci partirent par l'ordonnance & commandement du Roy, de la Ville d'Angoulesme, pour venir devers ses Chefs de Guerre, c'est à sçavoir Messieurs les Mareschaux, l'Amiral, Grand Maistre d'Hostel & autres.

» Et le 26 ensuivant qui fut Jeudy, arriverent au matin en la Ville de Libourne au logis de Monsieur l'Amiral; & ils presenterent les Lettres du Roi adressées aux Chefs de Guerre, contenant créance.

» Après laquelle créance Monsieur l'Amiral parla pour mesdits Seigneurs les Chefs de Guerre, & dist qu'au regard de ladite créance, ils s'ébahissoient qui avoit rapporté au Roy qu'il y avoit des différends entr'eux, & pouvoit-on connoistre que non: car depuis la journée qui fut Mardi 17, & après la prise de Castillon qui fut le Vendredi 20 ensuivant, ils estoient incontinent venus en la Ville de Libourne, & icelle réduire en l'obéissance du Roy; & que tout ce qui avoit jusques lors esté fait, avoit esté l'opinion de tous ensemble & sans aucun contredit; & encore ce n'eust esté que ils avoient eu nouvelles de vostre venuë, on ne les eust pas trouvées en
» cette

» cette ville de Libourne, & fussent partis dès le jour devant,
» pour aller entre deux mers.

» Et ce fait, Monsieur le Grand Maistre requit dire ce qu'il
» avoit dit & rapporté au Roy: & dit que vray estoit qu'il s'e-
» stoit plaint au Roy de la maniere de la prise de la ville de
» Castillon, *& que on n'avoit pas gardé la forme que on a ac-*
» *coustumé de garder en fait de guerres en la prise des places,*
» *& que quand aucune place se rendoit, on devoit prendre ostage*
» *jusques à un nombre, & les distribuer aux Chefs de guerre,*
» *à chacun selon qu'il est*, & aussi avertir gens pour inven-
» torier les biens & bagues estant en la place, *pour aprés tout*
» *fait, les départir & distribuer ainsi qu'ordonné seroit par tous*
» *ensemble.* Mais on avoit fait tout le contraire; car on avoit
» pris les ostages & baillez où bon leur avoit semblé sans y
» garder ordre, & d'autre part on étoit aprés entré en la
» place, & pris & emporté tous les biens, & grande quantité
» de prisonniers emmenez, il ne sçavoit où. Desquelles cho-
» ses il, & plusieurs Chefs & gens de guerre de l'armée estoient
» mal contens, & leur sembloit qu'ils en devoient avoir leur
» part, & qu'ils avoient eu peine & travail à la besogne com-
» me les autres.

» Et aprés Monsieur le Senéchal de Poitou, dit qu'il luy
» sembloit, selon la créance qui avoit été dite, que on luy
» donnoit charge d'avoir esté cause du desroy qui avoit esté
» fait, & qu'il avoit entré en la place de Castillon, & pris
» ou fait prendre les prisonniers & iceux emmenez, & autres
» biens & bagues estant en icelle; & outre, qu'il avoit outra-
» gé un Gentilhomme de la charge de Monseigneur de Cas-
» tres, & que il se vouloit bien excuser & descharger de ce. Et
» premierement au regard de l'entrée de la place, qu'il ne seroit
» point trouvé que en la place de Castillon il entrast onc-
» ques, ne mist les pieds, non pas au boulevart, ne que luy,
» ne les gens dont il a la charge, qui sont environ trois cents
» lances en amandassent d'un prisonnier, ne d'autres biens;
» & que s'il estoit trouvé autrement, il étoit tout prest à le
» rendre ou faire rendre & restituer. Et au regard du Gen-
» tilhomme, &c...... & aprés, les dessusdits Chancelier &
» de Torcy procederent à examiner aucuns des Chefs de

» guerre & autres, pour eux enquerir & informer de la ma-
» tiere, & fi ent mettre leurs dépofitions par écrit, ainfi
» qu'on pourra voir par ledit examen.

En raſſemblant ainſi differentes petites circonſtances que j'ai tirées des divers faits rapportez dans nos Hiſtoires, on peut ſe former quelque idée de la maniere dont les Capitulations ſe faiſoient autrefois: car il nous reſte peu de ces capitulations avec tout leur détail: celles que j'ai vûës étoient pour le fond aſſez ſemblables à celles que l'on fait aujourd'huy. Je finirai par là ce premier Volume.

Juſqu'à preſent, j'ai fait l'Hiſtoire de la Milice Françoiſe des anciens tems, quoiqu'engagé par la liaiſon des matieres, j'aye auſſi traité diverſes choſes qui concernent le nôtre. Je vais dans les Livres ſuivans continuer cette Hiſtoire, juſqu'à la fin du Regne de Loüis le Grand, où je prétens la terminer.

Selon le plan que je me ſuis fait, & que j'ai propoſé d'abord, je dois non ſeulement traiter de toutes les inſtitutions militaires qui ſe ſont faites ſous ce Regne, mais encore de celle de tous les corps & de toutes les Charges militaires, qui ayant été ſous les Regnes précedens dans les armées, ſubſiſtent encore aujourd'huy. J'ai differé juſques-là à en parler, pour en faire l'Hiſtoire tout de ſuite, & ne pas revenir au même ſujet à diverſes repriſes.

*Fin de...*

---

*Errata du premier Volume.*

PAges 3 L. 16 Ne les jettans, en lça jettans. p. 78 l. 23 ôtez les deux points avant quelquefois, & mettez les après ce mot. p. 140 l. 17 ces p. 146 l. 2 ſubvenir p. 216 l. derniere effacez plus. p. 270 l. penultieme. Henri, ajoûtez, Second. p. 287 l. 26. effacez ces mots, de cet Ouvrage p. 333 l. 31 s'il corrigez il. p. 385 l. 32 effacez qui. p. 389 l. 2 l'appelloit. p. 396 l. 15 poignit. p. 419 l. 2 à Tour. p. 445 l. 14 forme. p. 453 l. 2 debandent. p. 456 l. 2 arriere. p. 491 l. 7. capa. p. 526 l. 3 du Vexin. p. 531 l. 7 le tournoy. p. 532 antepenultiéme, peuſt avoir. p. 536 l. 2 quelques-unes p. 545 l. 1. qu'on ne. p. 549 l. 27 ce même parti. p. 561 l. 19 ſu démontrer. p. 563 l. 19. cella. p. 596 l. 25. pouſſoit. p. 615 l. 9. au bas.

www.ingramcontent.com/pod-product-compliance
Lightning Source LLC
Chambersburg PA
CBHW071709300426
44115CB00010B/1364